# 조세판례연구 Ⅲ

YULCHON 律村 율촌
조세판례연구회

세 경 사

# 간 행 사

법무법인 율촌 조세판례연구회가 『조세판례연구』 1, 2집을 발간한 지 4년이 지났습니다. 그동안 다수의 새로운 조세판례가 나왔으며 우리 연구회에도 더 많은 조세전문가가 참여하게 되었습니다.

조세판례도 당시의 국가 경제 및 재정 상황, 국민의 납세에 관한 인식 변화, 조세행정의 발전에 따라 흐름의 변화가 뒤따르게 됩니다. 경제활동의 세계화로 역외조세 문제가 비중 있는 쟁점으로 등장하고 있습니다. 헌법재판소 및 대법원의 법관 구성이나 성향도 조세판례의 흐름에 영향을 주고 있습니다. 지난 4년간 양 기관 구성원에 많은 변화가 있었습니다.

헌법재판소 결정보다 특히 대법원에서 실질과세의 원칙의 적용범위, 신의성실의 원칙의 납세자 적용문제 등을 둘러싸고 의미 있는 조세판례가 나왔습니다. 실질과세의 원칙과 관련하여서는 외국법인에 대한 원천징수와 관련한 소득귀속자의 판정, 금지금 거래를 통한 조세 탈루와 거래 관련자들에 대한 부가가치세 환급에 있어서의 신의성실원칙의 적용 여부가 뜨거운 논란대상이 되었습니다. 다만, 구 조세특례제한법에 따른 특례 재평가와 관련한 미상장 법인에 대한 법인세 추징 건에 대하여 최고사법기관의 두 축인 헌법재판소와 대법원이 전혀 상반된 결론을 냈고 아직 문제의 해결의 기미는 보이지 않고 있습니다. 국가의 재정수요의 급팽창은 당연히 징세의 강화로 이어지고 향후 납세자와 과세관청과의 적법과세 여부를 둘러싼 대립은 심화될 것으로 보입니다. 최근 세계 유일한 제도인 일감몰아주기 과세는 그 세법의 적용에 앞서 과연 합헌적이고 적절한 입법이었는지에 대한 논란을 새롭게 불러일으키고 있습니다. 세법의 바른 적용에 앞서 좋은 세법의 입법이 더 중요하다는 점을 일깨워 주고 있습니다.

이번에 출간하는 『조세판례연구』 3집도 종전의 1, 2집의 편집 예에 따르기로 하였습니다. 수록된 원고는 우리 연구회가 세경신문에 게재한 판례평석이 다수를 차지하고, 새로이 게재를 시작한 『월간 조세』 판례평석, 그 외에도 한국세법학회지인 『조세법연구』에 기고한 판례평석, 법률신문에 기고한 "주요 조세 판례 분석" 원고가 포함되어 있습니다. 평석 이후의 개정 법령의 반영 및 편집의 편의를 위하여 원문의 일부가 수정, 보완된 부분이 있습니다. 이번 3집에서는 헌법재판소와 조세심판원 결정례가 소수이거나 게재되지 못한 것은 아쉬움으로 남습니다.

새로운 조세판례를 찾아내 소개하고 토론을 거쳐 판례평석 원고의 작성 및 감수에 참여하여 주신 강석훈, 김동수 변호사 등 회원 여러분 모두에게 감사드립니다. 아울러 지난 4년간의 중요한 조세판례를 망라한 만큼 1, 2집에 이어 실무가나 학계, 과세관청 등 조세전문가들에게 판례 길잡이가 되었으면 하는 바람입니다.

이번 3집의 출간에 있어 많은 도움과 조언을 주신 우창록 대표변호사님, 윤세리 대표변호사님, 원고를 꼼꼼히 챙기고 보완작업을 하여 준 서울대학교 대학원 박사과정의 양한희 변호사, 출간을 맡아 주신 세경사 김수진 사장님께도 감사의 말씀을 전합니다.

2013. 8.

율촌 조세판례연구회 회장 소 순 무

# 일러두기

[연도별 판례 수록 현황]

○『조세판례연구 Ⅰ』: 2002.10.~2005.12.

○『조세판례연구 Ⅱ』: 2006.01.~2009.05.

○『조세판례연구Ⅲ』: 2009.01.~2013.05.

# 차 례

## 제 1 부 판례 평석

## 제 1 편 조세법 총론

## 제2편 소득세법

## 제3편 법인세법

## 제4편 상속세 및 증여세법

## 제 5 편 부가가치세법

## 제8편 기 타



14 폐지된 세법규정의 효력과 합헌적 법률해석의 한계_96
57 배우자 명의신탁 증여의제의 경우 배우자공제 조항의 적용을 배제하는 구 상속세 및 증여세법 제55조 제 1 항 제 1 호의 위헌 여부(합헌)_358

## 제2부 연간 주요 판례 회고



부 록

# 제1부

# 판례평석

제 1 편

# 조세법 총론

01 대법원 2009.1.30. 선고 2006두1166 판결

# 사업양수인의 제 2 차 납세의무의 범위

**판결요지**

지방세법 시행령[1] 제 7 조 제 1 호에서 말하는 '사업의 양수인이 지급하였거나 지급하여야 할 금액'이란 양수한 자산 중 적극재산만의 대가로서 양수인이 지급하였거나 지급하여야 할 금액을 의미하는 것이 아니라, 양수인과 양도인 사이에 사업시설, 영업권, 채권, 채무 등의 일체의 인적·물적 권리와 의무를 포함하는 사업의 경제적 가치를 일괄적으로 평가하여 사업양도의 대가로서 지급하였거나 지급하기로 한 금액을 의미한다.

…… 양수인이 사업을 포괄적으로 양도·양수하려는 의도로 사업용 자산 일부를 임의경매 집행절차에 의하여 낙찰받아 취득하는 한편 나머지 사업용 자산 및 그 사업에 관한 모든 권리와 의무를 양도인과의 별도의 양도계약에 의하여 연달아 취득함으로써 양도인의 사업을 포괄적으로 승계한 경우, 그 사업의 경제적 가치에 대한 일괄적 평가가 결여되어 있으므로, 특별한 사정이 없는 한 그 경매가액이나 나머지 사업용 자산의 양도계약에서 정한 각각의 양도대금이 지방세법 시행령 제 7 조 제 1 호에서 말하는 '사업의 양수인이 지급하였거나 지급하여야 할 금액'이라고 할 수 없고, 그렇다면 이러한 경우에는 지방세법 시행령 제 7 조 제 1 호에 해당하는 금액이 있는 경우라고 할 수 없으므로 지방세법 시행령 제 7 조 제 2 호의 규정에 의하여 '양수한 재산의 가액'을 산정할 수밖에 없다.

---

1) 2010.9.20. 대통령령 제22395호로 전부개정되기 이전의 것.

## 1. 사실관계

원고는 골프장업 및 관련 부대사업 등을 목적으로 설립된 법인인데, ① 골프장업을 영위하던 A회사 소유의 골프장 부지와 그 지상 운동시설, 부속건물 등에 관하여 실시된 임의경매 입찰에 참가하여 2001.10.16. 낙찰허가결정을 받았고, ② 2002.1.25. B금융기관과 사이에 대출담보로 제공된 위 골프장 회원권을 매수하기로 하는 계약을 체결하였으며, ③ 2002.2.16. A회사와 사이에 A회사의 잔여자산을 매수하고 골프회원권 입회보증금 반환채무를 인수하는 한편 기존 골프장 회원지위를 인정하고, A회사의 근로자를 신규채용 형식으로 고용하는 것을 주요내용으로 하는 자산양수도계약을 체결하였다. 이어, ④ 2002.2.16. 체육시설의 설치·이용에 관한 법률에 따라 등록 체육시설업 승계신고서를 제출하고, ⑤ 2002.5.22. 및 2002.5.29. 한국자산관리공사가 A회사의 잔여재산에 관하여 실시한 공매절차에 참가하여 해당 자산을 매수하였다.

피고는 A회사가 체납한 취득세 등에 대하여 원고가 사업양수인으로서 제 2 차 납세의무자에 해당한다고 보아 이 사건 취득세 등 부과처분을 하였다.

## 2. 쟁 점

이 사건과 같이 사업양수가 하나의 사업양수도 계약에 의하여 이루어지는 것이 아니라, 일부는 임의경매 집행절차에서, 일부는 별도의 양도계약에 의하여 연달아 이루어진 경우, 사업양수인의 제 2 차 납세의무의 범위 산정방법이 문제된다.

## 3. 평 석

지방세법[2] 제24조는 사업양수인에게 제 2 차 납세의무를 부과하고 있다. 대법원은 종래 지방세법 제24조에서 규정하고 있는 '사업의 양수인'이란 경제적 목적을 달성할 수 있는 인적·물적 수단의 조직적 경영단위로서 담세력이 있다고 인정되는 정도의 기업체를 양도인과의 법률행위에 의하여 포괄적으로 이전받은 사람으로서, 사회통념상 사업장의 경영자로서 양도인의 법적 지위와 동일시되는 정도의 변동이 인정된 양수인을 의미한다고 판시하고 있었다(대법원 1988.5.10. 선고 88누803 판결 등). 그렇다면, 이 사건과 같이 사업의 일부는 양도인과의 법률행위에 의하여, 일부는 법률행위에 의하지 아니한 강제집행절차 등에 의하여 양수한 경우에는 제 2 차 납세의무를 지는 사업양수인에 해당하지 않는 것인지가 문제되었다.

이에 대하여, 대법원 2002.6.14. 선고 2002두4095 판결은 "사업을 포괄적으로 양도·양수하려는 의도로 양수인이 사업용 자산의 일부를 실질상 매매에 해당하는 임의경매 집행절차에 의하여 낙찰받아 취득하면서 나머지 사업용 자산, 영업권 및 그 사업에 관한 모든 권리와 의무를 양도인과의 별도의 양도계약에 의하여 연달아 취득하는 등으로 사회통념상 전체적으로 보아 양도인과 동일시되는 정도로 법률상의 지위를 그대로 승계한 것이라고 볼 상황이라면 이는 제 2 차 납세의무를 지게 되는 사업의 포괄적 승계에 해당한다고 봄이 타당하다"고 판시하였다. 본 판결 역시 "…… 양수인이 비록 사업용 자산의 일부를 임의경매에서 낙찰받아 취득하였다고 하더라도 처음부터 양도인과의 사이에 사업을 포괄적으로 이전받기로 하는 합의 아래 나머지 사업용 자산과 영업권 및 그 사업에 관한 모든 권

---

2) 2010.3.31. 법률 제10221호로 전부개정되기 이전의 것.

리와 의무를 연달아 취득함으로써 전체적으로 보아 양도인과 동일시되는 정도로 양도인의 종전의 법률상 지위를 그대로 승계한 경우에는 사업의 포괄적 승계에 해당한다"고 전제한 뒤, 이 사건에서 원고는 A회사의 골프장 사업에 관한 모든 권리와 의무를 포괄적으로 취득함으로써 사회통념상 전체적으로 보아 A회사와 동일시되는 정도로 법률상의 지위를 그대로 승계하였으므로 제 2 차 납세의무자에 해당한다고 판단하였다.

그렇다면 다음 문제는, 하나의 법률행위로 인하여 사업의 양수가 이루어진 것이 아니라 임의경매 집행절차 및 별도의 양도계약에 의하여 사업의 양수가 이루어진 경우, 양수인의 제 2 차 납세의무의 범위는 어떻게 결정되는가이다.

지방세법 제24조 제 1 항은 사업의 양수인은 "양수한 재산의 가액을 한도로 제 2 차 납세의무를 진다"고 규정하고 있고, 동조 제 3 항의 위임을 받은 지방세법 시행령 제 7 조는 여기서 말하는 "양수한 재산의 가액"이란 1. 사업의 양수인이 지급하였거나 지급하여야 할 금액이 있는 경우에는 그 가액, 2. 제 1 호에 의한 가액이 없거나 시가에 비하여 현저히 낮은 경우에는 양수한 자산 및 부채를 상속세 및 증여세법 제60조 내지 제66조의 규정을 준용하여 평가한 후 그 자산총액에서 부채총액을 공제한 가액이라고 규정하고 있다.

원고는 이 사건에서 지방세법 시행령 제 7 조 제 2 호가 적용됨을 전제로, 원고가 양수한 적극재산보다 인수한 부채가 더 많다는 이유로 원고가 제 2 차 납세의무를 부담하는 것은 부당하다고 주장하였다.

이에 대해, 원심(대전고등법원 2005.12.8. 선고 2004누1757 판결)은 "사업양수인의 제 2 차 납세의무제도의 취지는 사업에 기초하여 발생하는 조세는 사업 그 자체에 담세력이 있으므로 사업재산이 그 조세채무에 대한 담보적 기능을 하는 것이고, …… 사업양수인이 부담할 제 2 차 납세의무의 범위를 판단함에 있어서도, 판단의 기준은 원칙적으로 조세채무의 담보기능을 하는 양수한 재산 그 자체의 가액이 되는 것이지, 사업양수인이 사업양수로 인하여 얻은 이익이 되는 것은 아니다. …… 민사집행법상 경매 또는 국세징수법 기타 법률에 의한 공매는 그 성질이 사법상 매매이고 그 매매절차를 공적기관이 주관하는데 불과한 것이므로, 경매 또는 공매절차에서는 경락인이 매수인이 되고 채무자가 매도인이 되며, 경락인이 납입한 경매 또는 공매대금이 곧 매매대금이 되는 것이다. …… 따라서 경매 또는 공매, 개별적인 자산양수도계약에서 각각 그 매매목적물의 대가로 지급하였거나 지급하여야 할 금액의 합계가 지방세법 시행령 제 7 조 제 1 호 소정의 '사업의 양수인이 지급하였거나 지급하여야 할 금액'이 되는 것이다" 라고 판단함으로써 이 사건은 지방세법 시행령 제 7 조 제 2 호의 적용대상이 아니라고 보았다.

반면, 대법원은 "지방세법 시행령 제 7 조 제 1 호에서 말하는 '사업의 양수인이 지급하였거나 지급하여야 할 금액'이란 양수한 자산 중 적극재산만의 대가로서 양수인이 지급하였거나 지급하여야 할 금액을 의미하는 것이 아니라, 양수인과 양도인 사이에 사업시설, 영업권, 채권, 채무 등의 일체의 인적 · 물적 권리와 의무를 포함하는 사업의 경제적 가치를 일괄적으로 평가하여 사업양도의 대가로서 지급하였거나 지급하기로 한 금액을 의미한다"고 전제하고, 이 사건의 경우에는 "사업의 경제적 가치에 대한 일괄적 평가"가 결여되어 있으므로 그 경매가액이나 양도대금을 기계적으로 합한 금액이 지방세법 시행령 제 7 조 제 1 호에서 말하는 '사업의 양수인이 지급하였거나 지급하여야 할 금액'이라고 할 수 없고, 그렇다면 지방세법 시행령 제 7 조 제 1 호에 해당하는 금액이 있는 경우라고 할 수 없는바, 지방세법 시행령 제 7 조 제 2 호의 규정에 의하여 '양수한 재산의 가액'을 산정할 수밖에 없다고 판단하였다.

제 2 차 납세의무제도는 납세의무자의 입장에서 보면 타인이 체납한 조세에 대하여 불시에 납부책임을 지게 되어 사법상의 거래 안전을 해칠 우려가 큰 제도이므로, 그 적용에 있어서는 엄격한 해석을 요한다. 거래 실무상 만일 일괄적인 사업양수도 계약에 의할 경우 체납한 조세까지도 그 대가 산정에 반영시킬 것이나, 그 가격결정이 사업양도인－양수인 간 협상의 결과에 따라 이루어지는 것이 아닌 경매절차에 있어서는 이러한 일괄적 평가가 이루어지기 어렵고, 그 대금은 사업양도인의 채권자들에게 배당되는 구조를 가지고 있다. 따라서 원심과 같이 기계적으로 사업양수인이 지급한 각 경매대금과 자산양수도계약의 대금을 합산(그것도 적극재산만의 대가만 합산)하는 것은 부당하게 제 2 차 납세의무의 범위를 확대하는 문제를 야기시킬 수 있다. 본 판결은 대법원이 사업양수인의 제 2 차 납세의무의 범위를 거래의 실질에 부합하도록 구체화하면서 합리적으로 제한한 것으로 평가할 수 있을 것이다.

**02** 대법원 2009.9.10. 선고 2009두11808 판결

# 환급가산금 지급청구권의 법적 성격

**판결요지**

조세환급금은 조세채무가 처음부터 존재하지 않거나 그 후 소멸하였음에도 불구하고 국가가 법률상 원인 없이 수령하거나 보유하고 있는 부당이득에 해당하고, 환급가산금은 그 부당이득에 대한 법정이자로서의 성질을 가진다(대법원 2008.1.10. 선고 2007다79534 판결 참조). 이때 환급가산금의 내용에 대한 세법상의 규정은 부당이득의 반환범위에 관한 민법 제748조에 대하여 그 특칙으로서의 성질을 가진다고 할 것이므로, 환급가산금은 수익자인 국가의 선의·악의를 불문하고 그 가산금에 관한 각 규정에서 정한 기산일과 비율에 의하여 확정된다. 한편 부당이득반환의무는 일반적으로 기한의 정함이 없는 채무로서, 수익자는 이행청구를 받은 다음 날부터 이행지체로 인한 지연손해금을 배상할 책임이 있다.

그러므로 납세자가 조세환급금에 대하여 이행청구를 한 이후에는 법정이자의 성질을 가지는 환급가산금청구권 및 이행지체로 인한 지연손해금청구권이 경합적으로 발생하고, 납세자는 자신의 선택에 좇아 그중 하나의 청구권을 행사할 수 있다.

## 1. 사실관계

세관장은 관세 조사를 거쳐 원고를 관세법 위반으로 형사고발하고, 관세 및 부가가치세 등 국세 누락분에 대하여 원고에게 과세 전 통지를 하였다.

이에 원고는 위 형사고발 및 과세 전 통지로 인하여 발생할 수 있는 불

이익을 피하기 위하여 불가피하게 수정신고를 한 후, 민사소송인 부당이득 반환청구를 통하여 납부한 관세 및 부가가치세에 대한 반환청구를 하였다.

원고는 2004.9.1. 이 사건 환급대상인 국세 및 관세를 납부하고(환급원인은 생략), 2005.10.27. 그 환급신청을 하였는데, 국세 및 관세의 환급가산금 기산일은 각 납부일 다음 날이며, 위 환급신청일까지의 가산금률은 관세의 경우 2004.9.2.부터 위 2005.10.27.까지의 기간에 관하여는 1일 0.012%이고, 국세의 경우 2004.9.2.부터 2004.10.14.까지는 1일 0.012%, 2004.10.15.부터 2005.10.27.까지는 1일 0.01%였다.

한편 원고는 그 법적 성격을 명시하지 아니한 채 이 사건 환급금에 대한 부대청구로서 위 관세 및 국세 납부일로부터 소장부본 송달일까지 연 5%, 그 다음 날부터 다 갚는 날까지 연 20%의 비율에 의한 금전의 지급을 청구하였다.

## 2. 쟁 점

납세의무자가 세금을 납부한 후 민사소송으로서 납부한 세금의 반환을 구하는 경우에는, 납부세액 이외의 지연손해금을 민사법정이율로 청구하는 경우가 많다. 그런데 이러한 지연손해금과 국세기본법상 환급가산금의 관계가 어떻게 되며, 납세의무자는 어떤 비율을 근거로 청구를 하여야 하는 것인지 여부가 문제된다.

## 3. 평 석

납세의무자가 세금을 납부한 후 민사소송으로 납부한 세금의 반환을 구하는 경우가 있다. 과세관청의 과세처분에 중대·명백한 하자가 있어 그 처분이 당연무효에 해당하거나, 납세의무자의 세금 납부에 따른 다른 구제

수단이 존재하지 않는 경우 등이 그러한 경우인데, 이 사건에 있어서도 법원은 원고의 수정신고의 하자에 관하여 달리 원고를 구제할 수단이 없는 점 등을 감안하여, 이 사건 수정신고는 그 하자가 중대하고 명백하여 당연무효라고 판단하였다.

문제는 이러한 경우 납세의무자가 당초 납부한 세액 자체의 반환이 이루어져야 한다는 점 자체에는 의문이 없으나, 민사소송에 있어 금전지급청구에 부대하는 지연손해금을 청구하는 경우 일반 민사소송의 예에 따라 민사법정이율 5%를 기준으로 지급을 청구하여야 하는 것인지, 아니면 이를 조세환급금의 예에 따라 환급가산금 이자율로 청구하여야 하는 것인지 여부이고, 이에 대하여 현재까지 명시적으로 대법원 판단이 내려진 바는 없던 것으로 보여진다.

국세기본법 제51조는 세무서장은 납세의무자가 국세·가산금 또는 체납처분비로서 납부한 금액 중 과오납부한 금액이 있거나 세법에 의하여 환급하여야 할 환급세액(세법에 의하여 환급세액에서 공제하여야 할 세액이 있는 때에는 공제한 후의 잔여액을 말한다)이 있는 때에는 즉시 그 오납액·초과납부액 또는 환급세액을 국세환급으로 결정하여야 한다는 취지로 규정하고 있고, 동법 제52조는 세무서장은 국세환급금을 제51조에 의하여 충당 또는 지급하는 때에는 납부일(제 1 호)의 다음 날부터 충당하는 날 또는 지급결정을 하는 날까지의 기간과 금융기관의 예금이자율 등을 참작하여 대통령령이 정하는 이율에 따라 계산한 금액("국세환급가산금")을 국세환급금에 가산하여야 한다고 규정하고 있다. 그리고 지방세법이나 관세법 역시 유사취지의 규정을 두고 있다.

그리고 이러한 환급가산금의 법적 성격에 대하여, 대법원은 종래 조세환급금은 조세채무가 처음부터 존재하지 않거나 그 후 소멸하였음에도 불구하고 국가가 법률상 원인 없이 수령하거나 보유하고 있는 부당이득에 해당하고, 환급가산금은 그 부당이득에 대한 법정이자로서의 성질을 가진다는 일반론은 반복하여 설시하여 왔고(대법원 2002.1.11. 선고 2001다60767 판결 ; 대법원 2008.1.10. 선고 2007다79534 판결 등), 따라서 "환급가산금은 환급금과 별개의 독립한 것이 아니라 환급금 채권·채무에 대한 법정이자의 성격을 가지고 있다고 할 것인바, 국가가 납부받은 구 택지소유상한에관한 법률(1998.9.19. 법률 제5571호로 폐지) 소정의 택지초과소유부담금을 납부자에게 반환한 경우 그 금원만으로는 국가가 납부자에게 지급하여야 할 환급금 및 환급가산금 전액에 변제충당하기에 부족하다면 민법상 법정변제충당의 법리에 따라 환급금의 이자에 해당하는 환급가산금에 먼저 변제충당되어야 할 것이며, 그 변제충당에 있어 변제자인 국가가 그 순서를 임의로 지정하여 환급금 원본의 변제에 충당할 수는 없다"고 판시한 바 있다.

이 사건에서 대법원은 위와 같은 환급가산금의 법적 성격의 결과 "환급가산금의 내용에 대한 세법상의 규정은 부당이득의 반환범위에 관한 민법 제748조에 대하여 그 특칙으로서의 성질을 가진다고 할 것이므로, 환급가산금은 수익자인 국가의 선의·악의를 불문하고 그 가산금에 관한 각 규정에서 정한 기산일과 비율에 의하여 확정된다. 한편 부당이득반환의무는 일반적으로 기한의 정함이 없는 채무로서, 수익자는 이행청구를 받은 다음 날부터 이행지체로 인한 지연손해금을 배상할 책임이 있다"고 판시하는 한편 "납세자가 조세환급금에 대하여 이행청구를 한 이후에는 법정이자의 성질을 가지는 환급가산금청구권 및 이행지체로 인한 지연손해금청구권이 경합적으로 발생하고, 납세자는 자신의 선택에 좇아 그중 하나의 청구권을 행사할 수 있다"고 판단함으로써 일종의 청구권경합설의 태도를 취하였다.

이 사건에서는 이에 따라 원고가 법적 성격을 명시하지 아니한 채 이 사건 환급금에 대한 부대청구로서 위 관세 및 국세 납부일로부터 소장부본 송달일까지 연 5%, 그 다음 날부터 다 갚는 날까지 연 20%의 비율에 의한 금전의 지급을 청구한 것에 대하여, 대법원은 "이 사건 법정이자 기간에 대하여 구하는 위 5%의 비율은 위에서 인정된 그 기간 동안의 가산금률(1일 0.012% = 연 약 4.38%, 1일 0.01% = 연 약 3.65%)을 초과함이 계산상 명백한바, 그렇다면 원고의 위 부대청구는 이 사건 법정이자 기간에 대하여는 세법상의 환급가산금을 구하는 취지를 포함하고 있다고 할 것이고, 또한 그 다음 날부터는 지연손해금을 구하는 취지라고 해석함이 상당하다. 결국 원심이 이 사건 법정이자 기산일부터 이 사건 법정이자 기간 만료일까지 연 5%의 금전지급을 명한 제 1 심을 유지한 것은 환급가산금 또는 지연손해금에 관한 법리를 오해하여 판결 결과에 영향을 미친 위법이 있다고 할 것이다"라고 판시하였다.

이 사건은 납세자가 조세환급금에 대하여 이행청구를 한 이후에는 법정이자로서의 성격을 가지는 환급가산금청구권과 이행지체로 인한 지연손해금청구권이 경합적으로 발생하고 선택적으로 행사할 수 있다고 명시적으로 판단한 사실상 최초의 판례로 보여진다. 이러한 판시에 따르자면, (최근 환급가산금률은 5%보다 낮으므로) 민사법정이율에 따른 지연손해금을 청구하는 것이 일반적으로는 납세의무자에게 유리할 것으로 보여지나, 과거분부터 청구하는 경우에는 이자율을 비교, 선택할 필요가 있을 것이다.

**03** 대법원 2010.1.28. 선고 2007두20959 판결

# 횡령 사실을 숨기기 위하여 회계장부를 조작한 경우 국세 부과의 제척기간

**판결요지**

회사의 실질적인 경영자가 회사의 재산을 횡령하는 과정에서 회계장부를 조작하는 등의 행위를 한 것은, 그 전후의 경위에 비추어 볼 때 단지 횡령금을 빼돌린 사실을 은폐하기 위한 것일 뿐 이 사건 횡령금에 대하여 향후 소득처분이 이루어질 것까지 예상하여 그로 인해 자신에게 귀속될 상여에 대한 소득세를 포탈하기 위한 것으로 보기는 어려우므로, 국세기본법 제26조의 2 제1항 제1호 소정의 '납세자가 사기 기타 부정한 행위로써 국세를 포탈한 경우'에 해당하지 않으므로 국세 부과 제척기간은 5년이라고 봄이 상당하다.

## 1. 사실관계 및 쟁점

원고 회사는 1인 주주 겸 회장인 갑이 실질적으로 경영하던 회사인바, 갑은 1998.2.부터 같은 해 7.까지 원고 회사에 대한 대출 관련 비리를 폭로하겠다는 거래처 금융회사 노동조합원들을 무마하기 위하여 원고 회사의 자금 약 120억원을 빼돌리면서(이하 '횡령금') 이를 대여금 또는 지정기부금으로 각 회계처리하였다. 원고 회사는 갑의 이러한 행위에도 불구하고 갑을 횡령 등으로 고소하거나 갑 소유의 재산에 관하여 손해배상채권의 보전을 위한 별다른 조치를 취한 바가 없었다.

피고 세무서장은 위 횡령금이 원고 회사로부터 유출되어 갑의 소득으로 귀속된 것이라 판단하고 2005.4.2. 위 횡령금을 갑에 대한 상여로 소득처분하면서 소득금액변동통지를 하였다.

원고 회사는 위 소득금액변동통지가 갑의 소득세 납세의무가 소멸한 이후에 이루어진 것이므로 위법하다고 다투었으나, 원심은 갑이 "사기 기타 부정한 행위로써 국세를 포탈"하였으므로 국세 부과의 제척기간은 10년이라는 판단 하에 원고의 주장을 배척하였다.

## 2. 평 석

이 사건은 국세기본법상의 국세 부과 제척기간의 해석을 둘러싸고 대법원이 원심과 그 판단을 달리한 사안이지만, 그 이전에 대표자의 횡령 등 범죄행위가 있을 경우 법인의 재산이 사외로 유출되었다고 판단하기 위한 기준, 원천징수의 법리 및 소득금액변동통지의 법리에 대한 다양한 쟁점을 두루 다루고 있는 매우 흥미로운 사례이다. 논리의 순서에 따라 위 쟁점들을 차례로 살펴본다.

우선, 종래 대법원은 "법인의 대표이사 등이 법인의 자금을 유용하는 행위는 애당초 회수를 전제로 하여 이루어진 것이 아니어서 그 금액에 대한 지출 자체로 사외유출에 해당하고(대법원 1990.10.10. 선고 89누2233 판결)", 또 "법인의 사업을 위하여 사용된 것임이 분명하지 아니한 금원은 특별한 사정이 없는 한 대표자의 상여 내지 임시적 급여로서 근로소득에 해당한다(대법원 1997.12.26. 선고 97누4456 판결)"는 입장을 취하고 있었다. 이러한 판시는 회사와 그 대표자를 사실상 동일시하였던 과거의 기업 문화를 반영하고 있던 것이기도 한데, IMF 금융위기를 계기로 "소유와 경영의 분리"가 기업의 문화로 정착되어 감에 따라 범죄의 피해자가 된 회사가 그 범죄로 인한 조세까지 사실상 부담하여야 하는지(회사는 대표자의 소득에 대한 원천징수의무를 부담하게 된다)에 대한 강한 의문이 제기되고 있었다. 이에 대법원은 대표자가 불법행위에 이르게 된 경위, 회사와 대표자의 이해관계가 일치한다고 볼 수 있는지, 회사가 대표자의 불법행위를 묵인하거나 추인하였다고 볼 수 있는지 등의 제반 사정을 살핀 후, 회사가 대표자에 대하여 손해배상청구권을 보유하고 있는 것으로 볼 수 있다면 횡령액 상당의 재산이 사외로 유출되었다고 보기 어렵다는 판시를 하기에 이르렀는바(대법원 2008.11.13. 선고 2008두1009 판결), 대상판결은 대법원의 위와 같은 새로운 입장을 재확인하고 있으며, 특히 회사가 1인 주주에 의하여 지배받는 회사라는 이유로 곧 사외유출을 인정할 것은 아니라는 점을 확인하였다는 점에서 의의가 있다(물론 이 사건에서는 사외유출이 그대로 인정되었다).

다음으로, 대표자의 횡령이 사외유출로 인정되는 경우 그 횡령금은 대표자에 대한 상여로 소득처분될 것인데, 이때 소득처분되는 금액은 당해 회사가 소득금액변동통지서를 받은 날에 이를 지급한 것으로 보게 된다. 그런데 대표자가 실제로 횡령을 한 시점과 회사가 이를 지급한 것으로 보는 시점이 달라지므로, 만일 대표자에 대한 횡령 사실을 기준으로 한 소득세의 부과제척기간이 이미 경과한 때에도 소득금액변동통지 시점을 기준으로 소득의 발생 시기를 일치시킴으로써 회사에 대하여 소득세 원천징수의무를 인정할 것인지가 문제될 수 있다. 대상판결은, "회사가 소득금액변동통지에 의하여 대표자에게 소득금액을 지급한 것으로 보는 것의 의미는 그 소득금액을 회사가 현실로 지급하는 것을 의미하는 것이 아니라 법으로써 이를 의제하는 것에 불과하고, 따라서 회사의 원천징수의무가 성립하려면 그 성립시기인 소득금액변동통지서를 받은 때에 소득금액을 지급받은 것으로 보아야 할 원천납세의무자의 소득세 납세의무가 성립되어 있을 것이 전제"되어야 하는바, 만일 원천납세의무자의 소득세 납세의무가 그 소득세에 대한 부과제척기간의 도과 등으로 소멸하였다면 원천징수의무도 성립할 수 없다는 점을 분명히 하였다. 이 부분에 대하여는 종래 판례가 다소 엇갈리고 있었는데, 전원합의체 판결로써 명쾌하게 정리하지 못한 점이 아쉽다. 즉, 소득의 지급이 의제되기 이전에는 과세대상인 소득의 존재를 인정할 수 없다는 판례(예컨대, 대법원 1992.7.14. 92누4048 판결 ; 1991.2.26. 선고 90누4631 판결)와 소득세의 납세의무는 실질적인 소득의 발생 시점을 기준으로 하고 따라서 소득처분 당시 원천납세의무가 성립하지 아니한 경우에는 이를 전제로 한 지급자의 원천징수의무도 성립할 수 없다는 판례(예컨대, 대법원 1992.9.22. 선고 91다40931 판결 ; 1989.3.14. 선고 85누451 판결)가 양립하고 있었는데, 소득금액변동통지에 대한 종전의 판례가 워낙 복잡하게 얽혀 있었던 까닭에 이 부분이 정리되지 못한 채[1] 결론을 같이하는 종래 일부 판결만을 원용하고 있는 것이다.

그렇다면 이제 이 사건에서 남은 과제는 과연 대표자 갑의 소득세 납세의무가 국세 부과제척기간의 도과로 소멸하였는지 여부인데, 대상판결은 매우 흥미로운 판단을 하고 있다.

국세 부과의 제척기간은 원칙적으로 5년에 불과하므로 이미 갑의 소득세 납세의무도 소멸하였다고 볼 수 있지만, 한편 회계장부를 조작하는 등의 적극적인 행위가 있었던 이상 "사기 기타 부정한 행위로써 국세를 포탈"한 것으로 보아 예외적으로 그 제척기간이 10년으로 연장되었다고 볼 여지가 충분해 보인다(국세기본법 제26조의 2 제 1 항 제 1 호). 특히 종래 조세범처벌법(2010.1.1. 법률 제9919호로 전부 개정되기 전의 것)은 "사기 기타 부정한 행위로써 조세를 포탈"한 자를 처벌하면서(제 9 조 제 1 항), 허위장부의 기장을 전형적인 하나의 사례로 인식하고 있었기 때문이다(대법원 2004.9.24. 선고 2003도1851 판결 등).

그런데 대상판결은 대표자가 적극적으로 회계 장부 등을 조작하였던

---

1) 예컨대, 위 90누4631 판결은 소득금액변동통지의 처분성을 인정한 전원합의체 판결인 대법원 2006.4.20. 선고 2002두1878 판결에 의하여 변경되었으나, 이 쟁점에 대한 판시까지 위 전원합의체 판결에 의하여 변경된 것은 아니다.

점을 인정하면서도, 이러한 행위가 장래의 자신에 대한 소득처분 등을 예상한 것으로 보기 어렵다는 이유로 국세 부과 제척기간 연장을 부인하고 있다. 이러한 판시는 장부 조작의 목적이 조세포탈의 목적이 아니라는 점만 인정되면 비록 조세회피의 결과가 발생하더라도 "사기 기타 부정한 행위"가 아니라는 취지로도 읽힌다.

물론 동일한 조문을 두고, 조세범처벌법과 국세기본법의 해석이 달라졌다는 측면만 보면 위 판시를 이해하기 어려운 면이 없지 않다. 그렇지만 단순한 제 3 자의 절도와는 달리, 회사의 대표자가 재산을 횡령하였다면 오직 이를 감추기 위한 목적으로 횡령 행위 등에 부수하여 장부 등을 조작할 개연성이 충분하고, 그 정도가 매우 정교하거나 치밀한 수준에 이르지 않는다면 "사기 기타 부정한 행위"에 이르지 않는다고 보는 것이 오히려 구체적 타당성에 부합할 여지가 많다.

이 사건에서 갑이 특정범죄가중처벌등에관한법률 위반(조세) 내지 조세범처벌법 위반 등으로 유죄판결을 받았는지 여부는 확인하기 어려우나, 판시에 미루어 볼 때 그 정도가 중한 것은 아니었던 것으로 보인다. 다만, 최근 개정된 조세범처벌법이 "장부의 거짓 기장"을 "사기 기타 부정한 행위"의 하나로서 명문화하고 있다는 점을 생각해 본다면(제 3 조 제 6 항 제 1 호), 대법원이 위 부분 판시를 어떻게 발전적으로 전개시켜 나아갈 것인지 주목할 필요가 있다.

04 대법원 2010.6.25. 선고 2007두17373 판결

# 재결청의 재조사결정에 따른 제소기간의 기산점

판결요지

**[다수의견]**

재조사결정의 형식과 취지, 그리고 행정심판제도의 자율적 행정통제기능 및 복잡하고 전문적 · 기술적 성격을 갖는 조세법률관계의 특수성 등을 감안하면, 재조사결정은 당해 결정에서 지적된 사항에 관해서는 처분청의 재조사 결과를 기다려 그에 따른 후속 처분의 내용을 이의신청 등에 대한 결정의 일부분으로 삼겠다는 의사가 내포된 변형결정에 해당한다고 볼 수밖에 없다.

그렇다면 재조사결정은 처분청의 후속 처분에 의하여 그 내용이 보완됨으로써 이의신청 등에 대한 결정으로서의 효력이 발생한다고 할 것이므로, 재조사결정에 따른 심사청구기간이나 심판청구기간 또는 행정소송의 제소기간은 이의신청인 등이 후속 처분의 통지를 받은 날부터 기산된다고 봄이 상당하다.

**[별개의견]**

다수의견과 같이 행정심판의 자율적 행정통제기능을 중시하여 재조사결정이 이의신청 등에 대한 결정으로서 유효하다고 보게 되면, 처분청이 재조사 결과에 따라 위법한 당초 처분을 바로잡는 과정에서 당초 세액과 과세표준을 증액하는 후속 처분을 하는 것도 가능하다고 보는 과세실무를 국세기본법 제79조 제 2 항이 규정한 불이익변경금지원칙과 관련지어 설명하기 어렵다. …… 그렇다면, 재조사결정은 단지 효율적인 사건의 심

> 리를 위하여 처분청에 재조사를 지시하는 사실상의 내부적 명령에 불과하다고 보아야 할 것이므로 그로써 이의신청 등에 대한 결정이 있었다고 할 수 없고, 후속 처분에 의하여 그 효력이 발생한다고 의제할 수도 없다.
> **[다수의견에 대한 보충의견]**
> 행정심판전치주의의 근본취지와 조세법률관계의 특수성, 재조사결정의 형성 배경 및 그에 대한 납세자의 인식 등에 비추어 보면, 국세기본법이 정한 재결청이 그 권한을 행사하여 한 결정으로서 외부적으로 표시되어 납세자에게 통지까지 된 재조사결정을 사실상의 내부적 명령에 불과하다고 할 수는 없다. …… 왜냐하면 별개의견과 같이 재조사결정이 이의신청 등에 대한 결정이 아니라고 한다면 그에 따른 후속 처분은 불이익변경금지원칙이 적용되지 아니하므로 감액경정처분은 물론 증액경정처분도 제한 없이 가능하다고 볼 수밖에 없기 때문이다.

## 1. 사실관계 및 쟁점

원고는 운수업을 영위하는 사업자로서, 금천세무서장은 운수 알선업자인 소외 A에 대한 세무조사 과정에서 원고가 소외 B에게 물량을 운송하고 세금계산서를 발행하지 아니하였다는 취지의 확인서를 제출받아 피고에게 통보하였다. 피고는 2005.4.1. 위 확인서를 과세근거로 하여 매출신고 누락분에 대한 부가가치세 부과처분을 하였다(이하 '이 사건 부과처분'). 원고가 2005.6.29. 피고에게 이 사건 부가가치세 부과처분에 대한 이의신청을 하자, 피고는 2005.7.27. 원고의 주장이 이유 있는 것으로 판단되므로 실지거래 여부를 재조사하여 그 결과에 따라 과세표준 및 세액을 경정하도록 한다는 취지의 이 사건 재조사결정을 하였다. 그 후 피고는 재조사 결과 원고 등이 당초 조사내용을 번복할 자료를 제시하지 않았다는 이유로 이 사건 부가가치세 부과처분을 유지한다는 내용의 후속처분을 2005.10.24. 원고에게 통지하고, 원고는 2005.10.28. 국세청장에게 이 사건 심사청구하였으나, 국세청은 원고의 심사청구가 이 사건 재조사결정을 통보받은 2005. 7.29.로부터 심사청구기간인 90일을 도과하여 부적법하다는 이유로 2005. 12.29. 청구를 각하하자, 원고가 2006.3.20. 이 사건 소를 제기한 사안이다.[1)]

종래 명확한 법적 근거 없이 조세심판의 오랜 실무 관행으로 자리 잡은 재조사결정에 대하여는 그 법적 성격, 불복청구기간의 기산점과 불이익변경금지원칙의 적용 여부에 대해 많은 논란이 있어 왔다. 특히 불복청구기간의 기산점과 관련, 납세자가 재조사결정의 통지를 받은 날로부터 기산된다는 일관된 판례의 입장(대법원 1997.10.24. 선고 96누10768 판결 ; 대법원 2009.5.28. 선고 2006두16403 판결 등)에 대하여는 재조사결정 자체만으로 불복의 대상과 범위를 구체적으로 특정하기 어려워 재조사 결과를 기다려 그 후속처분의 내용을 보고 불복 여부를 결정하는 것이 일반적임에도, 경정처분이 있기도 전에 불복 여부를 결정할 수밖에 없어 납세자의 재판청구권 등 절차적 권리의 침해 논란이 꾸준히 제기되어 왔다. 이 사건은 불복청구기간의 기산점에 관한 기존의 판례를 변경하여 불복청구의 범위를 확대하였으며, 그 근거를 재조사결정의 법적 성격에 관한 논의에서 찾아 이를 정리하였다는 점에서 커다란 의의가 있다.

## 2. 평 석

이의신청 등에 대한 결정의 한 유형으로 실무상 오래 전부터 행해지고 있는 재조사결정은 처분청으로 하여금 하나의 과세단위의 전부 또는 일부에 관하여 당해 결정에서 지적된 사항을 재조사하여 그 결과에 따라 과세

1) 이 사건의 본안 판단은 신빙성이 결여된 확인서에 근거한 이 사건 부과처분이 근거과세원칙에 위배되어 위법하다는 판시한 원심판결의 당부인바, 대법원은 사실인정의 문제로 보아 이 부분에 관하여는 추가로 판단하지 아니하였다.

표준과 세액을 경정하거나 당초 처분을 유지하는 등의 후속 처분을 하도록 하는 결정 유형을 의미한다. 이는 국세기본법 제65조 제1항, 제66조 제6항, 제81조에서 이의신청 등 조세심판의 결정유형으로 열거되지 아니한 제3의 결정유형으로, 주로 과세요건이나 비과세요건의 입증이 불확실한 경우에 행해지며, 이와 같은 경우 증명책임의 법리에 따라 소송 결과가 좌우되는 조세소송과는 확연히 구별된다.

종래 대법원은 재조사결정 이후 처분청이 감액경정처분을 한 경우에도 당초 처분과 감액경정처분의 관계에 관한 판례 이론을 그대로 적용하여 일부취소설에 따라, 재조사결정에 따라 이루어진 감액경정처분의 경우에도 그에 대하여 별도의 쟁송수단을 인정하여야 할 특별한 사정이 없는 한 마찬가지로 적용되므로, 제소기간은 납세자가 재조사결정의 통지를 받은 날부터 기산된다고 해석하여 왔다(대법원 1997.10.24. 선고 96누10768 판결 ; 대법원 2009.5.28. 선고 2006두16403 판결 등 참조).

이러한 종래의 대법원 판례는 재조사결정이 이의신청 등에 대한 결정으로서 유효함을 전제로 하는 것으로서, 재조사결정 이후 처분청이 감액경정처분이 아닌 당초 처분을 유지하는 내용의 후속 처분을 한 경우에도 그대로 적용되고, 행정심판에서의 불복청구기간에 관해서도 같은 법리가 적용되는 것으로 이해되고 있다. 그러나 납세자는 재조사결정 그 자체만으로는 불복의 대상과 범위를 구체적으로 특정하기 어려우므로 일단 재조사 결과를 기다려 그에 따른 경정처분을 기다리는 것이 일반적이므로, 위와 같은 종래의 대법원 판례는 납세자로 하여금 후속처분의 통지를 받기도 전에 곧바로 불복 여부를 결정할 수밖에 없도록 함으로써 헌법에 보장된 납세자의 재판청구권이 침해되는 결과를 초래한다는 문제점이 꾸준히 지적되어 왔다.

이 사건 판결의 다수의견 및 보충의견은 재조사결정이 처분청의 재조사 결과를 기다려 후속처분의 내용을 이의신청 등에 대한 결정의 일부분으로 삼겠다는 의사가 내포된 변형결정에 해당하므로, 처분청의 후속처분에 의하여 그 내용이 보완됨으로써 이의신청 등에 대한 결정으로서의 효력이 발생한다고 할 것이므로, 재조사결정에 따른 심사청구기간이나 심판청구기간 또는 행정소송의 제소기간은 이의신청인 등이 후속처분의 통지를 받은 날부터 기산된다고 봄이 상당하다고 판시하면서 이에 저촉되는 기존 일련의 판례를 변경하였다. 한편 재조사결정은 단지 효율적인 사건의 심리를 위하여 처분청에 재조사를 지시하는 사실상의 내부적 명령에 불과하다고 본 이 사건 별개의견은 외부적으로 표시되어 통지된 재조사결정을 내부적 명령으로 볼 수는 없고, 내부적 명령으로 볼 경우, 불이익변경 금지원칙이 처음부터 적용될 여지가 없다는 점에서 타당하지 않다.

결과적으로, 이 사건 판결은 국세기본법 제65조 제 1 항, 제66조 제 6 항, 제81조의 이의신청 등에 대한 결정의 유형을 예시적 규정으로 해석하는 전제 하에서, 재조사결정을 그 자체로 완결된 종국 결정이 아닌, 후속처분에 따라 그 내용이 보완됨으로써 결정의 효력이 발생하는 변형된 종국결정으로 해석하여 재조사결정에 따른 심사청구기간이나 심판청구기간 또는 행정소송의 제소기간은 이의신청인 등이 후속처분의 통지를 받은 날부터 기산하도록 함으로써 종래 제기된 절차적 권리 침해 논란이 해소되었다는 데 의미가 있다. 그러나 이 사건 다수의견이 당초 처분을 유지하거나, 오히려 새로운 과세자료를 근거로 증액경정처분이 내려질 가능성을 배척하지 아니한 점을 유의할 필요가 있다. 판례는 일찍이 심판청구에 관해 규정된 불이익변경금지원칙(국세기본법 제79조 제 2 항)이 명문의 규정이 없는 이의신청이나 심사청구의 경우에도 적용된다고 보고 있다(대법원 2007.11.16. 선고 2005두10675판결).

이 점에 비추어 재조사결정에 따른 재조사는 재결청의 심리과정에서 재조사의 필요성이 인정된 범위 내로 제한하고, 원칙적으로 당초 처분액을 증액하는 증액경정처분은 허용하지 않는다고 보는 이 사건 별개의견이 행정심판의 자율적 통제와 국민의 권리구제기능의 조화를 도모한다는 측면에서 타당하다고 생각된다. 보다 근본적인 해결책으로, 재조사 절차에서 증액결정을 위한 과세자료가 추가로 발견되는 경우 등에 있어서의 불이익변경의 범위나 증액경정의 가부를 둘러싼 법리적 논쟁에 관하여 이를 입법적으로 명확히 하여야 한다.

**05** 대법원 2011.3.10. 선고 2009두23617 판결

# 세무조사결정의 처분성

**판결요지**

부과처분을 위한 과세관청의 질문조사권이 행해지는 세무조사결정이 있는 경우 납세의무자는 세무공무원의 과세자료 수집을 위한 질문에 대답하고 검사를 수인하여야 할 법적 의무를 부담하게 되는 점, 세무조사는 기본적으로 적정하고 공평한 과세의 실현을 위하여 필요한 최소한의 범위 안에서 행하여져야 하고, 더욱이 동일한 세목 및 과세기간에 대한 재조사는 납세자의 영업의 자유 등 권익을 심각하게 침해할 뿐만 아니라 과세관청에 의한 자의적인 세무조사의 위험마저 있으므로 조세공평의 원칙에 현저히 반하는 예외적인 경우를 제외하고는 금지될 필요가 있는 점(대법원 2010.12.23. 선고 2008두10461 판결 등 참조), 납세의무자로 하여금 개개의 과태료 처분에 대하여 불복하거나 조사 종료 후의 과세처분에 대하여만 다툴 수 있도록 하는 것보다는 그에 앞서 세무조사결정에 대하여 다툼으로써 분쟁을 조기에 근본적으로 해결할 수 있는 점 등을 종합하면, 세무조사결정은 납세의무자의 권리·의무에 직접 영향을 미치는 공권력의 행사에 따른 행정작용으로써 항고소송의 대상이 된다고 할 것이다.

## 1. 사실관계 및 원심판결

### (1) 사실관계

원고는 법률사무소를 운영하는 변호사로서 피고에게 2000년부터 2004년까지의 부가가치세 및 종합소득세를 신고·납부하였다. 피고는 원고 법

률사무소에서 사무장으로 근무했던 자로부터 위 과세기간 동안 세금 탈루에 관한 제보에 따라, 2006.3.13.부터 2006.4.21.까지 원고에 대하여 세무조사를 실시하였다. 그 결과 피고는 원고가 부가가치세 과세표준과 종합소득세 수입금액을 일부 신고 누락한 것으로 판단하여 원고에게 2000년부터 2004년까지의 종합소득세 및 2001년부터 2004년까지의 부가가치세를 각 부과・고지하였다.

원고는 이에 불복하여 국세심판원에 심판청구를 하였고, 국세심판원은 2007.1.25. 일부 잘못 판단한 부분을 시정하라는 취지의 결정을 하였다. 위 결정에 따라 피고는 2007.2.5. 부가가치세에 대한 감액경정처분을 하고, 종합소득세 중 감액된 차액을 원고에게 환급하였다.

그 후 위 제보자는 재차 피고에게 원고 법률사무소의 형사사건 접수부 등을 제출하면서 최초 세무조사에서 형사 사건의 성공보수금 등이 누락되었다고 신고하였다. 이에 피고는 2007.3. 초경 원고에게 '조사기간 2007.3.5.부터 2007.3.23.까지(15일간), 조사대상 세목 소득세・부가가치세 등, 조사대상 기간 2001.1.1.부터 2004.12.31.까지'인 세무조사(이 사건 세무조사)를 추가로 실시하겠다고 통지하였다. 피고는 2007.3.6. 원고 법률사무소에 출장하여 납세자 권리헌장, 청렴서약서 등을 교부하고 이 사건 세무조사에 착수하려고 하였으나, 원고의 반발로 조사에 들어가지 못하였다.

원고는 2007.3.2. 국세청장에게 이 사건 세무조사결정에 대한 심사청구를 하였으나, 2007.3.19. 각하되었고, 이 사건 세무조사결정처분 취소의 소를 제기하기에 이르렀다.

(2) **원심판결**

원심은, ① 세무조사를 하는 경우에는 예외 없이 사전통지서를 통해서 세무조사를 개시하겠다는 결정이 외부에 표시되는 것은 아닌 점, ② 세무조사에 대한 사전통지는 세무관서의 내부적인 방침을 미리 납세자에게 예고하는 것에 불과한 점, ③ 세무조사 결정 자체에는 구체적인 수인 의무를 부과하는 내용이 전혀 포함되지 않는 점 등을 이유로 세무조사 결정은 항고소송의 대상이 되는 처분에 해당하지 않는다고 판단하였다.

## 2. 평 석

### (1) 이 판결의 의미

이 판결은 과세관청이 세무조사에 들어가기 전 단계에서 세무조사결정을 한 것만으로도 이를 항고소송의 대상이 되는 '처분'으로 인정하여 납세자에게 쟁송 가능성을 열어 주었다는 의미를 갖는다. 이제까지 납세자는 세무조사 후 세금이 부과된 다음에야 이를 다툴 수 있었기 때문에 일단은 세무조사를 받아야 했지만, 이 판결의 선고로 납세자는 중복 세무조사 등 권리침해가 예상될 경우에는 사전에 법적 대응을 할 수 있는 방법이 생기게 되었다고 할 것이다.

### (2) 이 판결의 활용 가능성

이 판결에 따른 불복은 행정소송법상의 집행정지제도와 결합할 때 실질적인 의미를 가질 수 있게 된다. 즉, 이 판결에 따라 세무조사결정에 대한 불복이 가능하더라도 그 불복만으로는 과세관청의 세무조사 권능에 어떠한 제약을 주는 것이 아니다. 대체로 불복을 제기한다고 하더라도 그 불복에 대한 당부 판단이 이루어지기 전에 세무조사가 종료될 것이기 때문에 세무조사결정을 행정소송으로 다투어도 집행정지가 선행되지 않는다면 결국 부과처분을 받게 될 가능성이 크다. 이 경우는 다시 처분에 대하여 불복하여 종국적으로 그 처분의 위법성 여부에 대하여 다투어야 한다. 이 경우 처음 제기한 세무조사결정에 대한 불복은 유지의 실익이 없어지고 부과처분취소소송에서 절차적 위법사유로서 함께 다투는 구조가 될 것이다.

행정소송법상 처분에 대한 집행정지의 요건으로는 ① 집행정지의 이익이 있을 것, ② 본안소송이 적법하게 계속 중일 것, ③ 본안소송의 승소개연성이 있을 것, ④ 보전의 필요성이 있을 것, ⑤ 공공의 복리에 중대한 영향을 미칠 우려가 없을 것이 논의된다.

납세자가 세무조사결정 처분에 대한 집행정지 신청을 할 경우, 우선 ④요건인 보전의 필요성과 관련하여 위법한 세무조사결정으로 입게 되는 손해가 회복하기 어려운 손해인가가 문제될 수 있다.

판례에 의하면, 과세처분 또는 체납처분으로 인하여 입게 되는 손해는 회복하기 어려운 손해에 해당하지 않는다고 판시한 것도 있고(대법원 1971. 1.28. 선고 70두7 결정), 반대로 체납처분으로 인하여 회복하기 어려운 손해가 생길 염려가 있음을 인정하여 공매처분의 집행정지를 인용한 판결도 있다(대법원 1986.11.27. 선고 86두21 판결). 실제 실무상의 운영에 있어서는 집행정지의 필요성을 판단함에 있어 처분의 성질, 형태에 중점을 두면서도 그 외에 본안에서의 승소가능성, 집행정지로 인한 공익의 침해정도와 그로 인하여 신청인이 면할 손해, 본안 패소시 발생할 문제점 등을 종합적으로 고려하여, 구체적 사안에 따라 집행정지의 필요성을 판단하고 있는데 종래에는 보수적 태도를 취한 예가 많다. 따라서 향후 법원이 납세자가 세무조사결정 처분의 집행정지 신청을 할 경우 이 요건을 어떻게 해석할 것인지는 지켜볼 필요가 있다.

다음으로 행정심판 전치주의와의 관계에서 ②요건이 문제될 수 있다.

국세기본법 제56조 제 2 항 및 제55조에 따라 세무조사결정 처분 역시 전심절차를 거칠 것이 요구된다. 다만, 세무조사가 임박한 상황에서 전심절차의 결정을 기다리게 되면 그 구제의 실효성이 없게 될 것이므로 행정소송과 전심절차의 관계를 조화롭게 해석할 필요가 있다.

조세행정소송의 경우 행정심판전치가 원칙이지만, 사실심 변론종결시까지 전심절차를 거치면 하자는 치유되는 것이므로, 집행정지 신청 당시행정심판결정까지 거쳤어야 할 필요가 없음은 물론 행정심판 제기 기간이 도과하지 않은 이상 아직 행정심판청구를 하지 않았다 하더라도 행정심판을 제기할 수 있는 기간 내에 제소하는 경우에는 사후에 보정될 가능성이 있으므로 바로 위법하다고 할 것은 아니다(대법원 1970.11.30. 선고 70그5 결정 참조). 따라서 납세자는 행정심판을 제기함과 동시에 또는 행정심판의 제기 없이도 우선 법원에 세무조사결정 처분의 취소소송을 제기하고 가구제 절차로서 세무조사결정의 효력정지 신청을 할 수 있는 것으로 해석하여야 할 것이다.

### (3) 예상되는 문제점

국세기본법 제81조의 7 제 1 항 단서에 의하면, 과세관청은 범칙사건에 대하여 조사를 하는 경우 또는 사전에 통지하면 증거인멸 등으로 조사목적을 달성할 수 없다고 인정되는 경우에는 세무조사의 사전통지를 아니할 수 있다. 과세관청의 입장에서는 세무조사 권한이 납세자들의 집행정지 신청으로 무력화된다고 판단되면 사전 통지 없이 세무조사를 진행할 가능성이 있다. 그렇게 된다면 납세자의 권익보호 강화를 위한 이 판결로 인하여 오히려 납세자의 권익이 그 이전보다 더 악화되는 결과가 발생할 수도 있다.

### (4) 결 어

국세기본법은 제81조의 2 내지 제81조의 16에 걸쳐 다수의 납세자 권리보호에 관한 조항을 신설하였고, 그 결과 납세자는 과세관청의 세무조사결정에 대하여 위법성을 주장할 수 있는 여지가 많아졌다. 근래 법원이 행정소송에 있어서 처분의 개념을 확대하여 권리구제의 폭을 넓히고 있는 추세와 궤를 같이하여 이 판결로써 세무조사결정의 처분성이 인정되어 납세자의 권리보호가 한층 확대된 점은 획기적인 일이다. 이로 인하여 과세관청의 정당한 세무조사 권능까지 부당히 제약될 가능성이 우려된다는 시각이 있으나 이 판결로서 좀 더 세무조사에서의 적법절차가 준수될 것으로 예상된다.

06 대법원 2011.4.14. 선고 2008두22280 판결

# 증액경정처분에 대한 항고소송에서 취소의 범위

판결요지

[1] 구 국세기본법(2010.1.1. 법률 제9911호로 개정되기 전의 것, 이하 같다) 제22조의 2 제 1 항은 "세법의 규정에 의하여 당초 확정된 세액을 증가시키는 경정은 당초 확정된 세액에 관한 이 법 또는 세법에서 규정하는 권리·의무관계에 영향을 미치지 아니한다"고 규정하고 있다.

위 규정의 문언내용 및 그 주된 입법취지가 증액경정처분이 있더라도 불복기간의 경과 등으로 확정된 당초 신고나 결정에서의 세액에 대한 불복은 제한하려는 데 있는 점을 종합하면, 증액경정처분이 있는 경우 당초 신고나 결정은 증액경정처분에 흡수됨으로써 독립한 존재가치를 잃게 되어 원칙적으로는 당초 신고나 결정에 대한 불복기간의 경과 여부 등에 관계없이 증액경정처분만이 항고소송의 심판대상이 되고, 납세자는 그 항고소송에서 당초 신고나 결정에 대한 위법사유도 함께 주장할 수 있으나, 확정된 당초 신고나 결정에서의 세액에 관하여는 취소를 구할 수 없고 증액경정처분에 의하여 증액된 세액을 한도로 취소를 구할 수 있다 할 것이다.

[2] 한편 구 지방세법(2010.3.31. 법률 제10221호로 전부 개정되기 전의 것, 이하 같다) 제82조는 "지방세의 부과와 징수에 관하여 이 법 및 다른 법령에서 규정한 것을 제외하고는 국세기본법과 국세징수법을 준용한다"고 규정하고 있는바, 여기서 말하는 '지방세의 부과'는 그 납세의무의 확정 여부와 관련이 있으므로 경정처분과의 관계에서 당초

> **처분의 확정 여부를 규율하는 구 국세기본법 제22조의 2 제1항은 이에 관한 규정에 해당한다고 할 것이고, 구 지방세법에는 이러한 구 국세기본법 제22조의 2 제1항에 상응하는 별도의 규정을 두고 있지 않으므로 구 국세기본법 제22조의 2 제1항은 구 지방세법 제82조에 의하여 지방세의 경우에도 준용된다고 봄이 상당하다.**

## 1. 사실관계

### (1) 요 지

원고는 골프장 사업을 영위하기 위하여 A로부터는 골프장 토지의 일부를 매수하였고, B로부터는 골프장 토지의 나머지 부분과 골프장사업과 관련된 일체의 영업권을 양수하면서 B의 골프장 관련 채무를 인수하는 사업양수도계약을 체결하였다.

원고는 2004.7.1. 골프장 사업과 관련한 취득세 및 농어촌특별세를 신고・납부(당초 처분)하였는데, 이에 대하여 피고는 2005.6.10. 취득세 중과세대상에 관한 판단을 달리하여 원고에게 취득세 등 증액경정처분을 하였다. 원고는 피고의 증액경정처분에 대하여 불복을 하면서 당초 처분세액의 취소까지 함께 구하였다.

### (2) 원심의 판단

원심은 원고가 당초 처분일인 2004.7.31.부터 90일 이내에 소송을 제기하거나 또는 지방세법상 이의신청, 심사청구 등의 절차를 거치지 않음으로써 당초 처분에 불가쟁력이 발생하였고, 그 이후인 2005.6.10. 피고의 증액경정처분이 있었음은 기록상 명백하므로, 증액경정처분의 취소를 구하는 이 사건 소 중 당초 처분세액의 취소를 구하는 부분은 부적법하다고 판단하였다.

## 2. 평 석

### (1) 문제의 소재

종래 2002.12.18. 국세기본법 제22조의 2가 신설되기 이전에는 당초 처분(신고를 포함하는 개념이다)과 경정처분의 관계에 대하여 세법상 아무런 규정도 두지 아니하여, 그 해결은 학설(소위 병존설, 흡수설, 병존적 흡수설, 역흡수설, 역흡수병존설 등) 및 판례에 맡겨져 있었다.

이와 관련하여 종래 대법원은 증액경정처분의 경우에는 소위 흡수설의 입상에서 ① 당초 신고하거나 결정된 세액을 증액하는 경정처분이 있는 경우 납세의무자는 그 증액경정처분만을 쟁송의 대상으로 삼아 취소를 청구할 수 있고, ② 당초 신고나 결정이 불복기간의 경과로 확정되었다 하여도 증액경정처분에 대한 소송절차에서 증액경정처분으로 증액된 세액에 관한 부분만이 아니라 당초 신고하거나 결정된 세액에 대해서도 그 위법 여부를 다툴 수 있다고 판시하여 왔다(대법원 2001.12.27. 선고 2000두10083 판결 등).

2002.12.18. 개정된 국세기본법 제22조의 2 제 1 항은 종래의 논쟁에 대한 입법적 해결을 위하여 "세법의 규정에 의하여 당초 확정된 세액을 증가시키는 경정은 당초 확정된 세액에 관한 이 법 또는 세법에서 규정하는 권리·의무관계에 영향을 미치지 아니한다"는 규정을 신설하였다. 그러나 위 규정만으로는 당초 처분과 경정처분과의 관계에 관한 문제가 일거에 해결되지 않았기 때문에 위 규정의 해석을 둘러싸고 학설상 논란은 여전히 계속되었고(즉, 위 개정으로 인하여 증액경정이 된 경우 증액된 세액만을 다툴 수 있고 전체의 세액에 대하여는 다툴 수 없게 된 것인지에 대해 의견이 분분하였다), 이에 대법원이 어떠한 입장을 취할 것인지가 주목되어 왔다.

### (2) 항고소송에서 주장할 수 있는 위법사유의 범위

국세기본법 제22조의 2의 시행 이후의 사건에서, 대법원 2009.5.14. 선고 2006두17390 판결은 증액경정처분의 경우 소위 '흡수설'의 입장, 조세소송에서의 소송물 이론에 관한 소위 '총액주의'의 입장, 국세기본법 제22조의 2 제 1 항의 주된 입법취지 등을 근거로, 국세기본법 제22조의 2의 시행 이후에도 원칙적으로 증액경정처분만이 항고소송의 심판대상이 되고, 납세의무자는 그 항고소송에서 당초 신고나 결정에 대한 위법사유도 함께 주장할 수 있다고 판시하였다.

다만, 대법원은 당초 처분에 대하여 소송법상 불가쟁력이 발생한 경우 취소되는 세액의 범위는 명백히 밝히지 않았고, 판결 이유 중에서 국세기본법 제22조의 2 제 1 항의 입법취지가 취소되는 세액의 범위를 증액경정된 범위에 한정하려는 것이라고 설시하여 간접적으로 대법원의 입장을 짐작할 수 있는 근거만을 밝혀 놓았다. 이에 따라 취소세액의 범위에 관하여는 논란이 완전히 종식된 것이 아니라는 견해도 남아 있었다.

### (3) 증액처분에 대한 항고소송시 취소범위

대상판결은 증액경정처분에 대한 취소소송에서 법원이 취소할 수 있는 범위에 관하여, 확정된 당초 신고나 결정에서의 세액에 관하여는 취소를 구할 수 없고 증액경정처분에 의하여 증액된 세액을 한도로 취소를 구할 수 있다고 판시하였다.

이와 같은 대상판결의 취지에 따른다면, 결국 법원의 심판대상은 제소기간의 도과로 이미 확정된 당초 처분의 위법사유도 포함되지만 그 취소세액은 증액경정처분에 의하여 증액된 세액의 범위 내에서만 가능한 것으로 된다.

결국 대법원은 국세기본법 제22조의 2의 입법취지인 ① 당초 처분에 불가쟁력이 발생하여 납세자가 더 이상 이를 다툴 수 없음에도, 과세관청이 증액경정처분을 하였다는 이유만으로 당초 처분의 세액을 재차 다툴 수 있는 가능성을 열어주는 것은 부당하다는 점, ② 납세자가 이미 불가쟁력이 발생한 처분을 다투기 위하여 과세관청의 증액처분을 유도하는 편법을 막을 필요가 있다는 점 등을 받아들인 것이다. 납세자의 권리보장의 입장에서 보면, 종래의 납세자의 권리를 제한하려는 입법의 타당성은 의문시되지만 대법원으로서는 개정조항에 대한 다른 해석을 내기가 어려웠을 것이다.

대상판결은 증액처분에 대한 항고소송시 그 취소범위에 관한 대법원 입장을 다시금 명확하게 하여 그동안 국세기본법 제22조의 2 제 1 항을 둘러싼 논쟁을 정리하였다는 점에 그 의의가 있다고 하겠다.

# 07 대법원 2011.6.10. 선고 2009두898 판결[1]

# 국세환급가산금의 기산일

**판결요지**

구 조세감면규제법 제56조의 2 제1항 본문에 따라 처음으로 주식을 상장하는 것을 전제로 자산재평가를 하고 그 신고를 함에 따라 구 자산재평가법에 따라 그 재평가차액에 대하여 자산재평가세가 부과, 납부되었으나, 법정기간 내에 주식이 상장되지 아니한 경우에는 1990.12.31. 법률 제4285호로 개정된 조세감면규제법 부칙 제23조 제1항의 규정에 따라 이미 행한 재평가를 구 자산재평가법에 의한 재평가로 보지 아니하는 결과, 이미 이루어진 자산재평가세 부과처분은 처음부터 그 근거를 상실하여 위법한 것으로 돌아가므로 취소되어야 하고, 자산재평가차액은 다시 법인세법의 규정에 의한 소득계산상 해당 연도의 익금에 산입되어 법인세 등이 경정, 부과처분되어야 한다.

이와 같이 자산재평가세 부과처분이 취소됨에 따라 납세자가 이미 납부하였던 자산재평가세액을 납세자에게 환급하는 것은 구 국세기본법 제52조 제1호에 해당하는 것임이 분명하고, 따라서 그 환급금에 대하여는 그 납부일의 다음 날부터 국세환급가산금을 가산하여야 할 것이고, 이를 법률의 개정으로 인한 것이라고 볼 수는 없으므로 구 국세기본법 제52조 제5호가 적용될 것은 아니라고 할 것이다.

1) 같은 취지의 판결로 대법원 2011.5.26. 선고 2009두4074 판결이 있다.

# 1. 사실관계 및 원심의 판단

## (1) 사실관계

원고는 1990.10.1. 구 조세감면규제법 제56조의 2의 '기업공개시 재평가특례' 규정에 의하여 '한국증권거래소에 처음으로 주식을 상장하는 것'을 전제로 자산재평가법상의 자산재평가(이하 '이 사건 자산재평가')를 실시하였다. 이에 따라 피고는 위 재평가에 따른 재평가차액 30억 43,633,212원에 대하여 자산재평가세 91,308,996원을 부과하는 처분을 하였고 원고는 그 무렵 위 세액을 납부하였다(이하 '이 사건 재평가차액' 및 '이 사건 재평가세 처분').

그 후 피고는, 이 사건 자산재평가를 실시한 원고가 구 조세감면규제법 부칙 제23조 제 1 항, 구 조세특례제한법 시행령 제138조의 규정에 따라 그 주식을 2003.12.31.까지 상장하여야 함에도 불구하고 이를 상장하지 아니하였으므로, 이 사건 재평가차액은 자산재평가법에 의한 재평가차액이 아닌 임의평가차익에 해당한다고 보고, 2004.1.17. 위 재평가차액 30억 43,633,212원을 원고의 1990사업연도 익금에 산입한 다음 법인세 24억 41,433,240원과 방위세 283,502,330원의 각 부과처분을 하였다. 한편 피고는 같은 날 이 사건 재평가세 91,308,996원의 부과처분을 직권으로 취소하면서, 원고에게 재평가세와 함께 국세기본법 제52조 제 1 호에 따라 그 납부일 다음 날로부터 기산한 환급가산금 111,538,000원(이하 '이 사건 환급가산금')을 환급하였다.

한편 원고는 피고의 위 2004.1.17.자 법인세 등 부과처분에 불복하여 국세심판원에 심판청구를 제기하였고, 국세심판원은 2005.5.4. 가산세에 대하여는 그 의무이행을 제대로 못한 데에 '정당한 사유'가 있다는 이유로 가산세 부과처분을 취소하는 결정을 하였다.

그러자 기획재정부는 환급조치 후 2년이 지난 2006.3.22. 이 사건 환급가산금은 어디까지나 법인세의 가산세를 징수하는 것을 전제로 피고가 원고에게 환급한 것인데, 위 국세심판원 결정에 따라 과세관청이 가산세를 징수하지 못하게 된 이상, 원고에게 환급된 이 사건 환급가산금은 전액 환수되어야 한다는 입장을 표명하였고, 피고는 위 기획재정부 예규에 따라 2006.6.9. 이 사건 환급가산금 111,538,000원을 추징하는 이 사건 징수처분을 하였다

### (2) 원심판결

원심은 다음과 같은 이유로 이 사건 징수처분이 적법하다고 판시하였다.

**(가)** 국세기본법 제52조 제 1 호에서 규정하고 있는 '납부의 기초가 된 신고 또는 부과를 경정하거나 취소함으로 인한 국세환급금'이란 '납부의 기초가 된 신고 또는 부과처분이 당연무효는 아니나 당초부터 위법사유가 있어서 경정되거나 취소됨으로 인한 국세환급금'을 의미하는 것이지, 당초에는 위법사유가 없었으나 후발적 사정에 의해 당초의 신고 또는 부과처분을 경정 또는 취소한 경우까지 의미하는 것은 아니다.

**(나)** 이 사건 재평가세 부과처분에 있어서, 주식 미상장의 법적 성격은 민법상 '해제조건'이고, 해제조건 있는 법률행위는 조건이 성취된 때로부터 그 효력을 잃게 되는 점을 고려할 때, 이 사건 재평가세 부과처분에 따른 조세채권·채무관계는 주식 미상장이라는 해제조건이 성취됨으로써 그 때부터 효력을 잃게 되었다고 할 것이고, 따라서 이 사건 재평가세 부과처분이 처분 당시로 소급하여 위법하게 된다고 볼 수 없다.

**(다)** 주식 미상장이라는 후발적 사유의 발생을 법률 개정과 동일시할 수는 없으나, 후발적 사유의 발생으로 말미암아 재평가차액에 대하여 적용할 법률이 달라지는 사정을 고려할 때, 국세기본법 제52조 제 5 호 소정의 '적법하게 납부된 후 법률의 개정으로 인한 국세환급금' 규정을 이 사건에

유추적용하는 것이 가능하다.

## 2. 평 석

이 사건 징수처분의 경위에서 알 수 있듯이, 피고는 애당초 이 사건 환급가산금이 국세기본법 제52조 제 1 호가 적용되는 사안이라고 판단하고 그에 따라 환급가산금을 지급하였다가 법인세 가산세를 돌려주게 될 상황에 봉착하자 그 보상조치로서 이 사건 징수처분을 한 것으로 보인다. 그리고 피고는 이러한 환수조치의 법률적 근거로서 국세기본법 제52조 제 5 호의 유추적용론 등을 주장한 것이다.

그러나 재평가 실효의 소급효 유무나 이 사건에 국세기본법 제52조 제 1 호가 적용되는지 혹은 제 5 호가 적용되는지 여부는 재평가세 환급 당시에 이미 충분히 고려될 수 있었음에도 불구하고 피고가 아무런 망설임 없이 이를 환급하였던 것은, 이 사안에서 국세기본법 제52조 제 1 호가 적용되는 것이 피고 자신이 보기에도 지극히 당연하였기 때문이었던 것이 아닐까 추측된다.

결국 이 사건 징수처분은 오로지 '국고주의의 시각'에서 나온 것으로 보이고, 피고가 내세우고 있는 '국세기본법 제52조 제 5 호의 유추적용론' 등은 이러한 목적을 달성하기 위해 내세운 논리인 것으로 보인다.

구체적으로 원심판결의 논리는 다음과 같은 이유로 부당하다 생각된다.

첫째, 원심은 원고의 주식 미상장을 일종의 해제조건으로 보고 그 효력은 조건 성취시부터 발생하는 것이지 소급하는 것이 아니므로(민법 제147조 제 2 항), 피고의 재평가세 보유는 상장 미이행 확정시부터 그 법률상 원인이 없게 되는 것에 불과하다고 판단하였다.

그러나 행정법적 법률관계에 있어 이른바 "조건"이라고 함은 행정행위의 효력을 그 발생이 불확실한 장래의 사실에 의존케 하는 행정청의 개별적 의사표시를 말하는 것이다. 즉, 이 사건과 같이 세법 자체에서 어떠한 행위의 효력에 따라 과세 여부를 좌우하는 내용을 규정한 경우는 그 자체가 하나의 법률상 과세요건 혹은 추징요건이 될 뿐이지, 원심이 설시하는 의미의 "조건"이 될 수는 없다고 할 것이다.

둘째, 국세기본법 제52조 각 호의 체계를 살펴보면, 제 1 호가 국세환급금 중 대다수를 차지하는 과오납금을 예시하고 있는 것이고, 제 3 호, 제 5 호는 적법하게 납부된 세액 중에서 감면이나 법률 개정에 의해 환급하는 경우를 특정하고 있다는 점은 그 문언상 명백하다.

따라서 제 1 호의 규정 내용 자체가 다른 규정들보다 포괄적 · 일반적으로 규정되어 있고, 따라서 제 3 호 등 다른 규정에 명시적으로 해당되지 않는 이상 제 1 호가 적용됨은 그 해석상 너무나도 당연한 것이다.

그러나 원심은 제 3 호, 제 5 호에서 "적법하게 납부된 ……"이라고 규정하고 있는 점에 착안하여 일종의 목적론적 해석의 차원에서 "위법하게 납부되었는가, 아니면 납부 당시에는 적법한 납부였는가"를 환급가산금 기산일 결정의 기준으로 삼아야 한다고 보았다. 이는 명문의 규정에 반하는 것으로서 조세법률주의 내지 엄격해석의 원칙에 비추어 부당한 해석론이라 할 것이다.

이와 같은 원심판단의 위법을 전제로, 대법원은 국세기본법 제52조 각 호의 규정 체계상 제 3 호 및 5호 소정의 특별한 사유에 해당하지 않으면 원칙적 규정인 제 1 호를 적용하는 것이 조세법률주의 내지 엄격해석의 원칙에 비추어 마땅하다는 판단을 하였다. 어찌 보면 지극히 상식적인 판결일 수 있지만, 과세관청이 국고주의적 시각에 치우쳐 무리한 과세처분을 함에 대해 법원이 확실한 한계를 설정하였다는 점에서 높이 평가될 만한 사례라고 볼 것이다.

**08** 대법원 2012.3.29. 선고 2011두4855 판결

# 경정청구기간 경과 전 증액경정처분에 있어 취소를 구할 수 있는 세액 범위

**판결요지**

증액경정처분이 있는 경우 당초 신고나 결정은 증액경정처분에 흡수됨으로써 독립한 존재가치를 잃게 되어 원칙적으로는 증액경정처분만이 항고소송의 심판대상이 되고 납세자는 그 항고소송에서 당초 신고나 결정에 대한 위법사유도 함께 주장할 수 있으나, 불복기간이나 경정청구기간의 도과로 더 이상 다툴 수 없게 된 세액에 관하여는 그 취소를 구할 수 없고 증액경정처분에 의하여 증액된 세액의 범위 내에서만 취소를 구할 수 있다고 할 것이다. 그러나 경정청구기간이 경과하기 전에 증액경정처분이 있었다면, 증액경정처분에 의하여 증액된 세액뿐만 아니라 당초 신고한 세액에 대해서도 취소를 구할 수 있다.

## 1. 사실관계

① 원고는 소외회사의 유화사업부분을 분할하여 2001.12.28. 설립된 회사로 2002사연연도 약 26억원, 2003사업연도 약 39억원, 2004사업연도 약 344억원의 법인세를 각 신고·납부하였다. 피고(울산세무서장)는 2006.12.5. 법인세 정기조사 실시에 따라 원고에게 2002사업연도 약 40억원, 2003사업연도 약 3억원, 2004사업연도 약 8천만원의 법인세를 각 증액경정(이하 '이 사건 증액경정처분'이라 한다)하였다.

② 원고는 2007.3.2. '분할과정에서 유형자산감액손실 중 약 1,510억원(이하 '이 사건 감액손실액'이라 한다)을 세무상 유보사항으로 승계받았으나 이에 대하여 2002사업연도 이후 별도로 세무조정을 하지 않았으므로 이 사건 감액손실액을 감가상각부인액으로 보아 감가상각범위액을 재계산하여야 하고 2002 내지 2004사업연도별 감가상각시인부족액 범위 내에서 이를 손금으로 추인하여야 한다'고 주장하며 국세심판원에 심판청구를 하였다.

③ 국세심판원은 2008.1.21. '원고가 2002 내지 2004사업연도의 법인세신고시 세무상 유보로 관리하고 있는 이 사건 감액손실액을 감가상각부인액으로 보아 각 사업연도별 감가상각범위액을 재계산하고 각 사업연도별 감가상각시인부족액 범위 내에서 이를 손금으로 추인하되, 2006.12. 5. 고지된 법인세 경정액을 경정세액의 한도로 하여 그 과세표준과 세액을 경정한다'는 결정을 하였다. 이에 따라 피고가 2008.2.경 이 사건 증액경정처분 중 2002사업연도 약 40억원, 2003사업연도 약 3억원, 2004사업연도 약 8천만원의 법인세를 각 감액경정(이하 '제 1 차 감액경정처분'이라 한다)함으로써, 증액경정 된 부분은 모두 감액되었다.

④ 한편 원고는 2006.4.20. 피고에게, '이 사건 감액손실액을 감가상각부인액으로 보아 감가상각범위액을 재계산하여야 하고 2003, 2004사업연도별 감가상각시인부족액 범위 내에서 이를 손금으로 추인하여야 한다'고 주장하며 2003, 2004사업연도 법인세에 대한 감액경정청구를 하였고, 피고는 2008.3.경 과대신고로 인한 부분[1]을 제외한 원고의 감액경정청구를 받아들여 2003사업연도 법인세를 0원으로, 2004사업연도 법인세를 약 220억원으로 각 감액경정(이하 '제 2 차 감액경정처분'이라 한다)하고, 약 122억원

1) 원고는 피고에게 당초 신고·납부한 2004사업연도 법인세 중 12,587,068,186원을 환급하여 달라는 취지의 경정청구를 하였으나, 피고는 신고된 감가상각시인부족액(10,832,617,244원)이 실제보다 과대하게 신고된 것을 확인하고 10,600,295,714원으로 재계산하여 손금에 가산하였다.

을 환급하였다.

⑤ 원고는 제 2 차 감액경정처분 후에 잔존하는 2002사업연도 법인세 약 26억원 및 2004사업연도 법인세 약 222억원의 부과처분(2006.12.5. 증액경정처분을 대상으로 함)의 취소를 구하는 소를 제기하였다.

## 2. 평 석

### (1) 원심의 판단

원심은, 2002사업연도 법인세 부과처분에 관하여, 원고가 당초 신고한 세액은 불복기간의 경과로 더 이상 그 변경이 허용될 수 없고 이 사건 증액경정처분에 의하여 증액된 세액 전액에 대해 제 1 차 감액경정처분을 한 이상 2002사업연도 법인세에 대한 증액경정처분은 취소되어 더 이상 존재하지 아니한다고 보았다. 따라서 이 사건 증액경정처분에 의하여 증액된 세액이 존재함을 전제로 그 취소를 구하는 청구는 부적법하다고 판단하였다.

나아가 2004사업연도 법인세 부과처분에 관하여도 피고가 이 사건 증액경정처분에 대하여 제 1 차 감액경정처분을 한 후 2008.3.경 과대신고로 인한 부분을 제외한 원고의 감액경정청구를 받아들여 제 2 차 감액경정처분을 한 이상 2004사업연도 법인세에 대한 증액경정처분은 제 1 차 감액경정처분에 의해 취소되어 더 이상 존재하지 아니하므로 이 사건 증액경정처분에 의하여 증액된 세액이 존재함을 전제로 그 취소를 구하는 청구는 부적법하다고 판단하여 이 사건 소를 각하하였다.

### (2) 대법원의 판단

대법원은 이 사건 증액경정처분 중 증액된 세액 부분이 제 1 차 감액경정처분에 의해 취소되었다고 하더라도 당초 신고한 세액은 이 사건 증액경정치분에 흡수되어 증액경정처분의 일부를 구성하고 있는 것이므로, 원심이 이 사건 증액경정처분이 제 1 차 감액경정처분에 의하여 전부 취소되어 더 이상 존재하지 아니한다고 판단한 것은 잘못이라고 판시하였다. 다만, 증액경정처분이 있더라도 불복기간이나 경정청구기간의 경과 등으로 인하여 더 이상 다툴 수 없게 된 당초의 신고세액이나 결정세액에 대하여는 취소를 구할 수 없으므로, 이 사건 취소청구 중에 다툴 수 없는 세액에 대하여 취소를 구하는 부분이 있는지를 쟁점으로 판단하였다.

| 2002사업연도 법인세 | 2004사업연도 법인세 |
|---|---|
| • 법정신고기한 : 2003.331.<br>• 증액경정처분 : 2006.12.5.<br>※ 경정청구기간[2]이 경과한 후에 증액경정처분이 있었음 | • 법정신고기한 : 2005.3.31.<br>• 증액경정처분 : 2006.12.5.<br>※ 경정청구기간이 경과하기 전에 증액경정처분이 있었음 |

우선, 2002사업연도 법인세의 경우 그 법정신고기한부터 2년의 경정청구기간이 경과한 후 이 사건 증액경정처분이 있었으므로, 원고로서는 2002사업연도 법인세신고에 의해 신고한 세액 범위 내에서는 더 이상 이를 다투거나 그에 불복하여 취소를 구할 수 없다고 보았다. 따라서 2002사업연도 법인세 부과처분의 취소를 구하는 부분의 소를 각하한 원심의 판단은 결론에 있어서 정당하다고 판시하였다.

그러나 2004사업연도 법인세의 경우에는 그 법정신고기한부터 그 경정청구기간이 경과하기 전에 이 사건 증액경정처분이 있었으므로, 원고는 이 사건 증액경정처분에 의하여 증액된 세액뿐만 아니라 당초 신고한 세액에 대해서도 취소를 구할 수 있다고 보았다. 즉, 원심이 2004사업연도 법인세에 대한 증액경정처분이 제 1 차 감액경정처분에 의해 취소되어 더 이상 존재하지 아니한다고 전제한 다음 그 취소를 구하는 청구를 부적법하다

2) 이 사건 판결에 있어서 경정청구기간은 구 국세기본법(2005.7.13. 법률 제7528호로 개정되기 전의 것) 제45조의 2 제 1 항에 따라 2년이 된다.

고 배척한 점은 잘못이라고 판시하면서 원심판결 중 2004사업연도 법인세 부과처분에 관한 부분을 파기 환송하였다.

### (3) 이 사건 판결의 의미

국세에 대한 증액경정처분이 이루어진 경우 그 성격에 대하여 기존 판례는 흡수설의 태도를 취하여 당초 처분이 증액경정처분에 흡수되어 소멸하므로 납세자는 증액경정처분만이 항고소송의 심판대상이 되고, 그에 대한 항고소송에서 당초 신고나 결정에 대한 위법사유도 함께 주장할 수 있다고 판시하였다. 그 후 2002.12.18. 국세기본법이 개정되어 제22조의 2 제 1 항이 '세법의 규정에 의하여 당초 확정된 세액을 증가시키는 경정은 당초 확정된 세액에 관한 이 법 또는 세법에서 규정하는 권리·의무관계에 영향을 미치지 아니하다'고 규정하여 그 해석이 문제가 되었다.

위 개정으로 증액경정처분에 대한 흡수설의 입장은 유지될 수 없다는 견해가 있었으나, 판례는 국세기본법 제22조의 2 시행 이후에도 증액경정처분이 있는 경우, 당초 신고나 결정은 증액경정처분에 흡수됨으로써 독립한 존재가치를 잃게 되어 원칙적으로는 증액경정처분만이 항고소송의 심판대상이 된다고 판시(대법원 2009.5.14. 선고 2006두17390 판결)하여 흡수설의 입장을 유지하였다. 다만, 그 후 선고된 판결에서 납세자는 증액경정처분에 대한 항고소송에서 당초 신고나 결정에 대한 위법사유도 함께 주장할 수 있으나, 확정된 당초 신고나 결정에서의 세액에 관하여는 취소를 구할 수 없고, 증액경정처분에 의하여 증액된 세액의 범위 내에서만 취소를 구할 수 있다고 판시(대법원 2011.4.14. 선고 2008두22280 판결[3])하여 취소의 범위를 제한함으로써 권리구제의 범위가 상당히 줄어들게 되었다.

이 사건 판결은 증액경정처분에 대한 기존 논의에서 한발 더 나아간

---

3) "증액경정처분에 대한 항고소송에서 취소의 범위"(p.47) 평석 참조.

의미 있는 판결로 증액경정처분의 시점이 언제인지를 세분화하여 판단하고 있다. 즉, 증액경정처분에서 당초 신고나 결정의 위법사유를 주장하는 경우 당초 신고나 결정에 대한 불복기간이 도과하였는지 여부만을 판단하지 않고, 경정청구기간이 도과하였는지 역시 판단의 요소로 삼은 것이다.

즉, 당초 신고나 결정에 대한 불복기간이 도과하였더라도, 경정청구기간이 경과하기 전에 증액경정처분이 있었다면 당초 신고한 세액에 대해서도 취소를 구할 수 있다고 보아 납세자 불복권리구제를 도모한 것이다. 이러한 판례의 태도는 사실관계를 정치하게 분석하여 법리적 정합성과 구체적 타당성을 동시에 달성하였다는 점에서 큰 의미를 지닌 판결이라 생각된다.

**09** 대법원 2012.4.12. 선고 2010두4612 판결

# 위탁자에 대한 부가가치세 채권 보전을 한 신탁재산 압류의 효력

**판결요지**

신탁법[1)] 제21조 제 1 항 단서에서 말하는 '신탁사무의 처리상 발생한 권리'는 수탁자가 신탁사무와 관련한 행위를 함으로써 수탁자에 대하여 발생한 권리를 의미하고, 부동산 개발신탁에서 부동산을 신축 분양하는 경우의 부가가치세 납세의무자는 위탁자이므로, 이와 관련하여 국가가 갖는 부가가치세 채권은 위탁자에 대한 채권으로서 위 '신탁사무의 처리상 발생한 권리'에 해당한다고 할 수 없다. 따라서 과세관청이 위탁자에 대한 부가가치세 채권에 기하여 신탁회사가 소유한 신탁재산을 압류한 처분은 무효이다.

## 1. 사실관계

① 갑 회사는 2004.6.12. 을 신탁회사에게 토지를 신탁하고, 을 신탁회사는 당해 토지 지상에 상가건물을 신축하기로 하며, 그 토지와 상가건물을 신탁재산으로 하여 이를 분양 또는 임대한 후 그 이익을 갑 회사에게 환원하여 주기로 하는 분양형 토지개발신탁계약을 체결하였다.

② 을 신탁회사는 위 토지상에 상가건물을 신축하여 이를 분양하면서

1) 2011.7.25. 법률 제10924호로 전부개정되기 이전의 것.

갑 회사를 공급자로 하는 세금계산서를 발행하였다.

③ 위 분양과 관련하여 갑회사가 과세관청에 부가가치세를 신고하고도 이를 납부하지 않자, 과세관청은 2008.10.8. 갑 회사를 체납자로 하여 신탁재산인 신탁회사의 예금채권을 압류하였다.

## 2. 평 석

### (1) 쟁 점

체납처분으로서 압류의 요건을 규정한 국세징수법 제24조 각 항의 규정을 보면 압류의 대상을 납세자의 재산으로 국한하고 있어, 납세자가 아닌 제 3 자의 재산을 대상으로 한 압류처분은 그 처분의 내용이 법률상 실현될 수 없는 것이어서 당연 무효라는 것이 대법원의 확립된 판례이다(대법원 2006.4.13. 선고 2005두15151 판결 등). 또한 신탁법 제 1 조 제 2 항의 취지에 의하면 신탁법에 의한 신탁재산은 대내외적으로 소유권이 수탁자에게 완전히 귀속되고 위탁자와의 내부관계에서 그 소유권이 위탁자에게 유보되어 있지 않다(대법원 2002.4.12. 선고 2000다70460 판결). 따라서 위와 같은 신탁재산의 소유권 귀속만을 고려하면 원칙적으로 위탁자에 대한 조세채권을 보전하기 위한 목적으로 압류처분을 할 수는 없다(대법원 1996.10.15. 선고 96다17424 판결).

한편 신탁법 제21조 제 1 항은 신탁재산의 독립성을 보장하기 위해 신탁재산에 대해서는 원칙적으로 강제집행을 금지하되, 예외적으로 그 단서에서'신탁사무의 처리상 발생한 권리'에 대해서는 강제집행을 허용하고 있다. 이 사건에서 과세관청이 피보전채권으로 삼은 부가가치세 채권은 신탁재산의 관리, 처분행위에 해당하는 상가건물 분양과정에서 발생한 것이므로 이를 '신탁사무의 처리상 발생한 권리'라 볼 여지가 있다. 즉, 이 사건에서의 쟁점은 '신탁사무의 처리상 발생한 권리'에 국가가 위탁자에 대해 갖는 부가가치세 채권이 포함되는지 여부라 생각된다.

### (2) '신탁사무의 처리상 발생한 권리'의 의미

신탁법 제21조 제 1 항 단서가 '신탁사무의 처리상 발생한 권리'에 대해 예외적으로 강제집행을 허용한 것은 수탁자가 신탁사무를 처리하는 과정에서 제 3 자가 취득한 채권은 신탁재산에 대한 채권이므로 이에 대해서까지 강제집행을 막는 것은 부당하다는 고려에서 비롯된 것이라 생각된다. 따라서 여기서의 '신탁사무의 처리상 발생한 권리'에는 통상 수익자의 급부청구권, 신탁재산에 관한 조세채권, 신탁재산을 관리·처분하는 과정에서 발생한 손해배상채권 등이 포함된다고 이해된다. 대법원도 수탁자가 신탁재산 처분 과정에서 허위·과장광고를 하여 수분양자가 손해를 입었다면 그 손해배상채권은 위 '신탁사무의 처리상 발생한 채권'이라 보아야 한다고 판시한 바 있다(대법원 2007.6.1. 선고 2005다5843 판결).

따라서 만약 이 사건에서 수탁자가 본건 부동산을 직접 분양하였고, 그 과정에서 과세관청이 수탁자에게 직접 부가가치세 채권을 보유하게 되었다면 이는 위 '신탁사무의 처리상 발생한 채권'이라 볼 여지가 많다고 생각된다. 그러나 이 사건에서 비록 본건 상가건물의 분양행위를 한 것은 수탁자이나 부가가치세 납세의무는 위탁자에게 있으므로, 이 경우에도 위 단서조항의 적용을 받을 수 있는지가 문제된다. 즉, 이 사건에서의 쟁점은 신탁재산 공급시 명목상 위탁자가 부가가치세 납세의무자가 되고 있으나 실질적으로는 수탁자가 납세의무자가 되는 것인지 여부의 문제라고 생각된다.

### (3) 이 사건 부동산 신탁의 성격 및 부가가치세 납세의무

신탁은 발생 원인, 설정행위의 태양, 목적, 수탁자의 의무의 성격 등 구분 기준에 따라 다양하게 구분된다. 이 사건 신탁은 위탁자 자신이 수익권을 보유하고 있고(자익신탁), 수탁자가 토지를 신탁받아 그 지상에 건물을 건축하여 분양하는 형태를 취하고 있다(개발신탁). 개발신탁의 경우 수탁자가 건물 등을 건축하여 소유권을 취득한 이후 이를 수분양자에게 공급하므로, 당해 건물 공급과 관련된 부가가치세 납세의무가 누구에게 있는지 문제된다.

부가가치세 납세의무가 위탁자에게 있다고 보는 입장은, 현행 대법원의 입장으로서(대법원 2003.4.25. 선고 2000다33034 판결), 수탁자는 신탁의 목적 범위 내에서 신탁계약에 정하여진 바에 따라 위탁자를 위해 신탁재산을 관리·처분하여야 하고, 당해 관리·처분에서 발생한 이익과 비용은 최종적으로 위탁자에게 귀속되는 것이므로, 수탁자의 건물 분양 등의 업무처리는 수탁자의 명의로 행하여지나 위탁자의 계산에 의한 것이라 볼 수 있다는 점을 강조한다. 특히 부가가치세법은 위와 같이 자기의 명의로 타인의 계산에 의하여 하는 위탁매매의 경우 경제적 실질을 중시하여 계약당사자인 수탁자가 아닌 위탁자를 공급자로 보는 특칙(부가가치세법 제 6 조 제 5 항)을 두고 있으므로 신탁의 경우에도 이에 준하여 생각해 볼 수 있다고 한다.

반대로 부가가치세 납세의무가 수탁자에게 있다고 보는 입장은, 납세의무의 확정은 외관이 아닌 법적 실질에 의하여야 하는 것이고 신탁에서 건물의 소유권은 수탁자에게 귀속되므로, 결국 건물 분양의 계약 당사자가 되어 실제로 공급하는 자는 수탁자라는 점을 강조한다. 특히 신탁은 위탁매매와 달리 내부적으로도 소유권이 수탁자에게 귀속된다는 점, 위탁매매에서 위탁물은 위탁자와 위탁매매인 또는 위탁매매인의 채권자 사이에서는 당연히 위탁자에게 귀속되는 것으로 간주된다는 점(상법 제103조) 등을 고려하면 신탁제도는 위탁매매와 달리 위탁자와의 관계에서도 독립성이 강화되어 있어 이를 위탁매매와 동일하게 볼 수 없다고 한다.

생각건대 수탁자가 공급한 재화의 부가가치세 납세의무가 누구에게 있는지의 문제는 신탁계약의 목적과 성질에 따라 다르게 볼 필요가 있다고 생각된다. 즉, 단지 위탁자의 부동산 소유 명의만을 맡아 관리하는 관리신탁에서 수탁자가 신탁재산을 처분하였다면 이는 명의만 수탁자일 뿐 실질적인 계산은 위탁자에게 귀속되므로 위탁매매와 유사하게 볼 수 있을 것으로 생각된다. 그러나 이 사건과 같이 수탁자가 직접 건물을 건설하여 소유권을 취득하고, 이를 분양하는 개발신탁에서는 수탁자가 법적·경제적으로 실질적인 건물의 공급 주체가 된다는 입장이 상당한 설득력을 갖는다고 생각된다.

### (4) 이 사건의 경우

이 사건에서 대법원이 국가가 위탁자에 대해 갖는 조세채권이 신탁법 제21조 제 1 항 단서가 정한 '신탁사무의 처리상 발생한 채권'에 해당하지 않는다고 본 것은, 개발신탁에서 부가가치세 납세의무가 위탁자에게 있다는 기존의 판시와 맥을 같이한다. 즉, 대법원의 입장은 개발신탁에서 신탁재산을 공급하는 자는 위탁자라고 평가되므로, 당해 신탁재산의 공급에서 발생한 부가가치세 채권을 수탁자가 신탁재산을 처리함에 따라 발생한 채권이라 할 수는 없다는 것이라 이해된다. 위와 같은 대법원의 입장은 기존의 신탁법리 및 개발신탁에서의 부가가치세 납세의무자에 대한 판시와 일관되는 것으로서 일응 수긍할 수 있는 태도라 생각된다. 그러나 앞서 살펴본 바와 같이 비록 위탁자가 신탁재산 공급에 따른 부가가치세 납세의무자라 하더라도, 개발신탁에서는 수탁자가 건물의 건축, 분양 등의 모든 행위를 실질적으로 수행하고 있어 수탁자를 실질적인 공급자라 볼 수 있다는 점을 고려하면, 위 분양행위에서 발생한 부가가치세 채권은 신탁법 제21조 제 1 항 단서에서 정한 '신탁사무의 처리상 발생한 채권'으로 해석될 여지가 있다고 생각된다. 대법원은 이 사건에서 이러한 논쟁에 대하여 종지부를 찍은 셈이다. 실무상 유념하여야 할 사항이다.

**10** 대법원 2012.8.30. 선고 2012다21546 판결

# 조세 부과처분취소 확정판결에 따른 환급금청구와 신의성실의 원칙의 적용

**판결요지**

"(확정된 부과처분 취소판결에 따라) 원고들은 피고에 대하여 그 존재와 범위가 확정되어 있는 쟁점세액 상당 금액의 환급을 구할 수 있(고) ……, 피고도 위 확정판결의 기판력 또는 기속력으로 인하여 위와 같은 환급세액의 존부나 범위를 더 이상 다툴 수 없(다) …… 그렇다면 다른 특별한 사정이 없는 한 …… 원고들이 확정판결의 취지에 따라 피고를 상대로 이 사건 소로써 쟁점세액의 환급 이행을 구하는 것을 민법상 신의성실의 원칙에 반하는 권리행사로 볼 수는 없고, 이는 종전 소송에서 확정된 조세법률관계가 실체적 법률관계와 일치하지 않는다거나 원고들의 주장이 신의성실의 원칙상 용인되지 않는다고 볼 여지가 있었다고 하더라도 마찬가지이다. 그리고 원고들이 피고에게 직접 매입세액을 납부한 바 없는 이 사건에서 원고들이 피고에게 쟁점세액의 환급을 구하는 것을 불법원인급여의 반환을 구하는 것으로 볼 수도 없다"고 하여 원심판결을 파기, 환송한 사례.

## 1. 사실관계

### (1) 금지금의 부가가치세와 관련된 분쟁의 개요

이 사건의 사실관계를 이해하기 위해서는 먼저 당시의 금지금 유통시

장 및 부가세 과세처분에 대한 이해가 필요하다. 당시 금지금 유통업체들 중에는 면세금을 수입하여 유통시키다가(매입가 100) 과세금으로 전환하여 도매상에게 매도한 후〔매도가 110(부가세 10 포함)〕 부가가치세를 신고·납부하지 않고 폐업하는 이른바 '폭탄업체'가 다수 존재하였다. 한편 금지금 수출업체들은 도매상으로부터 부가세를 지급하고 금지금을 매입하여 수출하므로 (영세율) 금지금과 관련한 매출부가세를 납부하지 않으면서 매입부가세를 환급받고 있었다. 이와 같은 거래 구조 아래에서 과세관청이 수출업체에게 매입부가세(10)를 환급하면, 국가가 폭탄업체가 포탈한 부가세를 고스란히 떠안게 되는 문제가 발생하였다. 따라서 과세관청은 (폐업하여 더 이상 존재하지 않는 폭탄업체가 아닌) 원고와 같은 수출업체들에 대한 매입부가세 환급을 거부하기에 이르렀고, 수출업체들은 이에 반발하여 행정소송을 제기하였다.

대법원은 초기에는 수출업자들의 청구를 인용하였으나, 그 후 이례적으로 종전 입장을 바꾸어 "매출세액의 포탈을 목적으로 하는 악의적 사업자가 존재하고, 그로 인하여 자신의 매입세액공제·환급이 다른 세수의 손실을 가져온다는 사정을 알았거나 중대한 과실로 알지 못한 수출업자가 매입세액의 공제·환급을 구하는 것이 신의성실의 원칙(이하 '공법상 신의칙')에 위배된다"고 하여 수출업체의 청구를 기각하였다(대법원 2011.1.20. 선고 2009두13474 전원합의체 판결).

### (2) 이 사건의 경위

원고들은 금지금 수출업체로서 부가세 환급세액을 신고하였고, 관할세무서장은 환급세액의 대부분을 매입세액으로 인정하지 않는 경정결정을 함과 동시에 가산세를 부과하였다(이하 '이 사건 부과처분'). 이에 원고들은 이 사건 부과처분에 대해 취소소송을 제기하여 위 2009두13474 판결 이전에 승소 확정판결을 받았다(대법원 2009.7.23. 선고 2009두6070 판결. 이하 '이 사건 확정판결').

그 후 원고들은 피고인 대한민국에게 이 사건 확정판결의 취지에 따라 과세관청이 환급을 거부한 부가세 매입세액(이하 '쟁점세액')을 환급해 줄 것을 요청하였으나, 피고는 이를 거부하였다. 원고들은 이에 피고를 상대로 쟁점세액에 대한 환급을 구하는 민사소송을 제기하였다. 피고는 소송과정에서 원고들이 폭탄업체의 존재를 알았거나 중대한 과실로 알지 못한 수출업자이므로 원고들이 쟁점세액의 반환을 구하는 것은 신의성실의 원칙에 위반된다고 주장하였다.[1)]

### (3) 사건의 경과

대상판결의 제 1 심 판결(서울중앙지방법원 2010.12.28. 선고 2010가합73913 판결)은 원고들의 청구를 모두 인용하였다. 그러나 대상판결의 항소심 판결(서울고등법원 2012.2.3. 선고 2011나12707 판결)은 피고의 주장을 받아들여 원고들의 청구는 신의성실의 원칙에 반하는 권리행사이거나 불법원인급여의 반환청구로서 받아들일 수 없다고 판단하였다.

### (4) 쟁 점

이 사건 확정판결로 인해 원고들은 피고에 대한 쟁점세액 상당의 조세환급채권(이하 '이 사건 채권')을 보유하게 되었다. 피고의 주장은 원고들이 이 사건 채권을 행사하는 것이 민법상 신의성실의 원칙(이하 '민법상 신의칙')에 위반되거나 불법원인급여의 반환을 구하는 것으로서 인정될 수 없

---

1) 이 사건에서 피고는 신의칙 외에도 '원고는 이 사건 부과처분에 대해서만 다투고 쟁점세액의 반환 거부에 대해서는 다투지 않았으므로 비록 이 사건 부과처분이 취소되었다 하더라도 쟁점세액을 돌려줄 수 없다'는 주장도 하였다. 이는 부가가치세 환급청구와 관련하여 논란의 대상이 될 수 있는 주장이나 대상판결에서 직접 쟁점이 되지는 않았으므로, 여기서는 상세히 다루지 않는다.

다는 것이다.

한편 피고는 민법상 신의칙 위반을 항변 사유로 삼았으나, 그 근거 사실은 "원고들이 폭탄업체의 존재를 알았거나 중과실로 알지 못한 수출업체"라는 점으로서 전소인 이 사건 확정판결의 과정에서 이미 주장하였던 사실이었다. 따라서 위와 같은 주장이 이 사건 확정판결의 기판력과 기속력에 비추어 허용되는 것인지 문제된다.

## 2. 평　　석

### (1) 민법상 신의성실의 원칙 위반 및 불법원인급여 해당 여부

#### 1) 피고 주장의 요지

피고의 주장은 원고들이 공법상 신의칙 위반한 자들이므로, 이 사건 채권을 청구하는 것은 민법상 신의칙에 어긋난다는 것이다. 즉, 피고의 주장은 공법상 신의칙과 민법상 신의칙이 동일한 것임을 전제로 하고 있다.

#### 2) 민법상 신의칙의 의의 및 적용 요건

민법상 신의칙의 적용요건을 일률적으로 말하기는 어려우나 법률 규정이나 판례에 나타난 태도 등을 종합하면 민법상 신의칙이 적용되는 대표적 유형을 발견할 수 있다. 예컨대, 권리 남용(민법 제2조 제2항), 금반언(禁反言)의 원칙, 불법원인급여의 반환 금지(민법 제746조) 등이 그것이다. 이 사건에서 문제된 것은 민법상 신의칙 중 "권리자가 권리행사를 위해 자신의 불법적인 행태를 원용해야 하는 경우에 대해서는 법이 조력하지 않는다는 원칙"이라고 생각된다. 이러한 원칙을 구체화 하여 규정한 것이 민법 제746조이나, 대법원은 민법 제746조의 요건에 해당하지 않더라도 법이 그 권리행사에 조력하는 것이 정의에 반함이 명백하여 일종의 불법행위로 취급될 수 있는 예외적인 경우에는 그 권리행사를 허용하지 않는다(대법원

2001.11.13. 선고 99다32899 판결 등).

특히 대법원은 위 99다32899 판결에서 "확정판결의 내용이 단순히 실체적 권리관계에 배치되어 부당하고 또한 확정판결에 기한 집행채권자가 이를 알고 있었다는 것만으로는 그 집행행위가 불법행위를 구성한다고 할 수 없"고, "확정판결에 기한 강제집행이 불법행위로 되는 것은 당사자의 절차적 기본권이 근본적으로 침해된 상태에서 판결이 선고되었거나 확정판결에 재심사유가 존재하는 등 확정판결의 효력을 존중하는 것이 정의에 반함이 명백하여 이를 묵과할 수 없는 경우로 한정하여야 할 것"이라고 설시한 바 있다.

3) 이 사건의 경우

민법 제746조는 "불법을 원인으로 인하여 재산을 급여한 때에는 그 이익의 반환을 청구하지 못한다"고 규정하는바, 위 규정은 문언상 자신이 급여한 것의 반환을 청구하는 경우에 적용된다. 그러나 대상판결이 적절히 설시하는 바와 같이 이 사건에서 원고들은 도매상들로부터 매입세액을 부담하고 금지금을 매입하였을 뿐, 피고에게 재산(매입세액)을 직접 급여한 바 없으므로, 이에 해당하지 않는다.

그렇다면 원고들이 민법상 신의칙을 위반한 것인지가 문제되는바, 이 사건은 이 사건 확정판결에 의하여 확정된 납부세액의 반환을 구하는 것으로서 전소(前訴)인 확정판결의 효력을 후소(後訴)에서 민법상 신의칙에 기해 부정할 수 있는지 여부가 쟁점이 되었다. 통상적으로 조세소송에서 조세 부과처분 등의 취소판결이 확정되면 판결 주문에 따로 납부세액의 반환에 대한 언급이 없더라도 과세관청은 아무런 이의 없이 환급절차를 이행하는 것이 관행이었으나 이 사건에서는 과세관청이 위와 같은 이유로 환급을 거부한 것이다.

돌이켜 이 사건을 보면 설령 피고가 주장하는 바와 같이 원고들이 폭탄업체의 존재를 알았거나 중과실로 몰랐다고 하더라도, 이러한 사실은 단지 확정판결의 내용이 실체적 권리관계에 배치될 가능성이 있다는 점을 시사하는 것에 불과하다. 특히 피고는 위와 같은 사실을 이 사건 확정판결의 과정에서 이미 충분히 주장하였거나 주장할 수 있었다. 그렇다면 이 사건 확정판결의 변론 과정에서 피고의 절차적 기본권이 근본적으로 침해된 상태라거나 이 사건 확정판결에 재심사유가 존재하는 경우라고는 도저히 말할 수 없을 것이다.

특히 선행 취소판결에 기해 환급금의 이행을 구하는 후행 민사소송에서 전소에서 주장하였어야 할 신의칙 주장을 허용하는 것은 결국 전소에 재심사유가 없음에도 불구하고 처분의 위법 여부에 대한 재심을 허용하는 결과가 된다(이러한 점에서 전소에서 과세관청이 이와 같은 신의칙 주장을 전혀 하지 않았다고 하더라도 마찬가지이다).

이 사건 확정판결로 이 사건 부과처분이 위법하다고 확정된 이상 피고의 환급의무는 사법적(司法的)으로 확정되었다. 그렇다면, 위법한 조세부과로 인한 납부세액을 환급하여 달라는 원고들의 주장을 민법상 신의칙에 위반된다고 평가할 수는 없는 일이다.

### (2) 취소판결의 기판력 및 기속력과의 관계

#### 1) 쟁점의 정리

형식적으로 공법상 신의칙과 민법상 신의칙은 요건이 서로 다르므로, 이론상 공법상 신의칙을 위반한 행동이 민법상 신의칙 위반으로 평가될 가능성이 없는 것은 아니다. 그러나 이 사건과 같이 과세관청이 선행 취소소송에서 주장하였거나 주장할 수 있었던 사실을 후행 민사소송에서 민법상 신의칙의 근거사실로 주장하는 것은 선행 취소판결의 기판력과 기속력에 비추어 허용되지 않는다고 보아야 한다.

특히 다수의 학설은 납세자가 국가를 상대로 제기하는 환급금청구소송의 성격을 공법상의 당사자소송이라고 보고 있다. 조세환급의 당부에 관한 법률문제는 사법상의 그것이 아닌 공법적 법률관계에 해당한다는 것이다. 이러한 다수의 견해에 따른다면 이 사건의 경우 공법상 혹은 민법상 신의칙을 가릴 것 없이 동일한 공법상 신의칙 적용문제로서 따로 그 적용영역을 따질 필요조차 없는 것이다.

2) 취소판결의 기판력과의 관계

확정판결은 기판력을 가지므로(행정소송법 제8조, 민사소송법 제216조), 후소법원은 전소의 기판력 있는 판단을 다투기 위한 당사자의 주장을 허용해서는 안 되고(不可爭), 동시에 전소의 기판력 있는 판단에 구속되어 이를 전제로 하는 판단을 내려야 한다(不可反).[2] 취소판결과 조세환급을 구하는 민사소송은 당사자가 동일하고,[3] 취소판결의 소송물은 "과세표준 및 세액의 객관적인 존부"로서 조세채무의 부존재확인과 실질적으로 동일하므로, 조세채무가 없음을 전제로 기 납부한 세액의 환급을 구하는 민사소송과는 이른바 선결관계에 있다.

특히 이 사건 확정판결의 경우 부가세 환급채권의 존재와 범위가 확정된다는 점에서 일종의 "채권존재확인" 소송의 성격도 있고, 따라서 후소인 민사소송과 이른바 동일관계에 있다고 볼 여지도 있다. 그렇다면 전소인 이 사건 확정판결의 기판력은 후소인 대상판결에 미친다. 따라서 피고는 전소의 사실심 변론종결 전에 존재하였던 공법상 신의칙 위반을 구성하는 사실을 대상판결의 변론과정에서 주장할 수 없고(不可爭), 대상판결은 전소

2) 이시윤, 『신민사소송법(제5판)』, 박영사, p.556.

3) 취소판결의 피고는 행정청인 과세관청이고 민사판결의 피고는 대한민국이 되나, 취소판결에서 행정청은 행정주체인 대한민국을 위하여 피고로 된 것이므로 행정청에 대한 확정판결은 대한민국에 대하여도 그 효력이 미친다고 보아야 할 것이다(민사소송법 제218조 제3항).

인 이 사건 확정판결 판단에 구속되어 원고들에게 국세환급채권이 있다는 점을 전제로 하는 판단을 내려야 한다(不可反).

3) 취소판결의 기속력과의 관계

처분을 취소하는 확정판결은 그 사건에 관하여 행정청을 기속한다(행정소송법 제30조). 즉, 처분을 취소하는 확정판결이 선고되면 행정청은 동일한 사실관계 아래에서 동일한 이유로 동일한 내용의 처분을 반복할 수 없고(소극적 효력), 위법한 처분으로 인해 발생한 법률 상태를 원상으로 회복시킬 의무를 부담한다(적극적 효력). 대상판결에서 피고가 원고들에 대해 쟁점세액의 반환을 거부하는 사유는 이 사건 부과처분의 처분 근거 사유와 동일하므로, 결국 피고는 실질적으로 동일한 이유로 쟁점세액의 반환을 거부하는 처분을 하는 것이고(소극적 효력 위반), 이는 동시에 위법한 이 사건 부과처분으로 발생한 법률 상태(부가세 반환 거부)를 원상으로 회복시키지 않는 것에 해당하여(적극적 효력 위반), 이 사건 확정판결의 기속력에 정면으로 반한다.

### (3) 결 론

이 사건에서 피고는 전소인 이 사건 확정판결의 과정에서 주장하였거나 주장할 수 있었던 사실(공법상 신의칙 위반)을 그대로 가져와 대상판결의 변론과정에서 민법상 신의칙 위반의 근거사실로 주장하였다. 그러나 이와 같은 피고의 태도는 전소인 이 사건 확정판결의 기판력과 기속력에 반할 뿐 아니라, 조세소송을 실질적으로 6심제(행정소송 3심, 민사소송 3심)로 만들 수도 있다는 점에서 매우 우려스럽다. 이 사건 제 1 심 판결은 위와 같은 법리를 그대로 적용한 당연한 판결이었다고 할 것인바, 이와 달리 피고의 일방적 주장을 받아들인 원심을 파기한 대상판결은 지극히 당연하다고 할 것이다.

**11** 대법원 2012.10.11. 선고 2012두6636 판결

# 과세기간을 달리하는 경우 특례제척기간의 적용 여부(소극)

**판결요지**

대상판결은 "기간과세 세목에 있어서 확정된 결정 또는 판결에서 다투어진 과세처분과 과세기간을 달리하는 기간에 대하여 한 새로운 과세처분까지 국세기본법 제26조의 2 제2항 소정의 특례제척기간(행정쟁송의 결정, 판결일로부터 1년)을 적용할 수 있는 것은 아니다"라고 판시하여, 기간과세 세목에서 과세기간을 달리하는 경우에는 국세기본법상 특례제척기간이 적용될 수 없음을 재확인하였다.

## 1. 사안의 개요

① 원고는 변호사로서, 2000.3.2. A건설로부터 아파트 분양사업(이하 '쟁점 사업'이라 한다)과 관련하여 점유이전금지가처분 및 대지인도청구소송(이하 '쟁점 소송'이라 한다)에 대한 금원(이하 '쟁점 금원'이라 한다)을 수령하였으나, 이를 2000년의 종합소득으로 신고하지는 않았다.

② 2000.8.17. A건설은 원고에게 쟁점 금원을 반환하여 줄 것을 요청하였으나, 원고는 A건설이 소송의 위임인이 아니며, 실제 위임인으로부터 소송 중단을 요구 받지 않았다는 이유로 이러한 요청을 거절하였고, 원고는 실제 관련 소송을 A건설이 쟁점 사업에서 배제된 2002년까지 계속 수

행하였다.

③ 원고의 주소지 관할세무서는 쟁점 금원은 사업소득에 해당하는 변호사 선임료로 원고가 A건설로부터 반환요청을 받은 2000년에 당해 용역이 완료되어 소득이 발생한 것이라고 보아, 2006.5.15. 원고의 2000년 귀속 종합소득세를 경정 · 고지(이하 '당초 처분'이라 한다)하였다.

④ 원고는 당초 처분에 불복하여 행정소송을 제기하였고, 행정법원에서는 2008.11.19. A건설이 쟁점 사업에서 배제된 2002년에 원고의 용역제공이 완료되어 소득이 발생하였다고 보는 것은 별론으로 하더라도, 적어도 2000년의 사업소득에는 해당하지 않는다는 이유로 당초 처분을 취소하였고 해당 판결은 상소 포기로 확정되었다.

⑤ 원고의 변경된 주소지를 관할하는 관할세무서(이 사건 피고)는 2009. 9.17. 위 판결의 취지에 따라 쟁점금액을 2002년 귀속 사업소득으로 보아 원고에게 다시 2002년 귀속 종합소득세를 부과하는 이 사건 처분을 내렸고 원고는 이에 다시 불복하였다.

## 2. 사건의 경과 및 대법원의 판단

### (1) 사건의 경과

1심에서는 원고가 이 사건 처분이 제척기간을 도과한 것이라는 주장을 하지 않아, 이 부분에 대한 특별한 심리 없이 쟁점 금원은 2002년 귀속 사업소득에 해당하며 이 사건 처분은 적법하다는 판결이 내려졌다.

원고는 원심(2심)에 와서야 이 사건 처분은 피고가 2002년 귀속 종합소득세를 부과할 수 있었던 시점인 2003.6.1.로부터 5년이 경과한 2009.9. 17.에 이루어졌으므로 부과 제척기간을 도과한 처분이라고 주장하였고, 이에 대하여 피고는 이 사건 처분은 관련 행정소송의 종결일로부터 1년 이내에 이루어진 것이므로 국세기본법 제26조의 2 제 2 항의 특례제척기간의 적용대상이어서 제척기간은 경과하지 않았다고 주장하였다.

원심은 특례제척기간은 과세단위를 달리하는 경우에는 적용될 수 없고, 기간과세의 경우 각 과세기간이 별개 과세단위가 되어 해당 과세기간에 소득이 귀속됨을 증명하여야 하므로 해당 소득이 다른 과세기간에 속하는지 여부는 관련 행정판결의 심리 대상이 아니었으며, 특례제척기간은 납세자에게 유리한 경정결정 기타 필요한 처분을 하기 위한 목적으로 신설된 것이므로 그 적용범위를 확장하는 것은 그 입법취지에 반한다는 이유로, 이 사건 처분을 취소하였다.

### (2) 대법원의 판단

대법원은 특례제척기간 규정의 입법취지는 과세관청이 쟁송절차에서 유리한 결과를 이끌어 낸 납세자에 대하여 그 결정이나 판결에 따른 처분조차도 할 수 없게 되는 불합리한 사태가 발생하는 것을 방지하려는 데에 있으므로 특례규정의 적용에는 엄격해석이 요구되며, 확정된 결정이나 판결의 기판력이 미치는 범위는 그 쟁송대상이 되었던 과세단위에 제한될 뿐이고 이를 넘어서 별개의 과세단위에 관련된 판단이 이루어졌다 하더라도 이러한 판단에 기판력이 있다고 할 수 없으므로 기간과세 세목에 있어서는 확정된 결정 또는 판결에서 다투어진 과세처분과 과세기간을 달리하는 기간에 대한 새로운 과세처분에 대하여 특례제척기간의 적용을 허용할 수 없다고 보았다.

## 3. 평　　석

### (1) 기존 대법원 판례의 태도

대상판결의 판시 내용은 대법원 2004.1.27. 선고 2002두11011 판결에서의 기존 태도를 재확인한 것이다. 이는 1992사업연도 익금에 산입하여야 할 금액이라는 이유로 1994사업연도 귀속 법인세 부과처분을 취소한다는 취지의 1999.3.의 국세심판소의 심판결정에 따라 과세관청이 다시 1992사업연도 귀속 법인세를 부과한 처분에 관한 것으로, 이 판결에서 대법원은 당해 처분은 특례제척기간의 적용 대상이 아니므로 당연 무효의 처분이라고 판시한 바 있다.

### (2) 견해의 대립

학계에서는 위 판결의 당부에 대한 논란이 있어왔는데, 동일한 사실관계에 대하여 과세기간만이 달리 적용되는 경우에는 특례제척기간 적용이 허용되어야 한다는 견해(재처분 긍정설)에서는 ① 처분을 취소하는 행정소송에서 다투어졌던 해당 쟁점을 이유로 재처분하는 것은 납세자의 신뢰를 침해할 가능성이 적으며, ② 재처분이 허용되지 않으면, 과세관청이 다른 법률상 쟁점에 관한 판단을 그르친 경우(가령 이자소득과 사업소득의 구분 등)와 비교할 때의 형평성 문제가 발생하며, ③ 소득의 귀속시기가 불분명한 경우 제척기간 도과를 막기 위하여는 중복처분을 내릴 수밖에 없다는 점에서 과세관청의 현실적인 곤란을 구제하여야 할 필요성이 있음을 들어, 위 판결의 태도가 변경되어야 한다고 보거나 위 판결의 설시를 축소해석하여 이는 불복절차를 밟기 전에 이미 제척기간이 지나간 해의 소득을 증액경정하는 경우에만 타당한 것이라고 보고 있다.

반면 과세기간을 달리하는 경우에는 특례제척기간이 적용되지 않는다는 견해(재처분 부정설)에서는 ① 과세기간이 다른 경우에도 특례제척기간이 적용될 수 있다고 해석한다면 기간과세 세목에 대하여는 거의 모든 경우(가령 법인세나 소득세에서의 손익의 귀속연도의 오류, 부가가치세의 매출, 매입의 귀속시기의 오류, 사업소득과 양도소득과 같은 소득의 원천 분류의 오류 등)에 있어서 부과제척기간이 경과한 이후에도 재처분할 수 있다는 결과를 가져와 조세법률관계의 신속한 확정이라는 제척기간의 본래 취지에 반하고, ②

판례는 이미 납세의무자가 다른 경우 등에 대해서도 특례제척기간의 적용을 불허한다고 보고 있으므로, 이러한 법리가 여기에도 동일하게 적용되며, ③ 특례제척기간은 납세자에게 유리한 처분을 할 수 있도록 하기 위한 목적으로 신설되었고, ④ 행정소송의 소송물에 해당하지 않는 다른 과세연도에 대한 판단 부분에서는 기판력이 발생하지 않는다는 점에서 위 판결의 결론을 긍정하고 있다.

### (3) 대상판결의 의미

대상판결은 앞서 살펴본 그간의 견해 대립에도 불구하고 대법원이 여전히 재처분 부정설을 취하고 있음을 재확인한 판결이라는 데에서 의미를 가진다.

과세기간을 달리하는 경우에 대하여 특례제척기간이 적용되지 않는다고 본다면, 조세불복 절차 진행 중 부과처분의 제척기간이 도과되는 경우에는 재처분이 허용되지 않으므로 납세자 입장에서 망외(望外)의 소득을 기대하고 진정한 소득의 귀속시기에 대한 소명을 늦추는 등의 방법으로 불복절차를 지연하고자 할 유인이 생기게 될 수 있다는 점에서 문제가 생길 수 있으며, 반대로 과세기간을 달리하는 경우에도 특례제척기간이 적용된다고 본다면, 과세관청의 상소로 상당수의 사건이 상고심에서야 확정되는 조세불복 사건의 특성상 당초 처분 및 재처분에 관한 불복절차가 장기에 걸쳐 이루어질 가능성이 높아 조세법률관계가 미확정되어 불안정한 상태가 오랜 기간 동안 지속되는 문제가 발생할 가능성이 있을 것이다. 이러한 상충관계하에서 대법원은 상대적으로 납세자의 신뢰를 보호하는 쪽에 좀 더 무게를 두고 있는 것으로 보인다.

## 12 대법원 2012.10.18. 선고 2010두12347 전원합의체 판결

# 가산세를 부과할 때에도 납세고지서에 산출 근거를 밝혀야

**판결요지**

가산세 부과처분에 관해서는 국세기본법이나 개별 세법 어디에도 그 납세고지의 방식 등에 관하여 따로 정한 규정이 없다. 그러나 가산세는 …… 일종의 행정상 제재라는 점에서 적법절차의 원칙은 더 강하게 관철되어야 한다. 더욱이 가산세는 본세의 세목별로 그 종류가 매우 다양할 뿐 아니라 부과기준 및 산출근거도 제각각이다. …… 이와 같은 점에 비추어 보면, 납세고지에 관한 국세징수법 규정이나 개별 세법의 규정 취지는 가산세의 납세고지에도 그대로 관철되어야 마땅하다. 한편 본세의 부과처분과 가산세의 부과처분은 각 별개의 과세처분인 것처럼, 같은 세목에 관하여 여러 종류의 가산세가 부과되면 그 각 가산세 부과처분도 종류별로 각각 별개의 과세처분이라고 보아야 한다. 따라서 하나의 납세고지서에 의하여 본세와 가산세를 함께 부과할 때에는 납세고지서에 본세와 가산세 각각의 세액과 산출근거 등을 구분하여 기재해야 하는 것이고, 또 여러 종류의 가산세를 함께 부과하는 경우에는 그 가산세 상호 간에도 종류별로 세액과 산출근거 등을 구분하여 기재함으로써 납세의무자가 납세고지서 자체로 각 과세처분의 내용을 알 수 있도록 하는 것이 당연한 원칙이다.

# 1. 사실관계

## (1) 들어가며

가산세란 세법에서 규정하는 의무의 성실한 이행을 확보하기 위하여 세법에 따라 산출한 세액에 가산하여 징수하는 금액을 말한다(국세기본법 제2조 제4호). 가산세는 법적으로 본세와 구별되는 별개의 부과처분이나, 현행 과세실무상 하나의 납세고지서에 본세와 함께 가산세의 총액만 기재되는 경우가 일반적이다. 즉, 가산세에 대해서는 별도의 명문규정이 없어 그동안 과세관청은 관행적으로 가산세의 산출 근거를 별도로 고지하지 않았다. 그러나 이러한 가산세 과세실무에 경종을 울리는 대법원 전원합의체 판결이 선고되었다.

## (2) 사안의 개요

① 원고들은 2005.4.29. 어머니 A 소유이던 대구 달서구 소재 토지(제1부동산)에 관하여 증여를 원인으로 한 소유권이전등기를 한 후, 2005.7.11. 피고에게 증여세 약 5,800만원을 신고하고, 2005.7.25. 납부하였다.

② 원고들과 A는 2005.10.6. 제1부동산에 관한 증여계약을 합의해제하고, 2005.10.18. 위 소유권이전등기의 말소등기를 하였다.

③ 원고들은 2006.5.3. A 소유이던 서울 서초구 소재 토지 및 건물(제2부동산)에 관하여 증여를 원인으로 소유권이전등기를 하고, 2006.7.11. 피고에게 '제1부동산에 관한 증여가 없다는 전제에서' 제2부동산의 가액만을 기준으로 증여세를 신고·납부하였다.

④ 피고는 2008.5.1. 제1부동산에 관한 증여가 존재함을 전제로 하여, 제1부동산은 제2부동산 증여일 전 10년 이내에 증여받은 재산에 해당한다는 이유로 제1부동산의 가액을 증여세 과세가액에 가산하여 증여

세액을 산출한 후 원고들에게 증여세(본세) 및 가산세를 부과하는 처분을 하였다.

## 2. 대상판결의 판단

### (1) 증여세와 가산세의 부과요건 충족 여부(적법)

대법원은 증여세와 가산세의 부과요건이 충족된다는 아래와 같은 원심의 판단에 위법이 없다고 보았다. 증여세의 경우, 원고들은 2005.4.29. 제 1 부동산에 관한 증여 후 구 상속세 및 증여세법(2006.12.30. 법률 제8139호로 개정되기 전의 것, 이하 '구 상증법'이라 한다) 제31조 제 4 항 본문에 규정된 기한인 3개월이 지난 2005.10.18.에야 증여계약을 합의해제하였으므로, 제 1 부동산에 관한 증여가 없었던 것으로 볼 수는 없다고 판단하였다.

가산세의 경우, 구 상속세 및 증여세법 제78조 제 1 항 본문은 증여세를 과세표준에 미달하게 신고하는 경우 가산세를 부과한다고 규정하고 있다. 그런데 구 상증법 제47조 제 2 항 본문은 "당해 증여일 전 10년 이내에 동일인으로부터 받은 증여재산가액의 합계액이 1천만원 이상이면 그 가액은 증여세 과세가액에 가산한다"고 규정하고 있다. 따라서 원고들이 제 2 부동산에 대한 증여세 신고시 제 1 부동산의 가액을 가산하지 않은 경우 과세표준에 미달한 신고로서 가산세 부과대상이 된다고 판단하였다.

### (2) 가산세 납세고지의 하자(위법)

원심은, 이 사건 납세고지서에 증여세 본세의 과세표준이 기재되어 있고, 구 상증법 제78조 등에서 가산세율 및 세액의 산출방식에 관하여 구체적으로 규정하고 있으므로, 원고들로서는 그 산출 근거를 쉽게 파악할 수 있다는 이유로 이 사건 신고불성실 및 납부불성실가산세의 납세고지가 위법하지 않다고 판단하였다.

그러나 대법원은 이 사건 납세고지서에는 각 가산세가 종류별로 구분되지 아니한 채 그 합계액이 본세액과 별도로 기재되어 있을 뿐이고, 각 가산세의 산출 근거도 기재되어 있지 않은 점을 이유로, 이 사건 가산세 납세고지는 관계법령에서 요구하는 기재사항을 누락하는 등의 하자가 있고, 달리 그 하자가 보완되거나 치유되었다고 볼 사정이 없으므로, 그 부과처분은 위법하다고 판단하였다.

## 3. 평 석

### (1) 가산세의 법적 성질

과세관청은 국세기본법 제47조에 따라 세법에서 규정한 의무를 위반한 자에게 가산세를 부과할 수 있으며, 이 경우 가산세는 해당 의무가 규정된 세법의 해당 국세의 세목으로 한다. 가산세는 위 법률 제21조 제1항 제11호에 따라 가산할 국세의 납세의무가 성립하는 때에 동시에 성립하며, 그 과세표준과 세액을 정부가 결정하는 때에 납세의무가 확정된다. 즉, 가산세는 비록 본세의 세목으로 부과되기는 하지만 본세와 구별되는 별도의 세목이며, 그 본질은 과세권의 행사와 조세채권의 실현을 용이하게 하기 위하여 세법에 규정된 의무를 위반한 납세의무자에게 부과하는 일종의 행정상 제재이다.

### (2) 가산세 부과처분의 현황

국세징수법 제9조 제1항은 "세무서장은 국세를 징수하려면 납세자에게 그 국세의 과세연도, 세목, 세액 및 그 산출 근거, 납부기한과 납부장소를 적은 납세고지서를 발급하여야 한다"라고 규정하고 있다. 따라서 납세고지서의 기재사항에 누락이 있는 경우 당해 과세처분에는 절차적 하자가 있게 된다. 대법원은 납세고지서에 본세의 과세표준과 세액의 산출 근거 등이 제대로 기재되지 않았다면 특별한 사정이 없는 한 그 과세처분은 위법하다는 확립된 견해를 취하고 있다(대법원 2002.11.13. 선고 2001두1543 판결 등).

그러나 가산세 부과처분에 관해서는 국세기본법이나 개별 세법 어디에도 납세고지의 방식에 관한 별도의 규정이 없다. 현행 가산세 부과처분의 실무는 본세와 함께 부과하면서 세액만 병기하고, 가산세의 종류가 여러 가지인 경우에도 그 합계액만 표시하는 것이 오랜 과세관행이었다. 즉, 가산세가 법적으로 본세와 구별되는 세목임에도 본세에 대한 납세고지서를 발급하면서 가산세의 산출 근거에 대해서 기재하지 않고 가산세 총액만을 기재하고 있다. 그 결과 납세고지서를 받은 납세의무자는 따로 법률 규정을 확인하거나 과세관청에 문의하지 않으면 가산세의 산출 근거를 알 수 없는 문제가 계속되었다.

### (3) 가산세 부과처분의 실무상 문제점과 대법원의 판단

가산세는 본세와 구별되는 별개의 부과처분이므로, 독립된 불복대상이 되며, 본세와 독립하여 가산세 부과처분 그 자체만의 취소를 구하는 경우에도 별도의 전심절차를 거쳐야 한다. 그러나 현행 과세실무에 따른 가산세 부과처분은 납세의무자가 무슨 가산세가 어떠한 근거로 부과되었는지 파악하기 쉽지 않고, 이러한 어려움이 불복절차에서도 이어지는 문제점이 있다.

헌법상 적법절차의 원칙은 국민에게 부담을 주는 모든 행정작용에서 준수되어야 하고, 행정처분에 처분의 이유를 제시하도록 한 행정절차법이 과세처분에 직접 적용되지는 않지만 그러한 기본 원리는 준수될 필요가 있다. 이 사건 판결에서도 대법원은 "국세징수법 및 개별 세법의 납세고지에 관한 규정들은 헌법상 적법절차의 원칙과 행정절차법의 기본 원리를 과세처분의 영역에도 그대로 받아들여, 과세관청으로 하여금 자의를 배제한 신중하고도 합리적이 과세처분을 하게 함으로써 조세행정의 공정을 기함과 아울러 납세의무자에게 과세처분의 내용을 자세히 알려주어 이에 대한 불복 여부의 결정과 불복신청의 편의를 주려는 데 그 근본 취지가 있으므로, 이 규정들은 강행규정으로 보아야 한다"고 판시하였다.

나아가, 대법원은 "적법절차의 원칙이 과세처분에도 당연히 적용되므로 개별 세법에 납세고지에 관한 별도의 규정이 없더라도 국세징수법이 정한 것과 같은 납세고지의 요건을 갖추지 않으면 안 된다"고 전제하면서, 가산세 부과처분은 행정상 제재라는 점에서 적법절차의 원칙은 더 강하게 관철되어야 한다고 판단하였다. 따라서 하나의 납세고지서에 의하여 본세와 가산세를 함께 부과하는 경우 ① 납세고지서에 본세와 가산세 각각의 세액과 산출 근거 등을 구분하여 기재해야 하며, ② 여러 종류의 가산세를 함께 부과하는 경우에는 그 가산세 상호 간에도 종류 별로 세액과 산출 근거 등을 구분하여 기재함으로써 납세의무자가 납세고지서 자체로 각 과세처분의 내용을 알 수 있도록 해야 한다고 판단하였다.

### (4) 이 사건 판결의 의미

이 사건 판결은 과세관청이 자의를 배제한 신중하고 합리적인 가산세 부과처분을 하게 함으로써 조세행정의 공정을 기하고, 납세의무자의 불복신청에 편의를 주어 납세자권리의 보장에 진일보하였다는 점에서 의미가 있다. 종래 과세관청은 여러 종류의 가산세를 한꺼번에 부과하는 경우 그 산출 근거는 물론 가산세목의 구별조차도 없이 산출세액만 기재하여 왔고 이러한 관행은 수십 년간 별다른 이의 없이 지속되어 왔다. 대법원이 소부가 아닌 전원합의체에 회부하여 판결한 것은 이러한 관행이 더 이상 유지될 수 없다는 점을 대법관 전원일치의 의견으로 대외적인 선언을 한 것이어서 큰 의미를 갖는다.

특히 대법원이 단순히 국세징수법 제 9 조 제 1 항을 준용한 것이 아니라, 헌법상 적법절차의 원칙과 행정절차법의 기본원리 등이 별도의 규정이 없더라도 과세처분 전반에 적용이 가능함을 명시하여 절차적 위법에 단호히 대처하겠다는 태도를 밝힌 것으로 생각된다. 또한 종래 관행적으로 수긍하여 왔던 가산세 기재방식에 대하여 위법주장을 하여 대법원의 판례를 이끌어 낸 소송대리인도 납세자 권리보장에 일익을 담당한 점도 주목할 만하다.

나아가 대법원은 "과세처분의 상대방인 납세의무자에게 알아서 법전을 찾아보라고 할 행정편의적인 발상이 법치의 광장에서 용인되어서는 안된다"고, 다소 강한 표현을 사용하면서 현행 과세실무에 문제가 있음을 명시적으로 지적하였다. 따라서 앞으로 과세관청이 가산세를 부과함에 있어 납세고지서의 형태를 전면적으로 개선하여야 하고 종래 잘못된 과세관행에 의하여 처리한 사건을 원만히 마무리하여야 할 과제를 안게 되었다.

가산세가 부과되어 불복절차가 진행 중인 취소소송의 경우 다음과 같은 영향이 있을 것으로 예상된다. 다툼의 대상인 대부분의 가산세 부과처분은 이 사건 판결과 동일한 절차적 하자를 가지고 있다. 그리고 납세고지에 기재사항을 누락한 하자가 있는 경우, 취소소송 계속 중에 과세관청이 세액산출 근거를 밝히는 보정통지를 하였다고 하더라도 납세고지의 위법성은 치유될 수 없다는 것이 확립된 대법원 판례이다(대법원 1988.2.9. 선고 83누404 판결 등). 따라서 과세관청은 이미 존재한 가산세 부과처분의 하자를 치유할 수 없으므로, 납세의무자가 절차적 하자를 주장하는 경우 가산세 부과처분은 취소될 수밖에 없을 것이다.

## 4. 결 론

이 사건 판결은 과세실무를 변경시킬 정도의 파급력이 있으나, 개별적 납세의무자의 입장에서는 가산세액(가산금이나 중가산금 포함)에 대한 환급가산금 이외에 세액에 있어서는 큰 혜택을 볼 수 없을 것으로 예상된다. 즉, 위 대법원 판결은 이미 불복기간을 지나거나 쟁송에 의하여 확정된 사건은 해당이 없는 것이고 불복기간이 진행 중이거나 불복절차가 진행 중인 사건에 한하여 적용될 것이지만, 가산세 부과처분이 취소되더라도 과세관청이 추후 절차적 하자를 보완한 가산세 납세고지서를 발부하면 (설사 가산세 부과제척기간이 지났더라도 국세기본법 제26조의 2 제2항의 특례제척기간이 적용되어) 납세의무자로서는 불복의 실익이 그다지 크지 않을 것이다. 더구나 과세관청은 이러한 사건에 대하여서는 일률적으로 재고지할 가능성도 크다.

이 사건에서 대법원이 설시한 납세의무자에 대한 과세관청이 준수하여야 할 절차법상의 납세자 보호를 위한 행위수준은 종래와는 다른 것이다. 따라서 세정 전반에 있어 납세의무자의 기준에서 그 성실한 의무이행 가능여부에 따라 가산세 등의 부과 여부를 결정지어야 할 것이라는 점을 분명히 하고 있는바, 대법원의 이러한 입장은 단지 가산세 부과절차의 영역뿐 아니라 앞으로 이와 유사한 사례에서 납세자권리의 절차적 보장을 강화하겠다는 의지를 천명한 것이라고 할 수 있다.

13 대법원 2012.12.26. 선고 2011두9287 판결

# 제 2 차 납세의무를 부담하는 과점주주의 판단기준

**판결요지**

100분의 50을 초과하는 주식에 관한 권리 행사에 해당하기 위해서는 현실적으로 주주권을 행사한 실적은 없더라도 적어도 납세의무 성립일 당시 소유하고 있는 주식에 관하여 주주권을 행사할 수 있는 지위에는 있어야 한다. 따라서 납세의무 성립일 당시 주주권을 행사할 가능성이 없었던 경우에는 위 규정에 의한 제 2 차 납세의무를 지지 않는다고 할 것이다. …… 이 사건 주식에 대한 양도·양수계약을 취소하기로 합의한 2008.1.7.경까지는 A가 이 사건 주식에 관한 주주권을 행사하여 원고로서는 이 사건 주식에 관한 주주권을 행사할 수 있는 지위에 있지 아니하였으므로, 원고는 그 납세의무 성립일이 2007.6.30. 또는 2007.12.31.인 이 사건 부가가치세 등에 대하여 제 2 차 납세의무를 부담하는 과점주주에 해당하지 않는다.

## 1. 사실관계

① 원고는 이 사건 회사의 대표이사이자 이 사건 회사 총발행주식 30만 주 중 21만주를 소유한 주주인데, 2006.8.24. A와의 사이에 이 사건 회사의 경영권 및 주식을 양도하는 내용의 주식 및 경영권 양도·양수계약(이하 '이 사건 양도·양수계약'이라 한다)을 체결하고 주주명부상 명의개서도

마쳤다.

② 그런데 A는 2006.12.22. 원고를 상대로 이 사건 양도·양수계약에 따른 양도대금 잔금에 대한 채무부존재확인의 소를 제기하였고, 2007. 8.16. 위 소송에서 청구취지변경신청서를 통해 원고가 분식회계 등으로 이 사건 회사의 자금 사정을 속였으므로 이 사건 양도·양수계약은 사기 또는 착오에 의한 의사표시라는 이유로 취소의 의사표시를 하였고, 위 청구취지변경신청서는 그 무렵 원고에게 송달되었다.

③ 법원은 2007.11.7. 이 사건 양도·양수계약을 취소하는 판결을 하였고, 원고는 이에 불복하여 항소를 제기하였다가 2008.1.7. A와 사이에 '이 사건 양도·양수계약을 위 판결에 근거하여 취소하고 위 항소를 취하' 하는 내용의 합의서를 작성한 다음, 2008.1.8. 위 항소를 취하함으로 써 위 판결은 항소기간의 만료시인 2007.12.4. 확정되었다.

④ 한편 A는 원고와 이 사건 양도·양수계약을 체결하기 전인 2006. 8.23. 이 사건 회사의 대표이사로 취임하였고, 2008.1.7. 위 합의서가 작성될 때까지 이 사건 회사를 실질적으로 경영하였다.

⑤ 피고는 이 사건 회사에 대한 2007년 귀속의 부가가치세, 근로소득세, 퇴직소득세(납세의무 성립일은 2007.6.30. 또는 2007.12.31.)가 납부되지 않자 2008.9.17. 원고를 이 사건 회사의 과점주주로 보아 제 2 차 납세의무자로 지정하고 원고에게 2007년 귀속의 부가가치세, 근로소득세, 퇴직소득세 부과처분을 하였다(이하 '이 사건 각 부과처분'이라고 한다).

## 2. 평 석

### (1) 출자자의 제 2 차 납세의무

제 2 차 납세의무는 국세·가산금 및 체납처분비와 지방자치단체의 징수금에 대하여 원래의 납세의무자의 재산에 대한 체납처분을 집행하더라도 징수하여야 할 금액에 부족하다고 인정하는 경우에 그 원래의 납세의무자와 일정한 관계에 있는 자에 대하여 보충적인 납세의무를 부담시키는 제도이다.

현행 국세기본법은 제 2 차 납세의무로서 청산인 등의 제 2 차납세의무(제38조), 출자자의 제 2 차납세의무(제39조), 법인의 제 2 차납세의무(제40조), 사업양수인의 제 2 차 납세의무(제41조)를 인정하고 있다. 그중 출자자의 제 2 차 납세의무에 관한 국세기본법 제39조 제 1 항은 비상장법인의 재산으로 그 법인에 부과되거나 그 법인이 납부할 국세 등에 충당하여도 부족한 경우에는 그 국세의 납세의무의 성립일 현재 무한책임사원 또는 과점주주가 그 부족액에 대하여 제 2 차 납세의무를 부담하도록 규정하고 있고, 같은 항 제 2 호에서 과점주주를 주주 또는 유한책임사원 1명과 그의 특수관계인 중 대통령령으로 정하는 자로서 그들의 소유주식 합계 또는 출자액 합계가 해당 법인의 발행주식 총수 또는 출자총액의 100분의 50을 초과하면서 그에 관한 권리를 실질적으로 행사하는 자로 정하고 있다.

제 2 차 납세의무제도는 납세자의 징수회피행위에 대하여 신속하고 효과적으로 대처할 수 있어 과세관청의 입장에서 보면 조세의 징수확보에 매우 유용한 제도인 반면 제 2 차 납세의무자의 입장에서 보면 타인이 체납한 조세의 징수를 위하여 언제 자기에게 납부책임이 지워질지 알 수 없는 불안한 상태에 있게 되어 사법상 거래 안전을 해하고 제 2 차 납세의무자의 재산권을 침해할 우려가 있다. 특히 제 2 차 납세의무를 부담하는 출자자 중 하나인 과점주주는 “해당 법인의 발행주식 총수 또는 출자총액의 100분의 50을 초과”라는 형식적인 기준 뿐만 아니라 “권리를 실질적으로 행사하는 자”라는 획일적 판단이 어려운 기준을 추가적으로 정하고 있어 많은 분쟁이 발생하고 있다.

### (2) 과점주주의 판단기준

본인이 모르는 사이에 주주명의를 도용당하였거나 또는 주주명부에 주주로 등재되어 있기는 하나 단순히 타인에게 명의를 빌려 주었을 뿐 실질적인 주주가 아닌 자는 제 2 차 납세의무를 지는 과점주주에 해당하지 않는다. 과점주주에 대한 제 2 차 납세의무의 입법목적은 회사의 경영을 사실상 지배하는 실질적인 운영자인 과점주주가 회사의 수익은 자신에게 귀속시키고 그 손실은 회사에 떠넘김으로써 회사의 법인격을 악용하여 이를 형해화시킬 우려가 크므로 이를 방지하여 실질적인 조세평등을 이루려는 데 있는 것인데(헌법재판소 1997.6.26. 선고 93헌바49, 94헌바38 · 41, 95헌바64 전원재판부 결정), 명의를 도용당한 자나 차명주주는 회사의 법인격을 악용할 우려가 없기 때문이다. 대법원 또한 ① 부(夫)가 처 모르게 회사의 주주명부에 처 명의로 등재하였고 처가 국세납세의무 성립일까지 이를 몰랐다면 처는 형식상 회사의 주주명부에 등재된 자로서 국세기본법 제39조 제 2 호 소정의 과점주주에 해당하지 아니한다고 판시하거나(대법원 1987.2.24. 선고 86누747 판결), ② 국세기본법 제39조 제 2 호에 의하여 법인의 주주에게 제 2 차 납세의무를 부담시키기 위하여는 과점주주로서 그 법인의 운영을 실질적으로 지배할 수 있는 위치에 있음을 요하고 단지 형식상으로 법인의 주주명부에 주주로 등재되어 있는 사유만으로 곧 과점주주라고 하여 납세의무를 부담시킬 수는 없다(대법원 1985.5.28. 선고 85누55 판결)고 판시하여, 명의를 도용당한 자 및 차명주주의 경우에는 과점주주에 해당하지 아니함을 분명히 하고 있다.

그렇다면 해당 주주가 명의를 도용당한 것도 아니고 차명주주도 아니라면 항상 "과점주주"에 해당하는가? 제 2 차 납세의무자에 대한 재산권 침해의 우려를 강조하고 "권리를 실질적으로 행사하는 자"라는 문언을 적극적으로 해석한다면 해당 주주가 실질 주주라고 하더라도 그가 보유하고 있는 주식에 관한 권리를 현실적으로 행사한 경우, 예컨대 배당을 받았다든가 주주의결권을 행사한 경우에만 과점주주에 해당한다는 생각이 있을 수 있다.

그러나 기존의 대법원 판례는 "주식에 관한 권리행사는 반드시 현실적으로 주주권을 행사한 실적이 있어야 할 것을 요구하는 것은 아니고, 법인세 납세의무 성립일 현재 소유하고 있는 주식에 관하여 주주권을 행사할 수 있는 지위에 있으면 족하다고 보아야 할 것이다"라고 판시하여(대법원 2003.7.8. 선고 2001두 5354 판결 ; 대법원 2008.9.11. 선고 2008두983 판결 등), 해당 주주가 현실적으로 주주의 권리를 행사하였는지 여부는 과점주주의 판단에 영향을 미치지 않는다는 견해를 취하였다. 이러한 기존의 대법원 판례의 입장은 "권리를 실질적으로 행사하는 자"의 의미를 명의를 도용당한 자나 차명주주가 과점주주에 해당하지 않는다는 점을 재확인하는 정도의 제한적인 의미로 해석하고, 명부상의 주주라면 일응 납세의무 성립일과 보유주식 수라는 형식적인 기준에 의하여 과점주주 여부를 판단하는 것을 기본으로 삼은 것으로 이해할 수 있다.

### (3) 이 사건 판결의 의미

한편 대상판결은 앞에서 살핀 기존의 대법원 판결의 원칙적인 판시 내용을 그대로 인용하면서도 "납세의무 성립일 당시 주주권을 행사할 가능성이 없었던 경우에는 위 규정에 의한 제 2 차 납세의무를 지지 않는다"는 새로운 판시를 덧붙임으로써 "권리를 실질적으로 행사하는 자"의 문언을 보다 적극적으로 해석하고자 하는 것으로 보인다. 즉, ① 배당 또는 주주의결권 행사와 같이 주주권을 현실적으로 행사하여야지만 과점주주에 해당하는 것은 아니라는 점을 재확인하면서도, ② 최소한 납세의무 성립일 현재 주주로서의 권리를 행사할 수 있는 "현실적인 가능성"이 있어야지만 과점주주에 해당하고, ③ 납세의무 성립일 현재 주주로서의 권리를 행사할 수 있는 현실적인 가능성이 없다면 납세의무 성립일 당시 주주로서의 "지위"를 가지고 있었다는 점만으로는 과점주주라고 할 수 없다는 것이다.

이러한 점은 대상판결의 원심판결(서울고등법원 2011.4.7. 선고 2010누29064 판결)의 판시에서 보다 명확하게 나타난다. 원심판결은 대상판결과 마찬가지로 원고가 과점주주에 해당하지 않는다고 판단하였는데, 그 근거로 "설령 원고와 A 사이의 이 사건 양도·양수계약이 위 법원의 판결 또는 위 2008.1.7.자 합의로 취소됨으로써 그 계약의 효력이 소급하여 무효가 되어 원고가 위 각 조세의 납세의무 성립일을 기준으로 이 사건 회사의 과점주주로서의 지위를 회복하게 된다고 하더라도, 이는 이 사건 양도·양수계약의 효력이 소급하여 무효가 됨으로써 처음부터 주식을 양도하지 않은 것으로 보게 되는 결과 누리게 되는 지위의 회복에 불과할 뿐인 점"을 들고 있다.

만약 기존 대법원 판결의 태도를 기계적으로 대입하였다면, 원고는 과점주주로 인정될 수밖에 없었을 것이다. 취소의 소급효로 인하여 원고가 납세의무 성립일 당시 이 사건 회사의 주주에 해당하기 때문이다. 그러나 원심판결은 취소의 소급효로 인한 주주 지위의 회복은 법률적 평가일 뿐이고, 원고가 납세의무 성립일 당시에 현실적으로 주주권을 행사할 수 있었던 것은 아니었다는 점(실제로도 납세의무 성립일인 2007.6.30. 또는 2007.12.31.에는 원고가 아닌 A가 이 사건 회사를 실질적으로 경영하였다)에 주목하여 위와 같은 판단을 한 것이다. 그리고 대상판결 또한 "주주권을 행사할 가능성"에 대한 새로운 판시를 덧붙임으로써 이러한 원심판결의 입장을 정당하다고 인정한 것으로 볼 수 있다.

### (4) 결 론

과점주주의 제2차 납세의무에 관하여는 위헌 시비가 끊이지 않았으며 헌법재판소로부터 다수의 위헌결정(헌법재판소 1997.6.26. 선고 93헌바49, 94헌바38·41, 95헌바64 결정; 헌법재판소 1998.5.28. 선고 97헌가13 결정 등)을 받기도 하였다. 이에 따라 그 인정범위를 축소하고 보다 명확하게 규정하는 방향으로 수차례 개정되어 현재에 이르렀다. 이러한 입법 경과 및 입법 취지에 비추어 볼 때 과점주주의 범위는 그 규정의 문언이 실질적인 의미를 가질 수 있도록 엄격하게 해석하는 것이 타당할 것이다.

기존의 대법원 판결들은 "주주로서의 지위"라는 형식적 판단기준에 얽매여 다소 경직된 판단을 하였다고 볼 수 있으나, 대상판결은 "주주권을 행사할 가능성"도 고려하는 적극적인 해석론을 전개하였는바, 구체적 타당성을 고려함으로써 납세자의 권리구제를 도모한 진일보한 판결이라고 평가할 수 있다. 대상판결이 기존의 대법원 판결의 판시를 그대로 인용하면서도 사실상 기존의 대법원 판결들과는 다른 결론을 도출하였다는 점에서 세밀한 논리 전개에 대한 아쉬움이 있을 수 있으나, 기존 대법원 판결들은 주주권을 현실적으로 행사하여야지만 과점주주에 해당하는 것은 아니라는 점을 강조한 것으로, 대상판결은 주주로서의 권리를 행사할 수 있는 현실적인 가능성이 있어야 과점주주에 해당한다는 점을 강조한 것으로 이해한다면 조화로운 해석이 가능하다.

14 대법원 2013.2.28. 선고 2011두32416 판결;
대법원 2013.3.28. 선고 2012재두299 판결

# 폐지된 세법규정의 효력과 합헌적 법률해석의 한계

판결요지

**[대법원 2013.2.28. 선고 2011두32416 판결]**

구 조세감면규제법 제56조의 2 제1항 및 구 법인세법 제15조 제1항 제5호의 입법취지는 주식시장의 활성화를 위하여 주식의 상장을 전제로 자산 재평가를 한 법인에 대하여는 자산재평가법상의 재평가요건을 갖추지 못하였더라도 그 재평가차액을 법인세의 과세대상에서 제외함으로써 주식의 상장을 유도하되, 사후 당해 법인이 주식의 상장을 게을리하는 경우에는 이러한 과세특례를 박탈함으로써 이를 악용하는 것을 방지하고자 하는 데 있다고 할 것이다. 따라서 구 조세감면규제법 제56조의 2 제1항에 의하여 자산재평가를 한 법인이 2003.12.31.까지 주식을 상장하지 못하였더라도 그 원인이 당해 법인에게 책임을 돌릴 수 없는 정당한 사유에서 비롯되었을 경우에는 재평가차액에 대하여 법인세를 과세할 수 없다고 보아야 한다(대법원 2011.4.28. 선고 2009두3842 판결 참조).

**[대법원 2013.3.28. 선고 2012재두299 판결]**

구 조세감면규제법 제23조(이하 '위 부칙규정'이라 한다)의 입법 경위와 취지, 그리고 1993.12.31. 법률 제4666호로 전부 개정된 조세감면규제법(이하 '전부 개정 조감법'이라 한다)의 전반적인 체계나 내용 등에 비추어 보면, 전부 개정 조감법의 시행에도 위 부칙규정은 실효되지 않았다고 보는 것이 입법자의 의사에 부합한다. 위 부칙규정은 이미 재평가를 한 법인에 대한 사후관리를 위한 목적에서 규정되었을 뿐이므로, 위 부칙규정을 계속

**적용하는 것이 납세자에게 예측하지 못한 부담을 지우는 것이라고 할 수 도 없다. 따라서 위 부칙규정은 전부 개정 조감법의 시행 이후에도 실효되지 않고 계속 적용된다고 해석하는 것이 타당하다. 그리고 이러한 해석이 헌법에 위배된다고 볼 이유도 없다.**

## 1. 들어가며

대법원에서 약 한 달 간격으로 자산재평가와 관련된 두 개의 판결이 선고되었다. 먼저 나온 대법원 2013.2.28. 선고 2011두32416 판결(이하 '대상 I 판결')은 생명보험회사인 원고가 상장하지 못한 데에는 원고에 책임을 돌릴 수 없는 정당한 사유가 있었음을 인정하여 재평가차익에 대한 과세처분을 취소한 판결이다.

다음의 대법원 2013.3.28. 선고 2012재두299 판결(이하 '대상II판결')은 특별한 사정이 있는 경우에는 폐지된 세법규정을 근거로 과세할 수 있으며, 헌법재판소는 특정 법률의 위헌만을 심판의 대상으로 삼을 수 있는 것이지, 법률해석의 위헌 여부는 심판의 대상이 아니므로, 한정위헌결정은 확정판결에 대한 재심사유가 될 수 없다는 판결이다. 이들 판결은 폐지된 세법규정의 효력과 합헌적 법률해석의 한계와 관련하여 의미 있는 판결이라고 할 수 있을 것이다.

## 2. 재평가와 관련된 법적 분쟁의 개요

### (1) 자산재평가 및 재평가차익의 과세에 대한 규정

대상판결을 이해하기 위하여는, 우선 당시의 자산재평가제도에 대한 이해가 필요하다. 구 조세감면규제법(1990.12.31. 법률 제4285호로 개정되기 전의 것. 이하 같다) 제56조의 2 제 1 항은 "한국증권거래소에 처음으로 주식을 상장하고자 하는 법인은 자산재평가법 제 4 조, 제38조의 규정에 불구하고 매월 1일을 재평가일로 하여 자산재평가법에 의한 재평가를 할 수 있다" 고 정하고 있었고, 구 법인세법(1994.12.22. 법률 제4803호로 개정되기 전의 것) 제15조 제 1 항 제 5 호는 '자산재평가법의 규정에 의한 재평가차액은 당해 사업연도의 소득금액 계산상 익금에 산입하지 아니한다'고 정하고 있었다. 이들 규정의 입법취지는 주식시장의 활성화를 위하여 주식의 상장을 전제로 자산 재평가를 한 법인에 대하여는 자산재평가법상의 재평가 요건을 갖추지 못하였더라도 그 재평가차액을 법인세의 과세대상에서 제외함으로써 주식의 상장을 유도하기 위한 것이다.

위 규정은 주식을 "상장할" 법인을 대상으로 하고 있으므로, 주식을 상장할 것을 전제로 하여 자산재평가를 한 법인이 상장은 하지 않고, 재평가 차익에 대한 과세 제외규정만을 이용하는 것을 규제할 필요가 있어, 사후관리 규정이 필요하였다. 이에 따라 1990.12.31. 법률 제4285호로 제정된 조세감면규제법 부칙 제23조 제 1 항(이하 '이 사건 부칙 규정')은 '구 조세감면규제법 제56조의 2 제 1 항에 의하여 재평가를 한 법인이 대통령령이 정하는 기간까지 한국증권거래소에 주식을 상장하지 아니하는 경우 이미 행한 재평가는 자산재평가법에 의한 재평가로 보지 아니한다'고 규정하고 있었다.

### (2) 구 조세감면규제법의 전면 개정과 부칙의 경과규정의 누락

구 조세감면규제법은 1993.12.31. 법률 제4666호로 전부 개정되었으나, 당시 이 사건 부칙 규정과 관련하여서는 아무런 경과규정을 두지 않아, 결과적으로 과세의 근거조항에 공백이 생기는 결과가 발생하였다.

한편 소관부처는 이 사건 부칙 규정이 계속하여 존재하는 것을 전제로, 1993.12. 31. 이후에도 구 조세감면규제법 시행령을 수차례 개정하면서, 상장기한을 5년, 8년, 10년, 11년, 13년으로 연장하여 왔으며, 2001.12.

31. 개정을 통하여 2003.12.31.까지 상장기한을 연장하여 왔다. 이러한 사실을 보면, 당시 소관부처는 이 사건 부칙 규정의 경과규정이 누락되어 과세 근거조항이 존재하지 않는다는 사실을 미처 인식하지 못하였던 것으로 보인다.

### (3) 상장기한의 도과와 과세처분 및 불복 경과

상장기한의 연장규정은 수차례 갱신되었으나, 2003.12.31. 이후로는 더 이상 연장이 되지 않았으며, 결국 상장기한이 도과하게 되었다. 과세관청은 상장기한을 도과할 때까지 상장을 하지 못한 기업들에 대하여, 이 사건 부칙 규정을 근거로 재평가차액에 대한 과세에 나서기 시작하였다. 이에 해당 기업들은 과세처분에 대한 불복에 나섰고, 과세처분의 취소소송을 진행하던 중 폐지된 이 사건 부칙 규정을 계속 적용하는 것은 헌법에 위반된다는 취지로 위헌법률심판제청을 신청하였다. 법원이 신청을 기각하자, 이들 기업들은 헌법소원심판을 청구하였다.[1)]

## 3. 사건의 경과 소개

### (1) 서울고등법원 2009.1.23. 선고 2006누11097 판결

(대상Ⅱ판결의 2심 판결)

서울고등법원 2009.1.23. 선고 2006누11097 판결은 대상Ⅱ판결의 재심 대상판결의 2심 판결이다. 이 판결은 개정 법률이 전문개정에 해당하는 경우에는 기존 법률을 폐지하고 새로운 법률을 제정하는 것과 마찬가지여

1) 법원이 위헌법률심판제청을 하는 경우에는 헌법재판소법 제42조에 따라 헌법재판소가 당해 법률의 위헌 여부를 판단할 때까지 재판 진행이 정지되나, 당사자가 헌법소원을 하는 경우에는 계속하여 재판이 진행된다. 결국 법원과 헌법재판소 모두가 해당 사건을 병행하여 심리하게 되는 것이다.

서, 부칙 규정도 모두 소멸하는 것으로 보아야 한다는 점을 인정하면서도, 예외적으로 '특별한 사정'이 있는 경우에는 폐지된 세법 규정의 효력이 상실되지 않는다고 보았다.

당해 판결에서는 여기서 '특별한 사정'이 있는지는 종전 경과규정의 입법 경위 및 취지, 전문개정된 법령의 입법취지 및 전반적 체계, 종전의 경과규정이 실효된다고 볼 경우 법률상 공백상태가 발생하는지 여부, 기타 제반 사정 등을 종합적으로 고려하여 개별적·구체적으로 판단하여야 한다고 설시하였다. 또한 사안에 대하여는 이 사건 부칙이 실효된 것으로 본다면, 자산재평가를 실시한 법인에 대한 사후관리가 불가능해져 법률상 공백상태에 이르게 되며, 상장기한 내에 상장을 실시하거나, 재평가를 취소한 법인에 비하여 상장을 하지 않은 기업을 합리적인 이유 없이 우대하는 결과가 되어 조세공평주의 이념에 반하게 되고, 이 사건 부칙 규정에 따라 과세하더라도, 이를 해당 법인에 대하여 예측하지 못한 부담을 지우거나 법적 안정성을 해친다고 보기 어려운 점을 들어 이 사건 부칙 규정이 실효되지 않았다고 볼 '특별한 사정'이 존재한다고 보았다. 이는 폐지된 법률 규정의 효력을 제반 사정을 고려하여 예외적으로 인정한 것으로 합헌적 법률해석에 해당한다고 볼 것이다.

### (2) 대법원 2011.4.28. 선고 2009두3842 판결

(대상Ⅱ판결의 재심 대상판결)

대법원 2011.4.28. 선고 2009두3842 판결에서는 이 사건 부칙 규정의 효력에 대하여는 별도의 설시를 하고 있지 않으나, 이 사건 부칙 규정이 당연히 효력을 가지고 있음을 전제로, 구 조세감면규제법 규정은 '재평가를 실시한 법인이 책임 있는 사유로 상장시한 내에 주식을 상장하지 않은 경우'에만 이미 행한 재평가를 자산재평가법에 의한 재평가로 보지 않는다는 취지로 해석하여야 한다는 원고의 법리적 주장을 받아들이면서도, 당해 사안에는 원고에게 책임을 돌릴 수 없다고 볼만한 정당한 사유가 없다고 보아 원고의 청구를 받아들이지 않았다.

### (3) 서울고등법원 2009.1.23. 선고 2006누11753 판결 (대상 I 판결의 원심판결)

서울고등법원 2009.1.23. 선고 2006누11753 판결은 앞의 2006누11097 판결이 인정한 재평가를 실시한 법인에 책임을 돌릴 수 없는 정당한 사유가 있는 경우에는 상장의무 미이행에 따라 과세할 수 없다는 법리에 근거, 원고에 대하여 정당한 사유가 있음을 인정하여 원고의 청구를 인용한 판결이다. 대상 I 판결의 원고는 생명보험회사로, 생명보험회사의 상장과 관련하여서는 1996년 이래로 기업공개에 따른 이익을 보험계약자에게 배분할 것인지의 문제로 한국증권거래소와 정부, 생명보험회사 간에 다툼이 있어 법적 · 제도적 장애가 있었으므로, 이를 인정하여 원고에게 책임을 물을 수 없는 정당한 사유가 있었음을 인정한 것이다. 이 판결은 정당한 사유에 대한 아무런 명문 규정을 두고 있지 않는 경우에도, 매우 드물게 구체적 사정을 고려하여 납세자의 행동에 귀책사유가 없는 경우에는 과세의 예외를 인정하여 온 기존 판례의 태도와 궤를 같이하고 있다고 평가할 수 있을 것이다.

### (4) 헌법재판소 2012.7.26. 선고 2009헌바35, 2009헌바82(병합) 결정

헌법재판소 2012.7.26. 선고 2009헌바35, 2009헌바82(병합) 결정은 대상 I 판결과 대상 II 판결의 원고들이 신청하였던 각 위헌법률심판제청이 기각되자, 제기한 각 헌법소원심판에 대한 결정이다. 이 결정에 앞서 헌법재판소는 이 사건 부칙 규정을 적용하여 과세한 동종 사건들에 대하여 2012. 5.31. 선고 2009헌바123, 2009헌바126(병합) 결정을 통하여, 조세법률주의 원칙상 유효한 법률규정의 불명확한 의미를 논리적 · 체계적 해석을 통하여 합리적으로 보충하는 데에서 더 나아가, 해석을 통하여 전혀 새로운 법률상의 근거를 만들어 내거나 기존에 존재하다 실효된 법률조항을 여전히 유효한 것으로 해석하는 것은 법률해석의 한계를 벗어난 과세근거를 법률해석을 통하여 창설해내는 입법행위로, 조세법률주의 원칙에 반한다고 설시하며, "이 사건 부칙 규정이 실효되지 않은 것으로 해석하는 것은 헌법에 위반된다"고 한정위헌결정을 내린 바 있다.

헌법재판소는 2009헌바35, 2009헌바82(병합) 결정에서도 동일한 취지로, "이 사건 부칙 규정이 실효되지 않은 것으로 해석하는 것은 헌법에 위반됨을 확인한다"는 결정을 내렸다.

## 4. 대상판결의 판단

### (1) 대상Ⅰ판결

위 헌재 결정이 나온 이후에 나온 대상Ⅰ판결에서, 대법원은 위 헌법재판소 결정 취지와 관련하여서는 별다른 설시를 하고 있지 않으며 이 사건 부칙 규정이 당연히 효력을 가지고 있음을 전제로, 대상Ⅰ판결의 원심판결인 2006누11753 판결이 인정한 바와 같이, 생명보험사의 상장과 관련하여는 상호 회사적 성격과 관련하여 정부, 한국증권거래소 등과의 다툼이 있어 주식 상장을 가로막는 제도적 장애가 존재하였고, 이러한 점에서 원고 회사에게 상장을 하지 못한 데에 대한 책임을 돌릴 수 없다고 보아, 원고의 청구를 인용하는 원심판결을 확정하였다.

### (2) 대상Ⅱ판결

대법원은 대상Ⅱ판결을 통하여, 법률조항 자체는 그대로 둔 채 그 법률조항에 관한 특정한 내용의 해석·적용만을 위헌으로 선언하는 이른바 한정위헌결정에 관하여는 헌법재판소법 제47조가 규정하는 위헌결정의 효력을 부여할 수 없으며, 그 결과 한정위헌결정은 법원을 기속할 수 없고 재심 사유가 될 수 없다는 것이 확립된 대법원의 판례라는 점을 재확인하면서, 그 이유를 상세히 설명하고 있다.

대법원은, 구체적인 사건에서 어떠한 법률해석이 헌법에 합치되는 해석인가를 포함하는 법령의 해석·적용에 관한 권한은 대법원을 최고 법원으로 하는 법원에 전속하며, 이는 재판절차에서 대법원을 최종심으로 규정하고 있는 소송법의 구조와 헌법정신에 비추어 분명하고, 재판소원을 심판의 대상에서 제외한 헌법재판소법 규정에도 부합하며, 법원의 법률해석을 헌법소원의 대상으로 받아들이게 될 경우 권력분립의 원칙과 사법권 독립의 원칙 등을 해쳐, 한정위헌결정을 헌법소원이 인용된 경우에 해당한다고 볼 수 없으므로, 이 사건에는 재심 사유가 존재하지 않는다고 판결하였다.

또한 대법원은 법률의 전부 개정시에는 부칙 규정 역시 모두 소멸하는 것으로 해석하는 것이 원칙이겠지만, "종전 경과규정의 입법 경위와 취지, 그리고 개정 전후 법령의 전반적인 체계나 내용 등에 비추어 신법의 효력 발생 이후에도 종전의 경과규정을 계속 적용하는 것이 입법자의 의사에 부합하고, 그 결과가 수범자인 국민에게 예측할 수 없는 부담을 지우는 것이 아니라면 별도의 규정이 없더라도 종전의 경과규정이 실효되지 않고 계속 적용된다고 해석"할 수 있으며, 당해 사안은 이러한 특별한 사정이 있는 경우에 해당하므로, 재심 대상판결은 정당하다고 설명하고 있다.

## 5. 평 석

### (1) 폐지된 세법규정의 효력과 합헌적 법률해석의 한계

이들 판결은 폐지된 세법규정의 효력과 합헌적 법률해석의 한계에 대한 대법원의 시각을 살펴볼 수 있는 판결이라는 점에서 의미를 찾아볼 수 있겠다. 대법원은 대상Ⅱ판결과 같이, 비록 형식적인 입법의 실수가 있는 경우에도 입법취지를 고려한 적극적 법해석의 여지를 어느 정도 유보해두고 있는 것으로 보이며, 입법자의 의사 및 조세공평주의 등에 근거하여 폐지된 세법규정의 효력을 인정하고 있다. 반면 대상Ⅰ판결에서는 명문의 규정이 없더라도 해당 법인에게 귀책사유가 없는 경우는 과세의 범위에서 제외함으로써, 구체적 사안에서의 타당과 공평을 추구하고자 하는 것으로 보인다.

그러나 조세법률주의의 원칙상 조세법규의 해석은 특별한 사정이 없는 한 법문대로 해석하여야 하고, 입법취지 등을 고려한 합목적적 해석은 조세법률주의가 지향하는 법적 안정성 및 예측 가능성을 해치지 않는 범위 내에서만 제한적으로 허용되는 것이므로(대법원 2009.7.9. 선고 2007두1781 판결 ; 대법원 2008.2.15. 선고 2007두4438 판결 등), 명백한 입법의 오류를 법원의 해석으로 보완하려는 것은 세법의 영역에서는 다소 위험성을 가진 것이 아닌가하는 우려가 있다. 법률이 폐지되었음에도 불구하고 입법자의 의사 등을 추정하여 그 효력을 인정하는 것은 '있는 법'과 '있어야 할 법'을 혼동하고 있는 것으로서 법률해석의 한계를 벗어난 것이고, '법원에 의한 새로운 입법'에 다름 아니기 때문이다.

### (2) 헌법재판소의 한정위헌결정과 대법원 판결의 관계

대상Ⅱ판결에서도 밝히고 있듯이, 대법원은 헌법재판소의 한정위헌결정의 기속력을 인정하고 있지 않고 있으므로, 헌법재판소의 한정위헌결정이 있더라도 납세자는 대법원의 재심절차를 통해서는 권리구제를 달성할 수 없다.

과거 양도소득세와 관련하여 헌법재판소의 결정과 대법원 판결 간의 불일치가 있었던 사례가 있었는데, 당시에는 헌법재판소 1997.12.24. 선고 96헌마172, 96헌마173(병합) 결정에서, 한정위헌결정 취지에 반하는 대법원 판결을 취소하면서, 동시에 원래의 과세처분도 함께 취소한 적이 있다.

당시에는 부과세액이 그리 크지 않았고, 납세자가 관련 세금을 납부하기 전(前) 단계였으므로, 과세관청이 체납절차를 포기하는 것으로 사건이 원만히 종결된 바 있다.

전례에 비추어보면, 헌법재판소는 다시 결정을 통하여 대상Ⅱ판결을 취소하고, 이와 함께 원 과세처분도 함께 취소할 것으로 보인다. 다만, 당해 사안은 이미 납세자가 세금을 납부하였으며, 동종의 사건들이 여러 건 문제되고 있어 문제되는 세액이 크기 때문에 과세관청이 헌법재판소의 결정에도 불구하고 세금을 환급하지 않을 가능성이 있다는 점에서 앞으로의 귀추를 살펴볼 필요가 있을 것이다. 처분의 취소에도 불구하고 과세관청이 세금을 환급하지 않을 경우 납세자는 부당이득반환청구를 하여야 할 것인데, 다시 이는 대법원의 관할에 해당하기 때문이다.

15 대법원 2013.3.21. 선고 2011다95564 전원합의체 판결

# 확정된 부가가치세 환급세액 지급청구는 당사자소송으로 제기하여야

판결요지

**[다수의견]**

납세의무자에 대한 국가의 부가가치세 환급세액 지급의무는 그 납세의무자로부터 어느 과세기간에 과다하게 거래징수된 세액 상당을 국가가 실제로 납부받았는지 여부와 관계없이 부가가치세법령의 규정에 의하여 직접 발생하는 것으로서, 그 법적 성질은 정의와 공평의 관념에서 수익자와 손실자 사이의 재산상태 조정을 위해 인정되는 부당이득반환의무가 아니라 부가가치세법령에 의하여 그 존부나 범위가 구체적으로 확정되고 조세 정책적 관점에서 특별히 인정되는 공법상 의무이므로 국가에 대한 납세의무자의 부가가치세 환급세액 지급청구는 민사소송이 아니라 행정소송법 제3조 제2호에 규정된 당사자소송의 절차에 따라야 한다.

**[소수의견(1인)]**

현행 행정소송법은 당사자소송을 추상적으로 규정함으로써 구체적인 소송의 형식과 재판 관할의 분배를 법원의 해석에 맡기고 있다. 따라서 그 권리의 법적 성질에 공법적인 요소가 있다는 이유만으로 반드시 당사자소송의 대상으로 삼아야 할 논리필연적 당위성이 존재한다고는 볼 수 없다. 오히려 부가가치세 환급세액은 사업자가 매입시 지급한 부가가치세(매입세액)가 매출시 받은 부가가치세(매출세액)보다 많을 때, 국가는 사업자가 더 낸 부가가치세를 보유할 정당한 이유가 없어 반환하는 것으로서 그 지급청구의 법적 성질을 민법상 부당이득반환청구로 구성하는 것도

**가능하다. 다수의견처럼 부가가치세 환급세액 지급청구만 당사자소송의 대상으로 보는 것은 국민의 권리구제수단 선택이나 소송실무상 혼란만 일으킬 우려가 있다.**

## 1. 개 요

### (1) 사실관계

원고(신탁회사)는 건설업을 영위하는 소외회사로부터 공동주택 신축분양사업과 관련하여 발생하는 부가가치세 환급세액 지급채권을 양도받았다. 원고는 소외회사를 대리하여 위 사업장 관할세무서장인 파주세무서장에게 채권양도 통지를 하였다. 그러나 파주세무서장은 위 채권양도계약상 피양도채권이 특정되지 않았다는 등의 이유로, 소외회사의 확정신고 또는 경정결정에 의하여 이미 확정된 부가가치세 환급세액을 원고가 아닌 소외회사에게 지급하였다.

### (2) 소송 경과

원고는 대한민국을 상대로 양수금의 지급을 청구하는 민사소송을 서울중앙지방법원에 제기하였고 1심법원은 원고의 청구를 받아들였다. 그러나 항소심은, 부당이득의 반환으로서 이루어지는 과오납금 반환과는 달리 부가가치세 환급세액은 부가가치세법령에 의하여 발생하고 세액의 '확정'을 그 행사요건으로 하고 있어서 공법상의 원인에 기하여 환급되는 것이므로, 그 환급을 구하는 소송은 공법상 당사자소송으로 심리·판단하여야 한다고 판시하면서, 1심판결을 취소하고 이 사건을 관계 행정청인 파주세무서장의 소재지를 관할하는 의정부지방법원으로 이송하였다.

## 2. 평 석

### (1) 문제 제기

대상판결은 다수의 학설과 같이 국세환급금청구에 대한 종전의 소송경로에 대한 입장(민사소송)을 일부 변경하여 부가가치세 환급세액 지급청구를 당사자소송으로 다투도록 하였다. 그런데 이러한 변화가 다양한 조세환급 관련 소송[1] 중 구체적으로 어떤 영역에서 일어난 것인지 확인하는 것은 쉽지 않다. 납세자의 입장에서 잘못된 소송 형태 선택은 행정사건 관할의 전속성, 제소기간의 제한으로 인하여 법적 구제의 좌절이라는 치명적인 결과로 이어질 수 있으므로 조세환급 관련 소송의 체계에서 이번 판례 변경의 좌표를 제대로 설정하는 것이 필요하다.

### (2) 조세환급금의 확정과 소송 형태

국세기본법 제51조 제 1 항에서는 '잘못 납부한 금액, 초과하여 납부한 금액 또는 환급세액을 국세환급금으로 결정하여야 한다'라고 규정하고 있고, 지방세기본법 제76조와 관세법 제46조 제 1 항에서도 비슷한 규정을 두고 있는바, 조세환급금은 오납금, 과납금, 환급세액의 세 가지로 분류할 수 있다.

오납금은 납부 또는 징수의 기초가 된 신고 또는 부과처분이 부존재하거나 당연무효임에도 불구하고 납부 또는 징수된 세액을 말한다. 따라서 오납금은 납부 또는 징수시에 발생하여 확정되고, 곧바로 민사소송으로 환

1) 납세자가 조세환급의 목적을 달성하기 위하여 환급요건을 충족시키는 데 필요한 각종 처분의 취소를 구하거나, 조세환급청구권의 존부에 관한 과세관청과의 다툼에 대하여 확인을 구하고, 나아가 직접 조세환급금의 이행을 청구하는 일체의 소송을 말한다 : 소순무, 『조세소송』, 영화조세통람, 2012, p.531.

급금의 지급을 청구할 수 있다는 것이 현재까지 판례의 입장이다.

과납금은 신고 또는 부과처분이 당연무효는 아니나 그 후 취소 또는 경정됨으로써 그 전부 또는 일부가 감소된 세액을 말하는데, 따라서 신고나 부과처분과 같은 조세채권 확정행위가 취소·경정되어야 발생한다. 그러므로 바로 민사소송으로 그 이행을 청구할 수 없고 먼저 부과처분이나, 경정처분, 경정거부처분에 대한 취소소송으로 위 확정행위를 배제시켜야 한다. 취소소송에서 승소하였음에도 불구하고 관할세무서장이 다른 이유를 들어 이를 이행하지 않는 경우 민사소송을 제기하여 구제받을 수 있다는 것이 현재 판례의 입장이다.

환급세액은 적법하게 납부 또는 징수되었으나 그 후 국가가 보유할 정당한 이유가 없게 되어 각 개별 세법에서 환부하기로 정한 세액을 말한다. 따라서 환급세액은 각 개별 세법에서 규정한 환급요건에 따라 확정되는바, 다음 항목에서 부가가치세 환급세액의 확정과 소송 형태에 대하여 살펴본다.

### (3) 부가가치세 환급세액 확정과 소송 형태

부가가치세법 제19조에서 사업자는 과세기간의 과세표준과 납부세액 또는 환급세액을 확정신고하도록 하고 있고, 부가가치세법 제21조 제 1 항은 확정신고를 하지 않거나 신고내용에 오류 또는 탈루가 있다고 인정되는 때에는 관할세무서장이 과세표준과 세액 또는 환급세액을 결정 또는 경정하도록 하고 있다. 따라서 납부세액이 확정신고 또는 경정결정에 의하여 확정되는 것과 마찬가지로 환급세액도 그에 따라 확정된다. 부가가치세 환급세액을 부(−)의 납부세액 결정으로 보는 것은 이와 같은 이유에서이다.[2)]

부가가치세 환급세액과 관련된 다툼에는 확정 여부를 다투는 경우와 이미 확정된 것임을 전제로 그 지급을 청구하는 경우가 있다. 환급세액 확

---

2) 소순무, 전게서, p.604.

정행위 자체를 다투기 위해서는 결국 취소소송을 제기하여야 한다. 반면에 이미 확정된 환급세액의 지급을 청구하는 경우에는 확정행위 자체에 대해서 다툴 필요가 없으므로, 이론상 곧바로 이행소송(대상판결에 따르면 당사자소송)을 제기하면 될 것이다.

그런데 한 가지 유의할 점은 확정된 환급세액에 대해서는 다툼이 없고 지급 자체에 대해서만 다툼이 있는 경우란 실무상 거의 발생하지 않는다는 것이다. 과세관청이 확정된 환급세액을 지급하지 않고 있다면, 대부분은 과세관청이 확정된 환급세액에 문제가 있다고 판단하였기 때문일 것이고, 과세관청은 언제든지 확정된 환급세액을 경정하여 기존의 확정을 배제할 수 있기 때문이다.

실무상 일단 납세자가 부가가치세 환급세액을 신고하는 경우, 관할세무서장은 그 당부를 판단하여 납세자의 신고가 맞다고 판단되면 30일 내에 환급세액을 지급한다. 그렇지 않다고 판단되면 관할세무서장은 환급세액의 일부를 감액하는 '일부환급결정통지'나 납부세액을 경정하는 '과세예고통지'를 한다. 전자는 환급거부처분에 해당하므로 전심절차를 거쳐 취소소송으로 다투어야 할 것이고, 후자 역시 과세전적부심사가 허용되는 이외에는 같은 방식으로 다투어야 할 것이다.

매우 드물게 관할세무서장이 환급거부처분이나 경정처분 없이 단순히 환급세액의 지급을 태만히 하고 있는 경우가 있을 수 있다. 이 경우 납세자는 당사자소송으로 환급세액의 지급을 구할 수는 있다. 그러나 당사자소송 제기 후라도 과세관청은 경정처분을 할 수 있고 그 경정처분에 따라 환급세액의 확정은 배제되어 기왕 제기된 당사자소송은 그 청구 원인을 상실하게 된다는 점에서 매우 불완전한 구제수단이다.

결국 납세자가 지급을 구하는 부가가치세 환급세액의 존부나 범위에 대한 다툼의 대부분은 취소소송에 의하여 해결될 수밖에 없을 것이다. 취소소송에 의하지 않고 환급세액의 지급을 바로 구할 수 있는 경우는 대상판결에서처럼 과세관청이 확정된 환급세액은 다투지 않고 채권양도만을 다투는 경우나, 과세관청이 신의칙을 이유로 확정된 환급세액의 지급을 거부하는 경우처럼 특수한 경우로 한정된다.

### (4) 대상판결의 판례 변경이 적용되는 영역

대상판결에서 판례의 변경을 이룬 지점은 바로 여기이다. 즉, 부가가치세 환급세액에 관하여는 진정 다툼이 없어서 과세관청의 경정이나 거부처분도 없는 경우로 한정된다. 따라서 대상판결을 납세자가 부가가치세 환급세액의 존부나 범위 자체에 대하여 당사자 사이에 다툼이 있어 과세관청의 거부처분이나 경정처분이 있는 경우에도 당사자소송을 제기할 수 있다는 의미로 확대해석하여서는 안 된다. 결국 대상판결의 변경된 법리가 적용되는 경우는 현실적으로 매우 드물다. 대상판결이 이유에서 변경의 대상으로 들고 있는 판례(대법원 1996.4.12. 선고 94다34005 판결 ; 대법원 2001.10. 26. 선고 2000두7520 판결 등)들도 거부처분이 존재하여 당사자소송(대상판례의 견해)이 아닌 취소소송을 제기하여야 하는 사안들이다.

## 3. 결　　어

대상판결은 부가가치세 환급세액의 양수금 청구에 있어 환급금의 지급청구가 납세자와 과세 주체 사이의 민사적인 법률관계가 아닌 공법상의 환급금의 존부와 범위에 대한 행정법률 관계의 다툼이라는 점을 인정하고 수십 년 된 종전 판례를 변경하였다는 데 큰 의미가 있다.

행정법 이론상으로는 국세환급금 중 오납금 반환청구소송이나 취소확정된 과납금 지급청구소송에 대해서도 마찬가지 결론이 되어야 맞다. 그러나 판시 논거의 취지상 이점은 분명하지 않다.

또한 이 판결은 오로지 부가가치세 환급세액이 이미 확정되어 있음을 전제로 한 소송임에도 불구하고 그 판시 이유를 보면 부가가치세 환급세액의 존부나 범위에 대하여 다툼이 있는 경우와 분명하게 구별하지 않고 있어 납세자가 자칫 부가가치세 환급세액에 대한 청구는 모두 당사자소송으로 하여야 한다는 오해를 불러일으킬 우려가 있다. 아쉬운 부분이다. 한편 행정소송법 전부 개정 입법예고안에 따르면 행정상 손실보상·손해배상·부당이득 반환이나 그 밖의 공법상 원인으로 발생하는 법률관계에 관한 소송을 당사자소송으로 규정하고, 행정소송과 민사소송 사이의 소변경의 허용 및 이송요건의 완화를 규정하고 있어 입법이 실현되는 경우 위 판례는 제한적인 의미에 그칠 것이다.

## 제2편

# 소득세법

## 16 대법원 2009.9.24. 선고 2007두7505 판결

# 지상권 설정자가 지료를 등기하지 않고 계속적 · 정기적으로 지급받은 경우 소득의 구분(기타소득)

**판결요지**

구 소득세법(2006.12.30. 법률 제8144호로 개정되기 전의 것, 이하 같다) 제18조 제 1 항 제 1 호 · 제 3 항, 제21조 제 1 항 제 9 호 규정들을 종합하여 보면, '부동산 임대소득'은 부동산에 지역권 · 지상권을 제외한 전세권 기타 권리를 설정하고 그 대가로 받는 것과 임대차계약 기타 방법에 의하여 물건 또는 권리를 사용 또는 수익하게 하고 그 대가를 받는 것을 의미하고, 한편 지상권에 있어서 지료의 지급은 그 요소가 아니므로 지료에 관한 약정이 없으면 지료의 지급을 구할 수 없으나 그 약정이 있는 이상 토지 소유자는 지료에 관한 등기 여부에 관계없이 지상권자에 대하여 그 약정된 지료의 지급을 구할 수 있고 다만, 등기가 되어 있지 않다면 지상권을 양수한 사람 등 제 3 자에게 대항할 수 없을 뿐이므로, 당사자 사이에 지상권을 설정하고 지료에 관한 약정이 있었던 이상 그 지료액 또는 지급시기를 등기하지 않았다고 하더라도 토지소유자가 지급받는 지료는 계속적 · 정기적으로 지급받는지 여부에 상관없이 구 소득세법 제21조 제 1 항 제 9 호 소정의 기타소득에 해당한다고 할 것이다.

## 1. 사실관계

원고는 서울 강남구 대치동 소재 토지(이하, '이 사건 토지')의 소유자인데, 원고가 이사로 있고 원고의 아들이 대표이사로 있는 소외 주식회사와 1994.6.1.자 지상권 설정계약에 터 잡아 같은 해 7.22. 철근콘크리트 조 건물 소유를 목적으로 하고 존속기간은 1994.6.1.부터 10년간, 지료를 20,000,000원으로 하는 지상권 설정등기를 마쳤고, 소외 주식회사는 이 사건 토지 위에 철근콘크리트 조 슬래브 지붕 4층 상가건물을 신축하여 소유하면서 부동산임대업을 영위하고 있다. 원고와 소외 주식회사는 1996.12.31, 지상권 설정계약의 내용을 변경하여 이 사건 토지를 1997.1.1.부터 2003.12.31.까지 사용하는 대가로서 1년에 50,000,000원씩을 원고에게 지급하기로 약정하였으나, 지상권 설정등기에 관한 변경등기를 마치지는 않았다.

원고는 위 약정을 근거로 지급받은 금액을 기타소득으로 보아 종합소득세를 납부하여 왔는데, 과세관청은 원고가 이 사건 토지를 특수관계자에게 시가보다 낮게 임대한 것으로 보고(부동산 임대소득), 원고가 신고한 위 소득금액을 부당행위계산 부인하여 종합소득세 부과처분을 하였다.

## 2. 쟁 점

소득세법 제18조 제 1 항 제 1 호는 '부동산 또는 부동산상의 권리의 대여로 인하여 발생하는 소득'을 부동산 임대소득이라고 규정하고 있고, 동조 제 3 항은 여기서 말하는 '대여'라 함은 '전세권 기타 권리를 설정하고 그 대가를 받는 것과 임대차계약 기타 방법에 의하여 물건 또는 권리를 사용 또는 수익하게 하고 그 대가를 받는 것을 말한다'고 규정하고 있다. 한편 소득세법 제21조 제 1 항 제 9 호는 '지역권 · 지상권(지하 또는 공중에 설정된 권리를 포함한다)을 설정 또는 대여하고 받는 금품'을 기타소득으로 규정하고 있다. 과세관청은 이 사건에서 원고가 지급받은 지료가 실질적으로 소득세법상 기타소득으로 규정되어 있는 지상권을 설정하고 받은 금액이 아니라, 이 사건 토지의 대여로 인하여 발생하는 소득으로서 소득세법상 부동산 임대소득에 해당한다고 보았는바, 원고가 지료를 등기하지 아니하고 수년간 장기적으로 받은 금원이 과연 부동산 임대소득인지 아니면 기타소득인지가 문제된다.

## 3. 평 석

민법상 '지상권'은 '타인의 토지에 건물 기타 공작물이나 수목을 소유하기 위하여 그 토지를 사용하는 권리'를 의미하고(민법 제279조), '지역권'은 '일정한 목적을 위하여 타인의 토지를 자기 토지의 편익에 이용하는 권리'를 의미하며(민법 제291조), '전세권'은 '전세금을 지급하고 타인의 부동산을 점유하여 그 부동산의 용도에 좇아 사용·수익하며, 그 부동산 전부에 대하여 후순위권리자 기타 채권자보다 전세금의 우선변제를 받을 권리'를 의미한다(민법 제303조). 한편 민법상 '임대차'란 '당사자 일방이 상대방에게 목적물을 사용·수익하게 할 것을 약정하고 상대방이 이에 대하여 차임을 지급할 것을 약정함으로써 그 효력이 생기는 계약'을 의미하는바(민법 제618조), 사회경제적으로는 타인의 토지에 건물을 소유하기 위하여 그 토지를 사용하는 경우에도 등기를 요하고 대세적인 효력을 갖는 '물권'인 지상권보다는 주로 임대차를 이용하고 있다.

즉, 사실 지상권을 설정하느냐, 임대차 계약을 맺느냐는 물권이냐 채권이냐는 면에서 차이가 있으나, 타인 소유 토지 위에 건물을 소유하기 위하여 그 토지를 사용할 권리를 취득한다는 사회경제적인 면에 있어서는 별다른 차이를 찾기 어렵다.

이러한 이유 때문인지, 이 사건 제 1 심인 서울행정법원 2006.8.30. 선고 2005구합28652 판결은 "원고가 1994.6.1. 이 사건 토지에 지상권을 설정하기는 하였으나 매년 일정액의 지료로 지급하기로 하였을 뿐 아니라, 1996.12.31. 소외 주식회사와 약정에 의하여 매년 50,000,000원씩의 지료를 받도록 약정하면서도 그에 따른 변경등기 절차를 마치지 않았던 이상 이 사건 토지의 대여로 원고가 받은 대가는 그 명목에 관계없이 그 실질이 소득세법 제18조 제 1 항 제 1 호 · 제 3 항에 규정된 부동산 임대소득으로 봄이 타당하다"고 판단하였고, 이 사건 제 2 심인 서울고등법원 2007.3.15. 선고 2006누22936 판결은 "기타소득이란 소득세법에서 규정하고 있는 부동산 임대소득 등 10개의 소득 이외의 소득으로서 같은 법 제21조에서 기타소득으로 열거하고 있는 소득을 의미하고, 이는 대체로 일시적, 우발적으로 발생한 소득들로 이루어져 있으며 계속적인 장기소득은 아니라고 할 것인데(대법원 2001.4.24. 선고 2000두5203호 판결 참조), 원고가 1994.6.1. 소외 주식회사와 사이에 이 사건 토지에 관한 지상권 설정계약을 체결한 이래 약 10년 동안 지료 명목으로 매년 일정한 금원을 계속적으로 지급받아 왔을 뿐만 아니라 위에서 살펴본 바와 같이 1996.12.31. 소외 주식회사와 사이에 지료 명목으로 매년 50,000,000원씩 지급받기로 지료를 증액하는 내용의 약정을 체결하였음에도 불구하고 이에 따른 변경등기절차를 마치지 않았던 것에 비추어 볼 때, 원고가 형식적으로는 지상권을 설정해 주는 방법을 취하였으나 실질적으로는 임료에 해당하는 수입을 계속적으로 얻고 있다고 보아야 할 것이므로, 원고가 이 사건 토지의 대여로 지급받은 대가는 그 명칭에도 불구하고 실질과세의 원칙상 부동산 임대소득에 해당한다고 보아야 할 것이다(소득세법 제21조 제 1 항의 기타소득 중 제 9 호의 '지상권을 설정하고 받는 금품'이란 계속적 · 정기적으로 받는 임료에 상당하는 지료를 의미하는 것이 아니라, 설정시 그 대가로 1회적으로 받는 금품을 의미하는 것으로 제한 해석되어야 할 것이다)"라고 판시함으로써 기타소득 대상인 '지상권을 설정하고 받는 금품'이란 지상권 설정시 그 대가로 1회적으로 받는 금품을 의미한다고 제한해석 하였고, 이를 판단함에 있어서 지료의 '등기 여부'를 중요한 고려요소로 삼았다(이는 아마도 물권인 지상권과 채권인 임대차를 구분할 수 있는 기준이 등기라는 점을 감안한 태도로 추측된다).

그러나 대법원은 "지상권에 있어서 지료의 지급은 그 요소가 아니므로 지료에 관한 약정이 없으면 지료의 지급을 구할 수 없으나 그 약정이 있는 이상 토지 소유자는 지료에 관한 등기 여부에 관계없이 지상권자에 대하여 그 약정된 지료의 지급을 구할 수 있고 다만, 등기가 되어 있지 않다면 지상권을 양수한 사람 등 제 3 자에게 대항할 수 없을 뿐이므로, 당사자 사이에 지상권을 설정하고 지료에 관한 약정이 있었던 이상 그 지료액 또는 지급시기를 등기하지 않았다고 하더라도 토지소유자가 지급받는 지료는 계속적 · 정기적으로 지급받는지 여부에 상관없이 구 소득세법 제21조 제 1 항 제 9 호 소정의 기타소득에 해당한다고 할 것이다"라고 판단하였다.

이러한 대법원의 판단은 조세법률주의에서 파생되는 엄격해석의 원칙상 과세요건은 1차적으로 법률 문언에 따라야 하는 것이고, 함부로 이를 제한 내지 확장하여 해석할 수 없다는 점을 재확인한 것으로 생각된다.

즉, 실질과세의 원칙 역시 경제적 실질에 따라 무제한적으로 인정되는 것이 아니라 법적실질에 따라야 한다는 제한을 받는 것인바, 지상권과 임대차가 경제적으로 동일 혹은 유사한 기능을 수행한다고 하더라도 엄연히 법적 개념을 달리하는 것임을 전제로, 등기 여부, 지료를 계속적 · 정기적으로 지급받는지 1회적으로 지급받는지 여부는 민법상 지상권과 임대차를 구분하는 기준이 될 수 없음에도 경제적 실질이 유사하다는 이유만으로 세법에 있어 민법과 다른 구분을 짓는 것은 허용될 수 없다고 본 것이다. 소득세법에서 '지상권을 설정하고 받는 금품'을 부동산 임대소득과 구분하여 기타소득으로 분류하고 있는 이상, 해석으로 이러한 입법적 경계 획정을 흐리는 것은 적절하지 못하다는 대법원의 태도는 수긍할 만 하다고 판단된다.

**17** 대법원 2010.4.29. 선고 2007두22030 판결

# 증권예탁계좌의 상장주식 중 일부 양도는 후입선출법으로 취득가액 산정

**판결요지**

원심은 …… 망인의 주식 계좌를 관리하던 ×××증권 주식회사 등은 구 조세감면규제법(1998.12.28. 법률 제5584호로 전문개정되기 전의 것) 제81조의 3의 시행으로 장기보유주식의 배당소득에 대하여 과세상의 혜택을 부여하게 된 1998.1.1. 이후부터는 먼저 취득한 주식을 나중에 양도한 것으로 본다는 구 조세감면규제법 시행령(1998.12.31. 대통령령 제15976호로 전문개정되기 전의 것) 제80조 제7항의 취지에 따라 망인 등 고객의 계좌에 남아 있는 잔고주식을 취득 일자별로 분류하고 그중 일부가 양도되는 경우 후입선출법의 방식에 따라 나중에 취득한 주식이 먼저 양도된 것으로 관리해 온 사실 등을 인정한 다음, 이와 같이 1998.1.1. 이후에 양도가 이루어진 PS 주식에 대하여는 후입선출법의 방식으로 거래가 이루어져 양도주식의 취득시기와 종류가 특정되었으므로 그에 따라 이 사건 주식의 취득가액을 산정하여야 함에도, 피고가 이 부분에 대하여도 일률적으로 선입선출법을 적용하여 이 사건 주식의 취득가액을 산정한 것은 위법하다고 판단 …… 관계법령과 기록에 비추어 살펴보면, 원심의 이러한 사실인정과 판단은 정당한 것으로 수긍할 수 있다.

## 1. 사실관계

원고들의 피상속인인 망 류○○(이하 '망인')는 상장법인인 주식회사 PS(이하 'PS')의 대주주로서 PS가 1968.10.22. 설립된 이래 20여 차례에 걸쳐 PS 주식에 대한 매입, 매도, 신주인수, 증여 등의 거래를 계속하여 오다가 1999.4.5.부터 1999.11.9.까지 동안에 그때까지 보유하고 있던 PS 주식의 대부분에 해당하는 합계 1,037만주(이하 '이 사건 주식')를 1,021억원에 매도하고 1999.11.24. 사망하였다.

한편 망인의 주식 계좌를 관리하던 ×××증권 주식회사 등은 구 조세감면규제법(1998.12.28. 법률 제5584호로 전문개정되기 전의 것) 제81조의 3의 시행으로 장기보유주식의 배당소득에 대하여 과세상의 혜택을 부여하게 된 1998.1.1. 이후부터는 먼저 취득한 주식을 나중에 양도한 것으로 본다는 구 조세감면규제법 시행령(1998.12.31. 대통령령 제15976호로 전문개정되기 전의 것) 제80조 제 7 항의 취지에 따라 망인 등 고객의 계좌에 남아 있는 잔고주식을 취득 일자별로 분류하고 그중 일부가 양도되는 경우 후입선출법의 방식에 따라 나중에 취득한 주식이 먼저 양도된 것으로 관리하여 왔다.

피고는 망인의 상속인인 원고들에 대하여 이 사건 상장주식의 양도차익을 계산 하던 중 그 취득가액을 산정함에 있어, 양도한 주식의 취득시기가 분명하지 않은 것으로 보아 소득세법 제162조 제 5 항에 따라 선입선출법에 의해 취득가액을 산정하여 이 사건 양도소득세를 경정·고지하자 원고가 이를 다툰 것이다.

## 2. 쟁점 정리

이 사건의 쟁점은 한국증권예탁원에 혼장임치된 상장주식 중 일부를 양도할 경우, 그 취득가액 산정에 있어 장기보유주식의 배당소득에 대하여 과세상의 혜택을 부여하게 된 1998.1.1. 이후부터 망인 등 고객의 계좌에 남아 있는 잔고주식을 취득 일자별로 분류하고 그중 일부가 양도되는 경우 후입선출법의 방식에 따라 나중에 취득한 주식이 먼저 양도된 것으로 관리하여 온 증권회사들의 회계 관행을 존중하여 후입선출법에 따라 산정할 것인지, 혹은 양도한 주식의 취득시기가 분명하지 않은 것으로 보아 소득세법 제162조 제 5 항에 따라 선입선출법으로 산정하여야 하는지 여부로 정리된다.

## 3. 평　　석

이 사건 상장주식의 취득가액 산정방식과 관련, 사실관계상 양도한 자산의 취득시기가 분명한 경우(예컨대, 당해 주식의 매도와 관련하여 증권회사의 실무처리 지침 내지 매뉴얼이 있는 경우)에는 그 사실관계에 따라 선입선출방식 혹은 후입선출방식으로 볼 것이며, 다만 사실관계상 양도한 주식의 취득시기가 분명하지 아니한 경우에는 먼저 취득한 자산을 먼저 양도한 것으로 보아 선입선출법을 적용하는 것이 소득세법 시행령 제162조 제 5 항의 명문규정의 취지에 부합된다.

이와 관련, 종래 대법원 판결은 "○○증권 주식회사에 의하여 후입선출법의 방식에 따라 나중에 취득한 주식이 먼저 양도되는 방식으로 거래가 이루어졌으므로" 소득세법 시행령 제162조 제 5 항의 적용 여지가 없다고 판시한 원심을 지지하여 후입선출법에 따른 판결(대법원 2006.5.25. 선고 2006두2725 판결)과 "상장법인인 주식회사 △△상호저축은행의 주식 중 184,200주를 2000.1.1.부터 2000.6.30.까지 수십 차례에 나누어 양도한 사실을 인정한 다음, 위 양도주식의 취득시기가 분명하지 아니하였으므로" 소득세법 시행령 제162조 제 5 항에 따라 먼저 취득한 주식을 먼저 양도한 것으로 보아 양도차익 계산을 적법하다고 한 원심을 지지하여 선입선출법에 따른 판결(대법원 2008.2.15. 선고 2006두8969 판결)이 혼재되어 있었다.

한편 혼장임치되어 예탁된 상장주식 양도거래의 실제를 살펴보면, 구 증권거래법 제174조 제 4 항은 '예탁원은 예탁유가증권을 종류·종목별로 혼합하여 보관할 수 있다'라고, 같은 법 제174조의 4 제 1 항은 '예탁자의 고객과 예탁자는 각각 고객계좌부와 예탁자 계좌부에 기재된 유가증권의 종류·종목 및 수량에 따라 예탁유가증권에 대한 공유지분을 가지는 것으로 추정한다'고 규정하고 있다. 결국 코스닥 시장을 포함한 상장주식 소유자는 그 주식의 주권 자체가 아니라 증권예탁원에 혼합·보관되어 있는 주권에 대한 공유지분권을 소유하고 있는 것으로, 주식의 소유자가 종목과 수량을 특정하여 주식을 양도하더라도 실제로는 그 양도의 대상이 실물인 주권 그 자체가 아니라 증권예탁원에 혼합·보관되어 있는 주권에 대한 공유지분권을 양도하는 것으로 보아야 하고, 양도되는 주식을 주권 자체로 특정하는 것은 공유지분권의 양도라는 성질에 비추어 본질적으로 불가능하다. 또한 일반적으로 주식거래의 당사자들 사이에서는 주식이 계좌부상으로만 입·출고되어 그 주식의 종목 및 수량만이 중요한 의미를 가질 뿐이다.

그러나 주식 양도의 성질이 증권예탁원에 예탁된 주권에 대한 공유지분권의 양도여서 양도되는 주식을 주권 자체로 특정할 수는 없다고 하더라도 양도되는 공유지분권을 취득 일자에 따라 특정하는 것이 기술적으로 반드시 불가능하다고 볼 수는 없다. 증권회사들은 구 조세감면규제법 및 구 조세감면규제법 시행령의 취지와 고객의 이익을 고려하여 1998.1.1 이후 현재까지 고객의 계좌에 남아 있는 잔고 주식을 취득 일자별로 분류하고 있고 그중 일부가 양도되는 경우 후입선출법에 따라 나중에 취득한 주식을 먼저 양도하는 것으로 관리하여 오고 있으며, 그와 같은 관리방식이 원고가 거래하던 증권회사뿐만 아니라 증권회사 전반의 일반적인 회계원칙과 관행으로 자리 잡게 되었다.

국세기본법 제20조는 "국세의 과세표준을 조사·결정함에 있어서 당해 납세의무자가 계속하여 적용하고 있는 기업회계의 기준 또는 관행으로서 일반적으로 공정·타당하다고 인정되는 것은 이를 존중하여야 한다."고 규정하고 있다. 증권회사들에 의하여 1998.1.1. 이후 업무처리의 기준으로 채택되어 관행화되어 온 위와 같은 양도주식의 특정방식은 구 조감법 시행령 제80조 제7항 및 고객의 이익을 고려한 것으로서 공정·타당한 것으로 볼 수 있고 그와 같은 방식에 따라 고객의 계좌가 관리되고 있는 이상 수회에 걸쳐 취득한 같은 종목의 주식 중 일부를 양도한 경우라도 양도된 주식을 그 취득 일자별로 특정할 수 있다고 할 것이므로, 원고가 양도한 소외 회사 주식이 그 취득 일자를 확인할 수 없는 경우에 해당한다고 볼 수는 없다는 측면에서 이 사건 판결은 국세기본법 제20조의 규정에 따른 판시로서, 사실인정의 측면에서 접근하여 엇갈린 기존 대법원 판결을 이론적으로 정리하였다는 데에 의미가 있다.

**18** 대법원 2010.5.13. 선고 2009두23875 판결

# 양도소득의 실현에 관한 '성숙 · 확정' 법리와 권리의무확정주의의 관계

**판결요지**

소득세법이 비록 현실적으로 소득이 없더라도 그 원인이 되는 권리가 확정적으로 발생한 때에는 그 소득의 실현이 있는 것으로 보고 과세소득을 계산하는 이른바 권리확정주의를 채택하고 있기는 하지만, 다만 소득의 원인이 되는 채권이 발생하였다 하더라도 그 과세대상이 되는 채권이 채무자의 도산으로 인하여 회수 불능이 되어 장래 그 소득이 실현될 가능성이 전혀 없게 된 것이 객관적으로 명백한 때에는 그 소득을 과세소득으로 하여 소득세를 부과할 수 없는 것이다(대법원 2002.10.11. 선고 2002두1953 판결 등 참조).

## 1. 사실관계 및 쟁점

원고는 2003.2.5. 소외 갑과 함께 낙찰받은 ×부동산 중 4/10 지분을 취득할 수 있는 권리인 낙찰자로서의 지위를 양도하였다. 원고는 2003.8.11. 소외 병 주식회사로부터 그 양도대가로 발행인 소외 을 주식회사, 액면금 합계 315,000,000원인 약속어음 3장을 교부받았으나 모두 지급 거절되어 이를 반환하고, 재차 갑으로부터 다시 발행인을 주식회사, 액면금 합계 394,618,768원인 약속어음 2장을 교부받은 후, 지급 제시기간 내에 위 약속어음 2장을 지급 제시하였으나 모두 지급 거절되었다. 한편 위 약속어

음 2장의 발행인인 을 주식회사는 2003.12.31. 폐업하였고, 2008.12.1. 해산 간주되었으며, 위 약속어음 2장의 배서인인 갑이 사기 등 불법행위의 피해자들과 금융기관들에 대하여 다액의 채무를 부담하고 있거나 과세관청들에 대하여 다액의 세금을 체납하고 있었다. 피고가 2006.10.1. 원고에게 ×부동산에 대한 낙찰자 지위 양도에 따른 양도소득세를 부과하자, 원고가 이를 다툰 사안이다.

대법원은 판결이유에서 "…… 2002.12. 기준 을 주식회사 대차대조표에 의하면 자산총액은 803,666,539원이나 부채총액이 872,665,000원이고, 자본금은 완전 잠식되어 −68,998,461원이고, 주식회사는 2003.12.31. 폐업하였고 2008.12.1. 해산 간주되었다. …… 소외 갑은 원심에서 본인은 현재 변제 자력이 전혀 없고, 을 주식회사도 2004년 초순경 부도가 나서 변제능력이 없다고 증언하였다. …… 위와 같은 사정을 앞서 본 법리에 비추어 보면, 이 사건 양도소득의 원인이 되는 원고의 갑, 을 주식회사에 대한 위 채권은 양도시기를 기준으로 보더라도 회수 불능이 되어 장래 그 소득이 실현될 가능성이 전혀 없게 된 것이 객관적으로 명백하게 되었다고 봄이 상당하다"고 판시하였다. 결국 이 사건의 쟁점은, 양도소득의 실현 여부 판정에 있어 판례상 인정되는 이른바 성숙·확정의 법리에 비추어, 이 사건 사실관계상 양도소득이 있는 것으로 볼 수 있는지 여부이고, 또한 성숙·확정의 법리와 권리의무확정주의의 관계가 문제된다.

## 2. 평　　석

법인세 및 소득세 등 소득세제에 있어 과세대상을 어떻게 포착해야 하는가 하는 문제는 소득의 개념규정과 밀접한 관련이 있다. 근대 소득세제는 경제적 실질에 부합되도록 발생주의를 채택하였으며, 실현주의는 이 발생주의의 하위 개념이라고 할 수 있다. 실현 여부를 과세의 요건으로 삼을 것인가는 과거 우리 헌법재판소가 판단하였듯이(헌법재판소 1994.7.29. 선고 92헌바49, 52 결정) 입법정책의 문제에 해당된다.

판례는 과세대상으로서의 소득의 실현 여부 판정에 있어 소득의 손익귀속 결정기준인 권리의무확정주의를 원용하고 있다. 소득세법은 제39조 제 1 항에서 "거주자의 각 연도의 총수입금액과 필요경비의 귀속연도는 총수입금액과 필요경비가 확정된 날이 속하는 연도로 한다"라고 규정하여 법인세법 제40조 제 1 항과 같이 손익 귀속시기 판단에 대해 권리의무확정주의를 채택하고 있다. 권리의무확정주의는 기업회계상 수익 측정기준인 실현주의에서 말하는 실현시기를 법률적 기준으로 정한다는 의미를 가지며, 기간손익의 판단을 법적 기준에 의해 명확히 한다는 점에서 조세법률주의의 요청에 부합된다.

권리확정주의의 의미에 대해 판례는 '소득의 원인이 되는 권리의 확정시기와 소득의 실현시기와 사이에 시간적 간격이 있을 때 과세상 소득이 실현된 때가 아닌 권리가 발생된 때를 기준으로 하여 그때 소득이 있는 것으로 보고 당해 연도의 소득을 산정하는 방식'이라고 해석하면서, 더 구체적으로는 '소득세법의 과세대상이 되는 어느 소득이 발생하였다고 하기 위하여는 소득이 현실적으로 실현되었을 것까지는 필요 없다고 하더라도 소득이 발생할 권리가 그 실현의 가능성에 있어 상당히 높은 정도로 성숙, 확정되어야 하고(이른바 성숙론), …… 구체적으로 어떠한 사실을 가지고 소득이 발생할 권리가 성숙, 확정되었다고 할 것인가는 구체적인 사안에 관하여 소득에 대한 관리·지배와 발생소득의 객관화 정도, 납세자금의 확보시기 등까지도 함께 고려하여 그 소득의 실현 가능성이 상당히 높은 정도로 성숙·확정되었는지 여부를 기준으로 귀속시기를 판단해야 한다'(대법원 1998.6.9. 선고 97누19144 판결)고 판시하고 있다.

또한 이와 같은 성숙·확정법리를 소득의 실현 여부에 원용하여, '법인세법상 어떠한 채권이 발생하였을 경우 이를 익금에 산입할 것인지 여부를 판단함에 있어 그 채권의 행사에 법률상 제한이 없다면 일단 권리가 확정된 것으로서 당해 사업연도의 익금에 산입되는 것'이라고 판시하여 그 소득이 실현될 가능성이 없음이 객관적으로 명백한 경우가 아닌 한 권리의 성숙·확정을 부인할 수 없다는 판시가 계속 이어지고 있다(대법원 2005.5.13. 선고 2004두3328 판결 ; 대법원 1992.7.14. 선고 92누4048 판결).

종래 판례는 사업소득의 필요경비에 관한 소득세법 시행령 제55조 제1항 제16호의 대손금 관련 규정이 여타 다른 소득에는 없다는 점에 착안하여, 이자소득에 대해 대손사유가 존재하는 경우 이자채권 등의 성숙·확정을 부인하는 방법으로 소득 실현 여부 판단에 위 성숙·확정법리를 원용한 이래(대법원 1987.12.22. 선고 86누492 판결 등), 이 사건 판결을 비롯한 양도소득(2001두1536, 2002두1965 판결 등)에 대해서도 이러한 판시가 이어지고 있다. 또한 대손금의 필요경비 산입에 관한 위 시행령 규정이 적용되는 임대소득에 대하여도 대손금 요건 충족 여부를 판단하지 아니하고, 성숙·확정 법리를 원용한 바 있다(2001두776, 2009두11874 판결 등).

이 사건 판례는 양도소득에 대해 성숙·확정 법리를 적용한 사안으로, 양도대금 명목으로 지급한 약속어음금 채권이 주채무자인 갑, 을 주식회사의 폐업 및 부도로 인해 지급 거절되어 양도소득이 실현될 가능성이 없음이 객관적으로 명백하다고 본 사안이다. 이와 같이 판례는, 양도소득의 실현 여부 판단에 성숙·확정 법리를 원용하여 납세자의 권익을 보호하는 방향으로 구체적 타당성을 기하면서도, 다른 한편으로 위 판례들은 소득이 실현될 가능성이 없음이 객관적으로 명백한 경우가 아닌 한 권리의 성숙·확정을 부인할 수 없다고 하여, 권리의무확정주의가 성숙·확정 법리에 의해 현금주의로 변질될 소지를 차단하고 있다는 점에서 의미를 갖는다. 그러나 판례가 대손요건 충족시 대손금에 해당하여 필요경비로 인정되는 임대소득에 대한 사안에까지 성숙·확정의 법리를 원용하는 것은 이론적으로 문제가 있다.

**19** 대법원 2010.9.9. 선고 2009두12303 판결

# 고급주택의 기준이 되는 공동주택 전용면적을 산정함에 있어서 발코니 면적을 제외하는 것에 대한 과세관청의 관행을 인정한 사례

**판결요지**

과세관청이 오랜 기간 동안 고급주택 등의 기준이 되는 공동주택 전용면적을 산정함에 있어 발코니 면적을 제외함으로써 발코니 부분의 면적은 공동주택의 전용면적에 포함시키지 않는다는 의사를 대외에 묵시적으로 표시한 것으로 볼 수 있고, 이러한 과세행정이 정당한 것으로 이의 없이 받아들여져 납세자가 그와 같은 관행을 신뢰하는 것이 무리가 아니라고 인정될 정도에 이르렀다고 할 수 있다.

일반 아파트의 발코니도 본체와 같은 구조에 외부 벽체와 창호까지 설치된 경우에는 건축법령상 노대에 포섭되기 어렵고 이러한 사정은 주상복합건축물의 발코니에 있어서도 마찬가지인 이상, 주상복합건축물의 경우를 일반 아파트와 달리 취급하여 발코니 부분을 전용면적에 포함시켜 과세한 양도소득세 부과처분은 납세자에게 받아들여진 국세행정의 관행에 반하는 것으로서 위법하다.

## 1. 사실관계 및 쟁점

구 조세특례제한법(2002.12.11. 법률 제6762호로 개정되기 전의 것)은 '신축주택 취득기간 내에 주택건설업자와 최초로 매매계약을 체결하고 계약금을 납부한 자가 주택건설사업자로부터 취득하는 신축주택을 그 취득한 날로부터 5년 이내에 양도함으로써 발생하는 소득에 대하여는 양도소득세를 면제'하되, 다만 그 주택이 소득세법상의 '고급주택'에 해당하는 경우에는 이러한 조세특례를 배제하고 있었다(제99조의 3 제 1 항 제 1 호). 여기서 공동주택으로서의 '고급주택'이란 '주택의 전용면적이 165㎡ 이상이고, 양도 당시의 실거래가액이 6억원을 초과하는 것'을 말한다(2002.12.18. 법률 제6781호로 개정되기 전의 구 소득세법 제89조 제 3 호).

원고는 서울 강남구에 소재한 59층 주상복합형 공동주택을 분양받아 소유권이전등기를 경료받은 뒤 곧바로 이를 11억원에 양도하였는데, 이 사건 공동주택의 전유부분은 집합건축물대장이나 부동산등기부에 137.24㎡로 기재되어 있었다.

이에 원고는 위 조세특례제한법과 소득세법의 규정에 의하면, 비록 이 사건 공동주택의 실거래가액이 6억원을 초과하기는 하나 전용면적이 고급주택의 요건에 미달하므로 양도소득세의 감면을 신청하였으나, 피고는 발코니 면적 33.07㎡를 포함시킬 경우 고급주택의 전용면적 기준을 충족한다는 이유에서 납부불성실 가산세를 포함한 양도소득세를 경정·고지하는 처분을 하였다(이후 전심 전심절차에서 고급주택에 해당하지 아니하였다고 믿은 데에 정당한 사유가 있다고 보아 납부불성실 가산세 부분을 취소하라는 취지의 결정이 있었고, 이에 피고는 당초의 처분을 일부 감액하는 처분을 하였다).

이 사건 공동주택의 실지거래가액이 6억원을 초과하는 것에 관하여는 다툼이 없었던 이상, 결국 공동주택의 전용면적을 계산함에 있어서 발코니

면적을 포함시켜야 하는지 여부가 쟁점이 되었다.

1심과 원심은 모두 발코니 면적을 제외함이 타당하다는 이유에서 원고의 청구를 인용하였고, 대상판결 역시 이를 수용하여 원심을 확정하였다.

## 2. 평 석

이 사건은 최근 각종 언론에 보도되어 세간의 주목을 받았던 사건으로서, 대상판결로 말미암아 4년여에 걸친 주상복합형 공동주택의 양도소득세에 대한 분쟁이 비로소 종국적인 해결을 보게 되었다. 이로써 구 조세특례제한법이 한시적으로 적용되었을 때 주상복합형 아파트 또는 고층아파트를 취득한 후 되팔았다가 양도소득세 감면 혜택의 기대가 무산되었던 납세자들에 대한 대규모의 환급사태가 예상되는데, 관련 업계에서는 약 1,000세대가 이 판결의 영향을 받을 것으로 추정하고 있고 1세대당 환급되는 세금도 수억원에 이를 것으로 전망된다는 기사도 잇따르고 있다.

이 사건은 단적으로, 과세행정과 정책에 민감하게 반응하는 실물 경제계, 그리고 여론에 밀린 무리한 과세처분의 시도와 그 실패의 파장을 적절하게 보여주는 대표적인 예라고 할 수 있다. 다시 말해서, 부동산경기 활성화를 위하여 한시적으로 이 사건 조세특례제한법 규정이 도입되자 2001년과 2003년 사이 서울 등 수도권에서는 고급 주상복합형 아파트의 분양이 잇따랐고, 건설업체와 분양업체들은 법령상 고급주택의 면적인 165㎡에 미달하는(예컨대, 164.99㎡) 전용면적으로 각 세대를 설계하고 또한 양도소득세가 비과세된다는 점을 적극 홍보하였다.

그런데 위 조세특례제한법이 부동산 실수요자를 지원하기보다는 오히려 투기자들을 지원한다는 비판이 일게 되자, '소득 있는 곳에 세금 있다'는 초심으로 돌아가 발코니를 전용면적에 포함시켜 양도소득세 감면규정의 적용을 배제시키는 과세 논리가 다시 개발되었던 것이다.

단독주택이 아닌 공동주택의 형태에서는 각 세대가 독립적으로 사용할 수 있는 외부공간이 마련되어 있지 않고, 이에 발코니는 당초 각 세대에게 이러한 독립적인 외부공간을 마련해 주기 위하여 건물의 외벽 밖으로 돌출되는 개방형의 형태로 설치되었었다. 그런데 공동주택이 널리 확산・보급되면서 발코니마저 독립된 외부 공간이 아닌 주거 공간으로 자리 잡게 되고 그 크기도 확대됨에 따라, 결국 발코니는 건물의 실내에 편입되어 건물 본체와 유사한 내부 공간으로 변모되는 과정을 거치게 된다. 이제는 발코니를 건축법령상 건축물 외부에 노출된 바닥형태의 구조물을 의미하는 '노대'의 범주에 포섭하는 것이 오히려 어색한 상황에 이른 것이다. 처분청의 과세 논리 역시 이러한 현실적인 고려에 바탕을 두고 있고, 이러한 면에서 충분히 납득할만한 부분이 있는 것은 사실이다. 그런데 문제는 조세라는 것이 다분히 현실적인 고려만으로 곧 정당화될 수 있는 것은 아니라는 것에 있다.

세법은 "전용면적"이라는 것의 개념을 별도로 규정함이 없이 건축법령상의 개념을 그대로 차용하는 형식으로 규정하고 있는데, 커튼월(Curtail Wall) 공법[1]과 같이 새로운 공법이 도입되는 건축물의 경우 전용면적을 어떻게 계산해내야 하는지에 관하여는 분명한 답을 제시하고 있지 않다. 서울시는 이 사건 공동주택과 같은 대형 주상복합형 아파트가 커튼월 공법으로 건축된 이후에서야 비로소 발코니를 제한적으로 노대가 아닌 바닥면적에 포함시키는 건축심의위원회 심의기준을 마련하였는데, 이에 건설교통부

1) 벽은 돌이나 벽돌이 주가 되는 건축물의 구조에서 상부의 하중을 지반으로 전하는 중요한 구조체였다. 그러나 근대에는 콘크리트에 의한 구조의 개발이 급속하게 이루어지면서 종래 '벽'의 역할을 기둥이 대체하기에 이른다. 커튼월이란 벽은 벽인데 그 목적이 내부와 외부를 구분하는 정도의 역할만 하는, 즉 커튼과 같이 건물과 쉽게 분리하여 변경할 수 있는 상태의 외부벽을 의미한다. 벽이 상부 하중에 대한 부담을 받지 않게 된 이상 최근 구조물들은 그 외벽이 반사유리나 금속 또는 각종 패널들로 대체되고 있는 것도 이러한 커튼월 공법이 적용된 까닭이다.

역시 같은 내용의 기준을 마련하여 법제화하려 하였으나 일반 아파트와의 형평성 문제로 법안을 백지화한 바 있다.[2] 그 결과 집합건축물대장의 전유부분 면적란에는 (초기 형태의 발코니와 같이) 발코니 면적을 제외한 바닥면적으로 전용면적이 기재되었고, 부동산등기부 역시 마찬가지의 방법으로 전용면적이 계속 기재되었다. 건설업계에서는 공동주택을 분양함에 있어서 계약면적으로 전용면적과 공급면적(전용면적 + 공유면적)이라는 개념을 사용하면서 발코니의 경우 이를 '서비스 면적'으로 처리하여 이를 계약면적이나 공급면적에 포함시키지 아니하는 거래관행이 거의 예외를 찾기 힘들 정도로 확립되어 왔고, 과세관청 역시 조세를 부과함에 있어 전용면적이 기준이 되는 경우 공부상의 기재를 과세자료로 삼아왔다. 이미 발코니는 전용면적이 아니라는 비과세 관행이 널리 받아들여진 것이다.

때문에 단지 커튼월이라는 새로운 공법으로 건축된 주상복합형 공동주택이라는 이유로, 또한 현실적인 사용례만을 가지고 입법 없이 해석만으로(전용면적이라는 것 자체가 이미 차용개념인데, 세법이 과세의 목적만으로 건축법령상의 용례를 부인하거나 변경할 수는 없는 까닭이다) 종래의 비과세 관행을 부인하는 것은 국세기본법 제18조 제 3 항에 정면으로 반하는 것이라 하지 않을 수 없다.

대상판결은 이러한 국세기본법과 조세법률주의의 기본 원칙을 확인한 타당한 판결로서, 그 의의를 찾을 수 있다.

---

2) 커튼월 공법이 아닌 일반 아파트에서도 개별적으로 소위 발코니 확장공사를 통하여 그 공간을 실내공간으로 바꾼 경우 역시 이를 전용면적에 포함시켜야 하는지, 만일 세대별로 발코니 확장공사를 한 경우와 하지 않은 경우에 따라 공부상의 기재도 그 실제 현황에 따라 달리 기재되어야 한다면 또다시 과세형평의 문제가 제기될 수밖에 없다.

**20** 대법원 2010.9.30. 선고 2010두8423 판결

# 자경농지의 양도소득세 감면요건에 관한 구 조세특례제한법 시행령 규정이 위임입법의 한계를 넘어 무효인지 여부

**판결요지**

구 조세특례제한법 제69조 제1항에서 8년 이상 직접 경작한 토지를 양도소득세 면제대상으로 선언하면서 그 구체적인 범위를 대통령령에서 정하도록 위임하고 있는바, 그 위임을 받은 시행령 제66조 제4항에서 8년 이상 자기가 경작한 농지 중 제외되는 대상을 규정하고, 제12항에서는 농지법 제2조 제5호의 자경 규정과 동일한 내용으로 '직접 경작'의 의미를 구체화하여 규정한 것이므로, 구 조세특례제한법 시행령 제66조 제12항이 위임 근거 규정이 없다거나 위임입법의 한계를 벗어난 것으로서 무효의 규정이라고 할 수 없다.

…… 구 조세특례제한법 시행령 제66조 제12항에서 '법 제69조 제1항에서 직접 경작이라 함은 농작업의 1/2 이상을 자기의 노동력에 의하여 경작 또는 재배하는 것을 말한다'고 명확하게 규정하고 있는바, 원심이 같은 취지에서 '1/2 이상의 자기 노동력'의 의미를 문리대로 해석하여 증거 및 사실관계를 판단한 것은 정당하고, 거기에 상고이유에서 주장하는 바와 같이 구 조세특례제한법 시행령 제66조 제12항의 직접 경작의 해석에 관한 법리오해, 채증법칙 위반, 심리미진 등의 잘못이 없다.

## 1. 사실관계 및 쟁점

원고는 인천광역시청 공무원인바, 2006.11.30. 인천 남동구 논현동 소재 원고 소유의 답(이하 '이 사건 토지'라 한다)을 양도하면서, 2007.1.3. 이 사건 토지의 양도에 따른 2006년도 귀속 양도소득세 과세표준 예정신고에 있어, 원고가 이 사건 토지를 8년 이상 직접 경작하였다며 구 조세특례제한법 제69조 제 1 항에 의한 양도소득세 감면신청을 하였다. 피고는 원고가 구 조세특례제한법 시행령 제66조 제12항(2006.2.9. 대통령령 제19329호로 신설된 것, 이하 '이 사건 시행령'이라 한다)에서 규정하는 '양도자가 그 소유 농지에서 농작물의 경작 또는 다년생 식물의 재배에 상시 종사하거나 농작업의 2분의 1 이상을 자기의 노동력에 의하여 경작 또는 재배'하였다고 볼 수 없다는 이유로 감면신청을 거부하자, 원고가 이 사건 시행령 규정은 위임입법의 한계를 벗어나 무효임을 주장하면서, 자경농지 양도소득세 감면요건에 해당된다는 점을 다툰 사안이다.[1)]

"8년 자경" 농지에 대한 양도소득세 면제의 요건은 종래 구 소득세법에 규정되어 있던 것이 구 조세감면규제법으로 옮겨지고 구 조세감면규제법이 현행 조세특례제한법으로 대체된 이후에도 동일한 내용으로 이어져 결국 처음 구 소득세법에 규정되었을 때부터 약 32년 이상 유지되어 왔던 것인데, 2006.2.9. 신설된 "농작업의 2분의 1 이상을 자기 노동력으로 경작 또는 재배"하여야 한다는 이 사건 시행령의 내용은 그동안의 소득세법이나 구 조세감면규제법, 조세특례제한법 그 어디에서도 찾을 수 없는 것이

---

1) 이외에도 이 사건에서는 비사업용 토지의 범위와 관련, 자경의 개념을 농지법 제 2 조 제 5 호의 자경으로 한정한 것이 법률이 위임한 대상을 합리적인 이유로 제한하여 무효인지 여부가 다투어졌는바, 동 판결은 이 또한 위임의 범위를 벗어난 것으로 볼 수 없다고 판시하였다.

다. 자경의 의미에 관하여는 종래 판례 및 예규를 통해 입장이 확립되어 있었으나, 이 사건 시행령 규정의 신설로 자경 요건의 인정범위가 대폭 축소됨으로써, 이 사건 시행령 규정이 과세요건의 명확성, 위임입법의 한계 등에 위반한 것이 아닌지 여부가 실무상 논란이 되어 왔다.

동 판결은, 자경 요건을 제한하는 이 사건 시행령 규정을 둘러싼 위임입법의 한계 등 위헌성 논란에 대한 대법원의 입장을 처음으로 밝혔다는 점에서 의미가 있다.

## 2. 평　　석

"직접 경작" 농지에 대한 양도소득세의 감면제도는 1974.12.24. 법률 제2705호 개정된 소득세법에서부터 도입된 오랜 연혁을 가지고 있다. 이처럼 오래전부터 농경사회에서는 협업에 의한 경작이 필수적이었던 점, 농경사회의 전통에 따른 우리 사회의 가족 구조 실제를 위 "직접 경작"의 의미에 반영시킬 필요가 있는 점 등을 고려하여, 종전 판례는 손수 경작하는 경우뿐만 아니라 "자기의 책임과 계산하에 다른 사람을 고용하여 경작하는 경우"도 "직접 경작"의 범위에 포함시키고 있었고(대법원 1985.12.24. 선고 85누145 판결 ; 대법원 1990.9.28. 선고 90누6064 판결 등), 농지법 역시 "농업인이 자기의 계산과 책임으로 농업을 영위하는 것"을 "농업경영"으로 규정하고 있다(농지법 제 2 조 제 3 호).

그런데 2006.2.9. 개정된 이 사건 규정은 제66조 제12항을 신설하면서, 종래 판례에 의하여 확립된 자경의 의미를 배척하고 법 제69조 제 1 항에서의 "'직접 경작'이라 함은 거주자가 그 소유농지에서 농작물의 경작 또는 다년성(多年性) 식물의 재배에 상시 종사하거나 농작업의 2분의 1 이상을 자기의 노동력에 의하여 경작 또는 재배하는 것을 말한다"고 규정하여 그 범위를 제한한 것이다. 이에 대해, 대상판결은 이 사건 규정이 농지법 제 2 조 제 5 호의 자경 규정과 동일한 내용으로 '직접 경작'의 의미를 구체화하여 규정한 것으로 위임 근거규정이 없다거나 위임입법의 한계를 벗어났다고 볼 수 없다고 판단하였다.

❇ 자경(직접 경작)의 개념 ❇

| 구 분 | 판례, 예규, 통칙 | 이 사건 시행령 |
|---|---|---|
| 내 용 | 자기의 계산과 책임으로 경작 | 농작업의 1/2 이상을 자기의 노동력에 의하여 경작 또는 재배 |
| 농지법 규 정 | 농업경영(제 2 조 제 4 호) : 자기의 계산과 책임으로 농업을 영위 | 자경(제 2 조 제 5 호) : 농작업의 1/2 이상을 자기의 노동력에 의하여 경작 또는 재배 |

그러나 양도소득세가 감면되는 토지는 "공부상의 지목에 관계없이 양도일 현재 실제로 경작에 사용한 토지"로 이해하여야 하고(농지법 제 2 조 제 1 호 및 대법원 1989.2.14. 선고 88누6252 판결 참조), 양도소득세 감면의 입법취지도 "육농정책의 일환으로서 농지의 양도에 따른 조세부담을 경감시켜 주는 것에 있다"는 점에 비추어 볼 때(대법원 2003.7.11. 선고 2003두2045 판결), 조세특례제한법(이하 '조특법') 제69조 제 1 항의 "직접 경작"의 개념은 논리적으로 농지법 제 2 조 제 4 호의 "농업경영"과 일치하는 것이며, 오직 위탁경영의 예외를 인정하기 위한 요건인 농지법상의 "자경" 개념은 그 목적과 취지에서 위 조특법의 "직접 경작"과 분명하게 구별된다. 또한 모법은 "자경(직접 경작)"의 의미를 시행령이 구체화하도록 위임한 바가 없다.

그럼에도 불구하고, 이 사건 시행령은 종래 확립되어 있던 "자경"의 의미를 더욱 제한하여 "농작업의 1/2 이상을 자기의 노동력에 의하여 경작 또는 재배할 것"이라는 별개의 과세요건을 규정하고 있는 것인데, 이는 결국, 대의기관인 국회가 제정한 "법률"을 하위법인 "시행령"이 아무런 근거도 직접 변경하는 것으로, 조세법률주의에 반하는 것으로 볼 여지가 다분하다.

또한 이 사건 시행령은 농지법이 농지의 예외적인 위탁경영 등을 허용하기 위한 요건으로서 규정한 개념을 이 사건 시행령이 "무리하게 끌어들여" "자경농지"의 감면 요건으로 규정한 까닭에, ① 노동력 투입의 기준이 되는 "농작업"의 기준은 물론 ② "1/2"이라는 산술적 기준의 계산방법에 대한 고려가 전혀 없어 과세요건의 명확성에 반하며, 이는 결국 과세관청의 자의에 따라 "자경농지"에 대한 양도소득세의 감면 여부가 결정되는 폐해를 초래할 가능성이 높다.

다만, 이 사건 시행령이 위헌이 아니라고 볼 경우에도, 결국 "자경(직접 경작)"에 대한 하나의 해석례를 규정한 것에 불과하다고 보아야 하고 "가족공동체의 협업"에 의한 경작(대법원 1995.2.3. 선고 94누11859 판결)과 "자기의 책임과 계산에 의한 경작(대법원 1985.12.24. 선고 85누1145 판결 등)"도 여전히 "자경(직접 경작)"의 범위에 포함된다는 종래의 판례 및 해석은 그대로 유지되어야만 할 것이다.

**21** 대법원 2011.7.21. 선고 2010두23644 전원합의체 판결

# 토지거래허가를 받지 않아 무효인 양도계약과 양도소득세 과세

**판결요지**

국토계획법이 징한 토지거래허가구역 내의 토지를 매도하고 그 대금을 수수하였으면서도 토지거래허가를 배제하거나 잠탈할 목적으로 매매가 아닌 증여가 이루어진 것처럼 가장하여 매수인 앞으로 증여를 원인으로 한 이전등기까지 마친 경우 또는 토지거래허가구역 내의 토지를 매수하였으나 그에 따른 토지거래허가를 받지 아니하고 이전등기를 마치지도 아니한 채 그 토지를 제 3 자에게 전매하여 그 매매대금을 수수하고서도 최초의 매도인이 제 3 자에게 직접 매도한 것처럼 매매계약서를 작성하고 그에 따른 토지거래허가를 받아 이전등기까지 마친 경우에, 그 이전등기가 말소되지 아니한 채 남아 있고 매도인 또는 중간의 매도인이 수수한 매매대금도 매수인 또는 제 3 자에게 반환하지 아니한 채 그대로 보유하고 있는 때에는 예외적으로, 매도인 등에게 자산의 양도로 인한 소득이 있다고 보아 양도소득세 과세대상이 된다고 봄이 상당하다.

## 1. 사실관계 및 원심의 판단

### (1) 사실관계의 요지

원고는 甲으로부터 토지거래허가구역 내에 위치한 이 사건 토지를 20억원 가량에 매수하기로 하는 매매계약을 체결한 직후, 乙에게 이를 27억

원 가량에 전매하기로 하는 전매계약을 체결하였다. 그 후 원고는 甲과 乙을 매매의 직접 당사자로 하는 토지거래 허가를 받아 이 사건 토지에 관하여 乙앞으로 소유권이전등기를 마쳐주었다.

이에 피고는 원고가 이 사건 토지를 최종 매수인 乙에게 전매한 것은 자산의 사실상 유상이전으로서 그로 인한 소득이 양도소득세 과세대상에 해당한다는 이유로 원고에게 양도소득세 등을 부과하였다.

### (2) 원심의 판단

이에 대하여 원심은 이 사건 매매계약 및 전매계약이 사법상 무효인 이상 양도소득세의 과세대상인 자산의 양도가 있다거나 자산의 양도로 인한 소득이 있다고 볼 수 없으므로 피고의 이 사건 부과처분은 위법하다고 판단하였다.

## 2. 평 석

### (1) 종전 대법원 판례의 태도 및 문제점

#### 1) 종전 대법원 판례의 태도

종래 대법원은 국토이용관리법상의 토지거래허가지역 내에서의 매매계약 등 거래계약은 관할관청의 허가를 받아야만 그 효력이 발생하며, 허가를 받기 전에는 물권적 효력은 물론 채권적 효력도 발생하지 아니하여 무효라 할 것이고, 구 소득세법 제 4 조 제 3 항은 양도소득에 있어 자산의 양도라 함은 그 자산이 유상으로 사실상 이전되는 것을 말한다고 규정하고 있으므로, 경제적인 측면에서만 양도소득을 파악하여 이득의 지배관리나 향수를 하고 있는 지위에 있는 것만으로는 양도소득을 인정할 수 없다고 판시하였다.

그 결과 토지거래허가를 받지 아니한 상태에서 단지 그 매매대금이 먼저 지급되어 매도인이 이를 보관하고 있다 하여 이를 두고 양도소득의 과세대상인 자산의 양도에 해당한다거나 자산의 양도로 인한 소득이 있었다고 할 수는 없다고 판시하였다(대법원 1993.1.15. 선고 92누8361 판결 등).

이에 더하여 대법원은 토지거래허가지역 내의 토지에 대한 매매계약이 있었음에도 불구하고 편법적으로 토지허가거래가 필요하지 않은 증여를 원인으로 한 소유권이전등기를 경료하는 사례에서도, 거래의 실질이 매매임이 확인되는 경우에는 같은 이유로 토지 양도인에 대한 양도소득세 부과를 위법하다고 판단하였다. 이러한 취지의 판결이 이어지자 과세관청은 토지 양도인에 대한 양도소득세 부과가 아니라 거래의 형식에 맞추어 양수인에게 증여세 부과처분을 하였고, 대법원은 이에 대해 당해 거래의 실질이 증여가 아님을 이유로 증여세 부과처분 역시 위법하다고 판단하였다(대법원 1997.3.20. 선고 95누18383 전원합의체 판결).

이에 따라 과세관청으로서는 사실상 소유권이 이전되고 양도소득이 발생하였음에도 불구하고 양도나 증여 어느 근거로도 과세할 수 없는 과세공백이 생기는 불합리가 생기게 되었다. 위와 같은 대법원 선행판결의 배경에는, 당시에는 납세자의 경정청구권이 신설되기 전이어서 토지에 대한 매매계약이 무효로 확정되어 소유권이전등기가 말소될 경우, 양도인은 이미 납부한 양도소득세를 반환받을 수 있는 법적 수단이 극히 제한되고 있었다는 사정이 고려되었을 것으로 추측된다.

2) 학설의 비판

이와 관련하여, 대법원은 과세근거가 되는 사법상의 법률관계가 반드시 적법·유효할 것을 요구하지 않는다는 이유로 위법소득에 대한 과세를 긍정(대법원 1985.5.28. 선고 83누123 판결 등)하고 있음에도 불구하고, 양도소득이 문제된 사안에서는 위법소득의 개념이 아닌 양도의 개념 관점에서 접근하여 과세를 부정한 것은 타당하지 않다는 비판이 제기되었다.

또한 이 사건 원고와 같은 중간 매수인의 지위에 있는 자 또는 사실상 토지를 (증여의 형식으로) 양도한 양도인에 대하여는 결과적으로 과세의 공백이 발생함을 이유로 판결의 구체적 타당성에 대하여 강한 비판이 제기되었다.

또한 위 대법원 선행판결 이후인 1994.12.22. 국세기본법에 경정청구권이 신설됨에 따라 양도소득세 과세 이후 토지허가를 받지 못하여 결국 당해 양도계약이 무효로 확정된 경우에는 이를 후발적 경정청구사유로 삼아 권리구제를 받을 수 있게 된 이상 양도소득세 과세를 부정한 선행판결은 그 타당성의 근거를 잃게 되었다는 점도 지적되었다.

### (2) 이 사건 판결의 분석과 그 의미

이 사건 판결은 ① 소득세법 제88조 제1항 본문은 자산이 유상으로 이전된 원인인 매매 등 계약이 법률상 유효할 것까지를 요구하고 있지는 않은 점, ② 매매 등 계약이 위법 내지 탈법적인 것이어서 무효임에도 불구하고 당사자 사이에서는 그 매매 등 계약이 유효한 것으로 취급되어 매도인 등이 매매대금 등을 수수하여 그대로 보유하고 있는 경우에는 종국적으로 경제적 이익이 매도인 등에게 귀속된다고 보아야 하는 점, ③ 그럼에도 불구하고 그 매매 등 계약이 법률상 무효라는 이유로 그 매도인 등이 그로 인하여 얻은 양도차익에 대하여 양도소득세를 과세할 수 없다고 보는 것은 조세정의와 형평에 심히 어긋난다는 점을 근거로 원고에 대한 양도소득세 부과가 적법하다고 판시하여 종전의 판례를 변경하였다.

토지거래허가구역 내에서 거래 당사자가 토지거래허가를 받지 아니하고 양도의 실질을 달성하고 있을 뿐 아니라 스스로 원상회복을 구하지도 않을 경우, 그와 같은 양도차익에 대하여 과세 없는 이익을 향유하게 하는 것은 지극히 불합리한 결과라 할 것이다. 이는 결과적으로 불법을 조장하고 과세 누락을 발생시키는 등 조세정의에도 반하는 결과이다.

다만, 이 사건 판결의 이유부분에서 "양도소득세는 자산의 양도로 인한 소득에 대하여 과세되는 것이므로, 외관상 자산이 매매 등에 의하여 양도된 것처럼 보이더라도, 그 매매 등의 계약이 처음부터 무효이거나 나중에 취소되는 등으로 효력이 없는 때에는, 양도인이 받은 매매대금 등은 원칙적으로 양수인에게 원상회복으로 반환되어야 할 것이어서 이를 양도인의 소득으로 보아 양도소득세의 과세대상으로 삼을 수 없음이 원칙"이라고 설시하여 종전의 양도소득 과세에 있어서의 과세대상인 양도의 법적 성격에 대한 입장을 그대로 유지한다는 입장을 밝히고 있음을 유의할 필요가 있다. 따라서 토지허가를 받지 않음으로써 발생하는 양도거래의 무효 등의 경우에만 제한적으로 적용될 것으로 예상된다.

이 사건 판결은 토지허가거래를 받지 아니하고 전매하거나 증여의 등기를 하여 이전한 경우 등에 대하여 조세공백의 문제를 해소하여 조세정의의 실현에 기여하게 되었다는 데에 그 의의가 있다고 할 것이다.

**22** 대법원 2012.5.24. 선고 2011두33020 판결

# 미확정 조세채무의 필요경비 귀속시기

**판결요지**

구 소득세법 제27조 제1항은 사업소득금액의 계산에 있어서 필요경비에 산입할 금액은 당해 연도의 총수입금액에 대응하는 비용으로서 일반적으로 용인되는 통상적인 것의 합계액으로 한다고 규정하고, 제2항은 당해 연도 전의 총수입금액에 대응하는 비용으로서 당해 연도에 확정된 것에 대하여는 당해 연도 전에 필요경비로 계상하지 아니한 것에 한하여 당해 연도의 필요경비로 본다고 규정하였다. 구 소득세법 제27조 제1항을 과세기간에 관한 같은 법 제5조, 총수입금액과 필요경비의 귀속연도 등에 관한 같은 법 제39조의 규정과 관련하여 볼 때, 필요경비에 산입할 금액은 총수입금액과 같은 기간에 확정된 비용 중 총수입금액에 대응하는 비용으로 한다는 이른바 기간손익계산의 원칙 및 수익비용대응의 원칙을 아울러 규정한 것으로 해석되고, 같은 법 제27조 제2항은 당해 연도에 확정된 비용은 당해 연도 전의 수입에 대응하는 비용이라도 이를 수입 귀속연도의 비용이 아닌 당해 연도의 필요비용으로 본다는 뜻으로 해석된다(대법원 1992.7.14. 선고 91누8814 판결 참조).

## 1. 사실관계

① 원고는 2005.1.28.부터 2005.3.27.까지 사이에 이 사건 토지를 매수하면서 그 매매대금의 일부만을 지급한 상태에서 위 토지를 400억원에 전매하였다.

② 원고는 2005.10.24.부터 2007.6.11. 위 토지매매대금 400억원을 지급받은 뒤 2008.5.31. 그중 120억원을 2007년 귀속 이자소득으로 하여 2007년 종합소득세를 신고·납부하였다.

③ 중부지방국세청장은 2008.10.31.까지 원고에 대한 세무조사를 실시하여, 원고의 이 사건 토지의 전매는 양도소득이므로 이를 이자소득으로 신고한 2007년 귀속 종합소득세를 환급하고, 2005년 귀속 양도소득세를 부과하도록 결정하였고, 피고는 위 결정에 따라 2008.12.12. 처분을 하였다.

④ 원고는 위 처분에 불복하여 이의신청을 하였는데, 중부지방국세청장은 2009.6.25. 이 사건 토지의 양도소득은 원고의 사업소득을 구성한다고 보아 위 2005년 귀속 양도소득세 부과처분을 취소하라는 결정을 하였고, 피고는 위 결정에 따라 2005년 귀속 양도소득세 부과처분을 전액 취소하고 2005년 귀속 종합소득세를 부과하는 이 사건 부과처분을 하였다.

⑤ 한편 이 사건 토지의 관할구청장은 2009.경 원고가 이 사건 토지를 미등기전매하였다는 이유로 이 사건 토지의 취득에 따른 취득세 등 약 6억원을 부과하였고, 원고는 이를 납부하였다.

⑥ 원고는 이 사건 부과처분에 불복하면서 이 사건 토지의 취득세를 2005년 귀속 종합소득세 산정시 필요경비에 산입하여야 한다고 주장하였다.

## 2. 쟁점 및 원심판결

원고가 2005년경 이 사건 토지를 사실상 취득하였으므로 취득세의 납세의무 역시 2005년에 성립하였다. 한편 토지에 대한 취득세는 토지 양도시 필요경비에 산입하여 총수입금액에서 공제하는 것인데,[1] 원고가 이 사건 토지를 양도할 때까지 위 취득세에 대한 신고나 관할구청의 부과처분이

---

1) 소득세법 기본통칙 27－55…8 참조.

없어 취득세가 확정되지 아니하였고, 이에 위 취득세는 이 사건 토지 양도로 인한 총수입금액이 계상된 2005년 귀속 소득세 계산시 필요경비로 공제되지 아니하였다. 관할구청은 2009년에서야 원고에 대하여 이 사건 토지의 취득세 부과처분을 하였고, 이에 원고는 위 취득세가 2005년 귀속 총수입금액에 대응하는 비용이므로 2005년도 소득세 계산시 필요경비에 산입되어야 한다고 주장하였고, 반면 처분청인 피고는 구 소득세법(2006.12.30. 법률 제8144호로 개정되기 전의 것) 제27조 제 2 항[2]을 근거로 위 취득세가 확정된 2009년도 귀속 소득세에 대한 필요경비로 산입되어야 한다고 주장하였다. 결국 취득세 납세의무가 성립하였으나 아직 확정되지 않은 경우에도 추후 확정될 경우 그에 대응하는 총수입금액이 계상된 사업연도의 필요경비로 산입하여 종전 소득세를 경정하여야 하는지 여부가 위 규정의 해석과 관련하여 쟁점이 된 사건이다.

원심(서울고등법원 2011.11.18. 선고 2011누5300 판결)은, ① 취득세는 과세물건을 취득하는 때에 납세의무가 발생하는 것이므로 과세관청이 2009년 취득세를 부과처분을 하였더라도 이는 2005년에 이미 발생사실이 확정된 취득세의 납세의무를 뒤늦게 고지한 것에 불과하고, ② 소득세법 기본통칙에 의하더라도 취득세는 당해 토지의 취득가액에 산입한다고 규정하고 있으므로 당연히 비용으로 반영해 주어야 하며, ③ 구 소득세법 제27조 제 2 항의 취지는 경정절차의 번거로움을 피하기 위한 것인데, 이 사건의 경우 그러한 절차의 번거로움이 없고, ④ 마지막으로 처분청도 문제된 처분을 하기 전에 조사관청의 과세통보를 받아본 이상 미등기 전매로 인한 취득세의 고지・부과 예정사실을 알았다고 보인다는 이유로 이 사건 취득세 등을 양도일이 속하는 2005년도 과세기간의 필요경비에 산입하여야 한

---

2) 개정으로 현재 시행 중인 소득세법 규정과 문언의 차이는 있으나 그 취지는 동일하므로 이하에서는 현재 시행 중인 소득세법 제27조 제 2 항을 기초로 하여 설명한다.

다고 판시하였다.

그러나 대법원은 위 판결요지와 같은 전제에서, 원심은 필요경비의 귀속시기에 관한 법리를 오해한 것이라고 하여 원심판결을 파기환송하였다.

## 3. 평 석

### (1) 권리의무확정주의와 수익비용대응의 원칙

거주자의 각 과세기간의 총수입금액과 필요경비의 귀속연도는 총수입금액과 필요경비가 확정된 날이 속하는 과세기간으로 하는데(소득세법 제39조 제 1 항), 이는 우리 소득세법이 총수입금액과 필요경비의 귀속시기를 권리의무확정주의에 의하도록 한 것으로 이해된다. 이와 같은 취지는 사업소득에 대한 귀속시기를 정하고 있는 소득세법 제24조 제 1 항에서도 찾아볼 수 있다. 여기서 '확정'의 개념과 관련하여 대법원은 수입의 귀속시기에 대한 예외 없는 일반원칙으로 단정하여서는 안 되고, 구체적인 사안에 있어 소득에 대한 관리 · 지배와 발생소득의 객관화 정도, 납세자금의 확보시기 등까지도 함께 고려하여 소득이 현실적으로 실현될 것까지는 없다 하더라도 그 실현의 가능성에 있어 상당히 높은 정도로 성숙 · 확정되었는지 여부를 기준으로 그 귀속의 시기를 합리적으로 판단함이 상당하다고 판시한 바 있다.[3]

한편 비용의 귀속시기와 관련하여 소득세법 제27조 제 1 항은 "사업소득금액의 계산에 있어서 필요경비에 산입할 금액은 해당 과세기간의 총수입금액에 대응하는 비용으로서 일반적으로 용인되는 통상적인 것의 합계액으로 한다"고 규정하여 수익비용대응의 원칙에 따라 비용의 귀속시기를 정한 것으로 이해된다.

---

3) 대법원 1995.11.28. 선고 94누11446 판결.

### (2) 납세의무의 성립과 확정

조세법률관계와 다른 민사상의 법률관계 또는 행정법률관계와의 큰 차이점 중의 하나가 조세채무(납세의무)의 성립과 확정이다. 조세채무는 각 세법이 정한 과세요건이 충족된 때, 즉 각 법령에 정한 바에 따라 과세표준을 계산하고 세율을 적용하여 과세할 수 있는 상태가 되었을 때 법률상 당연히 성립하게 되는데, 이 상태의 조세채무를 강학상 추상적 조세채무라 한다. 한편 추상적으로 성립한 조세채무에 대하여 납세의무자나 과세관청이 일정한 행위나 절차를 거쳐 납부할 세액을 구체적으로 확정하는 것이 조세채무의 확정으로서, 조세채무가 확정됨으로써 과세관청은 조세채무의 자력집행권을 행사할 수 있게 된다. 강학상 확정된 상태의 조세채무를 구체적 조세채무라 한다.

한편 조세채무의 확정은 신고납세방식의 조세(소득세 · 법인세 · 취득세 등)의 경우 납세의무자의 신고에 의하여, 부과과세방식의 조세(상속세 · 증여세 · 종합부동산세 등)의 경우 부과처분에 의하여, 자동확정방식의 조세(원천징수하는 소득세 · 법인세 등)의 경우 성립과 동시에 확정되게 된다. 다만, 신고납세방식의 조세에 있어서도 납세자의 신고가 없거나 신고 내용에 오류 · 탈루가 있어 정부가 결정 또는 경정결정을 할 경우에는 그 결정하는 때에 확정된다(국기법 제10조의 2 제 1 호 · 제 2 호).

### (3) 검 토

소득세는 기간과세를 기초로 해당 과세기간 동안 계산된 소득에 누진세율을 적용하여 세액을 계산하게 되므로 해당 과세기간 동안 납세의무자가 얻은 소득이 얼마나 되는지가 납세의무자에게 중요한 사항이 된다. 따라서 소득세법은 해당 과세기간의 총수입금액과 필요경비를 확정하는 방법으로 앞서 본 권리의무확정주의와 수익비용대응의 원칙을 따르고 있다. 여기서 양자의 관계가 문제되는데 특히 이 사건과 같이 총수입금액은 확정되었으나 그에 대응하는 비용이 확정되지 않은 경우가 문제된다.

먼저 권리의무확정주의와 수익비용대응의 원칙 사이의 관계를 살펴보면, 권리의무확정주의는 총수입금액과 필요경비의 인식시점에 대한 기준(즉, 총수입금액과 필요경비로 계상할 자격에 관한 기준)인 반면, 수익비용대응의 원칙은 비용의 귀속시기에 관한 것으로서 권리의무확정주의에 따라 인식이 가능한 필요경비를 그에 대응하는 총수입금액이 귀속된 과세기간의 비용으로 산입해야 한다는 원칙으로 보아야 한다. 다시 말해서 아직 확정되지 않은 비용의 경우 권리의무확정주의에 따라 필요경비로 인식할 수조차 없으므로 이에 대한 기간귀속은 문제될 수 없는 것이다.

그런데 총수입금액은 권리가 확정되어 인식할 수 있는 상태에 이르렀음에도 그에 대응하는 비용이 아직 확정되지 아니하여 인식할 수 없는 상태인 경우 추후 확정되면 그 비용의 귀속시기를 수익비용대응의 원칙에 따라 대응하는 총수입금액이 산입된 과세기간의 소득에 반영되어야 하는 것인지 문제된다. 소득세법은 이를 해결하고자 아직 의무가 확정되지 않은 비용은 그에 대응하는 수익이 인식되었다고 하더라도 권리의무확정주의에 비추어 이를 수익의 인식시점과 동일하게 인식할 수는 없고, 그 이후 의무가 확정되어 인식이 가능한 상태에 이르렀을 때의 과세연도의 필요경비로 산입하도록 하고 있는 것으로 보인다(소득세법 제27조 제 2 항). 즉, 소득세법 제27조 제 2 항은 원심법원이 판시한 바와 같이 단순히 절차적 번잡함을 피하기 위한 규정이 아니라, 권리의무확정주의와 수익비용대응의 원칙의 조화로운 해석을 위해 특별히 필요경비의 귀속시기를 규정하고 있는 것으로 해석하는 것이 세법의 취지 및 타 규정과의 조화나 엄격해석의 원칙에 비추어 타당하다고 본다.

한편 조세채무의 경우 앞서 본 바와 같이 그 성립과 확정이 엄격히 구별되고, 확정을 통하여 비로소 구체적인 세액과 과세관청의 자력집행력 행사가 가능하다는 점에서 권리의무확정주의에 따를 경우 확정시점에 비로

소 비용으로 인식이 가능한 상태에 이르렀다고 보아야 한다.

따라서 이 사건의 경우 원고가 2005년경 이 사건 토지를 양도함으로써 비록 그 취득세 납세의무가 성립하였다고 하더라도 원고의 신고나 관할구청의 부과처분이 없었던 이상 그 당시에는 아직 비용으로 인식할 수 있는 단계, 즉 구체적 의무로써 확정된 상태가 아니었으므로, 수익비용대응의 일반적 기준에 따를 수 없고, 소득세법 제27조 제 2 항에 따라 관할구청이 2009년 원고에게 취득세 부과처분을 하여 원고가 구체적 납세의무를 부담하게 되었을 때, 그 확정일이 속하는 과세연도의 필요경비로 산입할 수 있다고 보아야 한다.

### (4) 대상판결의 의의

대상판결은 소득세법상 수익과 비용의 인식시기 및 수익비용의 귀속시기를 구별하여 소득세법 제27조 제 2 항이 단순한 절차적 번잡성을 피하기 위한 편의규정이 아니라 수익에 대응하는 비용의 필요경비 산입시기를 정한 규정이므로, 수익의 발생에 기여한 비용의 필요경비 산입시기는 수익비용대응의 원칙뿐만 아니라 소득세법 제27조 제 2 항에 따라 정해져야 함을 확인하는 판결이라는 점에 의의가 있다고 본다. 향후 필요경비의 귀속시기와 관련하여 참고하면 도움이 될 판례라고 본다.

# 23 대법원 2012.6.28. 선고 2010두9433 판결

# 대여금채권의 회수 불능과 이자소득세

**판결요지**

비영업대금의 이자소득에 대한 과세표준확정신고 또는 과세표준과 세액의 결정·경정 전에 그 원리금 채권을 회수할 수 없는 일정한 사유가 발생하여 그때까지 회수한 금액이 원금에 미달하는 때에는 그와 같은 회수불능사유가 발생하기 전의 과세연도에 실제로 회수한 이자소득이 있다고 하더라도 이는 이자소득세의 과세대상이 될 수 없다고 보아야 할 것이다.

## 1. 사실관계

① 원고는 2004.12.13. A에게 1,500,000,000원을 대여하기로 하고, 이 대여금 중 3개월분 선이자 135,000,000원을 공제한 나머지 1,365,000,000원을 A에게 지급하였다. 원고는 2004.12.23. 다시 A에게 450,000,000원을 대여하면서 5개월분 선이자 67,500,000원을 공제한 나머지 382,500,000원을 지급하였다(이하, 원고가 A에게 대여한 총 1,950,000,000원을 '이 사건 대여금'이라 한다).

② 원고는 A로부터 2005.8.4.까지 이자명목으로 125,000,000원 및 원금 중 일부로 765,000,000원만을 변제받았을 뿐 그 밖의 금액은 A가 2005. 경 부도가 나는 바람에 변제받을 가능성이 높지 않은 상태였다.

③ 피고는 2007.9.18. 위 선이자 합계 202,500,000원(이하 '이 사건 선이자'라 한다)을 원고의 2004년 총수입금액에 산입하여 원고의 2004년 종합

소득세액을 474,975,357원으로 경정하고, 원고가 위 선이자 상당액에 대한 소득세액을 신고·납부하지 아니하였다는 이유로 위 세액에 신고 및 납부불성실 가산세 32,551,910원을 부가하여 총납부세액을 507,527,267원으로 결정한 다음, 원고에게 이미 납부한 2004년 종합소득세 402,117,360원과 위 결정세액 간의 차액인 105,409,800원을 추가로 납부할 것을 고지하였다(이하 '이 사건 처분'이라 한다).

## 2. 원심의 판결

이 사건 원심판결(서울고등법원 2010.4.13. 선고 2009누25691 판결)은 "소득세법 시행령 제51조 제 7 항[1]은 비영업대금의 이익이 총수입금액에서 제외되는 경우를 과세표준 확정신고 또는 과세표준과 세액의 결정·경정 전에 당해 비영업대금이 회수할 수 없는 채권에 해당하는 경우에 한정하여 이를 적용하고 있는바, 소득세는 매년 1.1.부터 12.31.까지 1년분의 소득금액에 대하여 과세하는 이른바 '기간과세'이고, 또 비영업대금의 이익으로 발생한 이자소득금액은 당해 연도의 총수입금액으로 산정되는 것이므로, 채권의 일부 회수가 있는 경우 그 회수 당시를 기준으로 나머지 채권의 회수가 불가능함이 객관적으로 명백하게 된 경우에는 위 규정에 따라 그 회수금원이 원금에 미달하는 한 당해 과세연도에는 과세요건을 충족시키는 이자소득의 실현이 없는 것으로 보아야 할 것이지만, 회수 불능 사유가 발생하기 이전에 이미 구체적으로 실현된 이자소득의 납세의무에 대하여는 어떠한 영향을 미칠 수 없다고 할 것"이라고 판시하였다. 그리고 이 사건에서 A의 부도로 인하여 대여금 채권의 회수 불능사유가 발생한 것은 2005년경이므로, 그 이전 사업연도인 2004년도에 원고가 이미 이자소득을

1) 2010.2.18. 대통령령 제22034호로 개정되기 전의 것.

수령한 것으로 보는 이상 비록 그 이후의 사업연도에 채권원리금을 회수할 가능성이 없게 되었다고 하더라도 여전히 이자소득세의 과세대상이 된다고 보아, 피고의 이사건 종합소득세 부과처분이 적법하다는 이유로 원고의 청구를 기각하였다. 그러나 대상판결은 원심을 파기하여 이 사건을 원심법원에 환송하였다.

## 3. 평　　석

### (1) 이자소득의 수입시기

소득세법 시행령 제45조는 이자소득에 대한 총수입금액의 수입할 시기를 정하고 있는데, 특히 제9호의 2에서 비영업대금의 이익의 수입시기를 약정에 의한 이자지급일을 원칙으로 하되, 다만 이자지급일의 약정이 없거나 약정에 의한 이자지급일 전에 이자를 지급하는 경우에는 실제 이자지급일로 정하고 있다.

금전을 대여하면서 선이자를 공제하고 나머지 원금만을 교부한 경우에도 차주는 선이자로 공제된 부분에 대해 현실로 금전의 수수가 있었던 것과 동일한 경제상의 이익을 얻는 점, 소비대차가 요물계약이 아니라는 점을 고려하면 현실로 수수한 금전이 대여원금이 되는 것이 아니라, 그 금전에 공제된 선이자 상당액 중 법률에 의하여 허용되는 범위 내의 이자를 가산한 금액이 대여원금에 해당하며, 법률이 허용하는 범위 내에서 공제되는 선이자는 대여원금에 관한 이자가 지급된 것으로 보는 것이 타당하다 (대법원 1993.11.23. 선고 93다23549 판결). 따라서 약정에 의한 이자지급일 또는 실제 이자지급일에 해당하는 선이자의 공제일이 선이자의 수입시기가 될 것이다.

이 사건의 경우에도 비영업대금의 이익에 해당하는 이 사건 선이자는 그 공제일이 바로 “약정에 의한 이자지급일” 또는 “실제 이자지급일”에 해당하므로,[2] 일단 원고는 선이자의 공제일이 속하는 2004년에 이 사건 선이자 상당의 금액을 수입하였다고 할 수 있다.

### (2) 소득의 귀속과 권리의무확정주의

구 소득세법[3] 제24조 제1항은 "거주자의 각 소득에 대한 총수입금액은 해당 과세기간에 수입하였거나 수입할 금액의 합계액으로 한다"고 규정하고, 같은 법 제39조 제1항은 "거주자의 각 과세기간 총수입금액 및 필요경비의 귀속연도는 총수입금액과 필요경비가 확정된 날이 속하는 연도로 한다"고 규정하고 있다. 일반적으로 이러한 규정들에 근거하여 우리 소득세법이 손익의 귀속시기에 관하여 권리의무확정주의를 취하고 있다고 설명되고 있다. 권리의무확정주의란 소득의 실현이 있다고 하기 위해서는 반드시 그 소득이 현실적으로 실현되어야 하는 것은 아니고 그 소득의 원인이 되는 권리가 그 실현 가능성이 상당히 높은 정도로 성숙 확정되면 족하다는 것이다.

대법원 또한 "권리의무확정주의는 소득의 원인이 되는 권리의 확정시기와 소득의 실현시기와 사이에 시간적 간격이 있을 때 과세상 소득이 실현될 때가 아닌 권리가 발생될 때를 기준으로 하여 그때 소득이 있는 것으로 보고 당해 연도의 소득을 산정하는 방식으로서 실질적으로는 불확실한 소득에 대하여 장래 그것인 실현될 것을 전제로 하여 미리 과세하는 것을 허용하는 것"이라고 판시하고 있다(대법원 1984.3.13. 선고 83누720 판결).

---

2) 이 사건 선이자의 소득의 귀속시기가 언제인지에 관하여 이 사건 제1심법원은 원금의 상환약정일 또는 원금의 실제 상환일이라고 본 반면에, 원심법원은 선이자의 공제일로 보았으므로 이 쟁점 또한 문제가 될 수 있으나, 본 평석의 주제를 선명히 하기 위하여 상세히 논하지 않았다.

3) 2009.12.31. 법률 제9897호로 개정되기 전의 것.

### (3) 원금의 회수 불능과 이자소득

그런데 2005년경 A의 부도로 인하여 사실상 원고가 원금을 회수하는 것이 불가능해진 경우에도 이사건 선이자를 2004년의 이자소득으로 귀속시킬 수 있는가? 즉, 원금의 회수 불능사유가 발생하기 이전의 과세연도에 이자 명목으로 회수한 금원이 있나면, 원금의 회수 불능과 무관하게 그 금원은 그 과세연도의 이자소득으로 확정적으로 귀속되는 것인가라는 문제가 생긴다. 사업소득의 경우 그 소득의 원인이 되는 채권이 발생한 후 사후에 그 소득의 실현이 불가능한 것으로 확정된 때에 대손금으로 처리하여 필요경비에 산입할 수 있도록 하는 규정을 두고 있으므로(소득세법 제27조, 같은 법 시행령 제55조 제 1 항 제16호) 큰 문제가 발생하지 않는다. 그러나 이자소득의 경우에는 수입금액에서 공제할 필요경비라는 개념이 존재하지 아니하여, 사후에 그 소득의 실현이 불가능한 것으로 확정되더라도 필요경비 등으로 이를 조정할 수 있는 방법이 마련되어 있지 않다.

이러한 문제를 해결하기 위하여 대법원은 일찍이 "소득의 원인이 되는 채권이 발생된 때라 하더라도 그 과세대상이 되는 채권이 채무자의 도산으로 인하여 회수 불능이 되어 장래 그 소득이 실현될 가능성이 전혀 없게 된 것이 객관적으로 명백한 때에는 경제적 이득을 대상으로 하는 소득세의 과세는 그 전제를 잃게 되므로 이러한 경우에는 그 소득을 과세소득으로 하여 소득세를 부과할 수는 없다 할 것이다"라고 판시하여(대법원 1984.3.13. 선고 83누720 판결 ; 대법원 2002.10.11. 선고 2002두1953 판결 등 다수), 약정에 의한 이자지급일 또는 실제 이자지급일이 도래하였다고 하더라도 이후 채무자의 도산으로 인하여 회수 불능이 되어 장래 그 소득이 실현될 가능성이 전혀 없게 된 것이 객관적으로 명백한 때에는 소득세 부과가 가능하지 않다는 점을 분명히 하였다.

### (4) 회수 불능의 발생 시기

다만, 대법원은 과거 회수 불능의 발생 시기에 관하여 채권의 일부회수가 있는 경우 그 회수 당시를 기준으로 나머지 채권의 회수가 불가능함이 객관적으로 명백하게 된 경우에는 그 회수자금이 원금에 미달하는 한 당해 과세연도 있어서 과세요건을 충족시키는 이자소득 자체의 실현은 없었다고 볼 수밖에 없고 이와 같은 경우 민법 제479조 제 1 항의 변제 충당에 관한 규정은 그 적용의 여지가 없다고 판시하여, 채권의 일부 회수가 있을 당시를 기준으로 나머지 채권의 회수가 불가능한지 여부를 판단하여 그 일부 회수한 금액을 과세할 것인지 여부를 결정한다는 태도를 취하고 있었다.

그런데 소득세법 시행령이 1998.12.31. 대통령령 제15969호로 개정되면서 "비영업대금의 이익의 총수입금액을 계산함에 있어 법 제70조의 규정에 의한 과세표준 확정신고 또는 법 제80조의 규정에 의한 과세표준과 세액의 결정·경정 전에 당해 비영업대금이 제55조 제 2 항 제 1 호 또는 제 2 호의 규정에 의한 채권에 해당하여 채무자 또는 제 3 자로부터 원금 및 이자의 전부 또는 일부를 회수할 수 없는 경우에는 회수한 금액에서 원금을 먼저 차감하여 계산한다.

이 경우 회수한 금액이 원금에 미달하는 때에는 총수입금액은 없는 것으로 한다"는 내용의 제51조 제 7 항이 신설되었다. 회수 불가능의 판단시점을 채권의 일부 회수시를 기준으로 한 위 대법원판결과 비교하여 보면, 위 시행령 규정은 과세표준 확정신고 또는 과세표준과 세액의 결정·경정 전이라는 시점에 회수한 금액이 원금에 미달하는 때에는 총수입금액이 없는 것으로 한다는 내용이므로 회수 불능의 판단시점을 구체적 납세의무가 확정되는 시점까지 연장한 것으로 볼 수 있다.

대상판결은 위 시행령 규정의 신설로 인하여 변경된 법령을 반영하여, 종전의 판결과 달리 회수 불능의 판단 시점을 구체적 납세의무가 확정되는 시점까지 연장하여 납세자의 권리구제의 범위와 가능성을 크게 넓혔다는 점에서 높은 평가를 받아야 할 것이다. 즉, 대상판결은 ① 법인세법과는 달리 소득세법에서는 비영업대금에 대하여 나중에 원금조차 회수하지 못하여 결손이 발생하더라도 이를 이자소득의 차감항목으로 반영할 수 있는 제도적 장치가 마련되어 있지 않아 궁극적으로 이자소득이 있다고 할 수 없음에도 이자소득세를 과세하는 부당한 결과를 방지하기 위한 것이라고 판시하여 위 시행령 규정의 입법취지를 분명히 밝히고, ② 과세표준 확정신고 또는 과세표준과 세액의 결정·경정 전에 일정한 회수 불능사유가 발생할 때까지 회수한 전체 금액이 원금에 미달하는 경우를 그 적용대상으로 하고 있으며 특별한 예외를 두고 있지 않고 있다고 하여, 위 시행령 규정의 문언에 충실한 해석을 하였으며, ③ 소득세법상 이자소득의 발생 여부는 그 소득 발생의 원천이 되는 원금채권의 회수 가능성 여부를 떠나서는 논하기 어렵다고 하여 이자소득의 본질을 간파하면서, 비영업대금의 이자소득에 대한 과세표준 확정신고 또는 과세표준과 세액의 결정·경정 전에 그 원리금 채권을 회수할 수 없는 일정한 사유가 발생하여 그때까지 회수한 금액이 원금에 미달하는 때에는 그와 같은 회수 불능사유가 발생하기 전의 과세연도에 실제로 회수한 이자소득이 있다고 하더라도 이는 이자소득세의 과세대상이 될 수 없다고 보아야 한다고 판단한 것이다.

### (5) 결 론

원심판결은 회수 불능의 발생 시기에 관하여 소득세법 시행령 제51조 제 7 항을 언급하면서도 그 문언에 따른 해석을 하지 않고, 위 시행령 규정의 신설 이전의 해석론을 고수하는 잘못을 범하였지만, 대상판결은 위 시행령 규정의 입법취지와 문언에 충실하게 해석하였을 뿐만 아니라, 사업소득과 같은 대손금 규정이 없는 이자소득의 경우에 발생할 수 있는 불공평을 시정할 수 있도록 하였다. 구체적 타당성까지 갖춘 진일보한 판결이라고 평가할 수 있다.

덧붙여, 잉여금처분 결의 후 법인이 도산한 경우와 같이 배당소득의 경우에도 이자소득과 유사한 문제가 발생할 수 있다. 비록 배당소득의 경우에는 시행령 제51조 제 7 항과 같은 명문 규정은 없으나 '소득 없는 곳에 과세 없다'는 소득세의 본질적인 성격과 대손처리가 가능한 사업소득 등과의 형평성 등을 두루 살핀다면, 이자소득과 같은 법리가 적용되어야 마땅할 것이다.

**24** 대법원 2012.12.26. 선고 2012두12723 판결

# 양도가액에서 공제하는 필요경비에 폐업시 잔존재화의 부가가치세액이 포함되는지 여부(적극)

**판결요지**

관련 법령들의 규정 내용과 입법취지 등을 고려하면, 자산의 취득시 부담한 부가가치세액은 원칙적으로 취득시 소요되는 '기타 부대비용'으로서 취득가액에 포함되어야 하고, 다만 사업자의 경우에는 이를 매입세액으로 공제받음으로써 실질적으로는 당해 부가가치세액을 부담하였다고 볼 수 없기 때문에 이를 취득시 소요되는 부대비용으로 보지 않는 것인데, 건물과 같은 고정자산의 경우 잔존재화에 대한 부가가치세는 폐업시까지 당해 자산을 처분하지 않음으로써 취득시 지출하였다가 매입세액으로 공제받은 부가가치세액의 일정 부분을 실질적으로 다시 부담하게 되는 것이고, 이는 사업자임을 이유로 매입세액으로 공제받았던 취득시 부담한 부가가치세를 그 지위를 상실하게 됨에 따라 다시 부담하는 것이라 할 수 있으므로, 그 부분에 대해서는 취득시 소요되는 '기타 부대비용'에 포함된다고 보아야 한다.

## 1. 사실관계

① 원고는 2006.5.25. 근린생활시설에 해당하는 이 사건 건물을 취득한 후 부동산임대업을 영위하다 2009.2.16. 양도하였다.

② 원고는 피고에게 2010.5.31. 2009년 양도소득세 약 50,794,228원을 신고 및 납부한 후, 2010.6.3. "원고가 이 사건 건물에서 한 임대사업을 폐지함에 따라 이 사건 건물의 잔존 재화에 대하여 부담한 부가가치세 약 102,202,329원(이하 '이 사건 매출세액')을 이 사건 건물의 양도소득금액 산정시 필요경비로 공제하여 달라"고 경정청구하였다.

③ 피고는 2010.7.30. 위 부가가치세액은 이 사건 건물의 양도와 관련하여 발생한 비용이 아니라는 이유로 원고의 위 경정청구를 거부하였다.

## 2. 쟁　　점

이 사건의 쟁점은, 사업자가 이 사건 건물의 양도로 임대사업을 폐업시 그 잔존재화(건물)에 대하여 부담한 이 사건 매출세액이, 양도차익을 계산할 때 양도가액에서 공제하는 필요경비, 특히 소득세법 제97조 및 같은 법 시행령 제163조 제 1 항 및 제89조 제 1 항 제 1 호에 따른 '자산의 취득시 소요되는 기타 부대비용'에 포함되는지 여부이다.

## 3. 이 사건의 판결

### (1) 원심판결

원심(서울고등법원 2012.5.18. 선고 2011누35509 판결)은 소득세법상 양도소득금액의 계산시 양도가액에서 공제할 필요경비를 ① 양도자산의 취득에 든 비용, ② 그 자산의 객관적 가치를 증가시키는 데 든 설비비와 개량비, 자본적 지출액과 ③ 양도비로 제한하는 것은 합리적 근거가 있다고 보고, 소득세법 시행령 제163조는 과세소득의 범위 및 규정 방식과 관련하여 열거주의를 채택하고 있다고 보았다.

그런데 소득세법 제97조 제 1 항 각 호, 같은 법 시행령 제163조는 부가가치세법 제 6 조 제 4 항에 따라 폐업시 잔존재화에 대하여 부담한 매출세액을 양도소득의 필요경비로 열거하고 있지 않음이 명백한 이상 이를 필요경비로 공제할 수 없다고 판단하였다.

나아가 방론으로 폐업시 잔존재화에 대한 이 사건 매출세액은 건물을 '취득하는 데 소요된 비용'이라고 보기도 어렵다고 하며 원고의 청구를 기각하였다.

### (2) 대상판결

대법원은 소득세법 시행령 제89조 제 1 항이 자산의 취득가액은 '매입가액에 취득세, 등록세 기타 부대비용을 가산한 금액'으로 규정하고 있음을 설시하면서, "소득세법령상 자산의 취득시 소요된 '기타 부대비용'이 양도가액에서 공제할 필요경비에 포함되는 '취득에 든 실지거래가액'의 하나로 열거되어 있다고 볼 수 있다"고 판단하였다.

또한 자산의 취득시 부담한 부가가치세액은 원칙적으로 취득시 소요되는 '기타 부대비용'으로서 취득가액에 포함되어야 하지만, 사업자의 경우 매입세액으로 공제받음으로써 실질적으로는 당해 부가가치세액을 부담하였다고 볼 수 없기 때문에 이를 취득시 소요되는 부대비용으로 보지 않는 것인데, 이 사건 건물과 같은 고정자산의 경우 잔존재화에 대한 부가가치세는 폐업시까지 당해 자산을 처분하지 않음으로써 '취득시 지출하였다가 매입세액으로 공제받은 부가가치세액의 일정 부분을 실질적으로 다시 부담'하게 되는 것이므로, 그 부분에 대해서는 소득세법 시행령 제163조 제 1 항 제 1 호에서 준용하는 같은 법 시행령 제89조 제 1 항 제 1 호 소정의 취득시 소요되는 기타 부대비용에 포함된다고 보아, 원심을 파기・환송하였다.

## 4. 평 석

### (1) 양도소득금액의 계산 구조

현행 소득세법 제95조 제1항에 따르면, 양도소득금액은 '양도가액'에서 '필요경비'를 공제한 양도차익에서 장기보유특별공제액을 공제한 금액으로 한다. 그리고 같은 법 제97조는 제1항은 공제할 필요경비를 취득가액, 자본적 지출액, 양도비의 세 가지로만 한정하고 있고, 그 구체적인 내용은 같은 법 시행령 제163조에 위임하고 있다.

순자산증가설에 기반하여 완전포괄주의를 채택한 법인세법과 달리, 소득세법은 소득원천설에 기반하여 (일부 제한적 포괄주의를 채택하고는 있으나) 원칙적으로는 열거주의 방식으로 규정하고 있다. 양도소득금액 산정시 공제되는 필요경비 역시 같은 맥락에서 한정적으로 열거하고 있는 것으로 보인다. 즉, 소득세법 제97조 제1항 각 호 및 같은 법 시행령 제163조에 따른 필요경비가 아니면, 어떠한 비용이 양도차익(세법상 양도차익이 아니라 경제적 의미에서의 양도차익을 말한다)을 감소시킨다 하더라도 고려될 수 없는 것이다.

### (2) 대상판결의 의미

#### 1) 소득세법상 양도소득 계산에 관하여 열거주의를 인정

대법원은 원심이 들고 있는 "소득세법 시행령 제163조는 과세소득의 실정법상 범위 및 규정 방식과 관련하여 열거주의를 채택"하고 있다는 전제를 배척하지 않았다. 오히려 열거주의를 전제하여, 취득시 소요되는 '기타 부대비용'도 소득세법 시행령 제89조 제1항 제1호에 따라 소득세법 제97조 제1항 제1호 가목에서 말하는 '자산 취득에 든 실지거래가액'의

하나라는 점을 설시하고 있다.

### 2) 폐업시 잔존재화에 대한 부가가치세를 '취득시'의 비용으로 인정함으로써 실질과세원칙을 고려

대법원은 대상판결에서 명시적으로 실질과세의 원칙을 원용하고 있지는 않다. 그러나 '폐업시' 잔존재화에 대하여 부담하는 부가가치세를, 실질적으로는 '취득시' 지출하였다가 공제받은 부가가치세의 일부를 다시 부담하는 것으로 보아 결국 '취득시'의 기타 부대비용에 해당하는 것으로 인정하였다.

## (3) 대상판결의 검토

양도소득세가 과세되는 건물의 양도로 인하여 폐업하게 되는 경우 잔존재화에 해당하는 건물의 간주공급으로 인한 부가가치세액은 해당 건물의 보유기간에 따라 달라진다. 건물의 양도가액이나 취득가액이 모두 같더라도 보유기간이 다른 경우 폐업시 건물의 간주공급에 따른 부가가치세액이 달라짐에 따라 건물의 양도로 인한 수익, 즉 소득이 달라진다. 따라서 세법상으로도 양도소득이 다른 것으로 인정하여야 할 필요가 있다. 다만, 현행 소득세법의 구조상 양도가액에 반영될 여지는 없으므로, 필요경비의 어딘가에는 반영되어야 하는 것이 맞다.

그런데 필요경비 중 취득에 든 비용과 양도비 중 어느 것으로 보아야 하는지에 대해서는 의문이 남는다. 대상판결은 본래 취득시에 부담하였던 부분의 일부를 다시 부담하는 것으로 보아 취득에 든 비용으로 인정하였다. 경제적으로 보면, 잔존재화에 대한 매출세액은 대상판결이 설시하는 바와 같이 취득시에 납부하였던, 그러나 매입세액으로 공제받은 세액의 일부로 볼 수 있다. 특히 잔존재화에 대한 매출세액 계산방법 또한 취득시 공제받은 세액을 기준으로 한다는 점을 고려하면 더욱 그러하다.

따라서 이러한 측면에서 '취득에 든 비용'이라고 보는 것도 가능할 것이다. 그러나 한편으로 잔존재화에 대한 간주공급은 건물 '양도시'에 폐업함으로써 자신에게 재화의 공급이 있었던 것으로 의제하는 것이어서, '취득에 든 기타 부대비용'이라고 보기에 조금 무리가 있어 보인다. 오히려 '양도'로 인하여 잔존재화에 대한 부가가가치세액을 부담한다고 본다면 '양도비'에 해당하는 것으로 보는 것이 자연스럽지 않을까 생각한다. 하지만 이렇게 해석하는 경우에는 현행 소득세법 시행령 제163조 제5항의 내용으로는 포섭하기 어렵기 때문에 어찌할 수 없었던 선택인 것으로 보인다.

결국 건물의 '양도'로 인하여 임대업을 폐업하면서 부담하는 부가가치세액을 '취득가액'의 일부로 보는 것이 맞는지에 대한 의문이 남기는 하지만, 이러한 세액으로 인하여 건물 양도로 인한 이익이 줄어드는 것은 명백하므로, 필요경비로서 양도가액에서 차감되어야 하는 것으로 본 대상판결의 입장은 타당하다. 대법원은 현행 양도소득세 규정이 열거주의를 채택하고 있다는 전제에서 벗어나지 않으면서도, '소득이 있는 곳에 세금이 있다'는 세법의 기본원칙에 따라 경제적 실질을 고려하여 조화롭게 판단한 것으로 보인다.

입법론으로는, 폐업시 잔존재화에 대한 부가가치세액은 주택 아닌 건물의 양도시 당연히 예상되는 것이므로, '양도비'의 하나로 규정하는 것이 보다 바람직해 보인다.

25 대법원 2013.2.14. 선고 2011두28950 판결

# 토지 취득 후 사용제한 기간의 연장과 비사업용 토지 판정기준

**판결요지**

구 소득세법(2007.12.31. 법률 제8825호로 개정되기 전의 것) 제104조의 3 제2항, 구 소득세법 시행령(2008.2.22. 대통령령 제20618호로 개정되기 전의 것) 제168조의 14 제1항, 구 소득세법 시행규칙(2008.4.29. 기획재정부령 제15호로 개정되기 전의 것, 이하 '시행규칙'이라 한다) 제83조의 5 제1항 등 관련 규정의 취지와 문언 내용, 그리고 도시계획의 변경 절차 및 효과 등을 종합하여 보면, 시행규칙 제83조의 5 제1항 제12호에서 규정한 '당해 토지를 취득한 후 도시계획의 변경 등 정당한 사유로 인하여 사업에 사용하지 아니하는 토지'에는 토지의 취득 후에 도시계획의 변경 등으로 인하여 새로이 사용의 금지 또는 제한이 생긴 토지뿐만 아니라, '토지의 취득 후에 기존 도시계획의 변경 등으로 인하여 사용이 금지 또는 제한된 기간이 연장된 토지'도 포함되고, 이러한 경우에 비사업용으로 사용한 것으로 보지 아니하는 기간은 '토지의 취득 후에 사용의 금지 또는 제한이 연장된 기간'이라 할 것이다.

## 1. 사실관계

① 원고는 2001.12.10. 인천 서구 소재 대지 496㎡(이하 '이 사건 토지'라 고 한다)를 취득하여 보유하다가 2007.11.22. A 에게 양도하였다.

② 인천광역시장은 1994.12.28. 이 사건 토지를 포함하여 인천광역시 서구청장을 시행자로, 그 사업기간을 1994.12.부터 1997.12.까지로 하는 토지구획정리사업의 시행을 인가 및 공고하였는데, 원고가 이 사건 토지를 취득할 무렵인 2001.12.10.경에는 사업기간이 2003.12.27.까지로 연장된 상태였다.

③ 그 후 위 토지구획정리사업은 다시 수차례 사업기간이 연장되어 원고가 이 사건 토지를 매도할 무렵인 2007.11.22.경에는 2008.12.27.까지로 연장되었으며, 이러한 사업기간의 연장은 관련 법령에 따른 사업계획의 변경인가 및 공고 절차를 거쳐 이루어졌다.

④ 원고는 2007.12.31. 이 사건 토지의 양도에 대하여 일반 누진세율 36%를 적용하여 2007년 귀속 양도소득세 59,780,178원을 신고 및 납부하였다.

⑤ 피고는 이 사건 토지가 구 소득세법(2008.12.26. 법률 제9270호로 개정되기 전의 것, 이하 '소득세법'이라고 한다) 제104조의 3 제 1 항에서 정한 비사업용 토지에 해당한다고 보아 중과세율 60%를 적용하여 2008.12.10. 원고에게 2007년 귀속 양도소득세 91,957,724원을 부과하는 이 사건 처분을 하였다.[1)]

1) 참고로 비사업용 토지에 대한 양도소득 중과제도는 그 적용이 유예되고 있었다. 즉, 2009.5.21. 법률 제9672호로 개정된 구 소득세법 제104조 제 6 항 및 2009.5.21. 법률 제9673호로 개정된 구 법인세법 제55조의 2 제 8 항은 2010.12.31.까지 양도함으로써 발생하는 소득에 대하여 중과세율의 적용을 배제하였으며, 이후 법률 개정으로 그 유예기간이 계속 연장되었는데, 현행 소득세법 제104조 제 6 항은 2013.12.31.까지 양도함으로써 발생하는 소득에 대하여도 중과세율의 적용을 배제하고 있으나, 법인세법에서는 2012.12.31. 유예가 종료되고 더 이상 연장되지 않았다.

## 2. 이 사건의 판결

### (1) 원심판결

원심(서울고등법원 2011.10.27. 선고 2011누20002 판결)은 '엄격해석의 원칙'을 들면서, 소득세법 제104조의 3 제 2 항, 같은 법 시행령 제168조의 14 제 1 항 제 1 호 · 제 4 호, 같은 법 시행규칙 제83조의 5 제 1 항 제12호가 "토지를 취득한 후 법령에 따라 그 사용이 금지 또는 제한됨으로 인하여 또는 도시계획의 변경 등 정당한 사유로 인하여 토지를 사업에 사용하지 않는 경우"에 일정한 기간 동안 비사업용 토지에 해당하지 않는 기간으로 보도록 규정하는 것은 "토지의 취득 당시에는 토지의 사용상 아무런 제한이 없어" 이를 사업에 사용하고자 하였으나 "토지 취득 후 소유자의 책임질 수 없는 사유로 인한 사정 변경"으로 그 토지를 사용할 수 없었던 경우에, 해당 기간 동안 비사업용 토지로 취급하지 않겠다는 것이 위 규정들의 취지라고 봄이 상당하다고 전제한 뒤, 이 사건 토지가 위 조항들에 의하여 비사업용 토지에서 제외되는 토지가 되기 위해서는 원고가 '이 사건 토지를 취득한 이후'에 이 사건 토지에 대한 도시계획의 변경 등 정당한 사유로 사용하지 못한 사정이 있어야 한다고 하였다.

그 이유로 ① 이미 사용에 제한이 있는 토지를 취득하였다면 이를 두고 주거 또는 사업용도로 취득한 것이라고 볼 수 없고, ② 당초 취득할 당시부터 사용이 금지되거나 제한된 토지의 경우 그것을 취득하더라도 사업용으로 사용할 수 없다는 사실을 인식하고 있어 세제상 불이익을 주더라도 가혹하다고 보기 어렵다는 점, ③ 이와 같이 해석하지 않을 경우 제한이 풀리기 전까지 비사업용 토지가 아니라고 보게 되어 입법취지에 반한다는 점을 들고 있다.

이에 따라 원고가 이 사건 토지를 취득할 당시 이미 이 사건 토지에 대하여 토지구획정리사업이 시행되고 있어 원고는 사용이 제한된다는 점을 인식하고 이를 매수한 것이라는 점을 들어, 취득 후에 있었던 기간 연장에 따른 사용 제한을 토지 취득 후 발생한 사정으로 인정하지 아니하였다.

### (2) 대법원 판결(대상판결)

대법원은 소득세법 시행규칙 제83조의 5 제 1 항 제12호의 '당해 토지를 취득한 후 도시계획의 변경 등 정당한 사유로 인하여 사업에 사용하지 아니하는 토지'에는 토지의 취득 후에 도시계획의 변경 등으로 인하여 새로이 사용의 금지 또는 제한이 생긴 토지뿐만 아니라, '토지의 취득 후에 기존 도시계획의 변경 등으로 인하여 사용이 금지 또는 제한된 기간이 연장된 토지'도 포함된다고 하여, 기간이 연장된 경우도 개인이 책임질 수 없는 부득이한 사유에 해당한다고 보았다.

또한 이러한 경우에 비사업용으로 사용한 것으로 보지 아니하는 기간에는 원고가 취득할 당시에 사용이 금지 또는 제한되어 있었던 기간을 제외하여, '토지의 취득 후에 사용의 금지 또는 제한이 연장된 기간'이라 할 것이라고 판단하였다.

## 3. 평　　석

### (1) 비사업용 토지에 대한 입법 배경 및 그 위헌성 여부

소득세법 제104조의 3에 따라 비사업용 토지로 분류되는 토지를 개인이 양도하는 경우, 60%의 고율로 과세될 뿐 아니라(소득세법 제104조 제 1 항 제 8 호), 양도소득금액 계산시 일반적으로 적용되는 장기보유 특별공제도 배제된다(소득세법 제95조 제 2 항). 이는 투기 방지라는 행정 정책적 목적에서 2005년 신설된 규정으로, 제정의 배경은 다음과 같다. 1998년 IMF사태로 급락했던 부동산 가격이 2000년대 초반 회복기를 거쳐 2004년 이후

급상승하면서, 시중의 자금이 전국 부동산에 몰려 투기가 횡행하게 되자, 정부는 이에 대해 여러 차례 종합대책을 마련하였고, 그래도 별 소득이 없자 특단의 대책으로 내놓은 것이 바로 비사업용 토지에 대한 중과제도를 포함한 2005년도의 "8 · 31부동산 대책"이었다.

국세청은 이와 관련하여 2006 개정세법 해설에서 비사업용 토지의 입법취지에 관하여, "토지를 실수요에 따라 생산적 용도로 사용하지 않고 재산증식 수단으로 사용하는 경우 양도세를 중과함으로써 부동산 투기 수요를 억제하여 부동산시장을 안정화하고 투기이익을 철저히 환수"하기 위함이라고 밝히고 있다.

비사업용 토지 중과제도는 특히 종전 토지의 효율적 이용과 투기방지라는 행정 정책적 목적으로 만들어졌다가, 헌법재판소 1994.7.29.자 92헌바49 헌법불합치 결정 이후 폐지된 토지초과이득세법의 "유휴토지"에 관한 규정을 반영하여 입법되었다. 그리고 이는 법인세법과 소득세법이 비업무용 부동산 관련 비용 및 차입금지급이자를 손금 부인하도록 하고, 지방세법 역시 비업무용 토지를 중과대상으로 하거나 조세감면 배제대상으로 삼고 있는 것과 그 궤를 같이한다.

비사업용 토지에 대한 중과제도 역시 위헌 여부가 여러 차례 문제되었으나, 비사업용 토지 양도에 적용되는 양도소득세의 세율은 부동산 투기 억제를 위하여 ① 1세대 3주택 이상에 해당하는 자 등에 대한 60% 세율이나, ② 미등기 양도자산의 경우 적용되는 70% 세율과 비교할 때 높지 않은 점, 그리고 부동산에 대한 양도소득세는 부동산 가치 상승으로 인한 이익인 자본이득이 발생한 경우에 한하여 그 자본이득을 과세표준으로 하여 과세되므로 60% 세율이 고율이라 하더라도 개인의 재산 처분의 자유를 중대하게 제한하는 정도에 이른다고 보기 어려운 반면 양도세 중과를 통하여 추구하는 공익은 토지에 대한 투기적 수요를 억제함으로써 토지의 가격 안정을 꾀하며 나아가 국민경제의 건전한 발전 및 국토의 균형 있는 이용·개발과 보전을 실현하기 위한 것으로 그 공익목적의 중대성이 인정되고, 그러한 공익이 중과로 인해 침해되는 사익보다 더 크다고 하여, 과잉금지의 원칙에 위배되어 재산권을 침해한다거나 실질적 조세법률주의에 위배된다고 할 수 없어 합헌이라고 판시하고 있다(헌법재판소 2012.7.26. 선고 2011헌바357 전원재판부 결정 등).

### (2) 비사업용 토지의 예외 인정

이처럼 비사업용 토지 중과세제도는 국가재정 확보라는 조세의 고유목적보다 "투기방지"라는 행정 정책적 목적으로 제정된 것이므로, 그 자체로 위헌성이 인정되지는 않았지만, 만약 납세자가 통제할 수 없었던 사정으로 인하여 취득한 것이라거나, 비사업용 토지에 해당되게 된 것인 경우라면, 이에 대해서는 예외를 두어 중과세되지 않도록 하여 일반 토지와 같이 과세되도록 하는 것이 위헌 소지를 줄일 수 있어 타당하다. 소득세법령이 일정한 예외를 인정하고 있는 것도 이러한 취지에서다.

구체적으로 살피면, 소득세법 제104조의 3 제 2 항은 토지 취득 후 법률에 따른 사용 금지나 그 밖에 대통령령으로 정하는 부득이한 사유가 있는 경우 대통령령이 정하는 바에 따라 비사업용 토지에 해당하지 않는 것으로 보고 있다. 이에 따라 같은 법 시행령 제168조의 14 제 1 항은 각 호에 해당하는 토지를 일정기간 동안 비사업용 토지에 해당하지 않는 것으로 보도록 하고, 제 3 항은 각 호에 해당하는 토지를 곧바로 비사업용 토지에 해당하지 않는 것으로 보도록 예외를 두고 있다. 그중에서도 위 시행령 규정 제 1 항 제 1 호와 제 4 호는 각각 '토지를 취득한 후 법령에 따라 사용이 금지 또는 제한된 토지는 사용이 금지 또는 제한된 기간', '그 밖에 공익, 기업의 구조조정 또는 불가피한 사유로 인한 법령상 제한, 토지의 현황·취득사유 또는 이용 상황 등을 감안하여 기획재정부령으로 정하는 부득이한 사유에 해당되는 토지는 기획재정부령으로 정하는 기간' 동안 비사업용 토지에 해당하지 않는 것으로 보도록 규정하고 있다.

(3) 대상판결의 의미

대상판결은 취득 당시 도시계획에 따른 토지구획정리사업 기간 동안 토지 사용이 제한된 토지를 취득하였으나, 그 후 수차례 사업기간이 연장되는 등으로 "취득 당시 사용이 제한되어 있었으나 도시계획의 변경 등으로 인하여 사용이 금지 또는 제한된 기간이 연장된 토지" 역시 취득 후에 발생한 개인이 책임질 수 없는 부득이한 사유에 해당한다고 보았다.

결론부터 말하면 대상판결의 입장은 타당하다. 취득 당시 사용이 제한되어 있었다고 하더라도 그 제한이 일시적인 것이었다면 그 당시의 제한 범위 내에서만 사용의 제한이 있었던 것이고, 이를 초과하는 범위에서는 제한이 없었던 것으로 인정하여야 한다. 따라서 취득 후 사업기간이 연장됨에 따라 추가로 사용이 제한되게 된 기간에 대해서는, 취득 후 도시계획의 변경 등 정당한 사유로 사용하지 못한 것으로 인정하여야 할 것이다. 이와 달리 원심같이 해석한다면 오히려 합리적인 이유 없이 "토지의 취득 당시에는 토지의 사용상 아무런 제한이 없어야 한다"는 중과세 배제 요건을 추가하는 것으로서 부당하다. 나아가 법문의 규정만으로는 대상판결과 같이 해석할 수 없다 하더라도, 적어도 취득자는 취득 당시의 제한 내용만을 인식하고 취득한 것일 뿐, 취득자가 사업기간의 연장 여부 및 연장 기간까지 구체적으로 예상할 수 있다고 보기는 어려우므로, 규정의 합목적적 해석에 따라 "취득 후 발생한 사용 제한 사유"에 이미 존재하였던 사용 제한의 "기간 연장"도 포함하는 것으로 해석할 수 있다.

## 3. 결　　론

대상판결은 원심과 달리 조세에 관한 법률의 해석방법 중 조세법률주의에 따른 엄격해석의 원칙(대법원 2009.8.20. 선고 2008두11372 판결 등 참조) 또는 합목적적 해석(대법원 2008.2.15. 선고 2007두4438 판결 등 참조) 중 어느 것을 보다 우선적으로 고려한 것인지 명시적으로 밝히지는 않고 있다. 그러나 일반적으로 볼 때 조세법률주의에 따라 법문대로 해석하는 것을 기본 원칙으로 삼되, 예외적으로는 입법취지 및 목적 등을 고려한 합목적적 해석도 허용되는 것으로 보는 것이 전체를 아우르는 시각이라 할 것이다. 엄격해석의 원칙에 지나치게 얽매이게 되면 규정 문구 하나하나에 얽매여 전체 숲은 보지 못하는 우를 범할 수 있다. 특히 다른 일반 조세부과규정과 달리 행정 정책적 목적으로 마련되어 (위헌까지는 아니더라도) 위헌적 소지마저 가지고 있는 비사업용 토지에 대한 중과제도를 해석함에 있어서는 일률적으로 엄격해석의 원칙의 잣대를 들이대기 보다는, 그 규정의 취지에 맞도록 합목적적 해석이 넓게 허용되어야 한다고 본다. 이러한 점에서 대상판결이 내리는 결론은 타당하다.

그리고 대상판결 외에도 비사업용 토지에 관한 판결 중 대법원 2012.11.15. 선고 2010두21020 판결 역시, '건축물의 멸실 · 철거 등의 사유가 발생한 날부터 2년 동안은 비사업용 토지로 보지 않는다'는 규정이 도중에 '상속'이 이루어진 경우에도 적용된다는 명문 규정은 없으나, 세법의 입법취지 등을 종합적으로 고려할 때 이러한 토지를 상속받은 상속인이 양도한 경우에도 마땅히 적용되어야 한다는 취지로 판시한 바 있다.

최근 대법원이 비사업용 토지 범위에 대한 문제점 및 고율의 중과세로 인한 납세자의 과중한 부담을 인식해서인지, 반드시 조세법률주의에 따른 엄격해석의 원칙을 고수하기보다는, 구체적 사안에 대하여 규정의 취지 및 입법목적을 고려하여 보다 합목적적으로 해석하는 방향으로 전환이 이루어지고 있지 않나 생각한다. 이는 올바른 방향 설정이며 앞으로도 이러한 경향은 지속되어야 한다고 본다.

**26** 대법원 2013.2.15. 선고 2012두942 판결

# 고액의 분양대행 수수료와 양도소득 필요경비의 판단기준

**판결요지**

원고가 이 사건 토지를 양도함에 있어 소외 회사에게 분양대행 수수료를 실제 지출한 것으로 인정할 수 없다고 본 원심의 판단은 수긍하기 어렵다. 즉, 원심이 인정한 사실이나 적법하게 채택된 증거들에 의하면 …… 원고와 소외 회사 사이에 토지 분양대행 용역계약이 체결된 사실이나 원고가 그 계약에 따른 분양대행 수수료를 지출한 사실을 부정하기는 어렵다고 할 것이다. 따라서 원고가 소외 회사와 특수관계에 있음을 들어 부당행위계산 부인에 의하여 시가를 초과하는 부분을 부인할 수 있는지 여부는 별론으로 하고, 판시와 같은 사정만으로 원고가 소외 회사에 분양대행 수수료를 지출한 사실 자체를 부정한 원심판결에는 논리와 경험의 법칙에 반하여 자유심증주의의 한계를 벗어난 위법이 있다고 하지 아니할 수 없다.

## 1. 사실관계

① 원고는 2008.10.17.경 이 사건 토지를 취득하여, 2008.10.20.경 소외 A회사와 이 사건 토지의 분양대행 용역계약을 체결하였다. 위 계약에 따라 A회사는 이 사건 토지의 분양(양도)을 대행하고, 토지분양대금 중 평당 28만원을 초과하는 금액을 분양대행 수수료로 약정하였다.

② A 회사는 2008.12.경부터 다음 해 3월경까지 이 사건 토지를 양수인 8명에게 분양하였고, 매매대금은 평당 약 100만원이었다. 양수인들은 토지의 매매대금을 A회사의 계좌로 지급하였고, A회사는 분양대행 용역계약에 따라 평당 28만원으로 계산한 금액만을 원고에게 지급하였다.

③ 원고는 2009.5.31.경 피고(세무서장)에게 이 사건 토지의 양도와 관련하여 전체 양도가액에서 취득가액 및 A회사에 지급한 분양대행 수수료를 필요경비로 공제하여 양도소득세를 신고하였다. 그런데 원고가 필요경비로 공제한 분양대행 수수료는 전체 양도가액의 약 70%, 양도차익의 약 97.2%에 달했다.

④ 한편 A회사는 2008.4.3.경 부동산 매매 및 분양대행업을 목적으로 설립된 회사로서 2008.8.1. 원고가 대표자가 되었고, 2009.9.경 폐업하였다.

⑤ 피고는 원고가 필요경비로 신고한 위 분양대행 수수료는 원고와 특수관계에 있는 A회사가 발행한 세금계산서상의 금액에 불과하고, 그 금액도 지나치게 과다하여 실제와 다르다는 이유로, 원고가 분양대행 수수료로 신고한 금액을 필요경비로 인정하지 아니하고, 양도소득세를 경정・고지하였다.

## 2. 이 사건의 판단

### (1) 원심의 판단

우선 원심은 원고와 A회사가 특수관계에 있고, 원고가 주장하는 분양대행 수수료가 총양도가액의 70%에 달하여 통상의 거래 관념에 비추어 수긍이 어려우며, 수수료 산정의 기초자료가 대부분 원고와 A회사의 지배영역 안에 있으므로 이 사건 필요경비의 입증책임은 원고에게 있다고 판단하였다.

원심은 ⅰ) 원고와 A회사가 토지분양대행 용역계약을 실제로 체결하였는지 의문이 드는 점, ii) 분양대행 수수료가 양도차익의 97.2%에 달하여 통상의 거래에서 있기 어려운 점, iii) 원고가 위 수수료를 필요경비로 인정받지 못하게 되면, 이 사건 토지가 비사업용 부동산에 해당되어 60% 중과세율을 적용한 양도소득세를 부담하게 되어 절세 내지 탈세로 이어질 개연성이 높은 점, iv) 원고가 주장에 부합하는 용역계약서, 세금계산서, 통장 내역 등을 제출하고 있지만 위 서류들은 원고와 특수관계에 있는 A회사의 지배영역 안에 있는 것이어서 얼마든지 필요에 따라 작출할 수 있는 점 등을 이유로 "원고가 A회사에게 분양대행 수수료를 실제로 지출하였다고 인정할 수 없고, 이를 필요경비로 공제할 수 없다"고 판단하였다.

### (2) 대상판결의 판단

대법원은 이 사건 필요경비에 관한 증명책임이 납세의무자인 원고에게 있다는 원심의 판단은 타당하다고 보았다. 그러나 i) 원고와 A회사 사이에 이 사건 토지에 관한 분양대행 용역계약서가 작성되어 있는 점, ii) A회사가 계약서 내용대로 이 사건 토지의 매수인들로부터 A회사 계좌로 매매대금을 받아 계약서상 기재된 가액으로 계산한 금액만을 원고에게 지급한 점, iii) A회사가 다른 토지의 매도인과도 비슷한 형식과 조건으로 분양대행 용역계약을 체결했던 점을 고려하면, 토지분양대행 용역계약 체결사실과 분양대행 수수료를 지출한 사실을 부정하기 어렵다고 보았다.

대법원은 양도차익 중 상당부분을 분양대행 수수료서 A회사에 귀속시킨 것에 대하여 경험칙이나 합리적·경제적 관점에서 이해하기 어렵다는 이유를 토지분양대행 용역계약 체결 사실을 부정하는 논거로 삼는 것은 적절하지 않으므로, "원고가 A회사와 특수관계에 있음을 들어 부당행위계산부인에 의하여 시가를 초과하는 부분을 부인할 수 있는지 여부는 별론으로 하고, 원고가 A회사에 분양대행 수수료를 지출한 사실 자체를 부정한 원심판결에는 자유심증주의의 한계를 벗어난 위법이 있다"고 판시하였다.

## 3. 평　석

### (1) 양도소득의 필요경비 공제

소득세법 제97조는 양도차익을 계산할 때 양도가액에서 필요경비를 공제할 수 있도록 하면서, 필요경비의 하나로 '대통령령으로 정하는 양도비'를 규정하고 있다. 소득세법 시행령 제163조 제4항은 위임에 따라 필요경비로 공제할 수 있는 양도비를 규정하고 있는데, 이 사건 토지분양대행 수수료는 일종의 "소개비"에 해당한다(원고도 중개수수료로 신고하였다).

대법원은 "양도소득세에서 필요경비의 공제는 납세의무자에게 유리한 것일 뿐만 아니라, 그 기초가 되는 사실관계도 납세의무자의 지배영역 안에 있는 것이어서 과세관청으로서 입증이 곤란한 경우 입증의 필요는 납세의무자에게 돌아간다(대법원 1992.7.28. 선고 91누10909 판결 등)"고 판시하여 과세처분의 적법성에 대한 과세관청의 입증책임을 완화하고 있다. 따라서 필요경비의 발생 근거와 지출사실에 대해서는 납세의무자가 입증을 부담하는 경우가 많고, 일반적으로 용인되는 경우보다 많은 필요경비 공제를 주장한다면 더욱 그러하다.

### (2) 원심의 오류와 법적 실질을 중시한 대법원의 판단

이 사건 필요경비인 분양대행 수수료가 일반적인 상식에 비추어 매우 높다는 사실은 부인할 수 없다. 그러나 실제로 분양대행계약이 체결되었고, 분양대행 수수료가 A회사에 지급되었다는 증거자료가 제출되었음에도, 원심이 제출된 증거를 배척하고 "분양대행 수수료를 실제 지출한 것으로 인정할 수 없다"고 본 것은 무리가 있다. 추측하건대 원심은 "소개비가 통상의 부동산 취득에 따른 중개수수료에 비하여 많다고 하더라도 필요경비의 공제는 실질과세의 원칙상 실지 지급된 금액에 따라야 한다(대법원

1991.4.26.선고 91누1059 판결 등)"는 대법원 판례와의 충돌을 피하기 위해 사실인정의 문제로 쟁점을 전환하였다고 생각된다.

대법원은 이 사건 분양대행 수수료가 합리적·경제적 관점에서 과다하더라도, 실제로 수수료가 지급되었다면 필요경비로 인정해야 한다고 보아 기존의 판례와 유사한 태도를 유지하였다. 이는 납세의무자에게 양도소득세를 줄이기 위한 목적이 있다고 하더라도, 법적 실질을 중시하여 사법상 거래의 형식을 부인할 수 없다는 것으로서, "납세의무자가 선택한 법률관계가 과중한 세금의 부담을 회피하기 위한 행위라고 하더라도 가장행위에 해당한다고 볼 특별한 사정이 없는 이상 유효하다고 보아야 하며, 이를 조세회피행위라고 하여 효력을 부인할 수 있으려면 조세법률주의 원칙상 법률에 개별적이고 구체적인 부인규정이 마련되어 있어야 한다(대법원 2011.4.28. 선고 2010두3961 판결)"는 대법원 판결과 궤를 같이한다.

### (3) 이 사건 판결의 의미

최근 대법원 판결은 실질과세원칙의 적용을 확대하여 과세권을 중시하는 경우가 많았다. 특히 대법원은 조세의 부담을 회피할 목적으로 과세요건사실에 관하여 실질과 괴리되는 형식과 외관을 취하는 경우 실질과세원칙이 적극적으로 적용될 수 있음을 강조하였다. 그러나 실질과세라는 이름하에 납세의무자가 선택한 거래 형식과 법적 실질을 마음대로 재구성할 수 있다면 조세법률주의라는 대원칙과 납세의무자의 법적 안정성이 몰각될 위험이 있다. 이 사건 판결은 양도소득의 필요경비 공제에 있어서 이를 부인하는 별도의 규정이 없는 이상 실제로 분양대행 수수료가 지출되었음을 납세의무자가 입증한다면 비용으로 공제하지 않을 수 없다는 취지에서 조세법률주의를 엄격히 견지한 것에 의미가 있다.

다만, 대법원이 덧붙인 "부당행위계산 부인에 의하여 시가를 초과하는 부분을 부인할 수 있는지 여부"에 대해서는 판단이 필요하다. 소득세법 제

101조와 같은 법 시행령 제167조가 '양도소득의 부당행위 계산'에 대하여 규정하고 있으나, 지금까지 문제된 사안은 대체로 양도가액 자체가 시가와 다른 경우였다. 따라서 이 사건과 같이 분양대행 수수료가 과다하다는 이유로 필요경비 공제에 있어서 부당행위계산 부인규정을 적용할 수 있을지, 적용한다면 어떻게 '시가(정당한 수수료)'를 판단할 수 있을지 지켜볼 필요가 있다.

# 제3편

# 법인세법

**27** 대법원 2010.5.13. 선고 2007두14978 판결

# 부당행위계산 해당 여부의 판단기준

**판결요지**

법인의 대표이사가 자기 소유의 토지에 대하여 법인 비용을 들여 보전임지전용허가와 농지전용허가를 받은 후 법인과 그 토지에 관한 매매계약을 체결하고, 법인비용을 들여 조성한 대지의 현황을 기준으로 매매대금을 산정한 행위는 상법상 이사의 충실의무에 위배된 행위이고, 그 매매계약은 시가를 초과하여 법인의 노력과 비용으로 이루어진 지가 상승분까지 대표이사 개인에게 귀속시킨 것으로서 경제적 합리성이 결여된 비정상적인 행위이므로, 법인세법상의 부당행위계산 부인대상에 해당한다.

## 1. 사실관계

원고는 연구소의 건립을 위하여 1994.11. 원고 회사의 대표이사가 소유하고 있는 토지(이하 '이 사건 토지'. 지목상 대지와 전 · 답 · 임야 등이 혼재되어 있음)에 관하여 사용 승낙을 받은 뒤 원고의 비용으로 연구소 건립 등에 필요한 보전임지전용허가와 농지전용허가를 받고 1995.8. 이 사건 토지를 매수하는 계약을 체결하였다. 다만, 매매대금은 원고가 부지조성공사를 마친 후 감정평가를 거쳐 결정되는 금액으로 할 것을 약정하였다. 그리하여 원고는 약 6억 6,000만원을 투입하여 부지조성공사를 완료한 뒤, 이 사건 토지의 현황이 모두 대지로 변경되었음을 전제로 한 감정평가법인의 감정평가에 따라 그 가액을 약 87억원으로 정하였고(1㎡당 50만원), 같은 해

6.5.경 대금 청산과 소유권이전등기 경료를 모두 마쳤다.

그런데 피고는 이 사건 토지의 적정시가를 그 공부상의 지목에 따라 대지 · 전 · 답 · 임야로 각 구별하여 평가한 뒤 그 합계액을 산정하고(약 20억원), 원고가 그 대표이사로부터 이 사건 토지를 87억원에 매입한 것은 특수관계자로부터 자산을 고가로 매입한 것이라는 이유로 그 차액을 익금에 산입한 뒤, 그 차액에서 원고가 자산으로 계상한 토목공사비 등을 차감한 금액을 위 대표이사에게 상여처분하였다(한편 이 사건 토지의 매매계약 체결 당시 주변의 대지는 평당 130만원에서 180만원 정도에 거래되고 있었고, 전 · 답은 3~40만원 정도에 불과하였다. 이 사건 토지는 전 · 답으로서의 활용이 중단된 채 나대지로 방치되고 있었고, 주변의 개발 붐으로 인하여 지가가 급등하고 있었다).

## 2. 쟁　　점

이 사건에서는 우선, 이 사건 토지에 대한 원고와 그 대표이사 사이의 매매계약이 정상적인 경제인의 합리적인 거래형식이 아닌 비정상적인 거래로서 부당행위계산 부인의 대상이 되는지 여부가 문제되었고, 부당행위계산 부인의 대상이 된다고 한다면 그 적정한 시가는 언제를 기준으로 산정하여야 하는지가 문제되었다.

원심은 대표이사가 자신을 위하여 원고의 비용으로 부지조성공사를 하도록 한 후 매매계약을 체결하고 변경된 현황을 기준으로 매매대금을 산정한 것은 상법상 이사 및 지배주주로서의 충실의무에 위배된 행위로서, 정상적인 경제인의 합리적인 거래형식이 아닌 비정상적인 거래라고 판단하였고, 대법원도 이 판단을 그대로 수용하였다. 다만, 원심은 부당행위계산한 뒤 익금산입 및 소득처분할 금액을 산정하는 기준시기도 부당행위계산 여부의 판단시기와 동일하게 보아야 한다고 하였는데, 대법원은 부당행위계산 부인 여부의 판단시기와 별개로 익금산입 및 소득처분할 금액의 산정시기는 취득시기가 되어야 한다고 보아, 원심을 파기·환송하였다.

## 3. 평　　석

조세회피행위란 세법이 과세요건으로 삼고 있는 민사법상의 어떠한 행위를 하지 않고 다른 어떠한 우회적인 행위를 통하여 동일한 결과를 얻는 경우를 말한다. 이러한 법률행위는 사법상으로는 적법·유효하기 때문에 그대로의 법률효과가 부여되나, 반면 그만큼의 세수는 줄어들 수밖에 없다. 즉, 경제적 효과는 동일하지만 세법이 예정한 것과 다른 형식을 취한 까닭에, 세법이 그 경제적 효과와 관련하여 당초에 기대하였던 세금만 발행하지 않는 것이다.

때문에 당사자가 실제로 의도하였던 목적을 염두에 두고 이를 경제적으로 관찰하여 법이 예정한 행위로 재구성한 뒤, 그 사법상의 법률효과는 그대로 둔 채 세금만 매길 수 있는지가 문제된다. 예컨대, 미국에서는 명문의 규정은 없지만 조세회피행위는 당연히 부인할 수 있다고 생각하고 있고, 한편 어디까지 사법상의 형식을 존중하고 다시 어디서부터 경제적 실질에 따라 과세할 것인가의 경계는 분명하지 않지만 "사업상의 목적 없이 절세를 유일한 목표로 삼는 행위는 무시한다"는 것과 "다단계행위는 이를 묶어서 평가한다"는 두 가지 기준은 갖추고 있다.

우리 세법을 살펴보자. 우선 국세기본법은 "세법 중 과세표준의 계산에 관한 규정은 소득·수익·재산·행위 또는 거래의 명칭이나 형식에 불구하고 그 실질내용에 따라 적용한다"고 규정하고 있는데(제14조 제 2 항), 이 조항만으로 가장행위 또는 법적실질의 발견이라는 이름으로 거래를 재구성할 수 있다고 보기는 어렵다. 판례는 법에 구체적인 근거 규정이 없으면 실질과세의 원칙을 들어 거래를 재구성할 수 없다고 한다(대법원 1996.5.10. 선고 95누5301 판결 등). 이에 법인세법은 특정한 조세회피행위를 구체적으로 명시하여 부인의 대상으로 삼고 있는데, 부당행위계산의 부인이라는 규정이 바로 이것이다(법인세법 제52조).

이 부당행위계산의 부인은 행정청과 법원에 어느 만큼의 재량을 줄 수 있는가라는 물음의 다른 한 단면이기 때문에, 납세의무자로서도 과세관청으로서도 곧잘 그 대립이 치열할 수밖에 없다. 법은 "건전한 사회통념 및 상관행과 특수관계자가 아닌 자간의 정상적인 거래에서 적용되거나 적용될 것으로 판단되는 가격"을 기준으로 삼고 있지만(법인세법 제52조 제2항), 이 역시 추상적인 원칙일 뿐이다. 적어도 법적 안정성(거래의 존중)과 구체적 타당성 내지 공평(실질과세 내지 부당행위계산 부인)이라는 두 가치를 모두 희생시키는 재량은 허용되지 않음이 분명하다.

그런데 부당행위계산의 부인에 대한 취지와 그 문제점이 위와 같다고 할 때, 과연 이 사건 토지의 매매계약이 특수관계자 사이의 "비정상적"인 거래라고 할 수 있는지 다소 의문이 있다. 근본적으로 이 사건에서는 세법이 기대한 경제적 효과에 상응하는 조세부담이 부당하게 감소되었다고 볼 근거가 부족해 보인다.

통상적으로 대지와 전·답은 거래 가격에 있어 크게 차이가 날 수밖에 없고, 이 사건 토지 역시 4배에서 6배 가까운 차이가 나고 있었다. 그런데 "정상적이고 합리적인 경제인"이라면, 반드시 공부상의 지목 여하에 따라 토지를 거래하지는 않는다는 것도 또한 통상적이다. 이 사건 토지의 주변 현황에 비추어 본다면, 최소한 미리 전용허가를 받아 부지조성공사를 완료한 다음에 그 잠재된 개발가치를 고려하여 매매대금을 정하는 것이 오히려 합리적인 경제인의 선택이다. 때문에 공부상의 지목만을 기준으로 이 사건 토지의 시가를 판단한 것을 납득하기가 어렵다. 만일 공부상의 지목대로 매매대금을 정하였다면, 오히려 과세관청이 저가 매입을 문제 삼지 않았을까?

한편 상법상 이사의 충실의무를 위배했다는 것이 경제적 합리성을 부인하는 기준이 되었다는 점도 쉽게 납득하기 어렵다. 즉, 통상적인 경우라면 매도인이 부담하였을 부지조성 등 비용을 원고 대표이사가 그 지위를 이용하여 원고로 하여금 이를 부담하도록 하였다는 것인데, 이것만으로는 이 사건 거래 전체를 비정상적인 거래로 보기는 어렵다(거래계에서는 심지어 양도인이 부담하여야 할 조세조차 당사사 사이의 약정으로 양수인이 부담하는 경우도 많다). 중요한 것은 그 매매대금 자체의 적정성이라고 할 것인데, 부지조성공사 등 이후의 지가 상승분 또는 그 이후 장래의 개발가치는 매도인과 매수인이 합리적인 범위 내에서 서로 나누어 가질 뿐이고, 가사 매도인이 부담하여야 할 거래비용을 매수인이 부담하도록 한 것이 특수관계에 의한 부당한 행위라면 이 한도 내에서만 그 계산을 부인하면 그만이기 때문이다. 이를 이유로 매매계약에 따르는 전체의 이익 구조를 재구성하는 것은 세법이 취하고자 하였던 가상적인 경제적 효과를 부당하게 확대시킬 우려가 있음을 지적하지 않을 수 없다.

결과적으로 특수관계자 사이의 거래라는 이유만으로 특수관계자에게 오히려 손해를 강요하는 것과 같고, "경제적" 합리성이 아닌 "행위"의 적법성이라는 새로운 기준을 창설하는 것과 다름이 없다.

28 대법원 2010.5.27. 선고 2010두1484 판결

# 주식매수선택권 행사이익의 부당행위계산 부인대상 여부

판결요지

구 조세특례제한법(2000.12.29. 법률 제6297호로 개정되기 전의 것) 제15조의 규정 내용 및 그 입법취지에 비추어 볼 때, 구 조세특례제한법 제15조는 창업법인 등의 설립·경영과 기술혁신에 기여하는 종업원들에 대하여 주식매입선택권을 부여하는 것을 장려하고 이를 조세정책적으로 뒷받침하기 위하여 종업원이 주식매입선택권 행사로 얻은 이익에 대하여 비과세 특례를 부여하면서, 그 비과세 특례에 해당하는 부분에 대하여는 이를 실효성 있게 보장하기 위하여 법인세법상의 부당행위계산 부인규정을 적용하지 아니한다는 뜻을 소극적으로 명시한 것에 불과하므로, 위 조항 후단을 위 특례 한도액을 넘는 금액에 대해서는 법인세법 제52조의 부당행위계산 부인의 요건에 해당하는지 여부를 묻지 않고 부당행위계산 부인을 하여야 한다는 취지라고 해석할 수는 없다.

따라서 구 조세특례제한법 제15조에 의하여 주권상장법인의 종업원이 2003.12.31.까지 부여받은 주식매입선택권을 행사한 경우에 1인당 연간 행사가액 5,000만원 한도까지는 일률적으로 법인세법 제52조의 적용을 배제하여 법인세를 감면하되, 위 특례에 정한 요건에 해당하지 않는 경우, 즉 1인당 연간 행사가액 5,000만원을 초과하는 경우 등에는 원칙으로 돌아가 그것이 법인세법 제52조의 적용대상이 되는지 여부를 따져 보아야 한다.

…… 법인이 임직원 등에게 주식매수선택권을 부여한 경우에 주식매수

**선택권의 부여가 저가양도로서 부당행위계산 부인의 대상이 되는지 여부는 주식매수선택권의 행사시기가 아니라 그 부여시기를 기준으로 판단하여야 할 것이어서, 만약 주식매수선택권의 부여 당시에 정한 선택권의 행사가격이 부여 당시의 주식의 시가보다 높은 경우에는, 그것이 미공개 내부 정보로 인하여 단기간 내에 주가가 상승할 것이 예상되는 경우임에도 이를 반영하지 아니한 채 행사가격을 약정하였다는 등의 특별한 사정이 없는 한, 이를 부당행위계산 부인의 대상이 되는 저가양도에 해당한다고 보기는 어렵다.**

## 1. 사실관계 및 쟁점

원고 회사는 정관에서 주식매수선택권을 부여함에 있어 필요한 사항인 교부 주식의 종류와 수, 부여방법, 행사가격, 행사기간 등을 모두 정하여 이를 등기하였다. 원고 회사는 2000.3.17.경 원고 회사의 임원인 A 및 B에게 기명식 보통주 30,000주에 대한 주식매수선택권을 부여함에 있어 주주총회의 특별결의를 거친 다음, 행사가격 주당 6,300원, 행사시기는 2003.3.17.부터 2010.3.17.까지로 하는 내용의 이 사건 주식매수선택권 부여 계약을 체결하였다. 위 계약에 따라 A는 2005.9.7. 10,000주, B는 2005.11.4 20,000주에 관하여 각 주당 6,300원에 주식매수선택권을 행사하였고, 이에 원고 회사는 2005.5.경 자기주식 30,000주를 교부하였다.

원고 회사는 A, B가 주식매수선택권을 각 행사한 날 주식의 시가와 행사가의 차액에 행사주식수를 곱하여 산정한 499,000,000원을 자기주식처분손실로 회계처리하고, 2005사업연도분 법인세 신고를 함에 있어 1인당 행사가액 구 조세특례제한법 제15조 및 같은 법 시행령 제13조(이하 '이 사건 규정'이라 한다)에 따라 각 5,000만원을 초과하는 부분이 부당행위계산 부인되는 것으로 보아 손금불산입 처리한 후 착오로 손금불산입 처리될 것이 아니라는 이유로 이 사건 경정청구를 하자 피고가 이에 대해 거부처분을 한 사안이다.

결국 이 사건의 쟁점은, ① 이 사건 규정에서 정한 한도(행사가액 1인당 연간 5,000만원)를 초과한 주식매수선택권의 부여 및 그 이행행위가 모두 부당행위계산 부인의 대상으로 보아야 할 것인지 여부, ② 그렇지 않다면 원고회사의 이 사건 주식매수선택권 부여 및 그 이행행위가 부당행위계산 부인의 요건을 충족하는지 여부인바, 이 사건 주식매수선택권 부여 계약의 경제적 합리성 유무의 문제 및 부당성 판단의 기준시점의 문제로 귀결된다.

## 2. 평　　석

우리 법상의 주식매수선택권제도는 외국에서 널리 활용되고 있는 이른바 스톡옵션(stock-option)을 본받은 제도로서, 회사의 임원 또는 종업원에게 장래 일정한 시기에 이르러 예정된 가격(행사가액)에 회사가 보유하고 있는 자기주식을 취득하거나 신주를 인수할 수 있는 권리(option right)를 부여하는 제도이다. 주식매수선택권에 대한 과세문제는 크게 이를 부여받은 임직원에 대한 과세문제(각 시점별 과세문제, 납세의무의 성립시기, 행사이익의 소득 구분 등)와 이를 부여한 법인에 대한 과세문제(각 시점별 과세문제, 부당행위계산 부인의 문제, 모회사 주식에 대한 행사비용 보전액의 손금산입 여부 등)로 논의가 구별된다.

이 사건 조세특례제한법(이하 '조특법') 규정은 그중 후자의 문제로서, 창업법인 등의 설립·경영과 기술혁신에 기여하는 종업원들에 대한 주식매수선택권 부여를 장려하고, 조세정책적으로 뒷받침하기 위하여 일정한 요건을 갖춘 경우 종업원 1인당 연간 주식매입가액 5,000만원의 한도에서는 부당행위계산 부인에 관한 법인세법 제52조 규정을 적용하지 않도록 규정하고 있다. 그런데 이 사건 규정을 그 특례한도액인 5,000만원을 초과하는 이득액에 대하여는 원칙으로 돌아가 부당행위계산 부인의 요건을 검토해야 하는지, 혹은 이 사건 규정의 반대해석상 부당행위계산 부인규정 자체의 요건을 완화하는 것으로 해석하여야 할지가 해석상 문제된 것이다.

조세특례제한법은 소득세법과 법인세법이 정하는 과세요건의 예외로 각종 비과세·감면요건 등 조세특례를 정한 특별법이라고 할 것인데, 어떠한 행위 또는 계산이 특별법이 정한 과세특례 요건(법인세법 제52조 규정의 배제 요건)에 해당하지 아니한다고 하여 곧바로 법인세법 제52조 소정의 부당행위계산 부인의 대상에 해당하는 것으로 간주할 수 없음은 너무도 당연한 법리이다. 즉, 아래 그림에서 보는 바와 같이 특정한 행위계산이 이 사건 규정이 적용되는 C영역에 해당하지 않는다고 하여 바로 부당행위 계산 영역인 B영역에 해당한다고 단정할 수는 없는데, 애초부터 부당행위 계산이 아닌 A영역에 속할 수도 있기 때문이다.

※ 부당행위계산 부인규정과 구법 제15조의 적용 범위 ※

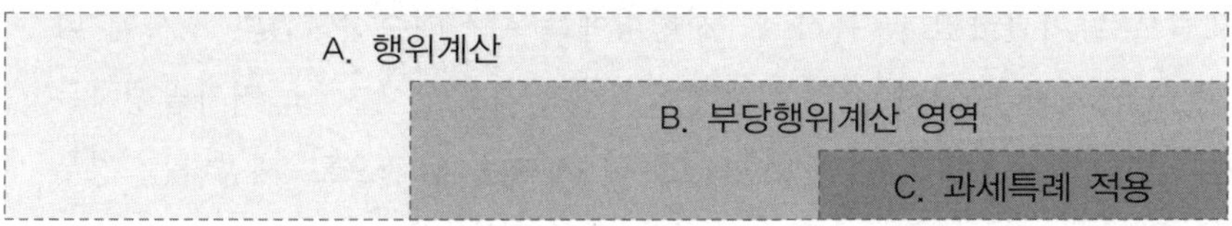


한편 판례는 부당행위계산 부인의 부당성 판단기준으로 '경제인의 입장에서 볼 때 부자연스럽고 불합리한 행위계산을 함으로 인하여 경제적 합리성을 무시하였다고 인정되는 경우에 한하여 적용되는 것'(대법원 2007.12.13. 선고 2005두14257 판결 등 참조)으로 보아 일관되게 '경제적 합리성'을 제시하고, 나아가 정상적인 거래인지 여부는 거래 당시를 기준으로 판단하여야 한다는 입장을 취하고 있다(대법원 1989.6.13. 선고 88누5273 판결 ; 대법원 2001.6.15. 선고 99두1731 판결 등). 주식매수선택권제도의 취지가 임직원에 대한 동기부여와 이를 통한 회사의 장기적인 수익의 극대화에 있으므로, 특별한 사정이 없는 한 원고회사가 임직원에게 주식매수선택권을 부여

한 행위 자체 및 그 계약의 이행행위가 경제적 합리성을 결여한 부당행위에 해당한다고 볼 여지가 없다.

또한 앞서 본 바와 같이 행위계산의 부당성 여부를 판단하는 기준시점이 이 사건 주식매수선택권을 부여한 2000년 3월경인 이상, 그 후 주식 가격의 상승으로 행사 시점인 2005사업연도에 주식매수선택권을 행사한 A와 B가 많은 행사차익을 얻게 되었다든가, 또 반대로 원고회사가 다소의 자기주식처분손실을 입게 되었다고 하더라도, 이는 경영 성과에 대한 보상이라는 주식매수선택권제도 자체의 취지에 따른 것이므로, 이와 달리 행사차익 또는 자기주식처분손실의 규모만으로 주식매수선택권 부여 계약의 이행행위가 경제적 합리성을 결여하였다고 볼 수는 없다는 점에서 이 사건 판결의 결론을 수긍할 수 있다.

한편 이 사건 조특법 규정은 그 내용이 '법인세법상 부당행위계산 부인의 적용 배제'뿐인 점을 감안하여 2009.2.4. 법인세법 시행령 개정시 법인세법으로 이관하였다. 특히 위 시행령에는 주식매수선택권의 행사에 따라 주식을 저가 양도하는 경우(시행령 제88조 제1항 제3호), 저가발행하는 경우(시행령 제88조 제1항 제8호의 2) 및 차액을 금전으로 제공하는 경우(시행령 제88조 제1항 제6호 가목)로 구분하여 부당행위계산 부인의 적용 배제대상을 규정하였다. 위 개정규정은 2009.1.1. 이후 최초로 부여받는 주식매수선택권부터 적용하되, 2008.12.31. 이전에 부여받은 주식매수선택권에 대하여는 이 사건 규정이 여전히 적용되므로 그 범위에서 이 사건 판결의 결론이 그대로 유효하다고 할 수 있다.

## 29 대법원 2010.10.28. 선고 2008두15541 판결

# 특수관계자에 대한 채권회수 지연과 업무무관가지급금 해당 여부

판결요지

법인이 특수관계자로부터 지급받아야 할 채권의 회수를 정당한 사유 없이 지연시키는 것은 실질적으로 그 채권 상당액이 의무이행기한 내에 전부 회수되었다가 다시 가지급된 것과 같은 효과를 가져온다는 점에서 그 미회수 채권 상당액은 '업무와 관련 없이 지급한 가지급금 등'에 해당하여 그에 상당하는 차입금의 지급이자가 손금에 산입되지 않는다. 또한 그와 같은 채권의 회수 지연이 건전한 사회통념이나 상관행에 비추어 경제적 합리성이 결여되어 조세의 부담을 부당하게 감소시킨 것으로 인정되는 경우에는 …… 부당행위계산 부인에 의하여 그에 대한 인정이자가 익금에 산입된다.

…… 원고가 해외 매출의 대부분을 의존하고 있는 해외 자회사들은 1999 내지 2001사업연도 당시 대부분 자본잠식 상태로서 변제자력이 충분하지 않았던 점, 원고는 당시 해외 자회사들뿐만 아니라 재무구조가 악화된 국내 자회사나 특수관계가 없는 거래처에 대해서도 동일하게 지급기한을 연장하여 주었던 것으로 보이는 점 등에 비추어 보면, 원심으로서는 당초 거래시부터 해외 자회사들의 변제자력이 불충분하였는지 아니면 거래 도중에 변제자력이 불충분해진 것인지 여부, 원고에게 해외 자회사들과 D/A 조건으로 계속 거래를 해야 할 특별한 사정이 있었는지 여부, 해외 자회사들에 대한 매출채권 중 회수 지연된 채권의 비율은 어느 정도였는지 등을 심리하여 과연 원고가 해외 자회사들에 대한 D/A 연장

**이자 및 연체수수료의 회수를 지연한 것이 정당한 사유가 있거나 경제적 합리성에 따른 것인지 여부를 판단하였어야 했다.**

## 1. 사실관계 및 쟁점

원고는 의료기 제조 및 판매 등을 영위하는 회사로, 원고는 1999사업연도 이후 해외 판매 자회사에 의료기기 등을 D/A 조건[1]으로 수출하면서, 해외 판매 자회사가 D/A 만기일에 물품대금을 결제하지 못하는 경우에는 국내 수출상거래은행에게 D/A 대금을 상환하거나 만기 연장을 하고, 물품대금인 D/A 대금은 해외미수금으로, D/A 만기 연장에 따른 연장이자 및 연체수수료는 미수금기타 계정으로 각 회계처리하였다.

이에 피고는, 원고가 해외 판매 자회사에 의료기기 등을 D/A 거래조건으로 수출하고 해외 판매 자회사가 결제하지 못한 D/A 대금 및 D/A 만기 연장이자·연체수수료 등을 지급하고 장기간 이를 회수하지 아니하였는바, 이는 그 실질이 해외 자회사에 대한 자금대여로서 업무무관가지급금 및 부당행위계산 부인대상에 해당되므로, 관련 지급이자로 1999사업연도 금 1,097,383,461원, 2000사업연도 금 2,104,344,098원, 2001사업연도 금 4,956,823,720원을 각 손금불산입하고, 인정이자로 1999사업연도 금 1,284,574,126원, 2000사업연도 금 1,929,679,167원, 2001사업연도 금 3,161,472,495원을 각 익금산입하였다.

한편 전심인 조세심판원은 국내 수출상거래은행에 D/A 대금을 상환하

1) 어음 인수서류 인도조건, 수출업자가 선적완료 후 수출서류를 근거로 수출대금 상당의 화환어음을 발행 한 후 선적서류를 첨부한 화환어음을 국내은행에 할인하고, 국내 수출상거래은행은 수입상거래은행을 통하여 수입업자에게 화환어음을 제시하여 수입업자가 위 화환어음을 인수하는 조건으로 선적서류를 인도하고, 수입상은 화환어음의 만기에 그 대금을 결제하는 방식.

고 이를 장기간 해외 자회사에게 회수를 하지 아니한 것은 해외 자회사의 경영사정에 따라 매출채권의 만기를 연장한 행위로서 경제적 합리성이 있다고 보아 원고의 청구를 인용하였다. 다만, 원고가 미수금 기타 계정에 계상한 D/A 연장에 따른 연장이자 내지 연체수수료에 대해서는 해외 자회사가 D/A 환어음을 제때에 결제하지 못함으로 인하여 발생한 것으로 해외 자회사가 부담할 비용으로 원고의 업무와 무관하고, 원고가 이를 대납하고 이를 장기간 회수하지 않는 것은 실질적으로 자금대여와 같다는 이유로 업무무관가지급금 및 부당행위계산에 해당한다고 판단하여 원고의 이 부분 청구를 기각하였다.

이에, 이 사건 소송에서는 해외 자회사의 D/A 연장에 따라 원고가 그 연장이자 내지 연체수수료를 미수금으로 처리한 것이 업무 관련성이 있는지 여부 및 그 경제적 합리성 유무가 쟁점이 되었다.

## 2. 평　　석

법인의 자금 조달방법으로, 자기자본에 의한 조달방법보다 외부차입금(타인자본 조달)에 의할 경우, 주식의 액면증자(자기자본 조달)에 비해 수속절차가 간이하고 자본비용이 낮으며, 세제상으로도 차입금에 대한 지급이자가 손익 계산상 손금으로 인정되고, 예금과 같이 물가상승에 의한 차입 원금이 감소하는 경제적 효과가 있는 등 법인의 입장에서는 타인자본에 의한 자금의 조달방법을 자기자본에 의한 자금의 조달방법보다 선호하게 되어 조세중립성의 관점에서 문제가 발생한다.

이에 따라, 법인세법은 업무무관 가지급금 등에 관한 지급이자 손금불산입규정을 두고 있는바, 그 입법목적은 차입금을 보유하고 있는 법인이 특수관계자에게 업무와 관련 없이 가지급금 등을 지급한 경우에는 이에 상당하는 차입금의 지급이자를 손금불산입하도록 하는 조세상의 불이익을 주어, 차입금을 생산적인 부분에 사용하지 아니하고 계열사 등 특수관계자에게 대여하는 비정상적인 행위를 제한함으로써 타인자본에 의존한 무리한 기업 확장으로 기업의 재무구조가 악화되는 것을 방지하고, 기업자금의 생산적 운용을 통한 기하는 데 있다(대법원 2007.9.20. 선고 2006두1647 판결 및 헌법재판소 2007.1.17. 선고 2005헌바75 결정). 한편 가지급금의 업무 관련성 여부는 당해 법인의 목적사업이나 영업내용을 기준으로 객관적으로 판단한다(대법원 2003.3.11. 선고 2002두4068 판결). 법인의 업무와 직접적인 관련이 없거나 주된 수익사업으로 볼 수 없는 자금 대여를 말하므로 자금을 대여하고 이자를 받는지 여부와 관계가 없다.[2] 따라서 특수관계자인 대표이사에게 이자를 받고 자금을 대여한 경우에도 세무계산상 가지급금으로 취급하며, 인정이자를 계산하지 않는다.

업무무관가지급금에 대한 지급이자 부인규정은 업무무관 가지급금을 지급하는 것뿐만 아니라, 이미 지급한 업무무관 가지급금을 회수하지 아니하고 있는 것도 규제하려는 것으로 보아야 할 것이므로, 법인이 차입금으로 업무무관 가지급금을 지급한 경우나(적극성), 자기자본으로 업무무관가지급금을 지급하였으나 이를 계속 회수하지 아니함으로(소극성) 인하여 다른 비용을 차입금으로 대신 충당한 경우나 당해 법인에 미치는 효과가 동일하다고 볼 수밖에 없다.[3]

이러한 관점에서, 종래 대법원은 지급받아야 할 매매대금의 회수를 정당한 사유 없이 지연시키는 것은 실질적으로 매매대금이 계약상의 의무이행기한 내에 전부 회수된 후 다시 가지급으로 지출된 것과 같은 효과를 가져온다는 점에서, 그 매매대금을 회수하여야 할 시점에 업무와 무관하게 그 미회수 매매대금 상당액을 가지급금으로 지출된 것으로 보아야 한다(대

2) 대법원 1992.11.10. 선고 91누8302 판결.

3) 대법원 2000.1.18. 선고 98두13102 판결.

법원 2006.10.26. 선고 2005두1558판결)고 판시한 바 있으며, 지급받아야 할 공사대금의 회수를 정당한 사유 없이 지연시키는 것(대법원 2006.5.12. 선고 2003두7651 판결), 인쇄비 선급금 명목으로 선급금 5억원을 지급한 후 인쇄비로 대체하지 않은 채 장기간 회수하지 않은 경우(대법원 2008.7.10. 선고 2006두1098 판결) 등은 손금불산입되는 업무무관가지급금에 해당한다고 밝힌 바 있다.

한편 대법원 1990.5.11. 선고 89누8095판결은 원고 법인이 특수관계에 있는 자에 대한 외상매출금 회수를 지연시킨 것이 구 법인세법 시행령 제46조 제 2 항 제 9 호 소정의 이익분여에 일응 해당된다고 하더라도, 원고의 대량 기래처일 뿐너러 생산제품의 유일한 수요자로서 그 경영상태 및 변제능력을 감안할 수밖에 없는 경우라면, 그 경영실적이 악화되었을 때에는 외상매출금 회수를 적게 하고 경영상태가 호전됨에 따라 그 회수를 강화하는 것은 거래처의 효율적인 관리를 통한 매출 물량의 확대를 기하고자 하는 경제적 합리성에 따른 것으로 보아야 할 것이므로, 원고의 요구를 수용할 수밖에 없는 다른 군소 거래처들에 대한 외상매출금의 회수사정과 단순히 산술적으로만 비교하여 원고의 외상매출금의 회수가 경제적 합리성을 무시한 부당행위계산에 해당한다고 할 수 없다고 판시하여 구체적 타당성을 고려한 바 있다.[4)]

이 사건 판결은, 조세심판원이 위 일련의 판례를 반영하여, 국내 수출상 거래은행에 D/A 대금을 상환하고 이를 장기간 해외 자회사에게 회수를 하지 아니한 것은 해외 자회사의 경영사정에 따라 매출채권의 만기를 연장한 행위에는 경제적 합리성이 있다고 본 데에서 한 발짝 더 나아가, 원고가 미수금 기타 계정에 계상한 D/A 연장에 따른 연장이자 내지 연체수수료에 대

---

4) 대법원 1996.7.26. 선고 95누8751 판결 ; 대법원 2000.11.14. 선고 2000두5494 판결 ; 대법원 2001.11.27. 선고 99두10131 판결 ; 대법원 2004.9.23. 선고 2002두1588 판결 등.

해서도 추가로 그 경제적 합리성 여부를 판단하여야 하며, 위 외상매출금 회수 지연의 정당한 사유 판단기준으로 ① 변제자력이 불충분하게 된 시점(거래 개시시점 vs 거래 도중), ② 해외 자회사들과 D/A 조건으로 계속 거래를 해야 할 특별한 사정이 있었는지 여부, ③ 매출채권 중 회수 지연된 비율 등을 처음으로 구체적으로 제시하였다는 점에서 큰 의미가 있다.

**30** 대법원 2010.12.23. 선고 2009두11270 판결

# 특수관계자에 대한 유상증자 및 채무상환과 부당행위

**판결요지**

원고에 대한 이 사건 신주의 액면초과발행액의 익금산입 여부는 소외회사에 대하여 부당행위계산 부인이 인정되는지 여부가 아니라 법인세법의 규정에 따라 별도로 정해지는 것인바, 구 법인세법(2005.12.31. 법률 제7838호로 개정되기 전의 것) 제17조 제 1 호가 주식의 액면초과발행액을 익금에 산입하지 아니한다고 규정하고 있으므로 원고에 대하여 이 사건 신주의 액면초과발행액을 익금산입할 수 없다.

## 1. 사실관계 및 쟁점

원고는 2003.12.4. 액면가 5,000원의 신주 5,400주(이하 '이 사건 신주'라 한다)를 주당 500,000원에 발행하였고 원고의 기 발행주식 35,000주 전부와 원고에 대한 27억원의 대여금 채권을 보유하고 있던 소외회사가 같은 날 이 사건 신주를 전부 인수하여 주금 27억원을 납입하였다.

원고는 위 증자대금 27억원 중 주당 액면가액 5,000원에 상당하는 2,700만원은 자본금으로 처리하고 나머지 26억 7,300만원은 주식발행초과금으로 회계처리한 후, 2003.12.5. 소외 회사에 대한 27억원의 차용금 채무를 변제하였고, 소외 회사는 2003.12.31. A에게 원고의 발행주식 전부인

40,400주(35,000주 + 5,400주)를 주당 25원 합계 101만원에 양도한 후 투자주식처분손실로 회계처리하였다.

이에 피고는 원고와 소외 회사가 행한 일련의 행위를 원고가 소외 회사에 대한 27억원의 차용금 채무를 출자전환한 것으로 보고 원고에 대해 이 사건 신주의 액면초과발행액 26억 7,300만원을 2003사업연도의 익금으로 산입[1)]한 다음 2007.7.11. 원고에게 2004사업연도의 법인세 4,331,150원을 경정·부과하였고 2007.7.12. 원고의 2005사업연도 법인세 594,380,784원 환급경정청구를 거부하자 원고가 이 사건 각 처분의 취소를 구하는 이 사건 소송을 제기한 사안이다(이하 위 각 처분을 '이 사건 각 처분'이라 한다).

결국, 이 사건에서는 원고와 소외회사 간의 이 사건 유상증자 및 채무상환을 경제적 합리성이 없는 일련의 행위로 보아 부당행위계산 부인대상에 해당되는 것으로 볼 수 있는지 혹은 순차로 발생한 별개의 행위로서 채무의 출자전환에 해당하여 주식발행초과금을 채무면제이익으로 볼 수 있는지 여부가 문제된다.

## 2. 평 석

법인세법상 부당행위계산의 부인은 법인의 특수관계자와의 거래에 있어 정상적인 경제인의 합리적인 방법에 의하지 아니하고 조세부담을 부당하게 회피하거나 경감시켰다고 하는 경우에 과세권자의 입장에서 이를 부인하고 객관적이고 타당하다고 보이는 소득이 있은 것으로 의제하는 제도로서 당사자 사이에 유효·적법하게 성립된 행위계산 자체의 사법상 효력을 부인하는 것은 아니므로, 그 부인의 효과는 당해 법인의 과세소득금액

1) 피고는 이 사건 1심에서 그 처분사유를 소외 회사가 이 사건 신주를 시가보다 고가로 인수한 행위가 부당행위계산 부인대상에 해당하므로 이로 인하여 원고가 분여받은 이익인 이 사건 신주의 액면초과발행액을 익금산입해야 한다는 것으로 변경하였다.

계산에 국한되어 행위계산이 부인될 뿐 다른 법률관계에는 영향을 미치지 아니하고 거래 상대방인 특수관계자의 과세소득금액 계산에도 그 부인의 효과가 미치는 것은 아니며(대응조정의 불인정, 대법원 1998.9.18. 선고 97누8960 판결 참조), 법인과 특수관계자 사이의 거래가 법인세법상 부당행위계산 부인 사유에 해당한다는 사실의 입증책임은 과세관청에 있다(대법원 1995. 12.26. 선고 95누3589 판결 등 참조).

종래 본 사안과 같이 계열회사에 대한 부실채권을 대손처리할 목적으로 특수관계자인 계열회사가 유상증자 및 채무상환의 일련의 거래를 통하여 채권을 포기하는 경우 그 세무상 처리가 실무상 문제되어 왔다. 이와 같은 사례에서 과세관청은 유상증자(신주의 고가매입) 및 채무상환의 일련의 행위를 통해 계열회사 간 이익을 분여한 것으로 파악하여 부당행위계산 부인에 관한 법인세법 제52조를 적용하여 채무의 출자전환에 해당하는 것으로 보고, 주식발행초과금 상당의 채무면제이익을 받은 채무자인 원고에 대하여도 위 액수를 익금에 산입하여 왔다. 그러나 대응조정을 불인정하는 현행 부당행위계산 부인규정에 비추어, 소외회사가 신주의 고가매입을 통해 특수관계자인 원고에게 위와 같이 이익을 분여한 행위가 부당행위로서 그 계산을 부인한다는 이유만으로 당연히 원고의 소득금액 계산에 있어서도 위 부인의 효과가 미친다거나 원고의 행위가 부당행위에 해당한다고 볼 수 없으며, 원고의 행위가 법인세법상 부당행위계산 부인 사유에 해당하는지 여부는 별도로 검토되어야 한다.

이 사건에서 원고가 액면을 초과하여 발행한 주식을 소외회사가 모두 인수하였다고 하더라도 이로 인해 소외회사에 어떤 이익을 준 것이라고 볼 여지가 없고 납입받은 주금으로 소외회사에 차용금을 상환한 행위 또한 원고의 채무를 소멸시킨 것에 불과하다. 따라서 위 두 행위를 일련의 거래로 관찰할 때 이들이 피고가 주장하는 경제적 합리성이 없는 비정상적인 행위라는 사정들이 인정된다 하더라도 원고가 소외회사와의 위 거래로 인해 소외회사에 위 제 1 호 내지 제 9 호에서 정한 거래방법으로 이익분여를 함으로써 그 조세 부담을 부당히 감소시켰다고 볼 수는 없으므로, 원고에 대하여는 부당행위계산 부인규정을 적용할 수 없다.

결국, 위 판시이유와 같이 원고에 대한 이 사건 신주의 액면초과발행액의 익금산입 여부는 소외 회사에 대하여 부당행위계산 부인이 인정되는지 여부가 아니라 구 법인세법(2003.12.30. 법률 제7005호로 개정되기 전의 것) 제17조 제 1 호의 적용 여부가 문제된다. 실제 이 사건에서 피고는 당초 처분사유와 같이 위 일련의 유상증자 및 채무상환은 사실상 채무의 출자전환에 해당된다고 파악하여 원고의 액면초과 주식발행으로 인한 액면초과가액 26억 7,300만원을 채무면제이익으로 보아 익금에 산입하였다. 그러나 설령 원고와 소외회사 사이의 거래가 채무의 출자전환에 해당한다고 하더라도 원고가 주식을 발행한 2003.12.4. 당시 시행중이던 구 법인세법 제17조 제 1 호는 주식발행액면초과액은 내국법인의 각 사업연도의 소득금액계산에 있어서 이를 익금에 산입하지 아니한다고 규정하고 있어,[2] 이 사건 신주의 액면초과발행액은 익금산입되는 채무면제이익으로 볼 여지가 없으므로, 피고의 이 사건 처분은 구 법인세법 제17조 제 1 호에 위배되어 부적법하다고 볼 수밖에 없다.

본 판례는 실무상 계열회사에 대한 부실채권을 대손처리할 목적으로 특수관계자인 계열회사가 유상증자 및 채무상환의 일련의 거래를 통하여 채권을 포기하는 경우 이를 부당행위계산 부인대상에 해당된다고 본 종래

2) 한편 법인세법 개정(2005.12.31. 법률 제7838호로 개정된 것)으로 2006.1.1.부터 법 제17조 제 1 항 제 1 호 단서에서 채무의 출자전환으로 주식 등을 발행하는 경우에는 당해 주식 등의 시가를 초과하여 발행하는 금액을 제외한다고 규정하여 종래 재경부 예규(재법인 46012－147)를 통해 2004.1.1. 이후 개시하는 사업연도부터 채무의 출자전환으로 인한 채무면제이익이 익금산입 대상으로 해석한 것을 법에서 명시하고 있다.

의 과세실무를 부인하고, 위 일련의 거래를 통해 신주발행법인인 계열회사의 관점에서 채무의 출자전환으로 채무면제이익에 해당하여 익금산입 대상이 될 수 있음은 별론, 대응조정이 인정되지 않는 현행 부당행위계산 부인 제도하에서 신주의 고가매입에 따른 부당행위계산 대상에 해당될 수 없다는 점을 명확히 한 점에서 의미가 있다. 결국 위 이 사건 판결의 판시내용에 비추어, 채무자인 원고로서는 유상증자와 채무상환은 독립된 별개의 행위로서 채무의 출자전환이 이루어진 것으로 볼 수 없다는 점을 다투거나, 보다 근본적으로는 유상증자시 시가 발행을 통해 과세위험을 피할 수 있다.

**31** 대법원 2011.1.13. 선고 2008두9140 판결

# 상장주식의 시가 산정방법과 최대주주 할증평가 규정의 적용 여부

**판결요지**

협회등록법인 주식의 양도가 부당행위계산 부인의 대상인지 여부를 판단함에 있어 그 양도하는 주식의 시가는, 특별한 사정이 없는 한 구 상속세및증여세법[1] 제60조 제1항 후문에 의하여 법 제63조 제1항 제1호 나목의 보충적 평가방법에 따라 산정된 양도일 전·후 각 2개월 사이에 공표된 매일의 증권업협회 기준가격의 평균액이라고 봄이 상당하고, 이때 양도하는 주식이 최대주주 등이 보유하는 협회등록법인의 주식인 경우 그 시가는 위 평균액에 법 제63조 제3항에 의한 할증률을 가산한 금액이 된다고 할 것이다.

…… 이와 달리 원심은, 법 제61조 내지 제65조에 규정된 보충적 평가방법에 의하여 재산의 가액을 평가하는 것은 평가기준일 현재의 시가를 산정하기 어려운 경우에 한정되고, 또한 같은 법 제63조 제3항의 최대주주 할증규정은 같은 조 제1항 제1호 등에 따라 보충적 평가방법에 의하여 주식의 가액을 평가하는 경우에 한하여 적용된다는 전제 아래 이 사건 양도가격이 양도 당시의 이 사건 주식의 1주당 시가에 해당한다고 판단하였으니, 이러한 원심의 판단에는 양도소득의 부당행위계산에 있어 협회등록법인 주식의 시가에 관한 법리를 오해함으로써 판결에 영향을 미친 위법이 있고, 이 점을 지적하는 상고이유는 이유 있다.

---

1) 2002.12.18. 법률 제6780호로 개정되기 전의 것.

# 1. 사실관계 및 쟁점

A주식회사는 협회등록(즉, 코스닥 등록) 상장회사(이하 '이 사건 회사')인데, 그 총발행주식 중 원고가 18.2%(2,008,940주, 이하 '이 사건 주식')를, 원고의 특수관계인인 B주식회사가 15.8%를 각 소유하고 있어 위 지분을 합하면 최대주주 할증평가의 적용대상이 되는 이 사건 회사의 '최대주주 등'에 해당하였다.

한편 원고는 2001.7.31. 특수관계자인 B주식회사에게 이 사건 주식을 상외거래를 통하여 거래일 직전일의 협회중개시장의 종가인 9,900원(이하 '이 사건 양도가격')에 양도하고, 이 사건 양도가격을 이 사건 주식의 1주당 양도가액으로 하여 양도소득 과세표준 예정신고를 하고 그 세액을 납부하였다.

이에 대하여, 피고는 이 사건 주식의 1주당 시가를 상속세 및 증여세법(이하 '상증세법') 제60조 제 1 항 후문, 제63조 제 1 항 제 1 호 나목, 제63조 제 3 항에 따라 산정한 양도일 이전 · 이후 각 2월간에 공표된 매일의 증권업협회 기준가격의 평균액 9,949원에 할증률 20%의 최대주주 할증가액을 가산한 11,938원이라고 보고, 원고가 위 시가보다 낮은 가격에 이 사건 주식을 양도한 것은 조세의 부담을 부당하게 감소시킨 것이라고 보아 양도소득의 부당행위계산 부인규정을 적용하여 차액에 대한 양도소득세 부과처분(이하 '이 사건 처분')을 하자 원고가 이를 다툰 사안이다.

결국 이 사건에서는 협회등록법인을 포함한 상장법인의 시가 산정과 관련, 상증세법 제60조 제 1 항 후문에 의한 보충적 평가방법에 따라 양도일 이전 · 이후 각 2월간에 공표된 매일의 증권업협회 기준가격의 평균액을 이 사건 양도가액에 우선하여 적용할 수 있는지 여부가 문제되며, 이에 따라 같은 법 제63조 제 3 항에 의한 최대주주 할증평가 규정의 적용 여부가 달라지게 된다.

## 2. 평 석

상장주식의 시가 산정방법과 관련하여, 종래 ① 상증세법 제60조 제2항 본문(또는 법인세법 제52조 및 같은 법 시행령 제89조 제1항)에 의거하여 "거래일 (또는 그 전일) 거래시장 종가"라는 견해와, ② 상증세법 제60조 제1항 후문에 따라 상증세법 제63조 제1항 제1호 가목을 적용하여 "양도일 전·후 2개월 간 거래종가의 평균액"으로 보아야 한다는 해석론이 대립되며 실무상 논란을 빚어 왔다.

과거 대법원은 비상장주식의 시기평가가 문제된 사안에서, 매매실례가격을 객관적 교환가치가 적정하게 반영된 시가로 인정하는 이상 이것이 (상증세법 제60조 제1항 전문에서 말하는) "시가"에 해당하며, 달리 후문을 적용하여 별도로 보충적 평가방법에 의존할 것도 없다고 판시하면서, 최대주주 할증 또한 보충적 평가방법을 전제로 하고 있는 것이므로 보충적 평가방법에 따르지 않는 이상 이를 적용할 수 없다고 판시한 바 있다(대법원 2006.12.7. 선고 2005두7228 판결). 이에 따라, 하급심판결에서는 이 사건 주식과 같이 상장주식의 시가산정이 문제된 사안에서도 위 비상장주식의 판례를 인용하여 이 사건 양도가액과 같은 매매사례가액을 시가로 인정하여 왔다(서울행정법원 2009.7.14. 선고 2007구단9573 판결 ; 서울고등법원 2008.5.15. 선고 2007누33148 판결 등).

이 사건 판결은 상증세법 제60조 제1항 후문("이 경우 제63조 제1항 제1호 가목 및 나목에 규정된 평가방법으로 평가한 가액은 이를 시가로 본다")을 문언에 따라 해석하여, 적어도 "협회등록법인 주식의 양도가 부당행위계산부인의 대상인지 여부"를 판단함에 있어서는 위 규정이 상장주식의 시가 산정에 관한 특칙(의제규정)으로서 상장주식 등의 시가를 평가할 때 우선으로 적용될 수 있다는 입장을 밝힌 것으로 보인다.

상장주식의 시가 산정에 관한 이 사건 판결의 결론은 적어도 위 상증세법 규정의 문언만 놓고 보면 일응 타당성을 가진다. 그러나 문제는 법인세법 및 상증세법상 일반적인 시가 개념과의 관계 설정이다. 우선, 이 사건 판결의 결론을 일반화하여 상승세법 목적상 상장주식의 시가의제가액인 "평가기준일 전후 2월간의 종가평균액"을 매매실례가액인 "평가기준일 현재의 종가"보다 우선하여 적용하여야 한다면, 법인세법 시행령 제89조 제 1 항에 의하여 인정되는 상장주식의 시가인 "거래일의 한국거래소 최종시세가액"과 양립하기 어렵다는 문제점이 지적된다.

또한 세목에 따라 시가의 기준을 달리하는 경우, 실무적으로는 매우 풀기 어려운 문제가 발생한다. 예컨대, 특수관계 있는 개인과 법인 사이에 상장주식이 양도되는 경우, 위 대법원 판례에 따르면, 개인은 소득세법 시행령 제167조 제 5 항에 따라 상증세법의 시가(= 양도일 전 · 후 2개월 종가평균)에 따라야 하는 반면, 법인의 경우 법인세법 시행령 제89조 제 1 항에 따라 거래일의 종가를 시가로 할 수 있다. 이와 같이 본다면, 어느 가액을 시가로 포착하든 부당행위계산 부인을 문제 삼을 수 있다는 결론이 나온다.[2] 나아가 한 개인이 주식을 특수관계 있는 법인과 개인에게 각각 같은 날짜에 매도하였다면 그 시가를 어떻게 산정할 것인지도 의문이다.

다음으로, 상증세법 제60조 제 1 항 후문의 규정을 우선시하는 것은 상증세법 제60조 제 2 항에서 규정하는 시가의 일반적인 개념(불특정 다수인 사이에 자유롭게 거래가 이루어지는 경우에 통상적으로 성립된다고 인정되는 가

---

2) 다만, 2003년 12월 30일 개정된 구 소득세법 시행령(대통령령 제18173호)부터는 제167조 제 6 항이 신설되어, 개인과 법인 간에 재산을 양수 또는 양도하는 경우로서 그 대가가 법인세법 시행령 제89조의 규정에 의한 가액에 해당되어 당해 법인의 거래에 대하여 법인세법 제52조(부당행위계산의 부인) 규정이 적용되지 아니하는 경우에는 개인에게도 부당행위계산의 부인이 적용되지 않는다.

액)에 반하는 것으로, 이 사건 판결을 상증세법상 상장법인의 시가평가가 문제되는 모든 경우에 일반화할 수 있는지는 여전히 의문으로 남는다. 이처럼 대법원이 상증세법상 상장법인의 시가 산정을 상증세법 제60조 제1항 후문을 우선시하여, 상증세법 제60조 제2항에 의한 시가(거래소의 최종 시세가액)를 어느 경우에나 배척하는 것으로 해석한 것인지는 아직 단정할 수는 없다.

한편 최대주주 할증평가 규정은 1993.1.1. 이후 처음으로 지배주주가 보유한 비상장주식에 대해서만 적용되었다. 1997.1.1. 이후부터는 상장주식도 할증평가 대상에 포함시키게 되었고 2000.1.1. 이후에는 할증률을 최대주주 등의 주식지분율에 따라 차등 적용하도록 하였다. 종래에는 비상장주식을 시가(상증세법 제60조 제2항)로 평가하는 경우 할증평가의 대상에서 배제하였으나(대법원 2006.12.7. 선고 2005두7228 판결 ; 국심 2008.6.2 선고 2007서747 결정) 2009.1.1. 이후로는 상증세법 제63조 제3항에 상증세법 제60조 제2항을 적용하는 경우도 포함하여 이와 같은 경우에도 할증평가가 적용되도록 하였다.

그러나 상장주식에 대하여 평가기준일의 거래시장 종가를 시가로 보는 경우에는 상증세법 제63조 제3항이 적용될 여지가 없었는데, 대상판결은 이러한 경우에도 상증세법 제60조 제1항 후단을 매개하여 할증평가 규정이 적용되도록 한 것이다. 이로써 최대주주 등이 (특수관계자와) 거래(양수·양도)하는 주식은 상장 여부를 불문하고 일단 최대주주 할증규정의 적용을 받게 되는 것으로 풀이된다.[3] 그러나 이러한 해석은 최대주주 할증평가규정이 경영권 프리미엄을 반영하는 것으로 해석하는 헌법재판소 결정(헌법재판소 2003.1.30. 선고 2002헌바65 결정)의 취지에 비추어, 최대주주군

---

3) 다만, 법인의 경우에는 법인세법 시행령 제89조 제1항에 따라 거래일 (전일) 종가를 시가로 보므로 최대주주 할증규정이 적용될 여지가 없다.

에 속하는 특수관계인 간 거래에 불과한 이 사건 양도거래를 일률적으로 경영권 이전이 있었던 것으로 보아 할증평가의 대상이 되는 것으로 보는 것은 타당하지 않다고 본다.

결론적으로, 향후 이와 같은 상증세법과 법인세법에 따른 상장주식의 시기 신정빙빕의 차이를 해소하기 위한 입법적인 개선이 요구된다고 본다. 또한 최대주주 할증평가 규정은 이와 같은 경영권 프리미엄의 세무상 반영은 입법론적으로 최대주주 여부를 요건으로 삼기보다는 당해 주식 거래에 경영권 이전의 요소가 있는지를 요건으로 하는 것이 옳다고 본다.[4)]

---

4) 참고로 일본의 경우 최대주주 여부에 따른 할증규정이 마련되어 있지 않으며, 미국의 경우에는 시가평가에 있어 이와 같은 일률적인 할증평가가 아니라, control premium 및 minority discount를 모두 반영하고 있다.

**32** 서울행정법원 2011.1.27. 선고 2010구합31287 판결

# 주식의 포괄적 교환을 통한 우회상장시 비상장법인의 주식평가

**판결요지**

원고가 기존 주식을 ○○미디어에 이전하고 교환주식을 교부받은 것은 '거래의 관행상 정당한 사유 없이 시가보다 현저히 높은 가액으로 재산을 양도한 경우'에 해당하지 않는다. …… ○○미디어와 A기획은 증권거래법령이 규정한 주식 가액의 산정방법에 따라 포괄적 교환 대상인 각 주식의 가격을 평가하였고, 이에 대하여 외부 평가기관인 C회계법인의 적정의견을 받아 교환비율을 산정하였다. …… 주식교환의 적정비율 산정, 이사회 및 주주총회의 승인 및 이에 반대하는 주주들에게 주식매수청구권의 부여 등 증권거래법령에 따른 공정하고 투명한 절차를 모두 거쳤음에도 주식의 포괄적 교환에 따라 완전모회사의 주식을 배정받은 원고가 완전모회사로부터 증여를 받은 것은 선뜻 수긍하기 어렵다. …… 구 증권거래법의 절차에 따라 외부 평가기관이 산정한 주식의 평가액은 당해 증권거래에 관한 한 다른 어떤 법률에서 정하고 있는 평가방법보다 교환 당시의 시가에 근접한다고 봄이 상당하다. …… 시가가 분명하지 아니한 사안에서는 가격 등 거래조건이 특수관계에 있지 아니한 당사자 간의 자유로운 협상에 의하여 결정된 것임이 입증되는 한 그것이 '거래의 관행상 정당한 사유가 없는 고가 내지 저가의 양도행위'라고 쉽게 단정하여서는 아니 될 것이다.

…… 주식의 포괄적 교환은 그 요건을 충족하는 경우 주주의 개인 의사와 관계없이 주식이 강제적으로 이전된다. …… 기업의 수익가치를 판단

**함에 있어서는 앞서 본 증권거래법령 및 관련 감독규정은 향후 2년의 추정이익을, 상속세 및 증여세법(이하 '상증세법')은 최근 3년의 이익을 각각의 기준으로 삼도록 서로 달리 정하고 있는데, 과거에 초점을 맞춘 상증법상의 판단방식이 현금흐름 할인방식(Discounted Cash Flow Method)처럼 미래에 초점을 맞춘 방식에 비하여 주당 수익가치를 더 적정하게 반영하는 우월한 것이라고 단정할 수도 없다.**

## 1. 사실관계 및 쟁점

원고는 비상장법인인 A기획 주식회사의 지분 비율 6.7%를 보유한 소수주주이며, 연예기획사인 A기획과 코스닥상장법인인 B사는 2006.4.19. B사가 완전모회사, A기획이 완전자회사가 되는 내용의 주식의 포괄적 교환계약을 체결하였다.

한편 주식의 교환비율을 정함에 있어 C회계법인은 A기획 및 B사에 대한 주식평가를 실시하여 A기획 주식은 1주당 16,822원, B사 주식은 1주당 5,958원으로 평가함에 따라, 주식교환비율은 1 : 2.8234896으로 결정되었다.

이 사건 주식교환계약은 상법 소정의 주주총회 특별결의 등 소정의 절차를 마친 후 주식교환일인 2006.7.14. 그대로 이행되었고, 그 결과 원고는 A기획 주식 160,000주(이하 '쟁점주식')를 ○○미디어에게 이전한 대가로 ○○미디어가 발행한 신주(新株) 451,758주(이하 '교환주식')를 취득하는 주식의 포괄적 교환이 이루어졌으며, 2006.9.30.자로 B사가 A기획을 흡수합병하였다.

피고는 원고 소유의 쟁점주식에 대한 △△회계법인의 평가액 1주당 16,822원은 객관적인 교환가치가 반영된 시가로 볼 수 없다고 판단하고, 이를 상증세법상 보충적 평가방법에 의하여 1주당 1,004원으로 평가하였다. 이에 따라, 피고는 원고가 주당 1,004원인 쟁점주식을 주당 8,390원인 교환주식과 1 : 2.8234896의 교환비율로 교환한 것은 상증법 제35조 제2항의 규정에 의하여 특수관계 없는 자에게 정당한 사유 없이 현저히 높은 가액으로 양도한 경우(고가양도)로서 증여세 과세대상에 해당한다고 판단하고 증여세를 부과하는 내용의 이 사건 처분을 하자 원고가 이를 다툰 사안이다.

결국, 이 사건에서는 이 사건 주식의 교환비율을 정함에 있어, 외부 평가기관인 C회계법인이 구 증권거래법 시행령 및 관련 감독규정에 따라 산정한 쟁점주식과 교환주식의 평가액이 과연 객관적인 교환가치를 반영한 시가로 볼 수 있는지, 이에 따라 이 사건 주식교환비율로 교환한 것이 상증법 제35조 제2항의 특수관계에 있는 자가 아닌 자 간에 거래의 관행상 정당한 사유 없이 시가보다 현저히 높은 가액으로 재산을 양도한 경우로서 증여세 과세대상에 해당되는지 여부가 문제된다.

## 2. 평　　석

증여세 완전포괄주의 시행 후 우회상장이나 각종 기업구조 조정에 있어서, 기업들은 비상장주식의 가치평가를 증권거래법이 위임한 유가증권의 발행 및 공시 등에 관한 규정에 따라 평가하는데(향후 2년의 추정이익 즉, 기업의 미래가치를 중시하여 평가함), 과세관청은 상증세법이 정하는 보충적 평가방법에 의한 평가액(과거 3년간의 순손익가치를 중시하여 평가함)과 30% 이상 차이가 나면, 비특수관계인 사이의 거래에 대해서도 이를 증여로 보아 증여세를 과세하고 있다.

2003.12.30. 상증세법이 전면 개정되면서 소위 '증여세 완전포괄주의'가 도입되기 전에는 특수관계가 없는 자 사이의 고가양도·저가양수에 대하여는 증여의제 규정이 적용되지 아니하였으므로 증여세가 부과될 여지

가 없었으나, 개정된 상증세법 제35조 제 2 항은 특수관계에 있는 자가 아닌 자 사이의 재산 양 · 수도 거래에 대하여도 '거래의 관행상 정당한 사유 없이' 고가양도 · 저가양수한 경우에는 증여세를 과세할 수 있도록 규정하였다.

2003.12.30. 법률 제7010호로 개정된 상증세법의 개정이유를 보더라도, "특수관계가 없는 자간의 거래에 있어서는 그 거래가액이 정상가액임을 입증하는 경우 과세대상에서 제외할 수 있도록 함"이라고 되어 있는데, 이는 특수관계가 없는 자 사이의 일반적이고 정상적인 거래에서 형성된 가격은 비록 상증세법상 '보충적 평가액'과 다르다고 하더라도 그 점만으로 시가가 아니라고 볼 수 없다는 취지라고 할 것이다.

한편 상증세법 제60조 제 1 항 · 제 2 항 또는 법인세법 시행령 제89조 소정의 '시가(時價)'라 함은 일반적이고 정상적인 거래에 의하여 형성된 객관적 교환가치를 의미한다(대법원 2004.10.27. 선고 2003두12493 판결 ; 대법원 2003.6.13. 선고 2001두9394 판결 등 참조). 그런데 시장성이 적은 자산의 시가는 객관적 교환가치를 적정하게 반영하였다고 인정되는 실례가 있다면 그 거래사례가액을 시가로 인정할 것이고, 그러한 실례가 없더라도 당해 거래가 일반적이고 정상적인 방법으로 이루어져 당시의 객관적 교환가치를 적정하게 반영하고 있다고 볼 수 있는 등의 사정이 있다면, 당해 거래가격은 그대로 시가로 인정된다(대법원 1994.12.22. 선고 93누22333 판결 등).

이 사건에서, 증권거래법이 정한 절차와 방법에 따라 교환대상 주식이 평가되고, 이를 기초로 거래 당사자가 교환비율에 합의한 후 주주총회 특별결의를 거쳐 포괄적 주식교환을 이행하였다면, 설령 교환대상 주식의 평가액이 상증세법상 '보충적 평가액'과 다르다고 하더라도 '정당한 사유'가 있는 것으로 보아야 한다. A기획의 주주 입장에서 본다면, 이 사건 주식에 관하여 B사와 사이에 포괄적 주식교환계약을 체결하면서 상증세법상 고가양도에 따른 증여세 부과 가능성이 있다는 이유만으로, (보충적 평가액을 기준으로 한) 낮은 교환비율을 합의하였다면 주주총회에서 이를 승인하지 않을 것이다. 또한 완전모회사가 되는 B사 주주의 입장에서 보더라도, 신규사업 진출에 따른 기업경쟁력 강화와 다양한 수익구조의 기반을 창출하기 위하여 연예기획사인 A기획과 포괄적 주식교환 계약을 체결할 때에는 상증세법상 보충적 평가액이 아니라 대상회사의 미래 수익가치 등을 보고 교환비율을 결정하는 것이 일반적이고, 이는 증권거래법이 요구하는 사항이기도 하다.

즉, 포괄적 주식교환 계약을 체결하는 당사회사들 및 그 주주들의 관점에서 볼 때, 비상장주식에 대한 상증세법상 보충적 평가액은 교환비율을 결정하는 데 어떠한 기준이 될 수 없는 것이고, 만일 상증세법의 '보충적 평가액'이 교환비율을 결정하는 기준으로 강제된다면, 거래실무상 포괄적 주식교환거래는 이루어질 수 없다고 보는 것이 옳다.

요컨대, 위 판결은 비특수관계자 간 거래가액이 상증법상 보충적 평가방법에 따른 평가액과 상이하다는 이유로 이를 과세대상으로 삼는 것은 당사자의 사적 자치를 침해하고, 주식매수청구권의 부여 등 증권거래법령에 따른 공정하고 투명한 절차를 거친 외부 회계법인의 유가증권 발행 및 공시규정에 따른 주식평가액을 임의로 부인할 수 없다고 판시함으로써, 이를 비상장주식의 시가평가로 인정하였다는 점에서 큰 의미가 있다.

이로써, 향후 주식의 포괄적 교환을 통한 우회상장 등 상장법인과 비상장법인 간 구조조정 과정에서 비상장법인의 주식평가에 관한 가이드라인이 설정되었다는 점에서, 증여세 포괄주의와의 관계에서 주주들에 부과될 위험이 상당한 증여세와 관련된 유사사건에 중대한 시사점을 제시하는 판결로서 주목할 만하다. 상급심의 판단이 주목된다.[1)]

---

1) 이 사건은 항소기각(서울고등법원 2011.8.19. 선고 2011누8460 판결), 상고기각(대법원 2011.12.22. 선고 2011두22075 판결)으로 확정되었다.

**33** 대법원 2011.4.14. 선고 2008두6813 판결

# 특정법인에 대한 증여의 대상이 되는 "결손금이 있는 법인"의 의미

**판결요지**

상속세 및 증여세법(이하 '상증법') 제41조 제1항과 시행령 제31조 제1항은 결손금이 있는 특정법인에게 재산을 증여하여 그 증여가액을 결손금으로 상쇄시킴으로써 증여가액에 대한 법인세를 부담하지 아니하면서 특정법인의 주주 등에게 이익을 주는 변칙증여에 대하여 증여세를 과세하는 데 그 입법취지가 있다고 할 것이므로 이월결손금이 있는 법인과 증여일에 속하는 사업연도의 결손금이 있는 법인을 달리 취급할 필요가 없는 점, 특정법인에 관하여 구 상속세 및 증여세법(2002.12.18. 법률 제6780호로 개정되기 전의 것) 제41조 제1항이 '2년 이상 계속하여 결손금이 있는 법인'이라고 규정되어 있던 것을 법 제41조 제1항이 단순히 '결손금이 있는 법인'이라고 개정한 것은 증여일이 속하는 사업연도의 결손금이 있는 법인도 특정법인의 법인에 포함시키고자 하는 데 그 주요한 취지가 있다고 여겨지는 점, 시행령 제31조 제1항 제1호 후문 후단은 특정법인의 범위에 관한 그 전문의 취지를 보다 명확히 하여 증여일이 속하는 사업연도의 결손금이 있는 법인도 특정법인의 범위에 포함되는 것을 당연한 전제로 하여 규정한 것으로 해석되는 점 등을 고려하면, 이월결손금이 없더라도 증여일이 속하는 사업연도의 결손금이 있는 법인은 시행령 제31조 제1항 제1호 전문에서 말하는 '결손금이 있는 법인'(특정법인)에 해당한다고 할 것이다.

## 1. 사실관계 및 쟁점

주식회사 A는 골판지 제조판매업 등을 사업목적으로 설립된 법인으로서 그 발생주식 중 54.5%는 원고 1이, 20.8%는 원고 2가, 18%는 원고들의 아버지인 B가 각 소유하고 있었다. A회사는 이월결손금이 없었으나, 2003사업연도에 이르러 관련 업계의 불황으로 인하여 사업수지가 불량하게 되었고(결국 1,886,316,736원의 결손금이 발생하였다), B가 이를 보전하기 위하여 2003.12.29. A 회사에게 시가 2,933,829,400원 상당의 부동산을 증여하였다. 원고들은 국세청 산하 국세종합상담센터로부터 이월결손금이 없더라도 증여일에 속하는 사업연도의 결손금이 있는 법인은 특정법인에 해당한다는 취지의 답변을 듣고, 2004.3.29. 이 사건 증여로 인하여 원고들이 얻은 이익에 상당하는 금액에 대한 증여세를 신고 및 납부하였다.

그 후 원고들은 이월결손금이 없고 증여일에 속하는 사업연도의 결손금이 있는 법인은 특정법인에 해당하지 않는다는 이유로 2004.9.1. 피고에 대하여 당초 신고·납부한 증여세를 환급해 달라는 취지의 경정청구를 하였고, 피고가 2005.5.25. 그 경정청구를 거부하는 이 사건 처분을 하자 원고가 이를 다툰 사안이다.

결국, 이 사건에서는 상증법 제41조 및 시행령 제31조 제1항의 증여세 납부의무가 있는 '특정법인'의 범위에 이월결손금 없이 증여일이 속하는 사업연도의 결손금만이 있는 법인도 포함되는지 여부가 문제된다. 이 해석에 따라서 이 사건 회사에 대하여도 '특정법인과의 거래를 통한 이익에 대한 증여의제' 규정이 적용되는지 여부가 달라지게 된다.

## 2. 평 석

원심은 '특정법인과의 거래를 통한 이익에 대한 증여의제' 규정을 적용받는 특정법인은 증여일 현재 이월결손금이 있는 법인일 뿐이라고 판단하였다. 원심이 제시하고 있는 근거는 다음과 같다.

첫째, 상증법 제41조 제 1 항 소정의 '결손금'은 법인세법상의 결손금과 같은 의미로 보아야 하는바, 법인세법상의 결손금은 어느 사업연도에 속하거나 속하게 될 손금의 총액이 그 사업연도에 속하게 될 익금의 총액을 초과하는 금액을 말한다. 따라서 사업연도 종료 전에는 아직 그 사업연도의 결손금이 있다고 할 수 없고, 증여일 현재에는 이월결손금 외의 결손금은 개념상 있을 수 없다. 현재 존재하지 아니하고 장래 발생할지 여부를 예측하기 어려운 당해 사업연도의 결손금은 해석상 제외하는 것이 법적 안정성과 예측 가능성을 보호할 수 있다.

둘째, 2002.12.18. 법률 제6780호로 상증법 제41조 제 1 항을 개정하기 이전에는 당해 사업연도 전 2년 내의 사업연도 모두에 이월결손금이 남아 있을 뿐만 아니라 그 결손금이 당해 사업연도의 개시일 전 5년 이내에 개시한 사업연도에 발생한 법인만이 특정법인에 해당하였다. 위 규정의 적용대상을 확대하여 1개 사업연도에만 이월결손금이 남아 있더라도, 또한 그 결손금이 당해 사업연도의 개시일 전 5년 전에 개시한 사업연도에 발생한 것이라 하더라도 특정법인에 해당하도록 하려는 것이 상증법 제41조 제 1 항을 개정한 취지이다.

셋째, 상증법 시행령 제31조 제 1 항 제 1 호 후문 후단은 "증여일이 속하는 사업연도의 결손금은 법 제41조 제 1 항의 규정에 의한 재산의 증여 등의 금액을 법인세법의 규정에 의하여 익금에 산입하기 전의 것으로 한다"고 규정하고 있다. 이는 이월결손금이 있어서 특정법인에 해당하는 것을 전제로, 같은 조 제 6 항에 의하여 증여의제 되는 이익을 계산할 때에 당해 사업연도의 개시일부터 증여일까지의 손금이 같은 기간의 자산수증익 등을 산입하지 아니한 익금을 초과하는 금액도 이를 결손금과 마찬가지로 보아 그 금액과 위 이월결손금을 합한 금액으로써 자산수증익 등의 한도로 삼는다는 취지의 규정이라고 해석함이 상당하다.

그러나 대법원은 이에 대하여 다음과 같은 이유를 들어 원심을 파기하였다. ① 상증법 시행령 제31조 제 1 항 제 1 호 후문 후단에서 명시적으로 "증여일이 속하는 사업연도의 결손금"에 대하여 규정하고 있고, 체계상 동조는 '특정법인의 요건'을 규정하는 조항이지 '증여이익의 계산' 조항이 아니라는 점, ② '특정법인과의 거래를 통한 증여의제' 규정이 도입된 것은 결손이 발생하고 있는 법인과의 거래를 통한 사실상의 이익의 증여를 규제하고자 했던 것이고 여기서 말하는 '결손'이 '이월결손금'만을 의미한다고 보는 것은 부당하다는 점, ③ 특정법인의 범위를 넓힌 2002년 상증법 및 시행령 개정을 반대해석하여 증여일이 속하는 사업연도의 결손금을 제한하는 것으로 볼 수 없다는 점 등을 고려한다면, 상증법 제41조 제 1 항 및 시행령 제31조 제 1 항 제 1 호의 '결손금'은 '이월결손금'과 '증여일이 속한 사업연도의 개시일부터 증여일까지의 손금이 같은 기간의 자산수증익 등을 산입하지 아니한 익금을 초과한 초과액'을 포함하는 의미로 보는 것이 상증법 문언과 그 입법취지에 더 부합하는 해석이라고 판단된다.

다만, 위와 같은 대법원의 태도는 다음과 같은 점에서 아쉬움이 남는다.

첫째, 상증법 시행령 제31조 제 1 항 제 1 호 전문에서는 명백히 '법인세법 시행령 제18조 제 1 항 제 1 호의 규정에 의한 결손금이 있는 법인'이라고 규정하고 있고, 법인세법 시행령 제18조는 '이월결손금'에 관한 규정이다. 상증세법 시행령 제31조 제 1 항 제 1 호 후문에서 '증여일이 속하는 사업연도의 결손일'이라는 표현을 사용하였기 때문에 대법원과 같이 해석하는 편이 문리해석상 더 적합하지만, 한 조항 내에서 '결손금'이 서로 다른 의미로 사용되었다는 점은 부인할 수 없다. 이러한 불일치는 앞으로 법률의 정비를 통하여 해결되어야 할 것이다.

둘째, '결손금'이란 원래는 결산을 전제로 하는 개념이다. 대법원의 해석에 따르면 아직 결산되지 않은 사업연도에 대해서 증여시점을 기준으로 결손금의 유무를 판정하여 상증법 제41조 제 1 항에 따른 증여세 부과 여부를 판단하게 된다. 또한 판례는 증여 당시에는 손실이 발생하고 있었으나 사업연도를 결산할 때에는 손실이 발생하지 아니한 경우 등에 대해서는 판시하고 있지 아니하다. 이처럼 '결손금'의 개념과 관련하여 오해의 여지가 분명히 존재하므로, 이 부분 역시 개선되어야 한다.

셋째, 결손금은 그 자체가 장래 법인세액의 감소 또는 환급을 보장하는 재산권적 가치를 지닌다. 특정법인에 대한 증여를 통하여 결손금이 상쇄되면 그 법인은 장래에 법인세액이 감소하거나 환급될 가능성이 사라지게 되므로, 사실상 법인세를 부담한 것과 같은 결과가 생겨난다. 그러나 특정법인과의 거래를 통한 이익의 증여 규정은 이러한 결손금의 세법상 재산적 기능의 측면을 무시한 채 증여로 얻은 이익 전부에 대하여 주주에게 증여세를 부과하고 있다. 즉, 하나의 증여행위에 대하여 법인에게는 법인세 부과의 효과를 부여하면서 이에 더하여 주주에게는 증여세를 부담시키고 있는바, 위 규정은 이중과세 원칙에 위배되는 측면이 존재한다고 보인다.

결론적으로, 대법원 판례는 상증법 시행령 제31조 제 1 항 제 1 호 후문의 규정에 따른 불가피한 해석을 내린 것으로 보인다. 이 점은 입법적인 개선이 요청된다. 더 나아가 특정법인과의 거래를 통한 이익의 증여 규정 자체가 지나치게 조세회피행위에만 초점을 맞춘 나머지 이중과세 원칙 등과 관련하여 문제점이 존재하는바, 이에 대하여서도 납세자 권리보호의 측면에서 전향적으로 재검토되어야 한다.

34 대법원 2011.7.21. 선고 2008두150 전원합의체 판결

# 구 법인세법 시행령 제87조 제1항의 '특수관계에 있는 자'의 판단기준

**판결요지**

구 법인세법(2010.12.30. 법률 제10423호로 개정되기 전의 것, 이하 '법'이라 한다) 제52조 제1항은 납세의무자인 법인이 특수관계자와 한 거래 또는 그로 인한 소득금액의 계산을 부당행위계산 부인의 대상으로 규정하면서 특수관계자의 범위를 대통령령에 위임하고 있고, 그 위임에 따라 구 법인세법 시행령(2002.12.30. 대통령령 제17826호로 개정되기 전의 것, 이하 '시행령'이라 한다) 제87조 제1항은 납세의무자인 법인과 같은 항 각 호의 1의 관계에 있는 자를 특수관계자로 규정하고 있으므로, 문언상 납세의무자인 법인을 기준으로 하여 그와 각 호의 1의 관계에 있는 자만이 특수관계자에 해당한다고 보아야 한다. 이와 달리 납세의무자인 법인과 거래를 한 상대방을 기준으로 하여, 법인이 위 각 호의 1의 관계에 있는 경우에 위 거래상이 특수관계자에 해당한다고 보는 것은 위 시행령 조항의 문언에 반하여 허용될 수 없다. 뿐만 아니라 특수관계자의 범위를 어떻게 정할지는 입법정책의 문제이므로 위 시행령 조항을 그 문언과 달리 확장해석하거나 유추해석하는 방법으로 특수관계자의 범위를 넓혀야 할 이유도 없다.

시행령 제87조 제1항 제4호는 납세의무자인 법인의 주주가 발행주식 총수의 100분의 30 이상을 출자하고 있는 다른 법인을 특수관계자로 규정하고 있는바, 위 제4호를 위와 같은 법리에 따라 해석하면 납세의무자인 법인의 주주가 발행주식 총수의 100분의 30 이상을 출자하고 있는 다른 법인만이 특수관계자에 해당하고, 납세의무자인 법인의 주주가 발행주

식총수의 100분의 30 미만을 출자하고 있는 다른 법인은 그 법인의 주주가 납세의무자인 법인의 발행주식총수의 100분의 30 이상을 소유하고 있다 하더라도 특수관계자에 해당하지 않는다고 보아야 한다.

## 1. 사실관계

원고는 주택건설사업 등을 목적으로 설립된 법인이고, 원고의 대표이사인 A는 1999사업연도부터 2001사업연도 당시 원고의 주식 48.57%를 소유하는 동시에 B주식회사의 주식 20%를 소유하고 있었다.

이에 대해서 피고는 납세의무자의 거래 상대방을 기준으로 판단하면 B주식회사의 주주에 해당하는 A는 원고 회사의 발행주식총수의 30% 이상을 출자하고 있다고 볼 수 있으므로, 시행령 제87조 제 1 항 제 2 호 및 동항 제 4 호에 의하여 원고와 B주식회사는 특수관계에 있다고 판단하였다. 피고는 이러한 판단을 전제로 하여 원고의 B주식회사에 대한 주식 양도 및 금원대여 행위에 대하여 부당행위계산 부인규정을 적용하였고, 이에 따라 주식의 시가와 실제 양도가액의 차액 및 시중금리에 따른 이자와 실제 수령이자와의 차액을 익금산입하고, 나아가 원고의 B주식회사에 대한 대여금을 특수관계자에 대한 업무무관가지급금으로 보아 그에 상응하는 차입금의 지급이자 상당액을 손금불산입하여 법인세를 부과하였다.

## 2. 사안의 쟁점

이 사건에서는 납세의무자인 법인을 기준으로 하여 거래 상대방이 시행령 제87조 제 1 항 각 호의 1에 해당하는 경우에만 그 거래 상대방이 특수관계자에 해당한다고 볼 것인지(일방관계설), 아니면 위 경우뿐만 아니라 거래 상대방을 기준으로 하여 납세의무자인 법인이 위 각 호의 1에 해당하는 경우에도 그 거래 상대방이 특수관계자에 해당한다고 볼 것인지(쌍방관계설)에 따라 상이한 결론이 도출된다.

다시 말해, 일방관계설에 의하면 납세의무자인 법인의 주주(제 2 호) 또는 그 주주가 30% 이상을 출자하고 있는 다른 법인(제 4 호)만이 특수관계자에 해당하게 되므로, 원고의 주주인 A가 B주식회사의 주식을 20%만 소유하는 이 사건에서는 특수관계 해당성이 부인된다. 그러나 쌍방관계설에 의하면 위 경우뿐만 아니라 납세의무자인 법인이 출자한 다른 법인(그 다른 법인을 기준으로 하면 납세의무자인 법인이 제 2 호 소정의 주주에 해당함) 또는 납세의무자인 법인에 30% 이상을 출자하고 있는 주주가 출자하고 있는 다른 법인(제 4 호)도 특수관계자에 해당하게 되므로, B주식회사와 원고 사이에는 특수관계가 인정되고 이에 따라 부당행위계산 부인규정이 적용되는 결과가 발생한다.

결국, 이 사건에서는 부당행위계산 부인규정의 적용대상인 시행령 제87조 제 1 항 소정의 특수관계자의 범위를 어떠한 기준에 따라 해석할 것인지, 즉 일방관계설에 의할 것인지 아니면 쌍방관계설에 의할 것인지가 문제된다고 할 것이다.

## 3. 평　석

시행령 제87조 제 1 항은 "법 제52조 제 1 항에서 '대통령령이 정하는 특수관계에 있는 자'라 함은 법인과 다음 각 호의 1의 관계에 있는 자를 말한다"고 규정하고 있는바, "법인과 일정한 관계"라는 문구를 통하여 특수관계의 판단과 관련해서 납세의무자인 법인이 그 해석의 기준이 된다는 점을 명백하고 밝히고 있다.

종래 과세관청은 위와 같은 문언에도 불구하고 부당행위계산 부인규정의 적용대상인 특수관계자의 범위에 관한 법인세법 시행령 제87조 제 1 항의 '법인과 각 호의 1의 관계에 있는 자'를 쌍방관계설에 따라 넓게 해석하여 왔다. 즉, 납세의무자인 법인을 기준으로 할 때 특수관계가 없는 자와의 거래도 당해 법인의 거래 상대방과 특수관계가 있으면 이를 특수관계자와 사이에 행한 거래로 보았고, 이에 따라 법인세를 부과하는 경우가 빈번하였다.

종래의 대법원 판결 역시 특수관계자의 기준 설정에 있어 법문언에도 불구하고 당해 법인과 거래 상대방 양쪽 모두를 기준으로 하는 이른바 '쌍방관계설'을 취하여 특수관계자의 범위에 관한 법규정을 넓게 해석하였고, 이에 따라 법인세를 부과하는 과세처분이 적법하다는 입장을 취하여 왔다 (대법원 1991.5.28. 선고 88누7248 판결).

대상판결의 반대의견을 비롯하여 종래 대법원 판결은 조세회피행위를 방지하고자 하는 법 제52조 제 1 항 소정의 부당행위계산 부인 제도의 취지를 고려할 때 쌍방관계설이 타당하다는 입장이다. 즉, 납세의무자인 법인이 출자한 다른 법인(제 2 호) 또는 법인에게 30% 이상을 출자하고 있는 주주가 출자하고 있는 다른 법인(제 4 호)과 거래를 하는 경우에도 경제적 합리성이 없는 거래를 함으로써 조세의 부담을 부당히 경감 내지 배제시킬 가능성은 여전히 존재하기 때문에, 이러한 경우 역시 부당행위계산 부인 제도의 규율 범위로 포섭하는 것이 타당하다는 합목적적인 해석을 내리고 있는 것이다. 그리고 법인세법 시행령 제87조 제 1 항은 법인과 각 호의 1의 '관계'에 있는 자를 특수관계자로 규정하고 있는데, '관계'란 둘 이상의 주체가 서로 관련을 맺는 것을 의미하므로 위와 같이 해석하더라도 그것이 법문의 가능한 의미를 벗어나는 해석이라 할 수 없다고 보고 있다.

그러나 제정법은 언어를 통해서 존재하기 때문에 조문의 해석은 그 조문에 사용된 문언에 의존하여야 하고, 그 의미는 문언의 통상적인 의미에 의해서만 파악되어야 한다. 그렇지 않으면 법규에 대한 국민의 일반적 신뢰를 기대할 수가 없다. 특히 과세요건 명확주의를 근간으로 하는 조세법률주의가 지배하고, 나아가 국민들로 하여금 자기의 위험부담 아래 법규를 해석하여 납세의무를 자진 신고 및 이행하도록 요구하고 있는 조세법 분야에서는 문리해석에 충실하여야 할 필요성이 더욱 절실하다. 따라서 조세법의 문언상 그 의미가 명백할 때에는, 제도의 합목적적인 취지 등에도 불구하고 문언에 배치되는 해석은 결코 허용되지 않는다고 보아야 한다.

더구나 부당행위계산 부인은 납세자가 우회행위, 다단계행위 그 밖의 비정상적인 거래형식을 취함으로써 통상의 합리적인 거래형식을 취할 때 생기는 조세의 부담을 경감 내지 배제시키는 행위계산을 조세법적으로 부인함으로써 과세의 공평을 기하고 조세회피행위를 방지하는 제도이다. 부당행위계산 부인 제도는 그 타당한 입법취지와 합목적성에도 불구하고 "부당"이라는 불확정 요소로 인하여 대상자에게 예기치 못한 결과와 손해를 야기할 우려가 있기 때문에, 법 제52조와 시행령 제87조는 그 요건과 범위를 엄격하게 한정하여 규정하고 있다. 이러한 사정을 고려한다면 특수관계자의 범위에 관한 시행령 제87조 제1항 각 호의 규정은 창설적·제한적 규정으로서 조세법률주의의 원칙상 엄격하게 해석하여야 하고, 함부로 유추해석이나 확장해석이 허용되지 않는다고 봄이 타당하다(대법원 1990.5.11. 선고 89누8095 판결; 대법원 1986.3.25. 선고 86누30 판결 등 참조).

시행령 제87조 제1항은 "법인과 다음 각 호의 1의 관계에 있는 자"라고 기재하여 문언상 명백하게 일방관계설적인 입장에서 규정하고 있다. 따라서 부당행위계산 제도의 합리적인 입법취지 등에도 불구하고, 대상판결의 다수의견이 "문언상 납세의무자인 법인을 기준으로 하여 그와 각 호의 1의 관계에 있는 자만이 특수관계자에 해당한다고 보아야 한다"고 판시한 것은 철저하게 조세법률주의에 입각한 해석으로서 타당하다고 보인다. 지금까지 다수의 법인들은 법문언과 달리 거래 상대방과의 관계를 기준으로 부당행위계산 부인규정이 적용되어 조세법상 거래관계가 부인됨으로써 소득금액이 재계산되는 불이익을 입어 왔다. 그러나 이번 대법원 판결은 특수관계자의 범위와 관련하여 법문언에 충실한 방향으로 해석을 선회함으로써 조세법률주의의 원칙을 다시 한번 확인하고 선언하였고, 이를 통해 납세자들의 불이익을 개선하였다는 점에서 커다란 의미를 지닌다고 할 것이다.[1)]

1) 그러나 2012년 2월 2일 개정된 법인세법 시행령(대통령령 제23589호) 제87조 제 1 항은 후문으로 "이 경우 본인도 국세기본법 제 2 조 제20호 각 목 외의 부분 후단에 따라 특수관계인의 특수관계인으로 본다"를 추가하여 쌍방관계설을 명시적으로 입법하였다.

35 대법원 2011.9.29. 선고 2009두11157 판결

# 보험금 구상채권의 법인세법상 손익귀속시기

**판결요지**

법인세법 제40조 제1항은 "내국법인의 각 사업연도의 익금과 손금의 귀속 사업연도는 그 익금과 손금이 확정된 날이 속하는 사업연도로 한다"고 규정하고 있는바, 익금이 확정되었다고 하기 위해서는 소득의 원인이 되는 권리가 그 실현의 가능성에 있어 상당히 높은 정도로 성숙되어야 하고, 그 권리가 이런 정도에 이르지 아니하고 단지 성립한 것에 불과한 단계에서는 익금이 확정되었다고 할 수 없으며, 여기서 소득의 원인이 되는 권리가 그 실현의 가능성에 있어 상당히 높은 정도로 성숙되었는지 여부는 일률적으로 말할 수 없고 개개의 구체적인 권리의 성질과 내용 및 법률상, 사실상의 여러 사정을 종합적으로 고려하여 결정하여야 한다.[1)]

원심은 원고가 구상채권을 취득한 사업연도에는 그 권리가 실현의 가능성에 있어 상당히 높은 정도로 성숙되었다고 할 수 없으므로 이를 익금에 산입할 수 없고, 그 익금산입을 전제로 한 원고의 경정청구를 거부한 이 사건 처분은 적법하다고 판단하였다.

대상판결도 "원고가 보증보험금을 지급하고 보험계약자 등에 대해 취득하는 구상채권은 수익행위로 인하여 취득하는 채권이 아니라 보험금비용의 지출과 동시에 그 비용의 회수를 위해 민법 제441조 등에 의해 취

1) 대법원 2003.12.26. 선고 2001두7176 판결 ; 대법원 2004.11.25. 선고 2003두14802 판결 등.

득하는 채권에 불과하여 그 실질적인 자산가치를 평가하기 어려우므로 이를 취득한 사업연도에는 그 실현의 가능성이 성숙되었다고 보기 어려운 점, 구상채권 중 과거의 회수율을 기초로 장차 회수될 것으로 추정한 금액 역시 추정치에 불과하여 구상채권을 취득한 사업연도에 그 금액만큼 실현의 가능성이 성숙되었다고 보기 어려운 것은 마찬가지인 점 등을 종합하여 볼 때, 원심의 위와 같은 판단은 정당하고, 거기에 상고이유로 주장하는 바와 같은 권리확정주의에 관한 법리오해 등의 위법이 없다"고 하여 원심을 유지하였다.

## 1. 사실관계

① 원고는 보증보험과 신용보험 등 보험업을 영위하는 법인으로서, 보험사고로 인하여 발생하는 피보험자의 재산상 손해를 보험계약과 상법 제665조 등에 따라 보상하는 경우 상법 제682조 소정의 보험자 대위규정에 의하여 구상채권을 법률상 당연히 취득하게 된다.

② 이러한 구상채권과 관련해서 보험업감독규정은 보험회사의 회수 가능한 구상채권은 발생 당시 손익을 인식하도록 규정하고 있었고, 이에 따라 원고는 1999년 이후 보험사고와 관련해서 취득하는 구상권 등의 행사로 인한 회수 가능액을 그 권리를 취득한 사업연도에 구상채권으로 인식하는 방식으로 회계처리를 하였고(이른바 '발생주의'), 2004사업연도까지 기업회계상 수익으로 계상한 구상이익을 익금불산입하고 구상금 등 채권을 행사하여 현금으로 회수한 금액을 익금산입하며, 기업회계상 손실로 계상한 구상손실을 손금불산입하는 내용으로 세무조정을 하여 왔다(이른바 '현금주의').

③ 그런데 재정경제부는 2006.3.20.자로 "자동차 손해보험업을 영위하는 법인이 보험사고 발생으로 지급한 보험금에 대하여 기업회계기준에 따

라 계상한 구상이익은 이를 당해 사업연도의 익금에 산입하는 것임"이라는 예규(재법인-224, 2006.3.20.)를 발령하였다.

④ 이에 따라 원고는 2005사업연도 법인세 신고 과정에서 2005사업연도 중 구상채권 회수액을 2005사업연도의 익금에 산입하지 아니하고, 기업회계기준에 따라 결산시 계상한 구상손실 23,518,099,303원을 손금불산입하지 아니한 채, 과세표준을 411,149,135,719원(소득금액 691,698,116,237원에서 이월결손금 280,548,980,518원을 차감한 금액)으로 하여 2005사업연도 법인세 102,760,010,029원을 신고·납부하였다.

⑤ 이후 원고는 2006.10.12. 위 예규에 따라 1999사업연도부터 2004사업연도의 각 사업연도 소득금액 및 법인세 과세표준을 재산정하여 위 구상채권이 실제로 발생한(기업회계기준에 따라 수익으로 인식한) 해당 사업연도의 익금에 산입하는 등의 수정신고 또는 경정청구를 하였고, 이어서 소득금액 및 법인세 과세표준 재산정의 결과 2005사업연도의 소득금액 공제에 사용할 수 있는 이월결손금이 631,823,264,007원이 되므로 당초 신고한 2005사업연도의 과세표준 및 법인세가 감액되어야 한다는 취지의 이 사건 경정청구를 하였다.

⑥ 피고는 2006.12.8. 위 경정청구를 거부하는 처분을 하였고, 원고는 이에 불복하여 이 사건 소송을 제기하였다.

## 2. 사안의 쟁점

구 보험업감독규정(1999.3.12.자로 개정되기 전의 것) 제82조가 구상채권에 관한 수익인식기준으로서 '현금주의'를 취하였던 반면에, 개정된 「보험업감독규정」은 기업회계상 보험회사의 회수 가능한 구상금 등 채권은 발생 당시 손익을 인식하도록 규정하고 있다. 그리고 1998.12.10. 제정된 「보험업회계처리준칙」 역시 보험사고의 발생으로 지급된 보험금 중 보험사고의 해결 과정에서 취득하는 담보자산의 매각 또는 구상권 등 기타 권리의 행사로 인한 회수 가능액을 구상채권으로 처리하고 구상채권의 상대계정을 구상이익으로 처리하도록 규정하여 '발생주의'를 채택하고 있다. 또한 2006.3.20.자 재경부 예규도 구상이익을 발생주의에 의하도록 확인하고 있다.

이에 2007.2.28. 개정 공포된 법인세법 시행령(대통령령 제19891호)는 제11조 제10호에서 보험업을 영위하는 내국법인이 기업회계기준에 따라 구상이익으로 계상된 금액을 수익으로 본다는 규정을 신설하였다(발생주의의 입법적 수용). 그러나 2008.2.22.경 위 법인세법 시행령 규정을 다시 삭제함으로써 현재 구상채권의 손익 귀속시기에 관하여는 법인세법 및 동법 시행령에 명시적인 규정이 없는 상태이다.

이에 따라 이 사건에서는 구체적인 규정인 없는 상태에서 "손해보험회사가 보험금을 지급한 후 취득하는 구상금 채권의 익금 귀속시기를 언제로 보아야 하는가", 즉 구상금 채권 중 회수 가능한 금액을 표시하는 구상채권을 그 발생시점에 익금으로 볼 것인가(발생주의), 아니면 현금회수시점에 익금으로 볼 것인가(현금주의)가 쟁점이 된다.

## 3. 평　　석

보험회사는 보험사고가 발생하는 경우 보험금이라는 비용을 지출하는 동시에, 보험자대위에 의하여 피보험자 등이 가지는 권리를 취득하여 수익을 얻게 된다. 그리고 이러한 권리는 상법 제682조 소정의 보험자대위 규정에 의하여 법률상 당연히 취득하게 되는 것으로서, 「보험업회계처리준칙」 13－2와 22－5는 "보험사고 발생으로 지급된 금액 중 보험사고의 해결과정에서 취득하는 담보자산의 매각 또는 구상권 등 권리의 행사로 인한 회수 가능액"을 "구상채권"이라는 자산으로 계상하는 동시에 그 상대계정ㅇ

로 "구상이익"을 수익으로 계상하도록 하고 있다.

다시 말해, 보험업회계처리준칙에 따라 계상되는 "구상채권" 내지 "구상이익"은 법에 따라 발생되는 구상금 채권 중 회수 가능한 금액을 말하는 것이고, 구상금 채권은 보험금 지급에 따라 취득하는 것이므로, 최소한 구상금 채권 중 회수 가능한 것으로 평가되는 한도의 "구상채권"은 현금 회수와 관계없이 보험금 지급 당시 이미 권리로서 발생하였다고 보인다. 따라서 "구상채권"은 그것이 성립한 때 그 실현 가능성이 상당한 정도로 성숙, 확정된 것으로 볼 것이므로 이때 법인세법상 익금으로 산입하는 것이 권리의무확정주의에 부합하는 것으로 판단된다.

이렇게 해석하는 편이 "법인세법상 어떠한 채권이 발생하였을 경우 이를 익금에 산입할 것인지 여부를 판단함에 있어 그 채권의 행사에 법률상 제한이 없다면 일단 권리가 확정된 것으로서 당해 사업연도의 익금으로 산입되는 것이고, 그 후 채무자의 무자력 등으로 채권의 회수 가능성이 없게 되더라도 이는 회수 불능으로 확정된 때 대손금으로 처리할 수 있는 사유가 될 뿐이지 이로 인하여 그 채권으로 인한 소득의 귀속시기에 영향을 미치는 것은 아니다"라는 대법원의 일관되는 판시와도 부합한다.[2)]

특히 원고와 같은 보증보험회사가 취득하는 구상권 등 채권은 피보험자를 대신하여 대출금 채권 등을 변제한 후 채권자가 가지고 있던 대출금 채권 등을 법률상 당연히 취득하는 것인바, 위 구상권 등 채권은 그 행사에 법률상 장애사유가 존재하지 않는다. 또한 원고가 취득하는 구상권 등 채권이 회수 불가능하다는 점이 객관적으로 명백하다고 볼 수도 없고, 오히려 이행보증보험에 따라 보험자가 보험계약자 등으로부터 담보 또는 보증 등을 제공받아 적어도 그중 일부는 회수될 수 있다. 대법원 역시 채권

---

2) 대법원 2007.11.15. 선고 2005두4755 판결 ; 대법원 2005.5.13. 선고 2004두3328 판결 등.

에 관하여 담보권이 설정되어 있는 경우에는 채권의 실현 가능성이 상당히 높으므로 채권이 성숙·확정되었다고 보아야 한다고 밝히고 있다(대법원 1985.11.26. 선고 85누374 판결, 대법원 1984.12.11. 선고 84누303 판결 등).

결론적으로, 구상손익의 발생은 보험업법 및 관련 규정에 따른 지급준비금 제도로 인한 것이며, 구상손익 자체가 지급준비금과는 분리될 수 없는 지급준비금 제도의 한 내용으로서, 보험회사가 기업회계기준에 따라 산정한 구상채권의 금액은 그 금액에 해당하는 소득 발생이 합리적으로 예측되어 객관화되었고, 해당 시점에서는 그에 대한 납세자의 구체적이고 직접적인 관리·지배가 있다고 인정되었다고 해석하는 편이 권리의무확정주의 법리에 더 적합한 해석이라고 생각된다. 이러한 견해의 대립은 법인세법 및 동법 시행령에서 관련 규정을 삭제함에 따라 유발된 것으로서, 향후 구상채권의 익금 귀속시기에 관하여 입법적인 해결이 필요할 것으로 보인다.

**36** 대법원 2011.10.27. 선고 2009두11645 판결

# 주식 분할시 주식매입선택권의 매입가격 조정 위한 주주총회의 특별결의 여부

**판결요지**

주식매입선택권을 부여받아 이를 행사함으로써 얻는 이익이 구 조세특례제한법 제15조 제1항 소정의 과세특례대상 소득이 되기 위하여는 같은 조 제2항 제1호에 의하여 주식매입선택권 부여 당시 매입가액을 정하는 경우는 물론이고 주식매입선택권 부여 후 그 매입가액을 조정하는 경우에도 기존 주주들의 이익을 보호하기 위하여 상법 제434조의 규정에 의한 주주총회 특별결의를 거쳐야 함이 원칙이지만, 주식매입선택권 부여 후 매입대상 주식이 분할되어 그 분할비율에 따라 1주당 매입가액을 감액하는 경우는 분할비율에 따라 매입대상 주식의 수량이 늘어나는 반면 그 1주당 액면가액이 감액되는 것을 반영함으로써 주식매입선택권 부여 당시의 조건을 그대로 유지시켜 주는 것에 불과하고 기존 주주들의 이해관계에 어떠한 영향을 미치지 아니하므로 이러한 경우에까지 주주총회 특별결의를 거쳐야 한다고는 볼 수 없다.

## 1. 사실관계

① 원고는 근무 성과를 고양할 목적으로 1999.2.27. 임직원 16명에게 주추총회의 특별결의를 거쳐 총 46,000주에 대해서 행사가격을 20,000원으로 하는 주식매입선택권(이하 '이 사건 주식매입선택권'이라 한다)을 부여하

였다. 그리고 이 사건 주식매입선택권과 관련해서 "주식매입선택권 부여 이후에 유·무상증자, 주식배당, 전환사채, 신주인수권부사채의 발행, 주식분할 등을 실시하여 주식가치의 희석화가 이루어지는 경우에는 행사가격 및 부여수량을 조정한다"는 취지를 사전에 약정해 두었고, 각 사유가 발생한 경우의 행사가격을 조정하는 산식을 구체적으로 정해 두었다.

② 원고는 1999.2.27. 이후에 수 차례에 걸쳐 유·무상증자를 비롯하여 전환사채의 전환 및 주식분할 등을 실시하였고, 이에 따라 최초에 주식매입선택권을 부여하였을 당시보다 주식가치가 희석되는 결과가 발생하였다. 사전에 정한 산식에 따라 조정한 이 사건 주식매입선택권의 행사가격은 1,420원이다. 그리고 원고의 임직원들은 위와 같이 조정된 가액, 즉 1,420원으로 이 사건 주식매입선택권을 행사하여 이익을 취득하였다.

③ 원고는 위 임직원들이 이 사건 주식매입선택권을 행사함으로써 얻은 이익은 구 조세감면규제법(1998.12.28. 법률 제5584호로 개정되기 전의 것, 이하 같다) 제13조의 2 내지는 구 조세특례제한법(2000. 12. 29. 법률 제6279호로 개정되기 전의 것, 이하 같다) 제15조 제 1 항에 의하여 비과세대상에 해당한다고 보았고, 이에 따라 임직원들의 이 사건 주식매입선택권 행사이익에 대한 소득세를 원천징수하지 아니하였다.

④ 그러나 피고는 이 사건 주식매입선택권의 행사가격 조정 당시 주주총회의 특별결의를 거치지 아니하였기 때문에, 임직원들이 이 사건 주식매입선택권을 행사함으로써 얻은 이익은 비과세대상에 해당할 수 없다고 보았다. 이를 이유로 피고는 원고에게 법인세 및 근로소득세를 부과하였고(이하 '이 사건 처분'이라 한다), 원고는 이 사건 처분에 불복하여 이 사건 소송을 제기하였다.

## 2. 평 석

### (1) 주식매입선택권에 대한 비과세 특례의 요건

주식매입선택권, 이른바 스톡옵션은 회사가 임직원에게 일정 수량의 자사 주식을 사전에 약정된 가격으로 매수할 수 있는 권리를 인정하여 주는 것이다. 장래의 주가가 상승하여야만 이익을 실현할 수 있기 때문에 회사로서는 당장의 비용 지출 없이도 임직원들의 근로의욕을 고취시킬 수 있고, 회사의 가치가 실제로 상승하게 되면 이로 인한 이익이 임직원들뿐만 아니라 회사 및 국가 경제 전체에 환원될 것이므로, 구 조세특례제한법은 주식매입선택권의 행사로 인한 이익에 대하여 일정한 범위 내에서 근로소득세를 비과세하여 주는 특례를 인정하고 있었다. 즉, 구 조세특례제한법 제15조 제 1 항은 "증권거래법에 의한 주권상장법인 또는 협회등록법인으로서 대통령령이 정하는 요건을 갖춘 법인의 종업원이 주식매입선택권을 부여받아 행사함으로써 얻는 이익은 이를 근로소득 등으로 보지 아니한다"고 규정하였다.

그런데 행사가격이 당시의 시가보다 높지 않다면 위에서 언급한 주식매입선택권의 긍정적인 효과를 기대하기 어렵고, 행사가격은 기존 주주의 이해관계와도 직결되는 요소이므로, 구 조세특례제한법은 비과세의 요건으로서 행사가격을 정할 때 당시의 시가보다 높은 금액일 것과 주주총회의 특별결의를 거칠 것을 요구하였다. 즉, 비과세 특례 적용과 관련해서 첫째, 창업법인 등이 당해 주식매입선택권을 부여하기 전에 주식매입선택권의 매입가액 등에 관하여 상법 제434조의 규정에 의한 주주총회의 특별결의를 거쳐 당해 종업원과 약정하였을 것(구 조세특례제한법 제15조 제 2 항 제 1 호, 같은 법 시행령 제13조 제 4 항), 둘째, 주식의 매입가액이 상속세 및 증여세법 제63조에 따라 평가한 당해 주식의 시가 또는 주식의 액면가액 이상

일 것(구 조세특례제한법 제15조 제 2 항 제 2 호, 같은 법 시행령 제13조 제 5 항 제 2 호), 셋째, 주식의 매입가액의 연간 합계액이 5천만 원 이하일 것(조세특례제한법 제15조 제 2 항 제 5 호, 같은 법 시행령 제13조 제 7 항 괄호)을 각각 요구하였다.

### (2) 사안의 쟁점

주식매입선택권의 부여 이후에도 회사의 사정에 따라 얼마든지 주식분할 내지는 유·무상증자 등이 행하여질 수 있고, 이러한 경우 주식가치의 희석효과가 발생하므로 행사가격의 조정이 추후 수반되기 마련이다. 문제는 구 조세특례제한법 및 동법 시행령의 규정만으로는 행사가격의 조정이 발생하는 경우에도 주주총회의 특별결의를 거쳐야 하는지 여부가 명확하지 않고, 이에 대해서 별도의 규정을 통해 사전에 정해 놓은 바도 없었다는 점이다. 그 결과 이 사안에서 원고가 주주총회의 특별결의를 거치지 아니한 채 이 사건 주식매입선택권의 행사가격을 조정한 행위와 관련해서, 여전히 비과세 특례가 적용될 수 있는지 여부가 다투어지게 되었다.

### (3) 주주총회의 특별결의를 요하는지 여부

구 조세특례제한법 제15조 제 1 항은 증권거래법 등에서 정하고 있는 주식매입선택권을 실제 행사함으로써 얻은 이익에 대해서 세제상 지원을 제공하는 규정이므로, 최초에 정한 매입가액이 아니라 실제로 획득한 이익이 얼마인가를 판단하는 기준이 되는 최종 행사가격이 더 실질적인 의미를 지닌다. 만약, 조정 산식을 통해 산출된 최종 행사가격의 수준이 최초에 주식매입선택권을 부여할 당시에 비해 지나치게 높게 설정되는 경우 임직원들로서는 획득할 수 있는 잠재적 이익이 줄어드는 결과가 발생하지만, 그렇다고 해서 행사가격을 지나치게 낮은 수준으로 조정하게 되면 회사로서는 임직원들에게 과도한 이익을 분여하게 되어 기존 주주들의 이익을 침해하는 결과가 되기 때문이다.

즉, 행사가격의 조정은 임직원뿐만 아니라 기존 주주의 이익에도 심대한 영향을 미치는 요소이므로 행사가격의 수준을 적절하게 제어할 필요가 있고, 이러한 취지에서 주식매입선택권을 부여할 당시와 동일한 요건이 갖추어져야 한다고 보아야 한다. 유상증자로 인해 행사가격의 조정이 필요한 사안과 관련해서, 대법원 2009.5.28. 선고 2006두5755 판결이 주식매입선택권 부여 당시의 매입가액은 물론 주식매입선택권 부여 후 그 매입가액을 조정하는 경우에도 상법 제434조 규정에 의한 결의(주주총회 특별결의)를 거칠 것과 행사사격인 주식매입선택권의 부여일 당시의 시가 이상일 것이 필요하다고 설시하였다는 점은 이러한 맥락에서 이해할 수 있다.

위에서 살펴본 바와 같이 주식매입선택권의 행사가격의 조정을 규율하는 취지는 기존 주주의 이익에도 영향을 미치기 때문이다. 그렇다면 주주와 이해관계가 없는 부분에 대해서는 행사가격의 조정과 관련해서 주주총회 특별결의를 요구할 필요가 없다는 결론이 도출된다. 주식분할은 주식의 수량을 변동시키는 행위라는 점에서 유·무상증자와 외견상 유사하다.

그러나 주식분할을 통해 매입대상의 주식이 분할되어 그 비율에 따라 1주당 매입가액을 감액하는 경우는 주식매입선택권 부여 당시의 조건이 유지되는바, 기존 주주들의 이해관계에 영향을 미친다고 보기 어렵다. 이러한 측면에서 주식분할로 행사가격을 조정하는 경우까지 기존 주주들의 이익을 보호하기 위한 주주총회 특별결의를 요구할 필요는 없다고 보인다. 그리고 이 사건 판결 역시 이러한 취지에서 판단하였다.

#### (4) 이 사건 판결의 의미

주식매입선택권의 매입가격 조정과 관련해서 구 조세특례제한법 시행령 제13조의 요건들이 적용되는지 여부에 대해서는 명확한 규정이 존재하지 않았으므로, 이는 법률해석에 의하여 해결될 수밖에 없다. 이 사건 대법원 판결은 유・무상증자와 주식분할의 법률적 성격에 대한 정확한 이해를 바탕으로 구 조세특례제한법 제15조 제 1 항의 입법취지와 주주총회 특별결의의 의미를 모두 모두 고려하여, 유・무상증자의 경우와 주식분할의 경우가 달라질 수밖에 없다는 점을 설득력 있게 제시하였다. 그리고 그 결과 법리적 정합성과 구체적 타당성을 동시에 성취할 수 있었다는 점에서 의미 있는 판결이라고 생각된다.

**37** 대법원 2012.1.26. 선고 2011두23443 판결

# 위장거래 매입액의 법인세 손금인정 여부

**판결요지**

[1] A는 실물거래 없이 세금계산서만을 발행해 주는 자료상이고, 원고가 이 사건 세금계산서의 발행 시점에 A부터 공급받은 것은 아니지만 공급대상 물건인 구리를 매입한 것으로 보이는 점에 비추어 볼 때, 이 사건 세금계산서는 A가 구리를 공급하지 않았음에도 마치 A가 이를 공급한 것처럼 작성된 허위의 세금계산서에 해당한다. 한편 원고가 이 사건 거래를 하면서 좀 더 주의를 기울였더라면 A가 이 사건 거래 물건인 구리의 실제 공급자가 아니고 이 사건 세금계산서가 실제 거래와 달리 작성된 허위의 세금계산서라는 점을 알 수 있었을 것으로 보이므로, 원고에게 이 사건 세금계산서의 명의위장 사실을 알지 못한 데 과실이 없다고 할 수 없다. 따라서 해당 매입세액의 공제를 부인한 이 사건 부가가치세 부과처분은 적법하다.

[2] 이 사건 세금계산서가 실제 거래와 달리 작성된 허위의 세금계산서이기는 하나, ① 원고가 실제 비철금속 도매업을 영위하는 사업자인 점, ② 원고가 2008.9.4. A의 계좌로 191,041,290원(공급가액 173,673,900원 + 세액 17,367,390원)을 송금하였는바, 피고가 위와 같이 이체된 금원이 다시 원고에게 반환되었는지 여부를 밝히지 못하고 있으므로, 위 이체금액이 이 사건 거래 물건인 구리를 매입하는 데 사용되었다고 볼 수밖에 없는 점, ③ 화물차 운전기사인 임××이 확인서와 제1심 법정 증언을 통해, 자신이 직접 2008.9. 초순경 원고에게 이 사건 거래 물건인 구리를 운송해 주었다는 사실을 확인하고 있는 점, ④ 원고가 A 측 박○○의 입회하에 이 사건 거래 물건을 계근한 후 발급

한 계량증명서 6장 중 원고가 보관하고 있는 3장의 계량증명서상 계근 중량이 이 사건 세금계산서상 구리의 중량과 일치하여 실제 거래가 있었음을 뒷받침하는 점을 종합하여 보면, 원고가 A가 아닌 다른 업체로부터 2008.9. 초순경 이 사건 거래 물건인 구리를 실제로 공급받고 그 대금을 실제 공급받은 업체가 아닌 A 명의의 법인계좌를 통해 지급한 것으로 보인다. 따라서 원고가 지출한 이 사건 거래 물건의 매입액은 원고의 사업과 관련하여 통상적으로 지출된 비용으로서 손금 처리되어야 하고, 이를 손금에 산입하지 않은 이 사건 법인세 부과처분은 위법하다.

## 1. 사실관계의 요지

비철금속 도매업을 영위하는 사업자인 원고는 2008년도 제 2 기분 부가가치세 과세기간 중 A로부터 공급가액 173,673,900원(이하 '이 사건 매입액')의 매입세금계산서 1장(이하 '이 사건 세금계산서')을 교부받아 피고에게 이 사건 매입액 관련 세액을 공제하여 부가가치세 신고를 하고, 이 사건 매입액을 손금에 산입하여 법인세 신고를 하였다.

이에 대하여 피고는 이 사건 세금계산서가 실물거래 없이 발급된 가공의 세금계산서라고 판단하고, 이 사건 매입액 관련 세액을 불공제함과 동시에 법인세 계산시 손금불산입하여 원고에게 2008년도 제 2 기분 부가가치세 경정부과처분(이하 '이 사건 부가가치세 부과처분')과 2008년도 사업분 법인세 경정부과처분(이하 '이 사건 법인세 부과처분')을 하였다.

## 2. 평　　석

### (1) 이 사건 부가가치세 부과처분 관련

부가가치세법 제17조 제2항 제2호는 교부받은 세금계산서에 필요적 기재사항의 전부 또는 일부가 사실과 다르게 기재된 경우의 매입세액은 매출세액에서 공제하지 아니하도록 규정하고 있다. 위와 같이 규정한 취지는 부가가치세의 납부세액은 매출세액에서 매입세액을 공제하는 방식으로 계산(이른바 '전단계매입세액공제 방식')되는데, 세금계산서는 부가가치세의 세액계산 구조에 있어서 핵심요소이기 때문에 사실과 다른 세금계산서의 수수를 금지하기 위함이다.

한편 대법원은 "실제 공급자와 세금계산서상의 공급자가 다른 세금계산서는 공급받는 자가 세금계산서의 명의위장사실을 알지 못하였고 알지 못한 데에 과실이 없다는 특별한 사정이 있는 경우에는 그 매입세액을 공제 내지 환급 받을 수 있다"는 입장을 취하고 있다(대법원 2002.6.28. 선고 2002두2277 판결 등 다수 참조). 부가가치세법 기본통칙 21－0－1 역시 "사업자가 거래 상대방의 사업자등록증을 확인하고 거래에 따른 세금계산서를 발급하거나 발급받은 경우, 거래 상대방이 관계기관의 조사로 인하여 명의위장사업자로 판정되었다 하더라도 해당 사업자를 선의의 거래 당사자로 볼 수 있는 때에는 경정 또는 조세범처벌법에 따른 처벌 등 불이익한 처분을 받지 아니한다"고 규정하고 있다.

다만, 이 경우 공급받는 자가 위와 같은 명의위장 사실을 알지 못한 데에 과실이 없다는 점은 매입세액의 공제 내지 환급을 주장하는 자가 이를 입증하여야 한다(대법원 2002.6.28. 선고 2002두2277 판결 등 참조).

대상판결은 전형적으로 사실과 다른 세금계산서가 문제되는 사안에 관한 것으로 보이며, 이 사건 부가가치세 부과처분과 관련한 대상판결의 판시 내용은 위 부가가치세법의 관련 규정 및 기존 대법원 판례를 재차 확인하였다는 의미 이상을 부여하기는 어려워 보인다.

### (2) 이 사건 법인세 부과처분 관련

실무상 '사실과 다른 세금계산서'는 가공거래에 따른 것과 위장거래에 따른 것으로 구분되며, 양자는 세무상의 취급에 차이가 있다. 대법원 역시 세금계산서에 의한 거래가 위장거래에 불과한지, 아니면 실물거래가 없는 가공거래인지를 구별할 필요가 있음을 인정하고 있다(대법원 1993.10.8. 선고 93누14400 판결 ; 대법원 1989.7.11. 선고 88누10589 판결 등 참조).

우선 가공거래란 실물거래 없이 소위 세금계산서만 주고받음으로써 허위로 매입세액을 공제받는 것을 말한다. 따라서 과세관청은 가공거래 사실을 적발할 경우 법인세와 관련하여서는 가공매입금액에 상응하는 손금의 산입을 부인함과 동시에 해당 금액의 귀속자에 대하여 소득처분을 하고, 부가가치세와 관련하여서는 해당 매입세액의 공제를 부인하게 된다.

한편 위장거래란 실물거래는 존재하되 세금계산서의 필요적 기재사항인 공급자를 사실과 다르게 기재하여 거래 상대방을 은폐하는 것을 말한다. 이 경우 실물거래는 존재하기 때문에 매입과 관련한 손금산입이 그대로 인정되어 법인세는 부과되지 아니하고, 다만 부가가치세와 관련한 매입세액의 불공제만이 문제된다.

왜냐하면, 법인세법 제19조 제 1 항 및 제 2 항은 법인세법상 손금불산입 항목으로 특별히 열거되어 있지 않는 이상 당해 법인의 순자산을 감소시키는 거래로 인하여 발생하는 손비는 '사업관련성'과 '통상성'만 인정되면 손금으로 인정된다고 해석되기 때문이다(대법원 2009.6.23. 선고 2008두7779 판결 참조). 즉, 당해 손비가 사업상 수익을 창출하기 위해 지출된 것으로서 사회통념상 적절한 것인 이상 손금으로 산입되어야 하고, 설령 그와 관련된 세금계산서가 '사실과 다른 세금계산서'라는 이유로 부가가치세법상 매입세액 불공제 대상이라 할지라도 결과는 마찬가지인 것이다.

대상판결은 위장거래 사안에 관한 것인데, 위장거래의 경우 법인세법상 해당 매입액의 손금성을 명시적으로 인정한 최초의 대법원 판례인 것으로 보인다. 이는 아마도 과세관청의 유권해석(조심 2011.3.10. 선고 2010중1284 결정 등 다수)에 의하여 위장거래의 경우 해당 매입액의 법인세법상 손금성이 이미 인정되고 있었기 때문에, 이에 관한 쟁점이 대법원에서 직접적으로 판단될 기회가 없었기 때문인 것으로 추측된다.

실무상 과세관청이 전심단계에서 처분사유로 가공거래를 주장하다가 행정소송 중 그 처분사유를 위장거래로 변경하면서도 법인세 (또는 소득세) 부과처분의 적법성 주장은 그대로 유지하는 경우가 있고, 하급심 판결 중에서는 과세관청의 가공거래 주장을 배척하면서도 법인세 (또는 소득세) 부과처분의 취소를 하지 않는 경우가 발견되기도 한다(서울고등법원 2009.9.8. 선고 2009누1756 판결 등 참조). 대상판결은 앞으로 이와 같은 혼선을 정리하여 주는 기능을 할 것으로 기대된다.

**38** 대법원 2012.5.24. 선고 2012두2726 판결

# 적격분할시 포괄승계요건의 의미

**판결요지**

대상판결의 원심은 등록세 중과세 제외요건에 관한 규정의 하나인 구 법인세법 시행령 제82조 제 3 항 제 2 호 단서는 제한적 규정이라고 전제하고, 분할법인의 레미콘 등 사업부문이 분할되어 설립된 원고가 그 사업부문의 자산을 승계하면서 32개 사업장 부지 중 일부 사업장 부지만 승계하고 나머지 대부분의 사업장 부지는 분할하기 어려운 자산이 아님에도 승계하지 아니하였으므로 위 단서의 규정에 해당하지 않는다는 등의 이유로, 원고가 취득한 토지는 등록세 중과세대상에서 제외될 수 없다고 판단하여 원고의 청구를 기각하였다.

대상판결은 위와 같은 원심의 판단을 정당한 것으로 수긍하였다.

## 1. 사실관계[1)]

원고는 레미콘 제조 및 골재사업을 영위하는 회사로, 2009.4.1. 분할존속회사인 A회사로부터 물적분할을 통해 설립되었다. A회사는 시멘트와 레미콘을 제조하는 32개소의 사업장 부지를 보유하고 있었는데 원고에게 그

1) 대상판결이 공간되지 않아 사실관계를 명확하게 확인할 수 없었다. 여기에 기재된 사실관계는 대상판결의 원심인 서울고등법원 2011.12.21. 선고 2011누18399 판결과 금융감독원 전자공시시스템(dart.fss.or.kr)에서 확인한 내용으로 재구성하였음을 밝혀 둔다.

중 3개 사업장 부지만을 이전하여 주었고, 나머지 29개소 사업장 부지(이하 '이 사건 부지')는 원고에게 이를 이전할 경우 당해 부지가 담보로 제공된 차입금의 차입조건이 불리하게 변경된다는 이유로 원고에게 이를 이전하지 아니하였다.

한편 A회사는 원고에게 쟁점 부지를 이전하지 않더라도 "당해 토지의 임차 등을 통하여 분할신설법인이 독립된 사업을 계속하여 영위하는 것이 가능한 때에는 법인세법 시행령 제82조 제 3 항 제 2 호에 의한 요건을 충족한다"는 내용의 유권해석을 받았다(법인-1149, 2009.10.16.).

피고 의왕시장은 A회사가 원고에게 이 사건 부지를 이전하지 않은 이상 구 법인세법 시행령(2010.6.8. 대통령령 제22184호로 개정되기 전의 것. 이하 같다) 제82조 제 3 항 제 2 호가 정한 "분할하는 사업부문의 자산 및 부채가 포괄적으로 승계될 것"이라는 요건(이하 '포괄승계요건')을 충족하지 못하였고, 따라서 구 조세특례제한법(2010.1.1. 법률 제9921호로 개정되기 전의 것. 이하 같다) 제119조 제 1 항 제10호가 정한 분할에 따른 등록세 면제규정이 적용되지 않는다고 판단하였다. 이에 따라 피고 의왕시장은 원고에게 구 지방세법 제138조 제 1 항의 중과세율을 적용하여 원고가 취득한 토지에 대한 등록세를 부과하였다(이하 '이 사건 부과처분').

## 2. 평 석

### (1) 쟁점의 정리

대상판결은 공간되지 아니하였고, 판시 자체도 원심의 판단을 그대로 인용하고 있어 그 자체만 놓고 보면 중요성이 높지 않다고 볼 수 있다. 그러나 과세관청은 과거 이른바 적격분할의 요건 중 하나인 포괄승계요건의 해석에 대해 비교적 유연한 태도를 취하고 있었고, 납세의무자들도 이에 맞추어 분할계획서를 작성한 경우가 많았는바, 만약 과세관청이 대상판결을 계기로 포괄승계요건을 엄격하게 해석해야 한다는 입장으로 선회한다면 과거에 이미 분할을 한 회사들이나 앞으로 분할을 하려 하는 회사들에게 미치는 영향이 결코 작지 않을 것으로 보인다.

따라서 이러한 점에서 대상판결의 함의를 검토하여 보는 것이 의미가 있을 것으로 보인다. 아래에서는 포괄승계요건의 의미를 중심으로 대상판결이 갖는 함의를 검토해 보기로 한다.

### (2) "분할하는 사업부문의 자산 및 부채가 포괄적으로 승계될 것"의 의미

#### 1) 일반론

구 법인세법(2009.12.31. 법률 제9898호로 개정되기 전의 것)은 이른바 적격분할로서의 요건을 갖춘 분할의 경우에는 분할평가차익 상당액의 손금산입(인적분할의 경우 : 제46조), 자산양도차익 상당액의 손금산입(물적분할의 경우 : 제47조) 등 여러 과세특례를 부여하고 있었다. 이는 법률적 겉껍질의 변화에 불과한 분할을 과세계기로 삼을 수 없다거나, 기업구조조정을 촉진하기 위해서는 분할에 대한 과세특례를 부여할 필요가 있다는 견해를 수용한 것으로 이해된다.[2)]

이러한 취지를 고려하면, 적격분할의 요건 중 하나인 포괄승계요건은 일응 분할되는 사업부문이 분할 이후에도 분할 이전의 사업과 동일성을 유지할 수 있도록 자산과 부채를 이전하는 경우를 의미하는 것으로 해석해 볼 수 있다고 생각된다.

한편 포괄승계요건의 적용 범위를 지나치게 넓힐 경우 분할을 이용하여 부당하게 과세특례의 혜택을 받는 경우가 생길 수 있는 점, 구 법인세법 시행령 제82조 제 3 항 제 2 호 단서가 "공동으로 사용하던 자산, 채무

---

2) 이창희, 『세법강의』(제11판), 박영사, 2013, p.642 참조.

자의 변경이 불가능한 부채 등 분할하기 어려운 자산과 부채 등으로서 기획재정부령이 정하는 것"을 특별히 포괄승계요건의 예외로 규정하고 있는 점 등을 고려하면, 원칙적으로 "분할하는 사업부문의 자산 및 부채"이면 분할신설회사에게 이를 이전하여만 포괄승계요건을 충족하는 것으로 보아야 할 것이다.

그러나 "분할하는 사업부문의 자산 및 부채"인지의 판단기준으로 위에서 살펴본 "사업의 동일성 유지" 기준은 지나치게 추상적이므로, 포괄승계요건을 충족시키기 위해 어떠한 자산과 부채가 분할신설회사로 이전되어야 하는지에 대한 구체적인 판단기준으로 적용하기는 곤란하다고 사료된다. 따라서 구체적인 사안에 적용할 수 있는 판단기준을 판례나 유권해석의 태도를 통해 유추해 볼 필요가 있다.

나아가, 통상적인 회사의 자산은 크게 영업용 자산(부채)과 비영업용 자산(부채)로 구분해 볼 수 있고, 사업의 동일성을 유지하기 위해 이전해야 할 필요성은 비영업용 자산보다는 영업용 자산이 더욱 크다는 점에서 판례나 유권해석의 태도를 영업용 자산과 비영업용 자산에 대한 것으로 나누어 살펴보는 것이 의미가 있을 것으로 보인다.[3]

### 2) 구체적 검토

분할되는 사업부문 고유의 영업과 관련된 영업용 자산은 사업의 동일

---

3) 여기서 영업용 자산과 비영업용 자산은 법적인 개념이라기보다는 영업에 사용되는지 여부에 대한 사실상의 판단 또는 회계적인 개념이라 할 수 있다. 즉, 영업용 자산은 회사의 영업활동에서 직접적으로 발생하는 유동자산(매출채권 등), 고정자산(공장건물 등)을 의미하는 것으로, 비영업용 자산은 회사가 영업활동과 직접적인 관련 없이 취득한 투자자산(투자주식 등)이나 기타자산(손해배상채권 등) 등을 의미하는 것으로 생각해 볼 수 있다.

부채의 경우에도 위와 동일·유사한 기준을 적용할 수 있을 것으로 생각되는바, 아래에서는 자산을 중심으로 논의를 전개하기로 한다.

성을 유지하기 위해 당연히 분할신설회사로 이전되어야 할 것으로 판단된다. 다만, 다른 사업부문과 공동으로 사용하는 자산으로서 물리적으로 분할이 불가능한 경우 등에는 이를 일률적으로 나눌 수 없으므로, 분할법인에 잔류시킬 수 있을 것이다(법인세법 시행규칙 제41조의 2 제 1 호 다목, 재법인－85, 2009.2.5. 등).

또한 꼭 물리적으로 분할이 불가능한 경우가 아니더라도 해당 자산이 공통의 차입금에 대한 저당권이 설정되어 있는 등 사실상 분할이 어려운 경우에는 이를 분할존속법인에 잔류시키더라도 포괄승계요건을 만족한 것으로 볼 필요가 있다. 실제로 과세관청은 과거 위와 같은 경우에도 포괄승계요건을 만족한 것으로 볼 수 있다는 다소 유연한 태도를 취한 바 있다(법인세과－40, 2010.1.12.).

영업용 자산과 달리 비영업용 자산의 경우에는 분할신설회사로 반드시 이전되어야 하는지, 만약 그렇다면 그 판단기준은 무엇인지가 분명하지 않다. 따라서 과세관청은 과거 현금성자산이나 투자주식 · 골프장 회원권 등의 투자자산의 경우에는 분할존속회사나 분할신설회사 둘 중 한 곳에 귀속시키더라도 포괄승계요건을 충족한 것으로 볼 수 있다는 다소 유연한 태도를 보이고 있었다(법인세과－536, 2010.6.10. ; 법인세과－1767, 2008.7.28. ; 서이 46012－12181, 2003.12.24. ; 서면2팀－1125, 207.6.11. 등).

이러한 과세관청의 태도는 분할존속회사와 분할신설회사 중 누구에게 귀속시켜야 하는지에 대한 기준이 명확하지 않은 상태에서 포괄승계요건을 엄격하게 적용할 경우 발생할 수 있는 현실적 불합리를 방지할 필요성과 분할을 통한 법인의 구조조정을 지원하려는 법인세법의 취지를 고려한 것으로 이해된다.

### (3) 대상판결의 의미

#### 1) 영업용 자산(부채)의 경우

이 사건 부지가 레미콘을 제조하는 사업장의 부지로서 영업용 자산에 해당한다는 점은 비교적 명확하다고 생각된다. 따라서 대상판결은 일단 영업용 자산(부채)의 경우 구 법인세법령이 정한 예외에 해당하지 않는 이상 포괄승계요건을 엄격하게 적용해야 한다는 태도를 취한 것으로 보인다.

즉, 대상판결의 원심은 구 법인세법 시행령 제82조 제3항 제2호 단서와 이에 의한 구 법인세법 시행규칙 제41조의 2는 포괄승계의 예외가 인정되는 자산과 부채의 범위를 제한적으로 열거한 규정이라 해석하였다. 대상판결은 비록 원심의 위와 같은 해석에 대해 명시적인 판단을 하지는 않았으나, 원심의 결론을 그대로 수긍하였다는 점에서 최소한 영업용 자산의 경우 포괄승계요건을 엄격하게 해석·적용하여야 한다는 태도를 취한 것만은 분명한 것으로 생각된다.

따라서 앞으로는 영업용 자산이 분할존속회사의 차입금에 대한 담보로 제공되어 있다는 등의 사실상의 이유만으로는 이를 분할신설회사에게 이전하지 않을 수 없을 것으로 보인다.

#### 2) 비영업용 자산(부채)의 경우

그러나 대상판결이 비영업용 자산(부채)에 대해서까지 포괄승계요건을 엄격하게 해석·적용해야 한다는 태도를 취하였다고 해석하는 것은 타당하지 않다고 생각된다.

즉, 다음과 같은 점을 고려하면, 비영업용 자산의 경우에는 기존과 마찬가지로 당해 자산이 분할되는 사업부문에 관한 것임이 분명한 경우가 아니라면, 합리적인 기준에 따라 당해 자산이 분할존속회사와 분할신설회사 중 한 곳에 귀속되도록 하면 포괄승계요건을 충족한 것으로 볼 필요가 있다고 생각된다.

첫째, 대상판결이 구별기준이 분명하지 않은 비영업용 자산의 경우에도 분할존속회사와 분할신설회사 중 누구에게 귀속되는지를 엄격하게 구분하여야 한다는 취지로 보이지는 않는다.

둘째, 만약 위와 같이 해석하지 않는다면, 누구에게 귀속시켜야 하는지가 불분명한 비영업용 자산과 관련하여 포괄승계요건의 충족 여부가 문제되는 경우가 지나치게 많아질 수 있고, 이러한 결과는 분할을 통한 기업구조조정을 지원하려는 법인세법 관련 규정의 취지에 반한다고 볼 수 있다.

셋째, 부가가치세법은 법인세법과 유사하게 분할 등 사업의 포괄양수도에 대해 부가가치세 납세의무가 발생하지 않도록 하는 규정을 두고 있다(부가가치세법 제6조 제6항 제2호). 이 경우 부가가치세법령은 명시적인 규정을 두어 사업상 일반적인 거래 이외의 원인으로 발생한 채권·채무가 양수회사에 이전되는지 여부는 포괄승계요건의 충족 여부에 영향을 미치지 않도록 하고 있는바(부가가치세법 시행령 제17조 제2항, 같은 법 기본통칙 6-17-5), 법인세법상 포괄승계요건의 해석에 대해서도 위와 같은 점을 참고할 필요가 있을 것으로 보인다.

### (4) 결 론

대상판결이 원고가 A회사로부터 이 사건 부지를 승계받지 않았다는 이유로 법인세법상 포괄승계요건을 갖추지 못하였다고 판단한 것은 분할을 이용하여 부당하게 과세특례의 혜택을 받는 경우가 없도록 하기 위한 취지로 이해되고, 수긍할 수 있는 결론이라 생각된다.

그러나 대상판결을 확대해석하여 분할되는 사업부문의 영업과 직접적인 관련이 없는 비영업용 자산(부채)에 대해서도 포괄승계요건을 엄격하게 적용하는 것은 타당하지 않다고 생각된다. 예컨대, 대상판결을 확대해석하여 적용할 경우 현금성자산이나 투자자산, 기타자산(부채) 등의 경우에도 분할존속회사와 분할신설회사로 엄격하게 나누어 귀속시켜야 한다고 볼 수 있는바, 위와 같은 자산과 부채의 경우 누구도 그 분할 기준을 명확하게 제시할 수 없다는 점에서, 이러한 결론은 실무상 분할을 불필요하게 억제하는 결과를 가져올 수 있다고 생각된다.

39 대법원 2012.6.14. 선고 2012두4173 판결

# 최저한세에 관한 구 조세특례제한법 제132조 제 1 항이 법인세의 공제 · 감면 순서의 예외 규정인지 여부

**판결요지**

구 조세특례제한법(2003.12.30. 법률 제7003호로 개정되기 전의 것. 이하 '구 조특법') 제132조가 정한 최저한세 관련 내용은 구 법인세법(2003.12.30. 법률 제7005호로 개정되기 전의 것) 제59조 제 1 항이 정한 공제감면 순서의 예외를 정한 '별도의 규정'으로 보기 어렵다. 따라서 원고가 최저한세의 적용대상이 아닌 구 조특법 제121조의 2 소정의 '외국인투자에 대한 법인세 등의 감면'을 최저한세의 적용대상인 구 조특법 제26조 소정의 '임시투자세액공제' 등 보다 먼저 적용한 것에는 잘못이 없고, 이와 다른 전제에 선 이 사건 과세처분은 위법하다.

## 1. 사실관계

① 원고는 1999.6.14. 모터류 및 발전기 등 자동차 부품의 제조 및 판매를 주된 사업목적으로 설립된 외국인투자법인이다.

② 원고는 2003 내지 2005사업연도에 구 조특법 제121조의 2에 따라 외국인투자법인세 감면(이하 '외투법인감면')을 받고 있었고, 동시에 구 조특법 제26조 등에 따른 임시투자세액공제 등(이하 '임투세액공제 등')을 받고

있었다. 한편 외투법인감면은 구 조특법 제132조에서 정한 최저한세의 적용대상이 아니었으나, 임투세액공제 등은 최저한세의 적용대상이 되는 세액공제였다.

③ 원고는 2003 내지 2005사업연도 법인세를 신고·납부하면서 법인세 산출세액에서 먼저 외투법인감면을 한 후 임투세액공제 등을 적용하여 법인세 과세표준 및 세액을 신고·납부하였다.

④ 과세관청은 원고와 달리 법인세 산출세액에서 최저한세가 적용되는 임투세액공제 등을 먼저 한 후 최저한세가 적용되지 아니하는 외투법인감면을 하여 세액을 경정하였고, 원고에 대해 추가적으로 적용된 임투세액공제에 대한 농어촌특별세 및 법인세 부과처분을 하였다.

## 2. 평　　석

### (1) 쟁　점

이 사건의 쟁점은 외투법인감면과 임투세액공제 등이 동시에 적용될 때 그 적용 순서에 관한 것이다. 외투법인감면이 먼저 적용되면 감면된 법인세 상당액에 대해서 농어촌특별세가 부과되지 않을 뿐만 아니라, 외투법인감면에 의하여 당해 사업연도 법인세 계산시 사용되지 않은 임투세액공제 등은 모두 이월되어 그 다음 사업연도 법인세 계산시 세액공제를 할 수 있다. 그렇기 때문에 외투법인감면이 먼저 적용되는지 여부는 이 사건에서 농어촌특별세 및 법인세 부과처분에 직접적인 영향을 미치게 된다.

법인세액 산출에 있어 세액감면과 세액공제가 동시에 적용되는 경우의 계산순서에 관하여는 구 법인세법 제59조가 명문의 규정을 두고 있었다. 그런데 최저한세에 관하여 규정하고 있는 구 조특법 제132조도 세액감면, 공제에 대한 규정을 두고 있어, 이것이 구 법인세법 제59조를 배제하고 적용되는 특별규정으로서의 성격을 갖는지가 문제된다.

### (2) 법인세법 제59조 제 1 항의 내용

구 법인세법 제59조 제 1 항은 "이 법 및 다른 법률의 적용에 있어서 법인세의 감면에 관한 규정과 세액공제에 관한 규정이 동시에 적용되는 경우 그 적용순위는 별도의 규정이 있는 경우를 제외하고는 다음의 순서에 의한다"고 규정한 후, i) 세액감면, ii) 이월공제가 인정되지 아니하는 세액공제, iii) 이월공제가 인정되는 세액공제의 순서로 법인세를 공제·감면할 것을 규정하고 있었다.

외투법인감면은 각 사업연도의 소득에 대한 세액감면에 해당하고, 임투세액공제 등은 이월공제가 인정되는 세액공제에 해당한다. 따라서 구 법인세법 제59조 제 1 항에 따르면 외투법인감면이 먼저 적용되고, 임투세액공제 등은 그 다음에 적용된다는 것이 명백하다. 다만, 구 법인세법 제59조 제 1 항은 "별도의 규정이 있는 경우"에는 다른 순서로 세액의 공제·감면을 할 수 있다고 규정하고 있어 구 조특법 제132조가 위 "별도의 규정"에 해당하는지가 문제된다.

### (3) 구 조특법 제132조 제 1 항이 구 법인세법 제59조 제 1 항의 특별규정인지 여부

#### 1) 구 조특법 제132조 제 1 항의 내용

구 조특법 제132조 제 1 항은 내국법인이 각 사업연도 소득에 대한 법인세를 계산할 때, 각종 감면 등(특별비용, 소득공제·비과세금액, 세액공제금액, 세액감면금액)을 적용한 후의 세액이 각종 감면 등을 하기 전의 과세표준에 15%를 곱하여 계산한 세액(이른바 최저한세액)에 미달하는 경우 그 미달하는 세액에 상당하는 부분에 대해서는 감면 등을 하지 않는다고 규정하고 있었다.

#### 2) 구 조특법 제132조 제 1 항이 구 법인세법 제59조 제 1 항의 특별규정에 해당한다는 주장의 근거

과세관청은 구 조특법 제132조 제 1 항의 최저한세 규정은 내국법인 등의 각 사업연도의 소득에 대하여 '최저한세가 적용되지 않는 감면 등'을 적용하기 전 단계에서 '최저한세가 적용되는 감면 등'을 적용하여 법인세를 계산하기 위한 규정이어서, 공제·감면의 순서를 정한 법인세법 제59조의 특별규정에 해당하므로, 구 조특법 제132조에 따라 ① 최저한세가 적용되는 임투세액공제 등, ② 최저한세가 적용되지 않는 외투법인감면의 순서로 공제·감면해야 한다고 주장하였다.

과세관청은 위 논리의 근거로 구 법인세법 시행규칙 제82조 제 1 항 제 3 호 [별지 제 3 호서식]의 '법인세 과세표준 및 세액조정계산서'는 산출세액에서 먼저 '최저한세가 적용되는 감면 등'을 차감하여 '차감세액'을 산출하고, 여기서 다시 '최저한세가 적용되지 않는 감면 등'을 차감하여 '가감계'를 산출하도록 하였다는 점을 들었다. 또한 과세관청은 이 사건 처분 후인 2010.1.1. 시행된 구 조특법(2010.3.12. 법률 제10068호로 개정되기 전의 것. 이하 '개정 조특법') 제132조 제 3 항은 조특법을 적용할 때 '최저한세가 적용되는 감면 등'과 그 밖의 공제·감면 등이 동시에 적용되는 경우에는 '최저한세가 적용되는 감면 등'을 먼저 적용하도록 규정하였다는 점도 근거로 제시하였다.

#### 3) 구 조특법 제132조 제 1 항이 구 법인세법 제59조 제 1 항의 특별규정에 해당하지 않는다는 주장의 근거

구 조특법 제132조 제 1 항은 문언상 '최저한세가 적용되는 감면 등'의 한도를 정하는 방법을 규정하고 있을 뿐, '최저한세가 적용되지 않는 감면 등'과의 적용 순서를 직접적으로 표현하고 있지 않다는 점에서 이를 구 법인세법 제59조 제 1 항의 특별규정에 해당한다고 보기는 어렵다. 또한 구 조특법 제132조 제 1 항은 먼저 '최저한세 적용대상이 아닌 감면 등'을 하지 아니한 세액을 산출할 것을 전제로 하고 있는데, 이는 세액 산출의 적용 순서를 정한 것이라기보다는 '최저한세 적용대상인 감면 등'을 하고 나서 법인세를 산출할 경우 그 법인세에서 다시 '최저한세 적용대상인 감면 등'을 하는 것은 '최저한세 적용대상인 감면 등'을 이중으로 하는 셈이 되므로 '최저한세 적용대상인 감면 등'을 하지 아니하고 법인세를 산출하는 것은 당연하다는 점에서 그 취지를 별도로 규정하지 않고, '최저한세 적용대상이 아닌 감면 등'을 할 것인지 여부만을 규정한 것으로 보아야 한다.

나아가 이 사건과 같이 감면 등의 적용 순서의 차이에 따라 이월공제액에서 차이가 발생하는 경우에도 구 조특법 제132조 제 1 항에 따라 산출되는 최저한세액은 변동이 없으므로 위 규정에 최저한세의 산출과 관련된 감면의 적용 순서가 내포되어 있다고 보기는 어렵다.

과세관청이 들고 있는 근거 중, '법인세 과세표준 및 세액조정계산서' 서식은 단지 법인세의 신고・납부에 필요한 행정절차를 규정한 서식일 뿐이므로, 상위법령인 구 법인세법 제59조가 정한 공제・감면의 적용 순서의 예외를 정한 '별도의 규정'으로 볼 수 없다. 또한 개정 조특법 제132조 제 3 항 자체는 구 법인세법 제59조와 달리 별도의 감면 순서를 정한 것으로 볼 수 있으나, 헌법 제59조가 정한 조세법률주의 원칙에 비추어 볼 때 위 신설 규정은 구 법인세법 제59조와 구 조특법 제132조 제 1 항의 해석상 위 규정이 당연히 도출됨을 전제로 하여 감면 순서를 확인하는 의미에서 규정한 것으로 볼 수는 없고, 구 법인세법 제59조가 정한 감면 순서의 예외를 새로 정한 것으로 보아야 한다. 따라서 위 규정은 이 사건 법인세의 사업연도 및 이 사건 처분 후에 신설되었으므로 이 사건 처분에는 적용되지 않는다.

### (4) 이 사건의 경우

이 사건에서 대법원은 앞서 살펴본 논거를 제시하며 구 조특법 제132조 제1항이 구 법인세법 제59조 제1항의 특별규정에 해당하지 않는다고 본 원심을 수긍하여 피고의 주장을 모두 배척하였다. 이와 같은 대법원 판결은 법령에 명백한 규정이 없음에도 불구하고 세금을 최대한 많이 걷을 수 있는 방향으로 세법을 해석하여 적용하려 하는 국고주의적인 법령 해석에 일침을 가한 것으로, 조세법률주의 및 법적 안정성의 관점에서 지극히 타당한 판결이라 생각된다.

# 40 대법원 2012.9.27. 선고 2010두14329 판결

# 하수급인이 도급인과의 특약에 의하여 전액 책임을 진 사고보상비의 접대비 해당 여부

**판결요지**

[1] 구 법인세법(2010.12.30. 법률 제10423호로 개정되기 전의 것) 제25조 제 1 항, 제 5 항 규정의 문언 내용과 취지 등에 비추어 보면, 법인이 사업을 위하여 지출한 비용 가운데 상대방이 사업에 관련 있는 사람들이고 지출의 목적이 접대 등 행위에 의하여 사업관계자들과 사이에 친목을 두텁게 하여 거래관계의 원활한 진행을 도모하는 데 있는 것이라면 그 비용은 접대비라고 할 것이지만, 법인이 수익과 직접 관련하여 지출한 비용은 섣불리 이를 접대비로 단정하여서는 아니된다.

[2] 갑 주식회사가 원수급자 을 주식회사와 하도급계약을 체결하면서 "갑 회사가 재해 발생시 자기 비용으로 피해자와 합의하여 배상한다"는 공상처리비 약정을 체결하고 위 약정에 따라 재해근로자에게 지급한 사고보상비 등을 공상처리비로 회계처리하여 손금산입하였으나 과세관청이 지급의무가 없는 비용으로 보아 그 전부를 접대비 한도초과액으로서 손금불산입한 사안에서, 갑 회사가 공사를 수주받기 위하여 어쩔 수 없이 위 약정에 동의한 점 등에 비추어 위 공상처리비는 하도급계약에 따른 갑 회사의 수익과 직접 관련된 비용으로서 접대비로 볼 수는 없다는 이유로, 이와 달리 본 원심판결에 법리오해의 위법이 있다고 한 사례.

## 1. 들어가며

접대비라 함은 접대비 및 교제비·사례금 기타 명목 여하에 불구하고 이에 유사한 성질의 비용으로서 법인의 업무와 관련하여 지출한 금액을 말한다(법인세법 제25조 제 5 항). 접대비는 업무 관련 비용의 일종이나, 손금산입한도액의 제한을 받는다. 즉, 법인이 지출한 접대비는 법인세법 제25조에서 규정하는 일정한 범위를 초과하는 경우 손금에 산입할 수 없도록 되어 있다. 그런데 손금산입을 인정하는 접대비의 총액이 크지 않기 때문에 법인의 입장에서는 지출한 비용이 접대비로 분류되는 경우 손금에 산입되는 비율이 매우 낮아 세무상 불이익을 입게 된다. 따라서 법인인 납세자의 입장에서 접대비의 판단기준은 매우 중요한 사항이다.

## 2. 사실관계

① 원고는 원수급자(도급인)인 A건설과 건설공사 하도급계약을 체결하였다.

② 원고와 A는 당시 계약 특수조건으로 "재해가 발생하는 경우 원고는 자기비용으로 피해자 측과 합의하여 배상하고, A건설에 대하여는 일체의 민·형사상 청구권을 포기한다"는 내용의 약정(공상처리비 약정)을 하였다.

③ 원고는 공사현장에서 업무상 사고가 발생하자, 위 약정에 따라 피해자에게 치료비 약 4억원을 지급하고 이를 공상처리비로 회계처리하여 손금에 산입하였다.

④ 피고는 원고가 지급한 공상처리비를 접대비로 보고 원고의 2005사업연도 법인세 과세표준을 산정하면서 공상처리비 전부를 접대비 한도초과액으로서 손금불산입하고 법인세를 부과하였다.

## 3. 이 사건의 판단

### (1) 원심의 판단

원심은 이 사건과 같은 하도급계약에서는 '원수급자인 A건설이 산업재해보상보험에 가입하고 보험료를 납부'한 후 산업재해가 발생하면 재해근로자 등 수급권자가 산업재해보상보험법에 따라 근로복지공단에 청구하여 보험급여를 지급받아야 하므로 공상처리비는 A건설이 부담해야 한다고 전제하였다. 그럼에도 하수급자인 원고가 A건설과의 거래관계를 유지하기 위하여 계약 특수조건을 약정하고 지급의무가 없는 사고보상비 등을 지급하게 되었다고 보았다. 따라서 원고가 지출한 공상처리비는 지급의무가 없는 비용을 약정에 의하여 지급하고, A건설로부터 받아야 할 채권을 포기한 것에 해당하므로, 피고가 이를 접대비로 보고 손금불산입한 것은 적법하다고 판단하였다.

### (2) 대상판결의 판단

대법원은 원고가 A건설로부터 공사를 수주받기 위하여 어쩔 수 없이 A건설의 요구를 받아들여 공상처리비 약정을 둔 것이고, 이 약정은 하도급계약의 일부를 이루는 것이므로 공사대금과 일정한 대가관계에 있다고 보았다. 따라서 이 사건 공상처리비는 하도급계약에 따른 원고의 수익과 직접 관련된 비용으로서, 단순히 원고가 A건설과 친목을 두텁게 하고 거래관계의 원활한 진행을 도모하기 위하여 지출한 접대비로 볼 수 없다고 판단하고, 원심판결을 파기 환송하였다.

## 4. 평 석

### (1) 접대비의 판단기준

과세실무상 법인이 지출한 비용이 접대비에 해당하는지 여부에 따라 손금산입의 범위가 달라져 법인세 산출액에 큰 영향이 있고, 실제로 접대비와 다른 비용과의 구별도 쉽지 않다. 이를 해결하기 위해 법인세법 집행기준 25－0－4(접대비의 구분)는 접대비, 광고선전비, 판매부대비용의 구분기준을 규정하고 있다. 실무상 자주 문제가 되는 것은 접대비와 판매부대비용으로 아래의 기준에 따라 구분되며, 판매부대비용은 전액 손금에 산입된다는 점이 접대비와 다르다.

| 구 분 | 판매부대비용 | 접대비 |
|---|---|---|
| 수익과 관련성 | 수익과 직접적인 관련이 있음 | 장래의 수익 실현을 기대 |
| 지출의무 | 사전약정에 따른 지출의무 있음 | 지출의무 없음 |
| 지출 상대방 | 모든 거래 상대방 | 특정 거래 상대방 |

### (2) 접대비에 대한 과세관청의 입장과 문제점

과세관청의 입장에서는 명확히 손금에 산입되어야 할 판매부대비용·광고선전비·복리후생비 등을 제외하고, 그 판단이 애매할 때에는 접대비로 보는 경우가 많다. 즉, 과세관청은 법인이 비용을 지출한 목적이 불명확한 경우 접대비로 볼 가능성이 높다. 만약, 접대비의 범위를 좁게 판단하면 법인의 입장에서 손금에 산입되는 비용이 늘어나 법인세 산출세액도 줄어들게 되는데, 법인이 이를 남용하는 경우 법인세의 탈루액도 늘어나는 문제가 발생한다.

따라서 과세관청에서는 원칙적으로 접대비의 범위를 상당히 넓게 판단하고, 법인세법 제25조에 따른 일정 한도액을 초과하는 경우 손금에서 산입하지 않고 있다. 문제는 접대비로 판단되는 범위를 지나치게 넓게 본다면, 법인의 입장에서는 사업을 위하여 지출한 비용임에도 손금으로 인정받지 못하는 경우가 종종 발생한다는 것이다. 이는 접대비에 해당하는 지 여부를 판단하는 기준이 명확하지 않고, 법인세법 제25조에서 규정한 접대비의 손금산입 한도액의 범위가 상당히 작기 때문에 발생하는 문제이다.

### (3) 대법원의 판단에 대한 해석

이 사건의 피고와 원심은 원고가 지출한 공상처리비가 원고에게 지출할 의무가 없는 비용임에 초점을 맞추어 이를 접대비로 판단하였다. 즉, 애초에 A건설이 지출할 의무가 있는 비용임에도 원고가 공상처리비를 지급하였고, A건설로부터 받아야 할 채권을 포기하였으므로 이는 접대비라고 본 것이다.

그러나 대법원은 원고가 공상처비리를 지출하게 된 실질적인 이유에 주목한 것으로 보인다. 애초에 A건설이 공상처리비 약정을 요구한 것은 '원수급자인 A건설이 산업재해보상보험에 가입하는 경우 사고 발생시 산업재해율의 상승에 따른 제재를 우려하여 산업재해보상보험법에 의한 처리'를 꺼렸기 때문이다. 일반적인 하도급계약의 구조상 원수급자 쪽이 주도권을 가지고 있으므로, 하수급자의 입장에서는 원수급자의 요구를 받아들이지 않을 수 없다.

즉, 공상처리비 약정은 원고가 하도급계약을 체결하기 위해 불가피하게 승낙할 수밖에 없었던 것이므로, 이를 단순히 지출의무가 없음에도 장래 수익의 실현을 위해 사용한 접대비라고 볼 수 없다. 따라서 공상처리비 약정은 하도급계약의 일부분으로서 하도급계약상 원고가 지급받게 될 공사대금과 밀접한 관련이 있고, 원고의 수익과 직접 관련하여 지출한 비용이므로 손금에 산입함이 타당하다.

### (4) 이 사건 판결의 의미

이 사건 판결은 거래관계의 실질적인 내용에 주목하여, 조세정의에 부합하는 결론을 이끌어 냈다는 점에서 중요한 의미를 가진다. 또한 과세관청이 접대비의 범위를 지나치게 넓게 판단하여, 납세자인 법인들이 사업을 위해 비용을 지출하고도 손금에 산입되지 않아 과도한 세금을 부담하는 경우에 대하여 구체적 타당성의 입장에서 제한을 가하는 판결로 생각된다. 이 사건에서 대법원은 접대비에 해당하는지 여부를 판단하는 중요한 기준으로 "법인의 수익과 직접 관련하여 지출한 비용은 선불리 접대비로 볼 수 없음"을 선언하였다.

최근 대법원은 화의채권의 조기회수를 위하여 그중 일부를 정당한 사유로 포기한 금액을 접대비로 보아 손금불산입한 것은 위법하다고 판단하였고(대법원 2011.11.24. 선고 2009두13955 판결), 법인의 취재기자들이 취재활동을 위해 지출한 취재비를 모두 접대비로 보고 손금불산입한 것은 위법하다고 판단하는(대법원 2010.6.24. 선고 2007두18000 판결) 등, 납세자의 권리보호를 위한 전향적인 판결을 선고하고 있다. 이는 지금까지 과세관청이 접대비로 판단하는 범위가 지나치게 넓어 발생하는 손금불산입의 문제점을 법원이 시정하여, 납세자의 권리구제와 조세정의의 실현을 도모하는 것으로 생각된다.

# 41 대법원 2013.1.24. 선고 2012두21536 판결

# 대출금의 귀속 주체를 오인하여 위반한 법인세 부과처분의 당연무효 여부

**판결요지**

실제 차주가 아닌 원고를 상대로 법인세를 부과한 것은 실질과세의 원칙을 위반한 하자가 있다고 봄이 상당하므로 타인 명의 대출금과 관련한 법인세 부과처분 부분은 당연무효라고 봄이 상당하나, 과세관청으로서는 원고가 실차주라고 오인할 만한 객관적인 사정이 있었다고 보이는 점 등을 종합하면 원고 명의의 대출금과 관련한 법인세 부과처분 부분은 당연무효라고 볼 수 없다.

## 1. 사실관계

① 주식회사 ××종합건설은 2002.5.14. 토목공사업 등을 목적으로 설립되었다가 2004.6.30. 원고로 상호가 변경된 후, 2007.6.11. 폐업한 법인사업자로서, 동일인 여신한도 제한규정을 회피하기 위하여 주식회사 ○○상호저축은행(이하 '○○저축은행'이라고 한다)으로부터 1999년부터 2005년까지 사이에 원고 명의로 ×××원(이하 '이 사건 원고 명의 대출금'이라고 한다), 김×× 등 13인 명의로 ×××원(이하 '이 사건 타인 명의 대출금'이라고 한다) 합계 ×××원(이하 이 사건 원고 명의 및 타인 명의 대출금을 통틀어 '이 사건 쟁점 대출금'이라고 한다)을 대출받았다. 그러나 위 대출금은 원고이 대

표자가 대표를 겸하고 있는 △△건설에 실질적으로 귀속되어 사용되었다.

② 광주세무서장은 ○○저축은행에 대한 법인사업자 일반 부분조사를 실시한 후, 이 사건 쟁점 대출금의 실차주가 원고라는 내용의 조사 결과와 함께 금융감독원으로부터 받은 검사서 및 대출금거래내역서를 첨부하여 실차주와 명의차주 간의 거래내용을 확인하여 매입·매출누락 등 과세 여부를 검토하도록 피고에게 통보하였다.

③ 이에 피고는 2010.12.1. 원고에게, 이 사건 쟁점 대출금이 원고에게 실질적으로 귀속되었음에도 이를 장부에 계상하지 않았다는 이유로, 쟁점 대출금을 대표자 가지급금으로 보아 익금산입하고, 위 금액을 장부상 차입금으로 손금산입한 후 가지급금 인정이자를 익금산입하여 법인세를 부과하였다(이하 '이 사건 처분'이라고 한다).

## 2. 쟁점 및 판단

### (1) 쟁 점

원고는 이 사건 쟁점 대출금의 실제 차주는 △△건설이라고 할 것임에도 명의대여자에 불과한 원고가 쟁점 대출금을 실제 대출받은 것으로 보아 법인세를 부과한 이 사건 처분은 실질과세의 원칙에 위배되는 것으로서 중대하고 명백한 하자가 있어 당연무효라고 주장하였다. 이에 대하여 피고는 이 사건 처분은 당연무효가 아니라고 주장하면서, 그 근거로 과세대상이 되는 것으로 오인할 만한 객관적인 사실이 존재하는 이상 실질과세원칙을 위반한 하자가 있다고 하더라도 그 하자가 명백하다고 볼 수 없다는 점을 들었다.

이와 같은 원·피고의 주장을 정리하면, 이 사건의 쟁점은 "대출금의 실질귀속자를 오인한 이 사건 처분의 하자가 처분 무효사유에 해당되는지 여부"로 요약될 수 있다.

### (2) 대상판결의 판단

1) 실질과세의 원칙 위반 여부

이 사건 쟁점 대출금은 △△건설이 원고 및 김×× 등의 명의를 빌려 대출받은 것이라고 봄이 상당하므로, 이 사건 처분은 실제 차주가 아닌 원고를 상대로 법인세를 부과한 것으로서 실질과세의 원칙을 위반한 하자가 있다고 봄이 상당하다.

2) 이 사건 처분이 당연무효인지 여부

이 사건 타인 명의 대출금과 관련한 법인세 부과처분 부분은 과세대상이 되는 법률관계나 사실관계가 전혀 없는 자에게 한 과세처분으로서 그 하자가 중대할 뿐만 아니라 명백하다 할 것이므로, 이 부분에 대한 부과처분은 당연무효라고 봄이 상당하나, 이 사건 원고 명의 대출금과 관련한 법인세 부과처분 부분은, ① 원고의 대표이사와 △△건설의 대표이사가 박○○로 동일한 점, ② 실제와 다른 외관을 만들어 낸 것은 원고 자신이라 할 것인 점, ③ 이 사건 원고 명의의 대출금은 원고 명의로 대출받은 것으로서 피고로서는 원고가 실차주라고 오인할 만한 객관적인 사정이 있었다고 보이는 점, ④ 이 사건 원고 명의 대출금의 실제 차주가 원고인지 아니면 △△건설인지 여부는 그 사실관계를 정확히 조사하여야 비로소 밝혀질 수 있다고 봄이 상당한 점을 종합하여 보면, 이 사건 원고 명의 대출금의 실제 차주가 원고가 아닌 △△건설이어서 실질과세의 원칙을 위반한 하자가 있다고 하더라도 그 하자가 외관상 명백하다고 볼 수 없으므로, 이 사건 원고 명의 대출금과 관련한 법인세 부과처분 부분은 당연무효라고 볼 수 없다.

## 3. 평　　석

### (1) 무효 · 취소의 판단기준에 대한 판례의 태도

행정처분에 하자가 있는 경우, 행정처분의 하자의 정도에 따라 무효인 행정처분인지 또는 취소할 수 있는 행정처분인지로 구별되며, 이에 따라 소송형태, 제소기간과 행정심판전치주의의 적용 여부, 선결문제, 사정판결 및 사정재결, 하자의 승계, 하자의 치유와 전환 등에서 많은 차이가 있게 된다. 그러나 우리 법은 행정처분의 무효사유와 취소사유의 구별기준에 대하여 명문의 규정을 두고 있지 아니하고 있어 이는 전적으로 학설과 판례의 해석에 맡겨지고 있는 실정이다.

이와 관련하여 종래 대법원 판결은 "과세처분이 당연무효라고 하기 위하여는 그 하자가 중요한 법규에 위반하고 객관적으로 명백한 것이어야 한다"고 판시하여 왔는데, 흔히 이러한 입장을 중대명백설이라고 불러 왔다. 이러한 중대명백설에 따르면 하자가 중대하고도 명백하여야 해당 과세처분이 무효가 되고, 만약 하자가 중대하지 않거나 명백하지 않으면 단순한 취소사유에 불과하게 된다.

### (2) 대상판결에 대한 검토

대상판결은 중대명백설에 기초하여 이 사건 타인 명의 대출금과 관련한 법인세 부과처분 부분은 과세대상이 되는 법률관계나 사실관계가 전혀 없는 자에게 한 과세처분으로서 그 하자가 중대할 뿐만 아니라 명백하다고 보아 이 부분에 대한 부과처분은 당연무효로 보았으나, 이 사건 원고 명의 대출금과 관련한 법인세 부과처분 부분은, 이 사건 원고 명의 대출금의 실제 차주가 원고가 아닌 △△건설이어서 실질과세의 원칙을 위반한 하자가 있다고 하더라도 그 하자가 외관상 명백하다고 볼 수 없으므로, 이 사건 원고 명의 대출금과 관련한 법인세 부과처분 부분은 당연무효라고 볼 수 없다고 판단하였다.

이러한 대법원 판단은 처분에 하자가 있다 하더라도 그 하자가 누구에게도 명백한 경우뿐만 아니라 과세관청이 구체적인 경우에 그 직무를 성실히 수행하였을 경우에 판단된 사실관계에 비추어 명백하다고 판단되는 경우에만 당연무효로 볼 수 있다는 '외형상(객관적) 명백설'에 기초한 것이다. 그러나 외형상(객관적) 명백설은 당연무효의 인정범위가 상당히 좁아 부과처분에 하자가 있다하더라도 납세자가 납세고지일로부터 90일 이내에 불복을 제기하지 않은 이상 위법한 부과처분으로 불이익을 입은 납세자는 권리구제의 기회를 부당하게 제한받는 결과에 이를 수 있다.

이러한 문제점으로 인하여 대법원은 최근 조세 신고·납부 행위의 당연무효 여부를 판단함에 있어서, 조세 신고행위는 납세의무자와 과세관청 사이에 이루어지는 것으로서 제 3 자의 보호가 특별히 문제가 되지 않기 때문에 당해 신고행위를 당연무효로 보아야 할 특별한 사정이 있는 때에는 예외적으로 명백성의 요건을 요구하지 않을 수도 있다는 점을 명시하여, 기존의 대법원 판례를 유지하면서도 예외를 설정하여 납세자의 권익을 고려한 진일보한 판결을 내린 바 있다(대법원 2009.2.12. 선고 2008두11716 판결).

그러나 대상판결은 종례 판례의 태도 그대로 외형상(객관적) 명백설에 따라 이 사건 처분의 당연무효 여부를 판단함으로써, 명백성 요건을 완화한 위 판례의 입장을 적용하지는 않았다. 그리하여 이 사건 원고 명의 대출금과 관련한 법인세 부과처분 부분은 실질과세의 원칙을 위반한 하자가 있다고 하더라도 그 하자가 외관상 명백하다고 볼 수 없어(명백성 요건 결여) 당연무효로 볼 수 없다고 판단한 것으로 이해된다. 원고가 실제와 다른 외관을 창출함으로 인하여 피고가 실질귀속자가 아닌 타인을 납세자로 보고 부과처분을 하게 되었다는 점에서 위와 같은 대상판결의 결론은 일응 타당하다고 생각한다.

무효인 행정처분과 취소할 수 있는 행정처분의 구별은 납세자에게는 현실에 있어서는 불복기간을 도과한 경우에도 구제받을 수 있느냐 하는 것에 실질적 의미가 있다. 이 사건에서 어떠한 연유로 원고가 당초의 부과처분에 대하여 불복을 제기하지 않았는지 알 수 없지만 불복을 제기하였더라면 당연히 구제받을 수 있은 사안이었다. 이 점에서도 납세자들이 세무조사나 그로 인한 처분에 대한 불복에 있어 전문가의 충분한 조력을 받지 못하고 있는 현실을 드러낸 것이라고 할 수 있다.

42 대법원 2013.5.9. 선고 2012두27091 판결

# 구 상법상 자기주식 취득 금지규정을 위반한 자기주식 취득대금의 업무무관 가지급금 해당 여부

**판결요지**

[1] 주식의 매도가 자산거래인 주식의 양도에 해당하는가 또는 자본거래인 주식의 소각 내지 자본의 환급에 해당하는가는 법률행위 해석의 문제로서 그 거래의 내용과 당사자의 의사를 기초로 하여 판단하여야 할 것이지만, 실질과세의 원칙상 당해 계약서의 내용이나 형식과 아울러 당사자의 의사와 계약 체결의 경위, 대금의 결정방법, 거래의 경과 등 거래의 전체 과정을 실질적으로 파악하여 판단하여야 한다.

[2] 갑 주식회사가 특수관계자인 주주 을로부터 그 보유의 갑 회사 주식을 취득 …… 한 사안에서, 을은 자신의 출자금을 환급받기 위해 주식을 매도하고 갑 회사 역시 감자의 방법으로 을의 출자금을 반환하기 위해 을과 갑 회사가 주식매매계약에 이른 것으로 볼 여지가 있고, 갑 회사가 매입하는 주식의 대금은 매입할 때마다 분할하여 지급하기로 하고 주식소각은 을로부터 주식 매입이 완료된 시점에 하기로 예정되어 있었으므로 갑 회사가 분할 매입시마다 그 대금을 지급하고 뒤늦게 주식에 대한 소각절차를 완료하였다고 하더라도 그러한 사정만으로 갑 회사가 주식소각의 목적 없이 주식을 취득하였다고 볼 수는 없(다).

## 1. 사실관계

① 원고법인은 1997년경 원고의 최대주주이자 대표이사인 甲과 원고의 2대주주이자 이사였던 乙이 설립한 후 그 운영에 관여하여 왔으나, 둘 사이에 잦은 마찰이 생겨 2004년 2월경 乙은 원고에게 자신의 보유 주식 33,350주(지분율 35.86%)를 매입하여 줄 것을 요청하였다.

② 이에 원고는 2004년 5월경 임시주주총회를 개최하여, 乙 보유 주식을 2004년 5월부터 2009년 내지 2017년까지 합계 ×××원에 분할 매입하고 그 매입이 종료되는 시점에 위 주식을 일시에 소각하기로 결의하였다.

③ 원고는 2004년~2008년 동안 乙의 주식 29,181주(이하 '이 사건 주식'이라 한다)를 대금 합계 ×××원(이하 '이 사건 주식대금'이라 한다)에 취득하였으나, 일부는 취득하지 못하였고 자기주식을 소각하지 않은 채 보유하고 있게 되었다.

④ 2010.8.2. 피고는 원고의 이 사건 주식의 취득이 구 상법(2011.4.14. 법률 제10600호로 개정되기 전의 것, 이하 '구 상법'이라 한다) 제341조에 따른 자기주식 취득의 요건을 갖추지 못한 무효의 거래로서 이 사건 주식대금은 법률상 원인 없이 지급된 업무무관 가지급금에 해당한다고 보고, 이 사건 주식대금에 상당하는 차입금의 지급이자를 손금불산입하고, 부당행위계산 부인규정에 따른 인정이자를 익금산입하여, 원고에게 2005년부터 2009년까지의 각 사업연도 귀속분 법인세 약 15억원을 부과하였다(이하 '이 사건 처분'이라 한다).

⑤ 한편 원고는 이 사건 소송 도중인 2012.2.17. 임시주주총회를 개최하여 이 사건 주식에 관한 감자결의를 한 후 2012.4.5. 자본감소의 변경등기를 마쳤다.

## 2. 관련 규정의 내용

법인세법(2010.12.30. 법률 제10423호로 개정되기 전의 것, 이하 '법인세법'이라 한다) 제28조 제 1 항 제 4 호 (나)목, 법인세법 시행령(2010.12.30. 대통령령 제22577호로 개정되기 전의 것, 이하 '법인세법 시행령'이라 한다) 제53조 제 1 항은 법인이 보유하고 있는 특수관계자에 대한 가지급금 등으로서 명칭 여하에 불구하고 당해 법인의 업무와 관련이 없는 자금의 대여액에 상당하는 차입금의 이자는 손금에 산입하지 아니한다고 규정하고 있고, 법인세법 제52조 제 1 항, 법인세법 시행령 제88조 제 1 항 제 6 호, 제89조 제 3 항은 법인이 특수관계자에게 무상으로 금전을 대여함으로써 그 법인의 소득에 대한 조세의 부담을 부당히 감소시킨 것으로 인정되는 경우에는 과세관청이 이를 부당행위계산으로 보아 그에 관한 인정이자를 계산하여 익금에 산입할 수 있다고 규정하고 있다.

한편 구 상법 제341조는 "회사는 다음의 경우 외에는 자기의 계산으로 자기의 주식을 취득하지 못한다"고 규정하면서 제 1 호에서 자기주식의 취득이 허용되는 경우의 하나로 '주식을 소각하기 위한 때'를 들고 있고, 제342조는 회사가 주식을 소각하기 위하여 자기주식을 취득한 때에는 지체 없이 주식 실효의 절차를 밟도록 규정하고 있다.

## 3. 쟁 점

이 사건에서 원고는 乙로부터 이 사건 주식의 매수요청을 받고 이 사건 주식을 소각하기 위하여 이 사건 주식을 취득한 것으로 볼 수 있고, 원고의 이 사건 주식 취득은 상법상 자기주식의 취득 금지 규정에 위반된 행위에 해당하지 아니하는 행위로서 유효한 이상, 이 사건 주식대금은 업무와 무관하게 지급한 가지급금에 해당하지 아니한다고 주장하였으며, 설령 이 사건 주식의 취득이 상법상 무효라고 하더라도, 실질과세원칙상 이 사건 주식대금은 법인세법상 업무무관 가지급금이라고 볼 수 없다고 주장하였다. 이에 대하여 피고는 원고가 주식을 소각하기 위하여 자기주식을 취득한 이후 지체 없이 실효절차를 거치지 아니하였고, 이 사건 주식 취득의 효력은 상법상 무효인 자기주식의 취득에 해당하므로 이 사건 주식 취득자금은 법인세법상 업무무관 가지급금에 해당한다고 주장하였다.

이와 같은 원·피고의 주장을 정리하면, 이 사건의 쟁점은 원고의 이 사건 주식의 취득이 구 상법 제341조에 따른 "주식을 소각하기 위한 취득"에 해당하지 않아 상법상 무효인 거래로서 "이 사건 주식대금이 법인세법상 지급이자 손금불산입 규정 및 부당행위계산 부인에 있어 인정이자 익금산입 규정이 적용되는 '업무무관 가지급금'으로 볼 수 있는지 여부"로 요약될 수 있다.

## 4. 평　　석

### (1) 원심의 판단

원심(서울고등법원 2012.11.16. 선고 2012누12121 판결)은 "원고가 주장하는 이 사건 주식 취득의 경위, 상법상 자기주식의 취득이 엄격히 제한되는 점, 이 사건 주식이 실제로 소각된 시기 등에 비추어 볼 때 원고가 주식을 소각하기 위하여 이 사건 주식을 취득한 것으로 볼 수 없고, 따라서 원고의 이 사건 주식 취득은 상법상 자기주식의 취득 금지규정에 위반된 행위로서 무효로 봄이 상당함에도 원고가 법률상 원인 없이 지급된 이 사건 주식대금을 정당한 사유 없이 특수관계자인 乙로부터 즉시 회수하지 아니한 이상 이 사건 주식대금은 업무와 무관하게 지급한 가지급금에 해당한다"는 이유로 이 사건 처분이 적법하다고 판단하였다.

그러나 대법원은 "乙은 자신의 출자금을 환급받기 위해 이 사건 주식을 매도하고 원고 역시 감자의 방법으로 乙의 출자금을 반환하기 위해 乙과 원고가 주식 매매계약에 이른 것으로 볼 여지가 있고, 원고가 매입하는 주식의 대금은 매입할 때마다 분할하여 지급하기로 하고 주식 소각은 乙로부터 주식 매입이 완료된 시점에 하기로 예정되어 있었으므로 원고가 분할 매입시마다 그 대금을 지급하고 뒤늦게 이 사건 주식에 대한 소각절차를 완료하였다고 하더라도 그러한 사정만으로 원고가 주식 소각의 목적 없이 이 사건 주식을 취득하였다고 볼 수는 없다"는 이유로 이 사건 처분이 적법하다고 판단한 원심을 파기・환송하였다.

### (2) 자기주식 취득이 소각하기 위한 취득에 해당하는지 여부의 판단기준

대법원은 "회사가 자기주식을 취득하는 경우, 그 자기주식의 취득거래가 자산거래인 주식의 양도에 해당하는지 또는 자본거래인 주식의 소각 내지 자본의 환급에 해당하는지는 법률행위 해석의 문제로서 그 거래의 내용과 당사자의 의사를 기초로 하여 판단하여야 할 것이지만, 실질과세의 원칙상 당해 계약서의 내용이나 형식과 아울러 당사자의 의사와 계약체결의 경위, 대금의 결정방법, 거래의 경과 등 거래의 전체 과정을 실질적으로 파악하여 판단하여야 한다"(대법원 2002.12.26. 선고 2001두6227 판결 등 참조)고 판시하고 있다.

이러한 대법원의 입장에 따르면, 이 사건 주식의 취득이 자기주식을 소각하기 위한 취득에 해당하는지 여부는 ① 이 사건 주식의 취득거래의 내용, ② 이 사건 거래의 당사자인 갑과 을의 의사, ③ 이 사건 주식에 관한 계약 체결의 경위, ④ 대금의 결정방법, ⑤ 거래의 경과 등을 통하여 파악한 후 결정하여야 한다.

### (3) 대상판결의 판단

대상판결은 아래와 같은 사정들에 비추어 이 사건 주식의 취득은 자기주식을 소각하기 위한 취득으로 볼 여지가 있다고 판단하였다.

① 원고가 감자의 방법으로 乙의 주식을 매입하기로 하고 2004.5.6. 개최된 임시주주총회에서 원고가 1차로 2004.5.경 0000원, 2차로 2005.1.경 원고의 운영자금 ××××원 초과시 ××××원, 3차로 2006년 이후 원고의 부채비율 100% 미만 도달시 ××××원, 4차로 2009년 내지 2017년까지 사이에 원고가 보유한 인천 ◇◇수익증권의 현금화시 ××××원에 乙의 주식을 분할 매입하여 그 매입이 종료되는 시점에 주식 소각을 하기로 하며, 원고가 3차 매입분 주식에 대하여만 그 대금 지급시까지 배당을 실시하고 다른 주식에 대하여는 배당을 실시하지 않기로 결의하였음.

② 원고는 이 사건 주식을 매수할 때마다 1주당 가격을 별도로 평가한 것으로 보일 뿐만 아니라 2006.4.14. 매수 당시에는 원고의 운영자금이 ×××××원을 초과하지 못하자 乙의 제안에 의하여 2차 매입분 주식의 가격을 ×××원에서 2억원으로 하향 조정하여 매입하기도 하였음.

③ 원고는 2004년부터 2011년까지 乙로부터 이 사건 주식을 취득한 외에 다른 자기주식을 취득한 적이 없을 뿐만 아니라 이 사건 주식을 처분한 적도 없고 그동안 다른 주주들의 보유 주식 수에도 아무런 변화가 없었으며, 乙은 원고로부터 아직 대금을 지급받지 못한 4,169주(4.48%)만을 보유하고 있을 뿐임.

### (4) 대상판결에 대한 검토

이러한 대상판결의 취지는 비록 원고가 이 사건 주식을 분할하여 취득한 후 4년~8년 동안 소각하지 아니하고 보유하고 있었다고 하더라도, 이러한 사정만으로 이 사건 주식의 취득을 소각목적이 인정되지 아니하는 자기주식의 취득으로 보아 그 취득대금을 법인세법상 업무무관 가지급금으로 볼 수는 없고, 원고가 이 사건 주식을 취득하게 된 거래의 전체 과정을 실질적으로 판단하여 보았을 때, 원고는 이 사건 주식을 소각하기 위한 목적으로 취득하였다고 볼 수 있으므로, 결국 이 사건 주식의 취득대금은 법인세법상 업무무관 가지급금에 해당하지 아니한다는 결론에 이른 것으로 이해된다. 또한 대상판결의 경우 소송 계속 중 당초 예정되었던 원고의 감자절차가 완료되었다는 점에서 과세처분 이후의 사정이 결론에 영향을 미친 것으로 생각된다. 이에 과세관청으로서는 과세처분 이후의 사정이 결론에 영향을 미친 것이라는 점에서 불만을 가질 여지는 있어 보인다.

상법상 자기주식 취득 금지규정을 위반하여 자기주식을 취득한 경우, 종래 대법원의 판결은 자기주식 소각목적이 인정되면 상법상 유효한 거래이므로 법인세법상 업무무관 가지급금이 아니나, 자기주식 소각목적이 인정되지 아니하면 상법상 무효인 거래에 해당하여 법인세법상 업무무관 가지급금으로 볼 수 있다는 입장이었다(2012.10.11. 선고 2012두14507 판결 및 대법원 2012.4.2. 선고 2011두32119 판결 등 참조). 대상판결 역시 자기주식 취득의 거래가 주식 소각을 위하여 취득하는 경우라고 인정되는 때에는 그 주식의 취득대금을 법인세법상 업무무관 가지급금으로 볼 수 없다는 입장을 취했으므로, 이 점에 있어서는 종래 대법원의 결론에 일응 부합되는 판결이라 할 수 있다.

그러나 대상판결의 경우 2011.4.14. 개정되어 2012.4.15.부터 시행되고 있는 개정 상법에서 자기주식의 취득을 원칙적으로 허용하고, 자기주식의 처분기한을 규정한 구 상법 제342조의 내용을 삭제하기도 하였다는 점을 이유로, 법인세법상 업무무관 가지급금 해당 여부는 당해 자기주식 취득거래의 전체 과정을 통하여 결정하여야 하는 것으로 보았다는 점에서 그 의미가 크다. 원칙적으로 회사의 자기주식의 취득이 적법·유효한 것으로 개정된 현행 상법에서는 자기주식 취득자금이 법인세법상 업무무관 가지급금 해당하는지 여부는 더 이상 상법상 자기주식 취득 관련 규정을 위반하여 취득한 것인지 여부로는 판단하기 어려워졌기 때문이다.

특히 대법원은 법인세법상 업무무관 가지급금의 의미에 대하여 "순수한 의미의 대여금은 물론 채권의 성질상 대여금에 준하는 것도 포함된다"고 판시하고 있다는 점에서(대법원 2010.5.27. 선고 2004두23309 판결 참조), 향후 자기주식 취득대금이 법인세법상 업무무관 가지급금에 해당하는지 여부는 상법상 효력이 있는 자기주식 취득인지 여부와는 별개로 자기주식 취득대금의 성질상 실질적으로 대여금에 준하는 것인지 여부, 즉 자기주식을 소각하기 위한 목적으로 취득한 것인지 여부에 따라 판단하게 될 것으로 예상된다.

## 제4편

# 상속세 및 증여세법

**43** 대법원 2009.3.19. 선고 2006두19693 전원합의체 판결

# 법인에 대한 채권포기 금액을 특수관계자인 주주에 대한 증여가액으로 과세할 수 있도록 규정한 시행령의 무효 여부

**판결요지**

상속세 및 증여세법(2003.12.30. 법률 제7010호로 개정된 것, 이하 '상증법')은 특정법인과의 재산 무상제공 등 거래를 통하여 최대주주 등이 이익을 얻었을 것을 전제로 그 계산방법만을 시행령에 위임하였는데, 상증법 시행령(이하 '시행령')이 일정한 재산의 무상제공 사실만 있으면 그 사실 자체로 특정법인의 주주가 이익을 얻은 것으로 보아 증여세 납세의무를 부담하도록 규정한 것은 모법의 규정 취지에 반할 뿐만 아니라, 그 위임범위를 벗어난 것으로서 무효라고 봄이 상당하다.

## 1. 사실관계 및 쟁점

원고의 부는 2년 이상 결손금이 누적된 비상장법인의 최대주주로서 2002년경 위 회사에 대한 채권 약 24억원을 포기하였는데, 이에 과세관청은 2004년경 위 회사의 주주인 원고가 특수관계자로부터 이익을 증여받았다고 보아 이월결손금보전액에 원고 소유 주식의 지분율을 곱한 금액을 증여의제이익으로 산정하고 증여세를 부과하였다. 원고는 위 거래 전후로 주식의 가치가 여전히 부수임에도 증여세를 부과하는 것은 부당하다고 주장

하며 소를 제기하였다.

위 부과처분의 근거가 된 상증법 제41조 제1항과 시행령 제31조 제6항은 2003.12.30. 각 개정되어 2004.1.1.부터 시행되었는데, 한편 시행령의 부칙은 시행령의 시행 후 증여세를 결정하거나 경정하는 분부터 개정된 위 규정이 적용된다고 규정하고 있었다.

종래 대법원은 거래 전후 주식의 가치가 여전히 부수인 경우 증여세를 부과할 수 없다는 입장이었고(대법원 2003.11.28. 선고 2003두4249 판결) 개정된 상증법 역시 "주주 등이 일정한 이익을 얻었을 것"을 전제로 하고 있었으나, 오히려 그 시행령은 일정한 거래가 있으면 곧 주주가 이익을 얻은 것으로 의제하고 있었으므로 이러한 시행령에 대한 효력 여하가 주된 쟁점이 되었다. 원심은 개정 시행령의 경과규정(부칙)을 무효로 선언하면서 종래의 입장에 따라 원고의 청구를 인용하였고, 대법원은 이 사건 처분의 직접적인 근거규정이었던 시행령 자체에 대하여 무효를 선언하며 종래의 입장을 다시 확인하였다.

## 2. 평　　석

결손금이 있는 특정법인의 주주 또는 출자자와 특수관계에 있는 자가 당해 법인과 일정한 거래를 함으로써 그 주주 또는 출자자가 이익을 얻은 경우 이에 대하여 증여세를 부과하는 규정(이하 '특정법인과의 거래를 통한 이익의 증여의제')은 상증법의 1996.12.30. 개정을 통하여 처음 도입되었는데, 이후 세 차례의 개정을 통하여 종래 시행령에 규정되었던 내용이 모법에 삽입되거나 그 표현이 다소 정제되는 등의 과정을 거쳐 현재까지 거의 그대로 유지되고 있다.

이 규정의 도입 배경은 다음과 같이 설명된다. 즉, 영리법인은 증여를 받더라도 증여세가 아닌 법인세를 납부하게 되는데, 그 법인이 특히 결손법인으로서 결손금의 범위 내에서 증여를 받게 된다면 자산의 무상이전이라는 사실에도 불구하고 법인세는 물론 증여세도 물리지 못하는 것이 불합리하다는 것이다.

그런데 결손법인의 특성상 증여 등에도 불구하고 주식의 가치가 여전히 부수라면 증여세를 부과하는 것이 과연 타당한 것인지 의문이 있었고, 이에 대법원은 "거래를 전후하여 1주당 가액이 부수로 산정되는데도 증여재산가액이나 채무면제액 등 거래로 인한 가액만을 주식수로 나누거나 단순히 부수의 절대치가 감소하였다는 이유로 주식 등의 1주당 가액이 증가된 것으로 보는 것은 부과되는 재산의 가액평가에 관한 관계 규정을 전혀 감안하지 아니하는 결과가 되어 관계 규정의 해석상 허용될 수 없다"고 함으로써 위와 같은 논란을 해소하였다(대법원 2003.11.28. 선고 2003두4249 판결).

대상 사건의 경우 개정된 시행령이 그 내용상 모법이 위임한 범위를 벗어나거나 또는 조세법령 불소급의 원칙에 반하는 경과규정을 두었던 까닭에 결과적으로 대상판결과 같이 그 무효를 면하기는 어려웠던 것으로 보인다. 시행령 또는 그 부칙이 무효로 선언됨에 따라 대상 사건의 적용 법령도 개정 이전의 상증법 및 그 시행령이 될 수밖에 없었고, 따라서 원심과 대법원은 비록 그 결론에 이르는 과정은 달랐지만 결국은 종래의 해석론에 따라 원고의 청구를 인용하였다.

즉, 비상장주식에 대한 보충적 평가방법에 따라 1주당 가액을 산정한 결과 그 가액이 증여 등 거래를 전후하여 모두 부수(負數)인 경우에는 증가된 주식 등의 1주당 가액은 없는 것으로 보는 것이 합리적이라 할 것이며, 거래를 전후하여 1주당 가액이 부수로 산정되는 데도 증여재산가액 또는 채무면제액 등 거래로 인한 가액만을 주식수로 나누어 산정하거나 단순히 부수의 절대치가 감소하였다는 이유로 주식 등의 1주당 가액이 증가된 것으로 보는 것은 증여세가 부과되는 재산의 가액평가에 관한 관계 규정을 전혀 감안하지 아니하는 결과가 되어 관계 규정의 해석상 허용될 수 없다는 점을 분명히 한 것이다.

그런데 이 사건 부과처분의 실질적인 근거가 반드시 위 "특정법인과의 거래를 통한 이익의 증여의제" 규정에만 한정된다고 보기는 어려웠다는 점에서 대상판결의 의의를 되새겨 볼 필요가 있다.

상증법의 2003.12.30. 개정은 소위 "완전포괄주의"를 수용함으로써, 이에 의하면 경제적 가치를 계산할 수 있는 유·무형의 재산을 직·간접적으로 타인에게 이전하거나 기여에 의하여 타인의 재산가치를 증가시키는 것을 모두 증여의 개념에 포섭할 수 있게 되었다(제 2 조 제 3 항). 따라서 종래 민법상의 증여개념을 차용하면서 일정한 경우 예외적으로 증여를 의제하던 규정들이 완전포괄주의에 의하여 사실상 예시적인 규정으로 그 성격이 모두 바뀌게 된 것이다.

대상 사건에서 과세당국이 위 대법원 판결에도 불구하고, 개정된 특정법인과의 거래를 통한 이익의 증여의제 규정(완전포괄주의 도입 이후에는 "의제"라는 표현도 삭제되었다)을 그대로 적용한 것도 결국은 개정법 제 2 조 제 3 항의 완전포괄주의에 기인한 것으로 해석할 수 있다. 문제가 된 사실관계가 완전포괄주의에서의 새로운 증여개념에 부합하는 것이라면 과세당국으로서는 당연히 증여세를 부과할 수 있는 것이고, 그 구체적인 근거규정도 완전포괄주의하에서의 "증여에 대한 하나의 예시규정"에 불과한 셈이기 때문이다. 이와 같다면 대상 사건에서의 핵심 쟁점도 개정법상 완전포괄주의 하에서의 증여개념을 법원이 어떻게 제한하여 해석할 것인지의 문제라고 할 수 있을 것이다.

물론 대상 사건에서 원심과 대법원은 위임입법의 한계 또는 조세법령 불소급의 원칙 등 법형식에 관한 논리로 사안에 접근하였기 때문에, 법원이 과연 상속세 및 증여세법의 완전포괄주의하에서의 증여개념을 실제로 제한하여 해석하기 시작하였는지 여부는 분명하게 확인하기가 어렵다.

하지만 법원이 종래의 입장을 확인하며 제시한 그 무효의 근거가 완전포괄주의에 대한 제한의 취지, 즉 민법과 다른 포괄적인 증여의 개념을 상증법이 두고 있더라도 관계규정의 해석상 실질적으로 증여 등으로 인한 이익이 발생할 것이 필요하다는 취지를 충분히 전달하고 있다는 점에서 분명 시사하는 바가 크다. 앞으로의 판결 집적을 기대하는 것도 이러한 까닭이다. 만일 법형식적인 문제가 없는 유사한 사례에서도 법원이 과연 이러한 결론에 이를 수 있을지는 앞으로 계속 주목해 나아갈 일이다.

**44** 대법원 2009.4.9. 선고 2007두19331 판결

# 명의신탁 증여의제에 있어 '조세회피목적'

**판결요지**

[1] 구 상속세 및 증여세법(2003.12.30. 법률 제7010호로 개정되기 전의 것) 제41조의 2 제 1 항의 입법취지는 명의신탁제도를 이용한 조세회피행위를 효과적으로 방지하여 조세정의를 실현한다는 취지에서 실질과세원칙에 대한 예외를 인정한 데에 있으므로, 명의신탁이 조세회피목적이 아닌 다른 이유에서 이루어졌음이 인정되고 그 명의신탁에 부수하여 사소한 조세경감이 생기는 것에 불과하다면 그와 같은 명의신탁에 조세회피목적이 있었다고 단정할 수는 없다.

그러나 위와 같은 입법취지에 비추어 볼 때 명의신탁의 목적에 조세회피목적이 포함되어 있지 않은 경우에만 위 조항 단서를 적용하여 증여의제로 의율할 수 없는 것이므로 다른 주된 목적과 아울러 조세회피의 의도도 있었다고 인정되면 조세회피목적이 없다고 할 수 없다. 그리고 이때 조세회피목적이 없었다는 점에 관한 증명책임은 이를 주장하는 명의자에게 있다.

[2] 1인당 주식담보 대출한도를 피하여 타인 명의로 추가 대출을 받기 위한 목적으로 주식을 명의신탁한 사안에서 명의신탁으로 회피한 종합소득세액이 상당한 액수에 달한 경우 조세회피목적도 있었다고 본 사례.

## 1. 사실관계

명의신탁자 A는 1999~2001년경 주식투자 실패로 인하여 평가손실과 매매손실을 합쳐 약 200억원 가량의 손실을 입었다. A는 주식투자 손실을 만회하고자 대출을 받아 추가로 주식을 매입하려고 계획하였으나, 과다한 기존 채무 및 거래 금융기관의 1인당 대출한도 규정(10억원)으로 인하여 사실상 추가 대출이 곤란한 상황이었다. 이에 A는 이 사건 원고 등 총 15인 명의로 상장주식을 명의신탁한 다음 이를 담보로 150억원의 추가 대출을 받아 이를 자신이 매수한 주식대금 결제에 사용하였다.

과세관청은 명의신탁된 주식이 상장주식인 관계로 2001~2003년 주주명부 폐쇄일이나 기준일 당시 명의신탁되어 있던 주식에 대해서만 명의신탁 증여의제 규정을 적용하여 위 15인에 대한 증여세 약 145억원을 부과하였다(명의수탁자별로 별소가 제기되어 이 사건의 경우 문제된 세액은 약 26억원 정도임).

## 2. 쟁 점

이 사건에서 A는 대출제한을 피하여 추가대출을 받기 위한 의도에서 명의신탁에 이른 것이었는바, 이 경우 명의신탁이 조세회피목적이 없다고 인정되어 명의신탁 증여의제 규정의 적용대상이 되지 않는 것인지가 문제된다.

## 3. 평　　석

상속세 및 증여세법 제41조의 2에서 규정하고 있는 명의신탁 증여의제 제도는 우리 증여세제에 있어 오랜 역사를 가지고 있는 제도이다. 당초 명의신탁 증여의제에 대해서는 '조세회피 목적의 부존재'라는 입증을 통하여 증여의제의 대상에서 벗어날 수 있는 길이 존재하지 않았는데, 명의신탁 증여의제에 대하여 최초로 헌법적 관점에서 판단이 내려진 헌법재판소 1989.7.21. 선고 89헌마38 결정에서 "무차별한 증여의제로 인한 위헌의 소지가 있으므로 예외적으로 조세회피의 목적이 없음이 명백한 경우에는 이를 증여로 보지 않는다고 해석하여야 하고, 위와 같이 해석하는 한 조세법률주의 및 조세평등주의에 위배되지 않는다"고 판시한 이래 '조세회피 목적'이 명의신탁 증여의제의 핵심 쟁점이 되어 왔다.

그런데 이와 같은 '조세회피 목적'에서 말하는 '조세'라 함은 증여세뿐만 아니라 모든 조세를 포함하도록 규정(1993.12.31. 개정 상속법)한 이래, 과세실무는 물론 대법원 판례에서도 '조세회피 목적의 부존재'를 이유로 명의신탁 증여의제의 적용에서 제외된 사례는 거의 없었던 것이 사실이다.

그러던 것이 2006년에 이르러 대법원은 다소 전향적인 태도를 보이기 시작하였는바, 대법원 2006.5.12. 선고 2004두7733 판결은 "주식의 명의신탁이 상법상 요구되는 발기인 수의 충족 등을 위한 것으로서, 단지 장래 조세경감의 결과가 발생할 수 있는 가능성이 존재할 수 있다는 막연한 사정만이 있는 경우, 위 명의신탁에 조세회피 목적이 있다고 볼 수 없다"고 판단하였고, 대법원 2006.5.25. 선고 2004두13936 판결은 "주식의 명의신탁이 회사 업무처리 절차상의 번거로움을 피하기 위한 것으로서, 위 명의신탁 당시 과점주주로서의 제 2 차 납세의무나 간주취득세를 회피할 목적이 있었다고 보이지 않으며, 위 명의신탁으로 인하여 회피된 종합소득세가 없는 점 등에 비추어 위 명의신탁에 조세회피 목적이 있었다고 볼 수 없다"고 판단하였으며, 대법원 2006.6.9. 선고 2005두14714 판결은 "주식명의신탁이 이루어진 이유가 주식인수를 위한 자격요건인 15년 이상 방송국 경력자가 필요했기 때문인 것으로 보이고, 과점주주에 해당하지 않아 제 2 차 납세의무나 간주취득세를 회피할 목적이 있었다고 볼 수도 없고, 이익배당을 실시한 적이 없어 명의신탁으로 인하여 회피한 종합소득세도 없다면 조세회피 목적이 있다고 볼 수 없다"고 판단하여 '조세회피 목적의 부존재'에 대한 인정 폭을 다소 넓힌 것으로 해석되었다.

이 사건 판결은 실질적으로 이러한 최근 대법원의 경향에 대하여 제동을 걸고 다시금 '조세회피 목적의 부존재'에 대하여 엄격한 입증을 요구한 판결로서의 의미를 가지고 있다고 하겠다. 이 사건 판결에서 대법원은 명의신탁자가 1인당 주식담보 대출한도를 피하여 타인 명의로 추가 대출을 받기 위한 목적으로 주식을 명의신탁하였다는 점을 인정하면서도 "회피한 종합소득세액이 상당한 액수에 달한 경우"에는 조세회피 목적 역시 부인하기 어렵다고 판단하였다.

그러나 이러한 대법원의 판결의 정당성은 의문시된다.

① 구체적 타당성의 측면에서, 이 사건에서 A가 명의신탁한 주식에 대한 배당금 전액이 A의 종합소득세에 합산과세된다고 하더라도 실제 A가 추가로 부담하는 세액은 1억원 정도이다. 1억원이라는 액수가 절대적인 의미에서 '상당한 액수'라고 볼 수는 있겠으나, 수백억원이 넘는 A의 전체 주식 거래 규모에 비추어 볼 때, 그리고 상장주식에 대하여 투자하는 주식투자자들은 배당이익이 아닌 시세차익을 주된 목적으로 투자를 하고 있고, 배당 여부를 가늠하는 것도 사실상 불가능하다는 점에서 과연 A가 1억원 가량의 종합소득세액을 회피할 의도로 이 사건 명의신탁에 이르렀다고 보는 것이 상식에 부합하는 판단인지는 의문을 가질 수밖에 없다.

② 논리적으로도, '회피한 종합소득세액이 상당한 액수에 달한 경우'

라는 결과만을 가지고 다른 사정들에 무관하게 그에 선행하는 행위자의 의사를 단정 짓는 것은 선후가 바뀐 태도가 아닌가 한다.

③ 한편 상장주식에 대한 투자를 위하여 명의를 빌려 주식투자에 나서는 경우에 있어, 상장주식의 거래는 하루에도 수십·수백 차례 이루어질 수도 있다. 그럼에도 불구하고, 단순히 주주명부 폐쇄기준일이라는 한 시점을 기준으로 명의수탁자의 명의로 등재되어 있는 주식만을 조세회피를 위한 명의신탁 주식이라고 보는 것은 거래의 실질과 당사자의 의사 어느 것에도 부합하지 않는다고 생각된다. 오히려, 상장주식의 투자를 위하여 투입된 금원에 대해서는 이를 현금증여한 것과 마찬가지로 보아 해당 투자자금에 대한 증여세를 '상한'으로 하여야 하는 것이고, 실제 빈번히 이루어지는 거래마다 새롭게 명의신탁이 이루어진다고 보아서는 안 된다고 해석하는 것이 형평의 관념에 부합할 수도 있다.

이 사건과 관련된 또 다른 명의수탁자가 제기한 소송에 대한 하급심 판결 중에는,

**(가)** A가 대출제한을 피하여 추가로 대출을 받을 목적으로 이 사건 주식을 원고에게 명의신탁하였고, 실제로 이 사건 주식을 명의신탁한 이후 추가대출을 받은 점,

**(나)** 이 사건 주식에 대한 배당금이 A의 종합소득세에 합산과세 된다고 하더라도 A가 추가로 부담하는 세액은 문제된 증여세액의 0.5%, 명의신탁 주식가액의 0.25% 정도에 불과할 뿐 아니라 수백억원이 넘는 A의 전체 주식 거래 규모에 비추어 그 비중이 극히 미미한 것으로 보이는 점,

**(다)** 대부분의 주식 투자자들이 배당이익이 아닌 시세차익을 주된 목적으로 하여 투자를 하고 있으며, 주식 투자자들이 얻는 이익에서 배당이익이 차지하는 비중이 상당히 미미하다는 사정 및 이익배당을 실시하지 아니하는 상장기업도 상당수인 사정 등에 비추어 볼 때 이 사건 주식의 명의신탁 당시 배당소득에 대한 종합소득세의 회피 가능성까지 고려하였을 것

으로 보이지 아니한 점,

(**라**) 피고가 A가 원고 명의로 취득한 수많은 주식 중에서 주주명부 폐쇄일 또는 배당기준일에 보유하고 있던 이 사건 주식들에 대하여만 증여재산 의제규정을 적용하여 해당일에 보유하고 있던 주식만이 조세회피 목적으로 취득된 것이라고 의제하는 것은 사후 결과에 따라 조세회피 목적을 자의적으로 의제하는 것으로서 주주명부 폐쇄일 또는 배당기준일에 주식을 보유하였다는 우연한 사정에 의하여 증여세의 부과여부가 달라지는 불합리한 결과를 야기함은 물론 조세의 형평에도 맞지 아니한 것으로 보이는 점 등을 기초로 조세회피 목적을 인정하지 않은 사례가 있다(서울행정법원 2007.5.17. 선고 2006구합44309 판결). 이러한 관련 사건의 하급심 판결이 보다 설득력 있는 이유 구성이 아니었는가 하는 생각을 금할 수 없다.

**45** 서울고등법원 2009.7.3. 선고 2008누31583 판결

# 비상장회사의 상장 전에 상장에 따른 이익을 사전에 증여한 것으로 의제되는 최대주주의 의미

**판결요지**

상속세및증여세법(이하 '상증세법') 제41조의 3 제1항에 규정된 '기업의 경영 등에 관하여 공개되지 아니한 정보를 이용할 수 있는 지위에 있다고 인정되는 자'라 함은 그 사람의 직위와 업무, 주주현황, 회사의 지배구조 등에 비추어 기업의 경영 등에 관한 기업 내부의 정보를 지득하여 이를 이용할 수 있는 지위에 있었음을 요할 뿐, 실제로 당시 기업 내부에 그러한 정보가 있었는지, 또는 실제 그 사람이 그러한 정보를 실제로 지득하여 이용하였는지 등을 요구하는 것은 아니다.

원고에게 이 사건 주식을 양도한 자가 당시 소외 회사의 최대주주이자 대표이사로서 회사의 경영에 직접 관여한 사실이 인정되는 이상, 가사 당시 소외 회사의 경영실적이 악화되어 회사의 상장을 쉽게 예상할 수 없는 상황이었다고 하더라도 위 주식 양도인이 상증세법 제41조의 3 제1항의 규정에 의한 최대주주 등에 해당하지 아니한다고 볼 수 없다.

## 1. 사실관계 및 쟁점

소외 회사는 1998.4. 설립되어 반도체의 설계 및 제작 등을 주된 업으로 하고 있고, 대표이사가 소외 회사의 최대주주이다. 대표이사는 2002.11.

경 회사의 누적결손금이 가중되는 상황에서 임직원들의 근로의욕을 고취시키기 위해 자신이 가지고 있던 소외 회사의 주식 일부를 액면가(5,000원)보다 낮은 금액으로 양도하기로 하였고, 이에 소외 회사의 부사장이었던 원고는 대표이사의 위 주식 중 30,000주를 1주당 1,000원에 매수하였다.

한편 소외 회사는 이후 경영실적이 크게 개선되어 2004.8.13.경 그 주식이 상장되었고, 이에 처분청은 상증세법 제41조의 3 제 1 항의 규정에 따라 원고가 최대주주인 대표이사로부터 회사의 상장에 따른 이익을 증여받은 것으로 보아 증여세를 결정·고지하는 처분을 하였다.

원고는 상증세법 제41조의 3이 고액재산가의 변칙적인 부의 세습을 방지하기 위한 목적을 가지고 있는 점에 비추어, 이러한 부의 세습과 무관한 회사 최대주주와 임원과의 주식거래에 대해서까지 일률적으로 증여세를 과세하는 것은 헌법상의 과잉금지원칙에 반하고, 또한 당시 회사의 사정상 상장을 미처 예견할 수 없었음에도 불구하고 위 규정을 적용한 것은 부당하다고 주장하였다.

1심 법원은 주식 양도인인 대표이사가 최대주주로서 회사의 경영을 계속하고 있었던 점을 들어 원고의 주장을 배척하였고, 2심이었던 대상판결 역시 이 부분에 대한 1심 법원의 판단을 그대로 수용하였다.[1]

1) 한편 이 사건은 위 상증세법 규정으로 인하여 의제되는 상장 등 이익의 계산과 관련하여 원심과 대상판결이 그 결론을 달리하였는데, 양 당사자 모두 대상판결에 대한 상고를 포기함으로써 그대로 사건이 종결되었다. 대상판결과 원심이 결론을 달리하였던 '상장 등 이익의 계산 부분'은 본 판례 평석의 범위를 벗어나므로 이하에서 특별히 논하지 않는다.

## 2. 평 석

종래 대주주가 기업의 내부 정보를 이용하여 회사 주식의 상장 등에 따른 거액의 시세차익을 얻게 할 목적으로 자녀 등 특수관계인에게 비상장주식을 미리 증여하거나 저가로 매도하는 경우가 있었다. 비상장주식인 까닭에 특수관계에 있지 않은 사람들은 이 주식을 취득하는 것이 사실상 어려운 반면, 상장 등 경영 정보를 이용할 수 있는 최대주주와 그 자녀들은 증여 등을 통하여 회사의 경영권을 여전히 동일한 지배력 아래에 두면서 동시에 상장으로 인한 시세차익까지도 기대할 수 있게 된다. 그런데 주식을 취득한 자가 독자적으로 또는 위 최대주주와 함께 회사를 계속하여 지배하기만 할 뿐 달리 그 주식을 처분하지 않는다면 주식의 보유 자체와 관련하여 달리 조세를 부담시킬 수 있는 근거는 없다.

입법자는 이러한 경우 최대주주가 위 자녀들에게 장래의 시세차익 상당을 사실상 미리 증여한 것으로 보아, 위 주식이 처분되지 아니한 상태에서도 조세(증여세)를 부과하기 위한 근거를 마련하기에 이르렀다. 즉, 1999. 12.28. 법률 제6048호로 개정된 상증세법은 이와 같은 변칙적인 증여를 규율하기 위한 목적으로 제41조의 3을 신설하게 되었다. 다만, 회사의 상장 준비에 통상적으로 소요되는 기간을 감안하여 실제 상장일로부터 5년[2] 내의 거래로 대상을 한정하고 주식의 증여자(양도하는 경우 포함)도 ‘기업의 경영 등에 관하여 공개되지 아니한 정보를 이용할 수 있는 지위에 있다고 인정되는’ 최대주주 등으로 한정하였다. 그런데 위 상증세법 규정은 위와 같은 입법취지에도 불구하고 실제 운용에 있어 많은 문제점을 가지고 있

2) 입법 당시에는 “3년”이었으나, 2002.12.18. 법률 제6780호로 개정된 상증세법부터는 그 기간이 5년으로 연장되었다.

다. 즉, 규정의 불충분성으로 인하여 입법 목적과 무관한 경우에까지 부당하게 증여세를 부담시킬 우려가 있다는 것이다.

먼저 최대주주 등의 범위에 대한 상증세법의 규정을 살펴보자. 상증세법 제41조의 3 제 1 항, 같은 법 시행령 제31조의 6 제 1 항, 제19조 제 2 항은 주주 1인과 그 각 호에 규정된 자와의 보유주식을 합하여 합계가 가장 많은 경우의 당해 주주를 최대주주로 규정하고 있는데, 예컨대, 1%의 주식을 가지고 있는 위 각 호의 자와 50%의 주식을 가지고 있는 위 각 호의 자 사이의 거래는 그 증여자가 누구이든 간에 상증세법 제41조의 3의 적용을 피할 수 없게 되어 있다. 그런데 이러한 결과는 위 상증법의 입법목적이 변칙적인 부의 세습(또는 이전)이라는 점에 있다고 할 때, 이와 무관한 거래까지도[3] 모두 상장 이익의 증여로 의제해버리는 것이어서 쉽사리 수용하기가 어렵다.

다음으로 증여자인 최대주주 등을 가리키고 있는 위 상증세법 규정의 “기업의 경영 등에 관하여 공개되지 아니한 정보를 이용할 수 있는 지위” 라는 부분(이하 ‘지위 요건’)을 살펴보자. 상증세법은 어떠한 경우에 이러한 지위가 있는 것인지 별도로 규정하고 있지 않다. 현재의 과세실무는 이를

3) 이는 위 상증세법 규정이 금융재산상속공제와 관련하여 최대주주 등의 범위를 규정하고 있는 시행령 제19조 제 2 항을 그대로 원용하고 있기 때문에 발생하는 문제라고 할 수 있다. 예컨대, 회사 주식을 겨우 1% 정도 가지고 있던 직원이 개인적인 사정으로 퇴사를 하면서 달리 처분이 어려운 위 주식을 최대주주에게 적정한 가격으로 매도하였다면, 이러한 경우에도 위 직원이 최대주주에게 변칙적으로 증여를 하였다고 보는 것이 옳은가? 물론 이러한 경우 위 직원은 회사의 사용인에 불과하고 최대주주의 사용인은 아니므로 특수관계가 없다고 해석하는 견해가 있을 수 있고(이른바 일방관계설. 김완석, “세법상 특수관계인의 문제점과 개선방안”, 『중앙법학』 제 7 집 제 1 호 참조), 실제로 상증법이 아닌 지방세법의 경우 과점주주의 해당 여부와 관련하여(지방세법 시행령 제 6 조) 이러한 일방관계설에 따라 특수관계를 부정한 조세심판원의 결정례도 있다(조심 2008.12.11. 선고 2008지346 결정). 다만, 2012.2.2. 대통령령 제23591호로 개정된 영(제12조의 2 제 1 항 제 2 호)에서는 사용인에 ‘출자에 의하여 지배하고 있는 법인의 사용인을 포함’시키고 있다.

독자적인 의미를 가지는 요건으로 인정하고 있지는 않고, 증여자와 수증자 사이에 상증세법 시행령 제19조 제2항 각 호의 관계가 인정되면 당연히 증여자에게 이러한 지위가 있는 것으로 본다.[4]

그런데 거래의 실제를 살펴보면 위 시행령 각 호의 관계에 있는 자 사이의 거래라고 하더라도 위 상증법 규정의 원래 입법취지와 무관한 거래가 있을 수 있고, 이때 이러한 거래를 어떻게 구제할 수 있을지 문제된다.

대상판결과 원심은 일단 법문에 충실하게 증여자인 최대주주 등이 "실제로 그러한 정보를 지득하였을 것까지는 요하지 않는다"고 하면서, 나아가 "당시 대표이사가 원고에게 이 사건 주식을 양도할 당시 소외 회사의 최대주주이자 대표이사로서 회사의 경영에 직접 관여하여 그 누구보다도 소외 회사 내부의 정보를 쉽게 지득하여 이용할 수 있었던 지위에 있었다"고 판시하여 지위 요건을 단순한 최대주주 등을 설명하는 주의적 규정이 아니라 별개의 독자적 의미를 가지는 요건으로 파악하는 입장을 취한 것으로 보인다. 상증세법이 지위 요건의 판단기준에 대하여 특별하게 규정한 바가 없다는 점에서, 원심과 대상판결의 이러한 접근은 위 상증세법 규정을 입법목적에 충실하게 운영하기 위한 노력으로 평가할 수 있다.

그런데 대상판결의 사실관계를 생각해 본다면, 여전히 원고가 상장 이익을 증여받은 것으로 볼 수 있는지에 관하여 의문이 남는다. 물론 법령상 문언의 한계를 넘어설 수는 없겠으나 여전히 해석의 몫으로 남아 있는 부분이 많은 규정인 만큼, 구체적 타당성을 확보해 나가는 해석론이 차곡차곡 쌓여 가기를 기대해 본다. 특히 상증세법 시행령 제19조 제2항이 정하는 최대주주 등의 범위를 증여자만을 기준으로 하여 제한 해석하거나[5] 지위 요건을 보다 엄격하게 실질적으로 판단할 필요성이 매우 크다.

---

4) 서면4팀－352, 2008.2.12.

5) 김완석, 전게논문과 조세심판결정 참조.

**46** 대법원 2009.9.10. 선고 2007두14695 판결

# 상속세 납부를 위한 주식 물납이 증권거래세법상 '주권의 양도'에 해당하는지 여부

**판결요지**

[1] 구 증권거래세법(2008.12.26. 법률 제9274호로 개정되기 전의 것) 제1조 및 제2조 제3항 각 규정의 내용과 입법취지, 구 상속세 및 증여세법(2007.12.31. 법률 제8828호로 개정되기 전의 것) 제73조 제1항의 규정에 의한 주권의 물납은 상속세를 금전으로 납부하는 것에 갈음하여 주권으로 납부하는 것으로서 그에 따라 상속세 채무를 면하게 되므로 이는 공법상의 대물변제적 성격을 가진 유상양도에 해당한다고 볼 수 있는 점, 증권거래세는 유상으로 주권의 소유권이 이전되는 경우 이익의 발생 여부에 관계없이 과세되는 유통세인 점 등을 종합하면, 주권의 물납은 위 증권거래세법 규정에서 정한 '주권의 양도'에 해당하여 증권거래세 과세대상에 포함된다고 해석함이 상당하고, 구 증권거래세법 제5조 제1항이 증권거래세 과세대상의 하나인 주권의 매매거래에 대하여 그 양도의 시기를 따로 규정하고 있다고 하여 증권거래세의 과세대상이 주권의 매매거래 등 사법상 거래에만 국한된다고 해석할 수는 없다.

[2] 주권의 물납에 의하여 그 소유권이 국가에 이전되면 대물변제가 되어 조세채무가 소멸하는 점에서 주권의 일반적인 유상 양도와 별 다른 차이가 없으므로 증권거래세를 과세함에 있어 주권의 물납을 반드시 우대해야 한다고 보기 어려운 점, 상속세를 주권으로 물납하지 아니

**하고 이를 매각하여 금전으로 납부하는 경우에도 주권을 매각하는 과정에서 증권거래세가 과세되는 점 등을 고려하면, 주권의 물납이 증권거래세의 과세대상에 포함되는 것으로 해석하는 것이 평등권이나 재산권 보장 등에 관한 헌법규정에 위배된다고 할 수도 없다.**

## 1. 사실관계

원고의 부친인 피상속인이 2003.9.19. 사망함에 따라 원고는 피상속인이 보유한 비상장주식('이 사건 주식')을 상속하였다. 원고는 2004.3.16. 상속세 과세표준 신고를 하면서 상속세 중 일부는 현금으로 납부하고 나머지에 대해서는 물납신청을 하여 2004.5.11. 허가를 받아 2004.5.18. 이 사건 주식으로 상속세 물납을 하였다.

원고는 2004.5.14. 과세관청으로부터 주식을 물납한 경우 증권거래세를 신고·납부하여야 한다는 안내를 받고 증권거래세를 신고·납부하였으나, 과세관청은 원고에 대한 세무조사 결과 이 사건 주식의 평가액을 증액평가 하여 관할세무서인 피고에게 통보하였고, 피고는 이에 따라 증권거래세 및 가산세를 부과하는 이 사건 처분을 하였다.

## 2. 쟁　　점

상속세 납부를 위한 주식 물납이 증권거래세법상 과세대상인 '주권의 양도'에 해당하는지 여부가 문제된다.

## 3. 평 석

증권거래세법 제 1 조는 "주권 또는 지분('주권 등')의 양도에 대하여는 이 법에 의하여 증권거래세를 부과한다"고 규정하고, 동법 제 2 조 제 1 항은 " '주권'이라 함은 상법 또는 특별한 법률에 의하여 설립된 법인의 주권과 외국법인이 발행한 주권 또는 주식예탁증서로서 유가증권 시장 등에 상장 또는 등록된 것"이라고, 동조 제 2 항은 " '양도'라 함은 계약상 또는 법률상의 원인에 의하여 유상으로 소유권이 이전되는 것을 말한다"고 규정하고 있다.

이 사건 주식이 '주권'에 해당한다는 점에 대해서는 아무런 다툼이 없는바, 문제는 상속세 납부를 위한 주식 물납이 증권거래세법상 과세대상인 '양도'에 해당하는지의 여부였다.

원고는 ① 주식으로 상속세를 물납하는 경우 증권거래법상 주식의 양도에 해당한다고 볼 수 없어 이에 관하여 증권거래세를 부과한 이 사건 처분은 조세법률주의에 반하여 무효이거나 위법하다는 주장과 ② 이 사건 처분은 현금으로 세금을 납부하는 자에 비하여 현금이 없어 물납하는 사람에게 이중으로 세금을 부과한다는 점, 상속세를 물납하는 경우 양도소득세를 부과하지 아니하는 점에서 헌법상 평등원칙 및 재산권 보장원칙에 반한다는 주장을 하였다.

이에 대하여 원심(서울고등법원 2007.6.19. 선고 2006누27603 판결)은 "…… 증권거래세는 유상으로 소유권이 이전되는 양도에 해당하는 경우 이익의 발생 여부를 묻지 아니하고 거래가액에 대하여 양도인에게 부과하는 유통세이고, 증권거래세가 부과되지 아니하는 경우는 증권거래세법과 시행령에 별도로 규정하고 있는바, 상속세로 물납한 경우는 증권거래세를 부과하지 아니하는 경우에 포함되어 있지 아니하다. …… 다음으로, 이 사건 처분이 평등의 원칙에 반하는지에 대하여 살피건대, 원고들이 상속세를 주식으로 물납하지 아니한 경우에는 증권거래세를 납부하고 다시 상속세를 납부하여야 할 것이고, 부동산 물납의 경우, 양도소득세는 자산의 유상적 양도로 인하여 생기는 소득에 대하여 부과하는 세금으로서 비록 자산의 양도가 이루어졌다고 하더라도 소득이 없는, 예컨대 무상에 의한 자산의 이전·양도담보·담보물의 소유권의 환원·양도담보권의 실행으로 인한 처분·명의신탁의 해제로 인한 소유권의 환원·실체적 권리를 회복하는 등기의 환원·공유물의 분할 또는 합병·상속세의 물납·파산절차에 의한 양도·토지수용 등은 그 양도로 인한 소득이 있다고 할 수 없으므로, 이와 같은 경우에는 이를 자산의 양도로 보지 아니하고 따라서 양도소득세도 부과할 수 없는 것이어서(대법원 1983.12.13. 선고 83누307 판결 참조) 이 사건 처분이 평등의 원칙에 반한다고 볼 수 없다"고 판단하였고, 이러한 결론은 대법원에서도 유지되었다.

대법원이 설시한 바와 같이, 주권의 물납은 상속세를 금전으로 납부하는 것에 갈음하여 주권으로 납부하는 것으로서 그에 따라 상속세 채무를 면하게 되므로 이는 공법상의 대물변제적 성격을 가진 유상양도에 해당한다고 볼 수 있다는 점에서 상속세의 물납이 '양도'에 해당하지 않는다고 보기는 어렵다고 판단된다.

다만, 원심이 인용한 대법원 1983.12.13. 선고 83누307 판결의 설시 내용 중 "'상속세의 물납'의 경우에는 자산의 양도로 보지 아니하고 따라서 양도소득세도 부과할 수 없는 것"이라는 부분에 대해서는 다소 의문의 여지가 있다. 소득세법 제88조는 '양도'를 정의하면서 "자산에 대한 등기 또는 등록에 관계없이 매도, 교환, 법인에 대한 현물출자 등으로 인하여 그 자산이 유상으로 사실상 이전되는 것을 말한다"고 규정하고 있는바, 표현의 차이는 있으나 유상으로 소유권이 이전되는 것을 '양도'로 보고 있다는 점에 대해서는 소득세법이나 증권거래세법이나 차이가 없다.

그렇다면, 이 사건 대법원 판결이 위 대법원 1983.12.13. 선고 83누307 판결을 변경한 것이라거나, 혹은 소득세법상 '양도'와 증권거래세법상 '양도'의 개념을 구분한 것이라고 볼 수 있을까? 그렇게 해석하기는 어렵다고 보인다. 위 대법원 1983.12.13. 선고 83누307 판결의 설시가 다소 불분명하기는 하지만, 그 취지는 상속세의 물납이 소득세에 있어서는 '양도'의 개념에 포섭되지 않는다기보다는 '양도'이기는 하나 '양도차익'이 없어 양도소득 과세가 되지 않는 경우라고 설시한 것이 아닌가 추측된다(이 사건에서 문제된 증권거래세는 소득세가 아닌 유통세로서 양도차익의 존재를 필요로 하지 않는다). 일본에서는 상속세 등을 납부하기 위하여 물납한 경우에 대하여 특별법을 통하여 양도가 없었던 것으로 간주하고 있으나, 그러한 특별규정이 없는 우리나라의 경우 상속세 물납이 유상성이 없는 거래라고 평가하기는 어렵기 때문이다. 과세관청의 입장 역시 물납은 소득세법상 양도에 해당한다고 확고히 해석하고 있다(서면4팀－2418, 2007.8.9. ; 재산－595, 2009.3.20. 등 참조).

이 사건 대법원 판결은 이유 설시에 있어 이 사건 1, 2심에서 모두 인용하였던 위 대법원 1983.12.13. 선고 83누307 판결을 인용하지 않음으로써 소득세와 증권거래세에 있어 '양도'의 개념이 달라질 수 있는 것인지, 그렇지 않다면 대법원의 입장은 상속세 물납을 '양도'로 입장을 정리한 것인지에 대하여 명시적인 판단을 내리지는 아니하였다. 그러나 위 대법원 1983.12.13. 선고 83누 307 판결 역시 '상속세의 물납'에 대하여 큰 무게를 두고 판시한 것으로 보여지지는 않을 뿐 아니라, 동 판결이 선례로서 인용된 경우도 찾아보기 어렵다는 점에서 대법원의 입장은 상속세의 물납의 경우에도 '양도'로 인정하는 것으로 추측된다.

**47** 대법원 2010.7.22. 선고 2008두20598 판결

# 개정 재산 취득자금 증여규정과 입증책임의 소재 및 범위

**판결요지**

종래 대법원은 개정 전 규정에 따른 과세요건 판단기준과 증명책임의 소재나 범위에 관하여, 증여세의 부과요건인 재산의 증여사실은 원칙적으로 과세관청이 증명할 사항이므로 재산 취득 당시 일정한 직업과 상당한 재력이 있고, 또 그로 인하여 실제로도 상당한 소득이 있었던 자라면, 그 재산을 취득하는 데 소요된 자금을 일일이 제시하지 못한다고 하더라도 특별한 사정이 없는 한 재산의 취득자금 중 출처를 명확히 제시하지 못한 부분이 다른 사람으로부터 증여받은 것이라고 인정할 수 없다고 할 것이나, 일정한 직업 또는 소득이 없는 사람이 당해 재산에 관하여 납득할 만한 자금출처를 대지 못하고, 그 직계존속이나 배우자 등이 증여할 만한 재력이 있는 경우에는 그 취득자금을 그 재력 있는 자로부터 증여받았다고 추정함이 옳다고 할 것인데, 이와 같이 증여를 추정하기 위하여는 수증자에게 일정한 직업이나 소득이 없다는 점 외에도 증여자에게 재산을 증여할 만한 재력이 있다는 점을 과세관청이 증명하여야 한다고 판시하여 왔는바(대법원 1995.8.11. 선고 94누14308 판결 ; 대법원 2004.4.16. 선고 2003두10732 판결 등 참조), 개정 후 법은 증여세에 있어서 이른바 완전포괄주의 과세방식을 채택하였으나 이와 같은 완전포괄주의 과세제도와 재산취득자금의 증여추정 규정에 따른 과세요건에 관한 증명책임의 소재나 범위와는 직접 관련이 있다고 보기 어려운 점, 개정 후 법 제2조 제1항은 개정 전 법과 마찬가지로 '타인의 증여로 인하여 증여재산이 있는

경우에는 그 증여재산에 대하여 증여세를 부과한다'고 규정하고 있을 뿐만 아니라 개정 후 법 제4조 제4항 단서도 개정 전 법과 마찬가지로 증여자의 연대납세의무 제외 대상에 개정 후 규정을 포함시키지 아니함으로써 개정 후 규정이 적용되는 경우에도 여전히 증여자의 존재를 전제로 하고 있는 점 등을 고려하면, 위와 같은 개정이 있었다고 하여 재산취득자의 직계존속이나 배우자 등에게 재산을 증여할 만한 재력이 있다는 점에 관한 과세관청의 증명책임이 소멸되었다고 볼 것은 아니다.

## 1. 사실관계 및 쟁점

원고는 자동차정비업체를 운영하여 연 소득이 1,000만원 내외인 자로서, 2001.9.부터 2005.10.까지 취득가액 합계 약 30억원 상당의 토지 27필지를 취득하였다.

피고는 원고에 대한 증여세 관련 자금출처 조사를 실시하여, 약 23억원을 출처가 증명된 취득자금으로 인정하고 자금출처 증명 부족분을 과세가액으로 삼아 이 사건 증여세 부과처분을 하였다. 이에 대한 원고의 불복에 따라 조세심판원은 위 자금출처 증명 부족분 중 약 3억원에 대하여 추가로 출처증명 취득자금으로 인정하고 나머지 청구를 기각하였다.

위와 같은 사실관계하에서 원심법원은 개정 후 법에 의하여 증여세의 완전포괄주의 과세방식이 도입되었고 개정 후 규정에서는 "다른 자로부터"라는 문구가 삭제되었으므로 과세관청이 증여자나 구체적인 증여사실을 증명할 필요 없이 그 재산의 취득자금을 증여받은 것으로 추정할 수 있다고 보았다. 그 결과 원고가 2001년경부터 2005년경까지의 소득액이 연 1,000만원 내외이고 달리 이 사건 부동산 취득자금을 취득할 만한 자력이 없어 보인다는 이유만으로 과세관청이 원고의 직계존속이나 배우자 등에게 증여할 만한 재력이 있는지를 증명하였는지 여부에 관하여 나아가 살피

보지 아니한 채 이 사건 처분이 적법하다고 판단하였다.

이 사건에서는 상속세 및 증여세법 제45조 제 1 항의 출처 불명 재산 취득자금에 대한 증여추정 규정의 적용에 있어서, 과세요건에 관한 증명책임의 소재 및 범위가 판단의 쟁점이 되었다.

## 2. 평 석

종래 출처가 불명한 재산 취득자금에 관한 증여추정이 인정되기 위해서는 ① 수증자가 일정한 소득이나 직업이 없어 그와 같은 취득자금을 마련할 수 없었을 것이라는 점(수증자 요건)과, ② 특정한 증여자가 증여재산가액 상당을 증여할 만큼의 재력이 있다는 점(증여자 요건)을 모두 과세관청에서 입증해야 하였다. 이에 대하여 납세자는 증여추정을 번복하기 위해서 수증 이외의 별도의 자금 출처뿐 아니라 그 자금이 당해 재산의 취득자금으로 사용되었다는 점까지 입증을 할 필요가 있었다.

이와 관련하여 재산 취득자금의 증여추정에 관한 구 상증세법(2003.12.30. 법률 제7010호로 개정되기 전의 것, 이하 "개정 전 법") 제45조 제 1 항(이하 "개정 전 규정")은 "직업 · 연령 · 소득 및 재산상태 등으로 보아 재산을 자력으로 취득하였다고 인정하기 어려운 경우로서 대통령령이 정하는 경우에는 당해 재산을 취득한 때에 당해 재산의 취득자가 '다른 자로부터' 취득자금을 증여받은 것으로 추정한다"고 규정하고 있었다.

이후 2003.12.30. 법률 제7010호로 개정된 구 상증세법(2010.1.1. 법률 제9916호로 개정되기 전의 것, 이하 "개정 후 법") 제45조 제 1 항(이하 "개정 후 규정")은 "직업 · 연령 · 소득 및 재산상태 등으로 보아 재산을 자력으로 취득하였다고 인정하기 어려운 경우로서 대통령령이 정하는 경우에는 당해 재산을 취득한 때에 당해 재산의 취득자금을 그 재산의 취득자가 증여받은 것으로 추정하여 이를 그 재산취득자의 증여재산가액으로 한다"고 규정하여 '다른 자로부터'라는 문구를 삭제하였다.

대상판결은 이와 같은 개정의 의미에 관한 것이다.

이에 관하여 원심은 개정 후 규정이 '다른 자로부터'라는 문구를 삭제한 것과 증여세에 있어서 완전포괄주의가 도입된 취지를, 종래 증여자를 특정하여 증여자 요건을 충족하여야만 과세할 수 있던 제한을 법률적으로 해소한 것으로 판단하였다. 따라서 개정 후 규정에 따라 재산취득자가 그 재산을 자력으로 취득하였다고 인정하기 어려운 경우에는, 과세관청이 증여자의 특정이나 구체적인 증여사실을 입증할 필요 없이 재산 취득자가 그 재산의 취득자금을 증여받은 것으로 법률상 추정하여 이에 대한 증여세를 부과할 수 있다고 보았다. 그 결과 그 추정을 번복하기 위한 반대사실의 입증책임은 납세의무자에게 있다고 해석하였다.

대법원은 이러한 해석에 제동을 걸면서, 완전포괄주의와 위 추정규정상의 증여자 요건 입증책임은 논리필연적인 관계가 없다는 점을 지적하였다. 또한 "증여"라는 것은 개념적으로 증여자와 수증자 사이의 의사합치를 전제로 하므로, "다른 자로부터"라는 문구가 삭제되었다고 하여 증여자의 특정도 없이 단순한 자산의 증가를 증여로 보아 증여세를 과세할 수 있다는 해석론은 받아들일 수 없다고 판단한 것으로 보인다.

증여세 완전포괄주의의 도입은 근본적으로 과세요건명확주의와 충돌할 수밖에 없는 관계에 있다. 따라서 증여세 포괄주의가 헌법 해석상 요구되는 과세요건명확주의와 조화롭게 해석될 수 있는 절충점을 찾을 필요성이 있고, 대상판결 내용은 일정 부분 그 해법이 될 수 있을 것으로 보인다. 또한 완전포괄주의를 근거로 소득세로 과세되어야 할 영역에 증여세가 지나치게 확장되는 것은 바람직하지 않다고 할 것이다. 대상판결은 결과적으로 증여세 부과 요건의 한계를 다시금 확인한 점에서 의미가 있다.

**48** 대법원 2010.9.30. 선고 2010두8751 판결

# "소급감정"에 의하여 상속재산의 취득가액을 산정할 수 있는지 여부

**판결요지**

상속받은 재산의 양도에 따른 양도소득세를 부과함에 있어, 과세관청이 비록 당해 자산의 상속 당시 시가를 평가하기 어렵다는 이유로 당해 자산의 취득가액을 개별공시지가로 평가하여 과세처분을 하였다고 하더라도, 그 과세처분 취소소송의 사실심 변론종결시까지 당해 자산의 상속 당시 시가가 입증된 때에는 그 시가를 기준으로 정당한 양도차익과 세액을 산출한 다음 과세처분의 세액이 정당한 세액을 초과하는지 여부를 판단하여야 한다. 여기서 '시가'라 함은 원칙적으로 정상적인 거래에 의하여 형성된 객관적 교환가격을 의미하지만 이는 객관적이고 합리적인 방법으로 평가한 가액도 포함하는 개념이므로 거래를 통한 교환가격이 없는 경우에는 공신력 있는 감정기관의 감정가격도 '시가'로 볼 수 있고, 그 가액이 소급감정에 의한 것이라 하여도 달라지지 않는다(대법원 1999.4.27. 선고 99두1595 판결 ; 대법원 2005.9.30. 선고 2004두2356 판결 등 참조). …… 이 사건 근저당 부동산의 상속 당시 시가는 공동저당된 재산의 평가기준일 현재의 가액으로 안분하여 계산한 이 사건 근저당 부동산이 담보하는 실제 채권액보다 크다고 할 것이어서, 이 경우 양도소득세 산정시 이 사건 근저당 부동산의 상속 당시 시가를 그 취득가액으로 보아야 하므로, 이와 다른 전제에서 이루어진 이 사건 처분은 위법하다.

## 1. 사실관계 및 쟁점

원고는 2004.3.1. 남편인 A로부터 진주시 문산읍 소재 임야 1,264㎡ 등 29필지(이하 '이 사건 부동산'이라 한다)를 상속받았으며, 2007.11.2 이를 대금 33억 5,000만원(그중 아래에서 보는 근저당권이 설정된 23필지의 대금은 33억 1,000만원이다)으로 하여 경상남도개발공사에 양도하였다. 상속 당시, 이 사건 부동산 중 23필지(이하 '이 사건 근저당 부동산'이라 한다)와 진주시 금산면 전 248㎡ 등 3필지에는 이를 공동담보로 하는 채권최고액 8억원인 근저당권이 설정되어 있었고, 그 근저당권의 실제 채권액은 5억 6,000만원이었다.

원고는 2008.1.31. 피고에게 이 사건 부동산에 관한 2007년도 귀속 양도소득세 예정신고를 하면서, 위 근저당권의 채권최고액인 8억원을 이 사건 근저당 부동산의 개별공시지가 비율대로 안분하는 방법으로 이 사건 근저당 부동산의 가액을 702,128,527원으로 보고, 다른 6필지는 개별공시지가에 따라 이 사건 부동산의 취득가액을 산정하였다. 그런데 피고는 2008.8.4. 원고에게, "근저당권이 설정된 재산의 가액은 채권최고액이 아니라 평가기준일 현재 당해 재산이 담보하는 실제 채권액으로 평가하여야 한다"는 이유로, 위 근저당권의 실제 채권액인 5억 6,000만원을 안분하는 방법으로 이 사건 근저당 부동산의 가액을 491,232,041원으로 보고 이 사건 부동산의 취득가액을 산정한 다음, 원고의 2007년도 귀속 양도소득세를 경정하고 76,303,220원을 추가로 납부할 것을 고지하는 이 사건 처분을 하였고, 이에 원고는 소급감정을 통한 시가 입증으로 이를 다툰 사안이다.

이 사건에서는, 우선 근저당권이 설정된 부동산을 상속받아 이를 양도한 경우, 그 취득가액 산정방법으로 상속세 및 증여세법(이하 '상증법') 시행령 제63조 제 1 항 제 3 호에서 상속재산의 평가액 기준으로 정해진 '당해 재산이 담보하는 채권액'이 실제 채권액을 의미하는 것인지, 혹은 채권최고액을 의미하는 것인지 여부가 다투어지고, 다음으로, 납세자가 취득가액에 관하여 사실심 변론종결 전까지 소급감정으로 당해 자산의 상속 당시 시가를 입증한 경우 이를 취득가액으로 인정할 수 있는지 여부가 문제된다.

## 2. 평　　석

소득세법 제97조 제 1 항 제 1 호 및 소득세법 시행령 제163조 제 9 항(이하 '이 사건 시행령'이라 한다)은 상속받은 자산의 양도차익을 계산함에 있어서 상속개시일 현재 상증법 제60조 내지 제66조 규정에 의하여 평가한 가액을 취득 당시의 실제 거래가액으로 보아 이를 양도가액에서 공제하도록 규정하고 있다. 한편 상증법 제66조 제 1 호는 저당권이 설정된 토지의 경우 상증법 제60조의 규정에 의하여 평가한 가액과 당해 토지가 담보하는 채권액 등을 기준으로 대통령령이 정하는 바에 의하여 평가한 가액을 비교하여 그중 큰 금액을 그 재산의 가액으로 한다고 규정하고 있다.

우선, 이 사건 시행령에 따라, 상증법 시행령 제63조 제 1 항 제 3 호가 '평가기준일 현재 당해 재산이 담보하는 채권액'이라 규정하고 있을 뿐, '담보하는 채권의 최고액'이라고 규정하고 있지 않으며, 상증법 시행령 제63조 제 2 항에서는 당해 재산에 설정된 근저당권의 '채권최고액'이 '담보하는 채권액'보다 적은 경우에는 채권최고액으로 한다고 규정하고 있는 점, 통상 근저당권의 채권최고액은 기업의 신용을 감안하여 시가보다 높게 평가될 수 있다는 점을 고려하면, 상증법 시행령 제63조 제 1 항 제 3 호의 당해 재산이 '담보하는 채권액'은 채권최고액이 아닌, 실제 채권액을 의미하는 것으로 해석됨에는 큰 의문이 없다.

한편 이 사건 시행령 규정의 해석과 관련, 상속 또는 증여로 취득한 자산을 양도하는 경우 취득가액의 산정방법은 당해 자산을 취득할 당시의 현황에 의하여 평가한 가액을 취득 당시의 실지거래가액으로 의하도록 규정하고 있는데, 상속 혹은 증여재산 외 일반자산은 양도차익 계산시 실지거래가액을 확인할 수 없으면 매매사례가액, 감정가액 또는 환산가액에 의하여 산정할 수 있으나, 상속 혹은 증여받은 재산의 경우에는 이와 달리, 상증법 제60조 내지 66조의 규정에 의해 평가한 가액을 취득가액으로 계산하도록 규정하고 있는 것이다.

판례는 상속·증여재산의 취득가액 산정방법을 일반자산과 달리 규정하고 있는 이 사건 시행령 규정의 위헌성 여부가 다투어진 사안에서 "'취득에 소요된 실지거래가액의 범위' 등 필요경비 계산에 관하여 필요한 사항은 대통령령으로 정할 수 있도록 위임하고 있는 구 소득세법 제97조 제 5 항에 근거를 둔 규정으로서 모법의 위임이 없는 무효의 규정이라고 볼 수 없고, 또한 상속 또는 증여받은 자산을 양도한 경우 상속세 또는 증여세과세표준에 해당하는 가액(상속개시일 또는 증여일 현재 상속세 및 증여세법 제60조 내지 제66조의 규정에 의하여 평가한 가액)은 양도차익 산정시 당해 자산의 필요경비로 인정해 주고, 양도가액이 위 가액을 초과하여 양도소득이 있는 경우에만 양도소득세를 부과하는 것이 조세 누락이나 이중과세를 방지할 수 있다는 점에 비추어 볼 때, 구 소득세법 시행령 제163조 제 9 항 본문의 규정이 모법의 위임범위를 벗어나 과세요건을 부당하게 확장한 무효의 규정이라고 볼 수도 없다"고 판시한 바 있다.

그러나 이 사건 시행령 규정은 양도차익을 계산할 때 양도가액을 실지거래가액(매매사례가액·감정가액이 적용되는 경우 그 매매사례가액·감정가액 등을 포함한다)에 따를 때에는 취득가액도 실지거래가액(매매사례가액·감정가액·환산가액이 적용되는 경우 그 매매사례가액·감정가액·환산가액 등을 포함한다)에 따르고, 양도가액을 기준시가에 따를 때에는 취득가액도 기준시가에 따르는 것으로 규정하고 있는 동일기준의 원칙(소득세법 제100조 제 1 항)

에 반하는 문제점이 지적된다. 즉, 상속・증여재산에 대한 양도차익 산정시 양도가액은 실지거래가액에 의하는 반면, 취득가액은 기준시가에 의할 수밖에 없는 경우가 대부분이므로 동일기준의 원칙에 위배되는 것이다.

이 사건 판결은, 종래 대법원이 상속재산의 시가평가에 있어, 시가의 범위를 객관적이고 합리적인 방법으로 평가한 가액을 포함하는 개념으로 보고, 거래를 통한 교환가격이 없는 경우에는 공신력 있는 감정기관의 감정가액 특히 소급감정에 의한 것도 시가로 인정하고 있는 판례 이론을 상속재산에 대한 양도차익 산정시 취득가액 산정방법으로 수용하였다는 점에서 큰 의미가 있다. 이로써, 상속재산 양도차익 산정에 있어, 통상적인 경우 보충적 평가방법을 통한 기준시가(혹은 이 사건의 경우 '실제 채권액')가 그대로 시가로 취급됨으로써 납세자가 입게 되는 불이익을 조세소송을 통하여 시가를 납세자가 소급감정의 방법으로 입증함으로써 그 소급감정액을 취득가액으로 인정받을 수 있게 된 것이다.

보다 근본적으로는, 이 사건 시행령 규정을 일반자산의 취득가액 산정방법(소득세법 제97조 제1항 제1호)과 동일하게 매매사례가액, 감정가액, 환산가액을 순차적으로 적용할 수 있도록 개정하는 것이 바람직하다고 본다. 아울러, 소급감정에 의한 시가 입증을 통한 납세자의 권리구제를 보장하기 위한 소급감정의 절차 및 인정근거를 명문화하는 것이 타당하다고 본다.

**49** 대법원 2011.9.8. 선고 2007두17175 판결

# 주식 등 명의신탁 증여의제에 있어 신탁행위의 무효와 조세회피 목적의 인정 여부

**판결요지**

구 상증법 제41조의 2 제 1 항 본문은 "권리의 이전이나 그 행사에 등기 등을 요하는 재산에 있어서 실제 소유자와 명의자가 다른 경우에는 국세기본법 제14조의 규정에 불구하고 그 명의자로 등기 등을 한 날에 그 재산의 가액을 명의자가 실제 소유자로부터 증여받은 것으로 본다"고 규정하면서, 그 단서 제 1 호는 "조세회피 목적 없이 타인의 명의로 재산의 등기 등을 한 경우에는 그러하지 아니하다"고 규정하고 있다. 즉, 이 사건 법률조항의 입법취지는 명의신탁제도를 이용한 조세회피행위를 효과적으로 방지하여 조세정의를 실현한다는 취지에서 실질과세원칙에 대한 예외를 인정한 데에 있다.

이 사건 법률조항 단서 제 1 호에서 말하는 조세는 증여세에 한정되지 아니하는 점, 이 사건 법률조항이 재산의 실제 소유자와 명의자가 다른 경우를 그 규율대상으로 한다고 규정하고 있을 뿐 명의자 앞으로의 등기 등이 법률상 유효할 것까지를 요구하고 있지는 아니한 점, 명의신탁약정에 따른 등기 등이 이루어진 이상 그 등기 등이 강행법규 위반 등으로 인하여 무효인 경우에도 조세회피의 목적은 달성될 수 있는 점 등에 비추어 보면, 명의신탁약정에 따라 실제 소유자가 아닌 제 3 자 명의로 이루어진 등기 등이 강행법규 위반 등으로 인하여 무효라는 이유만으로 이 사건 법률조항 본문의 적용이 배제되는 것은 아니라고 할 것이다.

> 한편 이 사건 법률조항의 입법취지에 비추어 볼 때, 명의신탁이 조세회피목적이 아닌 다른 이유에서 이루어졌음이 인정되고 그 명의신탁에 부수하여 사소한 조세경감이 생기는 것에 불과하다면 그와 같은 명의신탁에 '조세회피 목적'이 있었다고 단정할 수는 없다고 할 것이나, 명의신탁의 목적에 조세회피 목적이 포함되어 있지 않은 경우에만 위 조항 단서를 적용하여 증여의제로 의율할 수 없는 것이므로 다른 주된 목적과 아울러 조세회피의 의도도 있었다고 인정되면 조세회피의 목적이 없다고 할 수 없다. 그리고 이때 조세회피 목적이 없었다는 점에 관한 증명책임은 이를 주장하는 명의자에게 있다(대법원 2009.4.9. 선고 2007두19331 판결 등 참조).

## 1. 사실관계

① 원고 회사는 화학제품을 제조하는 내국법인으로서, 1999.8.11. 상장한 주식가액이 공모가액인 30,000원 이하로 하락하자, 주가를 공모가 수준으로 유지할 목적으로 작전세력 등을 동원하여 차명에 의한 주가관리를 하기로 결의하였다. 다만, 증권거래법상의 자사주 매입에 의할 경우 회사가 원하는 주가 부양효과에 한계가 있어 1999.8.31.부터 1999.11.8.까지 기관투자자를 통하여 장내에서 원고 회사의 자사주 629,080주를 취득하였다.

② 이후 원고 회사는 1999.11.15.부터 2000.2.17.까지 원고 2, 원고 3, 원고 4 등 이 사건 개인주주들로 하여금 장외에서 기관투자자들이 취득한 원고 회사 주식 629,080주를 취득하게 하는 한편 장내에서 원고회사 주식 163,670주를 추가로 취득하게 하여 합계 792,750주의 원고 회사 주식을 취득하였다.

③ 원고 회사는 2000.2.17.까지 원고 회사 자기주식 중 300,030주를 매각하고, 2000.12.31. 나머지 492,720주 중 362,210주를 이 사건 개인주주들 앞으로 명의개서하였으며, 2001.11.9. 위 362,210주와 명의개서되지

않은 나머지 130,510주 합계 492,720주 전부를 원고 회사 명의로 실명전환하였다.

④ 이에 대해서 피고들은 원고 회사가 타인 명의로 자기주식을 취득하여 그 일부를 처분하고 나머지를 실명전환한 것으로 보고, 2000.12.31. 당시 주주명부에 등재된 이 사건 개인주주들 명의 주식을 조세회피 목적으로 명의신탁된 것으로 보아 구 상속세 및 증여세법 제41조의 2(2002.12.18. 법률 제6780호로 개정되기 전의 것, 이하 '상증법')을 적용하여, 이 사건 개인주주들인 원고 2, 원고 3, 원고 4에 대하여는 각각 증여세를 부과하였고, 원고 회사에 대하여는 이 사건 개인주주들의 증여세를 연대하여 납부할 것을 고지하였다.

## 2. 사안의 쟁점

이 사건에서 원고들은, "농지개혁법에 위반하여 농지를 취득할 수 없고 취득하더라도 당연무효가 되는 지위에 놓인 명의신탁자가 그 농지를 제 3 자 명의로 등기한 경우, 이러한 명의수탁자 앞으로의 등기 역시 원인무효이므로 구 상증세법 제32조의 2 소정의 명의신탁 증여의제 규정은 적용할 수 없다"는 취지의 대법원 1985.7.23. 선고 85누313판결을 근거로 하여, 원고 회사가 스스로 발행한 주식을 거래하는 것을 내용으로 하는 거래는 상법상 누구의 명의로 취득하든 절대적 무효이므로 이러한 자기주식 취득을 전제로 한 명의수탁자 앞으로의 명의개서 역시 원인무효일 수밖에 없고, 따라서 이 사건에는 상증법상의 명의신탁 증여의제 규정이 적용될 수 없다고 주장하였다.

또한 명의신탁에 대하여 부과되는 증여세는 그러한 명의신탁이 실제로 조세회피의 목적을 달성하기 위하여 이루어진 경우에 한하여 부과할 수 있고 명의신탁을 한 납세자에게 조세회피 이외의 다른 목적이 있거나 조세회피의 구체적 가능성이 존재하지 않을 때에는 증여세를 부과할 수 없다는 것이 최근 새로이 확립된 대법원의 입장이라는 점에 비추어 볼 때, 원고 회사로서는 문제된 기관 차명거래나 개인 차명거래 어느 쪽에서도 소득을 올릴 수 없는 구조로서 처음부터 원고회사에 대해서는 부과될 세금 자체가 존재하지 아니하여 조세회피 가능성 자체가 처음부터 없었던 이 사건과 관련해서 관련 당사자들에게 조세회피의 목적이 있었다고 보아 증여세를 부과하는 것은 위법하다고 주장하였다.

## 3. 원심판결

원심(서울고등법원 2007.7.24. 선고 2006누30142 판결)은 기관들 명의 계좌에서 이 사건 개인주주들 명의 계좌로 원고 회사 자사주를 옮겨 보유하게 된 것은 원고 회사 자사주를 타인 명의로 보유하는 방법을 변경한 것에 불과할 뿐이고, 비록 그로 인하여 더 이상 기관들 명의 거래로 인한 법인세가 발생하지 않았다고 하더라도 이는 명의신탁의 과정에 부수하여 발생한 조세부담의 경감에 불과하여 결국 원고 회사가 조세를 회피할 목적으로 이 사건 개인주주들 명의로 원고 회사 자사주를 취득하였다고 볼 수 없다고 판시하였다.

## 4. 평　　석

구 상증법 제41조의 2 소정의 '명의신탁 증여의제'는 위 대법원 판결에서 잘 지적한 바와 같이, 명의신탁 제도가 증여세를 회피하기 위한 수단으로 악용되는 것을 방지하기 위해서 실질과세원칙의 예외를 인정하여 증여의 실질이 아닌 것에 대하여 증여세를 부과하는 제도로서, 그 입법취지는 충분히 수긍할 만하고 현재까지 실무상 많이 활용되고 있다.

그러나 위 규정은 조세법의 대원칙인 실질과세원칙의 예외를 구성하면서까지 증여세를 부과하는, 사실상 '조세'가 아닌 일종의 '제재'로서의 성격을 가지는 제도로서, 행정의 합목적성을 위해 납세자의 권익을 침해할 우려가 있다는 점에서 명의신탁 증여의제와 관련하여 지속적으로 위헌성 논의가 제기되어 왔다.

위와 같은 사정을 고려하여 최근 판례는 '조세회피목적'의 요건을 매우 엄격하게 운용하여 왔던 종래 판례의 태도에서 벗어나, "명의신탁이 조세회피 목적이 아닌 다른 이유에서 이루어졌음이 인정되고 그 명의신탁에 부수하여 사소한 조세경감이 생기는 것에 불과하다면 조세회피 목적이 있다고 볼 수 없다"고 판단하여 명의신탁 증여의제 규정의 적용범위를 제한하는 취지의 판시를 내린 바 있다. 즉, 명의신탁 증여의제 규정은 일종의 제재로서 납세자에게 미치는 영향이 상당하므로, 명의신탁 증여의제 규정에 해당하는지 여부는 엄격하게 해석되어야 하고, 이러한 관점에서 '조세회피 목적'을 지나치게 협소하게 인정하는 것은 최근 대법원 판례의 태도와 일치하지 않을 뿐더러 납세자의 권익 보호에 대한 요청을 무시하는 해석이라 할 것이다.

이 사건에서 원고회사 주식 차명거래를 한 것은 사실이지만, 그 차명거래가 명의신탁 증여의제 규정의 적용대상이 되는 과세대상 거래에 해당하는지 여부는 별개의 문제라 할 것이다. 그렇다면 대법원으로서는 이러한 차명거래로 인하여 실제로 조세가 경감되었는지, 조세가 경감되었다면 전체 거래 규모에 비추어 볼 때 그 비중은 어떠한지 등을 고려하여 '조세회피 목적'이 존재하는가를 엄격하게 살펴보았어야 한다. 그러나 대법원은 이러한 사정에 대한 깊은 고려 없이 단순히 '차명거래'가 지니는 부정한 인식에 사로잡혀 만연히 조세회피 목적을 인정하였다는 인상을 지울 수 없어 아쉬움이 남는다.

또한 이 사건 대법원 판결은 "농지개혁법에 위반하여 농지를 취득할 수 없고 취득하더라도 당연무효가 되는 지위에 놓인 명의신탁자가 그 농지를 제3자 명의로 등기한 경우 이러한 명의수탁자 앞으로의 등기 역시 원인무효이므로 명의신탁 증여의제 규정은 적용될 수 없다"는 취지의 대법원 1985.7.23. 선고 85누313 판결과 일견 부합하지 않는 측면이 있으며 명의신탁 증여의제 제도의 제재적 입장을 더욱 강화한 것으로 지속적으로 위헌론이 제기되고 있는 현실에 역행하는 판결이라고 할 수 있다. 추후 이에 대해서는 새로이 기준이 정립되어야 할 것으로 보인다.

**50** 대법원 2011.9.29. 선고 2011두8765 판결

# 증여의제되는 명의신탁 재산을 3개월 내에 반환한 경우 증여세 부과 가능성

**판결요지**

구 상속세 및 증여세법(2007.12.31. 법률 제8828호로 개정되기 전의 것, 이하 '구 상증법'이라 한다)은 제31조 제 4 항에서 "증여를 받은 후 그 증여받은 재산을 당사자 간의 합의에 따라 제68조의 증여세 과세표준 신고기한(3월) 내에 반환하는 경우에는 처음부터 증여가 없었던 것으로 본다. 다만, 반환하기 전에 과세표준과 세액의 결정을 받은 경우에는 그러하지 아니하다"고 규정하면서, 구 상증법 제45조의 2에서 증여로 의제되는 명의신탁에 대하여 위 규정의 적용을 배제하는 규정을 따로 두고 있지 않고, 증여세 과세표준 신고기한 내에 당사자들 합의에 의하여 증여재산을 반환하는 경우나 명의신탁 받은 재산을 반환하는 경우 모두 그 재산을 수증자 또는 명의수탁자가 더 이상 보유하지 않게 된다는 면에서 실질적으로 다르지 아니한 점 등에 비추어 볼 때, 구 상증법 제31조 제 4 항은 증여로 의제된 명의신탁재산에 대하여 명의신탁을 해지하고 반환하는 경우에도 적용된다고 보아야 하고, 이는 명의수탁자가 명의신탁 받은 재산을 명의신탁자 명의로 재산을 반환하는 경우뿐 아니라 명의신탁자의 지시에 따라 제 3 자 명의로 반환하는 경우도 마찬가지라고 보아야 한다.

## 1. 사실관계 및 원심의 판단

### (1) 사실관계의 요지

A회사의 실제 사주인 甲은 2007년 회사 설립과정에서 원고에게 A회사 발행주식을 명의신탁하였다가, 명의신탁일로부터 3월 이내에 제 3 자 명의로 명의수탁자를 변경하였다. 이에 대하여 피고는 명의신탁 증여의제 규정에 따라 증여세를 부과함에 있어서는 같은 법 제31조 제 4 항이 적용되지 않는다는 전제하에, 원고에게 주식 명의수탁 사실을 이유로 증여세를 부과하였다.

### (2) 원심의 판단

구 상증법 제45조의 2 제 1 항에 의하여 증여한 것으로 의제되는 경우, 증여의제 대상인 주식의 명의신탁이 있은 후 같은 법 제31조 제 4 항 소정의 기간 내에 그 명의신탁을 해지하고 주주명부상 명의를 실질소유자로 변경하였다 하여도 이로써 그 명의신탁의 효력이 소급하여 소멸하는 것은 아니므로 여전히 증여세의 부과대상이 된다고 봄이 상당하다.

## 2. 평 석

### (1) 쟁점의 정리

구 상증법은 제31조 제 4 항에서 "증여를 받은 후 그 증여받은 재산을 당사자 간의 합의에 따라 제68조의 증여세 과세표준 신고기한(3월) 내에 반환하는 경우에는 처음부터 증여가 없었던 것으로 본다. 다만, 반환하기 전에 과세표준과 세액의 결정을 받은 경우에는 그러하지 아니하다"고 규정하고 있다.

이 사건의 경우, 구 상증법 제45조의 2에 의하여 증여로 의제되는 명의신탁에 대하여도 같은 법 제31조 제 4 항이 그대로 적용될 수 있는지 여부가 쟁점이 되었다. 즉, 명의수탁자가 증여세 과세표준 신고기한 내에 명의신탁 받은 재산을 반환하는 경우에도 과연 명의수탁자에 대하여 증여세 부과가 가능한지가 이 사건의 쟁점이다.

### (2) 쟁점에 관한 과세관청의 유권해석

과세관청은 "쟁점주식은 증여의제일이 2003.10.1. 및 2003.11.24.이고, 쟁점주식 중 쟁점 ②주식은 2003.12.9. X에게 재차 명의신탁되어 명의수탁자인 청구인의 입장에서는 증여의제일로부터 3개월 이내에 실지소유자(명의신탁자)인 Y에게 명의신탁재산이 반환되었다 할 것이므로, 위 상속세 및 증여세법 제31조 제 4 항의 규정에 의거 증여세 과세대상에서 제외함이 타당하다"고 결정하여(국심 2007.11.23. 선고 2007중1582 결정, 조심 2008.12.18. 선고 2008중1823 결정 등), 명의수탁자가 신탁받은 재산을 3개월 이내에 반환한 경우, 명의수탁자가 당초 명의신탁을 받은 행위는 증여세 과세대상이 아님을 여러 차례 밝힌 바 있다.

그 결과 이 사건과 같은 쟁점의 사안들은 대부분 행정심판 단계에서 구제가 되었으므로, 이 사건 쟁점이 법원에서 정면으로 다루어진 적은 없었다.

### (3) 이 사건의 특수성

원고는 이 사건의 전심절차(심사증여 2008－0018, 2008.3.31.)에서 A회사 주식을 자신의 자금으로 취득하였다고 주장하여 명의신탁 사실 자체를 부인하였다. 그 결과 전심절차에서는 원고가 명의신탁 받은 주식을 반환함에 따른 이 사건 쟁점이 전혀 문제되지 않았던 사정이 있었다.

원고는 소송 단계에서 비로소 명의신탁 받은 A회사 주식을 반환한 사정을 주장하였는바, 이 사건은 동일한 쟁점의 다른 사건들과는 달리 전심 절차에서 구제되지 못하고 법원의 판단을 받게 되었다.

### (4) 이 사건의 의의

국민의 권리구제라는 관점에서 이 사건 판례를 바라본다면, 이 사건 판례는 기존에 행정심판 단계에서 이미 권리구제가 이루어지고 있던 부분을 대법원이 재차 확인한 정도로 평가되어야 할 것이다. 언론에서는 이 사건 판결이 위 쟁점을 다룬 최초의 대법원 판례라는 점에 근거하여, 국민의 권리구제 영역을 확장한 판결로 소개하기도 하는데, 이는 앞서 검토한 이 사건 진행 경과의 특수성과 과세관청의 기존 유권해석을 간과한 평가로 생각된다.

이 사건 판결의 진정한 의미는 조세법의 해석에 있어 문언해석의 중요성을 다시금 강조한 점에 있다고 할 것이며, 무엇보다도 상증법상 명의신탁 증여의제 규정의 확대 운용에 대해 그 경계를 선언하였다는 점에 의의가 있다고 할 것이다.

즉, 명의신탁 증여의제 규정은 본질적으로 증여가 아닌 거래를 세법상 증여로 의제하는 방법을 통해 담세력을 작출하여 증여세를 부과하는 것인바, 이는 조세의 이름으로 헌법상 보장된 재산권을 침해하는 것으로서 조세법률주의에 위반될 가능성이 높다. 또한 단순히 권리의 외양만을 취득하여 담세능력이 없는 명의수탁자를 실제로 증여받아 담세력을 가지는 자보다 오히려 불리하게 취급하여 고율의 증여세를 부과하는 것은 '같은 것은 같게, 다른 것을 다르게'라는 평등원칙에 위반될 가능성도 상당하다. 가사 명의신탁 증여의제 규정에 의하여 부과되는 증여세를 조세를 가장한 명의신탁에 대한 '제재' 내지 '과징금'의 성격을 가지는 것으로 보더라도 이는 헌법상 비례의 원칙 내지 과잉금지의 원칙에 위반된다는 비판을 면하기 어려울 것이다.

이와 같은 이유로 현재에도 명의신탁 증여의제 규정의 위헌성을 주장하는 헌법소원 청구사건이 다수 헌법재판소에 계속 중이다(2009헌바170, 2010헌바22, 2010헌바68, 2010헌바340, 2010헌바410 등[1]).

비록 명의신탁 증여의제 규정에 대하여 헌법재판소에서 1차례의 한정합헌 결정(헌법재판소 1989.7.21. 선고 89헌마38 결정)과 3차례의 합헌결정이 선고된 바 있고, 대법원도 명의신탁 증여의제 규정이 명의신탁제도를 이용한 조세회피행위를 효과적으로 방지함으로써 조세정의를 실현하기 위하여 실질과세원칙에 대한 예외를 인정한 것이므로, 헌법상의 실질적 조세법률주의 및 재산권보장의 원칙에 위배된다고 할 수 없다고 판시한 바 있으나(대법원 2009.3.12. 선고 2007두8652 판결 ; 대법원 2004.12.23. 선고 2003두13649 판결 등), 명의신탁 증여의제 규정은 규정 자체의 위헌성 논의에서 여전히 자유로울 수 없다고 할 것이므로, 그 운용의 측면에서라도 제한적으로 적용될 필요가 있다고 할 것이다. 이러한 맥락에서 이 사건 판결을 바라본다면 이 사건 판결의 실질적 의미를 발견할 수 있을 것이다.

1) 2012.5.31. 합헌결정되었다.

# 51 대법원 2011.12.22. 선고 2011두22075 판결

# 비특수관계자 간 거래에 대한 증여세 부과의 적법성 요건

판결요지

일반적으로 과세처분 취소소송에서 과세요건사실에 관한 증명책임은 과세관청에 있는 점, 상속세 및 증여세법(이하 '상증세법') 제35조 제2항의 문언내용 및 규정형식 등에 비추어 보면, 상증세법 제35조 제2항에 의한 증여세 부과처분이 적법하기 위해서는 양도자가 특수관계에 있는 자 외의 자에게 시가보다 현저히 높은 가액으로 재산을 양도하였다는 점뿐만 아니라 거래의 관행상 정당한 사유가 없다는 점도 과세관청이 증명하여야 한다.

① 코스닥상장법인인 A주식회사(이하 'A')와 비상장법인인 B주식회사(이하 'B')는 증권거래법령이 규정한 주식가액의 산정방법에 따라 포괄적 교환 대상인 각 주식의 가격을 평가하였고, 이에 대하여 외부 평가기관인 甲회계법인의 적정의견을 받아 교환비율을 산정한 점,

② 주식교환의 적정비율 산정, 이사회 및 주주총회의 승인 및 이에 반대하는 주주들에 대한 주식매수청구권의 부여 등 법령에 따른 공정하고 투명한 절차를 모두 거쳤음에도 주식의 포괄적 교환에 따라 완전모회사의 주식을 배정받은 원고가 완전모회사로부터 증여를 받았다는 것은 선뜻 수긍하기 어려운 점,

③ 이 사건 교환계약에 따라 A에게 B의 주식을 이전한 B의 주주는 모두 A와 '특수관계에 있는 자'에 해당하지 않고 달리 A 또는 A의 주주들이 이 사건 교환계약을 통하여 원고를 비롯한 B의 주주들에게 이익을 분

**여하여 줄 만한 사정을 찾을 수도 없는 점,**
**④ 이 사건 교환계약을 전후하여 A의 주가가 급등하였던 사정에 비추어 보면 B의 기업가치 내지 주가가 과대평가되고 주식 교환비율이 A의 주주들에게 불리한 것이었다고 단정할 수 없는 점 등을 종합하여 보면, 원고가 이 사건 교환계약에 따라 보유하던 B의 주식 160,000주를 A에 이전하고 그 대가로 A의 신주 451,758주를 교부받은 것이 거래의 관행상 정당한 사유 없이 시가보다 현저히 높은 가액으로 재산을 양도한 경우에 해당한다고 볼 수 없다.**

## 1. 사실관계

A와 B는 주식의 포괄적 교환을 통한 기업재조직을 위하여 포괄적 주식교환계약(이하 '이 사건 교환계약')을 체결하였다. 이 사건 교환계약서에 따르면, A는 원고를 포함한 B의 주주들이 소유하고 있는 B주식 전부를 이전받아 B의 완전 모회사가 되고, 이에 대한 대가로 원고 등 B의 주주들에게 신주를 교부하기로 되어 있었다. 한편 이 사건 교환계약의 체결에 앞서 주식의 교환비율을 결정하기 위하여 甲회계법인은 A의 주식을 1주당 5,958원으로, B의 주식을 1주당 16,822원으로 각 평가한 바 있다. 이 후 이 사건 교환계약에 따라 원고는 B주식을 A에게 이전하였고, 그 대가로 A가 발행한 신주를 취득하였다.

이에 대하여 피고는 B주식에 대한 甲회계법인의 평가액은 객관적인 교환가치가 반영된 시가로 볼 수 없다고 판단하고, 이를 상증세법상 보충적 평가방법에 의하여 1주당 1,004원으로 평가하였다. 또한 A주식에 대하여는 주식교환일의 코스닥 시장 종가 8,390원을 1주당 평가액으로 산정하였다. 그 결과 피고는, 원고가 주당 1,004원인 B주식을 주당 8,390원인 A주식과 1 : 2.8234896의 교환비율로 교환한 것은 "특수관계 없는 자에게 정당한 사유 없이 현저히 높은 가액으로 재산을 양도한 경우"에 해당한다는 이유로, 원고에게 증여세를 부과하였다.

## 2. 평 석

### (1) 상증세법 규정의 내용

상증세법 제35조 제 2 항은 특수관계에 있는 자 외의 자에게 거래의 관행상 정당한 사유 없이 시가보다 현저히 높은 가액으로 재산을 양도한 경우에는 그 재산의 양도자가 그 대가와 시가와의 차액에 상당하는 금액을 증여받은 것으로 추정하여 대통령령이 정하는 이익에 상당하는 금액을 그 이익을 얻은 자의 증여재산가액으로 한다고 규정하고 있다.

### (2) 상증세법상 '시가'의 의미

위 규정을 해석·적용함에 있어서, 우선 상증세법상 '시가(時價)'의 개념이 문제되는데, 상증세법 소정의 '시가'라 함은 일반적이고 정상적인 거래에 의하여 형성된 객관적 교환가치를 의미한다(대법원 2004.10.27. 선고 2003두12493 판결 ; 대법원 2003.6.13. 선고 2001두9394 판결 등 참조).

이와 같이 시가의 본질을 '교환가치'라는 관점에서 파악한다면, 어떠한 거래가 그 거래대상의 객관적 교환가치를 적정하게 반영하는 일반적이고 정상적인 거래인지 여부를 판단하는 기준 내지 방법이 중요하게 되는데, 이는 ① 거래 당사자들이 각자 경제적 이익의 극대화를 추구하는 대등한 관계에 있는지, ② 거래 당사자들이 거래 관련 사실에 관하여 합리적인 지식이 있으며, 강요에 의하지 아니하고 자유로운 상태에서 거래를 하였는지 등 거래를 둘러싼 제반 사정을 종합적으로 검토하여 결정하여야 할 것이다(서울고등법원 2006.10.17. 선고 2005누24348 판결 ; 조심 2010.6.4. 선고, 2009중3408 결정 등 참조).

따라서 특수관계가 있는 자 사이의 거래라고 하더라도 위와 같은 제반 사정을 고려하여 객관적 교환가치가 적정하게 반영된 정상적인 거래라고 판단되면 그 거래가격을 시가(時價)로 보아야 할 것이고, 특수관계가 없는 자 사이의 거래가격도 위와 같은 제반 사정을 고려하여 '시가' 해당 여부를 판단할 것이로되, 달리 특별한 사정이 없는 한 특수관계가 없는 자 사이의 당해 거래가격은 시가로 추정되고, 당해 거래가격을 시가로 볼 수 없다는 '특별한 사정'은 과세관청이 이를 입증하여야 할 것이다.

이 사건의 경우, 이 사건 포괄적 교환의 당사자들은 각자 경제적 이익의 극대화를 추구하는 주식회사들이고, 아무런 특수관계가 없었으며, 거래당사자들은 거래 관련 사실에 관하여 합리적인 지식을 가지고 자유로운 상태에서 정상적인 거래를 하였는바, 당사자 사이에 합의된 이 사건 주식의 교환비율은 상증세법상의 시가로 인정되어야 할 것이다

### (3) "거래의 관행상 정당한 사유"의 해석

한편 2003.12.30. 상증세법이 전면 개정되면서 소위 '증여세 완전포괄주의'가 도입됨으로 인하여, 특수관계가 없는 자 사이의 재산 양·수도 거래에 대하여도 "거래의 관행상 정당한 사유 없이" 고가양도·저가양수한 경우에는 증여세를 과세할 수 있게 되었다.

여기서 '거래의 관행상 정당한 사유'라는 과세 제외 요건의 해석이 문제되는데, '거래의 자유'나 '사생활의 보장'을 위하여 특수관계 없는 자 사이의 거래에 대한 국가의 간섭은 가능한 한 줄여야 한다는 점을 고려할 때, 위 요건은 가급적 폭넓게 해석되어야 할 것이다. 또한 이에 대한 입증책임도 과세관청에 있다고 보아야 할 것이다.

이 사건의 경우 A와 B는 증권거래법이 정한 절차와 방법에 따라 포괄적 주식교환 비율을 정하였는바, 이는 상증세법 제35조 제 2 항에서 규정한 '거래의 관행상 정당한 사유'에 해당한다고 볼 수 있을 것이다.

### (4) 이 사건 판결의 의미

이 사건 판결은 상증세법 제35조 제2항에 의한 증여세 부과처분이 적법하기 위하여는 과세관청이 고가양도 사실뿐만 아니라 거래의 관행상 정당한 사유가 없다는 점을 증명하여야 한다는 점을 명시하였고, 아울러 법령에 따른 공정하고 투명한 절차를 모두 거쳤음에도 주식의 포괄적 교환에 따라 A의 주식을 배정받은 원고가 A로부터 증여를 받았다는 것은 선뜻 수긍하기 어렵다거나, A 또는 그 주주들이 원고 또는 B의 주주들에게 이익을 분여하여 줄 만한 사정을 찾을 수 없다는 점을 들어 증여세 부과처분을 취소하였다.

위와 같은 판시는 특수관계 없는 자 사이에서 상증세법상의 시가와 현저한 차이가 있는 가격으로 거래를 하더라도 당해 조항에 의하여 무차별적으로 증여세 과세가 가능한 것이 아니라, 이익을 분여할 만한 실체적인 사정이 있다는 점을 과세관청이 입증하는 경우에 한하여 과세가 가능하다는 취지로 보인다.

실무상 과세관청은 증여세 포괄주의의 채택을 계기로 하여 이익을 분여하여 줄 만한 동기나 사정이 있는지 여부를 불문하고 비특수관계자 사이의 거래에 관하여 상증세법상 형식적인 과세요건을 갖추기만 하면 증여세를 부과하고 있는바, 이 사건 판결은 이러한 과세관행에 제동을 걸었다는 점에서 의미가 크다고 생각된다.

52 대법원 2011.12.27. 선고 2011두21539 판결

# 비상장법인 주식에 관한 시가의 판단방법

판결요지[1]

[1] 주식의 교환가치란 회사의 자산과 손익을 기준으로 한 실질가치뿐 아니라 회사의 앞으로의 전망, 수익성, 주식의 거래 가능성 등 다양한 요소들에 의하여 결정되는 것인데, 매매사례가액을 그러한 다양한 요소가 복합적으로 반영된 결과인 반면, 상속세 및 증여세법(이하 '상증세법') 제63조 제1항 다목 및 같은 법 시행령 제54조 내지 제56조에 규정된 비상장주식의 평가방법은 가격결정에 관여하는 모든 요소들을 총체적으로 반영할 수 있는 방법이 아니고, 주식의 교환가치를 밝히는 것을 목적으로 한다기보다는 회사의 순자산(또는 순손익)을 기준으로 한 특정시점에서의 주식의 실질가치를 계산하는 데에 초점이 맞춰져 있으므로, 자산(또는 손익)을 기준으로 한 실질가치 이외의 요소들까지 반영되어 결정되는 주식의 교환가치와는 상당한 괴리가 발생할 수 있다.

따라서 실제 매매사례가 다수 존재하고 그것이 객관적으로 부당하다고 인정될 만한 특별한 사정이 없는 이상 그 가액을 시가로 봄이 상당하고, 어떠한 비상장주식의 가격이 상증세법 제60조 제3항 소정의 '시가를 산정하기 어려운 경우'에 해당하여 보충적 평가방법을 사용할 수 있는 경우에 해당하는지 여부는 엄격하게 판단하여야 한다.

[2] 회사의 순손익액을 계산하여 비상장주식의 시가를 평가하는 것은 회사의 정상적인 사업을 통하여 장래 얻을 수 있는 수익을 기초로 그

1) 서울행정법원 2011.1.14. 2010구합27516 판결 및 서울고등법원 2011.8.17. 선고 2011누5829 판결 참조.

**회사의 내재적인 가치를 평가하여 그 회사 주식의 가치를 산출하는 것이므로, 그 주식가치를 평가하는 기초가 되는 회사의 수익은 정상적이고 지속적인 사업활동을 통해 얻어지는 것만을 포함하여야 하고, 사업을 개시한지 단기간이 경과하여 정상적인 수익가치를 산정하기 곤란하거나 회사의 일시 우발적인 사건에 의해 발생한 수익은 회사의 내재적 가치를 나타내는 것이라고 할 수 없어 이에 포함시켜서는 안 된다. 구 상증세법 시행령 제56조 제1항 후단은 이와 같은 법리를 입법화한 것이므로, 제1호 산식에 의하는 것이 불합리하다고 인정되며 그 가액은 비상장주식의 시가로 인정하여서는 안 되는 것이지, 증여세 과세표준 신고가 없었다고 하여 불합리한 가액을 시가로 인정할 수는 없다.**

# 1. 사실관계

① A법인(이하 '이 사건 법인')은 부동산컨설팅서비스업을 영위하는 비상장법인이다. 원고들은 2004.4. 경 위 A 법인의 주식을 1주당 5,000원의 가격으로 매수하였다(이하 '이 사건 주식거래').

② 이 사건 주식거래 당시 2개의 회계법인에서 산정한 이 사건 주식의 1주당 가액은 0원 이하였다.

③ 피고는 원고들의 이 사건 주식 취득가액(1주당 5,000원)이 이 사건 주식의 보충적 방법에 의한 평가액(1주당 1,068,979원)에 비추어 현저히 낮기 때문에, 구 상속세 및 증여세법(2010.1.1. 법률 제9916호로 개정되기 전의 것) 제35조 제2항 소정의 저가 양수로서 원고들이 그 차액만큼 양도인들로부터 이익을 분여받았다고 보았다.

④ 이에 따라 피고는 이 사건 주식의 취득가액(1주당 5,000원)과 이 사건 주식의 평가액(1주당 1,068,979원)의 차액을 증여세 과세표준으로 삼아, 원고들에게 2004년 귀속 증여세를 부과하는 내용의 과세처분(이하 '이 사건

처분')을 하였다.

## 2. 쟁 점

이 사건 관련해서는 다음과 같은 사안들이 주로 다투어졌다.

첫째, 증여재산의 평가는 증여일 당시의 '시가'에 의하는 것이 원칙이고, 이러한 시가는 매매 · 감정 · 수용 등의 사례가액을 적용하여 판단하게 된다(상증세법 제60조 참조). 그리고 매매사례가액 등을 통해서 시가를 발견할 수 없는 경우에는 상증세법 제61조부터 제65조에 규성된 보충직 방법에 의해서 증여재산의 가액을 평가하게 된다. 이 사건에서 원고들은 이 사건 주식에 관한 매매사례가액이 존재한다고 주장하였는바, 그럼에도 불구하고 피고들이 상증세법 제63조 소정의 보충적 평가방법을 적용한 행위가 적법한지 여부가 문제되었다.

둘째, 최근 매매사례가액를 통해 이 사건 주식의 시가를 발견하기 어렵다고 한다면, 상증세법 제63조 소정의 평가방법을 통해 이 사건 주식의 시가를 산정하게 될 것이다. 그리고 피고는 상증세법 시행령 제56조 제 1 항 제 1 호에 따라 최근 3년간의 1주당 순손익액을 가중평균한 금액을 '1주당 순손익액'으로 계산한 후, 이를 기초로 하여 이 사건 주식을 1주당 1,068,979원으로 계산하였다. 그러나 원고는 이 사건 사업개시 후 3년 미만의 법인에 해당하므로 상증세법 시행령 제56조 제 1 항에 따라 계산한 1주당 순손익액을 기준으로 이 사건 주식의 가치를 평가할 수는 없다고 주장하였는바, 비상장주식에 대한 보충적 평가방법의 적정성이 문제되었다.

## 3. 평 석

세금은 납세의무자의 담세력에 상응해서 부과되어야 하므로 성낭한 과세행정은 납세의무자의 담세력을 정확하게 포착하는 데서 시작된다. 그리고 비상장주식의 거래와 관련해서 발생하는 세금에 대해서는 담세력으로서 해당 주식의 가치를 정확하게 파악하는 것이 전제되어야 한다. 이러한 취지에서 상증세법은 매매사례가액 등을 통해 시가를 확인할 수 없는 경우에 과세관청이 해당 주식의 가치를 용이하게 파악할 수 있도록 보충적 평가방법을 마련해 놓고 있다. 즉, 보충적 평가방법이란 매매사례가액 등을 통해 시가를 발견할 수 없는 경우에 담세력을 포착하기 위해서 마련된 일응의 합리적인 기준에 불과하고, 대상판결에서 지적한 바와 같이 그 자체로 대상물의 객관적인 교환가치를 담보한다고 보기 어렵다.

증여재산의 가액은 매매사례가액 등을 통해 우선적으로 파악함이 원칙이고(상증세법 제60조 참조), 특히 특수관계 없는 자 사이의 매매사례가액은 달리 특별한 사정이 없는 한 시가로 추정된다. 이렇게 시가로 추정되는 매매사례가액이 존재하는 경우에도 불구하고 보충적 평가방법에 의해서 시가를 파악하는 것이 정당화되기 위해서는, 매매사례가액이 이 사건 주식의 객관적인 교환가치를 정당하게 반영하지 못한다는 점이 입증되어야 하고, 이에 대한 입증책임은 과세관청에서 부담하여야 한다(대법원 2008.11.13. 선고 2007두24173 판결 등 참조). 이 사건에서 보충적 평가액(1주당 1,068,979원)에 비추어 보면 이 사건 주식의 거래가 지나치게 낮은 가격(1주당 5,000원)에서 형성된 것으로 볼 여지가 있었다. 그러나 대상판결은 외관에 현혹되지 않고 비상장주식의 시가판단에 관해서 법논리상 당연하지만 실무상 간과되어 왔던 부분을 재차 확인함으로써, 주식거래에 있어서 납세자의 예측 가능성이 한층 확고하게 보장될 수 있도록 하였다.

또한 매매사례가액을 시가로 인정하기 어려운 경우에 상증세법 및 동법 시행령의 규정을 기계적으로 적용한다면, 이 사건 주식의 가치를 1주당 1,068,979원으로 판단하게 될 여지가 존재한다. 그러나 보충적 평가방법은 매매사례가액 등이 존재하지 않는 경우에 담세력을 정확하게 파악하기 위한 취지에서 도입되었다는 점을 고려한다면, 상증세법상 보충적 평가방법을 통해 산정된 재산의 가액 역시도 가급적 그 목적물의 객관적인 가치를 반영하여야 하고, 그렇지 못하다면 제도의 취지상 '시가'로 인정하기 어렵다고 판단된다. 즉, 상증세법의 보충적 평가방법은 대상 목적물의 객관적인 교환가치를 무시한 채 과세권을 확장하는 수단으로 기능해서는 안 되는 것이다.

이러한 측면에서 대상판결이 상증세법 및 동법 시행령에 따른 보충적 평가방법의 기계적인 산출을 부정하고, 과세관청으로 하여금 이 사건 주식의 진실된 가치를 반영하도록 요구한 것은 '시가'의 개념에 한층 더 부합하고, 과세관청을 전횡을 방지하여 납세자의 지위를 더욱 보호하는 판단이었다고 생각된다. 그리고 이러한 점에서 상당히 의미 있는 판결이라고 사료된다.

**53** 대법원 2012.5.24. 선고 2010두7277 판결

# 증여추정과 명의신탁 증여의제의 처분사유 추가·변경 가부

판결요지

[1] 과세처분 취소소송의 소송물은 과세관청이 결정한 세액의 객관적 존부이므로, 과세관청으로서는 소송 도중 사실심 변론종결시까지 당해 처분에서 인정한 과세표준 또는 세액의 정당성을 뒷받침할 수 있는 새로운 자료를 제출하거나 처분의 동일성이 유지되는 범위 내에서 그 사유를 교환·변경할 수 있고, 반드시 처분 당시의 자료만에 의하여 처분의 적법 여부를 판단하여야 하거나 처분 당시의 처분사유만을 주장할 수 있는 것은 아니다(대법원 2002.10.11. 선고 2001두1994 판결, 대법원 2011.1.27. 선고 2009두1617 판결 등 참조).

원심판결 이유에 의하면, 이 사건 처분의 당초 처분사유와 예비적으로 추가된 처분사유는 이 사건 주식에 관하여 원고 앞으로 명의개서가 이루어진 하나의 객관적 사실관계에 관하여 과세요건의 구성과 법적 평가만을 달리할 뿐 과세원인이 되는 기초사실을 달리하는 것은 아니므로 피고가 예비적 처분사유를 추가한 것은 처분의 동일성이 유지되는 범위 내에서 이루어진 처분사유의 추가·변경에 해당하여 허용된다고 할 것이다(대법원 1986.11.25. 선고 85누677 판결 참조).

[2] 과세관청이 갑이 을 주식회사 주식을 취득함에 있어 구 상속세 및 증여세법 제45조 제1항에 의해 취득자금을 증여받은 것으로 추정된다는 사유로 갑에게 증여세 부과처분을 하였다가, 갑이 제기한 취소소송에서 을 회사의 실질적인 운영자 병이 갑에게 명의신탁함으로써 같

> **은 법 제41조의 2에 의해 갑이 위 주식을 증여받은 것으로 의제된다는 점을 예비적 처분사유로 추가한 사안에서, 과세관청이 처분사유를 추가한 것은 처분의 동일성이 유지되는 범위 내에서 이루어진 처분사유의 추가·변경에 해당하여 허용된다는 이유로, 이와 달리 본 원심 판결에 법리오해의 위법이 있다고 한 사례.**

## 1. 사실관계

① 원고는 2002.6.21. 16억원 상당의 A회사의 주식(이하 '이 사건 주식')을 취득하였는데, 피고는 2007.4.6. 원고가 주식 취득자금의 출처를 제시하지 못했음을 이유로 구 상속세 및 증여세법(이하 '상증세법')[1] 제45조 제 1 항(취득자금 증여추정)에 의하여 원고가 다른 자로부터 그 취득자금을 증여받은 것으로 추정된다는 점을 처분사유로 하여 증여세 약 6억 7천만 원을 부과하였다.

② 그러나 위 처분에 대한 취소소송 중에 원고가 이 사건 주식의 소유권을 취득한 것이 아니라 소외 B가 이 사건 주식의 실질적 소유자로서 이를 원고 명의로 이전한 것뿐이라는 사실이 밝혀지게 되었다.

③ 이에 피고는 구 상증세법 제41조의 2 제 1 항에 의하여 원고가 이 사건 주식을 증여받은 것으로 의제된다는 점을 예비적 처분사유로 추가하였다.

## 2. 사안의 쟁점

이 사건의 쟁점은 관세관청이 구 상증세법 제45조 제 1 항(취득자금 증

1) 2003.12.30. 법률 제7010호로 개정되기 전의 것.

여추정)에 의하여 원고가 다른 자로부터 그 취득자금을 증여받은 것으로 추정된다는 점을 처분사유로 하여 증여세 부과처분하고, 소송 진행 중에 구 상증세법 제41조의 2 제 1 항에 의하여 원고가 이 사건 주식을 증여받은 것으로 의제된다는 점을 예비적 처분사유로 추가하는 것이 허용되는지 여부이다.

## 3. 원심판결[2]의 요지

이 사건 처분의 당초 처분사유와 추가된 처분사유는 증여의 목적물이나 과세표준, 적용 법조를 달리하는데다가 그와 같은 처분사유의 변경으로 쟁점이 달라져 그 처분사유에 대한 원고의 신뢰를 해친다는 등의 이유로, 추가된 처분사유는 당초 처분사유와 기본적 사실관계를 달리하는 것이어서 추가된 처분사유로의 변경이 허용되지 아니한다고 보아 당초 처분사유가 인정되지 아니하는 이상 이 사건 처분은 위법하다.

## 4. 평 석

### (1) 관련 규정의 검토

구 상속세및증여세법 제45조 제 1 항 소정의 '재산취득자금 증여추정'은 직업 · 연령 · 소득 및 재산상태 등으로 보아 재산을 자력으로 취득하였다고 인정하기 어려운 경우로서 입증된 금액의 합계액이 취득재산의 가액에 미달하는 경우에는 당해 재산을 취득한 때에 당해 재산의 취득자가 다른 자로부터 취득자금을 증여받은 것으로 추정하는 규정이다. 이는 수증자에게 일정한 직업과 별다른 수입이 없는 사실을 과세관청이 입증하면 그

2) 서울고등법원 2010.3.25. 선고 2009누26250 판결.

자금출처에 대한 입증의 필요가 납세자에게 돌아가게 되어(입증책임의 전환), 납세자가 이를 입증하지 못하면 과세처분은 적법하게 된다.

한편 구 상증법 제41조의 2 소정의 '명의신탁 증여의제'는 권리의 이전이나 그 행사에 등기 등을 요하는 재산(토지와 건물을 제외한다. 이하 이 조에서 같다)에 있어서 실제 소유자와 명의자가 다른 경우에는 국세기본법상의 실질과세원칙의 예외를 인정하여 그 명의자로 등기 등을 한 날에 그 재산의 가액을 그 명의자가 실제 소유자로부터 증여받은 것으로 보는 규정이다. 이는 명의신탁 제도가 증여세를 회피하기 위한 수단으로 악용되는 것을 방지하기 위해서 증여의 실실이 아닌 것에 대하여 증여세를 부과하는 제도로서, 사실상 '조세'가 아닌 일종의 '제재'로서의 성격을 가지는 제도이다.

### (2) 처분사유의 추가 · 변경

모든 행정행위는 '사실상의 기초'와 '법률상의 근거'로 이루어져 있는데, 이러한 '사실상의 기초'와 '법률상의 근거'를 합쳐서 '처분이유' 또는 '처분사유'라고 한다. 원래 행정처분의 적법 여부는 처분 당시의 사유와 사정을 기준으로 판단하여야 하고, 처분청이 처분 이후에 추가한 새로운 사유를 보태어 당초 처분의 흠을 치유시킬 수는 없는 것이 원칙이다.

그러나 심판의 범위와 관련하여 통설 · 판례의 입장인 총액주의[3]에 따르게 되면 처분사유는 공격 방어방법에 불과하여 처분의 동일성을 해하지 아니하는 한 사실심 변론까지 새로운 주장을 자유로이 제출할 수 있게 된다. 이에 따라 과세관청은 처분 당시 존재하던 이유로서, 처분 당시 인식한

---

3) 이와 달리 심판의 범위와 관련하여 쟁점주의에 따르게 되면 그 심판의 범위는 당해 과세근거의 적부, 또는 개개의 구체적 위법사유의 존부에만 미치게 되므로, 이 경우에는 처분사유가 곧 소송물에 해당하게 되어 소송 중에 처분사유의 동일성이 없는 다른 이유를 주장하는 것은 허용되지 않는다.

이유와 동일성이 인정되는 경우에는 사실심 변론 종결시까지 새로운 주장을 제출할 수 있다(대법원 1989.12.22. 선고 88누7255 판결 ; 대법원 1997.5.16. 선고 96누8796 판결 ; 대법원 1988.6.7. 선고 87누1079 판결 등). 또한 처분의 동일성이 유지되는 범위 내에서는 처분사유를 교환적으로 변경하지 아니하고 처분사유를 예비적으로 추가하거나, 택일적으로 주장하는 것도 가능하다(대법원 2011.1.27. 선고 2009두1617 판결).

### (3) 처분의 동일성에 대한 판례의 태도

처분의 동일성에 관하여 판례는 다음과 같이 판시하고 있다.

(**가**) 과세처분이란 법률에 규정된 과세요건이 충족됨으로써 객관적 · 추상적으로 성립한 조세채권의 내용을 구체적으로 확인하여 확정하는 절차이고 그 취소소송은 과세처분의 실체적 · 절차적 위법을 취소 원인으로 하는 것으로서 심판의 대상은 과세처분에 의하여 확인된 조세채무인 과세표준과 세액의 객관적인 존부라고 할 것이므로 양도소득세 부과처분에 있어서 양도 상대방을 오인한 것이라도 과세원인이 된 양도자산이 동일하면 처분의 동일성은 유지된다(대법원 1994.5.24. 선고 92누9265 판결).

(**나**) 이자소득과 부동산 임대소득이 소득세법상 합산과세되는 종합소득이라 하여도 과세요건과 소득금액의 산정방식 등을 달리하고 있으므로 납세의무자의 소득이 부동산 임대소득이라 하여 과세되었으나 이자소득임이 인정되는 경우에는 처분사유를 변경하고 그에 따른 정당한 세액을 주장 · 입증하지 아니하는 한 당해 처분 전부를 취소하여야 하고, 법원이 정당한 이자소득세를 산출하여 이를 초과하는 범위 내에서만 부과처분을 취소하여야 하는 것은 아니다(대법원 1997.11.14. 선고 96누8307 판결).

(**다**) 과세표준과 세액이 동일한 원천징수 갑종근로소득세의 세목 아래에서 의제소득을 현실소득의 귀속으로 달리 주장하는 것은 동일한 소송물의 범위 내로서 처분사유의 변경이 허용된다 할 것이므로, 구 법인세법 시

행령(1993.12.31. 대통령령 제14080호로 개정되기 전의 것) 제94조의 2에 근거하여 소득금액을 지급한 것으로 의제하는 소득처분과는 별도로, 과세관청으로서는 사실심 변론종결시까지는 당초 처분에서 인정한 과세표준 또는 세액의 정당성을 뒷받침할 수 있는 새로운 자료로써 대표이사에게 소득이 현실적으로 귀속된 사실 및 그 소득의 종류를 주장·입증할 수 있다(대법원 1997.12.26. 선고 97누4456 판결).

### (4) 대상판결에 대한 검토

대상판결과 더불어 최근 판례는 "甲이 자신의 아버지가 출자에 의하여 지배하고 있는 법인의 감사로서 특수관계자 乙로부터 비상장주식을 저가로 양수하였다고 보고 증여세 부과처분을 하였다가, 후에 위 주식의 실질적인 보유자는 甲의 부(父)이고 乙은 명의수탁자에 불과하므로 甲이 특수관계자인 부(父)로부터 주식을 저가로 양수하였다는 처분사유를 예비적으로 추가한 것은, 처분의 동일성이 유지되는 범위 내에서의 처분사유의 변경으로서 허용된다"고 판시하여, 처분의 동일성이 유지되는 범위를 상당히 넓게 보고 있다(대법원 2011.1.27. 선고 2009두1617 판결).

이러한 판례의 태도는 정당한 처분근거를 적용하여 처분을 유지시킨다는 점에서 의의가 있다. 그러나 법원이 처분의 동일성이 유지되는 범위를 함부로 확대해 나간다면 ① 부과처분시 처분사유를 제시하도록 한 취지가 몰각될 뿐만 아니라, ② 과세관청의 예상 밖의 처분사유의 추가·변경에 따라 그 처분사유를 신뢰한 상대방의 방어권을 해치게 되고, ③ 상대방의 방어권을 보장하는 것을 내용으로 하는 실질적 법치주의에도 반하게 될 위험이 있다.

이러한 관점에서 대상판결은 지나치게 '처분의 동일성'의 범위를 넓게 해석하고 있다고 생각된다. 오히려 원심판결의 논리전개와 결론이 합당한 측면이 있다. 이 사건에서 대법원은 주식의 명의이선이라는 객관적 사실에 대한 법적 평가만을 달리 할 뿐이라는 근거를 내세웠으나, 증여추정은 증여를 전제로 한 본래적 증여세 과세를 대상으로 한 것이지만 명의신탁 증여의제는 증여의 실질을 전혀 갖추지 아니한 법률행위에 대하여 증여세 명목의 과세를 하는 것이라는 점을 가볍게 본 것이다. 처분사유의 추가·변경을 인정하는 취지에 비추어 그 인정 여부에는 당해 세목의 실질적 동질성 및 당사자의 인식과 행위에 대한 규범적 평가도 기준이 되어야 한다고 생각한다.

**54** 대법원 2012.6.14. 선고 2012두3200 판결

# 고가양도시의 실지거래가액과 시가 간 차액에 대한 증여세 부과의 당부

## (소득과세 우선원칙의 형해화)

**판결요지**

대법원은 기존의 대법원 1999.9.21. 선고 98두11830 판결, 대법원 2004. 12.10. 선고 2003두11575 판결의 판시 사항을 원용하여 "상증세법 제2조 제2항이 제1항에 규정된 증여재산에 대하여 수증자에게 소득세법에 따른 소득세가 부과되는 때에는 증여세를 부과하지 아니한다고 규정하고 있다 하더라도 이는 그 문언 내용이나 증여세가 소득세의 보완세로서의 성격도 가지는 점에 비추어 보면, 수증자에 대하여 증여세를 부과하는 경우 그에 대하여 소득세가 부과되는 때에는 증여세를 부과하지 아니한다는 뜻으로서 양도소득세 규정과 증여세 규정의 중복적용을 배제하는 특별한 규정에 해당하지 않는다"라고 전제한 다음, 이 사건 처분과 양도소득세 부과처분은 과세대상을 달리하여 이중과세에 해당한다고 볼 수 없으므로 이 사건 처분이 상증법 제2조 제2항을 위반하였다고 할 수 없다고 하여 원심판결을 파기, 환송하였다.

# 1. 대상판결의 정리

## (1) 사실관계[1)]

원고들은 보험대리업을 영위하던 비상장법인의 주주들로, 2006.3.13. 세법상 특수관계가 없는 코스닥상장법인(이하 '갑 법인')에게 비상장주식(이하 '이 사건 주식')을 액면가액(5,000원)의 150배인 750,000원(이하 '이 사건 양도가액')에 양도하고, 이 사건 양도가액과 취득가액의 차이에 대하여 양도소득세를 신고·납부하였다.

과세관청은 원고들이 이 사건 주식의 고가양도로 인하여 갑 법인으로부터 이익을 분여받았다고 보고, 이 사건 주식을 상속세 및 증여세법(이하 '상증법')상의 보충적 평가방법에 의하여 1주당 14,676원(이하 '이 사건 평가액')으로 평가한 다음, 이 사건 평가액과 이 사건 양도가액의 차액을 법인세법 시행령 제35조 제1호의 의제기부금으로 보아 이를 갑 법인의 익금에 산입하는 한편 원고들에게는 2010.7.1. 해당 금액에 대하여 증여세를 부과(이하 '이 사건 처분')하고, 양도소득세를 감액경정하였다.

## (2) 사건의 경과

원고들은 이 사건 처분에 대하여 불복하여 조세심판원에 심판청구를 제기하였으나 기각되었다. 본 평석의 주된 논의 대상이 될 상증법 제2조 제2항의 소득과세 우선원칙은 '증여재산에 대하여 수증자에게 소득세 또는 법인세가 부과되는 경우에는 증여세를 부과하지 않는다는 원칙'으로,

---

1) 대상판결은 본 평석에서 다루는 쟁점 외에 특수관계 없는 자 간의 협상에 의하여 결정된 가액을 시가에서 배제하고 상증법상의 보충적 평가방법에 의하여 평가한 가액을 시가로 볼 수 있는지 등의 쟁점도 다루고 있지만, 지면 관계상 상증법 제2조 제2항에 규정된 소득과세 우선원칙의 형해화에 관하여만 살피도록 한다.

전심단계에서는 원고가 이러한 주장을 하지 않아 이 부분이 심판의 주된 쟁점이 되지 않았으나, 소송 단계에 와서 비로소 위 주장을 펼치게 되면서, 본격적으로 소송의 쟁점이 되었다.

대상판결의 제 1 심 판결(서울행정법원 2011.6.3. 선고 2011구합1146 판결)에서는 이러한 주장이 받아들여지지 않았으나, 대상판결의 항소심 판결(서울고등법원 2012.1.11. 선고 2011누21623 판결)에서는 이러한 주장이 받아들여졌다. 항소심 판결에서는 '고가양도는 저가양도와 달리 양도인에게 증여세와 양도소득세가 모두 부과되므로 반드시 이중과세 문제가 제기되는데, 상증법 제 2 조 제 2 항은 증여재산에 대하여 수증사에게 소득세가 부과되는 경우에는 증여세를 부과하지 않는다고 하여 소득과세 우선원칙을 규정하고 있으므로, 이 사건 양도가액과 취득가액의 차이에 대하여는 법률이 정한 방법에 따라 양도소득세가 부과될 것이지, 과세관청이 임의로 구간을 나누어 고율의 증여세를 부과하는 식으로 다른 방법을 선택하여 과세하는 것은 위법하다'고 보았다.

## 2. 평 석

### (1) 소득과세 우선원칙

어떠한 거래로 인하여 발생한 이익이 소득세법상 과세소득을 구성하면서, 동시에 상증법상 증여재산에 해당하는 경우에 소득세를 과세할 것인지, 증여세를 과세할 것인지는 조세법률주의의 원칙상 법률이 규정한 바에 따라야 할 것이고 법률의 명확한 근거 없이 과세관청이 임의로 부과할 세금의 종류를 선택할 수는 없을 것이다. 이에 현행 상증법 제 2 조 제 2 항은 "증여재산에 대하여 수증자에게 소득세법에 따른 소득세, 법인세법에 따른 법인세가 부과되는 경우에는 증여세를 부과하지 아니한다"고 규정하여 소득과세를 우선한다는 원칙을 천명하고 있다.

대법원 1995.5.23. 선고 94누15189 판결은 현행 상증법 제2조 제2항과 같은 내용을 규정하고 있던 구 상속세법 제29조의 3 제3항의 "소득세법에 의하여 소득세가 부과되는 때에는 증여세를 부과하지 아니한다"는 규정의 취지에 관하여, 이는 소득세의 과세대상이 되는 경우에 증여세를 중복하여 부과할 수 없다는 것을 규정한 것이라고 밝힌 바 있고, 대법원 1992.11.10. 선고 92누3441 판결도 "법인세법에 의하여 상여로 처분된 금액은 소득세법상 소득세의 과세대상으로 되고, 한편 타인의 증여에 의하여 재산을 취득함으로써 증여세가 부과될 수 있는 경우라 하더라도 그 재산취득으로 인한 소득에 소득세법에 의한 소득세가 부과되는 때에는 증여세를 부과하지 아니하도록 되어 있으므로(구 상속세법 제29조의 3 제3항), 법인의 임원인 원고에게 사외유출되어 상여 처분되는 소득에 대하여는 소득세를 부과하는 외에 증여세를 부과할 수 없다고 아니할 수 없고, 이와 같은 이치는 당해 소득에 대하여 실제로 소득세를 부과하였는지 여부와는 상관이 없다"고 판시하여, 이러한 원칙을 확인한 바 있다.

### (2) 소득과세 우선원칙의 예외

다만, 현행법에서는 소득과세 우선원칙의 예외를 다시 규정하고 있다. 2007.12.31. 신설된 소득세법(법률 제8825호) 제96조 제3항 제2호가 그것인데, 여기에서는 '특수관계자 외의 자에게 양도소득세 과세대상 자산을 시가보다 높은 가격으로 양도한 경우로서 상증법 제35조에 따라 해당 거주자의 증여재산가액으로 하는 금액이 있는 때에는 같은 조에 따른 시가를 해당 자산의 양도 당시의 실지거래가액으로 보도록' 하여, 증여세가 소득세보다 앞서 과세될 수 있도록 하는 법적 근거를 마련하고 있다.

그러나 위 규정은 위 소득세법 부칙 제1조 및 제3조에 따라, 2008. 1.1. 이후 최초로 양도하는 분부터 적용되는 것이므로, 2007.12.31. 이전의 양도분에 대하여는 여전히 소득과세 우선원칙이 적용된다고 보아야 할 것이다.

### (3) 대상판결의 검토

#### 1) 고가양도와 저가양도 간의 차이점

대상판결은 '증여세와 양도소득세는 납세의무의 성립 요건과 시기 및 납세의무자를 서로 달리하는 것이어서, 각각의 과세요건에 모두 해당할 경우 양자의 중복적용을 배제하는 특별한 규정이 없는 한 어느 한 쪽의 과세만 가능한 것은 아니라 할 것'이라는 기존 판례의 일반 법리를 고가양도의 경우에도 그대로 적용하고 있다. 그러나 고가양도와 저가양도는 그 성격이 다른 것이므로 위와 같은 법리를 고가양도의 사안에 그대로 적용한 것은 과세 상황을 오인한 것이다.

특수관계 없는 자 간의 자산의 저가양도의 경우에는, '저가로 양도한 자'는 낮은 양도대가를 받고 자산을 양도하였으므로 양도차익이 과소 계상되어 낮은 양도소득세를 부담하게 된다. 반면 '저가로 양수한 자'는 시가보다 낮은 양수대가를 지급하고 자산을 양수하여 이득을 보았으므로, 시가와 양수대가 간 차액 부분을 수증 받은 셈이 되어 증여세를 부담하게 될 것이다. 결국 이 경우에는 증여세와 양도소득세의 납세의무자가 각각 양수인과 양도인으로 다르게 될 것이므로 저가 양도의 사안에서 양도소득세와 증여세의 이중과세 문제는 발생하지 않는다고 볼 수 있다.

그러나 특수관계 없는 자 간의 자산의 고가양도의 경우에는, '고가로 자산을 양도한 자'는 고가의 양도대가 그 자체가 '실지거래가액'에 해당하므로 시가와 실지 양도대가 간의 차액 부분에 대하여 양도소득세를 부담하게 된다. 그런데 해당 금액은 동시에 '고가로 자산을 양수한 자'로부터 증여받은 이익에도 해당될 수 있으므로 여기에는 증여세도 부과될 수 있을 것이다. 결국 고가양도의 경우 시가와 실지 양도대가 간의 차액 부분은, '하나의 거래에 의하여 동일한 시점에 동일한 납세의무자가 얻은 하나의 경제적 이익(세목의 구분은 동일한 경제적 이익의 성격이 수증이익인지 양도차익인지의 여부만이 달라질 뿐이다)'에 해당하고, 이 부분은 양도소득세 과세대상이면서 동시에 증여재산가액에 해당하게 된다. 따라서 양도소득세 및 증여세가 중복 부과될 수 있는 상황이 초래된다. 그런데 이 경우 양도소득세와 증여세를 모두 과세할 수는 없고, 그중 어느 세금을 부과할 것인지를 결정하여야 하며, 조세법률주의 원칙상 이는 법률에서 정한 바에 따라야 한다.

2) 상증세법 제 2 조 제 2 항의 해석

대상판결은 기존의 대법원 판시 내용의 설시를 인용하면서, 두 가지 판결을 전거로 들고 있다. 하나는 대법원 1999.9.21. 선고 98두11830 판결인데, 이는 저가양도 사안에 관한 판결이다. 앞서 설명하였듯이 저가양도의 경우에는 '증여로 이익을 받은 자'는 '양수인'이며, '양도소득이 발생한 자'는 '양도인'이므로 증여세와 양도소득세의 납세의무자가 달라 상증법 제 2 조 제 2 항의 적용이 문제되지 않는다. 즉, 98두11830 판결과 같은 저가 양도 사안에서 수증자(즉, 저가 양수인)에게는 소득세가 부과되지 않았으므로 수증자에게 증여세를 부과하더라도 소득세와 증여세의 중복적용에 해당하지 않는다'고 볼 수 있고, 저가 양수인에 대한 증여세 부과가 상증법 제 2 조 제 2 항에 위반된다고 볼 수는 없다.

대법원에서 원용한 또 다른 판례인 대법원 2004.12.10. 선고 2003두11575 판결(미공간)의 사실관계는 고가양도에 관한 것이다. 그런데 2003두11575 판결에서 아무런 고민 없이 기존의 저가양도에 관한 판례의 설시를 잘못 옮겨와 판단에 이른 오류가 있다. 대상판결 역시 기존에 고가양도에 대하여도 유사한 판결이 있었다는 점만을 고려하여, 고가양도와 저가양도의 각 경우에 대한 소득세법과 증여세법의 과세구조에 대한 고민 없이 동일한 결론을 반복한 것으로 보인다.

고가 양도의 사안에서 시가와 실지 양도가액의 차액 부분은 상증법상

'증여재산가액'에 해당하면서 동시에 소득세법상 '양도차익'에도 해당하므로, 필연적으로 소득세를 과세할 것인지, 증여세를 과세할 것인지 여부가 문제된다. 그리고 상증법 제 2 조 제 2 항은 이러한 경우 소득세를 과세하라는 원칙을 천명하고 있다. 그런데 대상판결의 설시와 같이 고가 양도인에 대한 증여세 부과가 상증법 제 2 조 제 2 항에 위반되는 것이 아니라고 한다면, 상증법 제 2 조 제 2 항이 적용되는 경우란 찾을 수가 없고, 소득과세 우선원칙은 형해화되어 버린다. 이는 곧 과세관청 입장에서 동일한 소득에 대하여 유리한 방향으로 임의로 특정 세목을 선택하여 과세하는 것을 무제한적으로 허용하는 결과를 가져오게 될 것이다.

### 3) 개정 법률의 소급 적용 부분

대상판결의 결론은 2007.12.31. 법률 제8825호로 개정된 소득세법 규정과의 체계적 해석에도 반한다는 것이라는 점에서도 잘못을 범하고 있다. 위 소득세법 제96조 제 3 항 제 2 호에서는 고가양도의 경우에 대하여 '상증법 제35조에 따른 증여재산가액으로 하는 금액이 있는 때에는 같은 조에 따른 시가를 해당 자산의 양도 당시의 실지거래가액으로 보도록'하여, 증여세가 소득세보다 앞서 과세될 수 있도록 하는 법적 근거를 새로이 마련하고 있는데, 앞서 보았듯이 위 규정은 부칙에 따라, 2008.1.1. 이후 최초로 양도하는 분부터 적용되는 것이다.

대상판결의 1심 판결에서는 위 개정 법률조항이 기존의 이중과세를 방지하기 위한 합헌적 해석에 따른 실무관행을 입법적으로 확인한 것이라는 판단을 내렸고, 항소심 판결에서는 이 사건 주식의 양도는 소득세법 개정 이전에 있었던 것이므로 개정된 소득세법에서 정한 방식에 따라 소득구간을 나누어 증여세와 양도소득세를 각각 과세한 처분은 위법하다고 보았다. 대상판결에서는 이 부분에 대한 설명을 제대로 하고 있지 못한데, 만약 1심 판결과 같이 위 규정이 합헌적 해석을 입법적으로 확인한 것이라면 부칙과 같은 적용시기에 관한 규정이 들어갈 이유가 없다는 점에서도 대상판결의 결론에는 의문이 남는다.

### (4) 결　론

결국 대상판결은 기존의 대법원 판례의 일반론이 단순히 적용될 수 없는 고가양도에 대하여, 소득세법과 증여세법의 관계에 대한 심도 있는 고민 없이 단순히 기존 판례의 결론에 맞추어 판결을 내린 것으로 보인다.

대상판결의 결론은 소득과세 우선원칙을 형해화하였다는 점에서 문제가 있다. 비상장주식을 양수한 법인과 특수관계에 있는 개인이 비상장주식을 고가 양도한 경우에는 증여세를 부과하지 않고, 소득세만 부과하고 있는 점과 비교하여 보아도 대상판결의 결론은 납득하기 어렵다. 판례 변경을 기대하여 본다.

## 55 대법원 2012.7.26. 선고 2011두10959 판결

# 구 상속세 및 증여세법 제13조 제 1 항 제 2 호의 금전 무상대부에 따른 증여시기

**판결요지**

구 상속세 및 증여세법(2007.12.31. 법률 제8828호로 개정되기 전의 것, 이하 '법'이라 한다) 제41조의 4 제 1 항 전문이 금전을 무상 또는 낮은 이자율로 대부받는 경우에 '금전을 대부받은 날'에 그 각 호에서 정한 금액을 대부받은 자의 증여재산가액으로 한다고 규정하면서 아울러 후문에서 대부기간이 1년 이상인 경우에는 그 1년이 되는 날의 다음 날에 '매년 새로이 대부받은 것으로 보아' 적정이자율과의 차액을 계산한다고 규정한 점, 그 입법취지는 특수관계자 간의 직접 증여에 따른 증여세 부담을 회피하기 위하여 금전을 무상대여하거나 낮은 이자율로 대여하는 경우 적정이자율과의 차액에 대해 증여세를 과세하려는 데 있는 점 등에 비추어 보면, 법 제41조의 4 제 1 항에 의하여 특수관계자로부터의 대부기간이 1년 이상인 1억원 이상의 금전 무상대부 또는 낮은 이자율에 의한 대부에 있어 그 이익의 증여시기는 금전을 대부받은 날 및 그 후 1년마다 도래하는 그 대부받은 날의 다음 날이 된다고 보아야 하고, 법 제13조 제 1 항 제 2 호에 의하여 상속세 과세가액에 포함되는 '상속개시일 전 5년 이내에 피상속인이 상속인이 아닌 자에게 증여한 재산가액'에 해당하는지도 위 각 증여시기를 기준으로 결정하여야 한다.

## 1. 사실관계

① 원고들은 2007.9.30. 사망한 갑의 상속인들로서, 갑은 2001.1.30.부터 2005.3.31.까지 자신이 이사로 재직한 주식회사 ○○개발에 2002.1.8.부터 2002.10.2.까지 6회에 걸쳐 24억 2,000만원을 무상 대여한 적이 있었다. 원고들은 갑이 사망함에 따라 갑이 주식회사 ○○개발에 이자 상당액 875,700,000원〔상속세 및 증여세법(2007.12.31. 법률 제8828호로 개정되기 전의 것, 이하 '법') 제41조의 4의 규정에 따라 국세청장이 고시하는 이율 연 9%를 적용하였다」을 증여한 것으로 보아 이를 상속세 과세가액에 포함시켜 2008.3.29. 상속세로 3,916,650,665원을 신고・납부하였다.

② 그런데 중부지방국세청은 2009.3.경 원고들에 대한 상속세 조사에서 이 사건 무상대여에 따른 이자 상당액을 1,015,180,272원(이하 '인정이자 상당액')으로 보고 그 과소신고액 139,480,272원(= 1,015,180,272원 − 875,700,000원) 및 그 밖의 신고누락액을 포함한 합계 900,128,693원을 추가로 상속세 과세가액에 가산하여 이를 피고에게 통보하였고, 이에 따라 피고는 2009.8.11. 원고들에 대하여 2007년도 귀속 86,155,840원의 상속세 부과처분을 하였다.

③ 이에 원고들은 자신들이 실제 상속한 바 없는 인정이자 875,700,000원을 착오로 상속세 과세가액으로 포함시켜 신고하였다고 주장하면서 사실상 인정이자 상당액 1,015,180,272원 전부가 상속세 과세가액에서 제외되어야 한다는 취지로 2009.11.6. 국세청 심사청구를 하였으나 2009.12.22. 기각결정을 받았다.

## 2. 쟁 점

이 사건의 쟁점은 법 제41조의 4 제 1 항에 의하여 특수관계자로부터의 금전 무상대부 등에 따른 이익을 증여로 보는 경우, 위 이익의 증여시기(시점)와 위 이익이 법 제13조 제 1 항 제 2 호에 의하여 상속세 과세가액에 포함되는 '상속개시일 전 5년 이내에 피상속인이 상속인 아닌 자에게 증여한 재산가액'에 해당하는지 여부이다.

## 3. 이 사건의 판결

### (1) 원심판결

원심(서울고등법원 2011.4.22. 선고 2010누26508 판결)은 법 제13조 제 1 항 제 2 호에 의하여 상속세 과세가액에 포함되는 '상속개시일 전 5년 이내에 피상속인이 상속인이 아닌 자에게 증여한 재산가액'에 해당하는지 여부는 법 제41조의 4 제 1 항에서 규정한 각 증여시기가 아니라 '최초로 무상대부를 한 때'를 기준으로 결정하여야 한다고 판단하였다.

### (2) 대법원 판결

대법원은 법 제41조의 4 제 1 항에 의하여 특수관계자로부터의 대부기간이 1년 이상인 1억원 이상의 금전 무상대부 또는 낮은 이자율에 의한 대부에 있어 그 이익의 증여시기는 '금전을 대부받은 날 및 그 후 1년마다 도래하는 그 대부받은 날의 다음 날'이 된다고 보아야 하고, 법 제13조 제 1 항 제 2 호에 의하여 상속세 과세가액에 포함되는 '상속개시일 전 5년 이내에 피상속인이 상속인이 아닌 자에게 증여한 재산가액'에 해당하는지도 위 각 증여시기를 기준으로 결정하여야 한다고 판단하였다.

## 4. 평　　석

대법원은 ① 법 제41조의 4 제1항 전문이 금전을 무상 또는 낮은 이자율로 대부받는 경우에 '금전을 대부받은 날'에 그 각 호에서 정한 금액을 대부받은 자의 증여재산가액으로 한다고 규정하면서 아울러 후문에서 대부기간이 1년 이상인 경우에는 그 1년이 되는 날의 다음 날에 '매년 새로이 대부받은 것으로 보아' 적정 이자율과의 차액을 계산한다고 규정하고 있고, ② 이러한 규정의 입법취지는 특수관계자 간의 직접 증여에 따른 증여세 부담을 회피하기 위하여 금전을 무상대여하거나 낮은 이자율로 대여하는 경우 적정 이자율과의 차액에 대해 증여세를 과세하려는 데 있으므로, 법 제41조의 4 제1항에 의하여 특수관계자로부터의 금전 무상대부에 따른 그 이익의 증여시기와 법 제13조 제1항 제2호에 의하여 상속세 과세가액에 포함되는 '상속개시일 전 5년 이내에 피상속인이 상속인이 아닌 자에게 증여한 재산가액'에 해당하는지는 '금전을 대부받은 날 및 그 후 1년마다 도래하는 그 대부받은 날의 다음 날'이 기준이 된다고 보아야 한다고 판단하였다.

이러한 판례의 태도는 위 규정이 금전을 무상대여하거나 낮은 이자율로 대여함을 통하여 특수관계자 간의 증여세 부담을 회피하는 것을 방지하기 위한 규정임을 고려하여 내린 결론으로 보인다. 그러나 다음과 같은 이유에서 판례의 태도는 타당하다고 보기 어렵다고 생각된다.

**(가)** 먼저 법 제13조 제1항 제2호는 상속개시일 전 5년 이내에 '증여한' 재산가액이라고 규정하고 있고, 법 제41조의 4 제1항 전단에서도 특수관계에 있는 자로부터 1억원 이상의 금전을 무상으로 또는 적정 이자율보다 낮은 이자율로 대출받은 경우에는 그 금전을 '대출받은 날'에 다음 각 호의 구분에 따른 금액을 그 금전을 대출받은 자의 증여재산가액으로

한다고 규정하고 있다. 따라서 위 각 규정을 엄격하게 해석하여 볼 때 특수관계인에 대한 무상대여 형태로 피상속인이 상속인 아닌 자에게 증여한 재산은 그 '증여한 날'에 해당하는 '실제 무상대여일'을 기준으로 상속세 과세대상 포함 여부를 판단하는 것이 자연스럽다.

(**나**) 다음으로 법 제13조 제 1 항의 입법취지는 피상속인이 상속세의 과세대상이 될 재산을 상속개시 전에 상속인 등에게 무상대여 형태로 증여함으로써 상속세를 부당하게 회피하려는 것을 방지하는 데 있으므로, 무상대여 형태로 피상속인이 상속인 아닌 자에게 증여한 재산은 피상속인이 무상대여의사를 결정하고 무상대여행위를 한 시점을 기준으로 그 적용 여부를 정하는 것이 타당하다. 그렇다면, 피상속인이 특수관계인에 대한 무상대여 형태로 증여를 하는 경우 그 증여로 간주하는 행위를 한 때는 무상대여일이므로 이 시점을 상속세 과세대상 포함 여부를 판단하는 기준시기로 보아야 할 것이다.

(**다**) 또한 법 제13조 제 1 항 제 2 호의 규정에 의하여 상속재산에 가산되는 무상대여에 따른 인정이자 상당액은, 원래 피상속인이나 상속인들이 수령하거나 실제로 상속한 바도 없음에도 위 법 규정에 의하여 상속재산에 포함되어 그에 따른 추가 상속세를 부담하게 되는 것이므로, 이러한 점에서 위 규정은 상속인들의 재산권을 상당히 제한하는 측면이 있다. 따라서 판례의 태도와 같이 피상속인이 사망하기 5년 이전에 이루어졌던 제 3 자에 대한 무상대여에 관하여 그 이후에 위 무상대여금으로부터 피상속인이 사망하기 5년 이내에 발생한 인정이자 상당액을 법 제13조 제 1 항 제 2 호 소정의 '상속개시일 전 5년 이내에 피상속인 이 상속인이 아닌 자에게 증여한 재산가액'에 포함시키도록 해석하는 것은, 과잉금지원칙에 위배되어 상속인들의 재산권을 침해하는 해석이라 할 것이다.

(**라**) 뿐만 아니라 판례의 태도와 같이 위 규정을 해석한다면, 피상속인이 사망하기 이전이기만 하면 10년 전이든 20년 전이는 그 금원이 변제

되지 않은 무상대여한 금원인 경우 항상 상속개시일 전 5년 이내에 발생한 인정이자를 모두 상속세 과세가액에 포함시켜야 할 것인데, 이는 상속세 과세가액에 포함시키는 증여재산의 범위를 지나치게 확대하는 것으로써 상속인의 재산권을 과도하게 제한하는 결과를 초래하게 된다.

**(마)** 이러한 판례의 해석에 따르면, 피상속인이 사망하기 전 5년 전에 해당 금원을 특수관계인에게 무상으로 대여한 경우 상속개시일 전 5년 이내에 발생한 그 인정이자를 상속세 과세대상에 가산하게 되는 반면, 피상속인이 사망하기 전 5년 전에 해당 금원 자체를 무상으로 증여한 경우에는 이러한 증여액은 위 조항에 따라 상속세 과세대상에 가산되지 않았을 것이다. 즉, 피상속인이 사망하기 전 5년 이전에 무상으로 대여한 경우와 무상으로 증여한 경우를 차별하여 취급할 만한 합리적인 이유가 없으므로, 이는 상속인의 평등권을 침해하거나 조세평등주의에도 위배되는 해석이라 생각된다.

요컨대, '상속개시일 전 5년 이내에 피상속인이 상속인이 아닌 자에게 증여한 재산'에는 피상속인이 특수관계인에 대하여 무상대여한 금원의 인정이자도 포함되기는 하지만 그 가산 대상 인정이자는 '그 무상대여를 한 때'를 기준으로 그 포함 여부를 정하여야 함이 타당하고, 여기서 '그 무상대여를 한 때'란 증여의제의 원인되는 행위가 발생한 날, 즉 해당 금원의 '무상대여일'을 의미하는 것으로 본 원심의 판단이 보다 더 타당하다고 할 것이다.

**56** 서울행정법원 2012.7.26. 선고 2012구합4722, 4777 판결

# 특수관계인의 증여로 법인의 주식가치가 증가한 경우 주주에 대한 증여세 부과의 당부(증여세 포괄주의 관련)

**판결요지**

[1] 미처 예측하지 못한 다양한 형태의 재산의 무상이전이나 재산가치 증가분에 대하여도 증여세를 과세하기 위하여 구 상속세 및 증여세법(2006.12.30. 법률 제8139호로 개정되기 전의 것, 이하 '상증세법'이라 한다) 제 2 조 제 3 항에서 완전포괄주의에 의한 증여개념을 도입하게 된 점, 기존의 증여의제 규정이 증여재산 가액의 계산규정으로 바뀌는 등 다른 조문과의 체계에 비추어 보더라도 상증세법 제 2 조 제 3 항을 단순히 확인적 · 선언적 규정으로 해석하기는 어려운 점(상증세법 제 2 조 제 3 항을 단순히 확인적 · 선언적 규정으로 볼 경우 기존 증여의제에 해당하는 사안에 대한 과세 근거가 사라지는 문제가 있다) 등 상증세법 제 2 조 제 3 항의 도입 배경, 입법 취지, 다른 조문과의 체계 등에 비추어 보면, 상증세법 제 2 조 제 3 항에 근거한 증여세의 과세는 가능하다고 봄이 타당하다.

[2] 병은 을과 특수관계에 있는 자로서 갑 회사에 부동산을 증여하는 방법으로 부동산 증여 후 갑 회사 주식 가치와 부동산 증여 전 갑 회사 주식 가치의 차액 상당 이익을 무상으로 이전하거나 기여에 의하여 을 소유의 갑 회사 주식 가치를 증가시켰으므로 이는 상증세법 제 2 조 제 3 항의 '증여'에 해당하나, 위 증여는 상증세법 제42조 제 1 항 제 3 호에서 정한 과세요건이나 거래유형과 유사한 거래형태라기 보

**다는 상증세법 제41조에서 정한 거래유형과 유사하고, 상증세법 제41조에 의할 경우 갑 회사가 증여가액에 대한 법인세를 부담하지 아니한 부분에 대하여만 증여세를 부과함에도 상증세법 제42조 제1항 제3호를 적용하여 갑 회사가 부담한 법인세를 전혀 고려하지 않은 점 등에 비추어 볼 때, 과세관청이 상증세법 제42조 제1항 제3호를 준용하여 증여재산 가액을 계산한 것은 객관적이고 합리적인 방법에 의한 것이라고 볼 수 없을 뿐만 아니라 납세자의 예측 가능성이나 과세형평에도 반하므로, 위 처분은 위법하다.**

## 1. 사실관계[1)]

① 원고 1은 비상장법인인 H회사의 발행주식 818주(총발행주식 5000주의 16.34%)를, 원고 2는 H회사의 발행주식 548주(총발행주식 5000주의 10.96%)를 보유하고 있었다. 그런데 원고 1의 조부이자 원고 2의 외조부로서 원고 1, 2의 특수관계자인 A가 2006.2.28. H회사에게 부동산을 증여하였다. 그리고 부동산을 증여받은 H회사는 그 자산수증이익을 익금에 산입하여 2006사업연도 법인세를 신고·납부하였다.

② 그런데 H회사의 법인세 신고·납부에도 불구하고 과세관청은 위 증여로 인한 H회사의 주식 가치 증가분을 원고 1, 2가 A로부터 증여받은 것으로 보아(이하 '이 사건 증여'), 원고 1, 2에게 이 사건 증여세 부과처분을 하였다.

③ 한편 과세관청은 이 사건 증여세 부과처분의 증여재산가액을 계산함

1) 대상판결은 본 평석에서 다루는 쟁점 외에 주식의 저가양도와 관련하여 증여세와 양도소득세의 이중과세 문제 등의 쟁점도 다루고 있지만, 지면 관계상 증여세 완전포괄주의에 관한 증여세 제2조 제3항에 근거한 증여세 과세처분의 당부에 관하여만 살피도록 한다.

에 있어서, 이사건 증여가 상속세 및 증여세법(이하 '상증세법') 제42조 제 1 항 제 3 호의 "사업양수도 · 사업교환 및 법인의 조직변경 등에 의하여 소유지분 또는 그 가액이 변동된 경우"와 유사하다고 보아, 부동산의 증여 전 · 후의 H회사의 주식가액의 차액 상당액을 증여재산가액으로 산정하였다.

## 2. 대상판결의 판단

먼저 대상판결은 상증세법 제 2 조 제 3 항에 근거한 증여세의 과세가 가능함을 분명히 밝혔다. 즉, 대상판결은 "미처 예측하지 못한 다양한 형태의 재산의 무상이전이나 재산가치 증가분에 대하여도 증여세를 과세하기 위하여 상증세법 제 2 조 제 3 항에서 완전포괄주의에 의한 증여 개념을 도입하게 된 점, 기존의 증여의제 규정이 증여재산가액의 계산규정으로 바뀌는 등 다른 조문과의 체계에 비추어 보더라도 상증세법 제 2 조 제 3 항을 단순히 확인적 · 선언적 규정으로 이해하기는 어려운 점(상증세법 제 2 조 제 3 항을 단순히 확인적 · 선언적 규정으로 볼 경우 기존 증여의제에 해당하는 사안에 대한 과세 근거가 사라지는 문제가 있다) 등 상증세법 제 2 조 제 3 항의 도입배경, 입법취지, 다른 조문과의 체계 등에 비추어 보면, 상증세법 제 2 조 제 3 항에 근거한 증여세의 과세는 가능하다고 봄이 타당하다"고 판시하면서 원고 1, 2의 주식 지분 비율의 범위 내에서 부동산 증여 후의 H회사의 주식 가치와 부동산 증여 전의 H회사의 주식 가치와의 차액 상당의 이익을 무상으로 이전하거나 기여에 의하여 원고 1, 2 소유의 회사 주식 가치를 증가시켰다고 할 것이므로 이 사건 증여는 증여세 과세대상에 해당한다고 판단하였다.

그러나 대상판결은 결론적으로 과세관청의 증여재산가액 산정이 위법하다는 이유로 이 사건 증여세 부과처분을 전부 취소하였다. 대상판결은 "과세요건법정주의와 관련한 납세자의 예측 가능성의 측면을 고려할 때,

상증세법 제 2 조 제 3 항에 의한 증여세 과세의 경우 증여재산가액을 산정함에 있어서는 상증세법 제33조 내지 제42조의 예시규정 중 그 과세요건이나 거래유형, 경제적 실질 등이 같거나 유사한 것을 준용하여 객관적이고 합리적인 방법으로 그 가액을 산정하여야 한다고 봄이 타당하다"고 판시한 후, 이 사건 증여세 부과처분은 다음과 같은 이유로 위법하다고 판단하였다.

① 상증세법 제42조 제 1 항 제 3 호의 "출자·감자, 합병·분할, 전환사채 등에 의한 주식의 전환·인수·교환 등 법인의 자본을 증가시키거나 감소시키는 거래로 얻은 이익 또는 사업양수도·사업교환 및 법인의 조직변경 등에 의하여 소유지분 또는 그 가액이 변동된 경우"와 유사한 거래형태라고 할 수 없음.

② 오히려 상증세법 제41조에서 규정하고 있는 거래유형, 즉 "결손금이 있거나 휴업 또는 폐업 중인 법인의 주주등과 특수관계에 있는 자가 당해 특정법인에게 재산을 증여하는 등의 거래를 통하여 당해 특정법인의 주주 등이 이익을 얻은 경우"와 유사함.

③ 이 사건 증여재산가액이 상증세법 제42조 제 1 항 제 3 호를 적용할 경우 3,011,745,000원인데 반하여, 상증세법 제41조를 적용할 경우에는 결손금으로 상쇄시킨 부분인 7,896,809원에 불과하므로, 그 차이가 현저히 불합리하여 과세형평에 반함.

④ 상증세법 제41조의 내용에 비추어 볼 때 이 사건 증여가 미리 예측할 수 없었던 새로운 유형의 변칙증여라고 보기 어려운 점, 증여세 완전포괄주의가 도입된 이후에도 상당기간 동안 특정법인(결손금이 있는 법인)에 해당되지 않는 법인으로서 특수관계자로부터 증여받은 재산에 대하여 법인세법에 의한 법인세가 과세되는 경우에는 그 주주에게 증여세를 과세하지 아니한다는 취지의 과세관청의 유권해석이 유지되었던 점, 이 사건 증여에 의한 이득은 간접적인 미실현이득이라는 점에서 공정

하고 정확한 계산방법이 요구된다는 점에 비추어 볼 때 납세자의 법적 안정성 및 예측 가능성을 침해하는 것임.

## 3. 평 석

### (1) 증여세 완전포괄주의의 도입

상증세법이 2003.12.30. 개정되면서 "행위 또는 거래의 명칭·형식·목적 등과 관계없이 경제적 가치를 계산할 수 있는 유형·무형의 재산을 직접 또는 간접적인 방법으로 타인에게 무상으로 이전하는 것(현저히 저렴한 대가를 받고 이전하는 경우를 포함) 또는 기여에 의하여 타인의 재산가치를 증가시키는 것"을 증여로 규정한 상증세법 제 2 조 제 3 항이 신설되어, 이른바 증여세 완전포괄주의가 도입되었다.

구 상증세법은 민법상 증여의 개념을 차용하면서 증여의제 규정(구 상증세법 제32조부터 제42조까지)을 개별적으로 열거하여 증여세를 과세하여 왔다. 그러나 이러한 형태의 규정 방식으로는 신종 파생금융상품이나 금융기법 등에 따른 예측하지 못한 형태의 부의 무상이전에 대하여 증여세를 과세하지 못한다는 문제점이 지적되었다. 이에 입법부는 예측하지 못한 모든 형태의 부의 무상이전에 대한 증여세 과세의 법적 근거를 마련하기 위해 위 개정을 통하여, 민법상 증여와 다른 세법상 포괄적 증여 개념을 별도로 정의하고 구 상증세법의 증여의제 규정을 예시규정(상증세법 제33조부터 제42조까지)으로 전환하였다.

### (2) 상증세법 제 2 조 제 3 항에 근거한 증여세 과세에 대한 논란

상증세법 제 2 조 제 3 항이 신설되면서 가장 크게 논란이 된 것은 위 상증세법 제33조부터 제42조에 해당하지 않는 유형에 대하여 상증세법 제 2 조 제 3 항만을 근거로 증여세를 과세할 수 있는가, 또 과세할 수 있다면 증여재산가액의 산정은 어떻게 하여야 하는가라는 쟁점이었다.

상증세법 제33조부터 제42조에 해당하지 않는 유형으로는, ① 상증세법 제33조부터 제42조에 예시된 거래유형과 전혀 다른 새로운 형태의 거래유형(이하 'A거래유형')과 ② 상증세법 제33조부터 제42조에 예시된 거래유형과 유사하기는 하지만 상증세법 제33조부터 제42조의 요건을 충족하지 못한 거래유형(이하 'B거래유형')이 있을 수 있다. A거래유형에 대하여는, 우선매수청구권을 이용하여 부를 무상이전한 사안에 관하여 대법원 2011.4.28. 선고 2008두17882 판결이 상증세법 제 2 조 제 3 항만을 근거로 증여세를 과세할 수 있음을 인정하였고, 증여재산가액의 계산방법에 관하여는 시가 판단의 문제로 보아 상증세법 제65조 제 2 항에 따라 보충적 평가방법 중 적정한 것을 준용하도록 한 바 있다.

그러나 B거래유형에 관하여는 아직까지 법원의 판결이 없는 상황이었다. 그런데 최근 비록 하급심 판결이기는 하지만, B거래유형에 해당하는 사안에 관하여 법원이 최초로 판결을 선고하였는데, 대상판결이 바로 그것이다. 대상판결은, 결손금이 있는 법인 등의 최대주주 등과 특수관계에 있는 자가 당해 법인에게 재산을 증여하는 등의 거래를 통하여 당해 법인의 최대주주 등이 이익을 얻은 경우에 관한 규정인 상증세법 제41조와 유사하지만 상증세법 제41조의 요건은 갖추지 아니한 사안에 관한 것이다. 결국 대상판결의 핵심적인 쟁점은 ① B거래유형에 대하여 상증세법 제 2 조 제 3 항만을 근거로 증여세를 과세할 수 있는가, ② 과세할 수 있다면 증여재산의 가액은 어떻게 산정하여야 하는가이다.

### (3) 대상판결의 의미 및 검토

#### 1) 대상판결의 의미

대상판결은 B거래유형에 대하여도 상증세법 제 2 조 제 3 항을 근거로 하여 증여세를 과세할 수 있음을 명백히 하였다. 따라서 과세관청은 앞으로 B거래유형에 대하여도 과세권을 적극적으로 행사하고자 할 가능성이 높아졌다. 따라서 납세자의 입장에서는 예측하지 못한 증여세 부담의 위험이 높아질 것으로 보인다.

다만, B거래유형의 경우 증여재산가액을 산정함에 있어서는 상증세법 제33조 내지 제42조의 예시규정 중 그 과세요건이나 거래유형, 경제적 실질 등이 같거나 유사한 것을 준용하여 객관적이고 합리적인 방법으로 그 가액을 산정하여야 할 것이므로, 납세자로서는 최소한 자신의 거래형태와 유사한 증여예시규정에 의하여 산정된 증여세보다 더 많은 증여세를 부담하지는 않을 것으로 보인다. 따라서 납세자는 증여예시규정 중 자신의 거래형태와 가장 유사한 증여예시규정을 검토함으로써 최소한의 예측 가능성을 확보할 수 있을 것으로 예상된다.

그리고 대상판결의 판시가 다소 모호하여 단정적으로 판단할 수는 없으나, 법원이 정당세액을 산정하지 않고 이 사건 부과처분을 전부 취소한 것에 비추어 보면, 설사 과세관청이 납세자가 행한 거래형태와 가장 유사한 증여예시규정에 의하여 증여세를 산정하였다고 하더라도, 증여예시규정의 연혁, 과세관청의 유권해석의 변경 여부, 계산방법의 공정성 등을 종합적으로 살펴볼 때, 납세자의 법적 안정성 및 예측 가능성을 지나치게 침해하는 경우에는 법원이 그 부과처분 전부를 위법하다고 볼 여지도 열려있는 것으로 생각된다.

2) 대상판결에 대한 검토

B거래유형은 상증세법 제33조부터 제42조에 예시된 거래유형과 유사하기는 하지만 그 요건을 갖추지 못한 경우인데, 증여세법 제 2 조 제 3 항에 의한 증여세의 과세를 인정하고, 그 증여재산가액을 상증세법 제33조부터 제42조의 예시규정에 의하여 산정하여야 한다고 한다면, 사실상 상증세

법 제33조부터 제42조에 예시된 거래유형의 요건은 아무런 의미가 없는 것과 마찬가지가 되는 결과가 발생한다. 입법자가 특별한 요건하에 제33조부터 제42조에 예시된 거래유형을 두었다는 것은 반대로 그 요건에 해당하지 않는 거래를 증여세 부과대상에서 배제하는 입법적 결단을 하였다고 볼 여지도 충분히 있다.

본 사안에서 문제된 상증세법 제41조의 경우, 법인에 대한 증여는 법인의 익금을 구성하여 법인세의 과세대상이 되는데 결손법인 등의 경우에는 법인세를 부담하지 않는 점을 이용하여 과세의 부담 없이 결손 법인에 대한 증여를 통하여 증여자와 특수관계에 있는 결손법인의 대주주가 이익을 얻는 것을 방지하기 위한 규정이다. 따라서 입법자는 결손법인이 아닌 경우에는 법인세를 회피할 우려가 없으므로 증여세를 부과하지 않겠다는 입법적 결단을 한 것이라고 볼 수 있음에도 불구하고 대상판결은 이러한 요소를 전혀 고려하지 않았다는 점에서 비판의 여지가 있다.

또한 대상판결의 판시는 납세자의 예측 가능성을 보호하기에도 충분하지 않다. 예를 들어, 상증세법 제41조의 4 제 1 항은 특수관계인 간 1억원 이상의 금전 무상대출에 대하여 정하고 있는데, 비특수관계인 간에도 1억원 이상의 금전 무상대출을 하는 경우 상증세법 제 2 조 제 3 항에 의해 증여세 과세대상에 해당하는 것인가? 비특수관계인과 특수관계인은 차이를 두어야 하므로 그 기준이 1억원보다 높아야 하는 것인가? 1억원보다 높아야 한다면 얼마를 무상으로 대출하면 증여에 해당하는 것인가? 상증세법 제33조부터 제42조까지의 예시규정에 의한 증여재산가액의 계산은 그 예시규정의 요건과 밀접히 연결되어 있는데, 그 요건을 갖추지 못한 경우에 어떻게 상증세법 제33조부터 제42조에 따라 증여재산가액을 계산할 수 있는 것인지 의문이다. 이러한 질문들에 대하여 대상판결은 아무런 판단의 단초를 제공해 주지 않아 여전히 납세자의 예측 가능성을 보호하기에 충분하지 않다는 점에서 비판의 여지가 있는 것으로 보인다.

다만, 위 판결요지 중 ①, ②, ③의 판시만으로도 이 사건 부과처분의 위법성에 대하여 충분히 판단할 수 있음에도 불구하고 다소 부가적인 설시라고 할 수 있는 위 ④와 같은 내용의 판시를 한 것은 법원도 상증세법 제 2 조 제 3 항만을 근거로 한 증여세 부과를 폭넓게 인정할 경우 발생될 수 있는 문제점에 관하여 인식하고 있음을 보여 주는 것으로 이해된다.

### (4) 결 론

대상판결은 하급심 판례이므로 대법원의 최종적인 판단을 기다려야 하지만, 대법원의 명시적인 판단이 있기 전까지는 그동안 논란이 되어왔던 사안들에 관한 일응의 판단의 척도가 될 수 있다는 점에서 의미가 있다.

그러나 대상판결에도 불구하고 상증세법 제 2 조 제 3 항을 둘러싼 논란은 더욱 격화될 것으로 보인다. 조세법률주의의 관점에서 상증세법 제 2 조 제 3 항에 근거한 과세가 가능하다고 보는 것이 과연 타당한 것인지, 또 납세자의 거래형태와 가장 유사한 증여 예시규정이 무엇인지를 판단하는 구체적인 기준과 그에 따른 증여재산가액을 어떻게 산정하여야 하는지는 명쾌하지 않다. 한편 총론에서는 승기를 잡았으나 각론에서 패배한 국세청의 향후 항소심 이후의 대응(소송 계속 중의 대응 및 판결확정 이후의 재처분의 문제도 남아있다)이 어떻게 될지도 관심거리이다. 또한 다수의 논자들이 상증세법 제 2 조 제 3 항에 관하여 조세법률주의와의 충돌, 납세자의 법적 안정성과 예측 가능성의 침해, 과세권력의 자의적인 남용의 우려 등을 이유로 위헌론을 제기하고 있으므로 위헌법률심판 또는 헌법소원을 통하여 헌법재판소가 상증세법 제 2 조 제 3 항에 관하여 위헌이라고 판단할 것인지에 관하여도 지속적인 관심이 필요할 것이다.

**57** 헌법재판소 2012.11.29. 선고 2010헌바215 결정

# 배우자 명의신탁 증여의제의 경우 배우자공제 조항의 적용을 배제하는 구 상속세 및 증여세법 제55조 제1항 제1호의 위헌 여부(합헌)

**결정요지**

[1] 이 사건 법률조항이 과잉금지원칙에 위배하여 명의수탁자인 배우자의 재산권을 침해한다고 볼 수 있는지 여부

이 사건 법률조항은 부부간의 명의신탁에 의한 조세회피를 방지하여 조세정의와 조세평등을 관철하는 데 그 입법목적이 있으므로 입법목적이 정당하고, 부부간의 명의신탁에 의한 증여의제의 경우 배우자공제조항의 적용을 배제하는 것은 위 입법목적을 달성하기 위한 적절한 수단이 된다.

명의신탁이 조세회피 목적이 아닌 다른 이유에서 이루어졌음이 인정되고, 명의신탁에 부수하여 사소한 조세경감이 생기는 것에 불과하다면 조세회피 목적의 추정은 번복되는 점, 부부간의 명의신탁의 경우 배우자공제액을 일부 감축하여 공제액을 일반 증여와 달리 정하거나, 원래 납부해야 할 조세를 납부하게 하는 것만으로는 명의신탁의 금지 또는 억제를 효과적으로 달성하기 어려운 점, 명의신탁재산의 증여의제에 대하여 명의신탁자와의 관계에 따라 증여재산 공제의 허용 여부나 공제의 한도 등을 달리 정하는 것 자체가 조세평등주의에 위배될 여지가 있는 점 등에 비추어 침해의 최소성 원칙에 위배되지 아니한다.

자신의 명의를 빌려주어 명의신탁을 이용한 조세회피를 가능하게

한 명의수탁자에게는 조세회피에 대한 책임이 있으므로, 증여자의 재산 형성에 대한 기여도 등 여러 가지 사정을 고려하여 사회통념상 적정한 수준으로 공제를 인정하는 배우자공제조항이 적용되지 않는다고 하더라도 이를 크게 부당한 것이라고 할 수 없는 반면, 명의신탁재산의 증여의제 조항에도 불구하고 배우자공제 조항을 유지하는 경우 공제 조항의 범위 내에서는 배우자에 대한 명의신탁을 근절하기 어렵다 할 것이므로, 이 사건 법률조항은 부부간의 명의신탁에 적용되어 증여의제 조항을 통한 공익 실현을 실효성 있게 하고, 특히 소득세법이 부부에 대하여 개인단위의 과세원칙을 취하고 있으므로 부부간 자산소득의 인위적 분산을 통한 조세회피를 방지할 필요성이 크다 할 것이므로 이 사건 법률조항은 법익 균형성의 원칙에 위배되지 아니한다. 따라서 이 사건 법률조항이 과잉금지원칙에 위배하여 명의수탁자인 배우자의 재산권을 침해한다고 볼 수 없다.

[2] 이 사건 법률조항이 조세평등주의에 위배되는지 여부

명의신탁재산의 증여의제 조항에 따른 증여세의 경우 법률이 규정하는 조세이기는 하나 그 실질적 성격은 명의신탁을 이용한 조세회피 행위에 대한 '제재'로서의 성격을 갖는 것인 반면, 배우자공제조항은 증여자의 재산 형성에 대한 수증자의 기여도 등을 감안하여 증여재산 공제를 하도록 정한 것이다.

증여의제 조항은 대개 부부의 일방이 혼인 전부터 소유하고 있던 재산 또는 부부의 일방이 혼인 중에 상속 등으로 취득한 재산을 수탁자 명의로 명의신탁한 경우에 적용되는 것으로서, 이 경우에는 신탁자의 재산 형성에 대한 수탁자의 기여도를 상정하기 어려운 점, 이 사건 법률조항이 부부간의 명의신탁에 의한 조세회피를 방지함으로써 조세정의와 조세평등을 실현하기 위한 방법으로 그 합리성이 인정되는 점, 명의신탁자와의 관계에 따라 공제의 허용 여부나 공제의 한도 등을 달리하는 것 자체가 조세평등주의에 위배될 소지가 있으므로 명의신탁 행위에 대한 제재는 일률적 기준으로 동일하게 하는 적용하는 것이 합리적인 점 등을 고려하면, 이 사건 법률조항으로 인한 차

별에는 합리적인 이유가 있다. 따라서 이 사건 법률조항은 조세평등주의에 위배되지 아니한다.

이상과 같은 이유로 이 사건에서 재판관 전원일치로 합헌이 선고되었다.

## 1. 사실관계

① 노○○은 1999.5.1. 주식회사 ○○토건을 설립하면서 배우자인 청구인을 주주로 내세운 후 자신의 돈으로 주금을 납입하고, 2004.7.10. 유상증자를 하면서 청구인 명의로 증자대금을 대납하였다.

② 김해세무서장은 청구인 명의의 위 주식이 명의신탁재산에 해당한다는 이유로 구 상속세 및 증여세법(2007.12.31. 법률 제8828호로 개정되기 전의 것) 제45조의 2 제1항에 따라 증여의제하고, 2009.1.9. 청구인에게 위 법 제55조 제1항 제1호의 과세표준에 따른 증여세를 부과하였다. 그 후 1999.5.1.자 증여의제에 따른 증여세 부분을 직권취소하고, 2004.7.10.자 증여의제에 따른 증여세 9,159,165원을 부과하였다.

③ 청구인은 "명의신탁재산의 증여의제에 있어서는 당해 명의신탁재산의 금액"을 과세표준으로 규정함으로써, 배우자 간의 명의신탁의 경우에도 배우자 증여재산 공제의 적용을 배제하고 있는 구 상속세 및 증여세법 제55조 제1항 제1호는 이 사건에 적용될 수 없다고 하면서 위 증여세 부과처분의 취소를 구하는 소를 제기하였고(창원지방법원 2009구합3246), 위 소송 계속 중 위 조항에 대하여 위헌법률심판제청신청을 하였으나, 2010.5.6. 위 신청이 기각되자(창원지방법원 2010아69), 2010.5.28. 이 사건 헌법소원심판을 청구하였다.

## 2. 쟁 점

이 사안의 쟁점은 실제 소유자가 배우자에세 명의신탁하여 증여의제되는 경우, 배우자 증여재산 공제조항을 적용하여야 하는지 여부에 관한 것으로, 이 사건의 심판대상은 구 상속세 및 증여세법 제55조 제 1 항 제 1 호 중 “배우자에게 명의를 신탁하는 경우”에 관한 부분(이하 ‘이 사건 법률조항’이라 한다)이 헌법에 위배되는지의 여부이다.

## 3. 관련 규정

구 상속세 및 증여세법(2003.12.30. 법률 제7010호로 개정되고, 2010.1.1. 법률 제9916호로 개정되기 전의 것, 이하 “상증세법”이라 한다) 제55조 【증여세의 과세표준 및 과세최저한】 ①증여세의 과세표준은 다음 각 호의 1에 해당하는 금액에서 대통령령이 정하는 증여재산의 감정평가수수료를 차감한 금액으로 한다.

1. 제45조의 2의 규정에 의한 명의신탁재산의 증여의제에 있어서는 당해 명의신탁재산의 금액
2. 합산 배제 증여재산에 있어서는 당해 증여재산가액에서 3천만원을 공제한 금액
3. 제 1 호 및 제 2 호 외의 경우에는 제47조 제 1 항의 규정에 의한 증여세 과세가액에서 제53조 및 제54조의 규정에 의한 금액을 차감한 금액

## 4. 평 석

### (1) 관련 규정의 내용

상증세법 제55조 제1항 제1호는 명의신탁 증여의제에 의한 증여세 부과시 부부간의 명의신탁을 따로 구별하지 않음으로써 상증세법 제53조 및 제54조의 각종 공제 규정의 적용을 현실적으로 배제하는 내용의 규정으로서, 명의신탁재산의 증여의제에 의한 증여세의 과세표준을 산정함에 있어서는 배우자공제 규정을 적용하지 아니한 당해 명의신탁재산의 금액 자체를 과세표준으로 삼고 있다.

### (2) 명의신탁 증여의제 과세대상

1995.7.1.부터 부동산 실권리자 명의등기에 관한 법률(이하 '부동산실명법'이라 한다)이 시행되면서, 부동산 명의신탁에 대해서는 부동산실명법에 따라 과징금의 부과가 가능하게 되어(부동산실명법 제5조), 1996.12.31. 법률 제5193호로 개정된 상속세 및 증여세법은 부동산 명의신탁을 명의신탁 증여의제 과세대상에서 제외하게 되었다.[1]

반면, 2003.12.30. 개정 이후 상증세법은 배우자 사이에 주식의 명의신탁이 있는 경우, 증여재산공제 및 재해손실공제의 적용을 배제하는 규정을 마련하였고 이로 인해 해당 주식을 실제로 증여하는 것보다 오히려 부과되는 증여세 부담이 늘어나게 되는 결과가 발생하게 되었다.[2]

이처럼 배우자 사이에 일어난 명의신탁이라는 점에서 동일함에도 불구하고, 명의신탁의 대상이 주식인지 부동산인지에 따라 상증법상의 명의

---

1) 상속세 및 증여세법 제45조의 2 제1항 참조.

2) 상속세 및 증여세법 제55조 제1항 참조.

신탁 증여의제 제도가 적용되는 것인지 또는 부동산실명법에 따라 과징금 부과대상이 되는 것인지로 나뉘게 되어 해당 법 규정의 적용이 다르게 되었다.

### (3) 이 사건 법률조항의 위헌성에 대한 검토

#### 1) 헌법 제37조 제2항의 과잉금지원칙에 반하는지 여부

현행 상증세법 규정에 따르면 '주식'을 배우자에게 명의신탁하여 증여세가 부과되는 경우, 배우자 사이의 증여재산공제를 비롯하여 각종 공제가 허용되지 아니할 뿐만 아니라 주식의 시가 전부를 과세표준으로 하여 그 시가에 따라 최고세율 50%의 세율(30억원 초과분)을 적용하도록 하고 있다. 이처럼 부동산이 아닌 '주식'을 배우자에게 명의신탁한 경우에는 실제로 증여하는 것보다 오히려 부과되는 증여세 부담이 늘어나는 결과가 발생하게 된 것이다.

그러나 명의신탁 증여의제 제도는 원래 증여의 은폐 내지는 증여세의 누진부담을 회피하는 수단으로 명의신탁이 이용되는 것을 방지함으로써 조세정의와 공평이라는 공익을 실현하기 위한 제도에 해당하고,[3] 명의신탁 증여의제에 대한 증여세 부과가 일종의 '제재'로서의 성질을 지니는 것이라 하더라도 명의신탁에 대한 '제재'는 어디까지나 명의신탁을 "증여"로 의제함으로써 그에 따른 법률효과를 부여하는 방법으로만 운영됨이 마땅하다고 할 것이다. 즉, 이는 주식의 명의신탁 증여의제 제도가 주식의 '증여'까지 부인하는 방식으로는 운용될 수 없음을 뜻하며, 결국 '명의신탁 증여의제로 인하여 부과되는 증여세'는 '증여로 인해 부과되는 증여세'를 초과할 수 없음을 의미한다고 할 수 있다.

---

3) 헌법재판소 2012.5.31. 선고 2009헌바170 결정 ; 헌법재판소 2005.6.30. 선고 2004헌바40 결정 등.

따라서 배우자 사이의 명의신탁에 대해서 배우자 증여공제 규정이 적용되지 않아 실제 '증여'로 인한 경우보다 더 많은 증여세가 부과될 수 있게 된다면, 명의신탁을 통해 저지른 불법의 크기보다 훨씬 더 큰 부담의 증여세 제재를 부담시키는 것이므로 이 사건 법률조항은 과잉금지원칙에 위배된다고 보는 것이 타당하다.

2) 헌법 제11조 제1항의 '평등원칙'에 위배되는지 여부

부동산을 대상으로 하는 명의신탁이 있었던 경우, 부동산실명법은 이러한 명의신탁약정에 대하여 원칙적으로 허용되지 않는다고 하면서도,[4] 그에 대한 특례로서 종중이나 배우자 간에 타인 명의로 등기를 한 경우이면서 조세포탈, 강제집행의 면탈 또는 법령상 제한의 회피를 목적으로 하지 아니하는 경우에는 과징금 부과 등을 하지 아니한다고 규정하여, 배우자 간의 명의신탁의 경우 과징금 부과 면제의 특례가 인정되고 있다.[5]

최근 대법원은 배우자 간 부동산 명의신탁이 있을 경우, 조세포탈 등을 목적으로 하였는지 여부의 입증책임과 관련하여, "우리나라에서 부부 사이의 재산관리의 관행상 배우자 간의 명의신탁을 인정해 주어야 할 현실적 필요성과 이를 원칙적으로 금지하여 기존의 명의신탁을 해소하려 할 경우 그 과정에서 부부 사이의 분란과 사회적 혼란이 초래될 염려 등을 고려한 것으로 보이는 점 등을 종합하여 볼 때, 배우자 간의 명의신탁이 조세포탈, 강제집행의 면탈 또는 법령상 제한의 회피를 목적으로 한 것이라는 점은 과징금의 부과요건에 해당하는 것으로서 과징금 부과관청이 이를 증명하여야 할 것이다"라고 판시하여 조세회피목적에 대한 입증책임을 과징금 "부과관청"에게 부담시키고 있다.[6]

4) 부동산실명법 제4조 제1항.
5) 부동산실명법 제8조 제1항 제2호.
6) 대법원 2012.5.24. 선고 2011두15718 판결.

그런데 상증세법 제45조의 2 제 1 항은 배우자 사이의 명의신탁에 해당하는지 여부와는 상관없이, 주식의 명의신탁은 원칙적으로 증여로 의제되어 증여세가 부과되도록 규정하면서, 예외적으로 제 1 호를 통해 "조세회피의 목적 없이 타인의 명의로 재산의 등기 등을 하거나 소유권을 취득한 실제 소유자 명의로 명의개서를 하지 아니한 경우"에 한하여 명의신탁 증여의제 규정의 적용을 피할 수 있도록 규정하고 있다.

이에 관하여 대법원은 배우자 사이의 주식 명의신탁이라 하더라도 "회피목적의 조세를 증여세에 한정할 수 없고, 또 조세회피의 목적이 없었다는 점에 관한 입증책임은 이를 주장하는 명의수탁자에게 있나"고 판시하여, 배우자 사이에 주식의 명의신탁이 있었던 경우라도, 조세회피목적이 존재하지 않는다는 점의 입증책임은 명의를 빌려준 "명의수탁자"가 부담하도록 하고 있다.[7]

그러나 1995.5.30. 부동산실명법 제정 이전에는 명의신탁 증여의제 규정의 적용과 관련해서 부동산과 주식의 명의신탁이 서로 동일한 취급을 받았었을 뿐만 아니라, 주식의 명의신탁에 따른 증여세 과세가 '조세'보다는 일종의 '제재'의 성격을 가지고 있는 이상 부동산 명의신탁에 따른 과징금과 사실상 다를 바 없다고 할 수 있다. 결국, 배우자 사이의 명의신탁의 대상이 '부동산'인지 아니면 '주식'인지에 따라 명의신탁의 조세회피목적에 관련된 입증책임을 달리 부담할 필요가 없는 것이다.

따라서 이 사건 법률조항의 경우은 배우자 간의 '부동산'에 대한 명의신탁과 '주식'에 대한 명의신탁을 구분할 별다른 합리적인 이유가 없는 상태에서, 차별적으로 규제하고 있다는 점에서 이 사건 법률조항은 평등의 원칙을 규정한 헌법 제11조 제 1 항 등에 위반된다고 할 것이다.

---

7) 대법원 1995.11.14. 선고 94누11729 판결.

### (4) 결 어

조세법에서 명의신탁 증여의제 규정은 1974년 신설된 여러 차례 그 규정이 변용되거나 강화되어 왔다. 그에 따른 납세자의 위헌주장도 끈질기게 제기되고 있지만 최근 헌법재판소 2012.5.31. 선고 2009헌마 170 결정 등 여러 차례에 걸쳐 모두 합헌결정이 내려졌다. 그러나 명의신탁 증여의제 제도의 본질이 헌법재판소가 인정하듯이 제재라면, 다른 행적목적상의 제재와 비교하여 볼 때 수백억 원의 과세가 현실로 발생하는 점에서 헌법의 재산권 보장의 규정에 비추어 정당화될 수 없다.

이 사건에서도 헌법재판소는 종래의 태도에만 집착하여 현실과 국민의 법감정을 직시하지 못한 고식적 판단으로 일관한 점이 아쉽다. 부부가 이러한 세법 규정을 알고 있었다면 당연히 증여라고 하였을 것이다. 이 사건에서 재산공동체인 납세자 부부가 그 결론을 납득할 수 있겠는가?

58 대법원 2013.5.23. 선고 2013두1041 판결

# 상속인이 보험수익자인 보험금은 납세의무가 승계되는 상속재산이 아니다

판결요지

[1] 원래 상속을 포기한 자는 상속포기의 소급효에 의하여 상속개시 당시부터 상속인이 아니었던 것과 같은 지위에 놓이게 되는 점(민법 제1042조), 상속세 및 증여세법(이하 '상증세법'이라 한다) 제 3 조 제 1 항은 상속세에 관하여는 상속포기자도 상속인에 포함되도록 규정하고 있으나 이는 사전증여를 받은 자가 상속을 포기함으로써 상속세 납세의무를 면하는 것을 방지하기 위한 것으로서, 국세기본법 제24조 제 1 항에 의한 납세의무 승계자와 상증세법 제 3 조 제 1 항에 의한 상속세 납세의무자의 범위가 서로 일치하여야 할 이유는 없는 점, 조세법률주의의 원칙상 과세요건은 법률로써 명확하게 규정하여야 하고 조세법규의 해석에 있어서도 특별한 사정이 없는 한 법문대로 해석하여야 하며 합리적 이유 없이 확장해석하거나 유추해석하는 것은 허용되지 않는 점 등을 종합하여 보면, 적법하게 상속을 포기한 자는 국세기본법 제24조 제 1 항이 피상속인의 국세 등 납세의무를 승계하는 자로 규정하고 있는 '상속인'에는 포함되지 않는다고 보아야 한다.

[2] 상증세법 제 8 조 제 1 항은 피상속인의 사망으로 인하여 지급받는 생명보험 또는 손해보험의 보험금으로서 피상속인이 보험계약자가 된 보험계약에 의하여 지급받는 보험금이 실질적으로 상속이나 유증 등에 의하여 재산을 취득한 것과 동일하다고 보아 상속세 과세대상으로 규정하고 있으나, 상증세법 제 8 조가 규정하는 보험금의 경우 보험수

**익자가 가지는 보험금지급청구권은 본래 상속재산이 아니라 상속인의 고유재산이므로, 상증세법 제8조가 규정하는 보험금 역시 국세기본법 제24조 제1항이 말하는 '상속으로 받은 재산'에는 포함되지 않는다고 보아야 한다.**

# 1. 사실관계

## (1) 사안의 개요

① A는 2008.8.22. 인천 계양구 토지를 양도하고, 그 양도소득세를 내지 아니한 채 2010.6.12. 사망하였다.

② A의 처(妻)인 원고는, 2010.6.22. 보험수익자로서 A의 사망보험금을 수령하고, 2010.8.31. 위 보험금 중 망인이 부담한 보험료(A가 사망하기까지 납부된 75회의 보험료 중 56회는 A가 보험계약자로서, 나머지 19회는 원고가 보험계약자로서 각 보험료를 냈다)에 상당하는 금액(이하 '이 사건 보험금')에 대하여 상속세를 신고하였다.

③ 원고는 위 상속세 신고에 앞서 자녀인 C, D와 함께 2010.7.7. 인천지방법원에 상속포기 신고를 하여 2010.7.15.자 심판으로 신고가 수리되었다.

④ 피고(서인천세무서장)는, 이 사건 보험금이 상속세 및 증여세법(이하 '상증세법') 제8조에 따른 상속재산이고, 국세기본법 제24조 제1항에 따라 상속으로 받은 재산 한도에서 망인의 납세의무가 상속인인 원고 및 C, D에게 승계된다고 보았다. 그리하여 피고는 2010.12.9. 원고에게 A가 체납한 2008년 귀속 양도소득세를 부과하는 이 사건 처분을 하였다.

### (2) 소송의 경과

1) 1심 법원(인천지방법원)의 판단 — 원고의 청구를 기각

원고는 이 사건 보험금은 민법상 원고의 고유재산이므로 상속세 산정에 한하여 상속재산으로 간주될 뿐 국세기본법 제24조의 '상속으로 인하여 얻은 재산'이 아니고, 원고가 상속을 포기하여 양도소득세 납세의무도 승계되지 않는다고 주장하며 이 사건 처분에 대한 취소소송을 제기하였다.

이에 대하여 인천지방법원은 다음의 사항을 근거로 하여, 상증세법 제 8 조에 따라 상속재산으로 간주되는 이 사건 보험금은 국세기본법 제24조 제 1 항 소정의 '상속으로 받은 재산'에 해당한다고 보고, 원고의 청구를 기각하였다.

① 상증세법 제 8 조는 보험금을 상속재산으로 간주하는 규정을 두고 있을 뿐, 이를 상속세 산정에 한정하는 취지의 규정을 두고 있지 않다.

② 피상속인이 실질적으로 보험료를 지불하고 그의 사망을 원인으로 일시에 무상으로 수취하는 보험금은 경제적 실질에 있어서 민법상의 상속재산과 다를 바가 없으므로, 국세기본법 제24조 제 1 항의 상속재산 범위를 상증세법 제 8 조와 달리 볼 이유가 없다.

③ 국세기본법 제24조 제 1 항은 피상속인이 납부할 국세 등의 납부의무를 상속인에 한정하지 아니하고 수유자나 상속재산 관리인에게까지 인정하고 있는데, 이들은 상속포기 여부와 무관하게 상속재산의 범위 내에서 국세 등의 납부의무를 부담한다.

2) 원심 법원(서울고등법원)의 판단 — 원고의 청구를 인용

원심 법원은 다음의 사항을 종합하여, 이 사건 보험금은 국세기본법 제24조 제 1 항이 정한 '상속으로 받은 재산'이 아니라고 판단하여 원고의 청구를 인용하였다.

① 국세기본법에는 상증세법과는 달리, 상속을 포기한 사람을 상속인

의 범위에 포함하도록 한 의제 규정(상증세법 제 3 조 제 1 항)이나, 피상속인의 사망으로 받게 되는 보험금과 같은 상속인의 고유재산을 '상속으로 받은 재산'으로 의제하는 규정(상증세법 제 8 조 제 1 항)을 두고 있지 않다.

② 상증세법 제 8 조 제 1 항과 같은 규정이 있다고 해서, 상속을 포기한 상속인이 그 피상속인의 사망으로 지급받는 보험금 그 자체에 관하여 상속세를 부과하는 것 외에 추가로 그 보험금을 한도로 원래 피상속인에게 납부 책임이 있는 체납 국세 등까지도 납부할 책임이 있다는 해석할 수는 없다.

③ 조세심판원도 이 사건 전심 결정 후, 조세심판관 합동회의를 통하여 상속을 포기한 상속인이 피상속인의 사망으로 취득하는 종신보험계약에 의한 보험금은 국세기본법 제24조 제 1 항이 정한 '상속으로 받은 재산'으로 볼 수 없다고 하였다(조심 2010중1750).

3) 대상판결의 판단 — 피고의 상고를 기각

대법원은 ① 상속을 포기한 자는 상속포기의 소급효에 의하여 상속개시 당시부터 상속인이 아니었던 것과 같은 지위에 놓이게 되는 점(민법 제1042조), ② 상속포기자도 상속인에 포함되도록 규정하고 있는 상증세법 제 3 조 제 1 항은 사전증여를 받은 자가 상속을 포기함으로써 상속세 납세의무를 면하는 것을 방지하기 위한 규정이라는 점, ③ 조세법률주의 원칙상 조세법규의 해석에 있어서 합리적 이유 없는 확장해석이나 유추해석은 허용되지 않는다는 점을 근거로, 상속을 포기한 자는 국세기본법 제24조 제 1 항이 납세의무 승계자로 규정한 상속인이 아니라고 보았다.

또한 상증세법 제 8 조가 규정하는 보험금의 경우 보험수익자가 가지는 보험금지급청구권은 본래 상속재산이 아니라 상속인의 고유재산이므로, 상증세법 제 8 조가 규정하는 보험금 역시 국세기본법 제24조 제 1 항이 말하는 '상속으로 받은 재산'에는 포함되지 않는다고 판시하였다.

## 2. 평 석

원심법원과 대법원은 이 사건 보험금이 민법상 상속재산이 아니라, 상속인의 고유재산이라는 점을 중요한 근거로 삼아, 이 사건 보험금은 국세기본법 제24조 제 1 항에서 정하고 있는 납세의무가 승계되는 '상속으로 받은 재산'이 아니라고 판단하였다. 따라서 먼저 사법상 보험금이 상속인의 고유재산이 되는 경우를 따져 본 후, 대상판결의 의미에 대하여 살펴보도록 한다.

### (1) 사법상 보험금이 상속인의 고유재산이 되는 경우

생명보험계약은 보험자(보험회사)가 보험계약자로부터 보험료를 받고 피보험자의 생명에 관한 보험사고(주로 사망)가 발생할 경우에 약정한 보험금액을 보험수익자에게 지급하기로 하는 형태로 체결된다.

많은 경우, 보험계약자인 피상속인은 자신을 피보험자로, 상속인을 보험수익자로 정하는 형식으로 보험계약을 체결한다. 대법원은 이와 같은 경우 '피보험자의 상속인은 피보험자의 사망이라는 보험사고가 발생할 때에는 보험수익자의 지위에서 보험자에 대하여 보험금지급을 청구할 수 있고, 이 권리는 보험계약의 효력으로 당연히 생기는 것으로 상속재산이 아니라 상속인의 고유재산'이라고 본다(대법원 2004.7.9. 선고 2003다29463 판결).

반면에, 대법원은 보험계약자인 피상속인이 자신을 피보험자 및 보험수익자로 지정한 경우에는 상속인의 보험금청구권을 상속재산으로 보는 입장인 것으로 보인다. 대법원은 보험계약자인 피상속인이 자신과 자신의 남편을 피보험자로, 자신을 보험수익자로 지정하고 사망한 사안에서 '생명보험의 보험계약자가 피보험자 중 1인인 자신을 보험수익자로 지정한 경우에 그 지정은 유효하고, 따라서 보험수익자가 사망하면 그 보험금은 상속재산이 된다'고 판시하였다(대법원 2002.2.8. 선고 2000다64502 판결 ; 대법원 2000.10.6. 선고 2000다38848 판결).

그런데 피상속인이 피보험자이자 보험수익자인 사안에서의 이러한 대법원의 견해는, 상법 제733조에 의하여 상속인이 보험수익자가 되는 경우에도 상속인의 보험금지급청구권을 상속인의 고유재산으로 보는 대법원의 입장(대법원 2004.7.9. 선고 2003다29463 판결)과 관련하여 의문점이 있다. 다시 말하면, 대법원은 보험계약자가 자기 이외의 제 3 자를 피보험자로 하고 자기 자신을 보험수익자로 생명보험계약을 체결하였는데 보험수익자와 피보험자가 동시에 사망한 것으로 추정된 사안에서, 보험수익자의 상속인이 상법 제733조 제 3 항 후단에 따라서 보험수익자의 지위에서 가지는 보험금지급청구권은 상속재산이 아니라 상속인의 고유재산이라고 보았다(대법원 2007.11.30. 선고 2005두5529 판결). 그런데 대법원은 피보험자와 보험수익자가 같은 경우에는 상법 제733조의 적용에 대해서는 해명하지 않고 상속인의 보험금지급청구권을 상속재산으로 보고 있는 것이다.

### (2) 대상판결의 의미

세법에는 당사자가 사법상 형성한 법형식보다는 경제적인 실질에 따라 과세하는 방법으로 납세자의 조세회피행위에 대처하는 규정이 다수 있다. 상증세법 제 8 조 제 1 항도 이러한 관점에서 이해될 수 있다. 그런데 세법 규정에서 경제적 실질에 따라 과세할 것인지 사법상 형식을 존중할 것인지 명확하게 규정하지 않은 영역에서, 조세법률주의에 따라 조세회피행위를 묵인할 것인지, 아니면 실질과세의 원칙을 앞세워서 조세회피행위에 적극 대처할 것인지의 문제가 사법부의 선택에 맡겨지는 경우가 있다.

대상판결에서 대법원은, 당사자가 형성한 법형식과 조세법률주의에 따라서 판단을 한 것으로 보인다. 즉, 대법원은 보험수익자인 상속인의 보험금지급청구권은 사법상 상속재산이 아니라 상속인의 고유재산이고, 상속을 포기한 사람은 원칙적으로 피상속인의 채무를 승계하지 않는다는 점, 국세기본법에서는 상증세법과는 달리 이러한 원칙에 대한 명시적인 예외규정을 두지 않았다는 점을 고려해서, 상속인이 상속을 포기한 경우에는 피상속인이 낸 보험료에 의하여 상속인이 보험금을 지급받았다고 하여도, 상속인이 피상속인의 납세의무를 승계하지 않는다고 보았다.

결국 현재 대법원의 입장에 따른다면, 피상속인은 보험계약 체결에 있어 보험수익자를 상속인으로 지정한 생명보험계약을 체결함으로써, 상속인에게 납세의무는 승계시키지 않고 재산만 승계시킬 수 있는 길이 열리게 되었다. 이러한 보험계약 체결에 있어 보험수익자를 누구로 지정하였느냐에 따른 조세부담의 차이에 대응 여부는 조세법률주의에 따라 사법부의 손에서 입법자의 손으로 넘어가게 되었다.

## 제5편

# 부가가치세법

59 대법원 2009.12.24. 선고 2007두16974 판결

# 가공매출금액과 가공매입금액이 동일한 경우의 부과제척기간

**판결요지**

[1] 국세기본법 제26조의 2 제 1 항 제 1 호의 규정형식, 입법취지 및 엄격해석의 원칙상 법정신고기한 내에 과세표준신고서를 제출한 납세자가 사기 기타 부정한 행위를 하였다고 하더라도 그로 인하여 국세를 포탈하거나 환급·공제받지 아니하는 경우에는 원칙으로 돌아가 그 부과제척기간은 5년이 되고, 이는 당해 납세자가 다른 납세자의 조세포탈 등에 가담하였더라도 자신의 포탈세액 등이 없는 이상 달리 볼 것은 아니다.

[2] 신고납세방식의 국세에 있어서 당해 국세의 포탈이나 부정 환급·공제가 있었는지 여부는 가산세를 제외한 본 세액을 기준으로 판단하여야 하며, 재화나 용역을 공급하는 사업자가 가공의 매출세금계산서와 함께 가공의 매입세금계산서를 기초로 부가가치세의 과세표준과 납부세액 또는 환급세액을 신고한 경우에는 그 가공의 매출세금계산서상 공급가액에 대하여는 부가가치세의 과세대상인 재화나 용역의 공급이 없는 부분으로서 이에 대한 추상적인 납세의무가 성립하였다고 볼 수 없으므로, 비록 공제되는 매입세액이 가공이라고 하더라도 이러한 경우에는 가공의 매출세액을 초과하는 부분에 한하여 그 가공거래와 관련된 부가가치세의 포탈이나 부정 환급·공제가 있었다고 보아야 한다.

## 1. 사실관계

A세무서장 등은 2003.5.~9.경 무면허주류도매업자인 X와 Y맥주 주식회사 동부직매장(이하, '주류직매장'이라 한다) 등에 대한 세무조사 과정에서 주류직매장들이 실제로는 X에게 주류를 판매하고도 원고에게 매출한 것으로 가공매입세금계산서를 발행한 것을 확인하였고, 이를 피고에게 통보하였다.

피고는 위와 같은 통보와 조사 등을 기초로 2003.11.경 원고가 1997년 제 1 기부터 1999년 제 1 기까지의 과세기간 중 사실과 다른 가공매입세금계산서를 주류직매장들로부터 수취하고 위 금액에 상응하는 가공매출세금계산서를 거래처에 분산 발행한 것으로 보아 2004.1.8 매출처 및 매입처별 세금계산서합계표의 기재사항이 사실과 다르게 되었다는 이유로 매출처 및 매입처별 세금계산서합계표 불성실가산세 부과처분을 하였다.

## 2. 쟁 점

이 사건의 경우 원고가 수취한 가공매입세금계산서의 공급가액과 발행한 가공매출세금계산서의 공급가액이 동일하여 원고가 면탈한 부가가치세 본세는 존재하지 않는바, 매출처 및 매입처별 세금계산서합계표 불성실가산세만이 부과되었다. 그런데 과연 이 사건에서 문제된 가산세의 부과제척기간을 5년이라고 보아야 할 것인지, 아니면 사기 기타 부정한 행위로써 국세를 포탈한 경우로 보아 10년의 부과제척기간이 적용된다고 보아야 할 것인지가 문제된다.

## 3. 평 석

국세기본법 제26조의 2는 국세 부과권의 제척기간에 대하여 규정하고 있다. 제척기간은 법률관계를 신속히 확정짓기 위하여 일정한 권리에 관하여 법률이 정한 존속기간으로서, 국세 부과권의 제척기간(이하, '부과제척기간')이란 조세법상 법률관계 역시 언제까지나 불확정한 상태로 놓는 것은 바람직하지 않으므로 개별 세법상 과세요건이 충족되어 조세채무가 성립된 상태에서 이를 확정하는 과세관청의 부과권에 대하여 세출기간을 실징하고 그 기간 내에 조세의 부과처분이 없으면 조세채무 자체가 소멸하는 것으로 규정한 것이다. 부과제척기간이 경과함으로써 당해 조세채무 자체가 소멸하므로 그 이후에는 당해 조세채무와 관련하여 과세표준이나 세액을 변경하는 어떠한 결정이나 경정도 할 수 없다.

부과제척기간은 원칙적으로 당해 국세를 부과할 수 있는 날부터 5년간이고, 예외적으로 납세의무자가 법정신고기한 내에 과세표준신고서를 제출하지 아니한 경우에는 당해 국세를 부과할 수 있는 날부터 7년간이 되며, 납세의무자가 사기 기타 부정한 행위로 국세를 포탈하거나 환급 · 공제받은 경우에는 10년간이 된다(국세기본법 제26조의 2 제 1 항). 여기서 '국세를 부과할 수 있는 날'이라 함은 과세표준과 세액을 신고하는 국세에 있어서는 당해 국세의 과세표준과 세액에 대한 신고기한 또는 신고서 제출기한의 다음 날을 의미하므로(국세기본법 시행령 제12조의 3 제 1 항 제 1 호), 과세표준과 세액을 신고하는 국세인 부가가치세의 경우에는 당해 부가가치세 과세표준과 세액에 대한 신고기한의 다음 날, 즉 제 1 기(1.1.부터 6.30까지) 부가가치세는 7.26이고, 제 2 기(7.1.부터 12.31.까지) 부가가치세는 다음 해 1.26이 된다.

원고는, 이 사건에서 문제된 과세기간은 1997년 제 1 기부터 1999년 제 1 기까지인데, 이 사건 부과처분이 이루어진 2004.1.8.경에는 1997년 제 1 기부터 1998년 제 1 기까지의 과세기간에 해당하는 부과처분에 대해서는 5년의 제척기간이 도과하여 무효라고 주장하였다.

반면, 피고는 원고가 주류직매장들과 X 사이에서 마치 원고가 주류를 정상적으로 매입한 것처럼 가공매입세금계산서를 수취하고 거래처에 실물거래 없이 가공으로 매출세금계산서를 분산 발행하여 X의 무자료 주류매출 누락에 가담하였는바, 이는 과세관청의 조세의 부과징수를 불가능하게 하거나 또는 현저하게 곤란하게 하는 위계 기타 부정한 적극적 행위를 한 것에 해당하므로 10년의 제척기간이 적용되어야 한다고 주장하였다.

일반적으로 10년의 부과제척기간의 적용여부가 문제될 경우의 쟁점은 "조세의 부과·징수를 불가능하게 하거나 현저히 곤란케 하는 위계 기타 부정한 적극적 행위('사기 기타 부정한 행위')가 있느냐"의 여부이고, '사기 기타 부정한 행위'가 인정될 경우에는 통상 '국세를 포탈하거나 환급·공제받는 경우'에 해당할 것이다. 다만, 이 사건과 같이 부가가치세에 있어 가공매출금액과 가공매입금액이 동일한 경우에는 '국세를 포탈하거나 환급·공제받는 경우'에 해당되는 것인지가 문제될 수 있다.

이전까지 이 점에 대한 명시적인 대법원 판례는 존재하지 않았는바, 이 사건 대법원 판결이 나오기 얼마 전에 내려진 서울행정법원 2009.9.10. 선고 2009구합12488 판결은 "비록 원고가 거의 동일한 금액의 가공매출·매입세금계산서를 수수하여 포탈한 세액은 없다고 할지라도, 원고는 이 사건 매입세금계산서를 수취하여 정당하게 수수한 매입세금계산서와 합산하여 이를 신고함으로써 가공매입세금계산서상 매입세액 합계액 상당을 환급받는 결과가 되었고, 원고가 가공매출세금계산서를 교부한 거래업체에서도 이를 매입세액에 포함하여 신고함으로써 매입세액 상당을 부당하게 환급받도록 한 이상, 이는 실물거래 없이 매입세금계산서를 수수하여 매입세액을 공제받는 것이 되어 국세기본법 제26조의 2 제 1 항 제 1 호의

'사기 기타 부정한 행위로써 국세를 환급·공제받는 경우'에 해당하여 10년의 부과제척기간이 적용된다"고 판단한 바 있다.

그러나 이 사건에서 대법원은, "국세기본법 제26조의 2 제 1 항 제 1 호의 규정형식, 입법취지 및 엄격해석의 원칙상 법정신고기한 내에 과세표준신고서를 제출한 납세자가 사기 기타 부정한 행위를 하였다고 하더라도 그로 인하여 국세를 포탈하거나 환급·공제받지 아니하는 경우에는 원칙으로 돌아가 그 부과제척기간은 5년이 된다"는 원칙을 설시하는 한편, ① 여기서 말하는 '국세를 포탈하거나 환급·공제받는 경우'의 기준은 당해 납세자를 기준으로 하는 것이지 다른 납세자의 조세포탈이나 부정 환급·공제를 기준으로 하는 것이 아님을 명백히 하였다. 또한 ② 신고납세방식의 국세에 있어서 당해 국세의 포탈이나 부정 환급·공제가 있었는지 여부는 가산세를 제외한 본 세액을 기준으로 판단하여야 하는바, ③ 사업자가 가공의 매출세금계산서와 함께 가공의 매입세금계산서를 기초로 부가가치세의 과세표준과 납부세액 또는 환급세액을 신고한 경우에는 그 가공의 매출세금계산서상 공급가액에 대하여는 부가가치세의 과세대상인 재화나 용역의 공급이 없는 부분으로서 이에 대한 추상적인 납세의무가 성립하였다고 볼 수 없으므로, 비록 공제되는 매입세액이 가공이라고 하더라도 이러한 경우에는 가공의 매출세액을 초과하는 부분에 한하여 그 가공거래와 관련된 부가가치세의 포탈이나 부정 환급·공제가 있었다고 보아야 한다고 판단함으로써 이 부분 원고의 청구를 인용하였다.

이 사건 대법원 판결은 부가가치세와 관련된 10년의 부과제척기간 적용의 구체적인 요건에 대하여 명확하게 정리한 판결로서 의미를 갖는다고 할 것이다.

**60** 대법원 2010.4.15. 선고 2007두19294 판결

# 외화획득용역 거래의 상계 대금 지급방식과 영세율 과세관행의 인정 여부

**판결요지**

대법원 1983.12.27. 선고 83누409판결에서 구 부가가치세법 시행령(1982.12.31. 대통령령 제10981호로 개정되기 전의 것) 제26조 제1항의 '대금을 외국환은행에서 원화로 받는 것……'이란 단순히 세무행정의 편의를 위하여 훈시적으로 대금 지급방법을 예시한 것이 아니므로 엄격히 해석하여야 할 것이라고 선고하였음에도 불구하고, 국세청은 그 이후 거듭되는 예규 및 기본통칙을 통하여 국내사업장이 없는 '외국법인 등에게' 용역 등을 제공하고 그 대가를 외국환은행에서 원화로 받는 것이 아니라 '당해 외국법인 등에 대한 채무와 상계하는 방식'으로 지급받는 경우에도 영세율을 적용한다는 의사를 표시하여 왔고, 오랜 기간 이 사건 거래와 같은 거래를 영세율 적용대상으로 신고하여 온 원고에 대하여도 지속적으로 영세율 적용대상 거래로 보아 과세하지 아니하였으며, 이로써 '외국법인 등에게 용역 등을 공급하고 상계방식으로 대금을 지급받는 경우'에도 영세율 적용대상 거래가 된다는 것은 원고뿐만 아니라 일반 납세자에게도 정당한 것으로 이의 없이 받아들여져 납세자가 그와 같은 해석 또는 관행을 신뢰하는 것이 무리가 아니라고 인정될 정도에 이르렀다. …… 피고의 이 사건 부과처분은 신의성실의 원칙 내지 새로운 해석에 의한 소급과세 금지의 원칙에 반하여 위법하다. …… 원심의 위와 같은 사실인정과 이 사건 거래가 외화획득 거래로서 영세율이 적용되어 온 과세관행에 포섭될 수 있다고 본 결론은 정당한 것으로 수긍할 수 있다.

## 1. 사실관계 및 쟁점

원고 A는 컴퓨터 프로그램의 제작 · 판매 · 배부 · 라이선스 부여 등을 주업으로 하는 미국회사 B의 한국자회사로, B와 프로그램의 판매 · 마케팅 · 배부 · 재 라이선스 등의 권한을 부여받는 공급계약을 체결하였다. 원고는 위 공급계약에 따라 외국법인인 B가 지정한 국내회사인 C사에 1996년부터 2001년까지 각종 소프트웨어 서비스를 제공하고 그 대가를 A로부터 받되, 결제의 편의를 위하여 미국회사 B의 중앙결제계정을 통하여 미국회사 A에게 지급할 금액과 차감 · 정산하는 방법으로 미국회사 B로부터 위 서비스 제공의 대가를 받았다(이하 '이 사건 거래'). 원고는 이 사건 거래가 구 부가가치세법 시행령(1982.12.31. 대통령령 제10981호로 개정되기 전의 것) 제26조 제 1 항의 영세율 적용대상 거래에 해당된다고 보아 영세율을 적용하여 세무처리를 하였다.

결국 이 사건의 쟁점은, 본건 거래와 같이 국내에서 국내사업장이 없는 외국법인에 의해 지정된 자에게 용역이 제공되고, 그 대금의 결제를 외국환은행에서 원화로 받지 않고 당해 외국법인 또는 비거주자에게 지급할 금액에서 차감하는 경우를 구 부가가치세법 시행령 제26조 제 1 호의 영세율 적용대상 거래인 '그 밖의 외화획득 용역거래'에 해당하는 것으로 볼 것인지 여부이다.

※ 원고의 거래 흐름도 ※

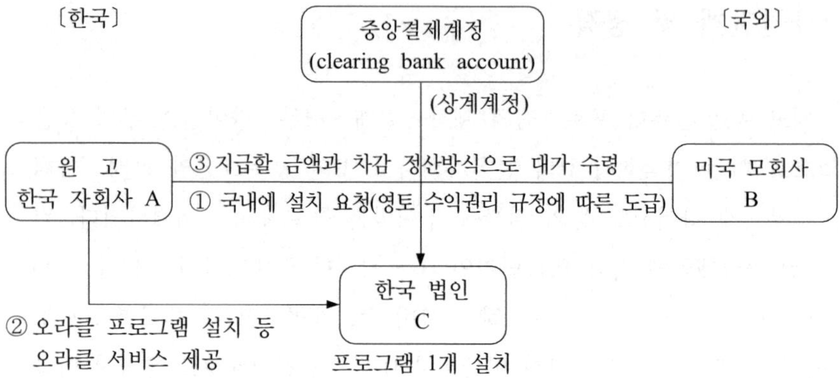


## 2. 평 석

구 부가가치세법 시행령 제26조 제 1 항 제 1 호[1](이하 '이 사건 규정')는 영세율 적용대상의 하나로, ① 국내사업장이 없는 비거주자 또는 외국법인에게 ② 재화 또는 용역을 공급하면서 ③ 그 대금을 외국환은행에서 원화로 받는 경우를 규정하고 있다. 그리고 부가가치세법 기본통칙 11−26−4는 부가가치세법 시행령 제26조 제 1 항 제 1 호의 영세율 적용 요건을 다소 완화하여, "그 대금을 외국환은행에서 원화로 받는 경우" 외에 "그 대가를 당해 비거주자 또는 외국법인에게 지급할 금액에서 차감하는 경우"도 영세율 적용대상으로 규정하고 있다. 즉, 부가가치세법 기본통칙 11−26−4는 부가가치세법 시행령 제26조 제 1 항 제 1 호에 근거하면서 영세율 적용 요건을 완화하는 규정에 해당한다.

1) 구 부가가치세법 시행령 제26조 제 1 항 제 1 호의 규정 내용은 현행 부가가치세법 시행령 제26조 제 1 항 제 1 호와 거의 동일하며, 위 부가가치세법 기본통칙 11−26−4는 이 사건 당시는 물론 현재까지 그대로 존속하고 있다. 따라서 이 평석의 논의는 현행 부가가치세법에도 그대로 적용된다.

기타 외화획득재화 또는 용역거래를 영세율로 한 이 사건 규정의 취지는 영세율제도 자체는 기본적으로 GATT(관세 및 무역에 관한 일반협정)의 소비지국 과세원칙에 따라 재화 또는 용역이 소비되는 장소를 기준으로 과세함으로써 간접세의 이중과세를 방지하기 위함이나(대법원 1986.1.28. 선고 85누539 판결 등), 수출 촉진 및 외화 획득을 통한 국제수지 개선 등 정책적인 목적에서 국내거래이면서도 외화를 획득하는 이 사건 규정의 경우에도 영세율을 적용하고 있다. 한편 이 사건 규정의 요건 중 대금결제방법과 관련, 이 사건 거래가 기타의 외화획득 용역거래로서, 영세율 적용대상 거래인지 여부에 대하여는 상계의 방법을 통하여 외화채권을 결제받아도 실질적인 외화획득 효과는 존속하고, 기본통칙 11－26－3 및 11－26－4의 해석에 부합된다는 점을 이유로 영세율 적용설과 실제 외화획득을 전제로 엄격해석의 원칙을 근거로 영세율 비적용설이 대립되는데, 이 사건의 환송판결[2]인 대법원 2005두2718판결 및 83누409판결에서는 위 규정 중 "대금을 외국환은행에서 원화로 받는 것"이란 단순히 세무행정의 편의를 위하여 훈시적으로 대금 지급방법을 예시한 것이 아니므로 엄격히 해석하여야 한다고 판시하여 영세율 비적용설의 입장에 서 있었다.

이 사건 판결은, 국세청이 이 사건 거래와 같은 예규를 1983년 이후 시행하여 왔고, 1985년 이후에는 같은 내용을 부가가치세법 기본통칙에서 규정하였으며, 상계방식에 의한 대금 지급방식에 대해 영세율을 적용한 세무신고를 거부한 적이 없고, 영세율 비적용설에 따른 대법원 판결 이후에도 거듭되는 예규 및 기본통칙을 통하여 이 사건 거래의 경우에도 영세율을 적용하겠다는 의사를 대외에 표시한 점, 오랜 기간 이 사건 거래를 영

2) 이 사건 판결의 환송심 판결인 대법원 2007.6.14. 선고 2005두12718판결에서는 이 사건 규정을 엄격 해석하여 영세율 비적용설에 따라 판시하고 영세율을 적용한 원심을 파기·환송하였는바, 원고는 재차 비과세 관행을 주장하여 이 사건 판결에 이르게 된 것이다.

세율 적용대상으로 신고하여 온 원고에 대해서도 지속적으로 영세율 거래로 보아 과세하지 않은 점 등을 근거로 이와 같은 비과세 관행이 원고뿐만 아니라 일반납세자에게도 정당한 것으로 받아들여져 납세자가 그와 같은 해석 또는 관행을 신뢰하는 것이 무리가 아니라고 인정될 정도에 이르러 비과세 관행으로 포섭할 수 있는 것으로 판단하여 결과적으로 영세율 적용을 긍정하는 방향으로 입장을 선회하였다.

종래 판례는 비과세 관행의 요건으로 ① 장기간에 걸쳐 어떤 사항에 대하여 과세하지 아니하였다는 객관적 사실이 존재할 뿐만 아니라, ② 과세관청 자신이 그 사항에 대하여 과세할 수 있음을 알면서도 어떤 특별한 사정에 의하여 과세하지 않는다는 의사가 있고, ③ 이와 같은 의사가 대외적으로 명시적 또는 묵시적으로 표시될 것임을 요한다고 해석하여 보세운송 면허세와 관련 과세관청이 수출 확대라는 공익상 필요에 의해 면허세를 비과세한 사안에서 처음으로 비과세 관행을 인정(대법원 1980.6.10. 선고 80누6전원합의체 판결)한 이래 수출 확대 등 특별한 사정이 있는 경우에 한하여 한정적으로 이를 긍정하였는바,[3] 이 사건 판결은 이 사건 규정을 엄격하게 해석하여 영세율 비적용설에 따른 대법원 판결이 선고되었음에도, 납세자의 신뢰보호라는 관점에서 대법원이 환송 전 판결취지를 변경하면서까지 비과세 관행을 인정하였다는 점에 의의가 있다.

다만, 이 사건에서 보는 바와 같이 영세율 적용 관행이 있음에도 이 사건에서 있어서만 그 적용을 거부하고 소송을 끝까지 유지한 과세관청의 태도는 설명하기 어렵다. 한편 이 사건 상계방식에 의한 대금결제방법은 2009.3.26. 개정으로 부가가치세법 시행규칙 제 9 조의 3 제 2 호에서 명문화되어 이 부분에 관한 논란은 영세율 적용설로 정리되었다.

---

3) 비과세 관행을 인정한 판결로는 대법원 1993.2.23. 선고 92누12919판결, 대법원 1992.10.13. 선고 92누114판결, 대법원 1991.5.28. 선고 90누8947판결 등이 있다.

61 대법원 2011.12.8. 선고 2010두3428 판결

# 부가가치세 예정신고의 세액확정 효력 및 그에 대한 사업양수인의 제 2 차 납세의무

**판결요지**

구 국세기본법(2010.1.1. 법률 제9911호로 개정되기 전의 것) 제22조, 구 국세기본법 시행령(2007.12.31. 대통령령 제20516호로 개정되기 전의 것) 제10조의 2 제 1 호 본문이 부가가치세 납세의무의 확정시기를 과세표준과 세액을 정부에 신고하는 때로 규정하면서 신고범위에서 예정신고를 제외하고 있지 않은 점, 납세의무의 확정이란 추상적으로 성립된 납세의무의 내용이 징수절차로 나아갈 수 있을 정도로 구체화된 상태를 의미하는데, 예정신고를 한 과세표준과 세액은 구 부가가치세법 시행령(2008.2.29. 대통령령 제20720호로 개정되기 전의 것) 제65조 제 1 항 단서에 의하여 확정신고 대상에서 제외하므로 그 단계에서 구체화되었다고 할 수 있을 뿐만 아니라 구 부가가치세법(2007.12.31. 법률 제8826호로 개정되기 전의 것) 제23조 제 1 항에 의하여 징수절차로 나아갈 수 있는 점 등을 고려하여 볼 때, 부가가치세 과세표준과 세액의 예정신고를 한 때에 그 세액에 대한 납세의무가 확정되었다고 할 것이므로 구 국세기본법 제41조 제 1 항에서 말하는 '사업 양도일 이전에 양도인의 납세의무가 확정된 당해 사업에 관한 국세'에는 사업 양도일 이전에 당해 사업에 관하여 예정신고가 이루어진 부가가치세도 포함된다고 해석하는 것이 타당하다.

## 1. 사실관계

① 소외 회사는 2007.10.24. 영화관 운영사업에 관하여 2007년 제 2 기 예정신고기간(2007.7.1.부터 9.30.까지)의 부가가치세 32,634,150원을 예정 신고하였으나 이를 납부하지는 아니하였다.

② 원고는 2007.11.15. 소외 회사로부터 이 사건 사업에 관한 권리와 의무를 포괄하여 양수하였다.

③ 피고는 2007.12.5. 소외 회사에게 이 사건 부가가치세 및 그에 대한 납부불성실가산세 401,400원 합계 33,035,550원의 납부를 고지하면서 납부기한을 2007.12.31.로 정하였다.

④ 소외 회사가 그 납부기한이 경과하도록 이 사건 부가가치세 및 가산세를 납부하지 아니하자, 피고는 2008.5.8. 원고를 제 2 차 납세의무자로 지정하여 원고에게 이 사건 부가가치세 및 가산세와 이에 대한 가산금 991,060원 및 중가산금 1,585,680원 합계 35,612,290원을 부과하는 이 사건 처분을 하였다.

## 2. 평　　석

### (1) 쟁　점

국세기본법 제41조 제 1 항은 사업 양도일 이전에 양도인의 그 사업에 관한 국세·가산금과 체납처분비에 대한 납세의무가 확정된 경우 양수인에게 제 2 차 납세의무가 있음을 규정하고 있다. 위 규정은 사업에 기초하여 발생하는 조세는 사업 그 자체에 담세력이 있어 사업재산이 그 조세채무에 대한 담보적 기능을 하므로 그 조세의 담보재산을 취득하였을 뿐만 아니라 그 취득 당시 양도인이 납부하여야 할 조세를 예견할 수 있었던 양수인에게 그 부족액에 대하여 보충적으로 납세책임을 지우기 위한 것이다. 세법에서 정하는 본래의 납세의무자 이외에 그 납세의무를 확장하는 조항의 하나이다.

부가가치세는 신고 · 납부 방식의 조세이기 때문에 납세의무자의 신고행위에 의하여 납세의무가 확정된다. 부가가치세법은 1.1.부터 6.30.까지를 제 1 기, 7.1.부터 12.31.까지를 제 2 기로 하는 기간과세의 원칙을 채택하고 있으므로 납세의무자는 원칙적으로 1과세기간마다 1회의 신고를 하면 된다. 그런데 부가가치세법은 1.1.부터 3.31.까지를 제 1 기분 예정신고기간, 7.1.부터 9.30.까지를 제 2 기분 예정신고기간으로 설정하여 예정신고기간에 대하여도 과세표준과 세액을 신고 · 납부하도록 규정하고 있다(부가가치세법 제18조 제 1 항). 부가가치세의 안정적 조기확보와 납세자의 일시적 부담을 완화하기 위한 규정이다. 이러한 예정신고가 확정신고와의 양자의 효력 및 관계가 어떠한지, 특히 부가가치세 납세의무의 확정의 효력을 발생시키는 신고에 예정신고가 포함되는지 논란이 있다.

만약 부가가치세의 예정신고에도 부가가치세 납세의무를 확정시키는 효력이 있다면, 부가가치세의 예정신고와 확정신고 사이에 사업양도를 한 경우, 예정신고된 부가가치세의 납세의무는 사업양도일 이전에 확정되었으므로, 사업 양수인은 그 부가가치세에 관하여 제 2 차 납세의무를 부담하여야 할 것이다.

### (2) 견해의 대립

부정설은 부가가치세의 납세의무는 해당 과세기간이 종료하는 때에 성립하고 그에 대한 과세표준과 세액의 확정신고시에 확정되므로 예정신고에는 과세표준과 세액을 확정하는 효력이 없다고 한다. 예정신고는 예납적 성격이 있어 확정신고를 통한 세액의 정산절차를 유보하고 있다는 점과 예정신고에 의해 부가가치세의 납세의무가 확정된다면 하나의 과세기간에 두 개의 납세의무가 성립하는 부당한 결론이 된다는 점을 논거로 든다. 또한 형사적으로는 예정신고만으로는 당해 과세기간의 부가가치세에 대한 조세포탈 등의 범죄행위가 완성될 수 없다. 대상판결의 1, 2심 판결 또한 부정설을 취하였다.

긍정설은 예정신고기간에 대한 부가가치세 납세의무는 예정신고에 의하여 확정된다고 한다. 부가가치세법 제23조 제1항이 예정신고를 한 납세자가 세액을 납부하지 않는 경우 징수절차로 나아갈 수 있다고 규정하고 있는 점 등 부가가치세법의 규정상 예정신고에 확정신고와 사실상 차이가 없다는 점을 논거로 한다.

그 밖에 징수는 확정을 전제로 한 개념이므로 예정신고에 의하여 납세의무가 확정된다고 보는 것이 논리적인 점 등 부가가치세법의 규정 내용으로만 보면 긍정설이 더 설득력이 있지만, 예정신고의 확정의 효력은 잠정적인 효력에 불과하며, 예정신고에 잠정적이나마 확정의 효력이 인정되는 것은 과세기간 및 예정신고의 본질과 맞지 않으므로 예정신고와 확정신고를 분명히 구별하는 방향으로 부가가치세법을 개정해야 한다는 견해가 있다.

### (3) 대상판결의 입장

대상판결은 부가가치세의 과세표준과 세액의 예정신고를 한 경우 그 세액에 대한 납세의무가 확정된다고 판시하여 부가가치세의 예정신고에 확정의 효력이 있음을 인정하고 있다. 그리고 그 논거로 ① 부가가치세 납세의무의 확정시기를 과세표준과 세액을 정부에 신고하는 때로 규정하면서 신고 범위에서 예정신고를 제외하고 있지 않은 점, ② 납세의무의 확정이란 추상적으로 성립된 납세의무의 내용이 징수절차로 나아갈 수 있을 정도로 구체화된 상태를 의미하는데, 예정신고를 한 과세표준과 세액은 확정신고 대상에서 제외하므로 그 단계에서 구체화되었다고 할 수 있을 뿐만 아니라 징수절차로 나아갈 수 있는 점을 설시하고 있다.

### (4) 대상판결에 대한 평가

대상판결이 부가가치세의 예정신고에 확정의 효력을 인정한 것은 현행 부가가치세법상 예정신고가 확정신고와 거의 유사하다는 점, 특히 확정신고가 없더라도 예정신고만으로 징수절차에 나아갈 수 있다는 점 때문인 것으로 보인다.

만일 예정신고에 확정의 효력이 있다면, 예정신고에 대한 오류 및 탈루에 대하여 경정규정을 두어야 하며, 예정신고 누락분도 확정신고와 함께 신고하게 할 것이 아니라 반드시 수정신고절차 또는 경정절차를 거치도록 하여야 함에도 불구하고 부가가치세법은 경정의 대상에 예성신고를 포함시키지 않고 있고(부가가치세법 제21조 제 1 항), 따라서 예정신고는 순수한 협력의무 이행의 효력을 가질 뿐 부가가치세 납세의무를 확정하는 효력이 없으며 예정신고와 함께 납부 또는 징수되는 세액은 확정신고시에 정산될 것을 전제로 한 예납적 납부 또는 예납적 징수에 불과하다고 보는 것이 논리적이고, 종래 다수의 견해가 그렇게 이해하여 왔다. 그러나 대법원 판결의 쟁점은 사업양수인의 제 2 차 납세의무범위에 관한 것이라는 점을 주목할 필요가 있다. 사업양도인이 예정신고를 하였고 그 세액에 대하여 징수절차에 들어가 체납처분을 할 수 있음에도 확정신고가 되지 않았다고 하여 이를 납세의무 승계대상에서 제외하는 것은 부당하다는 관점에서 이러한 결론을 이끌어 낸 것이 아닌가 짐작이 된다.

그렇다면 예정신고의 효력으로서의 신고세액의 확정이라는 의미와 내용을 확정신고와의 관계에서 어떻게 해석할 것이냐의 문제가 남는다. 예정신고는 앞에서 본 바와 같이 확정신고를 예상하고 있다는 점에서 예납적 성격 및 그 변경 가능성을 그 자체에서 내포하고 있다. 예정신고 후 확정신고시에는 예정신고 기간을 포함한 전 과세기간 사이의 거래를 포함한 당해 과세기간의 과세표준과 세액은 확정신고를 함으로써 비로소 확정되는 것으로 이해하여야 할 것이다. 즉, 예정신고에 의하여 징수가 가능하다는 의미의 확정효력은 있지만, 다만 확정신고에 의하여 그 내용이 변경될 수 있다는 제한된 의미의 확정이라고 보면 될 것이 아닌가 생각된다. 이미 언급한 바와 같이 예정신고에 대하여 확정의 개념을 부여한다고 하더라도 조세법처벌법상의 조세포탈은 통상의 경우와 달리 성립하지 않는다고 보아야 한다. 우리 세법상의 확정의 개념은 부과처분이나 신고에 의한 확정, 불변기간 도과에 의한 불가쟁력을 의미하는 확정, 조세소송의 판결의 확정 등 각 그 의미가 달라 혼란스러운 상황이다.

이 대법원 판결은 부가가치세 예정신고에 대하여 또 다른 카테고리의 확정의 개념을 인정하고 있다. 제2차 납세의무를 인정하는 한 그 결론에 부당함은 없다고 할지라도 위에서 본 바와 같이 다의적으로 사용되는 세법상의 확정의 개념을 더 체계적으로 연구하고 입법에 반영하는 노력이 필요하다고 본다.

**62** 대법원 2012.5.9. 선고 2010두23170 판결

# 본·지점 거래와 관련한 공통매입세액공제에 있어서 사업장 과세원칙의 적용

**판결요지**

원래 2 이상의 사업장이 있는 사업자가 자기 사업과 관련하여 생산 또는 취득한 재화를 타인에게 직접 판매할 목적으로 다른 사업장에 반출하는 것은 법[1] 제6조 제1항이 규정한 '재화의 공급'에 해당하지 않지만, 시행령 제15조 제2항은 사업장 과세의 원칙(법 제4조 제1항)에 따라 과세거래를 용이하게 파악하고, 납세자의 자금부담을 완화하여 주기 위하여 이를 재화의 공급으로 의제하고 있는 것일 뿐이므로(대법원 1992.8.14. 선고 91누13229 판결 등 참조), 2 이상의 사업장이 있는 사업자가 자기 사업과 관련하여 생산 또는 취득한 재화를 타인에게 직접 판매할 목적이 아니라 다른 사업장에서 원료·자재 등으로 사용·소비하기 위하여 반출하는 경우 그것이 재화의 공급으로 의제되지 않는다고 하여 그 재화가 비과세사업에 사용되었다고 할 수는 없다. 따라서 원고의 수원지점이 방화문 등을 제조하여 본점으로 반출하는 것이 재화의 공급에 해당하지 않는다는 사정만으로 수원지점이 과세사업과 비과세사업을 겸영하는 경우에 해당한다고 볼 수 없다.

나아가 원고의 수원지점이 과세사업과 면세사업 등을 겸영하고 있다고 하더라도, 부가가치세는 사업장 과세의 원칙에 따라 사업장마다 납부하여

1) 구 부가가치세법 2010.1.1. 법률 제9915호로 개정되기 이전의 것.

**야 하고 원칙적으로 각 사업장 소재지가 납세지가 되며 각 사업장은 과세상 독립된 장소적 단위가 되므로, 수원지점의 공통매입세액 중 매출세액에서 공제하지 아니하는 면세사업 등에 관련된 매입세액은 특별한 사정이 없는 한 수원지점만의 총공급가액에 대한 면세공급가액 등의 비율에 의하여 안분계산하여야 한다(대법원 2009.5.14. 선고 2007두4896 판결 등 참조).**

## 1. 사실관계

① 원고는 철제문·문틀의 제조, 판매, 설치 및 애프터서비스 등을 목적으로 하여 설립되어 철제문 제조, 판매 사업을 영위하는 회사로 부가가치세법상 총괄납부승인을 받은 사업자이다.

② 원고는 서울에 본사, 수원에 지점을 두고 있으며 지점에서는 방화문 등을 생산하기 위한 원재료 등을 매입하여 방화문 등을 제조한 후 일부는 직접 판매하고(전부 과세사업) 대부분은 주사업장인 본점에 제조목적으로 공급하여 왔으며, 본점에서는 공급받은 방화문 등을 이용하여 건설사로부터 하도급받은 설치공사 등을 시공하였는데, 이 중 일부는 국민주택 건설용역에 공급되었다(과세·면세사업 겸영).

③ 원고는 2008.4.25. 2008년 1기분 부가가치세 예정신고 당시 본점에서는 본점의 과세부문 매출세액에서 본점 자신의 과세매출 관련 매입세액을 차감한 약 2억원을 본점의 부가가치세 납부세액으로 신고하였고, 수원지점에서는 지점 자체의 매출세액에서 지점 전체의 매입세액을 차감한 약 3억 7천만원을 수원지점의 부가가치세 환급세액으로 각각 신고한 후, 이를 총괄하여 1억 7천만원을 본점에서 총괄하여 조기환급신고하였다.

④ 과세관청은 원고에 대한 실지조사 과정에서 지점의 매입세액 중 일부에 대하여 이는 최종적으로 본점이 면세사업에 사용될 방화문을 제조하는 데 사용된 것이라고 하여, 지점의 매입세액을 공통매입세액으로 보아

본점과 지점의 총공급가액 대비 본점의 면세 공급가액 비율을 곱한 금액에 대하여 환급 거부하는 이 사건 처분을 내렸다.

## 2. 쟁 점

부가가치세법 시행령(이하 줄여서 "영"이라 함) 제15조 제 2 항은 "2 이상의 사업장이 있는 사업자가 자기 사업과 관련하여 생산 또는 취득한 재화를 타인에게 직접 판매할 목적으로 다른 사업장에 반출하는 것은 재화의 공급으로 본다"고 규정하여 제조를 목적으로 한 재화의 반출은 재화의 공급으로 보지 않고 있으며, 영 제61조 제 1 항에서는 "사업자가 과세사업과 면세사업을 겸영하는 경우 매출세액에서 공제하지 아니하는 면세사업에 관련된 매입세액의 계산은 실지귀속에 따라 하되, 과세사업과 면세사업에 공통으로 사용되어 실지귀속을 구분할 수 없는 공통매입세액의 경우에는 원칙적으로 총공급가액 중 면세공급가액이 차지하는 비율에 따라 안분계산한다"고 규정하여 재화의 공급으로 보지 않는 타사업장 반출은 문언상 안분계산 산식에 포함되지 않는 것으로 되어 있다.

이 사건 사안과 같이 과세매출만 존재하는 사업장(A사업장)에서 제조된 재화를 판매 목적이 아닌 제조 등의 목적으로 과세사업과 면세사업을 같이 영위하는 다른 사업장(B사업장)에 반출한 경우에는 이를 재화의 공급으로 보지 않으므로 반출 과정에는 이러한 재화의 이동에 대하여 별도로 세금계산서를 발급하지 않게 된다. 만약 이 사건 사안과 같이 A사업장이 제조한 재화를 이용하여 B사업장이 면세사업을 영위하는 경우, 사업장 과세의 원칙에 따라 A사업장 입장에서 매입세액공제 여부를 판단하게 되면, A사업장에는 과세 매출만이 존재하고 면세 매출이 전혀 없으므로 A사업장에서 생산된 재화 중 일부가 B사업장으로 이전되어 면세 용역에 사용되더라도, A사업장 입장에서는 그 전부에 대하여 매입세액공제를 받을 수 있게 된다. 과세관청은 이 부분을 문제 삼아 A사업장에 대하여 궁극적으로 면세에 전용된 부분에 대하여 A사업장의 매입세액 중 일부를 불공제한 것이다.

## 3. 사건의 경과

(가) 전심절차(조심 2009.2.5. 선고 2008서3126 결정)에서는 총괄납부사업자의 경우 매입세액 안분계산을 할 때에는 지점별로 안분계산하는 것이 아니라 전사업장의 총공급가액에서 면세공급가액이 차지하는 비율로 계산하여 이를 불공제하여야 한다고 하여 신청인의 청구를 기각하였다. 이는 부가가치세법의 원리 중 하나인 사업장 과세의 원칙을 포기하는 대신, 납세자의 세부담을 궁극적으로 따져 보아, 매입세액 안분계산시 적용될 과세 / 면세 비율이, 지점과 본점을 합쳐 사업자 전체를 하나의 사업자로 볼 때의 전체적인 공급가액 비율과 같기만 하면, 납세자의 세부담은 결과적으로 형평에 맞는 것이 아닌가하는 생각에서 나온 것으로 보인다.

(나) 이와 달리, 1심 판결(서울행정법원 2010.2.26. 선고 2009구합8908 판결)은 지점에서 제조된 제품이 본점으로 공급된 후 본점에서 과세매출과 면세매출에 공통으로 사용된다는 이유로 원고의 지점에도 공통매입세액이 있다고 보는 것은 사업장과세의 원칙에 반하는 것이라고 하며, 원고의 청구를 인용하였다. 위 판결에서는 방론으로 면세매출에 사용된 매입세액에까지 공제를 받는 결과를 가져오는 문제를 해결하기 위하여는 원고에게 새로운 부가가치세를 부과하여야 한다고 설시하고 있는데, 그 취지는 지점에서 과세 사업 목적으로 제조된 재화를 본점에서 면세사업을 위하여 사용 또는 소비하는 것은 원고 자신의 면세사업을 위하여 사용 또는 소비한 것이므로 이를 자가공급(영 제15조)으로 보아 본점에 대하여 재화의 공급에 따른 부가가치세를 추가로 납부하도록 하면 된다는 것이다.

(다) 원심판결(서울고등법원 2010.9.9. 선고 2010누10275 판결)은 1심 판결을 파기하였다. 원심판결은 영 제61조에서 매입세액에 대한 안분계산을 적용할 때는 과세와 면세 이외에 비과세라는 개념을 별도로 생각할 수 있고, 이러한 비과세사업에 대하여도 매입세액을 불공제할 수 있다고 하였다. 원심판결은 또한 비과세 사업 중 매입세액 불공제되는 부분을 계산할 때 이 사건 처분과 같이 지점뿐이 아닌 본점과 지점의 과세 / 면세 공급가액 합계액을 기준으로 계산하였다면 이는 결과적으로 원고입장에서 불리하지 않은 것이므로, 불공제 비율 산정시 본 · 지점 전체의 공급가액 합계액 비율을 적용한 것은 위법하지 않다고 하였으며, 본 · 지점 합계액 비율을 사용하더라도 사업장과세의 원칙에도 위반되지 않는 것이라고 판시하였다.

## 4. 평 석

### (1) 대상판결의 입장

대법원(대법원 2012.5.9. 선고 2010두23170 판결)은 다시 원심판결을 파기환송하였다. 2 이상의 사업장이 있는 사업자가 자기 사업과 관련하여 생산 또는 취득한 재화를 타인에게 직접 판매할 목적이 아니라 다른 사업장에서 원료 · 자재 등으로 사용 · 소비하기 위하여 반출하는 경우 그것이 재화의 공급으로 의제되지 않는다고 하여 그 재화가 비과세사업에 사용되었다고 할 수는 없으며, 부가가치세는 사업장 과세의 원칙에 따라 사업장마다 납부하여야 하고 원칙적으로 각 사업장 소재지가 납세지가 되며 각 사업장은 과세상 독립된 장소적 단위가 되므로, 수원지점의 공통매입세액 중 매출세액에서 공제하지 아니하는 면세사업 등에 관련된 매입세액은 특별한 사정이 없는 한 수원지점만의 총공급가액에 대한 면세공급가액 등의 비율에 의하여 안분계산하여야 한다고 판시하였다.

### (2) 대상판결에 대한 평가

대상판결의 결론만을 볼 경우에는 마치 과세의 공백이 발생하는 것처럼 보일 수도 있다. 지점 입장에서만 매입세액공제 여부를 판단한다면, 해당 지점의 경우 과세 매출만이 존재하고 면세 매출이 전혀 없기 때문에 매입세액 전부를 공제받을 수 있는데, 궁극적으로는 매입세액 중 일부를 사용하여 제조된 제품이 본점에서 면세 용역에 사용되었다면 해당 부분을 밝혀내 지점 단계의 매입세액 중 일부를 불공제하여야 한다는 논리도 일견 타당해보이기 때문이다. 더욱이 원고의 청구가 받아들여진다면 원고는 본점과 지점을 합하여 총 1억 7천만원을 부가가치세 환급세액으로 돌려받게 되는데, 이는 면세사업에 사용된 매입세액까지 공제 받는 것처럼 보여 여기에는 무언가 부당한 점이 있는 것이 아닌가하는 생각이 들기 마련이다.

그러나 이는 1심 판결에서 정확히 지적하고 있듯이 현행 부가가치세법의 자가공급 규정을 활용하여 새로운 부가가치세를 부과하여 공백을 메워야 하는 부분이다. 본점에서 지점에서 공급 받은 제품을 면세사업에 사용하는 경우, 이는 본점 내에서 부가가치세법 시행령 제15조 제1항 제1호에 따른 자가공급이 일어난 것으로 보아야 한다. 결국 매출세액을 늘려야 하는 것이지 매입세액을 불공제할 것이 아니다. 이렇게 되면 지점에서는 매입세액을 전부 공제받지만, 본점에서는 해당 매입세액을 사용하여 만들어진 제품의 면세사업 전용 부분을 추가로 재화의 공급으로 보아 과세하므로 매출세액이 늘어나 사업자 전체로 보면 균형이 맞게 된다.

이 사안은 총괄납부신청에 따라 본점 단계에서 매입세액에 대한 세금계산서가 별도로 작성되지 않아, 과세관청이 본점에서의 재화의 면세사업 전용이 있었음에도 이러한 전용사실을 깨닫지 못하여, 원래 본점에 대하여 부가가치세를 부과해야 할 것을 부과하지 않은 것을 만연히 지점에 대한 매입세액 불공제 비율을 조정하는 방식을 통하여 조세 부담의 형평성만을 확보하려 한 것으로 볼 수 있다. 부가가치세법에서는 원칙적으로 사업장

과세 원칙을 유지하면서도 사업장 안에서의 재화의 이동을 자가공급이라고 하여 별도로 과세하도록 하여 전체적으로 볼 때 과세의 공백이 없도록 하는 장치를 두고 있는데, 대상판결의 과세처분은 이러한 법리를 이해하지 못하고 반연히 조세 부담의 형평성을 들어 조세법률주의를 무시한 채 부과된 것이라고 할 것이다.

또한 원심판결은 기존의 대법원 판결에서 제시된 과세 사업과 (가령 도박 사업 같은) 비과세 사업을 겸영하는 경우 비과세 사업에 관련된 매입세액은 불공제되어야 한다는 법리를 본 · 지점 간 재화의 이전시에도 (유추하여) 적용할 수 있다고 보았고, 이러한 규성의 유추의 결과를 단순히 납세자 입장에서 경제적으로 비교한 후, 그 결과가 납세자에 불리하지 않다는 이유를 들어 과세 처분을 긍정하고 있는데 이러한 태도는 조세법률주의에 위반될 가능성이 높아 경계하여야 할 것이다.

대상판결은 조세법률주의와 부가가치세법의 기본 원리를 들어 이러한 과세관청과 원심판결의 위험한 시도들에 대하여 경계하도록 하고 있다는 점에서 기본에 충실한 잘 된 판결이라 할 것이다. 다만, 대상판결의 결론만을 보면 과세의 공백이 발생할 수 있는 것처럼 보일 위험이 있으므로 1심 판결처럼 방론으로라도 올바른 세무행정과 하급심의 향후 판결 방향에 대한 지침을 주었으면 더욱 좋지 않았을까 하는 생각이 든다. 대상판결에 찬동한다.

**63** 대법원 2013.1.16. 선고 2012두19977 판결

# 신의칙에 의하여 매입세액을 불공제하는 경우와 장기 제척기간 적용 여부

**판결요지**

이 사건 각 부가가치세 부과처분 중 2003년 제1기분 및 제2기분에 관한 것은 구 국세기본법 제26조의 2 제1항 제3호에 의한 국세부과의 제척기간인 5년이 경과한 후에 이루어졌으므로 위법하다고 판단하면서, 이 사건 금지금의 수입업체로부터 그 수출업체인 원고에 이르기까지 실제로 금지금이 전전 유통되어 수출되었을 뿐만 아니라 세금계산서 등 증빙서류까지 각 거래단계마다 제대로 발행되었으므로 원고가 이 사건 세금계산서에 의한 부가가치세를 환급·공제받는 행위가 사기나 그 밖의 부정한 행위로써 국세를 공제·환급받는 경우에 해당하지 아니하여 구 국세기본법 제26조의 2 제1항 제1호가 적용될 수 없고, 원고가 부가가치세법상의 과세표준 신고기한 내에 부가가치세를 환급·공제받는 내용으로 그 과세표준을 신고한 이상 같은 항 제2호도 적용될 수 없으며, 같은 항 제3호를 적용하는 것이 신의성실의 원칙에 반한다고 할 수도 없다고 보아 이를 다투는 피고의 주장을 모두 배척한 원심의 판단을 긍정한 사례.

## 1. 금지금 관련 부가가치세 분쟁의 개요

### (1) 금지금 유통시장 및 부가가치세 과세 구조

대상판결을 이해하기 위하여는, 금지금[1] 유통시장 및 부가세 과세구조에 대한 이해가 필요하다. 대상판결의 사실관계의 배경이 되는 2003년부터 2004년 당시 서울 종로구 소재 귀금속업체들은 조세특례제한법에서 규정하고 있는 면세금지금제도와 부가가치세법상의 영세율제도를 악용하여, 소위 폭탄업체라고 불리는 거래 중간 단계의 노매업체가 부가가치세를 포탈한 후 잠적하고, 최종 거래단계의 수출업자는 영세율 적용으로 매입세액을 공제・환급받는 형태의 거래구조로 이익을 취하고 있었다.[2]

이 같은 거래구조 아래에서 과세관청이 수출업체에게 매입부가세를 환급하면 국가는 폭탄업체가 포탈한 부가세를 고스란히 떠안게 되는 문제가 발생하게 되므로, 과세관청은 (폐업하여 더 이상 존재하지 않는 폭탄업체가 아닌) 원고와 같은 수출업체들에 대하여 매입부가가치세의 환급을 거부하기에 이르렀고, 수출업체들은 이에 반발하여 행정소송을 제기하였다.

### (2) 금지금과 관련한 일련의 대법원 판례

대법원은 초기에는 수출업자들의 매입세액 환급청구를 인용하였으나, 그 후 이례적으로 종전 입장을 바꾸어 "매출세액의 포탈을 목적으로 하는

---

1) 금지금은 조세특례제한법 제106조의 3 제 1 항 및 동법 시행령 제106조의 3 제 1 항에서 '금괴(덩어리)・골드바 등 원재료 상태로서 순도가 1000분의 995(99.5%) 이상인 금'으로 정의되어 있다.

2) 이러한 문제는 매입세액공제제도와 영세율제도에서 비롯되는 것으로, 비단 금지금의 거래에서만 발생하는 것은 아니고, 알루미늄・동・석유 기타 원자재나 반도체 등의 환금성이 높고, 부피와 중량에 비하여 가치가 높은 다른 재화의 거래에서도 발생할 수 있음은 물론이다.

악의적 사업자가 존재하고, 그로 인하여 자신의 매입세액공제·환급이 다른 조세수입의 감소를 초래한다는 사정을 알았거나 중대한 과실로 이를 알지 못한 수출업자가 매입세액의 공제·환급을 구하는 것은 신의성실의 원칙(이하 '신의칙')에 위배된다"고 하여 수출업체의 청구를 기각하였다(대법원 2011.1.20. 선고 2009두13474 전원합의체 판결, 이하 '참고판결').

위 참고 판결은 납세자에 대하여는 비교적 엄격하게 적용되어 오던 기존의 신의칙 적용범위를 늘린 것이므로, 위 판결의 당부는 차치하더라도, 이러한 신의칙이 적용되는 범위가 과연 어디까지인지에 대한 의문이 바로 제기되었다. 이에 대하여 대법원 2011.2.10. 선고 2009두23594 판결 등에서는 수출업자에게만 적용되는 것으로 거래 중간 단계에 있는 업체에는 신의칙이 적용되지 않는 것이라고 보았으며, 대법원 2011.6.30. 선고 2010두7758 판결에서는 구매확인서에 의한 국내 영세율 매출을 한 사업자에게는 신의칙이 적용된다고 판시한 바 있다.

## 2. 사실관계 및 사건의 경과

### (1) 사실관계

원고는 철강제품 수출업, 금지금 도매 및 수출업 등을 영위하던 법인으로, 2003.4.30.부터 2004.5.13.까지 매입처로부터 금지금을 매입하고 매입 세금계산서를 교부받아 이를 각 과세연도분 매입세액으로 공제하여 부가가치세를 신고하였고, 매입한 금지금을 수출하여 영세율제도에 따라 신고한 매입세액을 환급받은 바 있다.

과세관청은 2009.3.2. 원고가 위 기간 중에 수출한 금지금과 관련하여 환급받은 부가가치세에 대하여, 이는 사실과 다른 세금계산서에 해당한다고 보아 2003년 제 1 기분, 제 2 기분, 2004년 제 1 기분 부가가치세를 부과하는 처분(이하 '이 사건 처분')을 하였다.

### (2) 사건의 경과

제 1 심 소송과정에서는 원고가 이 사건 처분 중 일부가 제척기간을 도과한 것이라는 주장을 하지 않아 이 부분에 대한 특별한 심리 없이 위 참고판결의 취지에 따라 신의칙이 적용되어 이 사건 처분 전체에 대하여 원고 패소 판결이 내려졌다(서울행정법원 2011.9.7. 선고 2011구합10546 판결).

원고는 대상판결의 원심(제 2 심)에 와서야 이 사건 처분 중 2003년 제 1 기분과 제 2 기분 부가가치세에 대한 부분은, 각 신고기한의 다음 날인 2003.7.26.과 2004.1.26.부터 부가가치세를 부과할 수 있었던 것이므로, 이 날로부터 5년의 제척기간이 경과한 후에 처분이 이루어진 것이어서 위법하다고 주장하였다. 피고는 이에 대하여 원고의 부가가치세 환급행위가 조세범처벌법 제 9 조 제 1 항의 사기나 그 밖의 부정한 행위에 해당하여 10년의 제척기간이 적용되어야 함을 주장하였으나, 원심은 피고의 항변을 배척하고 이 사건 처분 중 2003년 제 1 기분과 제 2 기분 부가가치세 부분을 취소하였다(서울고등법원 2012.8.10. 선고 2011누34216 판결).

### (3) 대상판결의 요지

대법원은 이 사건 처분 중 2003년 제 1 기분 및 제 2 기분에 관한 것은 “이 사건 금지금 수입업체로부터 그 수출업체인 원고에 이르기까지 실제로 금지금이 전전 유통되어 수출되었을 뿐 아니라 세금계산서 등 증빙서류까지 각 거래단계마다 제대로 발행되었으므로 원고가 이 사건 세금계산서에 의한 부가가치세를 환급 · 공제받는 행위가 사기나 그 밖의 부정한 행위로써 국세를 공제 · 환급받는 경우에 해당하지 아니하여” 10년의 제척기간을 적용할 수 없다고 하여 원심판결의 판단을 긍정하였다.

## 3. 평 석

### (1) 국세기본법 제26조의 2 제 1 항 제 1 호의 '사기나 그 밖의 부정한 행위'

국세기본법 제26조의 2 제 1 항 제 1 호는 "사기나 그 밖의 부정한 행위로 국세를 포탈(逋脫)하거나 환급·공제받은 경우"에는 그 국세를 부과할 수 있는 날부터 10년간 국세를 부과할 수 있다고 규정하고 있다. 대법원은 사기 그 밖의 부정한 행위의 의미에 대하여 '조세포탈을 가능케 하는 행위로서 사회통념상 부정이라고 인정되는 행위, 즉 조세의 부과와 징수를 불능 또는 현저하게 곤란하게 하는 위계 기타 부정한 적극적인 행위'를 의미한다고 판시해 왔다(대법원 1994.6.28. 선고 94도759 판결 등).

이러한 대법원의 해석은 2010.1.1. 조세범처벌법 개정시 제 3 조 제 6 항에 반영되었으며, 해당 조문에서는 각 호에서 사기 그 밖의 부정한 행위의 유형을 예시하고 있다. 여기에는 이중장부의 작성 등 장부의 거짓 기장, 거짓 증빙 또는 거짓 문서의 작성 및 수취, 장부와 기록의 파기, 재산의 은닉, 소득·수익·행위·거래의 조작 또는 은폐, 조직적으로 장부를 작성하지 아니하거나 비치하지 아니하는 행위 또는 계산서, 세금계산서 또는 계산서 합계표, 세금계산서 합계표의 조작 등이 있다.

### (2) 신의칙의 적용이 '사기나 그 밖의 부정한 행위'에 해당하는지

참조판결을 포함한 최근의 금지금과 관련된 일련의 판결들에서, 대법원은 실제 실물 거래가 있었던 이상 폭탄업체가 개입된 금지금 수출 거래 관련 세금계산서를 사실과 다른 세금계산서라고 볼 것은 아니지만, 폭탄업체가 거래의 중간에 개입되어 있다는 점을 알았거나 또는 중과실로 알지 못한 채 세금계산서에 따른 매입세액을 공제·환급청구하는 행위는 신의칙에 반한다고 보고 있다. 결국 대법원 판결의 태도에 따를 때 문제가 되는 부분은 금지금의 거래 자체가 아닌 매입세액의 공제・환급청구 그 자체인 것이다.

대법원은 "사기나 그 밖의 부정한 행위"는 조세의 부과징수를 불가능하게 하거나 현저히 곤란하게 하는 위계 기타 부정한 적극적 행위를 말하고, 어떤 다른 행위를 수반함이 없이 단순한 세법상의 신고를 하지 아니하거나 허위의 신고를 하는 데에 그치는 것은 이에 해당하지 않는다고 보고 있으므로(대법원 2011.4.28. 선고 2011도527 판결 등), 이러한 대법원의 판시에 따를 경우, 단순히 매입세액의 공제・환급을 청구하는 행위 그 자체는 사기나 그 밖의 부정한 행위에 해당할 여지가 없다고 볼 것이다. 대상판결 역시 이를 긍정하고 있고, 대상판결의 원심판결(2011누34216 판결) 역시 이를 판결의 주된 이유 중 하나로 들고 있다.

대상판결에는 자세히 나타나 있지는 않으나, 원심판결에서는 신의칙에 반하는 행위일지라도 통상의 제척기간이 적용되어야 하는 이유를 자세히 설명하여 밝히고 있다. 이를 살펴보면, ① 실제 금지금이 전전 유통되어 수출되었고, 세금계산서 등 증빙이 제대로 발행되었다면 수출업체와 폭탄업체 간의 공모 사실이 조세포탈행위로 인정될 수는 있을지언정 부가가치세 환급행위 자체를 사기나 그 밖의 부정한 행위에 해당한다고 볼 수는 없고(대법원 2007.10.11. 선고 2007도5577판결), ② 국세기본법의 제척기간 관련 규정과 조세범처벌법상의 사기 그 밖의 부정한 행위의 개념은 동일하며, ③ 신의칙은 권리남용을 저지하기 위한 것이지만 부과 제척기간제도는 법률관계의 신속한 확정을 위한 것으로 그 차원을 달리하는 것이고, ④ 국세기본법상에는 신의칙에 따라 부과제척기간을 배제하는 규정을 두고 있지 않다는 점 등이 그 것이다.

### (3) 대상판결의 검토

매입세액의 공제·환급청구 부분을 신의칙에 의하여 부인하고 있는 참조판결의 입장에 비추어볼 때 대상판결의 결론은 어찌 보면 당연한 귀결로 보인다. 단순히 폭탄업체의 개입 사실을 중과실로 모른 채 매입세액을 공제·환급청구한 사실에서는 아무런 적극적인 조세포탈행위를 찾아낼 수는 없기 때문이다. 그러한 점에서 대상판결은 일견 타당해 보인다.

그러나 참조판결 등에서 폭탄업체의 개입 사실을 알았거나 또는 중과실로 알지 못한 자의 매입세액공제·환급청구가 신의칙에 반한다고 본 근본적인 이유가 매입 세액공제 제도를 악용한 금지금의 유통구조에 있었다는 점을 생각하여 보면, 이러한 대상판결의 결론에 이르게 된 과정에는 다소 의문이 남는다. 금지금 거래를 이용한 조세포탈이 가능한 이유는 폭탄업체가 부가가치세를 납부하지 않은 채 폐업하기 때문이다. 이러한 거래구조가 가능하기 위하여서는 폭탄업체의 존재와 그와의 거래를 통하여 이익을 수취하려는 업체 간의 공모가 필연적이라고 할 것이다. 결국 조세포탈의 행위는 폭탄업체와의 공모와 이러한 공모 하에 이루어진 거래 자체에서 찾을 것이지, 이에 부차적으로 이어지는 수출행위와 그에 따른 영세율 신고에서 찾을 것이 아니다.

따라서 만약 어떠한 사업자가 조세포탈의 행위의 일환으로 폭탄업체와의 공모하에 금지금을 거래하였다면, 이는 해당 거래 자체를 조세포탈을 위한 소득·수익·행위·거래의 조작에 해당하는 것이므로, 사기 그 밖의 부정한 행위에 해당한다고 보아 여기에는 10년의 제척기간을 적용하여야 할 것이다. 반면 이러한 공모 없이 단순히 자신이 매입한 금지금을 수출한 것에 불과한 수출업자 등에 대하여는 사기 그 밖의 부정한 행위가 인정될 여지가 없으므로 5년의 제척기간이 적용되고, 매입세액의 공제·환급도 이루어져야 하는 것이 논리적으로도 일관성이고, 일반인의 법감정에 부합하는 것으로 보인다.

그러나 대법원은 국부의 유출 방지라는 정책적 목적에 맞추어, 폭탄업체와 공모하여 거래한 업체가 아닌, 최종 단계의 수출업체 또는 국내 영세율 거래업체들에 대하여 이들의 고의 이외에 세법적으로는 예외적이라고 할 수 있는 중과실까지 그 대상을 넓혀 신의칙을 적용하여 매입세액공제청구를 부인하게 되었고, 이는 이들 업체로 하여금 자신의 매입세액공제·환급청구에 중과실이 없었음을 입증하도록 요구하는 셈이어서 과도한 부담을 안기고 있다. 반면 대법원은 이러한 신의칙은 중간 단계의 과세거래에는 적용되지 않는다고 하고 있어, 정작 폭탄업체와 직접 거래한 상대방들에는 세금 문제가 생기지 않으며, 폭탄업체와의 거래 상대방들의 공모 여부를 밝혀내야 할 과세관청의 책임은 오히려 경감하여 주는 이상한 결과를 가져오고 있다.

이에 대하여는 기존의 연구[3] 등에서 지적되어 온 참조판결에 대한 의문점, 즉 ① 종래의 판결에서 보여 왔던 신의칙의 보충성과 반하는 결론을 내려 조세법률주의를 훼손시켰다는 점, ② 악의 또는 중과실이라는 내면적 요건을 적용 요건으로 하여 기준의 적용 여부가 불명확하며 입증책임의 전환을 가져와 납세자에게 과도한 부담을 지웠다는 점, ③ 국고의 손실 방지라는 목적 이외에는 수출업자와 중간단계의 과세업자의 차별적 취급을 가져올 아무런 이유를 찾아볼 수 없다는 점 등의 문제점이 이 사건에 있어서와 같이 제척기간의 적용기간에 관한 부수적 쟁점에 대한 논리 전개에도 어려움을 초래하고 있다고 할 것이다.

---

3) 김영순·이명, "면세금지금 부정거래에 있어서 신의칙에 의한 매입세액 불공제의 문제점 연구", 『서울법학』 제19권 제 3 호, 2012.2.

## 4. 결　　론

결국 대상판결의 결론은 폭탄업체와의 거래 자체가 아닌, 수출에 따른 매입세액의 환급·공제 청구가 신의칙에 반한다고 보는 현행 대법원의 태도 하에서는 당연한 귀결이라고 볼 수 있을 것이다. 또한 자신의 무중과실을 입증하여야 하는 수출업체 또는 국내 영세율거래업체에 대하여 단기의 제척기간을 적용하여, 현재의 과도한 부담을 경감시키고 법률관계의 조기 안정을 가져온다는 점에서 대상판결의 결론에는 구체적 타당성이 존재한다고 하겠다. 다만, 이는 그 전제가 되는 참조판결의 태도에 기초한 것으로, 참조판결에 대한 여러 문제 제기를 고려할 때 대상판결의 결론에 이르게 된 논리적 과정상에는 다소 의문이 남는다.

제6편

# 국제조세조정에 관한 법률

# 64 대법원 2012.4.26. 선고 2010두11948, 15179 판결

# 실질과세원칙이 조세조약 해석에 적용될 수 있는가

**판결요지**

[1] 실질과세원칙의 조세조약 적용

대법원은 "국세기본법 제14조 제 1 항의 실질과세의 원칙은 법률과 같은 효력을 가지는 조세조약의 해석과 적용에 있어서 이를 배제하는 특별한 규정이 없는 한 그대로 적용된다"고 명시하였다. 따라서 이 사건 주식의 양도거래에 있어서도 실질과세의 원칙을 적용하여 판단할 수 있다고 전제한 뒤, 계약서상 주식 양도인인 벨기에 법인은 명의자에 불과하고, 양도소득의 실질적 귀속자는 영국 LP라고 판단하였다. 즉, 거래의 실질 양도인이 영국 LP이므로 이 사건 주식 양도에는 한국-영국 조세조약이 적용되고, 위 조약 제13조 제 2 항 가목에 따라 부동산 과다보유법인 주식의 양도소득은 주식의 소재지인 한국에서 과세할 수 있다고 본 것이다.

[2] 구 법인세법 시행령의 위법 여부

대법원은 소득세법 시행령과 달리 구 법인세법 시행령 제132조 제10항 제 2 호가 자산비율 요건만을 규정한 것에 대하여 "구 법인세법 제93조 제 7 호는 부동산 양도소득이나 그와 같은 성격이 짙은 소득에 대하여 높은 세율을 적용할 필요가 있는 부분을 별도로 규정하면서, 그 구체적 범위에 관하여는 구 소득세법과는 다른 고유한 입법목적과 사정 변경 등을 반영하기 위하여 독자적으로 시행령 규정에 위임한 것"이라고 보았다. 따라서 구 법인세법 시행령이 자산비율 요건만을 규정한 것이 위임범위를 벗어났다고 할 수 없다고 판단하였다.

[3] 가산세 부과를 면할 정당한 사유

대법원은 "세법상 가산세는 납세자가 의무를 위반한 경우 부과되는 행정상 제재로서, 납세자의 고의·과실은 고려되지 않으며, 납세자가 그 의무 해태를 탓할 수 없는 정당한 사유가 있는 경우가 아닌 한 부과되어야 한다"고 전제한 후 이 사안의 D법인이 원천징수의무를 이행하지 못한 정당한 사유가 있는지 판단하였다. 대법원은 D법인이 이 사건 주식을 매입하는 과정에서 주식의 실질적 양도인이 영국 LP임을 충분히 알고 있었던 것으로 보이며, D법인이 비과세·면제신청서에 대하여 과세관청의 확인을 받았더라도 신청서의 내용이 사실과 다르므로 가산세 부과를 면할 정당한 사유가 없다고 판단하였다.

# 1. 사실관계 및 쟁점의 정리

## (1) 사안의 투자구조

① 영국법에 의하여 설립된 유한 파트너쉽(Limited Partnership) AⅠ과 AⅡ(2010두11948 사건의 원고들, 이하 '영국 LP'라고 한다)는 한국 내 부동산에 투자할 목적으로 공동으로 룩셈부르크에 법인을 설립하고, 다시 이를 통하여 벨기에 법률에 의한 벨기에 법인인 BⅠ 및 BⅡ(이하 '벨기에 법인'이라 한다)를 설립하였다.

② 벨기에 법인은 2002.2.1. 자사유동화에 관한 법률에 따라 설립된 유동화전문유한회사인 C회사의 주식 전부(이하 '이 사건 주식'이라 한다)를 인수한 다음 C회사를 통하여 종로에 있는 빌딩(이하 '이 사건 건물'이라 한다)을 매수하였다.

③ 벨기에 법인은 2004.9.9. 영국법인인 D법인(2010두15179 사건의 원고)에게 이 사건 주식 전부를 매각하여 주식 양도차익을 얻었고, D법인은 이 사건 주식을 보유함으로써 실질적으로 이 사건 건물을 보유하게 되었

다. 사안의 투자구조를 정리하면 아래와 같다.

＊ 영국 LP의 투자구조 ＊

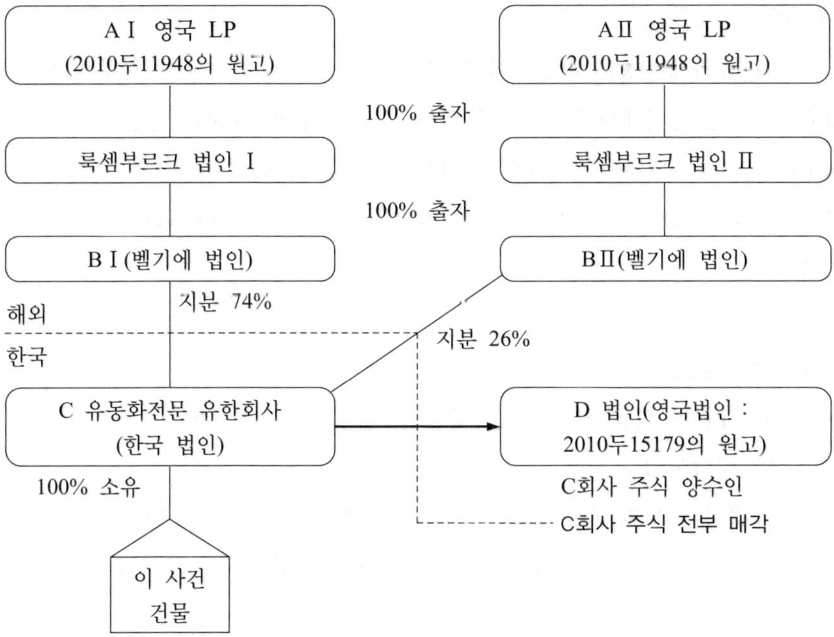


### (2) 피고의 법인세 부과

① 이 사건 주식을 양수한 D법인은 주식의 양도인이 벨기에 법인이므로 한국－벨기에 조세조약 제13조에 따라 주식 양도로 인한 소득은 양도인의 거주지국(벨기에)에서만 과세된다고 보았다. 그 결과 D법인은 벨기에 법인이 취득한 이 사건 주식의 양도차익에 대하여 원천징수를 하지 않았다.

② 과세관청은 벨기에 법인은 실질적인 소득이나 자산의 지배와 관리권이 없이 오로지 조세회피목적을 위해 설립 된 도관회사(conduit company)에 불과하다고 보았다. 즉, 이 사건 주식 양도소득의 실질적 귀속자는 벨기에 법인이 아니라 영국 LP라고 판단하였고, 한국－벨기에 조세조약은 적용될 수 없다는 것이다. 따라서 이 사건 주식의 양도소득에 관하여는 한국

－영국 조세조약이 적용되어야 하고, 위 조약 제13조[1]에 따라 부동산 과다보유법인 주식의 양도소득은 주식의 소재지인 한국에서 과세할 수 있다고 판단하였다.

③ 이에 과세관청은 D법인에게 원천징수의무자로서 이 사건 주식 양도소득에 대한 법인세와 원천징수불성실 가산세 합계 약 47억원을 부과처분(2010두15179 사건)하였다. 그리고 같은 날 영국 LP에게 이 사건 주식 양도소득에 대한 나머지 법인세 약 100억원을 별도로 부과처분(2010두11948 사건)하였다.

### (3) 사안의 쟁점

위 두 사건이 병합된 이 사건 대법원 판결은 크게 아래의 3가지 쟁점이 판단의 대상이었다.

① 국세기본법 제14조 제 1 항에서 규정하는 실질과세의 원칙을 조세조약의 해석에 적용하여, 실제 부동산 양도소득이 귀속하는 영국 LP를 기준으로 조세조약을 적용할 수 있는지 여부

② 부동산 과다보유법인의 범위를 규정한 구 법인세법 시행령(2005.2.29. 대통령령 제18706호로 개정되기 전의 것) 제132조 제10항 제 2 호가 모법의 위임을 벗어나서 무효인지 여부

③ 법인세 원천징수의무자인 D법인에게 가산세 부과를 면하기 위한 정당한 사유가 있는지 여부(2010두15179사건에서만 쟁점이었음)

---

1) 한국－영국 조세조약 제13조(양도소득)

2. 일방체약국의 거주자가 다음의 양도로부터 취득하는 이득에 대하여는 타방체약국에서 과세할 수 있다.

가. 승인된 증권거래소에 상장된 주식 이외의 주식으로서 그 주식의 가치 또는 동가치의 대부분이 타방체약국에 소재하는 부동산으로부터 직접 또는 간접으로 발생하는 것.

## 2. 평 석

### (1) 대상판결의 배경

국내에 진출한 외국계 자본은 국내의 부동산을 취득하여 양도차익을 얻는 과정에서 한국 법인이 부동산을 취득하게 하고, 부동산의 소유자인 한국 법인의 주식을 인수 및 처분하는 방식을 선택하는 경우가 많았다. 법인세법은 이러한 법인의 주식은 부동산 과다보유법인 주식으로서 일반적인 주식 양도보다 훨씬 높은 세율을 적용하고 있다.

외국계 자본은 위와 같은 주식 거래에서 한국의 과세를 피하고 낮은 제한세율을 적용받기 위한 방편으로, 부동산 과다보유법인에 관한 원천지국 과세 특례규정이 없는 유리한 조세조약(한국－벨기에 조세조약 등)을 적용할 수 있는 투자구조를 고안하였다. 대표적인 방법이 미국이나 영국의 상위투자자들이 벨기에 법인을 설립하고, 벨기에 법인이 주식을 취득 및 양도하는 거래구조이며, 대상판결 역시 이러한 방법으로 거래를 시도한 것이다.

### (2) 실질과세원칙의 적용 문제

대상판결은 실질과세의 원칙을 조세조약의 해석에 적용 가능함을 명시한 첫 번째 대법원 판결로서 큰 의미를 가진다. 기존의 유사한 사안에 대하여 고등법원이 실질과세의 원칙을 근거로 거래의 당사자를 도관회사로 보고, 실질적 귀속자를 판단한 사례가 있었다. 당시 대법원은 납세자의 상고를 기각하여 고등법원의 판결을 확정하였으나, 별도로 실질과세원칙에 대한 쟁점을 판단하지 않았다.

이 사건의 원심판결은 기존의 고등법원 판결처럼 실질과세원칙의 근거가 헌법상 조세평등주의 이념을 실현하기 위한 것이라고 전제하면서, 헌법상 조세평등주의의 이념은 조세조약의 적용에 있어서도 예외일 수 없다고 보았다. 즉, 조세조약 역시 법률과 동일한 효력을 가지므로, 상위 규정인 헌법상 원칙인 조세평등주의의 실현을 위해 실질과세원칙을 적용할 수 있다고 표현한 것이다.

그러나 대상판결은 기존의 논리에서 한발 나아가 헌법상 원칙 여부에 대한 언급 없이 국세기본법에서 규정하는 실질과세원칙이 당연히 조세조약의 해석에 적용 가능하다고 판시하였다. 대법원의 법리에 따르면 과세관청은 외국계 자본의 거래에 대하여 명의에 관계없이, 누가 실제 소유자인지를 판단하고, 해당 거래에 적용될 조세조약 역시 당사자의 의사와 관계없이 결정할 수 있게 되었다.

대상판결은 마치 국내법에 의한 조세조약의 배제(소위 Treaty Override)를 전면적으로 인정하는 것이 아닌가하는 인상을 주고 있다. 그러나 대법원이 국내법이 조세조약에 우선한다고 판단한 것은 아니라고 생각된다. 즉, 조세조약은 법률과 동일한 효력을 가지므로, 특별법 우선의 원칙이 적용되어야 한다는 점은 기존과 동일하다. 따라서 조세조약이 특별법으로서 국내법에 우선하여 적용되나, 오로지 조세회피 목적으로 실체가 없는 당사자를 내세우는 경우 실질과세원칙을 근거로 하여 판단하는 것으로 대상판결의 취지를 이해할 수 있다. 만약, 그렇지 않다면 과세관청의 자의적인 과세가 가능하게 되어 조세법률주의를 위배할 수 있으며, 납세자의 예측 가능성이 불확실하여 외국계 자본의 투자 위축 등의 문제가 발생할 수 있다.

#### (3) 부동산 과다보유법인 범위의 판단기준

소득세법 및 법인세법은 부동산 양도소득을 주식 양도소득에 비하여 높은 세율로 과세하고 있다. 이러한 세율의 차이를 회피하기 위하여 실제로는 부동산을 거래할 목적이지만, 법인이 해당 부동산을 취득한 후 법인의 주식을 거래하는 방식이 등장하였고, 부동산 과다보유법인 주식의 거래는 부동산 거래에 준하여 높은 세율을 적용하게 되었다.

거래대상인 주식이 부동산 과다보유법인의 주식에 해당하는지 여부는 매우 중요한 문제인데 소득세법 시행령은 ① 자산비율 요건(당해 법인의 자산총액 중 부동산 가액의 합계액이 차지하는 비율이 50% 이상), ② 주식 소유비율 요건(소유하고 있는 주식 등의 합계액이 차지하는 비율이 50% 이상), ③ 주식 양도비율 요건(①, ②에 해당하는 주주가 그 법인의 주식 50% 이상을 양도하는 경우)을 모두 갖춘 경우 부동산 과다보유법인 주식의 양도로 과세한다. 반면 이 사건에 적용된 구 법인세법 시행령은 ①자산비율 요건만을 갖추면 부동산 과다보유법인에 해당한다고 보고 있다.

만약 구 법인세법 시행령이 모법의 위임을 벗어나 위법하다면 이 사건 주식의 26%를 보유하였던 AⅡ 영국 LP에 대한 과세처분은 위법하게 된다. 그러나 대법원은 앞서 본 판결 내용처럼 구 법인세법 시행령이 소득세법과 다르게 규정한 것이 적법하다고 판단하였다. 이 부분에 대한 판단은 유사사건에서 고등법원의 판결이 엇갈렸던 부분이다. 대상판결의 원심은 대법원과 동일하게 시행령이 적법하다고 보았으나, 다른 판결(서울고등법원 2011.1.18. 선고 2009누17676 판결)에서는 위 시행령이 위법하여 과세도 위법하다고 보았다. 대상판결은 판단이 달랐던 고등법원의 두 판결에 대한 상고심을 같은 날 선고하면서 구 법인세법 시행령이 자산비율요건만을 규정한 부분이 적법하다고 결론을 내렸다.

### (4) 국제적 조세회피 방지를 위한 정책의 추세

국세청은 2009년부터 중점 추진 세정과제의 하나로 '역외탈세 방지'를 선정한 이래 국제 공조와 인프라 구축에 적극적인 활동을 펼치고 있으며, 그 일환으로 미국 · 영국 · 일본 · 캐나나 · 호주 등 6개국으로 구성된 정보교환협의체인 '국제탈세정보교환센터(JITSIC)'에 가입하였다. 전 세계적으로도 역외탈세 방지 및 공격적 조세회피(Aggressive Tax Planning)에 대응하기 위한 국가별 공조를 강화하고 있는 추세다. 특히 최근 국회 비준이 완료된 'EU/OECD 다자간 조세행정공조협정'은 조세행정에 관한 정보교환과 징수 협조를 목적으로 한 다자간 협약으로 현재 우리나라를 포함한 34개 국가가 가입되어 있고, 협정 국가끼리 금융정보 등의 자동교환이 가능하다. 대상판결은 이러한 조세환경을 배경으로 하며, 국제적 조세회피 및 역외탈세를 방지하겠다는 과세관청의 입장에 대한 법원의 법률적 판단이라고 해석할 수 있다.

## 3. 결　　론

대상판결은 조세조약을 이용한 조세회피에 대한 대법원의 기본적인 입장을 보여주었다. 대법원은 실질과세원칙을 조세조약 해석에 적용 가능함을 명시적으로 밝혔고, 외국계 자본이 조세조약상 혜택을 위해 유리한 국가에 회사를 설립하여 국내에 투자하는 방식은 실질적으로 인정받기 어려워졌다. 부당한 조세회피를 차단하려는 대법원의 취지에 공감하나, 이를 오해하여 실질 귀속자라는 이유만으로 무분별한 과세가 이루어지는 것은 경계해야 할 것이다.

나아가 '조세조약상 제한세율 적용을 위한 원천징수 절차 특례규정'이 2012.7.1.부터 시행됨에 따라, 외국법인의 경우 실질귀속자가 국내원천소득 제한세율 적용을 신청함으로써 조세조약상 혜택을 받을 수 있게 되었다. 특히 국외투자기구(해외펀드)의 경우 실질귀속자 명세를 첨부하여 투자자의 명단을 밝혀야만 조제조약상 혜택을 받을 수 있다. 대상판결 및 특례규정의 내용을 고려하면 향후 외국인의 국내투자와 관련하여 과세당국의 경제적 실질에 따른 실질과세원칙의 적용은 한층 엄격해질 것으로 예상되며, 거래의 당사자 역시 투자구조와 세금의 연관 문제를 신중하게 판단해야 할 것이다.

# 제 7 편

# 지방세법

**65** 대법원 2009.4.23. 선고 2006다81257 판결

# 간주취득세를 납부한 과점주주가 영업양수도의 방식으로 법인의 자산 전부를 취득한 경우와 이중과세

**판결요지**

법인의 주식을 취득함으로써 과점주주가 된 자에 대한 간주취득세는 실제 법인의 자산을 취득하지는 않았지만 임의처분하거나 관리·운용할 수 있는 지위를 취득한 것으로 보고 그 자산 자체를 취득한 것으로 의제하여 취득세를 부과한 것이므로, 그 후 그 과점주주가 영업양수도 방식으로 법인의 자산 전부를 실제 취득하고 취득세를 납부하였다면, 그중 과점주주가 이미 납부한 간주취득세 상당액 부분은 동일한 물건의 취득에 대한 이중과세에 해당한다.

## 1. 사실관계 및 쟁점

원고는 2000.9.18. 소외 주식회사의 총발행주식 중 56.79%를 취득함으로써 약 5억 8,000만원의 간주취득세를 납부하였는데, 이후 원고는 그 지분을 그대로 보유한 상태에서 2003.9. 소외 주식회사로부터 그 자산 전부를 영업양수도 방식으로 취득한 뒤 다시 취득세 8억 6,000만원을 신고·납부하였다. 원고는 그로부터 약 1년이 경과한 뒤에서야 비로소 위 취득세 중 이미 납부한 간접취득세 상당액 부분에 대하여 당연무효의 위법이

있다고 주장하며 부당이득의 반환을 청구하였다.

원심은 위 취득세 신고행위에 중대하고 명백한 하자가 있다고 보아 원고의 청구를 인용하였다. 대법원 역시 취득세와 간주취득세 사이의 법리에 대하여 위와 같이 판시하며 이 사건 취득세 중 위 간주취득세 상당액에 대하여는 이중과세의 위법이 있음을 인정하였으나, 다만 그 하자가 객관적으로 명백하다고 볼 수는 없다는 이유에서 원고의 청구를 기각하는 취지로 사건을 파기·환송하였다.

## 2. 평　　석

우리나라 상법상 주식회사의 주주는 그가 가진 주식의 인수가액을 한도로 책임을 지는 것이 원칙이다(상법 제331조). 그런데 한국증권선물거래소법 제2조 제1항에 따른 유가증권시장에 상장되지 아니한 비상장법인의 경우에는 태반이 그 주식을 친인척 등 소수의 특별한 관계에 있는 자들이 집중적으로 소유하고 있고, 이들 과점주주가 사실상 당해 법인의 경영권을 독점적으로 행사함으로써 당해 법인의 재산을 실질적으로 직접 소유한 것과 다름없게 된다. 그러한 이유로 지방세법은 비상장법인(코스닥상장법인 포함)의 과점주주를 그 법인의 제2차 납세의무자로 지정하는 한편 법인의 자산을 실질적으로 취득한 것으로 보아 이른바 간주취득세를 부과하고 있다(지방세법[1] 제105조 제6항).

간주취득세의 핵심은 "주식 소유의 형태로 법인의 자산을 사실상 취득"하는 것에 있으므로, 이러한 실질을 가지는 사안이라면 언제든지 간주취득세가 문제될 수 있다. 현행 지방세법은 "법인의 주식 또는 지분을 취득"함으로써 총주식 발생수의 50%를 초과하는 과점주주(특수관계자들의 소

1) 구 지방세법, 2000.12.29. 법률 제6312호로 개정되기 전의 것.

유 주식을 모두 합산한다)가 된 때에는 당해 법인의 자산을 취득한 것으로 보고(지방세법 제105조 제 6 항), 그 시행령은 다시 3가지의 경우를 나누어 간주취득세의 부과 범위를 세분화하고 있다. 즉, ① 처음으로 과점주주가 된 때에는 그 지분 전체에 대하여, ② 이미 과점주주인 상태에서 그 지분 비율이 증가한 경우에는 그 증가분에 대하여, ③ 한때 과점주주에서 일반 주주가 되었다가 다시 5년 내에 과점주주가 된 경우 처음 과점주주 당시보다 지분이 증가한 경우에 한하여 그 증가분에 대하여 각 간주취득세를 부과한다.[2]

그런데 간주취득세의 이러한 입법취지에도 불구하고 여전히 그 실제 운용에 있어서는 많은 문제점이 발견되고 있다.

예컨대, 증권거래소 상장법인의 과점주주에 대하여는 간주취득세를 문제삼지 않으면서 비상장법인과 코스닥상장법인의 과점주주에 대하여는 간주취득세를 부과할 수 있는 합리적인 근거가 무엇인지 여전히 의문으로 남고,[3] 또 법령의 형식상 지방세법 제105조 제 6 항이 간주취득세의 부과 대

---

2) 현행 지방세법이 이와 같은 간주취득세의 구조를 갖추기까지에는 많은 우여곡절이 있었다. 1997.9.30. 이전에는 다른 주주로부터 주식을 승계취득함으로써 과점주주가 되는 경우만을 예정하고 있어서, 증자와 같은 자본거래를 통하여 과점주주가 되는 경우를 규제할 수가 없었다(예컨대, 대법원 1995.5.12. 선고 94누4356 판결은 신주인수의 방법으로 과점주주가 된 경우에는 그 주식취득과 관련하여 간주취득세를 부과할 수 없다고 하였고, 인천지방법원 1998.11.20. 선고 98구1447 판결은 당시 지방세법과 달리 증자로 인하여 과점주주가 된 경우에도 간주취득세를 부과할 수 있도록 규정하였던 지방세법 시행령 제78조 제 1 항에 대하여 무효를 선언하기도 하였다). 이에 1997.10.1.부터 시행된 지방세법(1997.8.30. 법률 제5406호로 개정된 것)은 승계취득에 대한 부분을 삭제함으로써 증자로 인한 과점주주의 경우에도 간주취득세를 부과할 수 있도록 하였고, 이 규정이 현재까지 큰 변화 없이 그대로 이어지고 있다.

3) 비상장법인과 거래소 상장법인과의 차별적인 취급에 대하여는 이미 헌법재판소가 "상장법인의 경우 비상장법인에 비하여 엄격한 주식 분산요건을 규정하여 특정인의 주식 독과점을 제도적으로 제한하고 있고, 기업경영이나 재무상태에 영향을 미치는 주요 경영사항이나 최대주주 등과의 거래관계 등을 공시토록 하여 기업 경영의 투명

상 및 범위 등에 대하여 특별히 시행령에 위임한 바가 없음에도 그 시행령 제78조가 3가지의 경우를 특정하여 간주취득세의 부과방식을 달리하고 있는바, 그렇다면 시행령 제78조의 각 경우에 해당하지 않는 유형에 대하여는 어떠한 방식으로 간주취득세를 부과할 것인지, 오히려 입법의 미비 상태로 보아 간주취득세 자체를 부인하여야 할 것인지 분명하지 않은 문제도 있다.[4)]

대상판결은 위와 같은 문제 외에도 특히 간주취득세가 이중과세가 될 수 있는 경우를 최초로 언급하였다는 점에서 그 의의를 찾을 수 있는데, 법의 제한 해석을 통하여 구체적 타당성 있는 결론을 도출하였다는 점에서 전적으로 찬동한다. 간주취득세가 사실상 법인의 자산을 직접 소유하고 있는 것과 같다는 것에서 출발하는 것이라면, 어떠한 거래에도 불구하고 그 사실상의 소유자에 변동이 없을 경우 취득세 부과의 전체가 되는 새로운 "취득" 자체가 없다고 보아야 할 것이기 때문이다.

대상판결은 바로 이러한 점을 지적하여 이미 납부한 간주취득세 상당액은 영업양수도 후 납부한 취득세와의 관계에서 이중과세에 해당한다는 점을 분명히 하였고, 이는 매우 타당한 해석이다. 다만, 이 사건 원고는 신

---

성을 유지하고 있어 비상장법인의 과점주주와 차별할 합리적인 이유가 있다"고 판시한 바 있다(헌법재판소 2006.6.29. 선고 2005헌바45 결정). 그런데 이러한 판시에 비추어 볼 때 거래소상장법인과 코스닥상장법인의 경우에도 여전히 이러한 차별이 합리화될 수 있는 것인지 의문이다.

4) 예컨대, 제78조 제 3 항은 과점주주에서 일반주주가 되었다가 다시 5년 내에 과점주주가 된 경우 제 2 항의 예에 따라 간주취득세를 부과하도록 규정하고 있는데, 만일 과점주주의 지위를 회복하는 데 5년 이상의 시간이 걸렸다면 어떠한 방식으로 간주취득세를 부과하여야 할 것인지 분명하지 않다(제 1 항은 최초로 과점주주가 되는 경우를 예정하고 있으므로 제 1 항을 유추적용하기에 곤란한 면이 있고, 지방세법 제105조 제 6 항이 특별히 간주취득세의 부과대상 및 범위 등을 시행령에 위임한 바가 없다는 점에서 시행령 제78조의 각 경우에 해당하지 않는다는 이유만으로 입법의 미비를 바로 주장하기가 곤란한 면도 있다).

고·납부 행위에 중대 명백한 위법이 없다고 판단되어 권리구제가 어렵게 된 것이 아쉽다.

그런데 대상판결에서 한걸음 더 나아가, 이 사건과 반대의 사실관계에서도 마찬가지로 이중과세가 문제되는 것은 아닌지 한번 생각해 볼 필요가 있다.

즉, 현행 지방세법은 과점주주의 성립을 주식의 승계취득에 한정하고 있지 아니하므로, 가령 A가 자신이 가지고 있는 부동산을 B주식회사에 현물로 출자하면서 신주를 발행받아 과점주주가 되는 경우가 있을 수 있다. 이 때 그 출자자 A는 자신이 현물출자한 부동산을 처음에 취득할 당시 부담한 취득세 이외에 당해 부동산의 현물출자를 통하여 과점주주가 될 때에 또다시 동일한 부동산에 대한 간주취득세를 부담하여야 하는 것일까?[5]

대상판결의 판시의 취지에 따른다면 이 경우에도 당연히 이중과세가 해당하는 것으로 해석해야 하고 또 그러한 해석이 타당한 것으로 보이나, 일단 이러한 사례에 대한 판결례의 축적을 기다려 보기로 한다.

---

5) 상법 제423조 제 1 항은 '신주의 인수인은 납입 또는 현물출자의 이행을 한 다음 날로부터 주주의 권리의무가 있다'고 규정하므로 법인이 부동산 취득시점이 과점주주의 성립일보다 하루 앞서게 되어, 결국 간주취득세가 다시 문제될 수밖에 없다.

**66** 대법원 2009.6.11. 선고 2007두20027 판결

# 취득세 등 비과세 사유로서의 당해 부동산에 대한 "직접 사용"의 의미

**판결요지**

[1] 지방세법 제107조, 제127조 제 1 항, 제186조에서 비영리사업자가 당해 부동산을 '그 사업에 사용'한다고 함은 현실적으로 당해 부동산의 사용용도가 비영리사업 자체에 직접 사용되는 것을 뜻하고, '그 사업에 사용'의 범위는 당해 비영리사업자의 사업목적과 취득목적을 고려하여 그 실제의 사용관계를 기준으로 객관적으로 판단되어야 한다.

[2] 종교법인의 정규 직무에서 은퇴한 신부의 사택용으로 사용되는 아파트는 위 법조에서 정한 '그 사업에 직접 사용하는 부동산'으로 볼 수 없다.

## 1. 사실관계 및 쟁점

원고는 천주교 대교구에 속한 모든 교회의 운영, 선교 및 교육 등을 목적으로 하는 종교법인으로서 은퇴하는 주임 신부가 거주할 사택으로 사용할 목적으로 이 사건 아파트를 취득하였고, 위 은퇴 신부로 하여금 위 아파트에 거주하게 하였다.

피고는 위 아파트가 은퇴 신부의 사택용으로 사용되는 이상 원고의 사업에 직접 사용되는 부동산으로 볼 수 없다는 이유에서 지방세법 제107조, 제127조 제 1 항, 제186조에 따라 비과세한 취득세 · 등록세 및 재산세를

추징하는 처분을 하였고, 원고는 위 은퇴 신부가 은퇴 이후에도 신자들을 위한 사목활동을 계속하고 있으므로 그가 거주하는 위 아파트 역시 원고의 사업에 직접 제공되고 있다고 주장하며 위 처분의 취소를 구하였다.

원심은 그 신부가 원고의 정규 직무에서 은퇴한 이상 원고 재단을 위하여 일정한 종교활동을 계속하고 있었더라도 그것이 직무의 성격을 갖고 있다고 보기 어렵고 또한 그 신부가 원고 재단의 종교활동에 필요 불가결한 중추적 지위에 있다고 할 수 없다는 이유에서 원고의 청구를 기각하였다. 이에 원고가 상고하였으나 대법원 역시 원심의 판단을 정당한 것으로 인정하며 원고의 상고를 기각하였다.

## 2. 평　　석

지방세법은 종교단체 등 특정한 사업목적을 가진 법인이 취득하는 부동산에 대하여는 취득세 · 등록세 · 재산세를 비과세하고(제107조 · 제127조 · 제186조), 사회복지 및 국민생활 안정 지원 등 일정한 정책적인 목적에 대한 지원을 위하여 취득세 및 등록세 등을 감면하는 규정을 두고 있다(지방세법 제 5 장). 그런데 이와 같은 규정에 근거하여 취득세 및 등록세 등을 비과세하거나 감면해 주었음에도 불구하고, 그 부동산의 실제의 사용 실태가 비과세 내지 감면의 취지에 어긋나고 있다면 이러한 세제상의 혜택을 더 이상 유지할 실익과 명분이 없다. 오히려 당해 지방세를 다시 추징할 필요가 생기는데, 법은 그 추징의 요건에 관하여 단지 그 '사업의 목적 또는 용도에 직접 사용하지 않을 것'(이하 '직접 사용 요건')으로만 규정하고 있어 이러한 요건의 의미와 해석이 문제된다.

위 요건의 문언만을 살펴본다면, 두 가지의 관점에서 접근하는 것이 가능하다. 즉, 당해 부동산을 기준으로 하여 그 부동산 특정한 사업 목적 또는 용도에 '직접' 사용되고 있는지를 판단하는 "물적 관점"과, 당해 사업자를 기준으로 그 사업자가 그 부동산을 '직접' 사용하고 있는지를 판단하는 "인적 관점"이 바로 그것이다.

이러한 관점의 구별은 예컨대, 당해 사업자가 그 부동산을 타인에게 임대하는 방법 등으로 간접적으로 사용하고 있는 경우에 큰 실익이 있다. 물적 관점에서 본다면 당해 사업자가 직접 점유하여 그 부동산을 사용하는지의 여부는 크게 중요하지 않을 것이고, 반대로 인적 관점에서 본다면 당해 사업자의 직접 점유 및 사용 여부 등이 중요한 기준이 될 것이다.[1]

대법원은 이러한 구별에 관하여 명시적으로 언급한 바는 없지만, 물적 관점에 따라 직접 사용 요건의 충족 여부를 판단하고 있는 것으로 보인다.

특히 직접 사용 요건은 지방세법뿐만 아니라 조세특례제한법에서도 광범위하게 쓰이고 있는데,[2] 한국도로공사가 구 조세감면규제법(1981.12.31. 법률 제3481호로 개정되기 전의 것) 제10조 제 1 항, 제 4 조 제 1 항에 따라 부동산을 취득하면서 취득세를 면제받은 뒤 이를 제 3 자에게 임대하여 고속도로 휴게소와 주유소를 운영하게 한 사례에서 "구 조세감면규제법 제10조 제 1 항에서 그 고유의 업무에 직접 사용한다 함은 당해 재산의 사용 용도가 직접 그 고유의 업무에 사용하는 것이면 족하다 할 것이고 그 사용의 방법이 원고 법인 스스로 그와 같은 용도에 제공하거나 혹은 제 3 자에게

1) 최근의 한 예규 중에는 유통단지개발촉진법상의 유통단지 내에서 같은 법 소정의 유통시설(쇼핑센터)을 신축한 자가 그 매장을 직영의 형태로 운영하지 아니하고 임대의 형식으로 운영한 경우에는 위 유통시설을 직접 사용한 것으로 볼 수 없다고 하며 면제한 지방세의 추징(지방세법 제280조 제 5 항)을 정당한 것으로 본 것이 있다(행심 2007－597, 2007.10.29.).

2) 제 8 조(중소기업지원설비에 대한 손금산입의 특례), 제33조(사업전환 무역조정지원기업에 대한 과세특례), 제68조(농업회사법인에 대한 법인세 면제 등), 제119조(등록세의 면제 등), 제121조(재산세의 감면), 제121조의 11(제주투자진흥지구 입주기업 수입물품에 대한 관세의 면제), 제121조의 12(제주투자진흥지구 또는 제주자유무역지역 입주기업에 대한 감면세액의 추징), 제140조(해저광물자원개발을 위한 과세특례) 등이 "직접 사용 요건"을 규정하고 있다.

임대 또는 위탁하여 그와 같은 용도에 제공하는지 여부를 가리지 아니 한다"고 하였고,[3] 학교법인이 지방세법 제107조 제 1 호에 따라 주택을 신축하고 취득세 등을 면제받은 뒤 총장으로 하여금 거주하게 한 사안에서도 "당해 부동산을 그 사업에 사용한다고 함은 현실적으로 당해 부동산의 사용용도가 비영리사업 자체에 직접 사용되는 것을 뜻한다"고 하면서 역시 직접 사용 요건을 충족한다고 보았다.[4]

이러한 판례의 태도는 취득세 및 등록세 등의 비과세 내지 감면의 취지가 당해 사업자 자체에 대한 세제상의 혜택이 아닌 특정한 사업의 목적 그 자체에 있다고 본 것으로 이해할 수 있다. 법인의 비업무용 부동산에 관한 대법원 2001.6.29. 선고 99두4723 판결이 "중과세대상으로 규정하고 있는 '당해 업종에 직접 사용하지 아니하는 부동산'인지 여부는 당해 부동산의 취득목적, 실제 사용관계, 고유업무 수행과의 연관성 등을 종합하여 판단하여야 할 것"이라고 하면서, 한편 그 고유업무는 "법령에서 개별적으로 규정한 업무, 법인등기부상 목적 사업으로 정하여진 업무, 행정관청으로부터 인·허가를 받은 업무"에 따라 결정되어야 한다고 판시한 것도 같은 맥락이다.

그런데 이러한 관점에서 보면 대상판결이 이 사건 아파트에 거주하고 있는 신부가 원고 재단에서 은퇴하였다는 이유만으로 "직접 사용"을 부인한 것은 직접 사용 요건에 대한 종래의 대법원의 입장을 상당 부분 수정한 것으로 볼 여지가 있다. 비록 당해 신부가 원고 재단에 소속된 신부로서 원고 재단의 직무를 수행한 것으로 보기는 어렵다고 하더라도, 그 은퇴에도 불구하고 원고 재단의 목적에 부합하는 종교활동을 계속하여 왔다면 그가 거주하는 이 사건 부동산 역시 원고 재단의 사업 목적에 제공되고 있는

---

3) 대법원 1984.7.24. 선고 84누297 판결.

4) 대법원 2005.12.23. 선고 2004다58901 판결. 같은 취지로 대법원 2002.4.26. 선고 2000두 3238 판결 ; 대법원 2002.10.11. 선고 2001두878 판결 등이 있다.

것으로 판단하는 것도 충분히 가능한 것으로 보이기 때문이다. 더군다나 앞의 대법원 1984.7.24. 선고 84누297 판결이 제 3 자에게 당해 부동산을 임대하거나 그 관리를 위탁한 경우에도 직접 사용 요건이 충족된다고 판시한 것에 비추어 본다면, 대상판결이 신부의 "은퇴"에 초점을 둔 점은 "인적 관점"도 아울러 고려해야 한다는 취지로 읽힐 수도 있다.

대법원이 앞으로 직접 사용 요건의 의미와 범위를 어떻게 구체화시켜 나아갈 것인지 좀 더 지켜볼 필요가 있다.

**67** 서울고등법원 2009.10.22. 선고 2009누11333 판결

# 기부채납조건부 부동산을 보유한 회사의 과점주주에 대한 간주취득세의 비과세 여부

**판결요지**

원고가 쟁점 부동산을 취득한 것이 지방세법[1] 제105조 제6항 단서 및 조세특례제한법 제120조 제6항 소정의 비과세요건에 해당하지 아니함은 분명하나, 위 부동산을 국가 등에 기부채납하기로 한 법인의 주식을 취득하여 과점주주가 됨으로써 그 부동산을 간주취득하는 경우 원고가 기부채납의 효력에 그대로 구속되는 이상 이는 지방세법 제106조 제2항 소정의 '기부채납을 조건으로 취득'한 경우에 해당한다고 할 것이고, 따라서 이 사건 처분은 지방세법 제106조 제2항에 해당하는 취득에 대하여 과세한 것으로서 위법하다.

## 1. 사실관계 및 쟁점

원고는 2008.8.14. 소외회사 발행주식의 84.4%를 취득하여 소외회사의 과점주주가 되었는데, 한편 소외회사는 사회기반시설에 대한 민간투자법(이하 '민간투자법') 제4조 제3호에 따라 30년간의 운영 후 국가에 무상으로 귀속시키기로 한 물류터미널 시설(토지와 건물 기타 구축물 포함. 이하 '이 사건 부동산')을 보유하고 있었다.

1) 2006.9.1. 법률 제7972호로 개정되기 이전의 것.

소외 회사는 이 사건 부동산을 취득할 당시 지방세법 제106조 제2항에 따라 취득세를 면제받았었는데, 이에 원고는 소외회사의 과점주주가 된 이후 이 사건 부동산에 대한 간주취득세의 비과세 여부를 처분청에 질의하였으나 비과세대상이 아니라는 처분청의 회신에 따라 약 21억원의 취득세 및 농어촌특별세를 납부하였다.

원고는 위 취득세 등에 대한 취소를 구하면서, 기부채납을 조건으로 부동산을 취득한 당해 법인에 대하여는 취득세를 부과하지 않으면서 그러한 법인의 과점주주에 대하여는 비과세에 대한 명문의 규정이 없다는 이유로 취득세를 부과하는 것은 지방세법의 입법취지에 맞지 않고 헌법상의 평등원칙·재산권 보장·비례원칙에도 반한다고 주장하였다.

1심 법원은 원고의 청구를 모두 인용하였고, 대상판결 역시 처분청의 항소를 기각하면서 1심 법원의 판단을 유지하였다.

## 2. 평　석

국가 또는 지방자치단체에 대한 귀속 또는 기부채납을 조건으로 취득하는 부동산은 국가 또는 지방자치단체가 취득하는 것과 동일하게 보아 취득세와 등록세를 부과하지 않는다(지방세법 제106조 제2항, 제126조 제2항).[2] 그런데 과점주주에 대한 간주취득세에 대하여는 기업구조조정 등과 관련하여 과점주주가 되는 조세특례제한법 제120조 제6항 각 호 소정의 경우

2) 물론 당연한 결론이지만, 취득세의 납세의무 성립 이후에 기부채납을 하는 경우에는 비과세대상이 될 수 없다. 예컨대, 대법원 2005.5.12. 선고 2003다43346 판결은 '처분청이 구체적으로 공공시설용지로 편입될 토지에 관하여 기부채납을 하도록 승인조건을 부과한 때에 비로소 기부채납에 대한 의사의 합치가 있었던 것'으로 볼 수 있으므로, 그 사업승인결정 이후에 취득하는 토지만이 지방세법 제106조 제2항 소정의 취득세 비과세대상이 된다고 하였다. 한편 유통세적인 성격이 없는 재산세에 있어서는 기부채납 조건으로 취득하였다고 하더라도 비과세되지는 않는다.

또는 법인설립시부터 과점주주가 되는 경우(지방세법 제105조 제 6 항 단서) 외에는 비과세에 관한 특별한 규정이 없다.

과점주주의 간주취득세(지방세법 제105조 제 6 항 본문)라는 것은 주식 또는 지분의 독과점을 억제하고 이를 분산하도록 세제면에서 규제히는데 그 목적이 있을 뿐만 아니라, 과점주주가 되면 당해 법인의 재산을 사실상 임의처분하거나 관리 · 운영할 수 있는 지위에 서게 되어 실질적으로 그 재산을 직접 소유하는 것과 크게 다를 바 없다는 점에서 그 담세력을 파악하여 과세하는 의미도 가진다(대법원 1994.5.24. 선고 92누11138 판결 등).[3]

그런데 대상판결의 원고와 같이 기부채납을 조건으로 취득세 능을 먼제받은 자산을 소유하고 있는 법인의 과점주주가 되는 경우, 당해 과점주주는 위의 논리대로 위 자산을 실질적으로 직접 소유하는 한편 그 재산과 관련한 기부채납의 약정도 변함없이 그대로 유지되고 있고, 또한 법인의 주주 구성이 달라진다고 하여 당해 법인이 기존의 기부채납계약을 부인하거나 그 계약이 실효되는 것도 아니다. 결국 당해 법인이 기부채납의 조건으로 취득한 재산의 상태와 관련하여서는 아무런 변화가 없음에도 불구하고 단지 과점주주의 간주취득세에 대한 비과세규정이 없다는 이유만으로 과점주주에 대하여 과세를 할 수 있을 것인지가 대상판결에서 문제되었던 것이다.

대법원은 종래 "법인의 주식 또는 지분을 주주 또는 사원으로부터 취득함으로써 과점주주가 된 때에는 당해 법인의 부동산 등을 취득한 것으로

---

3) 한편 헌법재판소는 과점주주의 간주취득세 제도에 대하여 "실질적으로 당해 법인의 자산을 취득한 것과 다름없는 과점주주에게 공평과세 및 실질과세의 원칙상 취득세를 부과하는 것이어서 입법목적의 정당성이 인정되고, 재산의 이전에 의하여 실질적으로 담세력이 발생한 곳에 과세하는 것으로서 방법의 적절성이 인정되며, 공평과세부과라는 입법목적 달성을 위한 개인의 재산권 제한에 있어 필요 이상의 과잉된 수단이 사용되었다고 볼 수도 없다"고 하였나(헌법재판소 2006.6.29. 선고 2005헌바45 결정).

보되, 지방세법 및 기타 법령의 규정에 의하여 취득세가 비과세 또는 감면되는 부분에 대하여는 그러하지 아니하다"라고 규정하고 있던 구 지방세법(1997.8.30. 법률 제5406호로 개정되기 전의 것) 제105조 제 6 항의 해석과 관련하여,[4]

여기서 '취득세가 비과세 또는 감면되는 경우'라 함은 '과점주주의 간주취득이 지방세법 또는 기타 법령의 규정에 의한 비과세 또는 감면 요건에 해당되는 경우'로 해석하여야 하고, 따라서 당해 법인이 부동산 등을 취득하면서 취득세를 면제받았다고 하여 바로 과점주주로 된 자의 취득세 납세의무도 면제되는 것은 아니라고 판시한 바 있었다(대법원 2001.1.30. 선고 99두6897 판결). 이에 피고는 조세법률주의의 원칙상 과세요건뿐만 아니라 "비과세요건"도 특별한 사정이 없는 한 법문대로 해석할 것이고 합리적인 이유 없이 확장해석하거나 유추해석하는 것은 허용되지 아니한다고 주장하며 원고의 주장을 다투었다.

대상판결은 먼저 법규 상호간의 해석을 통하여 그 의미를 명백히 할 필요가 있는 경우에는 조세법률주의가 지향하는 법적 안정성 및 예측 가능성을 해치지 아니하는 범위 내에서 입법취지 및 목적 등을 고려한 합목적적 해석을 하는 것이 불가피하다고 전제한 뒤(대법원 2008.2.15. 선고 2007두4438 판결 참조), 사안과 같은 간주취득도 지방세법 제106조 제 2 항 소정의 "기부채납을 조건으로 취득"한 경우에 해당한다고 보아 원고의 청구를 전부 인용하였다.

이러한 대상판결의 판시에 전적으로 찬동한다.

우선 법문의 규정 형식을 보더라도, 일반 취득세의 납세의무를 규정하고 있는 지방세법 제105조 제 1 항과 과점주주의 간주취득세 납세의무를

4) 구 지방세법 제105조 제 6 항의 위 단서는 2005.12.31.자 지방세법 개정을 통하여 현행 지방세법과 같은 내용으로 대체되었다. 즉, 현행 지방세법은 그 법문에 비추어 볼 때, 일견 간주취득세의 비과세 요건을 더욱 제한하고 있는 셈이다.

규정하고 있는 같은 조 제 6 항은 모두 '취득세 과세대상 물건의 취득'에 대하여 취득세를 부과하는 형식으로 규정되어 있고, 과점주주의 간주취득세와 관련하여 제107조 내지 제110조 소정의 취득세 비과세규정을 특별히 배제하고 있지도 않다.

또한 비례와 형평의 관점에서 보더라도, 사안과 같은 경우 과점주주에게 간주취득세를 부담시키는 것은 매우 부당한 결과를 초래할 것으로 보인다. 원고가 소외 회사의 주식을 취득하는 것이 아니라 이 사건 부동산만을 양수하였다면 소외 회사의 기부채납계약을 승계하거나 국가와 새로이 기부채납계약을 체결하는 방법으로 제106조 제 2 항의 적용을 받아 취득세를 면제받을 수 있었을 것인데, 이 사건 부동산을 양수하는 것과 사실상 동일하다고 보는 과점주주의 간주취득의 경우 명문의 비과세규정이 없다는 이유만으로 간주취득세를 부담시킨다면 분명 형평에 어긋나는 결과를 가져오기 때문이다. 특히 법률상의 소유자인 법인에 대하여는 취득세를 비과세하면서 과점주주에게만 납세의무를 부담시키는 것은 비례의 원칙에도 반한다고 보아야 한다.

물론 현재 이 사건은 대법원에 계속 중이지만, 대상판결과 그 원심판결은 기부채납조건부 부동산의 경우 과점주주의 간주취득세도 비과세된다는 최초의 판결들인 동시에, 조세법규의 합목적적 해석에 대한 또 하나의 중요한 사례라는 점에서 그 의미를 찾을 수 있다. 대법원에서도 같은 해석이 이어지기를 기대해 본다.[5)]

5) 대법원 2011.1.27. 선고 2009두20816 판결로 상고기각되었다.

## 68 대법원 2009.10.22. 선고 2007두3480 전원합의체 판결

# 공동주택의 경우 면적이 일정한 기준을 초과하기만 하면 그 가액과 관계없이 취득세를 중과세하도록 정한 구 지방세법 시행령 제84조의 3 제3항 제4호 규정의 무효 여부

**판결요지**

구 지방세법(2007.10.31. 법률 제8835호로 개정되기 전의 것) 제112조 제2항 제3호는 취득세 중과세대상인 고급주택에 관하여 '주거용 건축물 또는 그 부속토지의 면적과 가액이 대통령령이 정하는 기준을 초과하는 주거용 건축물과 그 부속토지'라고 규정함으로써 고급주택의 요건으로 면적과 가액의 두 요소를 함께 반영하여 양자 모두 일정한 기준을 초과할 것을 요구하고 있음에도, 그 위임을 받은 구 지방세법 시행령(2007.12.31. 대통령령 제20517호로 개정되기 전의 것) 제84조의 3 제3항 제4호는 '1구의 공동주택의 연면적(공용면적을 제외한다)이 245㎡(복층형의 경우에는 274㎡로 하되, 1개 층의 면적이 245㎡를 초과하는 것을 제외한다)를 초과하는 공동주택과 그 부속토지'를 취득세 중과세대상인 고급주택의 하나로 규정함으로써 공동주택의 경우에는 단독주택의 경우와는 달리 면적이 일정한 기준을 초과하기만 하면 그 가액과 관계없이 취득세를 중과세하도록 정하고 있어 결과적으로 위 법률조항보다 취득세 중과세대상의 범위를 확장하고 있다. 위 시행령 조항이 위 법률조항보다 납세자에게 불리한 방향으로 취득세 중과세대상의 범위를 확장한 것은 모법인 위 법률조항의 규정 취지에 반할 뿐만 아니라 그 위임범위를 벗어난 것으로서 무효라고 봄이 상당하다.

# 1. 관련 법령

"구 지방세법(2007.12.31. 법률 제8835호로 개정되기 전의 것) 제112조
②다음 각 호의 1에 해당하는 부동산 등을 취득하는 경우(별장 등을 구분하여 그 일부를 취득하는 경우를 포함한다)의 취득세율은 제 1 항의 세율의 100분의 500으로 한다.(이하 생략)

3. 고급주택 : 주거용 건축물 또는 그 부속토지의 면적과 가액이 대통령령이 정하는 기준을 초과하거나 당해 건축물에 67제곱미터 이상의 풀장 등 대통령령이 정하는 부대시설을 설치한 주거용 건축물과 그 부속토지 (이하 생략)

구 지방세법 시행령(2007.12.31. 대통령령 제20517호로 개정되기 전의 것) 제84조의 3
③법 제112조 제 2 항 제 3 호의 규정에 의하여 고급주택으로 보는 "주거용 건축물 또는 그 부속토지의 면적과 가액이 대통령령이 정하는 기준을 초과하거나 당해 건축물에 67제곱미터 이상의 풀장 등 대통령령이 정하는 부대시설을 설치한 주거용 건축물과 그 부속토지"라 함은 다음 각 호의 1에 해당하는 것을 말한다.

1. 1구의 건물의 연면적(주차장면적을 제외한다)이 331제곱미터를 초과하는 것으로서 그 건물의 가액이 9,000만원을 초과하는 주거용 건물과 그 부속토지
2. · 3. (생략)
4. 1구의 공동주택(여러 가구가 한 건물에 거주할 수 있도록 건축된 다가구용 주택을 포함하되, 이 경우 한 가구가 독립하여 거주할 수 있도록 구획된 부분을 각각 1구의 건물로 본다)의 연면적(공용면적을 제외한다)이 245제곱미터(복층형의 경우에는 274제곱미터로 하되, 1개 층의 면적이 245제곱미터를 초과하는 것을 제외한다)를 초과하는 공동주택과 그 부속토지"

## 2. 평 석

고급주택에 대한 취득세 중과세 문제는 과거에도 문제가 된 바 있다.

과거 구 지방세법(1994.12.22. 법률 제4794호로 개정되기 전의 것) 제112조 제 2 항 제 1 문은 "대통령령이 정하는 별장, 골프장, 고급주택, 고급오락장, 법인의 비업무용 토지, 고급선박을 취득한 경우의 취득세율은 100분의 750으로 한다"고 규정하여, 사치성 재산에 대한 취득세율을 일반적인 취득세율의 750%로 중과세하도록 규정하면서, 그중과세대상인 사치성 재산이 무엇인지에 대해서는 별장, 골프장, 고급주택, 고급오락장, 법인의 비업무용토지, 고급선박이라고만 정하고 있을 뿐, 그 구체적인 범위는 대통령령에 위임하고 있었다. 이러한 규정에 대하여 헌법재판소 1998.7.16. 96헌바52 결정은 "…… 고급주택이 무엇인지 하는 것은 취득세 중과세요건의 핵심적 내용을 이루는 본질적이고 중요한 사항이다. 그러므로 구 지방세법 제112조 제 2 항 제 1 문이 고급주택의 기준과 범위를 대통령령에 위임함에 있어서는 위임의 요건과 범위를 보다 구체적이고 명확하게 하지 않으면 헌법상의 조세법률주의와 포괄위임금지원칙의 요청에 부응할 수 없다"고 전제한 후, "적어도 주택의 규모, 가액 등 고급주택성의 핵심표지에 관하여 최저기준을 설정한 다음 그 한도에서 위임하여야 한다.

구 지방세법 제112조 제 2 항 제 1 문은 이를 게을리하여 "대통령령으로 정하는 고급주택"이라고 함으로써 고급주택의 범위를 어떻게 규정할 것인지의 문제를 실질적으로 온전히 행정부의 재량과 자의에 맡긴 것이나 다름없고, 결국 대통령령에서 고급주택으로 규정하는 것이 곧 고급주택이라는 결과를 초래하였다. …… 구 지방세법 제112조 제 2 항 제 1 문은 과세요건을 불명확하게 규정함으로써 헌법 제38조, 제59조에 규정된 조세법률주의에 위배되고, 입법사항에 관하여 구체적으로 범위를 정하지 않고 포괄적으로 대통령령에 위임함으로써 헌법 제75조에도 위배된다"고 판단하였다.

그 후 개정된 지방세법 제112조 제 2 항 제 3 호(이하, '이 사건 법률조항')는 위 헌법재판소 결정대로 '면적과 가액'을 언급하기는 하였으나, 그 최저기준을 법에서 설정하지 아니하고 대통령령에 포괄적으로 위임하는 규정형식을 취하였는바, 이러한 입법형식이 헌법재판소 결정의 취지에 부합하는지에 대해서는 의문이 있다.

그런데 이 사건 판결에서 판단한 지방세법 시행령 지방세법 제84조의 3 제 3 항 제 4 호(이하, '이 사건 시행령 조항')는 더 나아가 모법에서 '면적과 가액'으로 고급주택의 여부를 판정하도록 위임하였음에도 불구하고, 단독주택의 경우와는 달리 공동주택의 경우에는 오직 '면적'만으로 고급주택 여부를 판정하도록 규정하고 있다.

이에 대하여 대법원 소수의견은 "이 사건 법률조항이 취득세 중과세 대상인 고급주택에 관하여 대통령령에 그 세부기준을 위임함에 있어서 명시적으로 '면적과 가액을 동시에 정하여야 한다'고 규정하고 있지 아니한 것은, 공동주택의 경우에는 단독주택과 달리 건물 자체의 재질, 구조 등에 큰 차이가 없어 평당 건축비의 격차가 크지 아니하므로 그 면적이 넓다는 것에는 가액이 높다는 의미도 내포되어 있는 점, 이에 따라 사회통념상 공동주택은 그 면적이 넓은 것을 고급주택으로 인식하고 있어 단독주택에 비하여 그 가액이 가지는 의미가 상대적으로 작다고 보이는 점, 공동주택에 관하여 면적만을 기준으로 고급주택 여부를 정하는 것은 건축물의 부지로 과다한 토지를 공여하는 것을 억제할 수 있어 부족한 택지의 공급을 늘린다는 고급주택에 대한 취득세 중과세제도의 입법취지에도 부합하는 점 등을 종합하여 보면, 이 사건 법률조항은 그 규정형식에도 불구하고 대통령령에 모든 종류의 주택에 관하여 반드시 면적과 가액을 함께 반영하여 고급주택 요건을 정하도록 위임한 것이 아니라 주택의 유형에 따라 합리적으로 판단하여 면적이나 가액 중 어느 하나만을 기준으로 고급주택 여부를 정하는 것도 위임하였다는 것을 누구라도 어렵지 않게 예측할 수 있다고 할 것이다"라고 하여 이 사건 시행령 조항이 무효라고 볼 수 없다고 판단하였다.

그러나 '면적과 가액이 대통령령이 정하는 기준을 초과'한다는 문언을 아무리 주위 조항과 연관 지어 해석한다고 하더라도, 면적이나 가액 중 어느 하나만을 기준으로 고급주택 여부를 정하는 것까지도 위임하였다고 누구라도 어렵지 않게 예측할 수 있다고 본 소수의견의 입장은 지나치게 과세합목적성에 치중한 입장으로서 건전한 일반인의 해석기준과 부합하지 않는다고 판단된다. 또한 상식적으로도 고급주택이라는 사치성 재산의 핵심표지는 면적보다는 오히려 가액이다. 손쉬운 예로, 서울 강남에 있는 244㎡인 아파트와 지방에 있는 246㎡인 아파트를 비교하여 보면 그 가액 차이가 몇 배나 됨에도 불구하고 단지 면적이 245㎡를 초과한다는 이유로 후자만이 고급주택으로 중과세 되어야 한다는 결론은 상식에 부합하지 않음은 다언을 요하지 않을 것이다.

따라서 모법이 고급주택의 요건으로 면적과 가액의 두 요소를 함께 반영하여 양자 모두 일정한 기준을 초과할 것을 요구하고 있음에도, 그 위임을 받은 구 지방세법 시행령이 공동주택의 경우에는 단독주택의 경우와는 달리 면적이 일정한 기준을 초과하기만 하면 그 가액과 관계없이 취득세를 중과세하도록 정하고 있어 법률조항보다 납세자에게 불리한 방향으로 취득세 중과세대상의 범위를 확장한 것은 모법의 규정 취지에 반할 뿐만 아니라 그 위임범위를 벗어난 것으로서 무효라고 봄이 상당하다는 대법원 다수의견의 태도에 찬성한다.

69 대법원 2010.2.11. 선고 2007두17373 판결

# 건축업자의 하자보수충당금 및 퇴직급여충당금이 취득세의 과세표준인 "사실상의 취득가격"에 포함되는지 여부

**판결요지**

주택신축판매 및 개량업 등을 영위하는 회사가 건축업자에게 도급을 주어 아파트를 신축한 사안에서, 건축업자가 그 회사로부터 공사대금을 수령한 후 그 신축공사와 관련하여 하자보수충당금 및 퇴직급여충당금을 각 계상한 경우, 건축업자가 그 회사로부터 공사대금을 지급받은 후 장부상 하자보수충당금과 퇴직급여충당금을 계상하였다 하더라도 이는 어디까지나 그 회사로부터 공사를 수급한 건축업자가 그 필요에 따라 내부적으로 위 각 충당금을 설정한 것에 불과하고 이로 인하여 그 회사가 공사대금 지급금액에 변동이 오는 것이 아니며, 위 각 충당금은 장래에 발생할 비용을 적정한 방법으로 현재의 비용으로 환산하여 계상한 것으로서 건축업자는 위 각 충당금 상당액도 아파트를 건설하기 위한 비용에 포함하여 그 회사에게 공사대금으로 요구한 것에 불과하므로, 그 회사가 지급한 공사대금 전액이 과세대상 물건인 아파트를 취득하기 위하여 소요된 비용으로서 취득세 등의 과세표준이 되고, 그 공사대금 중 위 각 충당금 상당액은 아파트의 취득과 직접 또는 간접으로 관련된 비용으로서 아파트의 취득가격에 포함되어야 한다.

## 1. 사실관계 및 당사자의 주장

주택신축판매 및 개량업 등을 영위하는 회사인 원고가 2001.11.23. 이 사건 지상에 지하 3층, 지상 25 내지 28층 규모의 아파트 9개동 및 그 부대시설(이하 '이 사건 아파트')을 신축하는 공사에 관하여 소외 A건설 주식회사(이하 'A건설')와 공사대금을 1,348억원으로 약정하고 공사도급계약을 체결, 수급인인 A건설은 공사를 완료하였고, 원고는 2004.12.18. 이 사건 아파트에 대하여 사용검사를 받고 피고(구청장)로부터 사용검사필증을 교부받았다.

한편 원고 법인장부의 외주비 계정과 공사원가명세서에는 원고가 2002. 1.1.부터 2004.6.29까지 A건설에게 약정된 공사대금 전액을 지급한 것으로 기재되어 있는데, A건설은 원고로부터 공사대금을 수령한 후 이 사건 아파트 신축공사와 관련하여 하자보수충당금으로 21억 3천만원, 퇴직급여충당금으로 27억 4천만원을 각 계상하였다.

피고는 원고가 A건설에게 지급한 위 공사대금 중 위 각 충당금 상당액 역시 원고의 이 사건 아파트 취득과 직접 또는 간접으로 관련된 비용으로서 이 사건 아파트의 취득가격에 포함되어야 한다고 판단하여 취득세등 부과처분을 하였다.

이에 원고는 위 하자보수충당금 및 퇴직급여충당금은 취득세의 과세표준이 되는 이 사건 아파트를 '취득'하기 위하여 직접·간접으로 소요되는 비용에 해당하지 않는다는 이유로 위 처분에 불복하였다.

## 2. 평　　석

구 지방세법(2005.1.5. 법률 제7332호로 개정되기 전의 것) 제111조 제 5 항 제 3 호는, 판결문 · 법인장부 중 대통령령이 정하는 것에 의하여 취득가격이 입증되는 취득에 대하여는 사실상의 취득가격이 취득세의 과세표준이 된다고 규정하고 있고, 위 규정의 위임을 받은 동법 시행령 제82조의 3 제 1 항은, "취득세의 과세표준이 되는 취득가격은 과세대상 물건의 취득의 시기를 기준으로 그 이전에 당해 물건을 취득하기 위하여 거래 상대방 또는 제 3 자에게 지급하였거나 지급하여야 할 일체의 비용〔소개수수료, 설계비, 연체료, 할부이자 및 건설자금에 충당한 금액의 이자 등 취득에 소요된 직접 · 간접비용(부가가치세를 제외한다)을 포함하되, 법인이 아닌 자가 취득하는 경우에는 연체료 및 할부이자를 제외한다〕을 말한다"고 규정하고 있어, 과세대상 물건을 취득하는 과정에서 지출된 일체의 비용에 대하여 광범위하게 취득세의 과세표준인 사실상의 취득가격에 포함되는 것으로 해석될 여지가 있다.

그러나 '직접 · 간접적으로 소요된 비용'이라는 개념을 확대하여, 당해 물건의 취득과 관련하여 지출되는 일체의 비용이라고 해석한다면, 취득세의 과세표준이 무한정 확대될 수 있을 뿐 아니라, 나아가 과세표준의 확정 자체가 어렵게 되어 납세의무자의 법적 안정성을 크게 해하는 결과를 초래할 수도 있다.

그렇기에, ① 대법원은 "구 지방세법 시행령 제82조의 3에서 말하는 '취득가격'에는 과세대상 물건의 취득 시기 이전에 거래 상대방 또는 제 3 자에게 지급원인이 발생 또는 확정된 것으로서 당해 물건 자체의 가격(직접비용)은 물론 그 이외에 실제로 당해 물건 자체의 가격으로 지급되었다고 볼 수 있거나(취득자금이자, 설계비 등) 그에 준하는 취득 절차비용(소개수수료, 준공검사비용 등)도 간접비용으로서 이에 포함된다 할 것이나, 그것이 취득의 대상이 아닌 물건이나 권리에 관한 것이어서 당해 물건 자체의 가격이라고 볼 수 없는 것이라면 과세대상 물건을 취득하기 위하여 당해 물건의 취득시기 이전에 그 지급원인이 발생 또는 확정된 것이라도 이를 당해 물건의 취득가격에 포함된다고 보아 취득세 과세표준으로 삼을 수 없다"고 판시하면서 "공공용지의취득및손실보상에관한특례법 내지 토지수용법에 의한 토지 취득시 지출한 지장물보상금 및 이주비 등 보상금은 설혹 취득대상인 토지의 취득을 위하여 거래 상대방인 주민 등에게 토지의 취득시기 이전에 지급하였거나 지급하기로 한 것이라 할지라도 과세대상 물건인 토지를 취득함에 있어서 토지 자체의 가격으로 지급되는 것이 아니라 취득의 대상이 아닌 물건이나 권리에 관하여 그 지급원인이 발생 또는 확정된 것이므로 토지에 대한 취득세의 과세표준인 취득가격에 포함되지 아니한다"고 제한해석한 바 있고(대법원 1996.1.26. 선고 95누4155 판결), ② 과세관청 역시, 건축물 신축 도급가액에 포함되어 있는 조경공사비·조형물제작설치비·준공청소비·견본주택건축비·분양을 위한 광고비 등은 당해 건축물을 취득하기 위한 제반비용으로 볼 수 없으므로 취득세 과세표준에서 제외되는 것이 타당하다고 해석(세정-1280, 2005.6.21.)한 바 있다.

원고는, ① 이 사건 하자보수충당금은 과세물건의 취득 후에 장래 발생할 하자보수의무의 이행을 위하여 설정하는 충당금으로서, 그 개념에 비추어 볼 때 과세대상 물건의 취득 이후에 그 지급원인이 발생 또는 확정될 수밖에 없는 것이며, 과세대상 물건의 취득이 아닌 관리·유지 비용의 성격을 가지는 것이고, ② 이 사건 퇴직급여충당금은 실제의 퇴직금 지급은 비록 장래에 이루어지는 것이지만 발생주의 회계원칙에 따라 설정하는 부채성충당금으로서, 지출의 시기 또는 금액이 불확실한 것이며, 분류하자면 역시 관리·유지 비용의 성격을 가지는 것이므로, 위 각 충당금은 그 성질에 비추어 보면 이 사건 아파트의 취득시기를 기준으로 그 이전에 당해 물건을 취득하기 위하여 직접·간접으로 소요된 비용이 아니라고 주장하였다. 한편 이 사건 사실관계에 대하여 원고가 제기한 질의 회신에서, 행정자치부의 유권해석 역시 원고의 주장과 유사하게 "건축공사가 종료된 이후에 발생할 비용을 미리 계상한 하자보수충당금과 건축비용과 별개인 퇴직급여충당금은 취득세 과세표준에 포함하지 않는 것이 타당하다고 판단된다"고 내려진 바 있다.

그럼에도 대법원은 위 각 충당금을 취득세 과세표준에 포함하는 것이 타당하다고 판단내렸는바, 그 이유는 위 각 충당금의 성격은 'A회사의 입장'에서 본 것일 뿐, 취득세의 납부의무자인 '원고의 입장'에서는 이는 전체로서의 공사대금에 지나지 않고, A가 지급된 공사대금을 어떻게 처리하느냐의 문제는 원고와 무관하다고 보았기 때문인 것으로 여겨진다.

참고로, 2010.1.1. 개정된 지방세법 시행령 제82조의 2에서는 사실상의 취득가격의 범위를 구체화하여, 취득가격의 범위에 포함되는 간접비용의 범위에 ① 건설자금 차입금 이자, 할부 또는 연불조건부 계약에 따른 이자 상당액 및 연체료, 농지법에 따른 농지보전부담금 등 관계법령에 따라 의무적으로 부담하는 비용, 취득에 필요한 용역을 제공받은 대가로 지급하는 용역비 · 수수료, 취득대금 외에 당사자 약정에 의한 취득자 조건부담액과 채무인수액 등은 포함하고, ② 광고선전비 등의 판매비용, 전기사업법 등 법률에 따라 전기 등을 이용하는 자가 분담하는 비용, 이주비 등 취득물건과는 별개의 권리에 관한 보상성격의 비용, 부가가치세 등은 포함하지 않는 것으로 규정하였다.

비록 '위 비용에 준하는 비용'이라는 포괄규정의 존재로 인하여 그 범위가 언제나 명백한 것은 아니겠으나, 예측 가능성 및 국민의 재산권 보장에 부합하는 일응의 입법적 개선이 이루어진 점은 바람직하다고 본다.

## 70 부산고등법원 2010.8.27. 선고 2010누2180 판결[1]

# 아울렛몰 사업자가 각 매장을 임대 매장의 형식으로 운영하는 경우, 지방세법상 직접 사용의 요건에 해당하는지 여부

### 판결요지

취득세 등이 감면된 유통단지 안의 부동산이 유통사업용으로 사용되고 있다 하더라도 '직접 사용'하지 아니하는 경우에는 추징의 대상이 된다고 할 것인데, 여기서 '직접 사용'이라 함은 유통사업용으로 취득한 당해 부동산을 계속적이고 고정적으로 그 목적 사업인 유통사업에 직접 사용되고 있는지의 여부에 따라 판단하여야 하고, 그 판단에 있어서는 당해 부동산의 취득목적, 그 실제 사용관계 등을 따져 개별적으로 판단하여야 한다.

유통시설인 대규모 점포(쇼핑센터)를 신축한 다음 각 매장을 임대한 뒤 그 임대료는 매출액 비례방식 형태로 정하였다고 하더라도, 쇼핑센터 자체에 상품의 수송·보관·하역·정보처리 등에 필요한 시설을 갖추고 각종 편의시설도 설치하여 임대 매장들을 통합적으로 관리하여 왔다면, 각 매장을 직영이 아니라 임대의 방식으로 운영하였다고 하더라도 쇼핑센터를 본래의 목적사업인 유통사업의 용도에 직접 사용하고 있는 것으로 보아야 한다.

---

1) 피고가 상고하였으나 대법원에서 2011.1.13.자로 심리불속행기각결정(2010두20478)이 있어 원심판결이 그대로 확정되었는바, 이하에서는 그 원심인 부산고등법원의 판결을 평석의 대상판결로 한다.

## 1. 사실관계

원고는 경상남도지사와 김해시에 대규모복합유통단지 조성사업을 추진하기 위한 협약을 체결하였고, 2008년 12월경 유통산업발전법 소정의 대규모 점포(쇼핑센터. 이하 '이 사건 쇼핑센터')를 신축하고 영업을 개시하였다.

원고는 이 사건 쇼핑센터가 "유통단지 안에서 유통사업을 영위하는 자가 취득하는 유통사업용 부동산에 해당"한다고 보아 지방세법 제280조 제 5 항 제 2 호에 의하여 취득세를 면제받았는데, 이로부터 약 1년이 경과한 이후 처분청은 이 사건 쇼핑센터의 사용현황에 대한 자료를 검토한 결과, 쇼핑센터에 설치된 137개의 매장 중 단 1개의 매장을 제외한 나머지 매장 전부가 직영 매장이 아닌 임대 매장의 형태로 운영되고 있는 사실을 확인하였다. 이에 처분청은 원고가 이 사건 쇼핑센터를 취득한 후 1년 내에 정당한 사유 없이 직접 사용하지 아니하였다는 이유로 면제한 취득세를 추징하는 처분(이하 '이 사건 처분')을 하였다.

이 사건 처분이 있기 전, 이미 다른 지역에서 원고와 유사하게 매장의 대부분을 임대 매장으로 운영하였던 다른 쇼핑센터의 경우에도 같은 이유에서 면제한 취득세를 추징하는 처분이 다른 지방자치단체에 의하여 이루어진 바 있었고, 그 사건에서는 행정심판에서 사업자의 청구가 기각된 터였다.

1심 판결은 이 사건 처분이 적법하다고 보았으나, 대상판결은 1심 판결을 취소하였고, 이러한 대상판결은 대법원에서 그대로 확정되었다.

## 2. 평　　석

지방세법은 특히 취득세의 경우 일정한 목적하에서 취득한 과세물건에 대하여 감면의 혜택을 부여하면서, 다만 취득세를 면제받은 자가 취득 이후 일정한 기간 동안 이를 당해 "용도에 직접 사용"하지 아니하였을 경우(이하 '직접 사용 요건') 감면한 취득세를 추징하는 규정을 두고 있다.[2)]

그런데 실제 이러한 직접 사용 요건을 적용함에 있어서는 그 의미에 관하여 실무상 혼란이 있었던 것으로 보인다. 즉, "인적 관점"의 측면에서 과세물건인 부동산을 취득한 주체가 직접 사용하는 것으로 볼 것인지, 아니면 "물적 관점"에서 실제 사용의 주체보다는 그 부동산이 원래의 용도에 직접 사용되고 있으면 족한 것인지 그 문언상으로는 판단이 다소 모호하였던 까닭이다.

판례는 한국도로공사가 고유 업무에 취득하는 재산으로서 취득세를 면제받은 뒤, 당해 부동산을 제 3 자에게 임대하여 고속도로 휴게소와 주유소를 운영하게 한 경우에도 "당해 재산의 사용 용도가 직접 그 고유의 업무에 사용하는 것이면 족하다 할 것이고 그 사용의 방법이 원고 법인 스스로 그와 같은 용도에 제공하거나 혹은 제 3 자에게 임대 또는 위탁하여 그와 같은 용도에 제공하는지 여부를 가리지 아니한다"고 하였으며(대법원 1984.7.24. 선고 84누297 판결), 학교법인이 그 사업에 사용하기 위한 목적으로 부동산을 취득한 뒤 취득세를 면제받고 당해 부동산을 총장의 관저로 사용한 경우에도 그 목적사업에 직접 사용한 경우에 해당한다고 보았다(대법원 2005.12.23. 선고 2004다58901 판결).

판례뿐만 아니라 감사원 심사결정에서도, 동물원의 부속시설인 쟁점 건축물을 기부받아 이를 취득한 뒤 그 취득세 및 등록세를 지방자치단체의 감면 조례에 따라 감면받고 이를 제 3 자에게 18년간 위탁하여 운영한 사

---

2) 지방세법 제 5 장 "과세면제 및 경감" 이외에서 직접 사용 요건을 통하여 감면된 지방세를 추징하도록 한 규정으로는 제107조(용도구분에 의한 비과세), 제127조(용도구분에 의한 비과세), 제138조(대도시 지역 내 법인등기 등의 중과), 제163조(용도구분 등에 의한 비과세 : 면허세), 제186조(용도구분에 의한 비과세 : 재산세) 등이 있다.

례에서 “고유업무에 직접 사용한다”함은 “당해 부동산이 목적사업 그 자체에 직접 사용되는 경우를 말하는바, 당해 시설을 직접 경영하지 아니하고 이를 제 3 자에게 위탁경영하도록 하였더라도 이는 청구인의 고유사업인 공원 사업에 직접 사용한 것으로 보아야 한다”고 하였다.

위와 같은 판례와 감사원 심사결정례를 본다면, 일견 “직접 사용 요건”을 인적 관점이 아닌 “물적 관점”에 따라 판단하여야 한다고 볼 수도 있다.

하지만 반드시 인적 관점 내지 물적 관점에 따라 일의적으로 판단하여야 할 사항은 아니라고 본다. 즉, 일단 부여된 세제상의 감면 혜택을 회수하는 것은, 당초 그러한 혜택을 부여한 취지에 부합하는 사용 관계가 계속 유지되고 있는지에 따라 판단되어야 하는 것이다. 지방세를 처음부터 완전히 감면해 주는 것이 아니라, 감면한 세액의 추징을 다시 예정하고 있는 취지를 고려하여 본다면 이와 같이 해석하지 않을 수 없다.

이 사건으로 돌아와 보면, 유통시설의 경우 재화나 용역을 공급하는 도・소매업체뿐만 아니라 당해 유통시설에서 거래되는 재화나 용역의 물류를 담당하는 물류업체 등 다수의 사업자가 필연적으로 관여하게 되는데, 유통단지를 통하여 지역 경제를 활성화하기 위한 목적에 있어서는 지방세의 감면을 통하여 초기 투자를 유치하고, 또한 당해 유통시설이 원래의 용도에 맞게 제공되어 활용되는 것 자체가 중요할 뿐이다(참고로 지방세법 시행령 제226조의 2에 의하면 기존 건축물을 취득한 경우에는 취득세 등이 감면되지 않는다). 즉, 당해 시설을 누가 현실적으로 점유하고 사용・수익할 것인지는 감면된 지방세를 추징할 것인지의 여부를 판단함에 있어서 고려 요소가 된다고 보기 어려운 것이다. 특히 이 사건 쇼핑센터의 경우 이미 유통산업발전법이 각 매장을 직영 또는 임대의 형태로 운영되는 점포의 집단으로 규정하고 있고(유통산업발전법 시행령 ‘별표 1’), 달리 임대와 직영의 비율도 특정되어 있지도 않다.

따라서 원심판결은 매우 타당하고도 적절하게 직접 사용 요건의 의미를 해석하고 있고, 백화점과 이 사건 쇼핑센터와 같은 아울렛몰 사업자의 영업 방식과 수익 창출 구조에 대하여도 적절한 판단을 하고 있다.

1심 법원의 경우, 이 사건 처분의 근거규정인 지방세법 제280조 제5항의 직접 사용 요건을 "취득 주체가 직접 사용"하는 경우에 한정하여 해석하고, 나아가 이 사건 쇼핑센터의 각 매장을 임대 매장의 형식으로 운영한 것은 사실상 이 사건 쇼핑센터를 통하여 유통사업이 아니라 임대사업을 영위한 것으로 보아야 한다는 취지로까지 판시하고 있으나, 이는 지방세법상 직접 사용 요건의 의미를 크게 잘못 이해한 것이라 하지 않을 수 없다(이를테면 대표적인 유통시설인 백화점의 경우 유통산업발전법상 임대 매장과 직영 매장을 혼용하여 운용할 수 있되, 다만 직영 매장의 비율을 30% 이상으로 할 것으로 규정되어 있는바, 그렇다면 백화점업을 영위하는 자는 30%의 유통사업과 70%의 임대사업을 겸업하고 있다고 보아야 하는 것인지 의문이다. 심지어 지방세법 시행령 제101조 제1항 제8호조차도 "유통산업발전법 등 관계법령에 의하여 임대가 허용되는 매장 등의 전부 또는 일부를 임대하는 경우에는 임대하는 부분도 당해 업종에 직접 사용하는 것으로 본다"고 규정하고 있다).

**71** 대법원 2012.3.15. 선고 2011두14524 판결

# 비과세 · 감면규정의 해석기준

**판결요지**

조세법률주의의 원칙상 과세요건이거나 비과세요건 또는 조세감면요건을 막론하고 조세법규의 해석은 특별한 사정이 없는 한 법문대로 해석할 것이고 합리적 이유 없이 확장해석하거나 유추해석하는 것은 허용되지 아니하며, 특히 감면요건 규정 가운데에 명백히 특혜규정이라고 볼 수 있는 것은 엄격하게 해석하는 것이 조세공평의 원칙에도 부합한다(대법원 1998.3.27. 선고 97누20090 판결 등 참조).

한편 법인은 독립된 법인격을 가지고 권리의무의 주체가 되는 것이므로 그 대표자인 개인과 동일시할 수 없다.

이러한 법리에 따라 원심이 확정한 사실을 살펴보면, 원고와 이 사건 회사는 별개의 독립된 법인격체이므로 이 사건 회사가 이 사건 토지들에서 사업자등록을 하고 폐지 등을 수집, 가공하는 사업을 한 것을 원고 개인이 사업한 것으로 볼 수는 없다.

## 1. 사실관계

① 원고는 1997.8.1.부터 자신의 소유토지(이하 '이 사건 토지'라 한다)를 사업장으로 하여 폐지, 고철 등을 수집, 가공하는 개인사업체를 운영하던 중 2008.7.15.경 법인전환을 위해 동종 사업을 영위하는 주식회사(이하 '이 사건 회사'라 한다)를 설립(원고와 그 가족들이 주주인 가족기업의 형태임)한 후 대표이

사로 취임하였다. 이후 원고는 2008.12.31. 개인사업체를 폐업하였다.

② 원고의 개인사업체와 이 사건 회사가 사업장으로 사용하던 이 사건 토지는 2009.8.14. 근린공원 조성사업의 사업부지에 편입되었고, 원고는 2010.1.22. 사업시행자에게 이 사건 토지 및 그 지상건물 등을 약 35억원에 양도한 뒤 2010.2.18. 이 사건 회사의 사업장 부지로 사용하기 위한 대체토지를 60억원에 취득하였다.

③ 원고는 대체토지의 취득과 관련하여 등록세와 취득세 등 합계 2억 7,600만원을 신고·납부하였다〔구 지방세법(2010.3.31. 법률 제10221호로 전부 개정되기 전의 것) 제72조 제1항에 따라 신고·납부는 처분으로 의제된다〕.

④ 원고는 2010.2.24. 대체토지의 취득은 토지수용 등으로 인한 대체취득으로서 구 지방세법 제109조, 제127조의 2 및 구 지방세법 시행령(2010.9.20. 대통령령 제22395호로 전부 개정되기 전의 것) 제79조의 3 제2항(이하 '이 사건 비과세규정'이라 한다) 소정의 비과세대상(공익사업인정 고시일 1년 전부터 계속하여 수용대상 토지에 사업자등록을 하고 사업을 하다가 수용 후 일정기간 내에 취득한 대체토지)에 해당한다는 취지로 이의신청을 제기하였다가 기각되었다.

## 2. 쟁 점

이 사안에서는 원고가 개인사업자로 운영하던 사업을 법인으로 전환하고 자신은 폐업신고를 한 상태에서, 사업장 부지가 수용되어 대체취득을 하면서 법인이 아닌 원고의 명의로 토지를 취득한 경우, 비과세혜택을 받을 수 있는지가 문제되었다. 구체적으로는, 비과세혜택을 받기 위해서는 수용의 원인이 된 공익사업의 사업인정고시일 1년 전부터 사업자등록을 하고 사업을 영위하고 있어야 하는데, 법인을 통한 사업 수행을 원고가 사업을 영위한 것으로 볼 것인지가 쟁점이다.

원심판결(대전고등법원 2011.5.26. 선고 2010누2522 판결)은 일반적인 감면·비과세규정과 달리 이 사건 비과세규정은 공익목적을 위한 수용으로 대체부동산을 취득함에 있어 필연적으로 발생하는 조세채무와 관련된 비용을 공익사업자의 금전보상 대신 지방자치단체가 조세를 면제해 주는 것으로 공익사업자의 의무를 대행하는 성질이 있으므로, 이 사건 비과세규정은 입법취지와 제도의 목적에 부합하도록 해석하여야 한다고 판시하면서, 원고의 경우 세부담 감소를 위해 법인으로 전환한 점, 신설법인은 원고의 가족들이 주주인 가족회사로서 종전 개인사업체와 동종 사업을 영위하고, 사업장 소재지가 같으며, 직원들이 동일한 점 등에서 원고가 비록 개인사업자에서 법인사업자로 사업자등록을 변경하였더라도 그 사업의 실질은 변함이 없어 원고의 사업성을 부인할 수 없으므로 원고가 대체 토지를 취득한 것은 이 사건 비과세규정의 적용대상이 된다고 보아 해당 부분에 대한 지방세 부과처분을 취소하였다.

그러나 대상판결은 조세법률주의의 원칙상 과세요건이거나 비과세요건 또는 조세감면요건을 막론하고 조세법규의 해석은 특별한 사정이 없는 한 법문대로 해석할 것이고 합리적인 이유 없이 확장해석하거나 유추해석하는 것은 허용되지 아니하며, 특히 감면요건 규정 가운데에 명백히 특혜규정이라고 볼 수 있는 것은 엄격하게 해석하는 것이 조세공평의 원칙에도 부합하고, 법인은 독립된 법인격을 가지고 권리의무의 주체가 되는 것이므로 그 대표자인 개인과 동일시 할 수 없다고 전제한 후 원고와 이 사건 회사는 별개의 독립된 법인격체이므로 이 사건 회사가 이 사건 토지에서 사업자등록을 하고 폐지 등을 수집, 가공하는 사업을 한 것을 원고 개인이 사업한 것으로 볼 수 없고, 이 사건 근린공원 조성사업인정 고시일(2009.8.14.) 이전인 2008.12.31. 원고가 개인사업체를 폐업한 이상 위 사업인정 고시일 현재 1년 전부터 사실상 사업을 하고 있다고 볼 수 없으므로, 원고의 대체토지 취득은 비과세대상에 해당하지 아니한다고 판시하였다(원심판결

파기환송).

## 3. 평 석

### (1) 세법해석의 원칙

조세법 전체를 지배하는 기본원칙으로는 조세법률주의와 조세공평주의를 들 수 있다. '조세법률주의'란 법률의 근거 없이 국가는 조세를 부과·징수할 수 없고, 국민은 조세의 납부를 요구받지 아니한다는 원칙으로서 헌법 제59조에서 이를 천명하고 있다. '조세공평주의'는 헌법 제11조 제1항의 평등원칙에 근거하는데, 개개의 국민은 각종의 조세법률관계에 있어서 평등하게 취급되어야 하고, 또한 조세 부담은 국민들 사이에 담세력에 따라서 공평하게 배분되어야 한다는 원칙이다.

'엄격해석의 원칙'은 조세법률주의에서 파생되는데 이는 세법을 해석함에 있어 문언에 따라 엄격하게 해석하여야 하고 법의 흠결을 유추해석으로 메우거나 행정편의적인 확장해석을 하는 것은 허용되지 아니한다는 원칙이다. 한편 조세공평주의는 조세법규를 해석함에 있어 예측 가능성과 법적 안정성을 해치지 않는 범위 내에서 합목적적 해석을 할 것을 요구한다.

생각건대, 조세는 국민의 반대급부 없이 일방적으로 부담하는 것이므로 조세윤리는 조세공평주의가 실현될 때 비로소 확립되는 것이고, 조세법규를 제정할 당시 향후 발생 가능한 모든 사회현상을 예측하여 이를 조세법규에 반영할 수 없다는 법기술적 한계가 있음을 고려하면, 조세법규를 해석함에 있어서도 엄격해석을 원칙으로 하되 구체적 사안에 따라 합목적적 해석이 필요하다고 본다. 국세기본법 역시 이러한 점을 고려하여 '세법을 해석·적용할 때에는 과세의 형평(衡平)과 해당 조항의 합목적성에 비추어 납세자의 재산권이 부당하게 침해되지 아니하도록 하여야 한다'는 세법해석의 기준을 정하고 있다(제18조 제1항).

### (2) 비과세 · 감면규정의 해석방법

#### 1) 비과세 · 감면규정의 입법취지 등

비과세 · 감면규정이 도입되는 이유는 크게 세 가지, 즉 첫째, 국가나 지방자치단체 등이 납세자의 조세부담 완화를 유인책으로 하여 특정한 행정목적을 달성하기 위해 도입하는 경우(신설산업단지의 활성화를 위하여 해당 산업단지에 입주하는 기업체의 법인세, 취득세 등을 감면하는 등 세부담을 완화해 주는 경우 등), 둘째, 공용침해 등 침익적 행정행위(불이익한 효과를 가져오는 행정행위)로 인해 부득이하게 손실을 입게 되는 납세자를 위해 그 손실을 금전으로 보상하는 대신 세부담을 완화하여 주는 경우, 셋째, 납세자에게 개정된 세법규정에 따라 조세를 부담하게 하는 것이 부당하다고 볼 만한 정당한 사유가 있는 경우 등으로 나누어 볼 수 있다.

첫째의 경우 납세자에게 명백히 특혜를 주는 규정이라고 볼 수 있으나, 둘째와 셋째의 경우 특정 행정처분 등이 야기한 불평등 상태를 완화하기 위해 손실을 입은 납세자에게 부과되는 조세부담을 완화함으로써 불평등 상태를 시정하기 위한 조치이므로 납세자에게 특혜를 주는 규정이라고 보기 어렵다.

#### 2) 해석방법론

대법원은 조세법률주의의 원칙상 과세요건이거나 비과세요건 또는 조세감면요건을 막론하고 조세법규의 해석은 특별한 사정이 없는 한 법문대로 해석할 것이고 합리적인 이유 없이 확장해석하거나 유추해석하는 것은 허용되지 아니하며, 특히 감면요건 규정 가운데에 "명백히 특혜규정"이라고 볼 수 있는 것은 엄격하게 해석하는 것이 조세공평의 원칙에도 부합한다(대상판결 및 대법원 1998.3.27. 선고 97누20090 판결 등 다수)고 판시하여 비과세 · 감면규정에 있어서 엄격해석의 원칙을 견지하고 있는 것으로 보이는데, 이는 비과세 · 감면규정의 적용대상을 확대하는 것은 또 다른 조세부담의 불평등을 야기할 수 있다는 점을 반영한 것으로 보인다.

그러나 앞서 본 비과세 · 감면규정의 입법취지와 효과를 고려할 때 비과세 · 감면규정이 결과적으로 납세자의 세부담을 감소시킨다는 사정만으로 특혜규정으로 치부하여 그 해석에 있어 일률적으로 엄격해석의 원칙을 고수하는 것은 부당하다고 본다. 즉, 위 첫째의 경우 명백히 특혜규정이라고 볼 수 있으므로 엄격해석의 원칙에 따라 해석함이 타당하나, 둘째와 셋째의 경우 비과세 · 감면규정을 도입한 취지가 불평등을 시정하기 위한 것이므로 과세관청을 비롯한 행정청은 보다 적극적으로 비과세 · 감면규정을 합목적적으로 해석하여 불평등을 시정하는 데 일조함이 타당하다고 본다. 설사 이로 인하여 비과세 · 감면대상이 다소 확대된다고 하더라도 조세의 비과세 · 감면만으로 불평등이 전부 해소될 수는 없는 것이기에 비과세 · 감면을 받지 못한 납세자와 비교하더라도 또 다른 조세부담의 불평등을 야기한다고 볼 수는 없다.

따라서 비과세 · 감면규정을 해석함에 있어서는 먼저 당해 규정의 입법취지나 도입목적을 고려하여 당해 규정이 실제로 납세자에게 특혜를 주는 것인지에 대한 판단이 선행되어야 한다.

### (3) 이 사건 비과세규정의 해석

#### 1) 공용수용과 정당보상

공용수용이란 국가 또는 지방자치단체 등이 특정의 공익사업을 위하여 법령이 정하는 바에 따라 사인의 재산권을 강제적으로 취득(공용침해)하고 피수용자에게 손실보상이 주어지는 물적 공용부담으로서, 수용 목적물이 토지인 경우가 바로 토지수용에 해당한다.

헌법 제23조 제 3 항은 "공용필요에 의한 재산권의 수용 · 사용 또는 제한 및 그에 대한 보상은 법률로써 하되, 정당한 보상을 지급하여야 한다"라고 규정함으로써 공익사업 수행을 위한 공용침해를 허용하되, 정당한 보상을 할 것을 규정하고 있다. 정당한 보상에는 수용토지의 객관적 교환가치의 보상뿐만 아니라 이를 근거로 한 삶의 기본 터전 상실로 인한 손실의 보상(생활보상)까지도 포함한다고 보아야 한다. 즉, 수용되는 부동산에 거주하는 자에게 지급하는 주거이전비와 이사비, 이주대책 등은 모두 생활보상의 일종이라 할 수 있다.

2) 이 사건의 경우, 공익사업으로 인해 사업장으로 사용하던 이 사건 토지가 수용되었으므로 종전과 같은 사업을 영위하기 위하여는 필연적으로 대체토지를 취득하여야 하므로, 대체토지의 취득은 공익사업으로 인한 토지수용 그 자체로 인해 발생한 것으로 볼 수 있고, 대체토지의 취득에 따라 부과되는 취득세는 토지수용이 없었다면 성립하지도 않았을 세금에 해당한다. 따라서 대체토지의 취득에 대하여 취득세를 과세하지 않는다고 하더라도 원고가 어떤 특혜를 받았다고 볼 수 없고, 오히려 행정처분 등으로 인하여 부득이하게 입은 손실을 보상받은 것에 불과하다(만일 취득세를 비과세하지 않을 경우 토지를 수용당하지 않은 사업자와 비교하여 원고가 공익사업에 토지를 제공하였다는 사유로 불이익을 받는 셈이 된다).

한편 이 사건 비과세규정은 토지의 수용으로 종전 사업장을 상실하는 경우 대체토지를 취득하여 종전 사업을 계속할 수 있도록 대체토지에 대한 취득세 등을 감면함으로써 사업의 계속을 지원하려는 입법취지도 동시에 가지고 있다고 보아야 한다.

그렇다면 이 사건 비과세규정은 앞서 살펴본 두 번째 경우에 해당하여 비과세요건의 구비 여부에 대한 판단시 해당 규정을 합목적적으로 해석하여 납세자의 재산권이 부당하게 침해되지 않도록 하여야 한다.

### (4) 원고의 대체토지 취득을 비과세대상으로 보아야 하는지 여부

1) 대상판결은, 법인은 독립된 법인격을 가지고 있으므로 그 대표자와 동일시할 수 없고, 감면규정의 경우 엄격하게 해석하여야 한다는 전제에서 이 사건 회사의 사업활동을 원고의 사업활동으로 의제할 수 없으므로, 원고가 사업인정고시일 현재 1년 전부터 사실상 사업을 하고 있다고 볼 수 없어 원고의 대체토지 취득은 비과세대상에 해당하지 않는다고 판단하였다.

그러나 앞서 본 바와 같이 이 사건 비과세규정은 입법취지 등을 고려하여 합목적적으로 해석하여야 하는바, 원고가 대체토지를 취득한 것이 취득세 비과세대상에 해당하는지 여부, 즉 공익사업인정고시일 현재 1년 전부터 계속하여 수용대상 토지에 사업자등록을 하고 사업을 하였는지 여부를 판단함에 있어, 원심과 같이 사업자등록과 사업의 의미를 실질적 사업의 계속성을 인정할 수 있는지 여부로 판단하여야 한다고 본다.

2) 원심이 적법하게 확정한 사실관계, 즉 원고는 개인기업을 운영하다가 세부담의 완화를 목적으로 이 사건 회사로 법인전환을 하였고, 법인전환 전·후의 사업이 동일하며, 개인사업 당시의 직원 대부분이 이 사건 회사의 직원으로 채용되어 고용관계가 지속되고 있고, 수용토지는 원고의 개인사업뿐만 아니라 이 사건 회사의 사업장으로 사용되고 있었으며, 원고와 그 가족이 이 사건 회사의 지분 전부를 소유하고 있는 사실과 문제된 대체토지의 취득세는 이 사건 토지가 수용당하지 않았다면 과세되지 않았을 세금인 점 등에 비추어 보면, 비록 원고와 이 사건 회사가 법률상 별개의 법인격이라 하더라도 이 사건 회사의 사업을 원고의 사업으로 보아 실질적으로 원고의 사업이 계속되었으므로 원고의 대체토지 취득은 이 사건 비과세대상에 해당한다고 보아야 한다.

더구나 세법은 개인사업체의 법인 전환시 사업용 고정자산을 현물출자하거나 사업양수도방법으로 전환하는 경우 당해 사업용 고정자산에 대하여 이월과세를 적용[1]받을 수 있도록 하는 등 세법적 지원책까지 마련하고 있음에도 이 사건 비과세규정을 문언 그대로 엄격하게 해석하여 법인전환을 하지 않았더라면 과세되지 않았을 지방세를 과세하는 것은 조세정책적으로도 모순이라고 보인다. 이 점에서 원심판결을 지지한다.

### (5) 결 론

대법원이 조세법률주의의 원칙에 따라 조세법규의 해석에서 법문대로 해석하고, 특히 감면요건 규정에 대해 엄격해석의 원칙을 유지하는 것은 타당하다 할 것이나, 감면규정의 입법취지, 목적 등을 고려함이 없이 일률적으로 엄격해석의 원칙을 고집하는 것은 피해야 한다고 본다. 즉, 불평등 완화의 일환으로서 납세자의 세부담을 덜어 주려는 취지에서 비과세・감면규정을 제정한 것이라면 그 취지를 최대한 살리기 위해 구체적 사안에 있어 규정의 의미를 합목적적으로 해석을 하는 것이 필요하다고 본다.

---

1) 조세특례제한법 第32조 제 1 항.

72 대법원 2013.1.16. 선고 2011두15473 판결

# 국민주택채권 처분손실금액이 등록세 과세표준에 포함되는지 여부

**판결요지**

구 주택법(2005.12.23. 법률 제7757호로 개정되어 2006.2.24. 시행되기 전의 것. 이하 같다) 제68조 제1항 제4호 등 관계법령에서 규정한 이른바 '채권입찰제'로 공급한 공동주택건설용지를 매수할 경우에 국민주택채권의 매입이 반드시 필요하였으므로, 그 국민주택채권 매입 과정에서 발생한 이 사건 채권처분손실은 구 주택법 등에 따라 의무적으로 부담한 비용으로서 실제로 이 사건 토지 자체의 가격으로 지급되었다고 볼 수 있거나 그에 준하는 취득절차비용으로 볼 수 있다.

## 1. 사실관계

천안시장과 한국토지공사는 2005년경 천안청수지구 택지개발사업을 실시하고, 공동주택건설용지를 공급하였다. 당시 시행되던 택지개발촉진법 시행령(2006.2.24. 대통령령 제19355호로 개정되기 전의 것. 이하 같다) 제13조의 2는 공동주택건설용지 중 주거전용면적이 85㎡를 초과하는 공동주택건설용지를 공급하는 경우에는 주택법 제68조에 의한 국민주택채권을 가장 많이 매입하고자 하는 자를 당해 택지의 공급대상자로 결정하도록 규정하고 있었다(이른바 채권입찰제).

원고들은 공동주택건설용지 중 일부(이하 '이 사건 토지')를 분양받고자 제 3 종 국민주택채권 총 약 2,143억원(이하 '이 사건 국민주택채권')을 매입한다고 입찰하여 최고가 낙찰사로 선정된 후, 2005.12.28. 이를 총 약 1,351억원에 매도하여 약 792억원의 채권처분손실을 보았다. 원고들은 위와 같은 채권처분손실금액(이하 '이 사건 채권처분손실금액')이 택지취득에 소요된 비용에 포함되는 것으로 보고 이를 등록세 과세표준에 포함하여 등록세를 신고·납부하였다가, 위 부분의 취소를 구하는 이 사건 소를 제기하였다.

## 2. 평 석

### (1) 쟁 점

이 사건의 쟁점은 이 사건 채권처분손실금액이 등록세 과세표준이 되는 '사실상의 취득가격'에 포함되는지 여부이다.

### (2) 등록세 과세표준에 대한 구 지방세법 시행령의 규정 및 기존 판례의 태도

구 지방세법 시행령(2010.1.1. 대통령령 제21975호로 개정되기 전의 것. 이하 '개정 전 시행령') 제82조의 3 제 1 항은 등록세의 과세표준이 되는 '사실상의 취득가격'에 대해 "과세대상 물건의 취득의 시기를 기준으로 그 이전에 당해 물건을 취득하기 위하여 거래 상대방 또는 제 3 자에게 지급하였거나 지급하여야 할 일체의 비용〔소개수수료, 설계비, 연체료, 할부이자 및 건설자금에 충당한 금액의 이자 등 취득에 소요된 직접·간접비용(부가가치세를 제외한다)〕을 포함"한다고만 규정하고 있었다.

그런데 위와 같은 규정을 문언 그대로 보면 사실상의 취득가격에 물건의 취득 과정에서 지출되는 일체의 비용이 포함되는 것으로 해석할 여지가 있었다. 이에 따라 대법원은 어떠한 비용이 "물건의 취득시기 이전에 그 지급원인이 발생 또는 확정된 것이라도 그것이 취득의 대상이 아닌 물건이나 권리에 관한 것이어서 당해 물건 자체의 가격이라고 볼 수 없는 것이라면 이를 당해 물건의 취득가격에 포함된다고 볼 수 없다"고 정리하였다(대법원 1996.1.26. 선고 95누4155 판결).

그러나 물건을 취득하는 과정에서는 다양한 종류의 비용들이 지출되기 마련이므로, 과연 그중의 어떤 비용이 '과세물건 자체의 가격으로 지출되었거나 그에 준하는 취득절차비용으로 지출되었는지' 여부를 판단하는 것은 여전히 분명하게 답을 내리기 어려운 문제였다. 대법원은 여기에 대해 추가적으로 명확한 판단기준을 제시하지는 않았으나, 대체적으로는 어떠한 비용이 과세물건의 취득을 위해 필수적으로 지출되어야 하는 비용인지 여부를 중요한 판단기준의 하나로 삼아 온 것으로 보인다(대법원 2009.9.10. 선고 2009두5343 판결 ; 대법원 2010.12.23. 선고 2009두12150 판결 등).

### (3) 지방세법 시행령의 개정

구 지방세법 시행령(2010.1.1. 대통령령 제21975호로 개정된 것. 이하 '개정 후 시행령')은 취득가격의 범위와 관련된 제82조의 2를 개정하였다. 즉, 개정 후 시행령 제82조의 2 제 1 항은 취득가격을 "취득의 시기를 기준으로 그 이전에 해당 물건을 취득하기 위하여 거래 상대방 또는 제 3 자에게 지급하였거나 지급하여야 할 직접비용과 다음 각 호의 어느 하나에 해당하는 간접비용의 합계액으로 한다"고 하며, 간접비용의 구체적인 내용으로 차입금 이자 등 금융비용(제 1 호), 할부계약 등에 따른 이자 상당액 및 연체료(제 2 호), 관계법령에 따라 의무적으로 부담하는 비용(제 3 호), 취득에 필요한 용역을 제공한 대가로 지급하는 용역비 등(제 4 호), 약정에 의한 채무인수액 등(제 5 호), 기타 이에 준하는 비용(제 6 호)을 규정하였다. 또한 개정 후 시행령 제82조의 2 제 2 항은 취득가격에 포함되지 아니하는 비용들의 내용 또한 구체적으로 열거하였다.

행정안전부는 위와 같이 지방세법 시행령 제82조의 2를 개정하게 된 것은 “과세권자의 자의적인 해석에 따라 취득과 관련 없는 비용까지 취득가격에 포함되어 과세되는 사례가 있어 판례 및 세정운영 사례 등을 종합하여 취득가격의 적용범위를 명확히 하기 위함”이라고 하였다.

그렇다면 과거에는 지방세법상 ‘사실상의 취득가격’의 의미가 명확하지 아니하였으므로 취득가격의 범위에 대해 누적된 판례 이론에 의존할 수 밖에 없었다고 할 것이나, 위와 같이 지방세법 시행령이 취득가격의 범위를 명확하게 구분하여 규정한 이후에는 그 규정에 따라 어떠한 비용이 과세물건의 취득가격에 포함되는지 여부를 판단하여야 할 것이다.

### (4) 이 사건 채권처분손실금액의 경우

판례에 나타난 사실관계에 분명히 드러나지는 않으나 원고들이 이 사건 토지를 등기한 것은 2010.2월 내지 3월경이었던 것으로 보인다(이 사건의 원심인 대전고등법원 2011. 6. 9. 선고 2010누2485 판결). 따라서 이 사건 채권처분손실금액에 대해서는 개정 후 시행령 제82조의 2가 적용된다.

원고들은 이 사건 토지의 매입을 위해 부수적으로 이 사건 국민주택채권을 매입하였다가 이를 다시 매도하는 과정에서 이 사건 채권처분손실금액을 보게 된 것이므로, 이 사건 채권처분손실금액을 이 사건 토지의 취득을 위해 직접 지출된 비용으로 평가하기는 어려울 것으로 보인다.

그렇다면 이 사건 채권처분손실금액이 이 사건 토지의 취득을 위한 간접비용에 해당되는지가 문제되는데, 이를 이자 등 금융비용이나(개정 후 시행령 제82조의 2 제 1 항 제 1 호 · 제 2 호), 용역비(제 4 호), 채무인수액(제 5 호)으로 보기는 어려우므로, 결국 이것이 관계법령에 따라 의무적으로 부담하는 비용(제 3 호) 또는 기타 이와 유사한 비용(제 6 호)에 해당하는지가 문제된다.

여기에 대해 당시 공공주택용지를 구입하고자 하는 자는 구 주택법에 따라 의무적으로 국민주택채권을 매입하여야 했다는 점을 강조한다면 이 사건 채권처분손실금액이 관계법령에 따라 의무적으로 부담하는 비용에 해당한다고 볼 여지가 있을 것으로 보인다. 그러나 구 주택법은 국민주택채권을 매입하도록 한 것이지 이를 매입 즉시 '처분'하도록 한 것은 아니라는 점, 국민주택채권을 매입한 자가 이를 즉시 처분하지 않고 만기까지 보유한다면 취득가격에 포함시킬 어떤 비용의 지출이 있다고 보기 어려운 점 등을 고려하면 공공주택건설용지를 구입하고자 하는 자가 국민주택채권을 처분함에 따라 입게 되는 손실은 관계법령에 따라 의무적으로 부담하는 것이 아니라고 볼 여지가 더 많다고 생각된다.

### (5) 대상판결에 대한 평석

대상판결은 이 사건 채권처분손실금액에 대해 개정 후 시행령 제82조의 2가 적용된다고 보면서도, 이 사건 채권처분손실금액이 위 조항 각 호가 열거하고 있는 간접비용 중 어디에 해당하는지에 대해서는 특별한 언급을 하지 않은 채, 단지 이 사건 채권처분손실금액이 이 사건 토지의 취득가격에 포함되는 취득절차비용에 해당한다고만 판시하였다.

즉, 대상판결은 공공주택건설용지를 매수할 경우에는 국민주택채권의 매입이 반드시 필요하였다는 점에 착목하여 기존의 판례 이론과 같은 맥락에서 이 사건 채권처분손실금액이 과세물건인 이 사건 토지의 취득을 위해 필수적으로 지출된 비용에 해당한다는 판단을 내린 것으로 이해된다.

공공주택건설용지를 구입하고자 하는 자는 구 주택법에 따라 국민주택채권을 매입하여야 하고, 국민주택채권은 통상 시중 이자보다 매우 낮은 이자를 지급하므로 이를 보유한 자는 어떠한 형태로든 손실을 볼 수밖에 없다는 점에서 위와 같은 대상판결의 결론은 일응 수긍할 만하다고 생각된다.

그러나 앞서 살펴본 바와 같이 이 사건 채권처분손실금액이 개정 후 시행령 제82조의 2 제 1 항 각 호가 정한 '간접비용'에 정확히 들어맞는지에 대해서는 의문이 있다. 따라서 대상판결로서는 이 사건 채권처분손실금액에 대해 기존의 판례 이론을 그대로 적용하기보다는 개정 후 시행령 제82조의 2 제 1 항이 정한 '간접비용'의 의미를 명확히 밝혀 이 사건 채권처분손실금액이 여기에 해당하는지 여부를 판단하였어야 할 것인바, 이 부분에 대해서는 아쉬움이 남는다.

제8편

# 기　　타

# 73 대법원 2009.1.15. 선고 2006도6687 판결

# 면세유 부가가치세 부정환급과 형법상 사기죄의 성부

**판결요지**

주유소 운영자가 농민들에게 면세유를 공급한 것처럼 부당하게 발급받은 면세유류공급확인서로 정유회사를 기망하여 같은 회사로부터 부가가치세 환급분에 상당한 석유류를 다시 받았다면, 정유회사에게 현실적인 재산상 손해가 없었다고 하더라도 정유회사에 대하여 사기죄가 성립한다.

## 1. 사실관계 및 쟁점

농·어민 등이 농·어업에 사용하는 석유류에는 조세특례제한법 제106조의 2에 따라 부가가치세와 교통세 등이 면제된다. 그런데 이러한 면세유에 대하여 근래 진행된 감사원과 국세청의 특별조사 결과 일부 대리점 및 주유소에 의한 부정한 부가가치세 등 환급 사실이 밝혀지게 되었고, 이에 면세유가 큰 사회적 이슈로 부각됨과 동시에 관련 소송들도 급증하고 있다.

행정소송에서는 부정하게 환급된 부가가치세 등을 누구에게 추징처분하여 환수할 것인지가 주된 쟁점이 되고 있고,[1] 형사소송에서는 조세범처

1) 과세관청은 환급된 교통세 등을 정유회사들로부터 추징하였고, 정유회사가 불복한 사건에서, 1심은 정유회사에게 과실이 있다고 볼 수 없다고 하여 원고 승소판결을

벌법위반과 사기죄(특정경제범죄가중처벌등에관한법률위반 포함)의 성립 여부가 주된 쟁점으로서 다루어지고 있다.

이 사건에서 원심은 주유소 운영자의 위 행위를 정유회사에 대한 사기죄로 의율하였고, 대법원은 피고인의 상고를 기각하여 이 부분에 대한 원심 판단을 확정하였다.

## 2. 평 석

조세는 일반적으로 "국가가 국민에 대하여 반대급부 없이 강제적으로 걷는 돈"으로 정의된다. 그리고 이렇게 걷은 돈은 국가의 재정적 수요에 충당된다.

다소 느슨한 정의이지만, 이 말에는 중요한 함의가 있다. 국가가 재정적 수요에 충당하기 위하여 반대급부 없이 돈을 걷어가는 까닭에, 만일 누군가가 정당하게 납부하여야 할 세금을 내지 않아 국가의 재정적 수요가 충족되지 않는다면 결국 다른 누군가가 어떠한 형태로든 이를 부담할 수밖에 없다는 것과 다름없기 때문이다. 물론 국가는 납세의무를 강제하기 위해 가산금, 가산세 등의 행정적인 수단을 동원하기도 하고, 경우에 따라서는 형사적 제재를 가하기도 한다. 특히 조세범처벌법은 "사기 기타의 부정한 행위로써 조세를 포탈하거나 조세의 환급·공제를 받은 자"를 처벌함으로써(제 9 조), 조세에 관한 법률을 위반한 자에 대한 형사적 제재의 일반법으로서 기능하고 있다(제 1 조).

그런데 부가가치세 등과 같은 다단계 간접세제의 경우에는, 관련 세금의 부당 환급 등에 따른 제재(특히 형사적 제재)를 어떻게 관철하여야 할 지

---

하였으나 대법원은 정유회사에 대한 추징이 헌법상 자기책임의 원리에 반한다고 할 수 없다며 과세관청의 처분을 유지하는 것으로 마무리되었다(대법원 2012두20892 판결 등).

다소 모호한 경우가 있다.

대상판결에 앞서, 대법원 2008.11.27. 선고 2008도7303 판결은 이에 관하여 매우 중요한 판시를 한 바 있다. 즉, "기망행위에 의하여 국가적 또는 공공적 법익을 침해한 경우라도 그와 동시에 형법상 사기죄의 보호법익인 재산권을 침해하는 것과 동일하게 평가할 수 있는 때에는 당해 행정법규에서 사기죄의 특별관계에 해당하는 처벌규정을 별도로 두고 있지 않는 한 사기죄가 성립할 수 있다"고 하면서도, 조세와 관련하여서는 "기망행위에 의하여 조세를 포탈하거나 조세의 환급 · 공제를 받은 경우에는 조세범처벌법 제 9 조에서 이러한 행위를 처벌하는 규정을 별도로 두고 있을 뿐만 아니라, 조세를 강제적으로 징수하는 국가 또는 지방자치단체의 직접적인 권력작용을 사기죄의 보호법익인 재산권과 동일하게 평가할 수 없는 것이므로 조세범처벌법 위반죄가 성립함은 별론으로 하고, 형법상 사기죄는 성립하지 않는다"고 하고, 덧붙여 "피고인이 위조된 면세유류공급확인서를 이용하여 정유회사를 기망함으로써 공급받은 면세유의 가격과 정상유의 가격 차이 상당액의 이득을 취득한 행위가 피해자 정유회사에 대하여 사기죄를 구성하는 것은 별론으로 하고, 피고인이 국가 또는 지방자치단체를 기망하여 국세 및 지방세의 환급세액 상당을 편취하였다고 볼 수는 없다"고 하였다.

결론만 놓고 살펴보면, 대상판결은 비록 명시적으로 언급하고 있지는 않지만, 위 2008도7303 판결의 결론대로 국가에 대한 조세 관련 사기죄는 성립하지 않는다는 전제에서 국가가 아닌 정유회사에 대한 사기죄의 성립을 인정하였다. 그리고 정유회사의 재산상 손해발생 여부는 사기죄의 성립에 영향이 없다는 기존의 판례를 다시 한번 확인하였다(대법원 2007.1.25. 선고 2006도7470 판결 등).

그런데 대상판결의 이러한 결론은 거래징수 및 다단계세제의 특징을 가지고 있는 부가가치세의 징수구조에 비추어 볼 때 반드시 수긍할 만은 없는 사정이 있다.

우선 정유회사에 대하여 사기죄가 성립할 수 있는지부터 살펴보면, 사기죄의 성립요건과 관련하여 피해자의 '재산상 손해의 발생은 요하지 않는다'는 기존 판례의 태도는 많은 비판을 받고 있는데, 즉 기망행위에 의한 재물의 편취라는 행위에만 중점을 두고 재산상 손해의 발생을 요건으로 하지 않는다면 사기죄는 더 이상 재산권이 아니라 처분에 관한 의사결정의 자유를 그 보호법익으로 하게 된다는 것이다. 이러한 관점에서 보면, 설령 정유회사가 주유소 운영자로부터 기망을 당하였더라도 이로 인하여 재산상 손해가 야기된 바 없다면 결국 정유회사에 대한 사기죄가 성립하지 않는다는 결론에 이르게 된다. 특히 다단계 간접세라는 특징을 가지는 부가가치세의 경우, 경제적으로는 최종 소비자가 해당 부가가치세를 전부 부담하고 있음에도 법이 단지 징수의 편의라는 목적에서 중간단계의 공급자들을 납세의무자로 지정하였다면, 설령 정유회사가 주유소 운영자의 기망행위에 의하여 부가가치세를 환급받아 주거나 또는 주유소 운영자로부터 부가가치세를 거래징수하지 않았더라도 이로 인하여 정유회사에게 재산상 손해가 발생할 여지는 없는 까닭이다.

진정한 피해자가 누구인가를 따져 보면, 국가에 대한 사기죄의 성립을 인정할 수밖에 없을 것이다. 판례도 태풍 피해복구보조금과 관련한 허위의 피해신고 사건과 관련하여 국가에 대한 사기죄의 성립 가능성을 열어둔 바 있고(대법원 1999.3.12. 선고 98도3443 판결), 위 2008도7303 판결도 마찬가지로 국가적 법익 또는 사회적 법익과 관련한 사기죄의 성립 가능성을 여전히 열어 두고 있다.

물론 판례는 조세관계에 있어서의 국가에 대한 사기죄 성립을 계속하여 부인하고 있지만(일본의 경우도 마찬가지이다. 日大判 大正 4.10.28.은 "사기를 수단으로 하여 관세를 포탈하였다고 하더라도 범인이 그 결과로서 불법의 이익을 얻은 것은 당연한 것이기 때문에 법률이 이와 같은 경우까지도 예상해서 포괄하여 관세법 위반의 일죄로 처벌"하는 것이라고 하며 별도의 사기죄는 인정하지 않았다) 적어도 다단계 간접세제에 있어서는 이를 인정해야 할 필요성이 있어 보인다. 2008도7303이 언급하고 있는 "조세를 강제적으로 징수하는 국가의 권력 작용"이 국가가 징수의 편의를 위하여 스스로 고안한 다단계 간접세제에서도 그대로 사기죄의 성립을 부인하는 근거가 될 수 있을 지는 다소 의문이 있기 때문이다. 이 부분에 대해서는 좀 더 논의가 있어야 할 것으로 본다.

한편 국가에 대한 조세관련 사기죄를 인정할 경우 조세범처벌법과의 관계가 다시 문제될 수 있는데, 조세징수 과정 내지 조세행정에서의 부정한 행위를 처벌하는 것을 조세범처벌법의 목적으로 본다면 국가의 일반적인 재산권을 보호하기 위한 사기죄와 그 경합을 인정할 여지도 있어 보인다. 그리고 대상판결의 사실관계와 관련하여 한 가지 덧붙이자면, 조세범처벌법 위반을 법상 납세의무자에 의한 신분범으로 좁게 해석할 필요도 없다고 본다.

대상판결에서 검사는 주유소 운영자가 정유회사로부터 부가가치세 환급분이 아니라 그 상당의 석유류를 다시 제공받았다는 점에 주목하여 정유회사에 대한 사기죄로 기소하였지만, 만일 정유회사로부터 석유류가 아니라 거래징수된 부가가치세를 바로 돌려받았다면 간접정범 형태의 조세범처벌법 위반으로 기소하는 것이 가능하였으리라 본다. 물론 이 건 부가가치세와 관련한 법상 납세의무자는 주유소 운영자가 아니라 정유회사라는 점에서 과연 주유소 운영자를 간접정범으로 처벌할 수 있는지 문제될 수 있겠지만, 부가가치세제의 구조를 생각해 볼 때, 징수의 편의를 위해 고안된 납세의무자를 기준으로 조세포탈의 신분범을 좁게 해석할 이유는 없다. 판례는 특별소비세와 관련하여, 법상 납세의무자가 아닌 자에 의한 간접정범 형태의 조세범처벌법 위반을 이미 인정한 바 있다(대법원 2003.6.27. 선고 2002도6088 판결).

**74** 대법원 2009.5.28. 선고 2007두9303 판결

# 관세법상 과세과격 결정에 있어서의 과세관청의 입증책임

**판결요지**

[1] 특수관계자 사이의 수입거래가격을 부인하기 위해서는 과세관청이 구매자와 판매자 사이에 특수관계가 있다는 사실 외에도 그 특수관계에 의하여 수입거래가격이 영향을 받았다는 점까지 입증하여야 한다.

[2] 수입의약품의 매출원가율이 구매회사가 수입한 다른 의약품에 비하여 낮고 다른 업체들의 평균치에 미치지 못한다거나 그 재판매가격이 수출자인 판매회사의 가격정책에 부합하지 않는다는 사정만으로는 수입의약품의 거래가격이 구매회사와 판매회사의 특수관계에 영향을 받아 부당하게 낮은 가격으로 책정된 것이라고 단정할 수 없다.

## 1. 사실관계 및 쟁점

원고는 1999.9.20부터 2002.5.27까지 사이에 스위스 설립 제약회사(이하 '수출회사')로부터 경구용 대장암 치료제(이하 '이 사건 수입의약품')를 수입하면서 그 수입거래 가격에 따른 관세와 부가가치세를 납부하였다.

피고 세관장은 이 사건 수입의약품에 대한 실지심사를 한 뒤 수출회사가 원고 발행 주식의 50% 이상을 소유하고 있는 점, 이 사건 수입의약품의 매출원가율이 다른 수입의약품의 매출원가율보다 약 10~20% 정도 낮은 점, 이 사건 수입의약품의 국내 재판매가격이 수출회사가 자국 통화(스

위스 프랑)를 기준으로 책정한 최저판매가격보다 낮은 점을 주목하고 원고와 수출회사 사이의 특수관계가 수입의약품의 수입거래가격에 영향을 미쳤다고 보았다. 그리고 원고가 신고한 수입거래가격을 부인하면서 관세법 제33조에 따라 산정한 가격을 기초로 과세가격을 결정한 후 약 6억 5,000만원의 관세 등을 추가로 부과하였다(이하 '이 사건 처분').

## 2. 평　석

관세는 수입물품의 과세가격을 기준으로 부과되는데, 이러한 과세가격은 관세법 제30조의 수입거래가격(구매자가 실제로 지급하여야 하는 금액에 제30조 제 1 항 각 호의 금액을 가산한 금액)을 기준으로 함이 원칙이다(제 1 방법). 그렇지만 실제 거래에서는 관세법 제30조 제 1 항 각 호 외의 사정에 의하여도 수입거래가격이 영향을 받게 되며, 때문에 위 수입거래가격을 과세가격으로 할 수 없는 사정이 있을 때에는 동종·동질 물품의 거래가격(제31조 ; 제 2 방법), 유사물품의 거래가격(제32조 ; 제 3 방법), 국내판매가격(제33조 ; 제 4 방법), 산정가격(제34조 ; 제 5 방법), 기타 합리적 기준(제35조 ; 제 6 방법)에 따른 기준을 순차적으로 적용함으로써 과세가격을 결정하게 된다. 대상판결은 수출회사가 국내 수입회사인 원고의 지분 50% 이상을 소유하고 있어, 세관이 관세법 제30조 제 3 항 제 4 호(이하 '이 사건 규정')에 의해 원고가 신고한 수입거래가격을 부인하고 보충적 방법(제 4 방법)에 따라 과세가격을 결정한 사안이다.

이 사건 규정은 "구매자와 판매자 간에 특수관계가 있어 그 관계가 당해 물품의 가격에 영향을 미친 경우" 구매자가 신고한 수입거래가격을 과세가격으로 하지 아니하고 위의 제 2 방법 내지 제 6 방법에 의한 기준에 따라 순차적으로 과세가격을 결정하도록 하고 있는데, 수출회사와 국내 수입회사 사이에 특수관계가 있는지 여부는 쉽게 판별이 가능하지만 이러한

특수관계가 당해 물품의 가격에 영향을 미쳤는지 여부는 이를 입증하기는 매우 곤란한 것이 사실이다.[1]

법문을 살펴보면, 우선 이 사건 규정은 "① 수출회사와 수입회사가 특수관계에 있을 것, ② 특수관계가 가격에 영향을 미쳤을 것"이라는 2가지의 요건을 규정하고 있을 뿐, 달리 전자의 관계가 인정될 경우 후자의 사실이 추정된다는 형식으로 규정되어 있지는 않다. 그리고 관세법 시행령 제23조 제 2 항 역시 당해 물품의 가격이 "특수관계가 없는 구매자와 판매자간에 통상적으로 이루어지는 가격결정 방법으로 결정되거나 당해 산업부문의 정상적인 가격결정 관행에 부합하는 방법으로 결정된 경우, 기타 동종·동질 물품 등의 비교가격에 근접하는 경우"에는 특수관계에 의한 영향이 없는 것으로 규정하고 있을 뿐, 이러한 사유의 부재를 과세관청이 먼저 입증하여야 할 것인지 아니면 수입자가 적극적으로 그 사유의 존재를 입증하여야 할 것인지 분명하게 규정하고 있지는 않다.

이와 같다면 결국 조세소송에 있어서의 입증책임 일반의 문제로 돌아가서 과세관청이 수입가격이 특수관계에 의하여 영향을 받았다는 점을 입증하여야 한다고 보아야 할 것인지, 아니면 '특수관계자 사이의 거래'라는 특수성에 주목하여 그 예외를 인정할 수 있을 것인지가 문제될 것이다. 대상판결은 이 점에 대한 명확한 판시를 하였다는 점에서 그 의의를 찾을 수

1) 피고는 국내 재판매가격이 부당하게 낮다는 점, 이 사건 수입의약품의 경비 등 기준비율이 동종 업체나 유사한 다른 의약품의 통상적인 범위 내에 있지 않다는 점만을 처분의 근거로 삼았고, 이에 원고는 피고의 처분사유를 반박하면서 과세요건사실에 대한 피고의 입증이 충분하지 않음을 지적하였다. 한편 과세관청이 제 2 방법 또는 제 3 방법의 기준을 별도로 검토하지 않은 채 곧바로 제 4 방법에 의한 기준에 따라 과세가격을 결정한 점도 문제될 수 있을 것이지만, 이 사건 규정의 요건이 충족되지 아니한다면 원고가 신고한 수입거래가격을 그대로 과세가격으로 인정하여야 할 것이기에 제 2 방법 이하 기준의 순차적용 위반 여부는 위 사건에서 별도로 문제되지 않았다.

있다. 즉, 특수관계자 사이의 수입거래가격을 부인하기 위해서는 과세관청이 구매자와 판매자 간에 특수관계가 있다는 사실 외에도 그 특수관계에 의하여 수입거래가격이 영향을 받았다는 점까지 입증하여야 한다는 점을 분명하게 확인한 것이다.

한편 대상판결이 이와 같이 입증책임의 소재를 확인한 주요한 근거가 관세법이 아닌 "관세 및 무역에 관한 일반협정 제 7 조의 시행에 관한 협약(이하 '신평가협약')"이라는 점도 관심 있게 보아야 할 부분이다. 신평가협약은 우리나라가 1994.4.15. 체결한 다자간 조약인 "세계무역기구설립을 위한 마라케쉬협정"의 부속서로서 1994.12.16. 국회의 비준을 얻어 1995.1.1.부터 조약 제1265호로 발효되었는데, 국내 법령과 동일한 효력을 가지면서 과세가격의 결정에 대한 주요한 지침을 제공해 주고 있는 점이 종종 간과되기도 하였다.[2)]

신평가협약은 특히 특수관계자 사이의 수입거래에 관하여 "① 구매자와 판매자가 상호 관련되어 있다는 사실 자체만으로 그 거래가격을 수락할 수 없는 것으로 간주할 수 있는 근거가 되지는 못하고〔제 1 조 제 2 항 (a)〕, ② 관련이 있는 자 간의 판매에 있어서 거래가격이 아래에 규정하는 가격과 매우 근접함을 수입자가 입증하는 경우에는 언제나 이러한 거래가격이 수락되어야 한다〔제 1 조 제 2 항 (b)〕"고 규정하고 있는데, 이에 대해 이 사건 원심은 전자가 과세관청의 입증책임을, 그리고 후자가 과세관청의 입증에 대한 수입자의 항변을 규정하고 있다고 보았고, 대법원 역시 이를 그대

---

2) 예컨대, 대법원 1992.7.14. 선고 91누10763판결은, 특허권 등 권리사용료를 수입가격에 가산하기 위해서는 그 사용료가 수입물품에 관련되는 것만으로는 부족하고 권리사용료의 지급이 당해 물품의 거래조건으로 지급된 점까지 인정되어야 하는데 이에 대한 입증책임은 신평가협약에 비추어 볼 때 과세관청에게 있다고 판시하면서, 일정한 경우 권리사용료가 당해 물품의 거래조건으로 지급되는 것으로 의제한 관세평가 시행세칙의 법규적 효력을 부인하였다.

로 수용하면서 피고의 주장만으로는 과세요건사실에 대한 입증이 있는 것으로 보기 어렵다고 하였다. 통상적으로 특수관계자 사이의 거래가 있는 경우 세관은 이 사건 사실관계와 같이 수입거래가격이 낮다는 이유만으로 이를 부인하는 경우가 많았는데, 다국적 기업 간의 국제거래 규모가 전체 수입금액에서 차지하는 비중을 고려하여 볼 때 관세에 대한 예측 가능성 문제로 인하여 증가된 거래 비용이 결국 국내 소비자에게 전가될 우려가 있다는 점에서 매우 환영할 만한 판결인 점은 분명하다.

다만, 한 가지 아쉬운 점은, 어떠한 경우에 비로소 특수관계에 의하여 가격이 영향을 받은 것으로 볼 수 있는지에 대한 기준의 설시가 없다는 점이다. 세관이 직접 이들 특수관계인 사이의 의사결정 과정 및 내용까지 구체적으로 입증을 하여야 한다는 것인지, 아니면 세관이 관세법 시행령 제23조 제2항 각 호 사유의 부재를 입증하면 족하다는 것인지 분명하게 설시한 바가 없다.[3]

특히 전자로 해석한다면 세관의 입증책임에 대한 부담이 상당할 것으로 보이는데, 이 부분에 대한 앞으로의 판례 집적을 기대해 본다.

---

3) 이 경우에도 당해 수입물품이 대체 가능성이 없는 것이라면 위 시행령 각 호 사유의 부재를 입증하는 것은 "수입거래가격이 특수관계에 의하여 영향을 받았다"는 점에 대한 충분한 입증이 되지 못할 것이다.

**75** 대법원 2009.7.23. 선고 2007두1170 판결

# 외국인투자기업이 구 조세특례제한법 제121조의 3 규정에 의하여 자본재 도입시 관세 등을 면제받기 위하여 면제신청을 하여야 하는 시기

**판결요지**

구 조세특례제한법(2007.12.31. 법률 제8827호로 개정되기 전의 것, 이하 '조특법') 및 구 관세법(2008.2.29. 법률 제8852호로 개정되기 전의 것, 이하 '관세법')의 각 관련 규정의 문언, 체계와 취지, 특히 관세의 감면대상 물품에 대한 세액심사는 수입신고수리 전에 하여야 하는 점 및 외국인투자기업이 위 구 조세특례제한법 제121조의 3 규정에 의하여 관세 등을 면제받은 때에는 수입신고수리 후부터 사후관리를 받아야 하며 만일 당해 수입물품을 면제받은 용도로 사용하지 않으면 관세 등을 추징당하는 점 등을 종합하여 보면, 외국인투자기업이 위 구 조세특례제한법 제121조의 3 규정에 의하여 관세 등을 면제받기 위해서는 수입신고수리 전에 세관장에게 면제신청을 하여야만 하고, 수입신고수리 후에 경정청구를 통하여 면제신청을 한 때에는 관세 등을 면제받을 수 없다.

## 1. 사실관계

원고는 네덜란드 법인인 소외회사가 전액 투자한 외국인투자기업으로서 고도기술수반사업을 영위하고 있는바, 2003.1.3.부터 2004.7.28.까지 사이에 고도기술수반사업에 직접 사용되는 금속절삭가공기계 등(이하, '쟁점

물품')을 세관에 수입신고하면서 조특법상의 관세 및 부가가치세 면제신청을 하지 아니하고 수입통관하였다. 원고는 그 후 2004.12.17. 피고에게 쟁점 물품이 조특법 제121조의 3 제 1 항 제 1 호에 의한 관세 및 부가가치세 면제대상 자본재에 해당한다는 이유로, 같은 조 제 3 항에 따라 면제신청을 하는 동시에 관세법에 따라 쟁점 물품에 대한 관세 등을 환급하여 달라는 취지의 세액경정청구를 하였다.

그러자 피고는 관세 등의 감면을 받고자 하는 자는 당해 물품의 수입신고 수리 전에 감면신청서를 세관장에게 제출하여야 함에도 원고는 감면신청서를 수입신고 수리 전에 제출하지 않았다는 이유로 위 경정청구를 거부하였다.

## 2. 쟁　　점

조특법 제121조의 3 제 1 항 · 제 3 항 소정의 관세 등의 면제를 받기 위해서는 수입신고수리 전에 면제신청을 하여야만 하는 것인지, 아니면 수입신고수리 후에도 면제신청이 가능한 것인지가 문제된다.

## 3. 평　　석

조특법 제121조의 3 제 1 항은 제 1 호에서 '외국인투자기업이 고도의 기술을 수반하는 사업에 소요되는 자본재로서 외국투자가로부터 출자받은 대외지급수단 또는 내국지급수단으로 도입하는 것 중 대통령령이 정하는 자본재가 외국인투자촉진법 제 5 조 제 1 항의 규정에 의하여 신고된 내용에 따라 도입되는 경우에는 관세 등을 면제한다'고 규정하고, 제 3 항은 '외국인투자가 또는 외국인투자기업이 제 1 항의 규정에 의하여 관세 등을 면제받고자 할 때에는 재정경제부령이 정하는 바에 따라 면제신청을 하여야 한다'고 규정하며, 조특법 제121조의 5 제 2 항, 조특법 시행령 제116조의 8 제 1 항 제 2 호는 '관세법에 의한 수입신고수리일부터 3년 이내(특별소비세 및 부가가치세의 경우에는 5년)에 신고된 목적 외에 사용하거나 처분하는 자본재에 대하여는 그 감면된 관세액을 추징한다'고 규정하고 있다. 또한 관세법 시행령 제112조 제 1 항은 '법 기타 관세에 관한 법률 또는 조약에 의하여 관세의 감면을 받고자 하는 자는 당해 물품의 수입신고수리 전에 감면의 법적 근거 등을 기재한 신청서를 세관장에게 제출하여야 한다'고 규정하고 있다.

한편 조특법이 시행되기 전 구 조세감면규제법상 조세감면은 ① 감면신청이 필요적 감면요건으로 되어 있는 경우(신청감면)와 ② 감면신청의 유무와 관계없이 당연히 감면되는 경우(당연감면)로 나뉘어졌다. 이 중 '신청감면'은 감면대상에 대한 실체적 요건과는 별도로 절차적 요건도 준수하여야 하는바, 감면신청이 반드시 필요하고 감면신청이 없는 한 감면혜택을 받을 수 없고, '당연감면'은 감면신청이라는 절차적 요건은 감면세액의 결정에 필요한 서류를 정부에 제출하도록 협력의무를 부과한 것에 불과한 임의규정(훈시규정)으로서 소정의 기한 내에 감면신청서의 제출이 없더라도 감면요건이 갖추어진 경우에는 당연히 세액을 감면하는 것으로 해석되어 왔다.

그런데 대법원은 위와 같은 '신청감면'과 '당연감면'의 구분기준에 대하여, 통상 ① 법규정이 '……의 규정은 …… 감면신청을 하는 경우에 한하여 이를 적용한다'는 형식으로 규정하고 있는 경우에는 이를 효력규정으로 보아 신청감면으로 해석하고(대법원 1987.10.28. 선고 87누23 판결 ; 대법원 1994.7.29. 선고 93누9705 판결 ; 대법원 1995.4.11. 선고 94누15806 판결 ; 대법원 1999.10.12. 선고 99두6699 판결 등), ② 법규정이 '…… 감면을 받고자 하는 자는 …… 감면신청을 하여야 한다'는 형식으로 규정하고 있는 경우에는 이를 임의규정으로 보아 당연감면으로 해석하여 왔다(대법원 1986.3.11. 선

85누695 판결 ; 대법원 1997.10.24. 선고 97누10628 판결 ; 대법원 2002.4.12. 선고 2001두731 판결 ; 대법원 2003.5.16. 선고 2001두3006 판결 등).

특히 공공사업용 토지에 대한 양도소득세 감면에 관한 구 조세감면규제법 제57조 제 4 항이 '세액면제신청서를 제출하여야 한다'고 규정하고 있었던 사안에서 대법원은 이를 임의규정으로 보다가(대법원 1993.5.25. 선고 92누17273 판결), 그 후 개정된 제57조 제 4 항이 '감면신청하는 경우에 한하여 이를 적용한다'고 그 규정형식을 변경하자 판례가 이를 효력규정에 해당한다고 판시하였는바(대법원 1995.12.22. 선고 95누10860 판결), 대법원의 기본입장은 조세감면규정의 입법취지나 감면목적보다는 일차적으로 그 규정형식을 기준으로 효력규정인지 아니면 임의규정인지 여부를 결정하고 있는 것으로 보인다.[1)]

이러한 구분기분을 이 사건에 그대로 적용할 경우 '외국인투자가 또는 외국인투자기업이 제 1 항의 규정에 의하여 관세 등을 면제받고자 할 때에는 재정경제부령이 정하는 바에 따라 면제신청을 하여야 한다'고 규정하고 있는 조특법 제121조의 3 제 3 항의 규정은 당연감면 규정으로 해석될 여지가 많은 것이 사실이고, 이 사건 원고 역시 위 대법원 1986.3.11. 선고 85누695 판결, 대법원 1997.10.24. 선고 97누10628 판결 등을 들어 당연감면을 주장하였다.

그런데 이 사건에서 대법원은 "조특법 및 관세법의 각 관련 규정의 문언, 체계와 취지, 특히 관세의 감면대상 물품에 대한 세액심사는 수입신고수리 전에 하여야 하는 점 및 외국인투자기업이 위 구 조세특례제한법 제

1) 강석훈, "가. 법인이 겸영하는 감면대상 사업 중 일부에 대해서만 감면신청을 한 경우 감면신청을 하지 않은 사업에서 발생한 소득을 감면소득에 포함하여 감면세액을 산정할 것인지 여부, 나. 이자수입과 영업양도로 인한 특별이익 등을 감면소득에 산입할 것인지 여부(대법원 2004.11.12. 선고 2003두773 판결)", 『대법원판례해설』 제53호, 법원도서관, 2005. 참조.

121조의 3 규정에 의하여 관세 등을 면제받은 때에는 수입신고수리 후부터 사후관리를 받아야 하며 만일 당해 수입물품을 면제받은 용도로 사용하지 않으면 관세 등을 추징당하는 점 등을 종합하여 보면, 외국인투자기업이 위 구 조세특례제한법 제121조의 3 규정에 의하여 관세 등을 면제받기 위해서는 수입신고수리 전에 세관장에게 면제신청을 하여야만 하고, 수입신고수리 후에 경정청구를 통하여 면제신청을 한 때에는 관세 등을 면제받을 수 없다"고 판단함으로써 위 규정을 당연감면이 아닌 신청감면으로 해석하였다.

그러나 조세법규는 예측 가능성과 일관성이 있어야 한다는 점에서, 납세의무자에게 큰 차이를 가져오는 '당연감면 규정'과 '신청감면 규정'을 일관된 기준이 아닌 "규정의 문언, 체계, 취지 등을 종합하여 볼 때"라는 모호하고 불분명한 기준으로 구분하는 것은 조세법률주의의 요청에 부합하지 않는 면이 있다. 특히 이 사건 원심인 대구고등법원 2006.11.24. 선고 2006누959 판결은 "종래의 대법원 판례가 구 조세감면규제법상 조세감면에 관하여 '…… 감면을 받고자 하는 자는 …… 감면신청을 하여야 한다'는 규정이 있는 경우에는 감면신청이 없어도 당연히 조세가 감면되는 것으로 해석하여 왔다고 하여 그 후 전문개정되어 시행되는 조특법상의 조세감면 규정에 관하여도 반드시 그와 같이 해석하여야만 한다고 할 수 없다"고 판시함으로써 조특법과 구 조세감면규제법상의 해석론이 얼마든지 달라질 수 있다고 판단하였으나, 이러한 결론이 입법학의 측면에서나 법률해석학의 측면에서나 바람직하다고 보기는 어렵다고 판단된다.

다만, '관세감면'에 대해서는 일찍이 대법원 1995.9.15. 선고 95누6748 판결 역시 "관세법 제34조 제1호, 같은 법 시행령 제16조 제1항, 같은 법 시행규칙 제29조 제1항 등 재수입면세에 관련된 각 규정의 취지를 종합하면, 수입물품이 관세법 제34조 제1호 소정의 재수입면세 대상물품에 해당한다 하더라도 과세관청으로서는 위 물품의 수입에 관한 관세의 면세신청에 따라 면세조치를 할 수 있고, 면세신청이 없는 경우에도 면세조치를 하여야 하는 것은 아니다"라고 하여 구 조세감면규제법과는 달리 "감면신청을 하여야 한다"는 규정을 당연감면 규정이 아닌 신청감면 규정으로 해석하였는바, 상시적 규제가 가능한 내국세와는 달리 수입신고시점에 집중되는 관세행정의 특수성을 감안한 판단이 아니었는가 추측된다.

관세감면에 대한 대법원의 위와 같은 선행판단을 감안하여 보면, 이 사건 대법원 판결은 과거 구 조세감면규제법상 해석기준을 폐기하였다고 하기보다는 오히려 '관세감면'에 대한 대법원의 기존 태도를 조특법의 해석론에 있어서도 유지한 것이 아닌가 한다. 다만, 관세행정의 특수성을 감안하더라도, 동일한 문구를 때에 따라 다르게 해석하는 것보다는 애초 일관된 기준에 따라 통일시켜 규정하는 것이 조세법률주의상 명확성의 요청에 부합하는 입법 방향이라고 생각된다.

# 제 2 부

# 연간주요판례회고

01

# 2009년 조세법 주요 판례*

변호사 강 석 훈

## 1. 개　　관

2009년도에 국세기본법 제22조의 2의 해석문제 등 조세쟁송의 불복범위나 절차와 관련하여 그동안의 논란에 종지부를 찍는 다수의 판결을 선고하였고, 폐업법인 등록세 중과 여부나 특정법인과의 거래를 통한 이익증여 시 이익의 계산방법을 규정한 시행령 등에 관하여 소위 엄격해석의 원칙에 입각하여 과세관청의 무리한 과세관행에 제동을 걸거나 시행령의 무효를 선언하는 등 의미 있는 판결을 다수 선고하였다.

한편 헌법재판소는 구 국세징수법 제78조 제 2 항 후문에 대하여 위헌결정을, 구 지방세법 제112조 제 2 항 제 4 호에 대하여 한정위헌결정을 각 선고하였다. 이하에서는 각 세목 및 주제별로 2009년 주요 판결의 내용과 의미를 살펴본다.

---

* 법률신문 제3842호(2010.5.20.자) 기고.

## 2. 국세 부과 및 징수

### (1) 사업양수인의 제 2 차 납세의무 한도액의 산정 : 대법원 2009.1.30. 선고 2006두1166 판결

지방세법 제24조 제 1 항은 사업양수인이 양수한 재산의 가액을 한도로 양수인에게 제 2 차납세의무를 규정하고 있고, 같은 법 시행령 제 7 조는 '양수한 재산의 가액'을 양수인이 지급하였거나 지급해야 할 금액이 있는 경우에는 그 가액, 이러한 가액이 없을 경우에는 양수한 자산 및 부채를 상속세 및 증여세법(이하 '상증법')의 규정을 준용하여 평가한 후 그 자산총액에서 부채총액을 공제한 가액으로 정하도록 규정하고 있다.

대상판결에서는 위 '사업의 양수인이 지급하였거나 지급해야 할 금액'이라 함은 양수인과 양도인 사이에 사업시설, 영업권, 채권, 채무 등 일체의 인적 · 물적 권리와 의무를 포함하는 사업의 경제적 가치를 일괄적으로 평가하여 사업양도의 대가로서 지급하였거나 지급하기로 한 금액을 의미한다고 전제한 다음, 양수인이 임의경매 집행절차 및 별도의 양도계약에 의하여 양도인의 사업을 포괄적으로 승계한 경우에는 그 사업의 경제적 가치에 대한 일괄적 평가가 결여되어 있으므로, '양수인이 지급하였거나 지급해야 할 금액'이 있는 경우라고 할 수 없고, 따라서 이러한 경우에는 자산총액에서 부채총액을 공제한 가액으로 정할 수밖에 없다고 판단하였다. 대상판결은 사업양수인의 제 2 차 납세의무의 한도액을 산정할 때 당해 사업의 인적 · 물적 권리와 의무를 포함한 사업의 경제적 가치를 일괄적으로 평가해야 한다는 점을 명백히 하였다.

### (2) 당초 처분과 증액경정처분과의 관계 : 대법원 2009.5.14. 선고 2006두17390 판결

종래 2002.12.18. 국세기본법 제22조의 2가 신설되기 이전에는 당초 처분(신고를 포함하는 개념이다)과 경정처분의 관계에 대하여 세법상 아무런 규정도 두지 아니하여 학설(소위 병존설, 흡수설, 병존적 흡수설, 역흡수설, 역흡수병존설 등) 및 판례에 맡겨져 있었고, 종래 대법원은 증액경정처분의 경우에는 소위 흡수설의 입장에서 당초 신고하거나 결정된 세액을 증액하는 경정처분이 있는 경우 납세의무자는 그 증액경정처분만을 쟁송의 대상으로 삼아 취소를 청구할 수 있고, 당초 신고나 결정이 불복기간의 경과로 확정되었다 하여도 증액경정처분에 대한 소송절차에서 증액경정처분으로 증액된 세액에 관한 부분만이 아니라 당초 신고하거나 결정된 세액에 대해서도 그 위법 여부를 다툴 수 있다고 판시하여 왔다(대법원 2001.12.27. 선고 2000두10083 판결 등).

그런데 2002.12.18. 개정된 국세기본법 제22조의 2 제 1 항은 "세법의 규정에 의하여 당초 확정된 세액을 증가시키는 경정은 당초 확정된 세액에 관한 이 법 또는 세법에서 규정하는 권리 · 의무관계에 영향을 미치지 아니한다"는 규정을 신설하였는데, 위 규정만으로는 당초 처분과 경정처분과의 관계에 관한 문제가 일거에 해결되지 않았기 때문에 위 규정의 해석을 둘러싸고 학설상 논란은 여전히 계속되었고, 이에 대법원의 입장이 변경될 것인지 여부가 주목되어 왔다.

대상판결은 증액경정처분의 경우 소위 '흡수설'의 입장, 조세소송에서의 소송물 이론에 관한 소위 '총액주의'의 입장, 국세기본법 제22조의 2 제 1 항의 주된 입법취지 등을 근거로, 국세기본법 제22조의 2의 시행 이후에도 원칙적으로 증액경정처분만이 항고소송의 심판대상이 되고, 납세의무자는 그 항고소송에서 당초 신고나 결정에 대한 위법사유도 함께 주장할 수 있다고 해석함이 타당하다고 최초로 판시하였다. 다만, 대법원은 당초 처분에 대하여 소송법상 불가쟁력이 발생한 경우 취소되는 세액의 범위는 증액경정된 범위에 한정된다는 점을 명백히 밝히지는 않았으나 국세기본법 제22조의 2 제 1 항의 입법취지가 그러하다고 판시하여 간접적으로 이를 긍정한 것으로 보인다.

## 3. 소득세법

### (1) 소득세법상 소득금액 추계시 매입비용의 범위 : 대법원 2009.4.23. 선고 2007두3107 판결

소득세법은 대통령령이 정하는 사유로 장부나 그 밖의 증빙서류에 의하여 소득금액을 계산할 수 없는 경우 소득금액을 추계조사결정할 수 있도록 규정하고 있다. 그리고 구 소득세법 시행령 제143조 제 3 항 제 1 호는 소득금액 추계방법의 하나인 기준경비율의 계산방법으로, '수입금액'에서 '매입비용(사업용 고정자산의 매입비용을 제외한다)과 사업용 고정자산에 대한 임차료', '종업원의 급여와 임금 및 퇴직급여' 및 '수입금액에 기준경비율을 곱하여 계산한 금액'을 각 공제하도록 규정하고 있다.

대상판결은 기준경비율의 계산시 공제되는 매입비용에는 매입부대비용으로 지출된 취득세·등록세가 포함된다고 판시하였는데, 주요 근거로 기준경비율 방법은 가급적 추계과세를 지양하고 근거과세를 확립하는 데 주된 취지가 있는 점, 실지조사에 의한 필요경비 산정에 있어서 취득세·등록세 등의 매입부대비용을 매입가액과 함께 매입자산의 취득가액에 포함시켜 이를 필요경비로 인정하고 있는데 매입자산의 취득가액과 같은 성격의 매입비용에 관하여도 달리 볼 이유가 없는 점 등을 들고 있다. 이처럼 근거과세와의 형평성 등을 이유로 기준경비율 계산시 공제되는 매입비용의 범위를 확대하여 해석하는 것은 바람직하다고는 여겨지지만, 근거과세와 추계과세가 별개의 소득금액 계산방식임에도 불구하고 동일하게 해석해야 하는지 등의 반론이 제기될 수 있을 것으로 여겨진다.

## 4. 법인세법

### (1) 위법 관련 비용과 법인세법상 손금 : 대법원 2008.11.13. 선고 2006두12722 판결

대상판결은 구 법인세법(1998.12.28. 법률 제5581호로 전문개정되기 전의 것) 제 9 조 제 1 항 · 제 3 항, 같은 법 시행령 제12조 제 2 항의 각 규정에 따르면, 일반적으로 위법소득을 얻기 위하여 지출한 비용이나 지출 자체에 위법성이 있는 비용의 손금산입을 부인하는 내용의 규정이 없을 뿐만 아니라 법인세는 원칙적으로 다른 법률에 의한 금지의 유무에 관계없이 담세력에 따라 과세되어야 하고 순소득이 과세대상으로 되어야 하는 점 등을 종합하여 보면, 위법소득을 얻기 위하여 지출한 비용이나 지출 자체에 위법성이 있는 비용에 대해서도 그 손금산입을 인정하는 것이 사회질서에 심히 반하는 등의 특별한 사정이 없는 한 손금으로 산입함이 타당하다는 기존 입장(대법원 1998.5.8. 선고 96누6158 판결)을 재확인하였다.

한편 구 법인세법 제 9 조는 손비의 개념에 관하여 규정하지 않았는데, 전문개정된 법인세법 제19조 제 2 항은 손비에 관하여 사업관련성, 통상성 등을 요구하였고, 대상판결은 원심이 손금인정 요건으로서 사업관련성 통상성에 관한 법리를 오해하지 않았다고 판시함으로써 현행 법인세법하에서도 위법소득을 얻기 위하여 지출한 비용이나 지출 자체에 위법성이 있는 비용에 대해서도 특별한 사정이 없는 한 손금으로 산입할 수 있다는 견해를 취한 것으로 이해된다.

### (2) 특수관계자의 대출금에 대한 정기예금 담보제공과 부당행위계산 부인 : 대법원 2009.4.23. 선고 2006두19037 판결

대상판결은 회사가 높은 대출이자를 부담하고 있음에도 불구하고 차입금을 상환하지 아니하고, 상당한 금원을 낮은 이율의 정기예금에 예치한 후 이를 특수관계 법인들의 대출금에 대한 담보로 제공한 행위는 경제적 합리성을 무시한 비정상적인 거래이므로 법인세법 시행령 제88조 제 1 항 제 9 호 소정의 '이익분여'에 해당한다고 판시하였다. 위 제 9 호는 제 1 항 내지 제 8 항에서 포섭하지 못한 새로운 형태의 이익분여에 대해서도 부당행위계산 부인의 대상에 포함시키고자 한 취지의 규정으로 이해된다. 대상판결은 특수관계자에게 직접적으로 이익을 분여한 것이 아니라 담보제공과 대출이라는 일련의 과정을 통하여 우회적이고도 다단계인 행위형식으로 이익을 분여한 것도 위 제 9 호 소정의 '이익분여'에 포함되는 것으로 판단하였다.

다만, 담보제공 등에 의하여 대출받을 수 있는 기회를 분여한 것이 과연 이익분여인지, 이러한 이익이 측정 가능한 것인지, 담보제공과 대출이라는 전체 거래를 회사의 특수관계자에 대한 직접 대여와 동일한 것으로 본다는 것인지 등의 문제에 대한 보다 심도 깊은 논의가 필요하다고 여겨진다.

### (3) 국내원천소득인 이자소득에 대한 원천징수의무자 : 대법원 2009.3.12. 선고 2006두7904 판결

대상판결은'외국법인에게 지급되는 국내원천인 이자소득에 대하여 원천징수의무를 부담하는 구 법인세법 제98조 제 1 항에서의 소득금액을 지급하는 자'라 함은 계약 등에 의하여 자신의 채무 이행으로서 이자소득의 금액을 실제 지급하는 자를 의미한다고 판시하였다. 이자소득이 국내원천인지 여부를 따짐에 있어 법인세법이 원칙적으로 소위 '지급자기준'을 채택하고 있고, 자동확정방식을 취하는 원천징수제도는 그 대상이 되는 소득이 명확함과 동시에 과세표준과 세액의 산출 과정이 단순하고 용이해야 하므로, 이자를 실질적으로 지급하는 자가 아닌 실제 지급하는 자가 원천징수의무자라 판단한 것은 옳고, 또한 주채무자나 보증채무자가 자신의 채무이행의 방편으로 이자를 지급한 경우가 아닌 단순한 이자 송금 매체의 경우를 제외하도록 해석한 것은 타당하다.

## 5. 상속세 및 증여세법

### (1) 특정법인과의 거래를 통한 이익증여시 이익의 계산 : 대법원 2009.3.19. 선고 2006두19693 전원합의체 판결

상증법 제41조 제 1 항은 결손금이 있거나 휴업 또는 폐업 중인 법인(이하 '특정법인')의 주주 또는 출자자와 특수관계에 있는 자가 당해 특정법인에게 재산 또는 용역을 무상제공하는 등의 거래를 통하여 당해 특정법인의 주주 등이 이익을 얻은 경우에 그 이익에 상당하는 금액을 당해 주주 등의 증여재산가액으로 한다고 규정하고, 제 2 항은 그 이익의 계산방법을 대통령령에 위임하였다.

그런데 구 상증법 시행령(2003.12.30. 대통령령 제18177호로 개정되기 전의 것) 제31조 제 6 항은 당해 특정법인이 증여를 받거나 채무를 면제받은 경우 그 이익의 상당액으로 인하여 증가된 주식 1주당 가액에 당해 주주의 주식수를 곱하여 계산한 금액을 당해 특정법인의 주주가 얻은 이익으로 보도록 규정하였고, 그래서 대법원은 증여 등 거래를 전후하여 1주당 가액을 산정한 결과 그 가액이 모두 부수(負數)인 경우에는 부수의 절대치가 감소하였다 하더라도 증가된 주식 등의 1주당 가액이 없다는 등의 사유로 증여세 부과처분이 위법하다는 취지로 판시하였다(대법원 2003.11.28. 선고 2003두4249 판결 ; 대법원 2006.9.22. 선고 2004두4727 판결 등).

이에 개정된 구 상증법 시행령(2003. 12.30. 대통령령 제18177호로 개정된 것) 제31조 제6항은 당해 특정법인이 증여를 받거나 채무를 면제받은 경우 그 이익의 상당액에 곧바로 당해 주주의 주식수를 곱하여 계산한 금액을 당해 특정법인의 주주가 얻은 이익으로 보도록 규정하였고, 그 부칙 제6조는 시행 후 증여세를 결정하거나 경정하는 분부터 적용하도록 규정하였다. 대상판결은 상증법 제41조가 특정법인과의 재산의 무상제공 등 거래를 통하여 최대주주 등이 '이익을 얻은 경우'에 이를 전제로 그 '이익의 계산'만을 시행령에 위임하고 있음에도, 개정된 시행령 제31조 제6항은 특정법인이 얻은 이익이 바로 '주주 등이 얻은 이익'이 된다고 보아 증여재산가액을 계산하도록 하고 있고, 법 제41조 제1항에 의하면 특정법인에 대한 재산의 무상제공 등이 있더라도 주주 등이 실제로 이익을 얻은 바 없다면 증여세 부과대상에서 제외될 수 있으나 시행령 제31조 제6항은 특정법인에 재산의 무상제공 등이 있다면 그 자체로 주주 등이 이익을 얻은 것으로 간주하여 증여세 납세의무를 부담하게 되므로, 개정된 시행령 제31조 제6항의 규정은 모법인 법 제41조 제1항 · 제2항의 규정 취지에 반할 뿐 아니라 그 위임범위를 벗어난 것으로서 무효이고, 위 부칙 제6조는 시행령 제31조 제6항과 일체가 되어 시행령 시행 전에 과세요건 사실이 완성된 것에 대해서도 본칙 규정을 소급적용하도록 하고 있는데, 시행령 본칙 규정이 무효인 이상 위 부칙 규정 역시 효력이 없다고 판시하였다.

대상판결의 사안은 개정 전 상증법 시행령 제31조 제6항이 적용되는 사안이어서 개정된 규정의 소급적용이 문제되는 사안임에도 불구하고, 대법원은 조세법령 불소급의 원칙을 적용한 원심이 부적절하다고 판단하고, 증여세 부과처분 당시 시행 중인 개정된 시행령의 무효를 적극 선언하였는데, 이는 당해 특정법인을 당장 청산하면 주주에게 돌아갈 이익이 전혀 없다는 실질과세원칙을 적극 확인하였다는 점에서 의의를 가진다. 그런데 위 대법원판결 선고 이후 2010.1.1. 개정된 상증법 제41조 제1항은 종전에

“주주 등이 이익을 얻은 경우”라는 규정을“주주 등이 대통령령으로 정하는 이익을 얻은 경우”라고 개정하였는데, 따라서 앞으로도 여전히 위 규정의 해석문제를 둘러싸고 분쟁의 소지가 남아 있는 것으로 보인다.

## 6. 지방세법

### (1) 취득세 중과세 대상인 고급주택의 판단기준 : 대법원 2009.10.22. 선고 2007두3480 전원합의체 판결

대상판결은, 구 지방세법 제112조 제 2 항 제 3 호가 취득세 중과세대상인 고급주택에 관하여 ‘주거용 건축물 또는 그 부속토지의 면적과 가액이 대통령령이 정하는 기준을 초과하는 주거용 건축물과 그 부속토지’라고 규정함으로써 고급주택의 요건으로 면적과 가액의 두 요소를 함께 반영하여 양자 모두 일정한 기준을 초과할 것을 요구하고 있음에도, 그 위임을 받은 구 지방세법 시행령 제84조의 3 제 3 항 제 4 호는 ‘1구의 공동주택의 연면적(공용면적을 제외한다)이 245㎡를 초과하는 공동주택과 그 부속토지’를 취득세 중과세대상인 고급주택의 하나로 규정함으로써, 공동주택의 경우에는 단독주택의 경우와는 달리 면적이 일정한 기준을 초과하기만 하면 그 가액과 관계없이 취득세를 중과세하도록 정하고 있어 위 법률조항보다 취득세 중과세대상의 범위를 확장하고 있다는 이유로 모법의 규정취지에 반하고 그 위임범위를 벗어나 무효라고 판시하였다.

이에 대하여 대법관 4인은 조세법규의 합목적적 해석론에 근거하여 주택의 유형에 따라 합리적으로 판단하여 면적이나 가액 중 어느 하나만을 기준으로 고급주택 여부를 정하는 것도 위임하였다는 점을 예측할 수 있다는 반대의견을 내었다. 결국 대법원은 문리해석과 목적론적 해석의 대립구도에서 문리해석을 우선하여 조세법규에 대한 엄격해석의 원칙을 중시하고 있음을 보여준 것으로 이해된다.

### (2) 휴면법인을 이용한 등록세 중과세 회피 : 대법원 2009.4.9. 선고 2007두26629 판결

구 지방세법(2001.12.29. 법률 제6549호로 개정되기 전의 것) 제138조 제 1 항은 그 제 1 호에서 '대도시 안에서의 법인의 설립 후 5년 이내에 자본증가에 따른 등기'를, 제 3 호에서 '대도시 내에서의 법인의 설립과 지점 또는 분사무소의 설치 및 대도시 내로의 법인의 본점 주사무소 지점 또는 분사무소의 전입에 따른 부동산등기와 그 설립·설치·전입 이후의 부동산등기'를 각 등록세 중과대상으로 규정하고 있었다. 대상판결의 쟁점은 설립등기를 마친 후 폐업을 하여 사업실적이 없는 상태인 법인(휴면법인)의 주식 전부를 제 3 자가 양수한 후 법인의 임원, 자본, 상호, 목적 사업 등을 변경한 경우 법인의 설립으로 보아 등록세를 중과할 수 있는지 여부이다.

대상판결은 민법 및 상법의 규정에 따르면 설립등기 없는 법인의 설립은 있을 수 없고, 일단 법인이 설립등기로써 성립된 이후에는 그 법인격이 소멸되지 않는 한 같은 설립등기에 의한 새로운 법인의 설립도 있을 수 없는 것이므로, 지방세법에서 '법인의 설립'에 관하여 민법 및 상법의 규정에 따른 법리와는 다른 별도의 정의 규정을 두고 있지 아니한 이상, 위와 같은 경우 '법인의 설립'에 해당한다고 볼 수 없고, 가사 그러한 행위가 등록세 등의 중과를 회피하기 위한 것으로서 이를 규제할 필요가 있다 하더라도 그 행위가 '법인의 설립'에 해당한다고 보아 등록세를 중과하는 것은 조세법규를 합리적 이유 없이 확장 또는 유추해석하는 것으로서 허용될 수 없다고 판시하였다.

대법원은 세법에 별도의 정의 규정이 없는 이상 '법인의 설립'을 세법 독자적 입장에서의 해석을 차단하였고, 조세법률주의와 실질과세원칙이 충돌할 경우 구체적 부인규정이 없는 한 조세법률주의가 우선한다는 입장을 재확인하였다.

### (3) 취득세 신고행위의 당연 무효 여부 : 대법원 2009.4.23. 선고 2006다81257 판결 등

대상판결은 간주취득세를 납부한 과점주주가 영업양수도 방식으로 법인의 자산 전부를 실제취득하고 취득세를 신고·납부한 경우 이중과세에 해당한다고 전제한 다음, 원고가 취득세를 신고·납부하는 과정에서 과세관청이 관여하거나 개입한 적이 없고, 가산세 등의 제재를 피하기 위하여 불가피하게 신고·납부한 것이 아니며, 이중과세 여부는 해석상 논란의 여지가 있고, 원고가 제소기간을 1년 이상 경과한 후에 신고·납부행위를 무효라고 주장하는 점 등을 종합하여 그 하자가 명백하지 않아 신고·납부행위가 무효라고 볼 수 없다는 취지로 판단하였다.

한편 대법원은 매매계약상 잔금을 완납하지 아니한 채 계약을 합의해제한 사안에서 담당 공무원의 자진신고 유도에 따라 취득세를 신고·납부한 경우에는 당해 신고·납부행위가 무효라는 취지로 판단하였고(대법원 2009.4.23. 선고 2009다5001 판결), 취득세 신고 후 구청장의 납부고지에도 불구하고 다투지 않았으나, 쟁점부동산에 관한 등기를 마치지 않고 대금지급을 하지 않은 사안에서는 이러한 신고행위를 당연무효라고 볼만한 특별한 사정이 있다고 판단하였다(대법원 2009.2.12. 선고 2008두11716 판결).

대법원의 기존 판례는 감액경정청구제도를 인정하지 않는 지방세의 경우에는 당연무효의 범위를 다소 넓게 인정하여 부당이득반환청구를 인용하여 왔는데, 위 판결들도 기존 판례의 연장선상에서 취득세와 같은 지방세에 대하여는 과세요건을 충족하지 못하거나 가산세 등 불이익을 회피하기 위하여 신고한 경우 등 특별한 사정이 있는 경우에는 신고행위의 무효 인정을 다소 폭넓게 인정한 것으로 이해된다.

다만, 2011.1.1.부터 시행되는 지방세기본법에는 국세기본법 제45조의 2 규정과 같은 감액경정청구제도가 신설되었는데, 위 개정된 지방세기본법이 적용되는 사안에도 국세보다 당연무효의 범위를 넓게 인정할 수 있을지는 앞으로 판례의 태도를 지켜볼 일이다.

## 7. 헌법재판소 결정

### (1) 공매절차에서 계약보증금 국고 귀속의 위헌성 : 헌법재판소 2009.4.30. 선고 2007헌가8 결정

국세징수법(2002.12.26. 법률 제6805호로 개정된 것) 제78조 제2항 후문은 공매절차에서 매각결정을 받은 매수인이 기한 내에 대금납부의무를 이행하지 아니하여 매각결정이 취소된 경우 계약 보증금을 국고에 귀속하도록 규정하고 있었다. 헌법재판소는 위약금 약정의 성격을 가지는 매각의 법정조건으로서 민사집행법상 매수신청보증금과 본질적으로 동일한 성격을 가지는 국세징수법상 계약보증금을 절차상 달리 취급함으로써, 국세징수법상 공매절차에서의 체납자 및 담보권자를 민사집행법상 경매절차에서의 집행채무자 및 담보권자에 비하여 그 재산적 이익의 영역에서 합리적 이유 없이 자의적으로 차별하고 있으므로 헌법상 평등원칙에 위반된다고 판단하면서 헌법불합치결정을 내렸다.

이에 따라 2010.1.1. 개정된 국세징수법 제78조 제2항은 헌법재판소 결정 취지에 따라 '국고에 귀속한다'는 부분을 '압류와 관계되는 국세 가산금 순으로 충당하고 잔액은 체납자에게 지급한다'라고 그 규정을 개정하였다.

02

# 2010년 조세법 주요 판례*

변호사 강 석 훈

## 1. 개 관

2010년 조세분야 판결에 있어 대법원은 그동안 납세자의 재판청구권 침해 논란이 있었던 재조사결정에 따른 제소기간의 기산점과 관련하여 전원합의체 판결로 종전의 판례를 변경한 것을 비롯하여 납세자의 이의신청에 대하여 과세관청이 직권취소를 함으로써 실질적으로 청구를 인용한 경우 이를 번복한 재처분을 허용하지 않는 등 주로 납세자의 절차적 기본권을 보장하는 의미 있는 판결을 다수 선고하였다.

또한 법인세법상 기부금 의제규정의 적용을 정당한 사유가 있음을 이유로 제한하거나 주식매수선택권의 행사이익과 부당행위계산 부인에 관하여 종래의 과세 관행을 뒤집는 새로운 판결을 선고하였으며, 그동안 논란이 많았던 상장주식의 시가 산정방법에 관해서도 구체적인 판시를 하였다. 나아가 상속개시 이후 확정된 피상속인의 연대보증채무에 대한 확정판결을 후발적 경정청구사유로 인정하여 납세자의 권리구제 범위를 넓히고, 관행적으로 취득세 과세표준에 산입되어 온 주택분양보증 수수료에 관하여

---

* 법률신문 제3938호(2011.5.26.자) 기고.

과세요건을 엄격하게 해석하여 종전의 과세관행에 제동을 거는 등 의미 있는 판결이 선고된 점도 주목할 만하다.

이하에서는 각 세목 및 주제별로 2010년 주요 판결의 내용과 의미를 살펴본다.

## 2. 국세 부과 및 징수

### (1) 대표자에 대한 인정상여로 소득처분된 경우 당해 대표자의 소득세 납세의무의 제척기간 : 대법원 2010.4.29. 선고 2007두11382 판결

대상판결은, 법인의 대표자가 허위의 세금계산서를 수취하여 장부상 매입액을 과다계상하여 소득을 은닉한 사안에서, 대표자가 장차 은닉된 소득이 사외유출되어 그 귀속자가 밝혀지지 아니함에 따라 자신이 그 법인의 대표자로서 인정상여처분을 받을 것까지 모두 예상하여 그로 인해 부과될 소득세를 포탈하기 위하여 행한 것으로 보기는 어려우므로, 그 인정상여처분으로 인한 소득세에 관한 한 국세기본법 제26조의 2 제 1 항 제 1 호에서 정한 '납세자가 사기 기타 부정한 행위로써 국세를 포탈한 경우'에 해당한다고 볼 수는 없고, 따라서 해당 연도 귀속분 소득세에 대한 부과제척기간은 원칙으로 돌아가 국세기본법 제26조의 2 제 1 항 제 3 호 소정의 5년이 적용된다고 판시하였다.

한편 대상판결이 선고되기 이전에 대법원 2010.1.28. 선고 2007두20959 판결 역시 법인의 대표자가 법인의 자금을 횡령하는 과정에서 법인의 장부를 조작하는 등의 행위를 한 것은 그 횡령금을 빼돌린 사실을 은폐하기 위한 것일 뿐 그 횡령금에 대하여 향후 과세관청의 소득처분이 이루어질 것까지 예상하여 그로 인해 자신에게 귀속될 상여에 대한 소득세를 포탈하기 위한 것으로 보기 어려우므로 5년의 부과제척기간이 적용된다고 판시하였다.

위와 같은 일련의 판례에 의하면, 소득금액변동통지가 법인에게 송달되어 법인의 원천징수의무가 성립할 당시에 법인에 대해서는 사기 기타 부정한 행위가 성립한다고 하더라도 그 소득의 귀속자에 대한 소득세 부과제척기간은 5년이 적용되고, 따라서 원천납세의무자(소득 귀속자)의 소득세 납세의무가 그 부과제척기간의 도과 등으로 소멸하였다면 법인의 원천징수의무도 성립할 수 없게 되었다. 대상판결은 소득처분의 경우 그 소득의 귀속자의 부과제척기간에 관한 종래 논란을 정리하면서 법인에 대한 부과제척기간과 귀속자에 대한 부과제척기간을 분명하게 구별한 점에서 의미가 있다고 생각한다.

### (2) 재조사결정의 법적 성격 및 제소기간의 기간점 : 대법원 2010.6.25. 선고 2007두12514 전원합의체 판결

조세불복절차상 이의신청, 심판청구 등에 대한 전심기관의 결정의 한 유형으로 실무상 자주 행해지고 있는 재조사결정은 처분청으로 하여금 당해 결정에서 지적된 사항을 재조사하여 그 결과에 따라 과세표준과 세액을 경정하거나 당초 처분을 유지하는 등의 후속처분을 하도록 하는 형식을 취하고 있다.

종래 판례는 재조사결정 그 자체를 완결적인 재결로 보았으며 후속 처분은 재결에 따른 처분으로 보아 불복청구기간이나 제소기간은 납세자가 재조사결정의 통지를 받은 날부터 기산된다고 해석하여 왔는데(대법원 1997.10.24. 선고 96누10768 판결 ; 2009.5.28. 선고 2006두16403 판결 등), 이에 따르면 납세자로 하여금 후속처분의 통지를 받기도 전에 곧바로 불복 여부를 결정하도록 사실상 강제하는 결과가 되어 납세자의 재판청구권이 침해되는 결과를 초래한다는 문제점이 꾸준히 지적되어 왔다.

대상판결은 재조사결정을 그 자체로 완결된 종국결정이 아닌 후속처분에 따라 그 내용이 보완됨으로써 결정의 효력이 발생하는 변형된 결정으로 해석하여 재조사결정에 따른 심사청구기간이나 심판청구기간 또는 행정소송의 제소기간은 이의신청인 등이 후속 처분의 통지를 받은 날부터 기산하도록 함으로써 종래 제기된 절차적 권리 침해 논란이 해소되었다는 데 큰 의미가 있다. 그러나 대상판결은 재조사결정에 따른 후속 처분과 당초 처분의 관계에 관하여는 침묵하고 있는데, 재조사결정에 따른 후속 처분에 의하여 당초 납세자가 제기한 원천분의 위법성이 시정되지 아니할 경우 그 불복의 대상, 후속 처분에 대한 전심절차의 재경유 여부 등에 관한 대법원의 향후 입장이 주목된다.

### (3) 불복절차 과정에서 실질적으로 불복사유를 받아들여 필요한 처분을 한 경우 이를 번복할 수 있는지 여부 : 대법원 2010.6.24. 선고 2007두18161 판결, 대법원 2010.9.30. 선고 2009두1020 판결

국세기본법 제80조는 재결의 기속력은 심판청구의 경우에만 적용되는 것으로 규정하고 있으나, 종래 판례는 이를 넓게 해석하여 과세처분에 관한 불복절차 과정에서 그 불복사유가 옳다고 인정되어 이에 따라 필요한 처분을 한 경우에는 불복제도와 이에 따른 시정방법을 인정하고 있는 법 취지에 비추어 동일한 사항에 관하여 특별한 사유 없이 이를 번복하고 다시 종전의 처분을 되풀이 할 수는 없다고 판시함으로써(대법원 1990.10.23. 선고 89누6526 판결 등), 사실상 심사청구 및 이의신청에 관한 재결에 있어서도 기속력을 인정하여 왔다.

대상판결은 과세관청이 이의신청을 받아들여 당초 처분을 직권취소하자 납세자가 이의신청을 취하하였는데 그 후 과세관청이 다른 사유를 들어 종전과 동일한 내용의 과세처분을 한 경우(2009두1020 판결)뿐만 아니라, 과세관청이 직권취소결정을 한 다음 이의신청의 대상이 없다는 이유로 각하결정을 한 경우(2007두18161 판결)에도 실질적으로 직권 취소 당시 이미

처분의 적법 여부에 대하여 판단의 대상이 되었던 것이므로 특별한 사유 없이 직권취소결정을 번복하고 다시 종전과 동일한 내용으로 과세처분을 하는 것은 위법하다고 판시하였다.

대상판결은 이의신청 및 심사청구를 인용한 경우에 기속력을 인정하여 납세자의 권리구제범위를 확대한 종전 판례의 입장에서 한걸음 더 나아가 명시적인 재결이 없더라도 사실상 과세처분에 관한 불복절차를 인용한 것으로 볼 수 있는 경우에는 그 실질에 따라 재결의 기속력과 동일한 효과를 부여한 점에서 큰 의미가 있다.

## 3. 소득세 및 법인세법

### (1) 비지정기부금에 대하여 정당한 사유를 인정한 사안 : 대법원 2010.2.25. 선고 2007두9839 판결

법인세법 제24조 제 1 항, 같은 법 시행령 제35조 제 1 항 제 2 호(소득세법 제34조 제 1 항, 같은 법 시행령 제79조 제 1 항 제 2 호)는 내국법인이 각 사업연도에 지출한 기부금 중 법인이 특수관계자 외의 자에게 정당한 사유 없이 자산을 저가로 양도하거나 고가로 매입함으로써 그 차액 중 실질적으로 증여한 것으로 인정되는 금액은 이를 당해 사업연도의 소득금액 계산에 있어서 손금에 산입하지 않도록 규정하고 있다.

대상판결은 비상장법인의 주식을 설사 정상가액보다 높은 가액으로 매입한 경우에 해당한다고 하더라도 그와 같이 매입하게 된 데에는 비상장법인을 인수할 목적으로 실제로는 현금의 투자 없이 상호 주식을 교환하는 방법을 택하였다는 사정 등에 비추어 볼 때 정당한 사유가 있다고 봄이 상당하다고 판단하여 정당한 사유에 의하여 기부금 의제규정의 적용을 제한하였다.

한편 상속세 및 증여세법 제35조 제 2 항은 특수관계 없는 자 사이에 재산을 고가 또는 저가로 양도한 경우 '거래의 관행상 정당한 사유가 없는' 경우에는 그 대가와 시가의 차액 상당액을 증여받은 것으로 추정하고 있고, 최근 과세관청은 위 규정에 근거하여 증여세 부과처분을 다수하고 있는 것으로 보인다. 위 규정은 2003.12. 증여세 완전포괄주의가 도입됨에 따라 신설된 규정이어서 '정당한 사유'의 존부에 관한 판례가 아직까지 나오지 않고 있다. 그러나 소득세 및 법인세법상 비지정기부금의 손금불산입에 관한 위 규정들의 취지와 그 문언 형식 등에 비추어 볼 때 '정당한 사유'의 존부에 관한 대상판결의 취지는 상속세 및 증여세법 제35조 제2항 소정의 '정당한 사유' 존부에 관한 해석에도 참고할 수 있을 것으로 생각된다.

### (2) 주식매수선택권 행사이익의 부당행위계산 부인대상 여부: 대법원 2010.5.27. 선고 2010두1484 판결

스톡옵션에 대한 과세문제는 크게 이를 부여받은 임직원에 대한 과세문제(근로소득 · 기타소득)와 이를 부여한 법인에 대한 과세문제(부당행위계산 부인 여부, 모회사 주식에 대한 행사비용보전액의 손금산입 여부 등)로 구별할 수 있다. 대상판결에서 쟁점이 된 것은 후자로서 조세특례제한법의 쟁점 규정은 창업법인의 설립, 경영 등에 기여하는 종업원들에 대한 주식매수선택권 부여를 장려하고 이를 조세정책적으로 뒷받침하기 위하여 일정한 요건을 갖춘 경우 종업원 1인당 연간 주식매입가액을 5,000만원의 한도에서 부당행위계산 부인에 관한 법인세법 제52조 규정을 적용하지 않도록 규정하고 있다.

과세관청은 종래 그 특례 한도액인 5,000만원을 초과하는 경우에는 쟁점 규정의 반대해석상 당연히 부당행위계산 부인을 하여 법인세를 과세하여 왔다. 그러나 대상판결은 쟁점 규정을 특례한도액을 넘는 금액에 대해서는 법인세법 제52조의 부당행위계산 부인의 요건에 해당하는지 여부를 묻지 않고 부당행위계산 부인을 하여야 한다는 취지라고 해석할 수는 없고 오히려 1인당 주시매수선택권 행사이익 5,000만원까지는 일률적으로 법인세법 제52조의 적용을 배제하여 법인세를 감면하되, 1인당 연간 행사가액이 5,000만원을 초과하는 경우에는 원칙적으로 돌아가 법인세법 제52조 소정의 부당행위계산 부인의 적용대상이 되는지 여부를 따져 보아야 한다고 판시하여, 부당행위계산 부인의 적용대상 여부는 일반규정인 법인세법 제52조 소정의 요건을 갖추었는지 여부에 따라 판정하여야 한다는 입장을 분명히 하였다.

한편 대상판결은 거래계약의 체결 시기와 양도 시기가 다른 경우 부당행위계산에 해당하는지 여부는 그 대금을 확정짓는 거래 당시를 기준으로 판단하고 익금에 산입하여 소득처분할 금액은 취득시기를 기준으로 산정하여야 한다고 하면서(대법원 2010.5.13. 선고 2007두14978 판결), 법인이 주식매수선택권을 부여한 경우에 주식매수선택권의 부여가 저가양도로서 부당행위계산 부인의 대상이 되는지 여부는 주식매수선택권의 행사시기가 아니라 그 부여 시기를 기준으로 판단하여야 한다고 전제한 다음, 주식매수선택권의 부여 당시에 정한 행사가격이 부여 당시의 시가보다 높은 경우에는 그것이 미공개 내부정보로 인하여 단기간 내에 주가가 상승할 것이 예상되는 경우임에도 이를 반영하지 아니한 채 행사가격을 약정하였다는 등의 특별한 사정이 없는 한 이를 부당행위계산 부인의 대상이 되는 저가양도에 해당한다고 보기는 어렵다고 판시하였는데, 상법 및 자본시장법 등의 관련 규정은 주식매수선택권의 부여 당시에 그 행사가격을 시가보다 높은 가격으로 정하도록 규정하고 있으므로 대상판결의 취지에 따른다면 실제로 저가양도로 인정되는 경우는 거의 없을 것으로 생각된다.

## 4. 부가가치세법

### (1) 재화의 공급시기가 속하는 과세기간이 경과한 후에 소급 작성된 월합계세금계산서가 '사실과 다른 세금계산서'에 해당되는지 여부 : 대법원 2010.8.19. 선고 2008두5520 판결

종래 판례는 재화의 공급시기가 속하는 과세기간이 경과한 후에 소급하여 작성된 세금계산서를 교부받은 경우에도 매입세액 공제를 허용하여 왔으나(대법원 2001.8.24. 선고 2000두8097 판결 등), 대법원 2004.11.18. 선고 2002두5771 전원합의체 판결에 의하여 세금계산서 작성일이 속하는 과세기간 내에 작성된 세금계산서만이 매입세액공제를 받을 수 있고 과세기간이 경과한 이후에 작성된 세금계산서는 매입세액공제를 받을 수 없는 '사실과 다른 세금계산서'에 해당하는 것으로 그 태도를 변경하였다.

한편 부가가치세법 시행령 제54조 제 3 호는 사업자가 재화를 공급하는 때에는 그 공급시기에 세금계산서를 교부하여야 하나 재화의 공급시기에 바로 세금계산서를 교부할 수 없는 납세 현실 등을 감안하여 관계증명서류의 의하여 실제 거래사실이 확인되는 경우로서 해당 거래일자를 작성연월일로 하여 세금계산서를 교부하는 경우에는 재화의 공급일이 속하는 달의 다음 달 10일까지 교부할 수 있도록 하는 세금계산서의 교부시기에 관한 특례규정을 두고 있다.

대상판결은 부가가치세법 시행령 제54조 제 3 호에 따라 작성한 월합계세금계산서의 경우 당해 재화의 공급시기가 속하는 과세기간이 경과한 후에 발행일자를 공급시기가 속하는 과세기간 내로 소급하여 작성, 교부하였더라도 사실과 다른 세금계산서에 해당되지 않는다고 보았다. 대상판결은 소급 작성된 세금계산서의 매입세액 공제 허용 범위에 관한 전원합의체 판결의 취지와 상충되지 않는 범위에서 과세기간이 경과한 이후라고 하더라도 월합계세금계산서의 특례규정에 따라 세금계산서가 발급된 경우에는 매입세액공제를 허용함으로써 부가가치세법의 체계에 부합하는 타당한 판결을 선고한 것으로 이해된다.

### (2) 토지 임차인이 지출한 토지 관련 매입세액의 공제 여부 : 대법원 2010.1.14. 선고 2007두20744 판결

토지 관련 매입세액은 토지 자체가 면세재화로서 그 공급에 있어 매출세액이 발생하지 않으므로 사업자가 과세사업을 영위하는지 여부와 관계없이 이에 관련된 매입세액을 불공제하고 있다. 종래 대법원은 골프장 조성을 위한 잔디수목식재공사와 그린・티・벙커 공사에 소요된 비용 등은 토지 관련 자본적 지출로서 매입세액공제를 허용하지 않았다(대법원 2006.7.28. 선고 2004두13844 판결).

대상판결은 골프장 부지를 임대받아 골프장을 운영하는 사업자의 골프장 조성공사비용의 매입세액공제 여부와 관련하여, 토지의 소유자가 아닌 사업자가 토지의 조성 등을 위한 자본적 지출의 성격을 갖는 비용을 지출한 경우 그에 관련된 매입세액은 특별한 사정이 없는 한 매입세액은 불공제 대상인 토지 관련 매입세액에 해당하지 않는다고 판시하였다. 일반적으로 토지의 조성 등을 위한 자본적 지출은 당해 토지의 양도시 양도차익을 산정함에 있어 그 취득가액에 가산하는 방법으로 회수되는데, 토지의 소유자가 아닌 사업자(토지 임차인)는 이를 회수할 방법이 없다는 점 등에 비추어 보면 대상판결은 타당한 것으로 생각된다.

## 5. 상속세 및 증여세법

### (1) 상장주식의 시가 산정방법 : 대법원 2011.1.13. 선고 2008두9140 판결

종래 상장주식의 시가와 관련하여, ① 상속세 및 증여세법(이하 '상증세법') 제60조 제 2 항 본문(또는 법인세법 제52조 및 동법 시행령 제89조 제 1 항)에 의거하여 "거래일(또는 그 전일)의 거래시장 종가"로 산정하여야 한다는 견해와, ② 상증세법 제60조 제 1 항 후문에 따라 상증세법 제63조 제 1 항 제 1 호 (가)목 소정의 "양도일 전·후 2개월간 거래 종가의 평균액"으로 산정하여야 한다는 견해로 대립되며 실무상 논란을 빚어 왔는데, 하급심 판결에서는 비상장주식에 관한 판례를 원용하여 상장주식의 시가 산정이 문제된 사안에서도 매매사례가액을 시가로 인정하여 왔다(서울행정법원 2009.7.14. 선고 2007구단9573 판결 ; 서울고등법원 2008.5.15. 선고 2007누33148 판결 등).

대상판결은 상증세법 제60조 제 1 항 후문(제63조 제 1 항 제 1 호 가목 및 나목에 규정된 평가방법으로 평가한 가액은 이를 시가로 본다)을 문언에 따라 그대로 해석하여, 위 규정이 상장주식의 시가 산정에 관한 특칙(의제규정)으로서 상장주식의 시가를 평가할 때 우선적으로 적용되어야 한다는 입장을 밝힌 것으로 이해된다.

상장주식의 시가 산정에 관한 대상판결의 결론은 상증세법 규정의 문언만 놓고 보면 타당성을 가진다. 그러나 법인세법과 상증세법상 일반적인 시가 개념과의 관계 설정이 문제된다. 세목에 따라 시가의 기준을 달리하는 경우 실무적으로는 매우 풀기 어려운 문제가 발생한다. 예컨대, 특수관계 있는 개인과 법인 사이에 상장주식이 양도되는 경우 대상판결에 의하면, 개인은 소득세법 시행령 제167조 제 5 항에 따라 상증세법의 시가(= 양도일 전·후 2개월 종가평균액)에 따라야 하는 반면, 법인의 경우 법인세법 시행령 제89조 제 1 항에 따라 거래일의 종가를 시가로 보아야 한다. 이와 같이 본다면 어느 가액을 시가로 포착하든 부당행위계산 부인의 문제가 생길 수 있다.

또한 비상장주식의 경우 정상적인 매매사례가액뿐만 아니라, 당해 거래가 일반적이고 정상적인 방법으로 이루어져 당시의 객관적 교환가치를 적정하게 반영하고 있다고 볼 수 있는 경우에는 당해 거래가격도 시가로 인정하는 것이 판례의 확립된 입장인데, 거래소 시장에서 불특정다수인 사이에 정상적인 방법으로 거래된 상장주식의 가격을 시가로 볼 수 없다면 이는 비상장주식의 시가 산정과는 균형이 맞지 않고, 나아가 평가기준일 당시에 이후 2월간의 종가평균액을 미리 예측하는 것도 현실적으로 불가능하므로 거래의 안정성을 침해할 소지가 있다고 생각된다.

### (2) 납세자의 후발적 경정청구 사유 : 대법원 2010.12.9. 선고 2008두10133 판결

피상속인의 채무는 일정한 경우를 제외하고는 상속재산가액에서 공제되는데 미확정채무인 보증채무의 공제와 관련해서는 논란이 많다. 종래 과세관청은 상속채무공제에 있어 당초 피상속인이 제 3 자를 위하여 연대보증채무를 부담하고 있었지만 상속개시 당시에는 아직 변제기가 도래하지 아니하고, 주채무자가 변제불능의 무자력 상태에 있지 아니한 경우에는 피상속인이 그 채무를 종국적으로 부담하여 이행하여야 하는지가 확실하지 않다는 이유로 그 채무액을 상속재산가액에서 공제하지 않았고, 기본통칙 또한 주채무자가 변제불능의 무자력 상태에 있어 피상속인이 그 채무를 이행하여야 하고 구상권을 행사하더라도 변제받을 가능성이 없는 경우에 한하여 비로소 공제가 가능하다고 규정하고 있다(상증세법 기본통칙 14－0…3 ③·④).

대상판결의 사안에서도, 과세관청은 피상속인이 제3자를 위하여 연대보증채무를 부담하고 있었지만, 상속개시 당시에는 아직 변제기가 도래하지 아니하고 주채무자가 변제불능의 무자력 상태에 있지도 아니하여, 피상속인이 그 채무를 종국적으로 부담하여 이행하여야 하는지가 확실하지 않다는 이유로 그 채무액을 상속재산가액에서 공제하지 아니하였으나, 그 후 주채무자가 변제기 도래 전에 변제불능의 무자력 상태가 됨에 다라 상속인들이 사전구상권을 행사할 수도 없는 상황에서 채권자가 상속인들을 상대로 피상속인의 연대보증채무의 이행을 구하는 민사소송을 제기하여 승소판결을 받아 그 판결이 확정되었을 뿐만 아니라 상속인들이 주채무자나 다른 연대 보증인에게 실제로 구상권을 생사하더라도 변제받을 가능성이 없다고 인정되는 경우에는 이와 같은 승소 확정판결에 의하여 피상속인의 연대보증채무는 상속세 부과처분 당시와는 달리 피상속인이 종국적으로 부담하여 이행하여야 할 채무로 사실상 확정되었다고 볼 수 있고, 따라서 이러한 판결에 따른 피상속인의 연대보증채무의 확정은 후발적 경정청구사유에 해당한다고 판시하였다.

대상판결은 국세기본법 제45조의 2에 의한 후발적 경정청구 사유와 관련하여 상속개시일(피상속인의 사망일) 이후에 확정된 피상속인의 연대보증채무에 관한 민사판결이 후발적 경정청구의 사유가 된다고 판시함으로써 후발적 경정청구와 인정되는 적용범위를 넓혔다는 점에서 의의를 찾을 수 있을 것으로 생각된다.

# 6. 지방세법

## (1) 주택분양보증 수수료가 취득세의 과세표준에 포함되는지 여부 : 대법원 2010.12.23. 선고 2009두12150 판결

대부분의 건설회사 또는 시행사들은 아파트 공사의 착공과 동시에 대한주택보증 주식회사와 주택분양보증계약을 체결한 후 주택분양보증 수수료를 납부하고 있는데, 이러한 주택분양보증 수수료는 완공된 아파트의 취득세 과세표준에도 산입되어 취득세를 신고·납부하고 있는 실정이다.

대상판결은 주택분양 보증이 사업 주체의 신축건물 취득을 보증하기 위한 제도가 아니라, 사업체의 수분양자에 대한 분양계약(판매계약) 이행을 보증하기 위한 제도인 점 등을 고려하여 주택분양보증 수수료는 건축물 자체의 가격은 물론 그 이외에 실제로 건축물 자체의 가격으로 지급되었다고 볼 수 있거나, 그에 준하는 취득 절차비용 등 간접비용에도 포함된다고 할 수 없으므로, 취득세의 과세표준에 포함할 수 없다고 판시하였다.

대상판결은 주택분양보증 수수료가 취득세 과세표준에 포함되는지 여부에 대한 최초의 판결일뿐만 아니라 취득세 과세표준의 한계를 명확하게 한 사례로서 의미가 있다고 생각된다.

03

# 2011년 조세법 주요 판례*

변호사 강 석 훈

## 1. 개 관

대법원은 행정처분의 개념을 확대하여 일반 행정소송에 있어서 권리구제의 폭을 넓히고 있는 최근의 추세와 궤를 같이하여 세무조사결정의 처분성을 인정하는 획기적인 판결을 선고하였고, 세무조사시 재조사가 허용되는 예외적인 경우에 관하여 제한적 해석론을 설시하는 등 세무조사와 관련한 의미 있는 판결들을 선고하였다. 또한 증액경정처분에 대한 취소소송시 그 취소의 범위를 명시적으로 정리하여 실무상의 혼란을 제거하였다.

개별 세목에 있어서도, 토지거래허가를 받지 않아 양도계약이 무효인 경우에도 예외적으로 양도소득세를 부과할 수 있도록 종래의 판례를 변경한 사안, 사회적으로 큰 관심을 끌었던 엔스왑 예금거래에 대한 이자소득세 과세가 문제된 사안에서 실질과세의 원칙의 한계를 선언한 사안, 증여세 완전포괄주의 시행 후 비특수관계자 사이의 거래에 관하여 증여세를 부과하기 위해서는 이익을 분여하여 줄 만한 동기나 사정이 있는지 여부도 고려하여야 한다고 판시한 사안 등은 납세자의 권리구제 차원에서 주목할

* 법률신문 제4041호(2012.6.21.자) 기고.

만한 판결들이라고 할 것이다.

다만, 납세자의 신의칙 적용과 관련하여 종전에는 금반언의 법리와 유사하게 제한적으로 적용되어 오던 것을 권리남용의 법리까지 나아간 것처럼 비추어지는 판시가 있어 결과적으로 세무공무원의 신의칙보다 오히려 납세의무자의 신의칙 적용이 더 강화된 듯하여 다소간 아쉬움으로 남는다.

이하에서는 각 세목별로 2011년 주요 판결의 내용과 의미를 살펴본다.

## 2. 조세법 총론

### (1) 세무조사결정의 처분성 인정 : 대법원 2011.3.10. 선고 2009두23617 판결

과세관청이 세무조사에 들어가기 전 단계에서 세무조사결정을 통지한 것만으로도 이를 항고소송의 대상이 되는 '처분'으로 볼 수 있는지가 문제된 사안에서, 대상판결은 ① 부과처분을 위한 과세관청의 질문조사권이 행하여지는 세무조사결정이 있는 경우 납세의무자는 세무공무원의 과세자료 수집을 위한 질문에 대답하고 검사를 수인하여야 할 법적 의무를 부담하게 되는 점, ② 세무조사는 필요한 최소한의 범위 안에서 행하여져야 하고, 더욱이 동일한 세목 및 과세기간에 대한 재조사는 조세공평의 원칙에 현저히 반하는 예외적인 경우를 제외하고는 금지될 필요가 있는 점, ③ 납세의무자로 하여금 개개의 과태료 처분에 대하여 불복하거나 조사 종료 후의 과세처분에 대하여만 다툴 수 있도록 하는 것보다는 그에 앞서 세무조사결정에 대하여 다툼으로써 분쟁을 조기에 근본적으로 해결할 수 있는 점 등을 고려하여 세무조사결정을 항고소송의 대상이 되는 처분으로 인정하였다.

지금까지 납세자는 세무조사 후 세금이 부과된 다음에야 이를 다툴 수 있었기 때문에 일단은 세무조사를 받아야 했지만, 대상판결의 선고로 납세자는 중복 세무조사 등 납세자의 절차적 권리가 침해될 것이 예상되는 경우에는 사전에 법적 대응을 할 수 있는 방법이 생기게 되었다고 할 것이다.

국세기본법은 제81조의 2 내지 제81조의 16에 걸쳐 다수의 납세자 권리보호에 관한 조항을 신설하였고, 그 결과 납세자는 과세관청의 세무조사결정에 대하여 위법성을 주장할 수 있는 여지가 많아졌다. 근래 법원이 행정소송에 있어서 처분의 개념을 확대하여 권리구제의 폭을 넓히고 있는 추세와 궤를 같이하여 대상판결이 세무조사결정의 처분성을 인정하여 납세자의 권리보호가 한층 확대된 점은 획기적인 일이라고 평가할 수 있을 것이다.

(2) **증액경정처분에 대한 취소소송에서 취소의 범위 : 대법원 2011.4.14. 선고 2008두22280 판결, 대법원 2011.6.30. 선고 2010두20843 판결**

대법원은 국세기본법 제22조의 2 시행 이후에도 증액경정처분이 있는 경우, 당초 신고나 결정은 증액경정처분에 흡수됨으로써 독립된 존재가치를 잃게 된다고 보아야 하므로, 원칙적으로 당초 신고나 결정에 대한 불복기간의 경과 여부 등에 관계없이 증액경정처분만이 항고소송의 심판대상이 되고, 납세의무자는 그 항고소송에서 당초 신고나 결정에 대한 위법사유도 함께 주장할 수 있다고 판시(대법원 2009.5.14. 선고 2008두17134 판결)하여 종래의 흡수설의 입장을 일관하고 있다.

다만, 취소의 범위가 증액경정처분에 의하여 증액된 부분에 한정되는지, 아니면 당초 처분의 세액도 취소할 수 있는지 여부에 관하여 실무상 논란이 있었으나, 대상판결은 제소기간의 경과 등으로 불가쟁력이 발생하여 확정된 당초 신고나 결정에서의 세액에 관하여는 취소를 구할 수 없고, 증액경정처분에 의하여 증액된세액의 한도 내에서만 취소를 구할 수 있다고 판시하여 이미 확정된 당초 처분의 세액은 그 취소를 구할 수 없다는 태도를 명확히 하였다.

## 3. 소득세법 및 법인세법

### (1) "엔스왑 예금거래"에 따른 선물환 차익이 이자소득세 과세대상에 해당하는지 여부 : 대법원 2011.4.28. 선고 2010두3961 판결

엔화스왑예금은 엔화정기예금과 원·엔 선물환거래가 결합된 파생금융상품의 일종으로서 특히 원·엔 선물환거래를 통하여 발생하는 수익에 대하여는 세금이 부과되지 않는다는 점 때문에 큰 인기를 얻었던 금융상품이다.

엔스왑예금 상품의 구조를 간략히 설명하면, 고객은 은행과 사이에 엔화정기예금과 선물환거래를 함께 가입하는 '엔스왑예금계약'을 체결한 후 자신이 소유하던 원화를 엔화로 바꾸어 은행에 예치한다. 이후 만기가 되면 고객은 엔화정기예금에 따른 이자 외에 예금계약 체결일 당시 이미 정하여진 엔·원 선물환계약에 따른 금원(환차익)을 은행으로부터 원금과 함께 지급받게 된다.

과세관청은 위와 같은 엔화스왑예금에 따른 환차익이 사실상 일반적인 정기예금 이자와 동일하다는 이유로 원·엔 선물환계약을 통하여 발생한 외환매매차익에 대해서도 이를 이자소득으로 보아 상품 가입자들에게 종합소득세를 부과하는 처분을 하였다.

대상판결은 이와 같은 과세관청의 처분에 대하여, ① 선물환계약은 엔화정기예금계약과는 구별되는 별개의 계약으로 인정되고, 법률행위의 효력이 없는 가장행위에 해당한다거나 엔화정기예금계약에 포함되어 일체가 되었다고 보기 어려우며, ② 선물환거래로 인한 선물환차익은 예금의 이자 또는 이에 유사한 것으로 보기 어려울 뿐만 아니라 채권 또는 증권의 환매조건부 매매차익 또는 이와 유사한 것으로 보기도 어렵다는 이유로 고객들이 수취한 외환매매차익은 소득세법상 이자소득세의 과세대상에 해당하지 않는다고 판시하였다.

납세의무자가 경제활동을 할 때에는 동일한 경제적 목적을 달성하기 위하여서도 여러 가지의 법률관계 중 하나를 선택할 수 있으므로, 그것이 과중한 세금의 부담을 회피하기 위한 행위라고 하더라도 가장행위에 해당한다고 볼 특별한 사정이 없는 이상 유효하다고 보아야 할 것이다. 또한 실질과세의 원칙에 의하여 납세의무자의 거래행위를 그 형식에도 불구하고 조세회피행위라고 하여 효력을 부인할 수 있으려면 조세법률주의 원칙상 법률에 개별적이고 구체적인 부인규정이 마련되어 있어야 할 것이다(대법원 1991.5.14. 선고 90누3027 판결 ; 대법원 2009.4.9. 선고 2007두26629 판결 등).

대상판결은 엔스왑예금계약의 '실질'이 무엇인가에 대한 쟁점이 치열하게 다투어진 사안에서, 해당 금융상품의 실질에 관한 사실판단을 정리함과 아울러 과세관청이 주장한 실질과세 원칙의 한계를 재차 확인한 데 의미가 있다고 할 것이다. 한편 대상판결 선고 이후 2012.1.1. 개정된 소득세법은 제16조 제 1 항 제13호를 신설하여 소득세 과세대상인 이자소득을 발생시키는 상품과 소득세 과세대상에서 제외된 파생상품을 결합시켜 만든 복합금융상품에서 발생한 이익도 이자소득에 포함시키도록 규정함으로써 신종 금융상품 거래를 통한 이익에 과세 공백이 발생하지 않도록 입법적인 조치를 취하였다.

### (2) 토지거래허가를 받지 않아 무효인 양도계약과 양도소득세 과세 : 대법원 2011.7.21. 선고 2010두23644 전원합의체 판결

종래 대법원은 국토이용관리법상의 토지거래허가지역 내에서의 매매계약은 관할관청의 허가를 받기 전에는 무효라 할 것이고, 구 소득세법 제 4 조 제 3 항은 양도소득에 있어 자산의 양도를 그 자산이 유상으로 사실상 이전되는 것을 말한다고 규정하고 있으므로, 경제적인 측면에서만 양도소득을 파악하여 이득의 지배관리나 향수를 하고 있는 지위에 있는 것만으로는 양도소득을 인정할 수 없다는 태도를 취하였다.

그 결과 토지거래허가를 받지 아니한 상태에서 단지 그 매매대금이 먼저 지급되어 매도인이 이를 보관하고 있다 하여 이를 두고 양도소득의 과세대상인 자산의 양도에 해당한다거나 자산의 양도로 인한 소득이 있다고 할 수는 없다고 판시하였다(대법원 1993.1.15. 선고 92누8361 판결 등). 이에 더하여 대법원은 토지거래허가지역 내의 토지에 대한 매매계약이 있었음에도 편법적으로 토지허가거래가 필요하지 않은 증여를 원인으로 한 소유권이전등기를 경료한 사안에서도, 거래의 실질이 매매임이 확인되는 경우에는 같은 이유로 토지 양도인에 대한 양도소득세 부과를 위법하다고 판단하였다.

이러한 취지의 판결이 이어지자 과세관청은 토지 양도인에 대한 양도소득세 부과가 아니라 거래의 형식에 맞추어 양수인에게 증여세 부과처분을 하였는데, 대법원은 이에 대해 당해 거래의 실질이 증여가 아님을 이유로 증여세 부과처분 역시 위법하다고 판단하였다(대법원 1997.3.20. 선고 95누18383 전원합의체 판결). 이에 따라 과세관청으로서는 사실상 소유권이 이전되고 양도소득이 발생하였음에도 불구하고 양도나 증여 어느 근거로도 과세할 수 없는 과세공백 상황을 용인할 수밖에 없었다.

이에 대하여 대상판결은, ① 소득세법 제88조 제 1 항 본문은 자산이 유상으로 이전된 원인인 매매 등 계약이 법률상 유효할 것까지를 요구하고 있지는 않은 점, ② 매매 등 계약이 위법 내지 탈법적인 것이어서 무효임에도 불구하고 당사자 사이에서는 그 매매 등 계약이 유효한 것으로 취급되어 매도인 등이 매매대금 등을 수수하여 그대로 보유하고 있는 경우에는 종국적으로 경제적 이익이 매도인 등에게 귀속된다고 보아야 하는 점, ③ 그럼에도 불구하고 그 매매 등 계약이 법률상 무효라는 이유로 매도인 등이 그로 인하여 얻은 양도차익에 대하여 양도소득세를 과세할 수 없다고 보는 것은 조세정의와 형평에 심히 어긋난다는 점을 근거로 매도인에 대한 양도소득세 부과가 적법하다고 판시하여 종전의 판례를 변경하였다.

토지거래허가구역 내에서 거래 당사자가 토지거래허가를 받지 아니하고 양도의 실질을 달성하고 있을 뿐 아니라 스스로 원상회복을 구하지도 않을 경우, 그와 같은 양도차익에 대하여 과세 없는 이익을 향유하게 하는 것은 지극히 불합리한 결과라 할 것인바, 대상판결은 토지허가거래를 받지 아니하고 전매하거나 증여의 등기를 하여 이전한 경우 등에 대하여 과세공백의 문제를 해소하게 되었다는 데에 그 의의가 있다고 할 것이다.

### (3) 구 법인세법 시행령 제87조 제 1 항 소정의 "대통령령이 정하는 특수관계에 있는 자"의 범위에 관한 해석 : 대법원 2011.7.21. 선고 2008두150 전원합의체판결

구 법인세법 제52조 제 1 항은 법인이 특수관계자와 경제적 합리성이 없는 거래를 함으로써 법인세 부담을 부당히 감소시킨 경우 과세관청은 그 거래내용과 상관없이 법인의 소득을 다시 계산하여 법인세를 부과할 수 있다고 규정하면서, 특수관계자의 범위를 대통령령에 위임하고 있었다.

구 법인세법 시행령 제87조 제 1 항은 위와 같은 위임에 따라 '법인과 각호의 1의 관계에 있는 자'를 특수관계자로 규정하면서, 제 1 호 내지 제 8 호에서 법인과 일정한 관계에 있는 자를 열거하고 있었다. 위 시행령 조항의 해석과 관련하여, 법인을 기준으로 하여 거래 상대방이 각호의 1에 해당하는 경우에만 그 거래 상대방이 특수관계자에 해당하는 것인지(일방관계설), 아니면 위 경우뿐만 아니라 거래 상대방을 기준으로 하여 법인이 위 각호의 1에 해당하는 경우에도 그 거래 상대방이 특수관계자에 해당하는 것인지(쌍방관계설)에 대하여 종래 견해의 대립이 있어 왔다.

이에 대하여 종래의 과세실무 및 대법원 판결은 특수관계자의 기준 설정에 있어서 법문언에도 불구하고 당해 법인과 거래 상대방 양쪽 모두를 기준으로 하는 '쌍방관계설'을 취하여 특수관계자의 범위에 관한 법규정을 넓게 해석하였고, 이에 따라 법인세를 부과하는 과세처분이 적법하다는 입장을 취하여 왔다(대법원 1991.5.28. 선고 88누7248 판결). 반면 대상판결은 이와 같은 기존의 입장을 변경하여, 위 법인세법 시행령 규정의 문언상 납세의무자인 법인을 기준으로 하여 그와 각호의 1의 관계에 있는 자만이 특수관계자에 해당한다고 보아야 하고, 이와 달리 납세의무자인 법인과 거래를 한 상대방을 기준으로 하여 법인이 위 각호의 1의 관계에 있는 경우에도 특수관계자에 해당한다고 보는 것은 위 시행령 조항의 문언에 반하여 허용될 수 없다고 판시하였다.

대상판결은 특수관계자의 범위와 관련하여 법문언에 충실한 방향으로 해석을 선회함으로써 조세법률주의의 원칙을 다시 한 번 확인 선언하였고, 이를 통해 납세자들의 불이익을 개선하였다는 점에서 커다란 의미를 지닌다고 할 것이다. 다만, 대상판결의 선고에 따라 개정된 법인세법 시행령 제87조는 종래의 실무례인 쌍방관계설을 명문의 규정으로 입법화하였고, 이에 따라 대상판결의 권리구제적 의미는 반감되었다고 하겠다.

## 4. 부가가치세법

### (1) 납세자에게 신의칙을 적용하여 납세자의 매입세액의 공제 환급청구를 제한한 사안 : 대법원 2011.1.20. 선고 2009두13474 전원합의체 판결

대법원은 금지금 영업 관련자들에 대한 일련의 부가가치세 부과처분 취소 사건들에서, 금지금 영업 관련자들의 금지금 거래는 명목상의 거래가 아니라 부가가치세 과세대상이 되는 재화의 공급에 해당하므로, 그 과정에서 교부받은 세금계산서는 사실과 다른 세금계산서에 해당하지 않는다는 입장을 수차례 확인한 바 있다(대법원 2008.12.11. 선고 2008두9737 판결 등).

대상판결의 다수의견은 부가가치세 영세율이 적용되는 수출업자의 경우에는 그 전 단계에서 부정거래가 있었음을 알았거나 거의 고의에 가까운 정도로 주의의무를 현저히 위반하여 이를 알지 못하였다면 그 매입세액의 공제 환급을 구할 수 없다고 판시하면서, 그 근거로 납세의무자의 신의성실의 원칙을 제시하였다. 이에 대하여 대상판결의 소수의견은, 세법상 신의성실 원칙의 적용은 당사자의 의사결정에 의하여 형성되는 사법상 법률관계에서보다 그 적용이 제한될 수밖에 없고, 합법성을 희생해서라도 신뢰보호의 필요성이 인정되는 경우에 한하여 신중하게 적용해야 하므로, 사업자가 거래 상대방으로부터 세금계산서를 수취하였고 그것이 부가가치세법 제17조 제 2 항이 규정한 '사실과 다른 세금계산서' 등의 배제 사유에 해당하지 않는 이상 그의 매입세액은 공제 환급되어야 한다는 입장을 취하였다.

종래 대법원은 납세의무자에게 신의성실의 원칙을 적용하기 위해서는 객관적으로 모순되는 행태가 존재하고, 그 행태가 납세의무자의 심한 배신행위에 기인하였으며, 그에 기하여 야기된 과세관청의 신뢰가 보호받을 가치가 있는 것이어야 할 것인바, 조세법률주의에 의하여 합법성이 강하게 작용하는 조세 실체법에 대한 신의성실의 원칙 적용은 합법성을 희생하여서라도 구체적 신뢰보호의 필요성이 인정되는 경우에 한하여 허용된다고 할 것이고, 과세관청은 실지조사권을 가지고 있을 뿐만 아니라 경우에 따라서 그 실질을 조사하여 과세하여야 할 의무가 있으며, 과세처분의 적법성에 대한 증명책임도 부담하고 있는 점 등을 들어 납세의무자에게 신의칙을 적용하는 데에 매우 소극적인 입장을 취하여 왔다.

그런데 대상판결의 다수의견은 금지금 수출업자가 매입세액의 공제 환급을 구하는 것은 보편적인 정의관과 윤리관에 비추어 도저히 용납될 수 없으므로, 국세기본법 제15조에서 정한 신의성실의 원칙에 반하는 것으로서 허용될 수 없다고 보았다. 또한 이러한 법리는 공평의 관점과 결과의 중대성 및 보편적 정의감에 비추어 볼 때, 수출업자가 중대한 과실로 인하여 그와 같은 부정거래가 있었음을 알지 못한 경우, 즉 악의적 사업자와의 관계로 보아 수출업자가 조금만 주의를 기울였다면 이를 충분히 알 수 있었음에도 거의 고의에 가까운 정도로 주의의무를 현저히 위반하여 이를 알지 못한 경우에도 마찬가지로 적용된다고 보아야 하고, 그 수출업자와 부정거래를 한 악의적 사업자 사이에 구체적인 공모 또는 공범관계가 있는 경우로 한정할 것은 아니라고 판시하였다. 대상판결의 이와 같은 판시는 납세의무자에 대한 신의칙 적용에 있어서 종전의 금반언의 법리에서 한 걸음 더 나아가 권리남용의 법리까지 적용한 듯한 인상을 준다.

그러나 개별 세법의 과세요건을 충족하지 못하는데도 국세기본법상의 일반 규정인 납세의무자의 신의칙을 적용하여 과세요건을 완성시키는 것은 조세법률주의 원칙상 대단히 신중하여야 할 것으로 생각된다. 납세의무자의 신의칙을 확대 적용하면 개별 세법의 과세요건을 갖추지 못한 사안에 대해서도 정의관과 윤리관 등만을 근거로 새로운 과세요건을 창설할 수 있는 여지마저 생긴다. 앞으로 대법원이 납세의무자의 신의칙을 어디까지 확대해 나갈지 귀추가 주목된다.

## 5. 상속세 및 증여세법

### (1) 비특수관계자 사이의 거래에 관하여 증여세를 부과하기 위해서는 이익을 분여하여 줄 만한 동기나 사정이 있는지 여부도 고려하여야 한다고 판시한 사안 : 대법원 2011.12.22. 선고 2011두22075 판결

A, B회사가 포괄적 주식교환계약을 체결함에 따라 A회사는 B회사의 주주들이 소유하고 있는 B회사 주식 전부를 이전받아 B의 완전모회사가 되고, 이에 대한 대가로 B회사의 주주들에게 신주를 교부하였다. 원고도 위와 같은 교환계약에 따라 B회사 주식을 A회사에게 이전하고, 그 대가로 A회사가 발행한 신주를 취득하였다.

과세관청은 주식교환비율 산정의 근거가 된 B회사 주식의 평가액을 시가로 볼 수 없다고 판단하고, 세법상 평가액을 근거로 원고가 B회사 주식을 정당한 사유 없이 고가로 양도하여 이익을 취득하였다고 보아 원고에게 상속세 및 증여세법(이하 '상증세법') 제35조 제 2 항을 적용하여 증여세를 부과하였다.

대상판결은 상증세법 제35조 제 2 항에 의한 증여세 부과처분이 적법하기 위해서는 과세관청이 고가양도 사실뿐만 아니라 거래의 관행상 정당한 사유가 없다는 점을 증명하여야 한다고 명시적으로 판시함과 아울러, 법령에 따른 공정하고 투명한 절차를 모두 거쳤음에도 주식의 포괄적 교환에 따라 A회사의 주식을 배정받은 원고가 A회사로부터 증여를 받았다는 것은 선뜻 수긍하기 어렵다거나, A회사 또는 그 주주들이 원고 또는 B회사의 주주들에게 이익을 분여하여 줄 만한 사정을 찾을 수 없다는 점 등을 들어 증여세 부과처분을 취소하였다.

대상판결은 증여세 완전포괄주의 시행 후 특수관계 없는 자들이 상증세법상의 시가와 차이가 있는 가격으로 거래를 하더라도 당해 조항에 의하여 무차별적으로 증여세 과세가 가능한 것이 아니라, 이익을 분여할 만한 경제적인 동기나 유인이 있다는 점을 과세관청이 입증하는 경우에 한하여 과세가 가능하다는 취지로 이해된다. 실무상 과세관청은 증여세 완전포괄주의의 채택을 계기로 하여, 비특수관계자 사이의 거래에 관하여 이익을 분여하여 줄 만한 동기나 사정이 있는지 여부를 불문하고 형식적인 과세요건을 갖추기만 하면 증여세를 부과하고 있는바, 대상판결은 이러한 과세관행에 제동을 걸었다는 점에서 큰 의미를 가진다고 할 것이다.

## 6. 지방세법

### (1) 조세회피를 위해 외국에 페이퍼컴퍼니를 설립하여 선박을 매입한 회사에 취득세를 부과한 것은 정당하다고 판시한 사안 : 대법원 2011.4.14 선고 2008두10591 판결

해외에 설립된 甲외국법인이 금융기관에서 차입한 돈으로 선박을 매입한 다음, 乙내국법인이 해외에 설립한 丙외국법인과 국적취득조건부 나용선계약을 체결하였고, 이후 乙법인은 丙외국법인과 정기용선계약을 체결한 뒤 위 선박들을 자신의 해운사업에 사용해 온 사안에서, 대상판결은 丙외국법인은 자본금이 1달러에 불과하고 아무런 인적 조직과 물적 시설을 갖추지 않은 명목 회사인 점, 丙외국법인을 통하여 甲외국법인에 용선료를 지급하는 업무 일체를 乙법인이 관장해 온 점 등에 비추어, 丙외국법인은 나용선계약의 명의상 당사자일 뿐이고, 乙법인이 계약의 실질적인 당사자라고 판단하였다. 그 결과 실질과세의 원칙상 과세관청이 乙에 대하여 한 취득세 부과처분을 적법하다고 판단하였다.

지금까지 우리나라 해운사들은 조세부담 인건비 등이 유리한 파나마 등에 페이퍼컴퍼니를 세워 선박을 등록해 왔지만 이는 경영기법의 하나로 여겨져 크게 문제가 되지 않았던 것 같다. 그러나 대상판결은 그동안 관행적으로 외국에 페이퍼컴퍼니를 세워 선박을 등록해 온 해운회사들의 관행에 제동을 걸었다. 납세의무자로서는 조세법률주의의 토대 위에서 조세의 부담을 완화하는 거래방법을 선택할 수 있으며, 그것이 가장행위나 위법한 거래로 평가되지 않는 한 납세의무자의 권리로서 존중되어야 한다. 그럼에도 불확정개념인 실질과세의 원칙을 내세워 납세의무자가 선택한 거래형식을 함부로 부인하고 법 문언에 표현된 과세요건의 일반적 의미를 일탈하여 그 적용범위를 넓히게 되면 조세법률주의가 형해화되어 이를 통해 실현하고자 하는 법적 안정성과 예측 가능성이 무너지게 될 것이다.

따라서 납세의무자가 선택한 사법상의 형식을 실질과세의 원칙을 들어 부인하는 것은 신중할 필요가 있다고 할 것이다. 다만, 대상판결의 사안은 선박의 경우 조세피난처로의 편의치적이 남용되는 사례가 많아 이를 규제할 필요성이 크다는 점을 고려할 때 구체적 타당성의 측면에서 설득력을 가진다고 할 것이다.

04

# 2012년 조세법 주요 판례*

변호사 강 석 훈

## 1. 개　　관

2012년에도 대법원은 선례적인 의미를 지니고 향후 과세실무에 상당한 파급력을 지니는 판결들을 다수 선고하였다. 납세자 권리구제에 전향적인 판결이 선고되기도 하였으나, 논리적인 정합성과 실질과세의 원칙을 조금 더 앞세운 판단들이 다수 눈에 띄고, 이러한 판례의 기조는 당분간 계속될 것으로 보인다.

이하에서는 2012년에 주목할 만한 대법원 판결들의 내용과 의미를 세목별로 나누어 소개하고자 한다.

## 2. 조세법 총론

### (1) 실질과세원칙과 조세법률주의의 관계 : 대법원 2012.1.19. 선고 2008두8499 전원합의체 판결

모회사인 A법인은 자회사인 B법인을 이용하여 C법인의 지분을 취득

* 법률신문 제4138호(2013.6.27.자) 기고.

하였다. B법인은 간주취득세를 회피할 목적으로 설립된 법인이기 때문에 계약의 형식만을 따져 자회사인 B법인을 취득세의 납세의무자로 볼 경우, 과세관청으로서는 취득세를 부과할 수 없는 결과가 발생한다. 여기서 취득세의 납세의무자를 모회사인 A법인으로 볼 것인지 아니면 자회사인 B법인으로 볼 것인지가 문제되었다.

대상판결은 실질과세원칙이 지방세법상 취득세 납세의무자에 대한 판단에도 적용될 수 있다고 보았다. 이에 따라 주식의 취득 경위와 목적 등 제반 사정을 종합적으로 고려할 때 간주취득세를 회피하기 위하여 설립된 자회사 B법인이 아니라 실질적인 귀속 주체인 모회사 A법인이 취득세 납세의무를 부담하여야 한다고 판단하였다.

종래 대법원은 국세기본법상 실질과세원칙과 조세법률주의를 대립적인 관계로 파악하여 왔고, 이에 따라 조세회피행위에 대한 규제수단으로서 실질과세원칙을 적용하는 데 다소 소극적이었다(대법원 2009.4.9. 선고 2007두 26629 판결 등). 그러나 대상판결의 다수의견은 실질과세원칙과 조세법률주의와의 관계를 대립·긴장의 관계가 아니라 상호보완적인 관계로 정의하는 한편, 명목 회사를 세법상 무시하고 그 거래의 이면에 있는 경제적 실질에 따라 과세할 수 있다고 보았다. 사법상 유효한 행위인 경우에도 조세회피행위에 대해서는 실질과세원칙이 적극적으로 적용될 수 있게 된 것이다. 이처럼 대상판결은 실질과세원칙과 조세법률주의의 관계를 재정립하고, 실질과세원칙에 따른 거래의 재구성이 어디까지 가능한가에 대한 판단의 기준점을 새로이 제시하였다는 점에서 상당한 의미를 지닌다. 다만, 대상판결의 반대의견에서 지적한 바와 같이, 실질과세원칙을 이유로 함부로 납세의무자의 범위를 확장하거나 거래형식을 부인하는 경우 조세법률주의가 형해화되어 법적 안정성과 예측 가능성이 무너질 수 있다는 점은 언제든지 경계하여야 할 문제일 것이다.

### (2) 위헌결정된 법률에 근거한 과세처분의 집행을 위한 체납처분의 효력 : 대법원 2012.2.16. 선고 2010두10907 판결

과세부과처분의 근거규정뿐 아니라 집행처분의 근거법률에 대해서도 위헌결정이 내려진 경우에 집행처분이 가능한지 여부를 판단한 선례들은 존재한다. 그러나 과세부과처분 근거규정에 대해서만 위헌결정이 내려진 상황에서 여전히 유효한 집행근거 법률에 따라 행해진 압류처분의 효력에 대해서는 대법원이 명확한 입장을 표명한 바 없었다. 대상판결은 이에 대한 판단이다.

대상판결의 다수의견은 조세부과처분의 근거였던 법규정이 위헌결정 되었다면 해당 위헌결정 이후에 조세채권 집행을 위한 새로운 체납처분에 착수하거나 속행하는 것은 허용되지 않으며, 그에 위배하여 행해진 체납처분은 그 사유만으로 하자가 중대하고 객관적으로 명백하여 당연무효라고 판단하였다.

대상판결은 과세처분이 위헌결정된 법률에 근거했을 때 그 후속 절차가 허용될 것인가에 대한 대법원의 입장을 정리했다는 점에서 선례적인 의미를 지닌다. 그리고 하자승계이론 등을 근거로 여전히 반론이 제기되고 있지만, 헌법의 최고규범성과 납세자의 권리보호를 앞세워 구체적으로 타당한 결론을 이끌어냈다는 점에서도 의미 있는 판결이라고 생각한다.

### (3) 증액경정처분에 대한 취소소송에서 취소를 구할 수 있는 세액의 범위 : 대법원 2012.3.29. 선고 2011두4855 판결

국세에 대한 증액경정처분이 이루어진 경우에 대하여, 대법원은 ① 당초 신고나 결정은 증액경정처분에 흡수되어 소멸하므로 원칙적으로 증액경정처분만이 항고소송의 심판대상이 되고, ② 납세자는 증액경정처분에 대한 항고소송에서 당초 신고나 결정에 대한 위법사유도 함께 주장할 수 있으나, ③ 확정된 당초 신고나 결정에서의 세액에 관하여는 취소를 구할 수 없고 증액경정처분에 의하여 증액된 세액의 범위 내에서만 취소를 구할 수 있다는 입장을 밝혀 왔다(대법원 2011.4.14. 선고 2008두22280 판결 등).

대상판결은 기존의 논의에서 한 발 더 나아가 당초의 신고나 결정이 언제 어떻게 '확정'되는 것인가를 세분화하였다. 대상판결은 당초의 신고나 결정이 확정되는 사유로 '불복기간의 경과' 외에도 '경정청구기간의 도과'라는 사유가 포함됨을 분명히 하였고, "경정청구 기간이 경과하기 전에 증액경정처분이 있었다면 증액경정처분에 의하여 증액된 세액뿐만 아니라 당초 신고한 세액에 대해서도 취소를 구할 수 있다"고 보았다. 이에 따라 2004사업연도의 법인세에 대한 경정청구기간이 경과하기 전인 2006.1.15.에 증액경정처분이 있었던 이상, 납세자는 증액된 세액뿐만 아니라 당초 신고한 세액에 대해서도 취소를 구할 수 있다고 판단하였다.

대상판결은 신고납세행위와 증액경정처분 사이의 관계를 법률적으로 면밀히 분석함으로써 납세자가 권리구제를 받을 수 있는 가능성과 범위를 조금이나마 확장하였다. 이처럼 법리적 정합성과 구체적 타당성을 동시에 달성하였다는 점에서 대상판결은 긍정적으로 평가될 수 있을 것이다.

### (4) 가산세 산출 근거의 하자 : 대법원 2012.10.18. 선고 2010두12347 전원합의체 판결

국세기본법이나 개별 세법 어디에도 가산세 부과처분의 납세고지 방식에 대하여 별도로 규정하고 있지 않다. 이로 인해 본세와 함께 부과하면서 세액만 병기하고, 가산세의 종류가 여러 가지인 경우에도 그 합계액만 표시하는 것이 가산세 부과와 관련된 오랜 실무관행이었다. 그 결과 납세고지서를 받은 납세자는 따로 법률 규정을 확인하거나 과세관청에 문의하지 않으면 가산세의 산출 근거를 알 수 없는 문제가 있어 왔다.

대상판결은 위와 같은 과세실무에 경종을 울렸다. 대상판결은 적법 절차의 원칙에 기반하여, 본세와 가산세를 함께 부과하는 경우 ① 납세고지서에 본세와 가산세 각각의 세액과 산출 근거 등을 구분하여 기재해야 하고, ② 여러 종류의 가산세를 함께 부과할 때에는 가산세 상호 간에 종료별로 세액과 산출 근거 등을 구분하여 기재함으로써 납세자가 납세고지서 자체로 각 과세처분의 내용을 알 수 있도록 해야 한다고 판단하였다.

대상판결은 과세관청에 대해서는 자의를 배제한 신중하고 합리적인 가산세 부과처분을 하게 하여 조세행정의 공정을 기하고, 납세자에 대해서는 절차적 권리를 강화시키고 불복신청의 편의를 주도록 했다는 점에서 의미가 있다. 다만, 대상판결을 근거로 가산세 부과처분이 취소되더라도, 과세관청으로서는 형식적 하자를 보완하여 동일한 처분에 이를 것이므로(특례제척기간의 적용을 받아 사실상 제척기간의 제한도 받지 않는다), 대상판결을 통해 납세자가 실질적으로 입게 되는 혜택은 그리 크지 않을 것으로 예상된다. 이것이 과세실무와 관련해서 대상판결이 지니는 중요한 의미에도 불구하고 아쉬움이 많이남는 이유다.

## 3. 소득세 및 법인세

### (1) 소득금액변동통지의 처분성 및 불복방법 : 대법원 2012.1.26. 선고 2009두14439 판결

대법원은 2006.4.20. 선고 2002두1878 전원합의체 판결을 통해, 소득금액변동통지는 원천징수의무자인 법인의 납세의무에 직접 영향을 미치는 과세관청의 행위로서 항고소송의 대상이 되는 조세행정처분이라고 판시함으로써, 소득금액변동통지 자체를 항고소송으로 다툴 수 있게 하였다. 위 전원합의체 판결 이후, 소득금액변동통지에 뒤따르는 징수처분을 불복대상으로 삼아 원천징수세액의 존부와 범위에 대하여 다툴 수 있는지 여부에 대하여 실무상 견해의 대립이 있어 왔다.

대상판결은 소득금액변동통지에 대한 하자는 소득금액변동통지에 대한 항고소송을 통해 다투어야 하고, 징수처분에 대한 항고소송에서는 징수처분 고유의 하자를 다툴 수 있을 뿐 소득금액변동통지에 따른 납세의무의 존부와 범위를 다툴 수 없다고 판단하였다.

대상판결은 소득금액변동통지로 인한 원천징수의무를 다투는 방법에 대한 법원의 입장을 명백하게 정리하였다는 점에서 의미가 있다. 하자승계의 법리상 소득금액변동통지의 처분성을 인정하게 되면 선행처분인 소득금액변동통지가 당연무효가 아닌 한 그 하자가 후행처분인 징수처분의 효력에 영향을 미치지 않는다고 봄이 상당하다.

이러한 점에서 대상판결이 2006년의 전원합의체 판결과 논리적으로 일관된다는 점은 부인하기 어렵다. 다만, 대상판결에 따를 경우 납세자가 과세처분에 대하여 다툴 수 있는 수단이 줄어들게 되어 납세자의 권리보호에 소홀해지는 결과가 발생하게 된다. 소득금액변동통지의 처분성을 인정한 당초의 취지가 납세자의 권리를 보호하기 위한 것이었다는 점, 소득금액변동통지는 직접적으로 납부를 요구하는 납세고지와 차이가 있다는 점, 일반인들로서는 소득금액변동통지가 가지는 세법상 의미를 제대로 인식하기 어렵다는 점 등을 고려할 때, 향후 소득금액변동통지와 관련해서 납세자의 권리를 보호할 수 있는 방안을 모색할 필요도 있을 것으로 생각된다.

### (2) 조세조약의 해석에 관한 실질과세원칙의 적용 문제 : 대법원 2012.4.26. 선고 2010두11948 판결

영국 유한파트너쉽(Limited Partnership, 이하 'LP')은 투자수익에 대한 세부담을 회피하기 위하여 벨기에 법인을 이용하여 한국에 투자하였다. 위 사안에서는 주식과 부동산에 대한 양도소득세의 납세의무자를 영국 LP로 볼 것인지 아니면 벨기에 법인으로 볼 것인지가 문제되었다. 영국 LP가 이용한 벨기에 법인을 납세의무자로 볼 경우, 한국－벨기에 조세조약 제13조 제3항으로 인해 양도소득세가 한국에서는 과세될 수 없는 결과가 발생하기 때문이다.

대상판결은 국세기본법 제14조 제 1 항의 실질과세의 원칙은 법률과 같은 효력을 가지는 조세조약의 해석과 적용에 있어서 이를 배제하는 특별한 규정이 없는 한 그대로 적용된다고 천명하였다. 그리고 이러한 전제에서 계약서상 주식 양도인인 벨기에 법인은 명의자에 불과하고 양도소득의 실질적 귀속자는 영국 LP이므로, 한국－벨기에 조세조약이 아닌 한국－영국 조세조약에 따라 부동산 과다보유법인 주식의 양도소득은 주식의 소재지인 한국에서 과세할 수 있다고 판단하였다.

실질과세의 원칙을 조세조약의 해석의 기준으로 삼을 수 있는가에 대해서는 명백한 선례가 존재하지 않았고, 이로 인해 실무상 견해의 대립이 있어 왔다. 대상판결은 국내법상 실질과세원칙이 조세조약의 해석기준이 될 수 있음을 명시적으로 판시한 첫 번째 판결이라는 점에서 큰 의미를 지닌다. 또한 대상판결을 통해 법원은 기존의 간주취득세 사건이나(2008두8499 판결) 론스타 양도소득세 사건에서의 입장에서 한발 더 나아가 도관회사를 이용한 조약 편승에 대한 입장을 분명하게 정리하였다. 앞으로 과세관청은 외국계 자본의 거래에 대하여 명의에 관계없이 누가 실제 소유자인지를 판단하고, 해당 거래에 적용될 조세조약 역시 당사자의 의사와 관계없이 결정할 수 있게 되었다. 이로 인해 외국계 자본이 조세조약상 혜택을 위해 유리한 국가에 회사를 설립하여 국내에 투자하는 방식은 실질적으로 인정받기 어려워졌다. 이렇게 부당한 조세회피 시도를 차단하고자 하는 대법원의 취지에는 십분 공감한다. 다만, 실질과세의 원칙만을 지나치게 강조하는 경우 과세관청의 자의적인 과세가 가능하게 되어 조세법률주의를 위배할 수 있으며, 납세자의 예측 가능성이 저해되어 외국계 자본의 투자가 위축되는 등의 문제가 발생할 수 있다는 점은 주의하여야 할 것이다.

### (3) 법인세법상 "접대비"의 범위 : 대법원 2012.9.27. 선고 2010두14329 판결

법인의 입장에서는 지출한 비용이 접대비로 분류되는 경우 법인세법 제25조에서 규정하는 일부만이 손금에 산입되므로 세무상 불이익을 입게 된다. 이러한 측면에서 납세자인 법인의 입장에서 접대비의 구별 기준은 매우 중요한 의미를 지닌다. 그런데 과세실무상 접대비와 다른 비용을 명확하게 구별하는 것은 사실상 가능하지 않고, 이에 과세관청은 명확히 손금에 산입되어야 할 판매부대비용, 광고선전비, 복리후생비 등을 제외하고, 그 판단이 애매할 때에는 접대비로 보는 경우가 많았다.

대상판결에서도 하도급업체가 원도급업체와의 약정에 따라 대신 부담한 공상처리비가 접대비에 해당하는지가 문제되었고, 과세관청은 하도급업체가 거래관계를 유지하기 위해 부득이하게 계약 특수조건에 따라 지급의무가 없는 사고보상비 등을 지급한 것이므로 위 공상처리비를 접대비로 판단하였다. 그러나 대상판결은 법인이 수익과 직접 관련하여 지출한 비용은 선불리 이를 접대비로 단정하여서는 안 된다는 전제에서, 공상처리비는 하도급계약에 따른 원고의 수익과 직접 관련된 비용으로서 이를 접대비로 볼 수 없다고 판단하였다.

대상판결은 과세관청이 접대비의 범위를 지나치게 넓게 판단함으로써 납세자인 법인들이 사업을 위해 비용을 지출하고도 손금에 산입되지 않아 과도한 세금을 부담하는 경우에 대하여 구체적 타당성의 입장에서 제한을 가하였다. 즉, 대상판결은 거래관계의 실질적인 내용에 주목하여 조세정의에 부합하는 결론을 이끌어 냈다는 점에서 주목할 만하다. 다만, 대상판결은 접대비에 해당하는지 여부를 판단하는 기준으로 '수익관련성'만을 제시하였고 '통상성'과 관련해서는 별도의 언급을 하지 않았다. 이에 대해서는 향후 다른 대법원 판결을 통해 추가적으로 정리되어야 할 것으로 보인다.

## 4. 부가가치세

### (1) 본 · 지점 거래의 공통매입세액 안분과 사업장 과세원칙의 적용 : 대법원 2012.5.9. 선고 2010두 23170 판결

A법인은 서울에 본사, 수원에 지점을 두고 있는 부가가치세법상 총괄납부승인을 받은 사업자이다. A법인의 수원지점은 방화문 등을 생산하기 위한 원재료 등을 매입하여 방화문 등을 제조한 후 일부는 직접 판매하고(전부 과세사업), 대부분은 주사업장인 본점에 제조목적으로 공급하여 왔다. A법인의 서울본점은 수원지점으로부터 공급받은 방화문 등을 이용하여 건설사로부터 하도급받은 설치공사 등을 시공하였는데, 이 중 일부는 국민주택 건설용역에 공급되었다(과세, 면세사업 겸영).

A법인은 부가가치세 예정신고 당시 본점에서는 본점의 과세부문 매출세액에서 본점 자신의 과세매출 관련 매입세액을 차감한 약 2억원을 본점의 부가가치세 납부세액으로 신고하였고, 수원지점에서는 지점 자체의 매출세액에서 지점 전체의 매입세액을 차감한 약 3억 7천만원을 수원지점의 부가가치세 납부세액으로 각각 신고한 후, 이를 총괄하여 1억 7천만원을 본점에서 총괄하여 조기환급 신고하였다.

과세관청은 지점의 매입세액을 공통매입세액으로 보고, 본점과 지점의 총공급가액 대비 본점의 면세 공급가액 비율을 곱한 금액에 대하여 환급을 거부하는 처분을 내렸다. 과세매출만이 존재하는 수원지점이 제조한 재화를 이용하여 과세사업과 면세사업을 같이 영위하는 서울본점이 면세사업을 영위하는 경우, 사업장 과세의 원칙에 따라 수원지점의 입장에서 매입세액공제 여부를 판단하게 되면, 수원지점에서 생산된 재화 중 일부가 서울본점으로 이전되어 면세 용역에 사용되더라도 수원지점 입장에서는 그 전부에 대하여 매입세액 공제를 받을 수 있게 된다. 과세관청은 이 부분을 문제 삼아 수원지점에 대하여 궁극적으로 면세에 전용된 부분과 관련하여 수원지점의 매입세액 중 일부를 불공제한 것이다.

대상판결은 2 이상의 사업장이 있는 사업자가 자기 사업과 관련하여 생산 또는 취득한 재화를 타인에게 직접 판매할 목적이 아니라 다른 사업장에서 원료 자재 등으로 사용 소비하기 위하여 반출하는 경우 그것이 재화의 공급으로 의제되지 않는다고 하여 그 재화가 비과세사업에 사용되었다고 할 수 없으며, 부가가치세는 사업장 과세의 원칙에 따라 사업장마다 납부하여야 하고 원칙적으로 각 사업장 소재지가 납세지가 되며 각 사업장은 과세상 독립된 장소적 단위가 되므로, 수원지점의 공통매입세액 중 매출세액에서 공제하지 아니하는 면세사업 등에 관련된 매입세액은 특별한 사정이 없는 한 수원지점만의 총공급가액에 대한 면세공급가액 등의 비율에 의하여 안분계산하여야 한다고 판시하였다.

대상판결의 결론만을 볼 경우 마치 과세의 공백이 발생하는 것처럼 보일 수도 있다. 그러나 부가가치세법에서는 원칙적으로 사업장 과세 원칙을 유지하면서도 사업장 안에서의 재화의 이동을 자가공급(부가가치세법 시행령 제15조 제 1 항 제 1 호)이라고 하여 별도로 과세하도록 하여 전체적으로 볼 때 과세의 공백이 없도록 하는 장치를 두고 있다. 자가공급 규정을 활용하게 되면 지점에서는 매입세액을 전부 공제받지만, 본점에서는 해당 매입세액을 사용하여 만들어진 제품의 면세사업 전용 부분을 추가로 재화의 공급으로 보아 과세하므로 매출세액이 늘어나 사업자 전체로 보면 균형이 맞게 된다. 즉, 사업장 과세의 원칙을 유지하면서도 과세관청이 우려하는 과세공백은 발생하지 않게 된다. 이처럼 대상판결은 조세법률주의와 부가가치세법의 기본에 충실하면서도 구체적 타당성을 놓치지 않았다는 점에서 긍정적인 평가를 내릴 수 있을 것이다.

# 5. 상속세 및 증여세

## (1) 고가양도에 따른 이익의 증여의제와 소득과세 우선원칙 : 대법원 2012.6.14. 선고 2012두3200 판결

비상장법인인 A법인의 주주들은 2006.3.13. 세법상 특수관계가 없는 B법인에게 A법인의 주식을 고가에 양도하고 양도소득세를 신고·납부하였다. 과세관청은 A법인의 주주들이 주식을 고가로 양도함으로써 B법인으로부터 이익을 분여받은 것으로 보았고, 이에 구 상속세 및 증여세법(2006.12.30. 법률 제8139호로 개정되기 전의 것, 이하 '상증세법')에 따른 보충적 평가금액과 양도가액의 차액에 대하여 증여세를 부과하는 한편 양도소득세를 감액경정하였다.

원심판결(서울고등법원 2012.1.11. 선고 2011누21623 판결)은 A법인의 주주들에 대한 증여세과세는 부적법하다고 판단하였다. 고가양도의 경우 양도인에 대한 증여세와 양도소득세의 이중과세 문제가 발생하는데, 구 상증세법 제 2 조 제 2 항에 따른 '소득과세 우선 원칙'에 비추어 볼 때, 2007.12.31. 이전에 발생한 고가양도의 경우 그 양도차익이 소득세 과세대상이 되는 이상 양도소득세만 부과될 수 있고 증여세가 부과될 수 없다는 것이 원심판결이 내세운 근거이다.

그러나 대상판결은 A법인의 주주들에 대한 증여세 과세가 적법하다고 판단하였다. ① 증여세와 양도소득세의 과세요건에 모두 해당할 경우 양자의 중복적용을 배제하는 특별한 규정이 없는 한 어느 한 쪽의 과세만 가능한 것은 아니라 할 것이고, ② 구 상증세법 제 2 조 제 2 항은 양도소득세와 증여세의 중복적용을 배제하는 특별한 규정에 해당하지 않으며, ③ 고가양도에 있어서 증여세 부과처분과 양도소득세 부과처분은 과세대상을 달리하여 이중과세에 해당한다고 볼 수 없으므로 상증세법 제 2 조 제 2 항을 위반하였다고 볼 수 없다는 것이 이러한 판단의 근거이다.

우선, 대상판결이 원용한 "증여세와 양도소득세는 납세의무의 성립 요건과 시기 및 납세의무자를 서로 달리하는 것이어서, 각각의 과세요건에 모두 해당할 경우 양자의 중복적용을 배제하는 특별한 규정이 없는 한 어느 한 쪽의 과세만 가능한 것은 아니라 할 것"이라는 법리는 저가양도에 대한 판단이었다. 증여세와 양도소득세의 납세의무자가 일치하는 고가양도의 경우와 달리, 저가양도의 경우 증여세와 양도소득세의 납세의무자가 각각 양수인과 양도인으로 달라지게 되므로 양도소득세와 증여세의 이중과세 문제가 애초에 발생하지 않는다.

따라서 저가양도에 대한 법리를 고가양도의 사안에 그대로 적용한 것은 과세 상황을 오인한 것이라는 비난을 면하기 어렵다. 또한 대상판결의 결론에 따르면 소득과세 우선원칙이 형해화되는 문제가 발생한다. 대상판결의 설시와 같이 고가 양도인에 대한 증여세 부과가 상증세법 제 2 조 제 2 항에 위반되는 것이 아니라고 한다면, 사실상 상증세법 제 2 조 제 2 항이 적용되는 경우란 찾을 수 없게 될 것이다. 이는 곧 과세관청 입장에서 동일한 소득에 대하여 유리한 방향으로 임의로 특정 세목을 선택하여 과세하는 것이 무제한적으로 허용됨을 의미한다.

2007.12.31. 법률 제8825호로 개정된 소득세법 제96조 제 3 항 제 2 호를 통해 2008.1.1. 이후의 고가양도부터는 소득구간을 나누어 증여세와 양도소득세를 부과하는 방법으로 이중과세 문제가 입법적으로 해결되었다. 다만, 대상판결이 기존 대법원 판례의 일반론이 단순히 적용될 수 없는 고가양도에 대하여 소득세법과 증여세법의 관계에 대한 심도 있는 고민 없이 단순히 기존 판례의 결론에 맞추어 내려진 판단이라는 점에서 아쉬움이 남는다.

## 6. 지방세법

### (1) 신탁재산의 지목 변경으로 발생한 취득세의 납세의무자 : 대법원 2012. 6. 14. 선고 2010두2395 판결

신탁관계에 있어서 수탁자가 대외적으로나 위탁자와의 관계에서 신탁재산의 소유권을 가지지만, 신탁수익의 최종적인 귀속자는 위탁자라는 점에서 수탁자와 위탁자 중 누가 납세의무를 부담할 것인가가 항상 문제되어 왔다.

대상판결은 신탁법에 의한 신탁으로 수탁자에게 소유권이 이전된 토지와 관련하여, 해당 토지의 지목을 사실상 위탁자가 변경한 것이라 하더라도 사실상 변경으로 인한 간주취득세의 납세의무자는 수탁자라고 판단함으로써, 신탁관계에 있어 토지 가치의 증가분에 관한 간주취득세의 납세의무자를 둘러싼 종래의 논의를 정리하였다.

취득세는 재산의 취득에 따른 보유가치의 증가가 아닌 취득 사실 자체를 포착하여 부과되는 세금이다. 따라서 취득세의 납세의무자를 확정함에 있어서는 수탁자가 취득한 재산의 가치가 최종적으로 위탁자에게 귀속된다는 점을 별도로 고려할 필요가 크지 않다. 따라서 토지 지목의 사실상 변경으로 인한 토지가액의 증가분을 취득하게 된다는 사실관계 아래에서는, 위탁자가 그 변경행위에 비용을 부담하였다는 사정과 상관없이 수탁자를 납세의무자로 보아야 하고, 이러한 점에서 대상판결의 결론은 충분히 수긍할 수 있다고 판단된다.

05

# 2010년 법인세법 판례 회고*

변호사 정 광 진

회고 요약

2010년에 선고된 법인세 관련 판결 중 판례공보에 공간된 것은 12개이다. 올해 선고된 대법원 판결은 대체로 종전 판결의 입장을 유지하거나 연장하는 내용으로 보인다. 그중 대법원 2010.4.29. 선고 2007두11382 판결은 소득처분에 따른 소득귀속자의 원천납세의무와 법인의 원천징수의 표리관계를 명확하게 선언한 점 및 위 소득원천징수의무의 제척기간을 원칙적으로 5년으로 제한한 점은 원천징수제도에 관한 법리를 상당히 발전시킨 판결이라고 평가된다.

그 밖에 대법원 2010.5.27. 선고 2010두1484 판결은 주식매입선택권 행사로 인한 비과세 특례 금액을 초과하는 소득금액에 대하여 항상 부당행위계산 부인규정을 적용하였던 확립된 과세관행이 잘못된 점을 명확하게 지적하고 비과세 특례 금액을 초과하는 소득금액에 대해서도 개별·구체적으로 부당행위계산 부인 여부를 검토해야 한다고 판단하였다. 또한 대법원 2010.6.24. 선고 2007두18000 판결은 접대비인지 여부에 관하여 지출경비 중 일정한 금액을 기준으로 접대비 여부를 판단하는 것은 위법하고 지출의 목적과 성격을 종합적으로 판단해야 한다고 함으로써 과세관청에게 접대비에 관한 엄격한 입증책임을 요구하였다. 위 판결들을

* 한국세법학회 편, 『조세법연구 XVII-1』(세경사, 2011.4.) 게재.

**포함하여 올해 선고된 대법원 판결들은 과세실무에 미치는 영향이 클 것으로 예상된다.**

## 1. 서 론

이번에 소개하는 대상판결들은 선고일자를 기준으로 2010년에 선고된 대법원 판결 중 판례공보에 공간된 것들이다. 요즘은 대법원 판결들이 여러 경로를 통해 공개되고 있어 어디에 있는 판결들을 소개할지 망설여졌으나, 대법원이 공간하는 판례공보는 대법원의 입장을 공식으로 표명한다는 상징적인 의미가 있고, 누구나 접근이 가능하기에 이를 전거로 삼았다.

판례공보에 소개된 법인세 관련 판결은 12개인 것으로 파악된다. 이 글에서는 그중 9개를 검토해 보았다. 대체로 종전 판례의 취지를 연장하거나 유지하는 내용으로 해석될 수 있는 것으로 보인다. 즉, 올해 선고된 법인세 관련 대법원 판결들은 대체로 종래 판례의 큰 틀을 유지하고 있다고 평가된다. 다만, 소득처분시 소득 귀속자의 원천납세의무의 제척기간과 법인의 원천징수의 관계에 관한 판결, 주식매입선택권 행사로 인한 비과세특례 소득에 대한 부당행위계산 부인규정의 적용, 접대비 여부의 판단에 관한 대법원 판결은 과세실무에 미치는 영향이 클 것으로 예상된다.

이 글은 개별 판결에 대한 심도 있는 검토보다는, 1년 동안 선고된 세법 판결 중 법인세라는 세목을 기준으로 수개의 판결을 일별하는 것을 목적으로 하였다. 때문에 대상판결 중에는 법인세 이외의 세목이나 쟁점에 대한 판시도 포함되어 있었으나, 이러한 쟁점들은 모두 생략하였음을 미리 밝혀 둔다.

또한 대상판결의 사실관계를 소개하면서 이 글에서 소개하지 아니한 법인세 쟁점과 관련된 부분도 생략하였고, 금액이나 당사자 등은 소개의 목적이나 분석의 논리적 전개를 방해하지 않는 범위 내에서 이를 단순화하였다.

## 2. 법인세법 관련 주요 판례

### (1) 비지정기부금의 정당한 사유 : 대법원 2010.2.25. 선고 2007두9839 판결

1) 사실관계

상장법인인 원고는 비특수관계자 갑으로부터 쟁점 비상장주식을 약 48억원에 매입하고, 갑은 원고로부터 같은 금액으로 원고가 발행한 신주를 인수하는 방법으로 주식교환거래를 하였다. 이에 대해 피고는 위 교환거래에서 쟁점 비상장주식의 시가가 불분명한 경우로 보고, 상증법상 보충적 평가방법을 적용하여 주식의 시가를 산출한 다음, 30%를 할증한 금액을 정상가액으로 보아 실제 거래금액 중 정상가액 초과액을 비지정기부금으로 취급하여 손금불산입 등의 세무조정을 하였다.

2) 판결요지

법인이 비상장법인을 인수할 목적으로 실제로는 현금의 투자 없이 상호 주식을 교환하는 방법을 통해 비상장법인의 발행주식을 정상가액보다 높은 가액으로 매입한 경우, 비상장주식을 그 취득가액으로 매입한 데에 법인세법 시행령 제35조 제 2 항에서 정한 "정당한 사유"가 있다.

3) 평 석

내국법인아 각 사업연도에 지출한 기부금 중 "법인이 특수관계자 외의 자에게 정당한 사유 없이 자산을 정상가액보다 낮은 가액으로 양도하거나 정상가액보다 높은 가액으로 매입함으로써 그 차액 중 실질적으로 증여한 것으로 인정되는 금액"은 이를 당해 사업연도의 소득금액 계산에 있어서 손금에 산입하지 아니하도록 정하고 있고, 나아가 여기에서 "정상가액"이라 함은 시가에 시가의 100분의 30을 가산하거나 100분의 30을 차감한 범위 안의 가액으로 한다고 정하고 있다.[1] 비지정기부금 여부를 판단함에 있어 "시가"란 해당 거래와 유사한 상황에서 특수관계 없는 제 3 자 간에 일반적으로 거래된 가격[2]으로서, 원칙적으로 정상적인 거래에 의하여 형성된 객관적인 교환가격을 말한다.

법인이 특수관계 없는 자와 정상가액으로 거래를 하지 않아 실제 거래금액과 정상가액의 차액을 비지정기부금으로 증여하였다고 문제된 사안에서, 이를 벗어나는 방법은 2가지이다. 하나는 법인과 특수관계 없는 자 사이의 거래금액을 시가 또는 정상가액으로 인정받는 것이다. 나머지는 실제 거래금액이 시가에 해당하지 아니하고 정상가액을 벗어난 경우라고 하더라도 그러한 거래금액에 합의한 정당한 사유를 인정받는 것이다.

대상판결은 "설사 정상가액보다 높은 가액으로 매입한 경우에 해당한다고 하더라도" 쟁점 비상장주식을 그 취득가액으로 매입한 데에 정당한 사유가 있다고 판시하고, 이 사건 거래금액이 시가인지 여부에 대한 판단을 유보하고 적극적으로 판시를 내지는 않았다.[3] 그러나 대상판결의 원심은 이 사건 거래금액을 시가라고 판단하였다. 그 이유는 ① 원고의 거래상대방이 교환거래 후 원고를 상대로 대가로 받은 원고 발행 주식의 가치가 과대평가되었다고 손해배상청구 소송을 제기하였다가 패소한 사정 및, ② 쟁점 비상장주식은 원고 발행 주식과 교환과정에서 취득한 것인데, 원고 발행 주식의 평가액은 그대로 인정하면서 쟁점 비상장주식에 대해서만

1) 법인세법 제24조 제 1 항, 같은 법 시행령 제35조 제 2 호.

2) 법인세법 시행령 제89조 제 1 항.

3) 추측컨대, 대법원은 묵시적으로 쟁점 비상장주식의 교환거래에서 합의된 거래가격을 시가로 인정하기 어렵다는 입장을 취한 것으로 보인다.

보충적 평가방법에 의하여 시가를 평가하는 것은 부당하다는 사정이 고려되었기 때문이다.

특수관계 없는 자 사이의 매매가격은 그 자체가 선의의 협상가격으로 추정된다.[4] 물론, 당해 비특수관계자 사이의 매매가격이 제 3 자 사이의 정상적인 거래에서 형성된 다른 매매사례가격들을 현저히 초과한다면 그러한 추정은 깨질 수 있을 것이다.[5]

그러나 거래의 선례가 없는 비상장주식에 대한 거래가 이루어진 경우에도, 비특수관계자 사이의 거래가격은 원칙적으로 객관적인 교환가치가 반영된 시가로 추정되어야 하므로 이를 부인하고 보충적 평가방법을 적용하기 위하여는 과세관청에게 그러한 추정을 깨뜨릴 만한 사정에 대한 충분한 입증을 요구해야 할 것이다. 대상판결이 비지정기부금에 대한 판단시 시가에 관한 적극적인 판시를 내지 아니한 점에는 아쉬움이 있다.

한편 대상판결은 정상가액을 초과하여 거래금액을 정하게 된 정당한 사유로서 "비상장법인을 인수할 목적으로 실제로는 현금의 투자 없이 상호 주식을 교환하는 방법을 택하였다는 사정"을 제시하였다. 여기서 정당한 사유란 거래당사자들이 정상가액으로 거래할 수 없는 특수한 상황을 의미한다. 정당한 사유를 인정한 대법원 판례를 보면, ① 건물 신축을 위하여 건축자금을 마련할 길이 막연하고 그 대지의 잔대금도 납부하여야 하는 다급한 사정이 있어 신축건물의 건설업자에게 그 대지의 일부를 정상가액보다 낮은 가액으로 양도한 사안[6]과, ② 내국법인이 외국합작투자법인에게 그 투자금을 반환하고, 그 보유주식을 일괄 양수하여 경영권을 확보할 목적으로 주식을 고가로 매입한 사안[7]이 있다. 대상판결은 현금 투자 없이

4) 이창희, 『세법강의』, 박영사, 2009, p.951.

5) 대법원 2008.11.27. 선고 2006두19457 판결.

6) 대법원 1984.12.11. 선고 84누365 판결.

7) 대법원 1997.11.14. 선고 97누195 판결.

비상장법인을 인수할 목적으로 주식을 취득하는 경우, 양 당사자가 주식의 교환가치의 차이가 정상적인 범위를 초과하더라도 그러한 거래를 할 수밖에 없는 특수한 사정이 있음을 인정한 것이다. 이로써 대상판결은 비지정기부금 거래에서 정당한 사유를 인정한 드믄 사례 하나를 추가하게 된 의의가 있다.

### (2) 법인이 거래 주체인 교환거래에서 양도자산의 처분손익을 계산하는 방식 : 대법원 2010.3.25. 선고 2007두18017 판결

#### 1) 사실관계

원고법인은 1999.11.18. 소외 갑 법인에게 종합방송프로그램 사업부(캐치원 사업부)를 74억원에 양도하고, 소외 갑 법인의 제 3 자 배정방식의 유상증자에 참여하여 액면금액 74억원으로 쟁점 주식을 인수한 다음, 1999.11.23. 캐치원 사업부 양도대금과 상계처리하는 방식으로 주금을 납입하였다. 원고법인은 쟁점 주식의 취득가액을 74억원으로 회계처리하였고, 캐치원 사업부의 장부가액(약 100억원)과 양도가액(74억원)의 차액을 자산처분손실로 손금에 산입하였다.

이에 피고는 원고법인의 캐치원 사업부 양도와 쟁점 주식의 취득은 서로 별개의 거래가 아니라 교환에 해당하고, 쟁점 주식의 취득가액은 캐치원 사업부의 장부상 가액으로 보아야 한다는 전제에서 원고의 손금산입을 전부 부인하였다.

#### 2) 판결요지

대법원은 이 사건에서 "법인세법상 양도자산(캐치원 사업부)의 처분손익을 계산하는 경우 주주가 취득한 주식의 취득가액은 원칙적으로 취득 당시 주식의 시가로 하여야 한다"는 판시를 내면서 취득한 주식의 취득 당시 시가를 양도자산의 양도가액으로 하여 처분손익을 계산해야 한다는 취지로 판결하였다.

3) 평 석

소득세법은 2006년부터 양도소득세 산정시 기준시가 과세원칙에서 실지거래가액 과세원칙으로 과세기준을 변경하였다. 소득세법이 실지거래가액 과세원칙을 적용한다면, 매매거래의 경우 실제 매매대금을 기준으로 한다는 점에서는 자산의 양도소득 산정에 관하여 법인세법과 소득세법이 원칙적으로 동일하다고 볼 수 있다. 그러나 교환거래에 있어서는 법인세법과 소득세법의 취급은 서로 다르다. 법인세법은 교환의 대가로 취득하는 자산의 취득가액을 그 시가로 기장[8]해야 하므로, 그 시가 금액을 교환으로 양도하는 자산의 양도가액으로 보아 양도차익을 계산하지 않을 수 없다. 반면 소득세법은 양도소득 산정함에 있어서 실지거래가액을 확인해야 하고, 실지거래가액을 확인할 수 없는 경우 "교환으로 양도하는 자산"의 평가액(감정가액 또는 기준시가 등)을 양도가액으로 보고 양도차익을 계산해야 한다.[9]

소득세법상 교환거래시 양도가액을 산정하는 대법원의 입장은 정산절차가 수반되지 아니하는 단순한 교환거래에서는 실지거래가액을 확인할 수 없다고 보고, 교환대상 목적물에 대한 시가감정을 하여 그 감정가액의 차액에 대한 정산절차를 수반하는 교환거래(이른바 "단순하지 않은 교환거래")에서는 실지거래가액이 확인된다는 입장을 취하고 있다.[10] 요컨대, 우리 세법은 교환거래의 주체가 법인인가 개인인가에 따라서 동일한 거래를

8) 현물출자로 주식을 취득하는 경우에는 법인세법 시행령 제72조 제1항 제4호가, 그 밖의 교환거래에 대해서는 같은 항 제6호가 각 적용되어 교환으로 취득하는 자산의 취득가액은 취득 당시의 시가이다.

9) 대법원 1997.2.11. 선고 96누860 판결. 이는 현행 소득세법에서도 마찬가지이다(소득세법 제114조 제7항).

10) 대법원 1997.2.11. 선고 96누860 판결.

하더라도 양도차익의 크기가 달라지는 구조를 가지고 있다.[11)]

대상판결의 원심은 양도소득세와 관련하여 실지양도가액을 인정받기 위한 절차들이 법인세법상의 자산 등의 처분손익의 계산에도 그대로 적용되고, 교환대상 목적물에 대한 시가감정을 하여 정산절차를 수반하였어야 함을 전제하였다.[12)] 그리하여 원심은 이 사건이 캐치원 사업부 및 쟁점 주식에 대한 시가감정과 정산절차를 거친 바 없는 단순한 교환거래에 해당하므로 교환으로 양도하는 자산의 가액을 양도가액으로 보아야 한다는 취지에서 피고의 손금부인을 적법하다고 판단하였다. 이에 대해 대상판결은 법인세법상 교환거래에서 양도차익을 계산하는 경우, 교환으로 양도되는 자산의 양도가액은 교환으로 취득하는 자산의 시가임을 명확하게 선언하고, 소득세법상 관련 원칙이 법인세법에 그대로 적용될 수 없음을 분명히 한 의의가 있다.

### (3) 원천납세의무의 부과제척기간과 소득처분에 따른 원천징수처분의 한계 : 대법원 2010.4.29. 선고 2007두11382 판결

1) 사실관계

원고는 1995사업연도에 26개 업체로부터 실물거래 없이 합계 약 103억원 상당의 매입세금계산서를 수취하여 그 매입액을 당해 각 사업연도의 소득금액 계산상 손금에 산입하였다. 피고는 위 매입세금계산서가 허위의 세금계산서라는 이유로 그 매입액을 손금불산입한 후 그 부분 소득이 사외로 유출되었으나 귀속이 불분명하다고 보아 원고의 실질적 대표자에 대한

11) 이러한 세법의 태도에 대해 입법론적인 재고를 요구하는 견해로는, 윤지현, “교환계약에 있어서의 실지거래가액 과세에 관한 짧은 고찰”, 『저스티스』 통권 제100호, 2007.10., p.230.

12) 실제로 원심은 소득세법에 관한 대법원 1997.2.11. 선고 96누860 판결을 인용하여 추상적 법리를 설시하였다.

인정상여처분을 하고 2003.8.11. 그에 따른 소득금액변동통지를 하였다.

2) 판결요지

(가) 법인세법상 소득처분은 법인세의 과세표준을 신고하거나 결정 또는 경정함에 있어서 익금에 산입한 금액이 법인의 내부에 유보된 것인지 또는 사외로 유출된 것인지를 확정하고, 만일 당해 금액이 사외로 유출된 것이라면 누구에게 어떤 소득의 형태로 귀속된 것인지를 특정하여 그 귀속자와 소득의 종류를 확정하는 세법상의 절차로서 이미 특정 과세연도에 귀속된 소득을 사후적으로 확인하는 절차이다. 그런데 익금에 산입한 금액이 사외로 유출된 것이 분명하고 따라서 그 귀속자가 반드시 있을 것임에도 불구하고, 과세자료만으로는 그 귀속자가 누구인지를 객관적으로 확정할 수 없는 '귀속 불분명'의 경우를 충분히 예상할 수 있으므로, 구 법인세법[13] 제67조에서 "…… 익금에 산입한 금액은 그 귀속자에 따라 …… 처분한다"고 규정하여 '그 귀속자에 따라'라는 문언을 사용하였다고 하더라도, 위 법조가 구 법인세법 시행령 제106조 제1항 제1호 단서에 위임하고 있는 소득처분의 종류와 내용에는 사외유출된 익금산입액의 귀속이 불분명한 경우를 포함하고 있다고 봄이 상당하다.

(나) 법인세법의 규정에 따라 법인의 대표자에 대한 인정상여로 소득처분되는 금액은 당해 법인이 소득금액변동통지서를 받은 날에 그 소득금액을 지급한 것으로 보게 되나 이는 그 소득금액을 현실적으로 대표자에게 지급하는 것을 의미하는 것이 아니라 법으로 의제하는 것에 불과하므로, 위와 같은 소득금액변동통지서를 받은 법인의 원천징수의무가 성립하려면 그 성립시기인 위 소득금액변동통지서를 받은 때에 소득금액을 지급받은 것으로 보아야 할 원천납세의무자의 소득세 납세의무가 성립되어 있어야 하며, 원천납세의무자의 소득세 납세의무가 그 소득세에 대한 부과제척기

13) 2007.12.31. 법률 제8831호로 개정되기 전의 것.

간의 도과 등으로 이미 소멸하였다면 법인의 원천징수의무도 성립할 수 없으므로, 그 후에 이루어진 소득금액변동통지는 위법하다.

(**다**) 원고가 위와 같이 허위의 세금계산서를 수취하여 장부상 매입액을 과다계상한 것은 그 경위에 비추어 원고의 소득을 은닉함으로써 그에 대한 법인세를 포탈하기 위한 행위로 볼 수 있을지언정, 원고의 대표자가 장차 위와 같이 은닉된 원고의 소득이 사외유출되어 그 귀속자가 밝혀지지 아니함에 따라 자신이 원고의 대표자로서 인정상여처분을 받을 것까지 모두 예상하여 그로 인해 부과될 소득세를 포탈하기 위하여 행한 것으로 보기는 어려우므로, 그 인정상여처분으로 인한 소득세에 관한 한 구 국세기본법 제26조의 2 제 1 항 제 1 호에서 정한 '납세자가 사기 기타 부정한 행위로써 국세를 포탈한 경우'에 해당한다고 볼 수는 없고, 해당 연도 귀속분 소득세에 대한 부과제척기간은 원칙으로 돌아가 구 국세기본법 제26조의 2 제 1 항 제 3 호에 의하여 5년이 된다.

3) 평 석

**(가) 구 법인세법상 사외유출의 귀속불명시 소득처분을 할 수 있는 법률상 근거에 관하여**

구 법인세법 제67조는 법인세의 과세표준을 결정 또는 결정함에 있어서 익금에 산입한 금액은 "그 귀속자에 따라" 상여 · 배당 등 대통령령이 정하는 바에 따라 소득처분을 할 수 있도록 규정되어 있었다. 법문의 글귀만 본다면, 귀속자에 따라 소득처분을 하라는 것은 익금에 산입한 금액의 귀속자가 정해져 있음을 논리적 전제로 한다. 그러나 대상판결은 법인세법상 소득처분은 사외로 유출된 금액은 반드시 귀속자가 있을 것이고 사후적으로 그 귀속자에게 귀속된 소득을 확인하는 절차이므로 객관적으로 귀속자를 확정할 수 없는 경우에도 충분히 예상할 수 있다고 판시하였다.

그리하여, 대상판결은 귀속이 불분명한 경우 법인의 대표자에게 인정상여처분을 할 수 있도록 규정한 구 소득세법 시행령 제106조 제 1 항 제 1 호는 모법의 위임범위 내에 있다고 보았다. 대상판결은 전통적인 조세법률주의의 엄격해석의 원칙하에서도 법문을 충분히 목적론적으로 해석하는 한 사례로서, 대법원 2008.9.18. 선고 2006다49789 전원합의체 판결의 판시를 반복한 것이다.

#### (나) 소득처분에 따른 법인의 원천징수의무의 시적 한계

사외유출금에 관하여 소득의 귀속자에 따라 상여・배당 등의 소득처분을 하게 되면, 당해 법인은 소득귀속자를 대신하여 귀속된 소득에 관한 원천징수의무를 부담한다. 법인의 원천징수의무는 원칙적으로 당해 소득금액을 지급한 시기에 성립과 동시에 확정된다.[14] 법인세법은 인정상여로 소득처분되는 금액은 당해 법인이 소득금액변동통지서를 받은 날에 그 소득금액을 지급한 것으로 의제하고 있다. 그렇다면, 과세관청은 소득금액변동통지를 하기만 하면, 기간의 제한을 받지 않고 언제든지 법인에게 원천징수의무를 부과할 수 있다고 볼 여지가 있다.

먼저 과세관청의 법인에 대한 원천징수의무 부과를 위한 소득처분은 당해 법인의 법인세 납세의무의 부과제척기간의 제한을 받는다. 소득처분은 기본적으로 법인세 부과처분 절차에서 세무조정을 하는 과정에서 이루어지는 것이다. 따라서 당해 법인의 법인세 납세의무의 부과제척기간이 경과하여 법인세 부과처분이 불가능한 경우에는 원천징수처분을 위한 소득처분도 제한된다는 결론에 이르게 된다.[15]

---

14) 국세기본법 제21조 제 2 항 제 1 호, 제22조 제 2 항 제 3 호.

15) 대법원 1996.3.12. 선고 95누4056 판결.

이 판결은 "법인세법상의 소득처분에 있어서는 법인세의 과세표준과 세액을 신고 또는 결정함에 있어 익금에 산입한 금액 그 자체가 소득처분의 대상이 되는 것이어서 이러한 익금산입조치 없이는 관계 규정에 의하여 처분할 소득은 있을 수 없는 것이므로 과세관청의 법인에 대한 소득금액경정조치가 법인세 부과에 관한 제한편 법인세 납세의무의 부과제척기간에 포함되어 있다고 하더라도, 소득처분에 따른 법인의 원천징수의무가 소득귀속자의 원천납세의무와의 관계에서 제한을 받는지도 의문이 있을 수 있다. 대법원은 일찍이 원천징수의무와 원천납세의무의 관계를 "표리관계"로 설정하고, 소득귀속자의 원천납세의무가 성립하지 않는 경우 법인의 원천징수의무도 성립할 수 없다는 판례준칙을 발전시켰다. 가장 대표적인 사례는 대법원 1986.10.28. 선고 86누323 판결이다.

이 판결은 "원천징수의무자인 소득금액의 지급자가 징수납부의무를 부담하는 것은 어디까지나 수급자의 원천납세의무 부담이 전제되어 있는 것이며, 양자는 표리의 관계에 있다 할 것이므로" 근로소득 수급자가 소득금액변동통지서를 받을 무렵 이미 사망한 경우 원천납세의무가 성립하지 않기 때문에 이를 전제로 한 지급자의 원천징수의무도 성립될 수 없다고 하였다. 그 후 대법원은 위와 같은 "표리관계론"에 입각하여 원천납세의무자가 소득처분을 하기 전에 이미 종합소득세를 신고·납부하였다면 원천납세의무가 소멸하였기 때문에 원천징수처분은 무효라고 하였다.[16]

이러한 표리관계론의 연장선에서 대상판결 이전에 대법원 2010.1.28. 선고 2007두20959 판결은 원천납세의무자의 소득세 납세의무가 제척기간의 만료로 소멸한 경우에는 원천징수의무도 성립할 수 없다고 하였다.

다만, 대법원 1993.8.27. 선고 93누6058 판결[17]은 소득귀속자의 원천납

---

척기간을 도과하여 허용될 수 없는 것이고, 그와 같이 도과한 경우에는 그에 따른 소득금액변동통지 역시 그 전제를 잃게 되므로 그로 인한 법인의 소득세 원천징수의무는 인정되지 아니한다"고 판시하였다.

16) 대법원 1989.3.14. 선고 85누451 판결.

17) 과세관청이 원고법인의 1984사업연도분 법인세과세표준 등을 결정함에 있어서 1990년에 가공비용을 원고의 임원에게 상여로 처분하고 원고법인에게 소득금액변동통지를 한 사안에서, 원고법인에 대한 원천징수처분이 1984년도의 종합소득세 과세표준 등 확정신고기한으로부터 5년의 제척기간이 만료된 후에 이루어졌다고

세의무의 부과제척기간이 경과하였다고 하더라도 법인에 대해서는 소득금액변동통지를 하기만 하면 그 법인은 통지일이 속하는 달의 다음 달 10일까지 원천징수세액을 납부해야 한다고 판단하였다. 이 판결은 표리관계론을 따르지 않고 소득세법 시행령 제198조 제 1 항[18]이 소득금액의 지급시기만을 의제하는 것이 아니라, 지급사실 나아가 소득의 귀속까지 의제하는 것을 전제하였다. 그리하여 소득처분으로 의제된 소득의 귀속시기는 소득금액변동통지가 행해진 사업연도이고, 법인에 대해 소득금액변동통지를 하면 법인의 원천징수의무는 적법하게 성립과 동시에 확정된다는 입장을 취하고 있다. 그러나 위 판결의 취지는 다음과 같은 이유로 수긍하기 어렵다.

먼저, 위 판결의 취지에 따를 경우, 과세관청은 소득처분을 하기만 하면 무한정 과세권을 행사할 수 있다는 것이므로 조세법률관계를 지나치게 장기간 불안정한 상태로 남겨두게 된다.

둘째, 지급시기에 관한 소득세법 시행령 규정은 "지급시기"만을 의제[19]하는 원천징수에 관한 절차적 규정으로 보고, 귀속불명 사외유출금의 귀속 또는 지급사실에 관한 의제규정은 법인세법 시행령 제106조 제 1 항 제 1 호 단서라고 해석하는 것이 세법의 체계적인 해석론에 부합한다.[20]

---

하더라도 원고법인은 위 소득금액변동통지를 받은 날이 속하는 다음 달 10일까지 상여처분된 금액에 대한 원천징수세액을 납부해야 한다고 판시하였다

18) 현행 소득세법 제135조 제 4 항 · 제131조 제 2 항, 같은 법 시행령 제192조.

19) 헌법재판소 1995.11.30. 선고 93헌바32 결정 ; 대법원 2006.4.20. 선고 2002두1878 전원합의체 판결 중 김영란 대법관의 반대의견은 아래와 같다,

"소득금액변동통지에 의한 원천징수의 경우 이미 소득처분시에 소득금액이 지급된 것으로 의제되어 그때 원천징수의무가 성립하지만 납세자에게 유리하게 그 '지급시기'를 소득금액변동통지를 받은 때로 의제함으로써 그때 원천징수의무가 성립한 것으로 절차상 의제하는 것이다. 따라서 소득금액변동통지는 소득금액의 지급시기의 확정을 위한 과세관청의 통지라 할 수 있다."

20) 정태학, "소득금액변동통지의 경우 납세의무의 성립시기", 『법조』 통권 제597호, 법조협회, 2006.6., p.206.

셋째, 지급사실 및 귀속시기를 의제하여 소득처분된 금액의 귀속연도를 소득금액변동통지가 있던 해로 보게 되면 사외유출금의 귀속자와 소득의 종류를 확정하는 소득처분의 개념에 반할 뿐만 아니라 사외유출금 중 현실로 귀속된 소득의 귀속시기와 귀속불명으로 소득처분에 의하여 의제된 소득의 귀속시기가 다르기 때문에 양자 사이의 처분의 동일성을 인정할 수 없게 되므로 처분의 동일성이 인정됨을 전제로 처분사유의 변경을 허용하는 확립된 판례에 반하는 문제가 있다.[21]

대상판결은 위와 같은 종래 판례가 정립한 표리관계론을 근거로 하여 원천납세의무의 부과제척기간에 의하여 원천징수를 위한 소득처분을 제한하였다는 의의가 있다고 할 것이다.[22]

### (다) 소득처분에 따른 소득귀속자의 원천납세의무의 부과제척기간

원천납세의무자인 소득귀속자의 소득세 납세의무의 부과제척기간은 원칙적으로 5년이지만, 신고·납부를 하지 아니하거나 사기 기타 부정한 행위로 조세를 포탈한 경우에는 10년으로 연장된다.[23] 부과제척기간의 연장사유인 납세자의 "사기 기타 부정한 행위로 조세를 포탈한 경우"는 조세포탈죄의 구성요건이기도 하다.

그런데 구 조세범처벌법[24]은 "법인세의 과세표준을 법인이 신고하거나 경정함에 있어서 그 법인의 주주, 사원, 사용인 기타 특수한 관계에 있는 자의 소득으로 처분된 금액"은 사기 기타 부정한 행위로 인하여 생긴 소득

21) 정태학, 전게논문, p.199.

22) 대상판결이 선고된 후에도 대법원은 2010.12.23. 선고 2008두10522 판결에 의하여 같은 판시를 하였다. 위 판결의 사안은 법인이 가공의 매입세금계산서를 수취하여 법인세를 탈루한 것이다. 이로써 대상판결의 결론은 대법원의 입장으로 굳어진 것으로 생각된다.

23) 국세기본법 제26조의 2 제 1 항.

24) 2010.1.1. 법률 제9919호로 전문개정되기 전의 것.

금액으로 보지 않는다고 규정하고 있었다.[25)]

소득처분을 받은 금액은 일종의 간주소득으로서 사실상 소득처분을 받은 자가 실지로 소득을 얻었는지 여부가 명확하지 아니하고, 법인의 소득포탈로 처벌받는 경우 그 소득의 누락으로 인한 소득처분에 의한 포탈까지 인정하는 것은 이중처벌의 문제가 있어 이를 제외하도록 한 취지이다.[26)] 조세범처벌법에 관한 하급심 판결을 보면, 피고인이 법인의 대표이사로서 매출누락과 비용의 과다계상에 의하여 법인세를 포탈한 것 이외에 이로 인하여 피고인에게 귀속되는 종합소득세를 포탈한 것으로 법인세 포탈과 같이 기소한 사안에서, 종합소득세 포탈에 대해서는 구 조세범처벌법 제 9 조의 2 제 2 호에 따라 사기 기타 부정한 행위로 인하여 생긴 소득금액이 아니라는 취지로 무죄를 선고한 바 있다.[27)] 이러한 점에서 보면, 원칙적으로 소득처분에 의하여 성립하는 소득세에 대해서는 조세포탈죄가 성립하지 않는다.

대상판결에서 법인의 대표자는 장부상 매입액을 과다계상하여 소득을 은닉하였음에도 불구하고, 소득세 부과제척기간의 연장을 인정하지 않았다. 그 근거로서 위와 같이 구 조세범처벌법 제 9 조의 2 제 2 호를 명시적으로 제시하지는 않았다. 대상판결은 법인세를 포탈하는 행위와 소득처분에 의한 소득세를 포탈하는 행위를 구분하고 매입액의 과다계상 등의 행위를 법인세 포탈을 위한 행위에만 해당한다는 점을 논거로 취하였다. 위와 같은 허위의 장부 작성행위가 은닉된 소득이 귀속불명으로 인정상여처분을 받을 것까지 예상하고 그로 인해 부과될 소득세를 포탈하기 위하여 행한 것으로 보는 것은 무리라고 할 것이다. 기본적으로 인정상여처분에 있

---

25) 구 조세범처벌법 제 9 조의 2 제 2 호.

26) 안대희, 『조세형사법』, 법문사, 2005, p.536.

27) 인천지방법원 1995.7.26. 선고 95고합396 판결. 검찰에서는 이 부분에 대해 항소를 포기하였다 : 안대희, 상게서, p.537에서 재인용.

어서 소득귀속자인 법인의 대표자는 소득귀속이 의제되기 때문에 자신의 소득세를 포탈할 목적으로 장부를 조작하였다고 볼 수 없다는 취지는 타당하다고 본다.

그런데 대법원 2010.1.28. 선고 2007두20959 판결은 한걸음 더 나아가 회사 대표자가 사외유출금을 횡령하였다고 인정된 경우에도 대표자의 횡령이 소득세 포탈을 위하여 행해졌다고 보기 어렵다고 하였다. 이 판결은 사외유출된 금액이 실제로 횡령에 의하여 회사 대표자에게 귀속된 경우임에도 불구하고 회사 대표자가 장부를 조작한 것은 횡령행위를 은폐하려고 한 것이지, 횡령금에 대한 소득처분이 이루어지고 그로 인하여 자신에게 귀속될 상여에 대한 소득세를 포탈할 목적이 아니라는 점에 근거하였다. 위 판결도 구 조세범처벌법 제 9 조의 2 제 2 호의 적용으로 설명될 수 있고, 결론을 같이한다고 볼 수 있다. 이로써 대법원 판례에 의하면, 소득처분으로 인하여 발생하는 소득귀속자의 원천납세의무가 5년을 넘어서는 경우를 거의 상정하기 어렵게 되었다.[28] 그러나 소득처분으로 인한 소득귀속자의 원천납세의무의 부과제척기간이 구 조세범처벌법 제 9 조의 2의 영향을 받았다면, 조세범처벌법 전문개정 이후 위 조문이 삭제됨으로써 향후 원천납세의무의 부과제척기간에 관하여 위와 같은 대법원의 태도가 유지될지 장담하기 어렵다.[29]

---

28) 현실 귀속 사외유출금에 대한 소득처분에 대해서도 귀속불명 사외유출금에 대한 소득처분과 동일하게 취급하는 데에는 의문이 있다. 대표이사의 횡령과 같이 사외유출금이 횡령행위에 의하여 대표자에게 귀속되었다면, 횡령행위를 은폐하기 위한 장부조작은 횡령의 범죄사실을 은폐하는 것은 물론 동시에 소득금액의 귀속자에게 부과될 소득세를 포탈하기 위한 목적은 인정될 가능성이 높을 것이다.

29) 구 조세범처벌법 제 9 조의 2 제 2 호를 삭제한 입법 의도에 따라 결론이 달라질 것이다. 예컨대, 소득처분으로 인한 소득금액에 대해서는 언제나 조세포탈이 불가능하다는 것이 당연한 법리이기 때문에 위 조문을 삭제한 것이라면, 대상판결을 포함하여 종전 대법원의 입장이 유지될 수 있을 것이다. 반면, 소득처분으로 인한 소득

대상판결은 사기 기타 부정한 행위의 의미에 관하여 종래 조세포탈죄에서 형성된 하급심 및 실무례를 세법상 부과제척기간의 연장 사유에 적용하고, 과세관청의 소득처분의 허용기간을 제한한 의의가 크다.

## (4) 부당행위인지 여부의 판단기준시기와 익금산입액 및 소득처분금액 산정의 기준시기 : 대법원 2010.5.13. 선고 2007두14978 판결

### 1) 사실관계

원고는 원고의 대표이사인 갑과 1994.6.11. 지목이 전답인 쟁점 토지를 평당 35만원에 매매계약을 체결하고, 같은 해 11.29. 갑의 사용승낙을 받아 원고의 비용(약 2억원)으로 농지전용허가 등을 받았다. 원고는 1995.8.25. 갑과 쟁점 토지에 관한 매매계약을 다시 체결하면서 매매대금은 추후 원고가 부지조성공사(공사비 약 6억원)를 마친 후 감정평가를 거쳐 결정된 금액으로 하기로 약정하였다. 그 후 원고는 쟁점 토지에 관한 매매대금을 그 현황이 대지로 변경된 상태를 기준으로 한 감정평가액 87억원으로 확정하고, 1996.6.5. 잔대금을 지급하였다.

피고는 원고가 특수관계자 갑으로부터 쟁점 토지를 고가로 인수한 것으로 보고, 쟁점 토지의 매매계약 체결일 현재(1995.8.25.) 지목이 전답인 상태의 시가(약 19억원)로 양도한 것으로 하여 갑에게 양도소득세를 부과하고, 위 시가와 양도금액의 차액을 원고의 익금에 산입한 후 갑에 대해 상여처분을 하였다. 그러나 쟁점 토지의 잔대금 청산일 현재(1996.6.5.) 지목이 전답인 상태의 시가는 22억원이다.

---

금액에 대해서도 사안에 따라 조세포탈이 가능하기 때문에 법집행기관이 개별적인 판단을 할 수 있도록 위 규정을 삭제한 것이라면, 종전 대법원의 입장은 유지되기 어려울 것이다.

2) 판결요지

법인의 대표이사가 자기 소유의 토지에 대하여 법인 비용을 들여 농지전용허가 등을 받은 후 법인과 그 토지에 관한 매매계약을 체결하고, 법인 비용을 들여 조성한 대지의 현황을 기준으로 그 매매대금을 산정한 행위는 상법상 이사의 충실의무에 위배된 행위이고, 그 매매계약은 시가를 초과하여 법인의 노력과 비용으로 이루어진 지가상승분까지 대표이사 개인에게 귀속시킨 것으로서 경제적 합리성이 결여된 비정상적인 행위이므로, 구 법인세법에서 정한 부당행위계산 부인대상에 해당한다.

구 법인세법상 부당행위계산 부인제도의 취지, 저가양도로 인한 부당행위계산 부인에서 매매계약 체결시기와 양도시기가 다른 경우 토지 등의 양도가 부당행위계산에 해당하는지 여부는 그 대금을 확정 짓는 거래 당시를 기준으로 판단하는 반면, 그 토지의 양도차익을 계산하면서는 양도가액을 양도시기를 기준으로 산정하고 이는 그 선택의 이유와 기준을 달리하므로 양자가 기준시기를 달리 본다고 하여 불합리한 것은 아닌 점, 이러한 기준시기의 구별은 고가매입의 경우의 세무회계 처리방법, 소득처분의 시기와 방법에 비추어 동일하게 적용될 수 있는 점 등을 종합하면, 고가매입으로 인한 부당행위계산 부인의 경우에도 토지 등의 취득이 부당행위계산에 해당하는지 여부의 기준시기는 거래 당시인 반면, 그 익금에 산입하여 소득처분할 금액 산정의 기준시기는 특별한 사정이 없는 한 그 취득시기로 봄이 상당하다.

3) 평 석

대상판결은 먼저 지목변경으로 인한 지가상승분이 원고와 갑 중에 누구에게 귀속되는지 여부에 관하여 원고의 노력과 비용으로 발생한 것이므로 원고에게 귀속되어야 한다고 하였다. 여기서 원고의 "노력과 비용"이라 함은 원고가 지출한 농지전용부담금과 대지조성공사를 가리키는 것으로 이해된다. 사실 원고는 계약 체결 전에 약 8억원을 지출하여 지목을 전답에서 대지로 바꾼 후에 약 8배에 달하는 지가상승분의 이익을 얻은 셈이다. 만일 쟁점 토지의 거래당사자가 특수관계가 없는 제 3 자들이고 양도인이 쟁점토지의 지목변경이 가능하다는 점을 알고 있었다면, 양도인은 일부 비용을 지출하고 지목변경 신청을 하여 토지의 가치를 증가시킨 후에 매매대금을 정하였을 것으로 예상된다. 이 경우 갑은 원고로부터 단지 농지전용부담금 및 대지조성공사비를 지원받은 것으로 거래를 재구성하는 것이 가능할 수 있다.[30)]

한편 부당행위계산 부인규정을 적용함에 있어서 부당행위 여부를 판단하는 기준시기와 시가와의 차액을 익금에 산입하여 소득처분할 금액을 정하는 기준시기가 다를 수 있는지 여부에 관하여 다툼이 있을 수 있다. 부당행위 여부를 판단하는 기준시기는 특수관계의 존재 여부를 판단하는 기준시기와 거래의 경제적 합리성을 판단하는 시기와 관련이 있다. 한편 소득처분할 금액을 정하는 기준시기는 과세표준을 산정하기 위하여 적용하는 시가의 결정에 관련이 있다. 일찍이 대법원은 양도소득세 부과시 저가양도에 관한 사안에서 부당행위인지 여부를 판단하는 시기는 매매계약 체결일이고, 양도가액을 계산하는 기준시기는 대금 청산일이라고 판단한 바 있다.[31)]

이 부분 쟁점은 거래시기와 양도시기 사이에 시가 변동이 심한 경우 부과세액의 결정에 주는 의미가 크다.

부당행위계산 부인제도는 특수관계자 사이에서 조세부담을 경감하면서 분여된 이익에 대해 과세하는 것이다. 특수관계자가 이익을 분여받은

30) 다만, 대상판결의 사안에서는 원고가 쟁점 토지의 주변 토지를 매수할 때에는 지목이 변경되기 전의 상태로 매매대금을 정한 사실관계가 발견되고, 이러한 사정이 판결에 영향을 미쳤을 것으로 짐작된다.

31) 대법원 1999.1.29. 선고 97누15821 판결 ; 대법원 1989.6.13. 선고 88누5273 판결.

이익을 정확하게 측정하기 위하여는 거래시기(계약 체결일)가 아니라, 양도시기(대금 청산일)를 기준으로 삼는 것이 합리적일 것이다. 종전 대법원 판결은 양자의 기준시기가 달라지는 근거를 명확하게 제시하지는 않았다. 대상판결은 양자의 기준시기를 달리하는 것은 그 선택의 이유와 기준을 달리하므로 불합리한 것이 아니라는 판시를 적극적으로 제시하였다. 이로써 대상판결은 고가매입으로 인한 부당행위계산 부인의 경우 그 익금에 산입하여 소득처분할 금액 산정의 기준시기에 관한 최초의 판시로서 그 의의가 있다.

### (5) 주식매입선택권 행사로 인한 소득의 비과세 특례규정과 부당행위계산 부인규정의 관계 : 대법원 2010.5.27. 선고 2010두1484 판결

1) 사실관계

원고 회사는 정관에서 주식매입선택권을 부여함에 있어 필요한 사항을 모두 정하여 이를 등기하고, 원고 회사의 임원인 갑에게 주식매입선택권을 부여함에 있어 각각에 대하여 교부할 주식의 종류와 수, 주식매입선택권의 부여방법, 행사가격, 행사기간에 관하여 주주총회의 특별결의를 거친 다음, 갑과 주식매입선택권을 부여하기로 하는 내용의 이 사건 계약을 체결하였다. 이 사건 계약 체결 당시의 구 증권거래법 시행령에 정한 방법에 따라 평가한 원고 회사 주식의 시가가 6,238원이었으므로 이 사건 계약에서 행사가격을 주당 6,300원으로 정하였다. 이 사건 계약에 따라 갑은 2005.9.7. 주당 6,300원에 주식매입선택권을 행사하였고, 이에 원고 회사는 갑으로부터 행사금액을 납입받은 후 기존에 취득하여 놓은 자기주식을 교부하였다.

원고 회사는 주식매입청구권 행사 당시의 시가(주당 약 20,000원)와 행사가의 차액으로 발생한 회사의 손실 중 1인당 행사가액이 5,000만원을 초과하는 부분은 부당행위계산 부인되는 것으로 보아 손금불산입하여 법인세를 법정기일 내에 신고한 후 경정청구를 하였다. 이에 피고는 2008.5.19. 경 구 조세제한특례법[32] 제15조 제1항을 근거로 원고 회사의 이 사건 자기주식처분은 부당행위에 해당한다고 판단하여 원고 회사의 경정청구를 거부하였다.

2) 판결요지

구 조세특례제한법 제15조의 규정 내용 및 그 입법취지에 비추어 볼 때, 구 조세특례제한법 제15조는 창업법인 등의 설립·경영과 기술혁신에 기여하는 종업원들에 대하여 주식매입선택권을 부여하는 것을 장려하고 이를 조세정책적으로 뒷받침하기 위하여 종업원이 주식매입선택권 행사로 얻은 이익에 대하여 비과세 특례를 부여하면서, 그 비과세 특례에 해당하는 부분에 대하여는 이를 실효성 있게 보장하기 위하여 법인세법상의 부당행위계산 부인규정을 적용하지 아니한다는 뜻을 소극적으로 명시한 것에 불과하므로, 위 조항 후단을 위 특례 한도액을 넘는 금액에 대해서는 법인세법 제52조의 부당행위계산 부인의 요건에 해당하는지 여부를 묻지 않고 부당행위계산 부인을 하여야 한다는 취지라고 해석할 수는 없다.

따라서 구 조세특례제한법 제15조에 의하여 주권상장법인의 종업원이 2003.12.31.까지 부여받은 주식매입선택권을 행사한 경우에 1인당 연간 행사가액 5,000만원 한도까지는 일률적으로 법인세법 제52조의 적용을 배제하여 법인세를 감면하되, 위 특례에 정한 요건에 해당하지 않는 경우, 즉 1인당 연간 행사가액 5,000만원을 초과하는 경우 등에는 원칙으로 돌아가 그것이 법인세법 제52조의 적용대상이 되는지 여부를 따져 보아야 한다.

법인이 임직원 등에게 주식매수선택권을 부여한 경우에 주식매수선택

32) 2000.12.29. 법률 제6297호로 개정되기 전의 것.

권의 부여가 저가양도로서 부당행위계산 부인의 대상이 되는지 여부는 주식매수선택권의 행사시기가 아니라 그 부여시기를 기준으로 판단하여야 할 것이어서, 만약 주식매수선택권의 부여 당시에 정한 선택권의 행사가격이 부여 당시의 주식의 시가보다 높은 경우에는, 그것이 미공개 내부 정보로 인하여 단기간 내에 주가가 상승할 것이 예상되는 경우임에도 이를 반영하지 아니한 채 행사가격을 약정하였다는 등의 특별한 사정이 없는 한, 이를 부당행위계산 부인의 대상이 되는 저가양도에 해당한다고 보기는 어렵다.

3) 평 석

구 조세특례제한법 제15조는 신기술사업자 등 창업법인이 종업원에게 일정한 요건의 주식매입선택권을 부여하는 거래에 대해서는 5천만원의 범위 내에서는 법인세법상 부당행위 부인규정의 적용을 배제하는 특례규정을 두고 있었다. 과세관청은 이 특례규정을 해석함에 있어서 5,000만원을 초과하는 금액에 대해서는 기계적으로 부당행위계산 부인규정을 적용하는 과세관행[33]이 존재하였다.

이러한 과세관행은 위 주식매입선택권에 관한 특례를 규정한 구 조세특례제한법 제15조 제 1 항 후단을 합리적 근거 없이 반대해석을 한 결과이다. 대상판결에서 명확하게 확인한 바와 같이, 위 특례 규정은 종업원이 주식매입선택권행사에 의하여 받은 행사이익을 소득세법의 예외로서 비과세하면서, 이러한 조세정책을 실효성 있게 보장하기 위하여 법인세법의 예외를 선언한 것에 불과하다. 따라서 위 특례 한도액을 넘는 부분에 대해서는 일반원칙으로 돌아가 저가양도에 해당하는 부당행위인지 여부를 추가로 검토해야 한다는 판시는 수긍이 간다.

---

33) 법인 46012－2365, 2000.12.13. ; 서이 46012－10239, 2003.2.3. ; 서면2팀－648 2004. 3.30.

주식매입선택권 거래도 계약 체결시기와 양도시기 사이에 상당한 시간적 간격이 있고, 그동안 시가 변동이 심할 수 있는 전형적인 거래이다. 이 경우 부당행위인지 여부는 주식매입선택권 행사시기(양도시기)가 아니라 부여시기(계약 체결시기)로 보아야 할 것이다.[34] 즉, 부당행위인지 여부는 주식매입선택권 부여시점을 기준으로 거래의 경제적 합리성을 검토해야 한다. 대상판결은 주식매입선택권 부여거래의 부당성을 판단함에 있어서, 거래당사자가 미공개 내부 정보로 인하여 단기간 내에 주가가 상승할 것이 예상되는 경우임에도 이를 반영하지 아니한 채 행사가격을 약정하였는지 여부라는 기준을 제시하였다.

### (6) 접대비, 광고선전비, 복리후생비의 범위 : 대법원 2010.6.24. 선고 2007두18000 판결

#### 1) 사실관계

피고는 원고가 파견사원에게 지급한 격려금, 창간기념품, 취재시 지출한 취재비, 업무 협의시 지출한 회의비, 판촉물대, 경조비 등을 접대비로 보고, 한도초과액 해당 부분을 손금불산입하였다.

취재비란 취재활동을 하면서 취재원에게 제공한 찻값, 회식비용, 선물비 및 해외특파원에게 일률적으로 지급하는 일정금액이다. 회의비란 원고가 문학상, 야구대회 등 각종 대회를 개최하면서 그 행사 운영에 필요한 자원봉사자, 협회관계자, 문학상 심사위원들에게 지급한 인건비, 물품구입비, 심사료 및 식사비, 음료수비용이다. 판촉물비용이란 배달원에게 지급한 신문배달용 카트가방 제작비용, 내방객들에게 제공한 상패, 손목시계 등 기념품 비용이다. 경조비란 원고 직원의 자녀 결혼축의금(100만원 내지 500

---

34) 이러한 판단기준은 이미 대법원 2010.5.13. 선고 2007두14798 판결에서 판시한 바 있다.

만원), 전 직원의 투병위로금, 부의금(100만원 내지 1,000만원) 등으로 원고의 단체협약상 정해진 금액을 초과하였다.

2) 판결요지

(가) 접대비는 기업활동의 원활과 기업의 신장을 도모하기 위하여 필요한 경비로서 기업체의 영업규모와 비례관계에 있으므로 이를 엄격하게 해석하여야 할 것인바, 법인이 사업을 위하여 지출한 비용 가운데 상대방이 사업에 관련 있는 자들이고 지출의 목적이 접대 등의 행위에 의하여 사업관계자들과의 사이에 친목을 두텁게 하여 거래관계의 원활한 진행을 도모하는 데 있는 것이라면, 그 비용은 법인세법상 접대비라고 할 것이나, 그렇지 않은 경우에는 이를 섣불리 접대비로 단정하여서는 안 된다. 신문사의 취재기자들이 지출한 취재비 중 1건당 지출액이 취재비 지급기준에서 정한 일일취재비와 실비취재비의 최고 한도액인 30,000원 이하인 부분은 접대비에 해당하지 않으며, 또한 취재비가 취재활동에 통상 소요되는 비용의 범위를 벗어나 접대비에 해당한다고 볼 수 있는지 여부는 취재의 필요성, 취재원의 수와 성격, 취재 소요시간, 취재 장소와 경위 등의 요인들 및 그 지출의 목적과 성격 등을 종합적으로 고려하여 개별적·구체적으로 판단하여야 하는데, 비록 1건당 지출액이 30,000원을 초과하는 취재비라고 하더라도 그 지출경위나 성격 등을 개별적·구체적으로 따져 보지 않은 채 이들이 모두 접대비에 해당한다고 단정할 수는 없다.

(나) 법인이 사업을 위하여 지출한 비용 가운데 상대방이 사업에 관련 있는 자들이고 지출의 목적이 접대 등의 행위에 의하여 사업관계자들과의 사이에 친목을 두텁게 하여 거래관계의 원활한 진행을 도모하는 데 있다면 접대비라고 할 것이지만, 이와 달리 지출의 상대방이 불특정다수인이고 지출의 목적이 법인의 이미지를 개선하여 구매의욕을 자극하는 데 있다면 광고선전비라고 할 것이다. 신문사의 내방객 등에 대한 선물비(단, 상패 제작

비는 그 성질상 특정인을 위해 지출된 것으로서 접대비로 보아 제외)는 그 내방객 등이 누구인지를 특정할 자료가 없어 그들이 위 신문사와 거래관계를 맺고 있는 특정인들이라고 보기 어렵고, 따라서 그들에게 선물을 지급한 것도 그들과의 거래관계를 원활하게 하기 위한 것이었다기보다는 대외적으로 위 신문사를 홍보하여 이미지를 개선하기 위한 것이었다고 봄이 타당하므로, 위 선물비는 접대비가 아니라 광고선전비에 해당한다.

(**다**) 신문사의 단체협약에는 경조비 지급기준금액을 정하고 있고 임직원의 임의단체에서도 비슷한 수준의 경조비를 지급하고 있다 하므로, 위 경조비 중 신문사의 임직원에게 지급한 부분이 과다하다고 하더라도 위 단체협약상의 경조비 지급기준금액만큼은 임직원의 복지증진과 원활한 노사관계의 유지를 통하여 직원의 노동력 확보와 향상을 위하여 지출되는 비용으로서 업무와 관련성이 있는 복리후생비에 해당한다고 보아야 할 것이고, 또한 신문사 직원들의 회식용 주류 구입비는 그 금액이 사회통념상 용인될 수 있는 범위를 초과한다고 볼 자료가 없는 이상 역시 업무와 관련성이 있는 복리후생비에 해당한다.

### 3) 평 석

법인세법상 접대비도 사업관련성이 있는 경비로서 원래 비용으로 공제해 주어야 하지만 손금산입에 일정한 제약이 있기 때문에 비용 항목 중 판매관리비 · 광고선전비 · 복리후생비 등과의 구별이 실무상 문제가 많이 된다. 대법원 판례의 구별기준에 의하면, 접대비는 지출 대상이 사업과 관련이 있는 자들이고, 지출목적이 접대 등의 행위에 의하여 사업관계자들과 친목을 두텁게 하여 거래관계의 원활한 진행을 도모하는데 있다.[35]

반면, 판매관리비는 제품의 판매에 직접 관련하여 소요되는 비용[36]이

---

35) 대법원 2008.7.10. 선고 2007두26650 판결.

36) 대법원 2007.10.25. 선고 2005두8924 판결.

라는 점에서, 광고선전비는 지출상대방이 불특정 다수인이고, 지출목적이 소비자의 구매의욕을 자극함으로써 판매를 촉진하기 위한 것이라는 점[37]에서, 복리후생비는 지출상대방이 법인 내부인이라는 점에서 각 구별된다. 현행 세제가 접대비를 사업관련 필요경비로 인정하면서도 특별히 제한하고 있는 것이라면, 그 범위를 엄격하게 해석하는 것이 적어도 해석론의 입장에서는 타당하다. 대법원 판례는 수주업무를 공동수행하기 위하여 협력업체 직원들에게 지출한 야근 식대나 간식비를 접대비로 볼 수 없다고 하거나,[38] 전체 대리점이 아니라 특정 대리점에 생산품의 정품을 무상제공한 경우에도 접대비가 아니라고 함[39]으로써 접대비의 범위를 엄격하게 보는 입장을 밝힌 바 있다.

대상판결은 취재비를 접대비로서 손금부인하기 위하여는 과세관청이 엄격하게 취재의 필요성, 취재의 성격 및 목적 등을 구체적으로 입증하도록 촉구함으로써 위와 같이 접대비를 엄격하게 해석해야 한다는 입장을 명확하게 밝힌 점에서 의의가 크고, 일률적인 기준으로 접대비를 부인하던 종래 과세관행에 많은 영향을 줄 것으로 보인다.

한편 원심은 내방객들에게 제공된 선물비는 특정인에게 지급되었다는 점에 근거하여 접대비라고 판단하였다. 추측컨대, 선물을 받기 직전에 내방객은 특정인으로 확정된다는 점에 착안한 것으로 보인다. 이런 식으로 특정인 여부를 판단한다면, 사은품을 지급하는 모든 경우에는 지급대상자가 특정될 수밖에 없으므로 언제나 접대비라는 불합리한 결론에 이르게 된다. 지출의 상대방이 특정되었는지 여부는 당해 물건의 지급동기·태양·효과 등을 종합적으로 고려하여 판단해야 할 것이다.[40]

---

37) 대법원 2002.4.12. 선고 2007두2000두2990 판결.

38) 대법원 2008.7.10. 선고 2007두26650 판결.

39) 대법원 2003.12.12. 선고 2003두6559 판결.

40) 정병문, “법인세법상 접대비와 광고선전비의 구별”, 『대법원판례해설』 제40－41호,

판례도 백화점 우수신용카드 회원들에게 지급하는 사은품,[41] 예식장 이용객들에게 제공하는 개업기념사은품,[42] 콘도미니엄 회원모집시 초청고객들을 위하여 지출한 현장 안내 여비[43] 등을 모두 불특정 다수인에게 지출한 광고선전비로 보았다. 대상판결도 내방객 등이 누구인지를 특정할 자료가 없는 점, 선물을 지급한 목적도 대외적으로 원고를 홍보하여 원고의 이미지를 개선하기 위한 점 등을 근거로 쟁점 선물비를 광고선전비라고 판단하였다.

복리후생비는 직원의 복리증진과 원활한 노사관계의 유지를 통한 직원의 노동력확보 및 향상을 위해 필요한 비용이다. 다만, 손금의 필요성 또는 통상성의 관점에서 복리후생비에도 사회통념상의 용인될 수 있는 한계는 존재하고, 이를 넘는 비용은 통상적이지 않기 때문에 손금성을 인정받기 어렵다. 대상판결은 복리후생비로서 경조비의 한계를 원고의 단체협약에서 정한 금액[44]을 기준으로 그 금액 범위 내에서는 복리후생비로 손금성을 인정하되, 이를 초과하는 부분의 손금성은 부인하였다. 또한 직원회식비에 대해서도 구체적인 금액을 특정하지는 않았지만, 사회통념의 범위라는 기준으로 손금성을 인정하였다. 대상판결은 사회통념이라는 추상적인 기준을 사용하고 있어, 여전히 구체적인 사안에서 적용 여부가 명확하지는 않다. 하지만 적어도 과세관청이 복리후생비를 구체적인 근거 없이 함부로 부인하는 것을 용인하지 않겠다는 취지는 분명한 것으로 이해된다.

---

법원도서관, 2002, p.270.

41) 대법원 2002.4.12. 선고 2000두2990 판결.

42) 대법원 1993.9.14. 선고 92누16249 판결.

43) 대법원 1987.4.14. 선고 86누378 판결.

44) 이 사건에서는 결혼시 30만원, 출산시 20만원, 부모 회갑시 10만원, 본인상 100만원, 부모상 40만원 등의 지급기준의 범위 안에서 손금성을 인정하였다.

### (7) 특수관계회사 발행의 회사채 취득 및 채권 지연회수에 관한 업무무관 가지급금과 부당행위계산 부인의 판단기준, 정부로부터 허가를 받아 설립된 재단에 기부한 기부금이 지정기부금에 해당되는지 여부 : 대법원 2010.10.28. 선고 2008두15541 판결

1) 사실관계

① 이 사건 회사채의 취득

원고는 의료기기의 제조 및 판매를 목적으로 하는 회사이고, ㈜MD캐피탈은 원고의 특수관계자이다. 원고는 1998년 및 1999년경 MD캐피탈 발행의 이 사건 회사채 200억원을 인수하였다. 피고는 원고가 이 사건 회사채를 취득한 것은 업무무관 가지급금 및 부당행위계산 부인대상에 해당된다는 이유로 관련 지급이자를 손금불산입하고, 인정이자를 익금에 산입하였다.

② 채권 지연회수 관련

원고는 1999사업연도부터 2001사업연도까지 의료기기 등을 Medison America 등의 해외 판매자회사들에게 D/A 조건[45]으로 수출하면서 해외 판매자회사들이 인수한 D/A 환어음을 할인매도하는 방식으로 거래은행으로부터 수출금융을 받았다. 그러나 해외 판매자회사들은 어음금을 만기일까지 지급하지 아니하였다. 이에 원고는 해외 판매자회사들이 부담하여야 할 D/A 연장이자 및 연체수수료를 거래은행에 지급하고, 이를 미수금계정으

---

45) D/A 조건(Documents against Acceptance ; 인수인도조건)이란 수출상이 수입상과의 매매계약에 따라 물품을 선적하고 구비된 서류에 기한부 환어음을 발행·첨부하여 자기거래은행(추심의뢰은행)을 통하여 수입상의 거래은행(추심은행) 앞으로 어음대금을 추심의뢰하면 추심은행은 수입상에게 어음을 제시하고, 어음지급인인 수입상은 즉시 어음대금을 지급할 필요가 없으며 인수만으로 선적서류를 인도받은 후 어음의 만기일 이내에 수입상품을 매각하여 그 대금으로 어음결제를 하는 거래방식을 말한다. 이에 반하여 수입상에게 어음의 지급과 동시에 선적서류를 인도하는 조건을 지급인도조건(D/P ; Documents against Payment)이라고 한다.

로 회계처리하였다. 피고는 원고가 해외 판매자회사들로부터 D/A 연장이자 및 연체수수료를 장기간 회수하지 아니한 것은 실질적으로 해외 판매자회사에 대한 자금대여로서 업무무관 가지급금 및 부당행위계산 부인대상에 해당된다는 이유로, 관련 지급이자를 손금불산입하고 인정이자를 익금산입하였다.

③ 지정기부금 관련

원고는 1999.4.6. 한국임상의학연구재단에게 의료장비 약 17억원 상당과 현금 5억원, 2000.2.3. 현금 4억원을, 2000.6.29. 한국의학학술지원재단에게 약 50억원을 기부하고, 이를 각 해당 사업연도에 지정기부금으로 회계처리하여 법인세 신고를 하였다. 피고는 위 각 재단이 구체적인 학술연구활동을 한 자료가 없고, 한국의학학술지원재단의 경우 원고의 기부금을 목적사업과는 관련이 없는 건물매입비용에 충당하였으므로 위 기부금을 모두 비지정기부금으로 보아 관련 금액을 손금부인하였다.

2) 판결요지

(가) 원고가 특수관계자인 소외 ㈜MD캐피탈 발행의 이 사건 회사채를 취득할 당시 소외 회사는 해외투자의 유치를 시도하고 있어 그 모기업인 원고의 입장에서는 투자자 유치를 위하여 소외 회사의 재무구조를 개선할 필요가 있었다고 하더라도, 원고는 의료기기의 제조, 판매를 목적으로 하는 회사이므로 이 사건 회사채를 취득하는 행위를 원고의 정상적인 수익사업으로 보기는 어려운 점, 더욱이 원고가 이 사건 회사채를 취득할 당시 소외 회사는 완전 자본잠식상태였고, 비록 이자율이 당시의 당좌대월이자율보다 높기는 했지만 원리금의 회수가능성이 현저히 떨어지는 상황에서 원리금 만기상환 조건으로 발행되었음에도 원고가 이를 취득한 점, 원고가 이 사건 회사채를 취득한 후 특별한 이유 없이 이를 소외 회사에게 양도하였다가 수회에 걸쳐 재취득하는 등 원고와 소외 회사가 필요에 따라 이 사

건 회사채 취득대금을 주고받은 점에다가 원고와 소외 회사의 경영상황 및 원고의 사업목적 등을 보태어 보면, 원고는 업무와 관련 없이 이 사건 회사채를 이용하여 소외 회사에 자금을 대여한 것으로 봄이 상당하므로 이 사건 회사채 취득대금은 업무무관 가지급금에 해당하고, 또한 소외 회사가 완전 자본잠식상태로서 원리금의 지급이 극히 불투명함에도 원고가 이자를 만기에 일시 상환받는 조건인 이 사건 회사채를 취득한 행위는 건전한 사회통념이나 상관행에 비추어 경제적 합리성이 있다고 할 수 없어 부당행위계산 부인대상에 해당한다.

(나) 법인이 특수관계자로부터 지급받아야 할 채권의 회수를 정당한 사유 없이 지연시키는 것은 실질적으로 그 채권 상당액이 의무이행기한 내에 전부 회수되었다가 다시 가지급된 것과 같은 효과를 가져온다는 점에서 그 미회수 채권 상당액은 법인세법 제28조 제 1 항 제 4 호 (나)목이 규정하는 '업무와 관련 없이 지급한 가지급금 등'에 해당하여 그에 상당하는 차입금의 지급이자가 손금에 산입되지 않는다. 또한 그와 같은 채권의 회수 지연이 건전한 사회통념이나 상관행에 비추어 경제적 합리성이 결여되어 조세의 부담을 부당하게 감소시킨 것으로 인정되는 경우에는 법인세법 제52조, 구 법인세법 시행령[46] 제88조 제 1 항 제 6 호에 준하는 행위로서 같은 항 제 9 호의 규정에 의한 부당행위계산 부인에 의하여 그에 대한 인정이자가 익금에 산입된다.

원고가 해외매출의 대부분을 의존하고 있는 해외 자회사들은 1999 내지 2001사업연도 당시 대부분 자본잠식상태로서 변제자력이 충분하지 않았던 점, 원고는 당시 해외 자회사들뿐만 아니라 재무구조가 악화된 국내 자회사나 특수관계가 없는 거래처에 대해서도 동일하게 지급기한을 연장하여 주었던 것으로 보이는 점 등에 비추어 보면, 원심으로서는 당초 거래

46) 2001.12.31. 대통령령 제17457호로 개정되기 전의 것.

시부터 해외 자회사들의 변제자력이 불충분하였는지 아니면 거래 도중에 변제자력이 불충분해진 것인지 여부, 원고에게 해외 자회사들과 D/A 조건으로 계속 거래를 해야 할 특별한 사정이 있었는지 여부, 해외 자회사들에 대한 매출채권 중 회수 지연된 채권의 비율은 어느 정도였는지 등을 심리하여 과연 원고가 해외 자회사들에 대한 D/A 연장이자 및 연체수수료의 회수를 지연한 것이 정당한 사유가 있거나 경제적 합리성에 따른 것인지 여부를 판단하였어야 했다.

(다) 학술연구에 관한 사업을 목적으로 하여 정부로부터 허가 또는 인가를 받은 단체는 지정기부금 대상단체가 되는 것이고 반드시 구체적 학술연구활동 및 결과를 요구하는 것은 아니며, 정부로부터 허가 또는 인가를 받아 설립된 학술연구단체가 그 연구활동을 개시하기 전이라도 그 단체의 학술연구를 위하여 지출한 기부금은 지정기부금으로 볼 수 있고, 한편 한국의학학술지원재단이 열악한 사무환경에 처해 있는 대한의학회 산하 의학학술단체가 입주할 수 있는 건물을 매입한 것도 궁극적으로는 학술의 연구와 발표를 위한 것이라고 할 수 있으며, 원고로서는 학술연구단체에 대하여 그 단체의 고유목적사업비로 사용할 것을 특정하여 지출하면 충분하고 그 기부금을 받은 단체가 실제로 고유목적사업비로 사용한 부분에 한하여 지정기부금으로서 손금산입되는 것은 아니다.

### 3) 평 석

#### (가) 업무무관 가지급금에 관하여

특수관계자에게 업무와 관련 없이 지급한 가지급을 조달하기 위한 차입금에 대한 이자는 법인의 수익을 창출하기 위하여 지출한 비용(즉, 손금)이 아니라는 점 때문에 법인세법은 일반적인 이자비용과 달리 손금산입을 제한하고 있다.[47] 그 밖에 업무무관 가지급금에 관한 지급이자 손금불산입

47) 이창희, 전게서, p.946.

의 조세정책적인 이유는 차입금을 생산적인 부분에 사용하지 아니하고 계열사 등 특수관계자에게 대여하는 비정상적인 행위를 제한함으로써 타인자본에 의존한 무리한 기업 확장으로 기업의 재무구조가 악화되는 것을 방지하고, 기업자금의 생산적 운용을 통한 기업의 건전한 경제활동을 유도하려는 것이라고 설명되고 있다.[48)]

업무무관 가지급금의 요건은 크게 보자면, 가지급금일 것과 업무관련성이 없을 것이다. 여기서 가지급금이라 함은 순수한 의미의 대여금은 물론 구상금 채권과 같이 채권의 성질상 대여금에 준하는 것도 포함되고, 적정한 이자율에 의하여 이자를 받으면서 가지급금을 제공한 경우도 포함된다.[49)]

판례는 특수관계자인 금융기관에 자금을 예치하거나,[50)] 특수관계회사로부터 후순위채권을 인수하여 보관하는 경우[51)] 및 특수관계인에 대한 매매대금 채권을 정당한 사유없이 장기간 회수하지 아니한 경우도 가지급금에 해당하는 것[52)]으로 보는 등 가지급금을 넓게 해석하고 있다.

---

48) 대법원 2007.9.20. 선고 2006두1647 판결.

49) 대법원 2006.10.26. 선고 2005두1558 판결 등.

50) 대법원 2003.3.11. 선고 2002두4068 판결.

51) 대법원 2008.9.25. 선고 2006두15530 판결.
후순위채권의 매입 또는 기업어음의 매입은 매매차익을 고려한 유가증권 매수행위 또는 투자활동이라고 볼 여지가 있다. 후순위채권의 매입 등이 자금 대여의 실질을 가지고 있는지 여부는 거래당사자의 의사해석, 발행 경위, 목적 등을 종합하여 거래의 실질이 특수관계자에 대한 자금의 지원 또는 대여라는 사정이 인정되어야 한다 : 조성권, "재벌회사가 특수관계자인 계열회사 발행의 후순위사채나 기업어음을 매입한 것이 대여금으로서 업무무관 가지급금에 해당한다고 보기 위한 요건, 이때 당좌대월이자율 이상의 수익률로 후순위사채나 기업어음을 매입한 경우에 부당행위계산 부인에는 해당할 수 있는지 여부, 구 법인세법 제20조와 구 법인세법 시행령 제47조 제 2 항이 위헌 · 위법한 규정인지 여부", 『대법원판례해설』 통권 제73호, 법원도서관, 2008.7., p.304 및 p.307 참조.

52) 대법원 2007.9.6. 선고 2006두18522 판결.

반면, 특수관계자를 위하여 정기예금을 은행에 담보로 제공하고 특수관계자가 은행에서 대출을 받도록 하는 우회적인 자금대여행위는 특수관계자에 대한 직접적인 대여행위로 볼 수 없으므로 가지급금에 해당되지 않는다.[53] 한편 가지급금의 업무관련성 여부는 당해 법인의 사업목적이나 영업내용을 기준으로 객관적으로 판단한다.[54] 이는 자금의 대여를 목적사업으로 하는 법인이 아닌 법인, 즉 금융업을 영위하지 않는 법인이 특수관계자에게 대여한 금액을 의미한다.[55]

다만, 형식적으로 법인등기부등본에 금융업을 목적사업으로 열거하는 것만으로는 부족하고, 이자를 목적으로 금전을 대여하는 금융업을 영위하였다는 객관적인 사실 등이 인정되어야 한다.[56] 판례는 대여금의 발생에 있어 당해 법인의 주거래은행이 파견한 기업지도반의 지도, 승인이 있었다거나 그러한 지시 등을 따르는 것이 당해 법인의 존속, 소생을 위하여 필요하였다고 하더라도 업무관련성을 부인하는 등 엄격한 태도를 취하고 있다.[57]

---

판례는 모든 채권 지연회수를 가지급금으로 단정하는 취지는 아닌 듯하다. 채권회수의 지연에 "정당한 사유"가 있는지 여부를 기준으로 가지급금 여부를 판단하고 있는 것으로 보인다 : 대법원 2006.10.26. 선고 2005두1558 판결 참조.

53) 대법원 2009.5.14. 선고 2006두12951 판결.
특수관계자가 정기예금이 담보로 제공됨으로써 은행으로부터 대출을 받을 수 있는 편익을 누렸더라도 마찬가지라고 한다. 이로써 판례는 업무무관 가지급금에 있어서 가지급금을 특수관계자에 대한 직접적인 자금대여에 한정하는 것으로 이해된다. 위와 같이 우회적인 자금대여행위를 가지급금으로 볼 수 없지만, 경제적 합리성을 무시한 이익분여에 해당될 수 있으므로 부당행위계산 부인대상이 될 수는 있다 : 대법원 2009.5.14. 선고 2006두11224 판결.

54) 대법원 1992.11.10. 선고 91누8302 판결

55) 장인태, "지급이자에 대한 손금규제", 『조세법연구 Ⅶ』, 세경사(세법연구회 편), 2001. 11., p.36.

56) 대법원 2008.9.25. 선고 2006두15530 판결.

57) 대법원 1992.11.10. 선고 91누8302 판결.

대상판결에서 소외 회사는 해외투자 유치를 위하여 자금이 필요하였으나, 소외 회사의 재정상황에 비추어 보았을 때 금융권으로부터 자금차입이 불가능하자 원고로부터 자금차입을 목적으로 이 사건 회사채를 발행한 점 및 실제로 이 사건 회사채는 시중에서 유통가능성이 없는 사실 등이 인정되었다. 이러한 측면에서 보면, 원고가 소외 회사가 발행한 이 사건 회사채를 인수한 것은 실질적으로 소외 회사에게 자금을 대여하는 것으로 평가되었던 것으로 보이고, 종래 판례의 연장선 위에 있다. 나아가 의료기기를 제조, 판매하는 원고의 사업목적이나 영업내용을 기준으로 볼 때에도 업무관련성이 없다는 점은 수긍할 수 있다.

반면, 대상판결은 원고의 해외 판매자회사에 대한 연체수수료 등 채권의 지연회수에 대해서는 회수 지연에 정당한 사유가 인정될 수도 있고, 따라서 업무무관 가지급금이 아닐 수 있다는 이유로 원심을 파기하였다. 채권의 지연회수에 정당한 사유를 인정한 대법원 판례는 흔치 않다.[58)]

대상판결은 원고의 해외 판매자회사에게 해외매출의 대부분을 의존하고 있고, 문제된 사업연도 당시 대부분 변제자력이 충분하지 않았던 점 및 원고가 당시 위 해외 판매자회사뿐만 아니라 국내의 특수관계 없는 거래처에 대해서도 동일하게 지급기한을 연장한 점을 근거로 위 연체수수료 채권의 지연회수의 정당한 사유를 인정할 여지가 있다는 입장을 취한 것으로 보인다. 나아가 대상판결은 채권의 지연회수의 정당한 사유 여부를 판단하

58) 특수관계자에 대한 외상매출금의 지연회수가 부당행위인지 여부에 관한 사안에서 채권의 지연회수에 경제적 합리성을 인정한 판례는 발견된다(대법원 1990.5.11. 선고 89누8095 판결). 이 판례의 사안에서는 특수관계자가 당해 법인의 대량거래처로서 생산제품의 유일한 수요자인 점, 그 경영상태 및 변제능력을 감안하여 경영상태가 호전됨에 따라 그 회수를 강화하는 것이 당해 법인의 매출물량 확대에 기여하는 점 등을 근거로 매출채권의 지연회수가 경제적으로 합리적이라고 판단하였다. 대체로 대상판결에서 채권의 지연회수의 정당한 사유에 대한 판단기준과 상당 부분 일치하는 것으로 보인다.

는 기준을 보다 더 구체적으로 제시하고 있어 흥미롭다. 예컨대, 대상판결은 i) 당초 거래시부터 해외 자회사들의 변제자력이 부족하였는지 아니면 거래 도중에 변제자력이 부족해진 것인지 여부,[59] ii) 원고에게 해외 자회사들과 D/A 조건으로 계속 거래를 해야 할 특별한 사정이 있었는지 여부[60] 및 iii) 해외 자회사들에 대한 매출채권 중 회수 지연된 채권의 비율[61]은 어느 정도였는지 여부 등을 구체적인 판단기준으로 명시하였다.

**(나) 업무무관 가지급금과 부당행위계산 부인의 관계**

금전 자체를 특수관계인에게 무상 또는 저리로 대여하는 경우에는 업무무관 가지급금과 동시에 법인세법 시행령 제88조 제 1 항 제 6 호 소정의 부당행위계산 부인 유형에 해당되고 인정이자가 문제될 것이다.

반면, 순수한 대여금 채권이 아니라 채권의 성질상 대여금에 준하는 가지급금이 무상 또는 저리인 경우에는 부당행위계산 부인 유형 중 위 법인세법 시행령 제88조 제 1 항 제 6 호에 준하는 것으로서 같은 항 제 9 호

59) 만일 당초 거래시부터 해외 자회사들의 변제자력이 부족하였다면, 원고가 거래를 시작하는 것 자체가 비합리적이기 때문에 채권의 지연회수에 대해 정당한 사유를 인정하기 어려울 것이다.

60) D/A 조건의 거래는 수출자가 수입자에게 물품을 인도한 후 환어음의 만기시까지 신용을 제공하는 거래이다. 문제된 연체수수료 채권 및 D/A 연장이자는 D/A 조건 때문에 발생하는 것이다. 수출자인 원고가 D/P 조건 거래나 신용장 거래를 하지 아니하고 D/A 조건으로 계속 거래를 해야 할 특별한 사정이 존재해야 채권 지연회수의 정당한 사유가 인정될 수 있을 것으로 보인다.

61) 위 D/A 연장이자 채권이나 연체수수료 채권은 실질적으로 원고의 해외 자회사에 대한 매출채권을 원본채권 또는 주된 채권으로 하는 지연이자라고 할 수 있다. 이 사건에서 원고의 해외 자회사에 대한 매출채권도 지연 회수되었으나, 조세심판원은 정당한 사유가 있다는 이유로 매출채권의 지연회수 부분은 업무무관 가지급금이 아니라고 결정하였다. 따라서 원본채권에 해당하는 해외 자회사에 대한 매출채권 중 회수 지연된 비율에 상응하는 연체수수료 등 채권도 정당한 사유가 인정될 수 있을 것으로 보인다.

가 적용될 것이다. 실무상 업무무관 가지급금과 부당행위계산 부인규정은 동시에 문제되는 경우가 많다. 하지만 양자가 항상 동시에 인정되는 것은 아니다. 업무무관 가지급금과 부당행위계산 부인[62]은 그 제도적 취지가 다르고, 판단기준도 다르기 때문이다. 예컨대, 업무와 관련이 있는 가지급금이라고 하더라도, 이자를 받지 않거나 저리인 경우에는 부당행위에 해당하여 인정이자 계산의 문제가 발생할 수 있다. 반면, 업무무관 가지급금이라고 하더라도 특수관계자에게 정상적인 이자를 받고 대여하였다면 부당행위에 해당되지 아니할 수 있다.[63]

대상판결에서는 업무무관 가지급금과 부당행위계산 부인에 대해 같은 결론을 내리고 있다. 특히, 채권의 지연회수에 있어서는 그 정당한 사유와 경제적 합리성을 같은 기준을 적용하여 한꺼번에 판단하고 있다. 판례를 기준으로 보면 이는 업무무관 가지급금 유형 중 채권의 지연회수에 한정된 것으로 이해된다. 채권의 지연회수가 가지급금에 해당되기 위하여는 지연회수에 정당한 사유를 요구하기 때문이다. 예컨대, 판례는 채권의 지연회수의 정당한 사유와 대체로 유사한 기준을 채권 지연회수의 경제적 합리성 판단에도 적용하고 있다.[64]

#### (다) 지정기부금에 관하여

지정기부금이란 정부로부터 허가나 인가를 받은 학술연구단체의 고유목적사업비로 지출하는 기부금을 의미한다.[65]

---

62) 부당행위계산 부인은 특수관계자와의 거래에서 정상적이고 합리적인 방법에 의하지 아니하고 거래 형태를 남용함으로써 조세부담을 부당하게 경감시켰다고 인정되는 경우 과세권자가 이를 부인하고 법령에 정하는 방법에 의하여 객관적이고 타당하다고 보이는 소득이 있는 것으로 의제하는 제도이다.

63) 장인태, 전게논문, p.37.

64) 대법원 1990.5.11. 선고 89누8095 판결〔각주 58) 참조〕.

65) 법인세법 제24조 제 1 항.

대상판결에서는 문제된 기부금이 실제로 수증자의 고유목적사업에 지출되어야만 지정기부금으로 손금에 산입할 수 있는지 여부가 다투어졌다. 과거 판례는 국가 등이 기부받은 금품을 실제로는 다른 유관단체(지정기부금 단체)에게 인계한 경우 당초 국가에 대한 기부금을 법정기부금으로 볼 수 있는지 여부가 다투어진 사안에서 "국가 또는 지방자치단체에 무상으로 기증하는 금품(법정기부금)"이라 함은 기증의 상대방이 국가 또는 지방자치단체인 경우의 당해 금품을 가리키는 것으로 기증받은 국가 또는 지방자치단체의 사후의 금품처리방법 여하에 의하여 그 성질을 달리할 것은 아니므로 국가 또는 지방자치단체가 스스로 당해 금품을 지정된 기증목적에 제공하지 아니하고 다른 유관단체에 인계하여 기증목적에 제공케 하였다 하여도 국가 또는 지방자치단체에 무상으로 기증하는 금품에 해당한다는 입장을 취한 바 있다.[66)]

법정기부금에 있어서는 법문상 기부금의 사용목적을 제한하지 않고 있다는 취지로 위 판결을 이해할 수도 있을 것이다. 그러나 위 판결은 기부금의 관리나 처분이 수증자인 국가나 지방자치단체의 소관사항이고 기증자가 이에 관여할 수 없는 것인 이상 수증자의 관리처분상 잘못을 이유로 기부금의 성질을 달리 봄으로써 기증자에게 뜻밖의 손해를 입히는 것은 옳지 않다는 취지라고 이해된다.[67)]

대상판결은 지정기부금에 있어서도 기증자가 학술연구단체의 고유목적사업비로 기부하였음에도 불구하고, 그 후 학술연구단체가 기부금을 잘못 관리하였다는 우연한 사정 때문에 당초 기부금의 성격이 달라지는 것은 부당하다는 점을 확인한 의의가 있다.

---

66) 대법원 1986.9.9. 선고 85누379 판결.

67) 정인진, "기부금의 기부와 법인의 부당행위계산의 부인",『대법원판례해설』통권 제14호, 법원행정처, 1991, p.227.

### (8) 주식의 매도가 자산거래인 주식의 양도에 해당하는가 또는 자본거래인 주식의 소각 내지 자본의 환급에 해당하는가의 판단 기준, 의제배당소득 계산방법이 위헌인지 여부 : 대법원 2010.10.28. 선고 2008두19628 판결

1) 사실관계

소외 망인은 2001.7.31. 원고회사를 퇴직한 후, 2002.6. 원고회사에게 이 사건 주식의 매매 및 향후 설립될 재단법인에 대한 주식 매매대금의 출연 등에 관한 모든 사항을 위임하였다. 그 후 소외 망인은 제 3 자에게 이 사건 주식을 매매하려고 하였으나 거래가 이루어지지 못하자, 원고는 2002.10.8. 소외 망인과 이 사건 주식에 관한 매매계약을 체결하고, 같은 날 원고 명의의 명의개서가 이루어졌으나, 주식 매매대금은 지급되지 않았다.

원고는 2002.11.14. 이 사건 주식의 임의소각을 통한 자본금 감소를 결의하고 감자절차를 마친 후, 같은 해 12.6. 소외 망인 명의의 예금계좌에 이 사건 주식의 매매대금 약 130억원을 입금하였다. 원고는 2003.2.14. 이 사건 주식의 매매대금 중 양도소득세 등을 납부하고 남은 나머지 금액을 전부 소외 재단법인에게 출연하였다.

이에 피고는 2005.6.15. 이 사건 주식의 양도는 원고의 자본금 유상감소절차의 일환으로 이루어졌으므로 그 양도차익은 의제배당소득에 해당한다는 이유로 원고에게 소외 망인에 대한 배당소득세 원천징수액을 납부고지하였다.

2) 판결요지

(가) 주식 매도가 자산거래인 주식 양도에 해당하는지 또는 자본거래인 주식 소각 내지 자본 환급에 해당하는가는 법률행위 해석의 문제로서 그 거래의 내용과 당사자의 의사를 기초로 하여 판단하여야 할 것이지만, 실질과세의 원칙상 단순히 당해 계약서의 내용이나 형식에만 의존할 것이

아니라, 당사자의 의사와 계약 체결의 경위, 대금의 결정방법, 거래의 경과 등 거래의 전체 과정을 실질적으로 파악하여 판단하여야 한다.

(나) 구 소득세법[68] 제17조 제 2 항 제 1 호가 규정하고 있는 의제배당소득, 즉 주식의 소각 또는 자본의 감소로 인하여 주주가 받은 재산의 가액에서 그 주주가 당해 주식을 취득하기 위하여 소요된 금액을 초과하는 금액 중에는 기업경영의 성과인 잉여금 중 사외에 유출되지 않고 법정적립금, 이익준비금 기타 임의적립금 등의 형식으로 사내에 유보된 이익뿐만 아니라 유보된 이익과 무관한 당해 주식의 보유기간 중의 가치증가분도 포함되어 있을 수 있으나, 위 법률조항이 이를 별도로 구분하지 않고 모두 배당소득으로 과세하고 있는 것은 입법정책의 문제이고 그 밖에 의제배당소득의 입법취지, 조세징수의 효율성이라는 공익적인 측면 등에 비추어 보면 위 법률조항이 입법자의 합리적 재량의 범위를 일탈하였다고 볼 수 없어 그로써 조세평등주의를 규정한 헌법 제11조에 위배된다거나 재산권 보장을 규정한 헌법 제23조에 위배된다고 볼 수 없다.

3) 평 석

**(가) 주식 매매거래의 실질에 관하여**

주주가 주식발행법인에게 주식을 매각하는 거래가 수익거래인 주식매매거래인지, 아니면 (그 후의 절차를 포괄하여) 자본거래인 자본감소 절차의 일환인지 여부에 따라 세무효과가 상당히 달라진다.

거래의 성격에 따라 주주가 얻는 소득의 종류가 주식양도차익이 될 수도 있고, 의제배당소득이 될 수도 있기 때문이다. 이러한 경우 주주가 얻는 소득에 대한 적용세율이 다르고, 대금을 지급하는 법인의 원천징수의무의 성립 여부가 달라진다. 나아가 문제된 거래를 주식 소각거래로 보게 되면, 불균등 유상감자로 인하여 주주와 특수관계에 있는 대주주에게 증여세 납

68) 2006.12.30. 법률 제8144호로 개정되기 전의 것.

세의무[69]가 발생할 수 있다.

법인이 자기주식을 취득하고 처분하는 거래는 일반적인 자산거래로서 순자산을 증감시키는 손익거래라고 할 수 있으나, 법인이 취득한 자기주식을 소각하는 거래는 자본의 증감에 관련된 거래로서 자본거래이다.[70] 그러나 대상판결에서는 이 사건 주식 거래의 실질이 자기주식의 매매거래인지 아니면 주식 소각거래인지 여부의 판단기준이 문제되었다. 판례는 실질과세의 원칙을 여러 문맥에서 사용하는데, 거래형식의 효력을 부인하고 거래의 법적 실질을 발견하기 위한 기준으로 원용하기도 한다. 즉, 납세자가 형성한 법적 형식이 가장행위이므로 이를 부인하고 당사자가 의도한 실질적인 거래를 포착하여 세법상 효과를 부여하는 것이다. 대상판결은 이 경우 거래 당사자의 의사와 계약 체결 경위 등 거래의 전 과정을 종합적으로 판단해야 점을 확인하고 있다.

구체적으로 보면, 대상판결은 이 사건 주식거래에서 주주인 소외 망인이 원고에게 주식의 매매 등에 관한 일체의 권한을 위임한 점, 이 사건 주식에 대한 매매계약을 체결하고 명의개서를 하였으면서도 주식 매매대금은 주식 소각절차가 종료된 후에 지급한 점 및 매매거래와 주식 소각절차가 시간적으로 근접하여 순차적으로 이행된 점을 근거로 원고가 소외 망인으로부터 이 사건 주식을 취득한 것은 자본감소절차의 일환으로 상법 제341조 제 1 호에 따라 주식을 소각함으로써 출자금을 환급해 주기 위한 목적으로 이루어졌다고 판단하였다. 대상판결은 소각목적으로 자기주식을 매매하는 경우는 언제나 주식 소각거래에 해당된다는 취지인지 명확하지는 않다. 소각목적의 자기주식 거래가 주식 매매거래인지 아니면 주식 소각거래인지 여부는 대체로 법률행위 해석 또는 인정사실에 대한 법적 평가의

69) 상속세 및 증여세법 제39조의 2.

70) 대법원 1992.9.8. 선고 91누13670 판결.

문제라고 할 수 있기 때문에 사안에 따라서는 결론이 달라질 수도 있을 것이다.

### (나) 의제배당소득금액 규정의 위헌성

현행법상 주식 소각으로 인한 의제배당소득금액에는 배당소득에 해당하는 부분과 양도소득에 해당하는 부분이 혼재되어 있다는 비판이 있다. 예컨대, 주식의 소각에 따라 주주가 취득하는 금전 기타 재산의 가액 중 주식의 보유기간 중의 가치의 증가액은 양도소득을 구성하며, 당해 주식에 있어서의 사내 유보이익 상당액은 배당소득을 구성해야 한다는 견해가 있다.[71] 비교법적으로 일본은 주주가 자본의 감소 등에 따라 교부받는 금전 기타 재산의 가액에서 당해 법인의 자본 등의 금액을 차감한 금액은 배당소득으로, 당해 법인의 자본 등의 금액에서 당해 주식의 취득가액을 차감한 금액은 양도소득으로 과세하도록 규정하고 있다.[72]

주식 소각으로 인하여 주주가 법인으로부터 받은 금전 중 경제적 실질이 양도소득에 해당하는 부분까지 모두 배당소득으로 과세하면 과세형평에 비추어 불합리하다는 주장은 일리가 있다. 하지만 주주가 투자자금을 회수함에 있어서 (주식 소각이 아니라) 주식을 매각하는 경우에도 같은 문제가 생긴다. 즉, 주식양도대금 속에는 배당소득에 해당하는 당해 주식에 있어서의 사내유보이익 상당액이 포함되어 있는데, 이를 양도소득으로 과세하기 때문이다.

따라서 과세형평과 조세중립성을 엄격하게 관철하기 위하여 주식으로부터 발생하는 소득의 경제적 실질을 파악하고 세법을 적용해야 할 텐데, 이러한 조세행정에는 상당한 비용이 소요될 것으로 예상된다. 이러한 점을 종합해 보면, 의제배당소득에 관한 과세상 취급방법은 입법정책의 문제이

---

71) 김완석, “의제배당 과세의 문제점”, 『중앙법학』 제 2 호, 중앙법학회, 2001, p.439.
72) 조세특별조치법 제37조의 10 제 4 항 : 김완석, 전게논문, p,442에서 재인용.

고, 가공의 소득에 대한 과세라거나 이중과세가 아닌 이상 현행법은 입법재량을 일탈하였다고 보기 어려울 것이다.

### (9) 실권주를 고가로 인수하더라도 실권주주가 보유하고 있던 주식의 1주당 가액이 모두 음수로 평가되고 단지 그 음수의 절대치가 감소한 것에 불과한 경우, 실권주주가 이익을 분여받았다고 보아 부당행위계산 부인의 대상으로 삼을 수 있는지 여부 : 대법원 2010.11.11. 선고 2008두8994 판결

1) 사실관계

원고는 1999.12.1. 특수관계자인 소외 회사가 100만주의 유상증자를 실시할 때, 대주주인 소외 A와 소외 B가 신주인수권을 포기한 이 사건 실권주 약 87만주를 1당 액면가인 5,000원에 인수한 후 2004. 3.경 이를 양도하였다. 원고는 1999사업연도 법인세 신고시 이 사건 주식의 액면가와 기발행주식의 평가액(약 321원)의 차액 중 원고가 취득한 주식수와 소외 A, B의 지분율을 반영하여 산출한 약 41억원을 이 사건 실권주의 취득가액에서 제외하여 손금불산입으로 세무조정하고 이를 신고하였다.

그 후 원고는 2004.7.20. 피고에게 이 사건 실권주의 양도차익을 산정함에 있어서 위 평가액의 차액을 양도에 대응하는 취득가액으로 손금산입함으로써 2004사업연도 법인세 중 약 11억원을 감액하여 달라는 경정청구를 제기하였으나, 피고가 이를 거부하였다.

2) 판결요지

법인세법 제52조 제 4 항, 구 법인세법 시행령[73] 제88조 제 1 항 제 8 호 (나)목은 법인의 증자에 있어서 신주를 배정받을 수 있는 권리의 전부 또

73) 2006.2.9. 대통령령 제19328호로 개정되기 전의 것.

는 일부를 포기한 주주와 특수관계에 있는 주주등인 법인이 그 신주를 시가보다 높은 가액으로 인수함으로써 실권주주에게 이익을 분여한 경우를 부당행위계산 부인의 대상으로 규정하고 있다. 여기서 실권주주에게 이익을 분여한 경우라 함은 신주의 고가인수로 인하여 실권주주가 보유하고 있던 주식의 1주당 가액이 상승하는 것을 의미하는데, 신주의 고가인수가 있더라도 이를 전후하여 실권주주가 보유하고 있던 주식의 1주당 가액이 모두 음수로 평가되고 단지 그 음수의 절대치가 감소한 것에 불과하다면 그 주식의 가액은 없다고 보아야 하므로 그 주식의 가액이 상승하였다고 할 수 없고, 따라서 이러한 경우는 신주의 고가인수로 인하여 신주 발행법인의 일반 채권자들이 이익을 분여받았음은 별론으로 하고 적어도 실권주주가 이익을 분여받았다고 할 수는 없으므로 위 규정에 의한 부당행위계산 부인의 대상이 될 수 없다.

3) 평 석

증자절차에서 실권주를 시가보다 고가로 인수한 것이 부당행위계산 부인대상이 되는 경우는 실권주의 고가인수로 인하여 특수관계에 있는 주식발행법인의 다른 주주들에게 이익을 분여하는 요건이 필요하다.[74] 주식발행법인과의 자본거래를 통하여 주주들이 이익을 얻는 경우는 주주들이 소유하고 있는 주식가치의 상승분이다.

이는 특정법인과의 손익거래를 통하여 특수관계에 있는 주주들이 이익을 얻는 경우 그 이익을 증여재산가액으로 의제하는 사안[75]에서도 동일하게 문제된다. 종래 판례는 특정법인 증여의제 사건에서 특정법인에 대한

---

74) 법인세법 시행령 제88조 제 1 항 제 8 호 나목.

75) 구 상속세 및 증여세법 제41조 제 1 항(2010.1.1. 법률 제9916호로 개정되기 전의 것), 구 상속세 및 증여세법 시행령(2003.12.30. 대통령령 제18177호로 개정되기 전의 것) 제31조 제 6 항.

채무면제 등으로 인하여 특정법인의 주식가치가 음수(−)에서 음수(+)로 증가한 경우 당해 주식의 주주가 얻는 이익은 없다고 하였고,[76] 특정법인의 주식가치가 음수(−)에서 양수(+)로 증가한 경우 0을 초과하여 양수로 증가된 금액만이 주주가 얻은 이익이라고 판단하였다.[77]

위 판례는 1주당 가액이 거래를 전후하여 모두 음수인 경우에는 증가된 주식 등의 1주당 가액은 없는 것으로 보는 것이 합리적인 점 및 거래를 전후하여 1주당 가액이 음수로 산정되는데도 음수의 절대치가 감소하였다는 이유로 주식 등의 1주당 가액이 증가된 것으로 보는 것은 재산의 가액평가에 관한 관계 규정을 전혀 감안하지 아니하는 결과가 되어 관계 규정의 해석상 허용될 수 없는 점에 근거하고 있다.[78]

주식회사의 주주는 유한책임을 부담하고 있기 때문에 소유하고 있는 주식의 가치가 음수(−)이어도 법인이나 법인의 채권자들에게 채무를 이행해야 하는 등의 추가적인 재산출연 등의 부담이 없다. 즉, 주식의 가치가 음수(−)인 경우 주주는 그 재산가치는 "0"일 뿐이지 그 이상이 될 수가 없다. 그렇다면, 주식가치의 음수의 절대값이 증가하던 감소하던 그 주식가치는 "0"이므로 주식의 재산가치에는 아무런 변화가 없는 것이다.

대상판결은 손익거래인 특정법인 증여의제에서 정립한 법리를 자본거래를 통한 부당행위계산 부인 사안에 적용함으로써 주식가치가 음수에서 음수로 절대치가 변한 경우 주식가치의 증가는 없다는 상속세 및 증여세법상 재산평가의 원칙을 다시 한번 확인한 의의가 있다.

---

76) 대법원 2003.11.28. 선고 2003두4249 판결 ; 대법원 2009.3.19. 선고 2006두19693 전원합의체 판결.

77) 대법원 2004.11.11. 선고 2003두11872 판결.

78) 대법원 2003.11.28. 선고 2003두4249 판결 ; 대법원 2009.3.19. 선고 2006두19693 전원합의체 판결.

## [참 고 문 헌]

김완석, “의제배당 과세의 문제점”, 『중앙법학』 제 2 호, 중앙법학회, 2001.

소순무, 『조세소송』, 영화조세통람, 2010.

안경봉, “법인세법상 소득처분에 의한 원천징수소득세의 부과제척기간의 기산일”, 『인권과 정의』 제250호, 1997.6.

안대희, 『조세형사법』, 법문사, 2005.

윤지현, “교환계약에 있어서의 실지거래가액 과세에 관한 짧은 고찰”, 『저스티스』 통권 제100호, 2007.10.

이창희, 『세법강의』, 박영사, 2009.

임승순, 『조세법』, 박영사, 2003.

장인태, “지급이자에 대한 손금규제”, 『조세법연구 Ⅶ』, 세경사(세법연구회 편), 2001. 11.

정병문, “법인세법상 접대비와 광고선전비의 구별”, 『대법원판례해설』 제40－41호, 법원도서관, 2002.

정인진, “기부금의 기부와 법인의 부당행위계산의 부인”, 『대법원판례해설』 통권 제14호, 법원행정처, 1991.

정태학, “소득금액변동통지의 경우 납세의무의 성립시기”, 『법조』 통권 제597호, 법조협회, 2006.6.

조성권, “재벌회사가 특수관계자인 계열회사 발행의 후순위사채나 기업어음을 매입한 것이 대여금으로서 업무무관 가지급금에 해당한다고 보기 위한 요건, 이때 당좌대월이자율 이상의 수익률로 후순위사채나 기업어음을 매입한 경우에 부당행위계산 부인에는 해당할 수 있는지 여부, 구 법인세법 제20조와 구 법인세법 시행령 제47조 제 2 항이 위헌·위법한 규정인지 여부”, 『대법원판례해설』 통권 제73호, 법원도서관, 2008.7.

06

# 2010년 상속세 및 증여세법 판례 회고*

변호사 강남규** · 김근재***

회고 요약

본 논문에서는 2010년 대법원이 선고한 상속세 및 증여세법 관련 판례 중에서 중요하다고 생각되는 것들을 추려 그 내용을 비판적으로 분석하고 예상되는 파급효과를 검토해 보았다. 대상으로는 판례공보에 게재된 대법원 판결 5건과 헌법재판소가 선고한 관련사건 결정 1건, 기타 공보에 게재되지 않은 대법원 판결로서 중요 사건들을 필요에 따라 묶어 5건 정도를 추가 선정하였다.

총 11개 소주제로 묶인 판결들은 그 내용에 따라 크게 ① 피상속인의 거주자 여부와 상속세 관련 세액공제의 적용, ② 시가평가의 방법, ③ 재산 취득자금 증여규정 개정에 따른 입증책임의 소재 및 범위, ④ 공익법인 증여세 비과세의 사후관리, ⑤ 기타 절차적 쟁점에 관한 판례로 다시 엮어 각 주제별로 살펴보았다. 판례 평석은 대상판결의 사실관계를 요약하고 쟁점을 가려내서 판결요지를 소개한 후 해설을 덧붙이는 방식으로 하였으며, 필요한 경우 원심판결 또는 관련 대법원 판결의 요지를 직접 비교하였다.

올해 나온 판결들 중에는, 특히 상장주식의 시가 산정방법 및 할증평가

* 한국세법학회 편, 『조세법연구 XVII-1』(세경사, 2011.4.) 게재.

** 주저자.

*** 교신저자.

적용 여부에 관한 대법원 2011.1.13. 선고 2008두9140 판결 및 대법원 2011.1.27. 선고 2010두4421 판결이 주목된다. 앞으로 이 판결의 타당성 검증 및 실무상 발생하는 문제점 해결을 위한 많은 연구가 뒤이을 것으로 보인다. 또 하나 주목할 만한 판결을 꼽자면, 외국 비상장법인 주식의 평가방법에 대한 대법원 2010.1.14. 선고 2007두5646 판결을 들 수 있다. 다만, 동 판결이 향후 실무상 어떤 영향을 미치게 될지는 좀 더 두고 보아야 할 것으로 생각된다.

이상과 같은 대법원 판결들 외에도, 과세 사례를 보면 2010년은 상속세 및 증여세법상 완전포괄주의의 본격적인 적용이 시도된 해라고 평가할 수 있을 것이다. 국제거래를 포함한 다양한 절세 내지 탈세기법이 속속 밝혀지고 있는 만큼, 앞으로도 완전포괄주의를 적용하려는 과세당국의 적극적인 시도가 이어질 것이다. 그리고 이러한 과세처분에 대한 향후 법원의 판단에 귀추가 주목되는 시점이다.

# Ⅰ. 서 론

2010년 한 해 동안[1] 대법원 판례공보에 공간된 대법원 판례 중 상속세 및 증여세법(이하 '상증세법') 관련 판례로서 판례공보에 게재된 것은 모두 5건으로 집계된다. 내용별로는, ① 시가평가 등 상속·증여 재산가액의 계산에 관한 사건이 1건, ② 완전포괄주의와 증여추정 규정에서의 과세관청 입증책임에 관한 사건이 1건, ③ 공익법인 증여세 비과세 사후관리에 관한 사건이 1건, ④ 경정청구, 상속세 납부고지와 증액경정처분 등 절차적인 쟁점에 관한 사건이 2건으로 분석된다. 그러나 이처럼 공간된 상증세

1) 2010.2. 1.부터 2011.2. 1.자 판례공보까지를 말한다.

법 판결례 외에도, 아래 표와 같이 상증세법에 관한 미공간 판결례로서 중요하다고 생각되는 사례, 상증세법에 따른 "시가평가"에 관하여 2010년 선고된 법인세 및 소득세 관련 판결, 그리고 헌법재판소의 결정례 등 중요한 상증세법 관련 판결들이 다수 있었다.

이 중, 특히 상장주식의 시가 산정방법 및 할증평가 적용 여부에 관한 대법원 2011.1.13. 선고 2008두9140 판결은 지금까지 상장주식에 관해서도 대법원의 입장으로 실무상 이해되어 온 대법원 2006.12.7. 선고 2005두7228 판결의 해석과는 다른 것으로, 향후 많은 논의를 불러일으킬 것으로 생각된다. 이외에도, 외국 비상장법인 주식의 평가방법에 대한 대법원 2010.1.14. 선고 2007두5646 판결이 주목되는바, 향후 세무 실무에 어떤 영향을 미치게 될지 지켜보아야 할 것으로 보인다.

* 2010년 상증세법 판례 회고 대상판결 *

| 연번 | 선고일자 및 판결번호 | 내 용 |
|---|---|---|
| 1 | 대법원 2010.9.30. 선고 2010두8171 판결 | 피상속인의 거주자 여부와 상속세 관련 세액공제의 적용 |
| 2 | 헌재 2010.10.28. 선고 2008헌바140 결정 | 상증세법 시가 관련 법률규정의 위헌 |
| 3 | 대법원 2010.1.14. 선고 2007두23200 판결<br>대법원 2010.1.14. 선고 2008두9065 판결<br>대법원 2010.1.28. 선고 2008두8512 판결<br>대법원 2010.1.28. 선고 2008두8505 판결 | 유사사례가액 시행령 규정 위헌·무효 |
| 4 | 대법원 2011.1.13. 선고 2008두9140 판결<br>대법원 2011.1.27. 선고 2010두4421 판결 | 상장주식 시가, 최대주주 할증 적용 여부 |
| 5 | 대법원 2010.9.30. 선고 2010두8751 판결 | 납세자가 제출한 소급감정가액 |
| 6 | 대법원 2010.1.14. 선고 2007두5646 판결 | 외국 비상장주식 평가방법 |
|  | 대법원 2010.2.11. 선고 2007두17892 판결 | 외국 부동산 시가평가 |

| 연번 | 선고일자 및 판결번호 | 내 용 |
|---|---|---|
| 7 | 대법원 2010.7.22. 선고 2008두20598 판결 | 재산 취득자금 증여규정 개정에 따른 입증책임의 소재 및 범위 |
| 8 | 대법원 2010.5.27. 선고 2007두26711 판결 | 공익법인 증여세 비과세의 사후관리 |
| 9 | 대법원 2010.6.24. 선고 2007두16493 판결 | 특별부과 제척기간 |
| 10 | 대법원 2010.12.9. 선고 2008두10133 판결 | 후발적 경정사유 |
| 11 | 대법원 2010.8.26. 선고 2010다25018 판결 | 과세가액 경정에 따른 물납재산 가액 변경 |

이하에서는 위와 같은 대상판결들에 대하여 그 내용을 기준으로, ① 피상속인의 거주자 여부와 상속세 관련 세액공제의 적용, ② 시가평가의 방법, ③ 재산 취득자금 증여규정 개정에 따른 입증책임의 소재 및 범위, ④ 공익법인 증여세 비과세의 사후관리, ⑤ 기타 절차적 쟁점에 관한 판례로 나누어 검토하기로 한다. 경우에 따라서는 동일한 판례의 개별쟁점이 각 내용에 따라 주제별로 나뉘어 검토될 수도 있다.

## Ⅱ. 피상속인의 거주자 여부와 상속세 관련 세액공제의 적용

### (1) 대상판결 : 대법원 2010.9.30. 선고 2010두8171 판결

### (2) 쟁 점

피상속인을 비거주자로 보아 장례비공제, 배우자공제, 일괄공제 등을 배제한 쟁점 처분의 당부.

### (3) 판결요지

피상속인의 직업, 자산상태, 캐나다 시민권 취득경위, 캐나다에 정착한 자녀들의 주거와 가족 및 생활관계 등에 비추어 보면, 상속개시 당시 국내에 일부 자산이 있고 성인 자녀들 중 일부가 국내에 거주하고 있다고 하여 피상속인을 거주자로 볼 수 없다.

### (4) 평 석

상증세법은 거주자가 사망한 경우에는 거주자의 모든 상속재산에 대하여, 비거주자가 사망한 경우에는 국내에 소재하는 상속재산에 대하여만 상속세를 부과한다(상증세법 제 1 조 제 1 항 각 호). 그리고 거주자가 사망한 경우에는 배우자공제, 자녀공제 등 인적공제 및 기타 공제를 받을 수 있지만,[2] 비거주자가 피상속인이 되는 경우에는 2억원의 기초공제만 적용받을 수 있다(상증세법 제18조 제 1 항). 따라서 피상속인의 거주자 인정 여부는 국내 상속세 부담을 결정하는 데 있어서 상속인들에게는 큰 의미를 가진다.

상증세법 제 1 조 제 1 항 제 1 호는 거주자의 개념정의로서 "국내에 주소를 두거나 1년 이상 거소를 둔 자"라고만 규정하고 있는바, 동 판결은 여기서 "국내에 주소를 둔" 경우에 해당하는지 여부는, ① 국내에서 생계를 같이하는 가족 및 국내에 소재하는 자산의 유무 등 생활관계의 객관적 사실, ② 외국국적을 가졌거나 외국의 영주권을 얻은 사람은 국내에 생계를 같이하는 가족이 있는지, ③ 직업 및 자산상태에 비추어 다시 입국하여 주로 국내에 거주하리라고 인정되는지 여부 등을 종합하여 판단하여야 한다고 하여 소득세법 시행령 제 2 조 제 1 항 · 제 4 항 등의 규정을 원용하고 있다.

그리고 구체적인 사실관계[3]에 비추어 볼 때 피상속인은 거주자로는 볼

---

2) 상증세법 제18조 제 2 항 및 제19조 제 1 항 등 관련 조문의 문언을 살펴보면, "거주자의 사망으로 상속이 개시되는 경우"로 공제대상이 한정되어 있다.

3) 비록 국내에 김BB의 재산이 있었고 그 재산에 대하여 종합소득세 · 주민세 등 각종 세금을 계속 납부해 온 사실이 인정되기는 하나 김BB은 63세이던 2002.1.1. 국외 이주를 위해 캐나다로 출국한 이래 신병 치료를 하면서 사망할 때까지 단 한 차례도

수 없다고 판단하였다.

사실관계에 비추어 볼 때 위 사건의 망자(亡者)는 객관적으로 거주자라고 보기 어렵다고 생각된다. 그러나 동일한 사실관계로 망자의 생존 시에 소득세법상 과세문제가 있었다면 우리 과세관청이나 법원이 이를 어떻게 판단하였을지는 다소 의문이 든다. 우리 세법은 "거주자" 판단에 관하여 미국 등과 같이 객관적인 체류일수 등 일의적인 규정을 두지 않고[4] 위와 같이 재량판단의 여지를 폭넓게 인정하고 있기 때문에, (소득세의 경우에는) 납세자 본인이 (상속세의 경우에는 피상속인이) 우리 세법상 거주자에 해당하는지 미리 예측하기가 매우 어렵게 되어 있다.

그런데 미국과 같은 경우에는 미국 거주자가 사망한 경우 전 세계 상속재산에 대하여 상속세(estate tax)가 부과되는 체계를 취하고 있으므로, 상

---

국내에 입국하지 않았고, 2003.10.29.에는 캐나다 정부로부터 의료혜택과 연금혜택을 받기 위하여 대한민국 국적을 포기하고 캐나다 시민권을 취득하였으며, 2004.2.16. 사망한 후에는 현지에 있는 묘지에 매장된 점, 그 처인 원고 김AA 역시 김BB과 함께 2002.1.1. 출국한 이래 김BB이 사망할 때까지 국내에 입국하지 않고 김BB과 캐나다에 거주한 점, 이 사건 상속개시 당시 김BB의 자녀 중 원고 김CC, 김DD은 결혼하여 국내에서 따로 살고 있었고, 특히 원고 김GG(결혼함), 김HH은 캐나다에 정착한 것으로 보이는 점, 나이, 건강상태 등에 비추어 김BB이 장시간 비행기를 타고 국내에 돌아와 생활하기는 사실상 어려웠을 것으로 보이는 점 기타 김BB의 직업, 자산상태, 캐나다 시민권 취득경위, 원고 김GG, 김HH 등 캐나다에 정착한 자녀들의 주거와 가족 및 생활관계 등에 비추어 보면, 김BB이 다시 입국하여 주로 국내에 거주하리라고 보기는 어렵다는 이유로 거주자실을 부인하였다.

4) 미국의 경우 다음 2가지 요건 중 어느 하나에 해당하면 세법상 거주자로 본다.
   i ) Green Card Test : 미국 시민권자 또는 영주권자
   ii) Substantial Presence Test : 일정 기간 이상 미국에 체류하는 경우. 예컨대, 2010년에 세법상 거주자인지 판결하려면, ⓐ 2009년에 31일 이상 체류하고, ⓑ 직전 3개 연도 미국 체류일수를 2009년(체류일수 100% 가산), 2008년(체류일수 1/3만 가산), 2007년(체류일수 1/6만 가산)로 계산한 합계가 183일 이상인 경우여야 한다.

속인들의 입장에서는 위와 같이 국내 상속재산에 대하여 아무런 공제혜택도 없이 우리나라의 상속세를 부과당하는 한편 미국에서도 상속세를 이중으로 부담하게 될 위험이 있다. 특히 우리나라 상증세법은 외국납부세액공제에 관해서도 그 대상을 "거주자"로 한정하고 있으므로(상증세법 제29조), 납세의무자가 일치하지 않는다는 등의 이유로 미국에서 외국납부세액공제가 인정되지 않을 경우에는 필연적으로 이중과세 문제가 발생할 것으로 보인다.

우리나라 경제도 글로벌 경제체제에 편입되면서 유학·이민·해외취업·해외출산 등 국제적인 인적 이동이 빈번해지고, 피상속인과 상속인이 다른 나라에 사는 경우도 증가하고 있다. 따라서 이와 같이 매번 불복소송을 통해서만 거주자 여부가 가려질 수밖에 없는 거주자 개념규정 및 공제혜택을 거주자에 국한하고 있는 외국납부세액공제 관련 규정은 재검토할 필요가 있다고 본다. 나아가, 일본과 같은 경우 소득세에 관해서뿐만 아니라 상속·증여세에 대해서도 미국 등과 이중과세 방지를 위한 조세조약을 체결하고 있는데,[5] 우리나라도 상속·증여세 이중과세 문제를 국제적인 관점에서 검토하고 협의할 시점이 되었다고 본다.

---

5) 미국 국세청 홈페이지(http://www.irs.gov/businesses/small/article/0,,id=186064,00.html) 참조.

# Ⅲ. 시가평가 기타 상속 · 증여재산가액의 계산

## 1. 상증세법 시가 관련 규정의 위헌 · 위법성 판단

### (1) 대상판결 : 헌법재판소 2010.10.28. 선고 2008헌바140 결정

### (2) 쟁 점

증여세가 부과되는 재산의 가액을 증여일 현재의 시가에 의하도록 하면서, 시가의 의미와 시가로 인정되는 범위를 규정한 구 상증세법(1996.12.30. 법률 제5193호로 개정되고, 2010.1.1. 법률 제9916호로 개정되기 전의 것) 제60조 제1항 전문 중 증여세에 관한 부분, 제2항(이하 '이 사건 법률조항들')이 조세법률주의에 위배되는지 여부, 위 법 제60조 제2항이 포괄위임입법금지원칙에 위배되는지 여부, 이 사건 법률조항들이 재산권을 침해하는지 여부.

### (3) 결정요지

**(가)** 이 사건 법률조항들은 증여세액의 산출 근거가 되는 증여재산의 평가방법은 시가에 의한다는 점, 시가의 의미는 불특정 다수인 사이에 자유로이 거래가 이루어지는 경우에 통상 성립된다고 인정되는 가액이라는 점 및 시가로 인정되는 범위를 명확하고 일의적으로 규정하고 있고, 법관의 법 보충작용인 해석을 통하여, 증여재산의 가액을 평가하는 기준인 시가의 구체적인 의미와 내용이 명확히 정립되어 있다. 평가방법에 따른 복수의 가액이 존재하더라도, 그중 어느 것이 "불특정 다수인 사이에 자유로

이 거래가 이루어지는 경우에 통상 성립된다고 인정되는 가액”에 해당하는지에 관한 사실인정의 문제가 있을 뿐, 과세관청의 자의적인 해석과 집행을 초래할 염려가 있다고 보기 어렵다. 따라서 이 사건 법률조항들은 과세요건법정주의와 과세요건명확주의를 내용으로 하는 조세법률주의에 반하지 아니한다.

(나) 법 제60조 제 2 항의 위임에 따라 대통령령에 정하여질 내용은 시가를 한정하는 것이 아니라 시가로 볼 수 있는 대표적인 경우를 예시하는 것에 불과하므로, 대통령령에 정하여질 내용은 법 제60조 제 2 항이 이미 명확하게 규정하고 있는 시가의 의미와 범위를 전제로 하여 이를 구체적으로 분류하거나 예시하여 일반 국민들에 대하여는 예측 가능성을 제고하고, 과세관청에 대하여는 실무운영을 위한 지침을 주면서 경우에 따라 경제현실 및 조세환경의 변화에 탄력적으로 대응하기 위한 것일 뿐, 새로운 과세요건을 규정한 것이 아니다. 따라서 국민들의 예측 가능성을 해한다고 보기 어려우므로, 법 제60조 제 2 항은 포괄위임입법금지원칙에 위배되지 아니한다.

(다) 이 사건 법률조항들로 납세의무자가 입게 되는 불이익은 시가를 기준으로 평가한 과세가 개별공시지가 등을 기준으로 한 보충적 평가방법에 의한 과세보다 다액인 경우 그 범위에서의 세액부담 증가인데, 이는 국세기본법 제14조 제 2 항의 실질과세의 원칙에 따라 본래 내어야 할 세금을 내는 것에 불과하다. 반면 증여재산을 원칙적으로 시가에 의한 금액을 기준으로 평가하여 과세가액을 산정하는 것은 조세평등주의 및 국세기본법 제18조 제 1 항의 과세형평의 이념에 부합한다. 그렇다면 납세의무자가 입게 되는 불이익이 공익에 비하여 크다거나, 자의적이거나 임의적인 것이라고 할 수 없으므로, 이 사건 법률조항들은 납세의무자의 재산권을 침해하지 아니한다.

## 2. 상증세법 시가 관련 시행령 규정의 위헌·무효 여부

### (1) 대상판결 : 대법원 2010.1.14. 선고 2007두23200 판결, 대법원 2010.1.14. 선고 2008두9065 판결, 대법원 2010.1.28. 선고 2008두8512 판결, 대법원 2010.1.28. 선고 2008두8505 판결 등

### (2) 쟁 점

상속·증여재산의 가액을 산정함에 있어서 과세대상인 당해 재산과 동일하거나 유사한 다른 재산에 대한 거래가액 등을 시가로 보도록 규정한 구 상증세법 시행령 제49조 제5항이, 헌법상의 재산권보장원칙 등에 위배되거나 위임입법의 한계를 벗어난 것으로서 무효인지 여부.

### (3) 판결요지

구 상증세법(2010.1.1. 법률 제9916호로 개정되기 전의 것) 제60조는 제1항에서 상속 또는 증여재산의 평가에 있어서 시가주의원칙을 선언하고 있고, 제2항에서 그 시가가 일반적이고 정상적인 거래에 의하여 형성된 것으로서 객관적인 교환가치를 적정하게 반영한 것이어야 함을 전제로 시가로 인정될 수 있는 대략적인 기준을 제시하면서 그 구체적인 범위를 대통령령으로 정하도록 위임하고 있는데, 그 위임을 받은 구 상증세법 시행령(2006.2.9. 대통령령 제19333호로 개정되기 전의 것) 제49조 제1항 각 호에서 과세대상인 "당해 재산"에 대한 거래가액 등을 시가로 규정한 것은 상속 또는 증여재산의 시가로 볼 수 있는 대표적인 경우를 예시한 것이다.

그리고 위 법 제60조 제2항이 과세대상인 "당해 재산"에 대한 거래가액 등만을 시가에 포함하도록 한정하고 있지 않은 이상, 위 시행령 제49조 제5항에서 과세대상인 당해 재산과 동일하거나 유사한 다른 재산에 대한 거래가액 등을 시가로 보도록 규정한 것은 모법인 위 법 제60조 제 2 항이 예정하고 있는 시가의 범위를 구체화·명확화한 것으로서 그 비교대상이 되는 다른 재산의 범위도 면적·위치·용도 등 구체적 기준을 정하여 한정하고 있으므로, 위 시행령 제49조 제 5 항이 헌법상의 재산권보장원칙 등에 위배되거나 위임입법의 한계를 벗어난 것으로서 무효의 규정이라고 할 수 없다.

(4) **평 석**

상증세법 제60조 제 1 항은 상속·증여재산 가액의 평가는 원칙적으로 "시가(時價)"에 의한다고 하면서, 시가로 볼 수 있는 가액에 관하여 개념적으로는 "불특정 다수인 사이에 자유롭게 거래가 이루어지는 경우에 통상적으로 성립된다고 인정되는 가액"으로 정의하는 한편(동조 제 2 항), 같은 법 시행령 제49조에 따라 평가기준일 전후 6개월(증여의 경우 3개월, 이하 '평가기간') 이내에 매매·감정·수용·공매 또는 경매가 있는 경우 당해 매매가액을 시가로 볼 수 있도록 규정하고 있다. 이처럼 (보충적 평가방법에 의한 산출이 아니라) 일종의 거래가액으로서 직접 "시가"로 볼 수 있는 금액에 관해서는 다음과 같이 그 범위가 최근 점진적으로 확대되어 왔다.

① 2003.12.31. 이전에는 당해 상속·증여재산에 대한 "매매 등"의 가액에 대해서만 시가로 인정하였으나, 2004.1.1. 이후 상속 또는 증여분부터는 상속·증여재산과 면적·위치·용도 등이 동일하거나 유사한 재산의 "매매 등" 가액(이하 '유사사례가액')도 시가의 범위에 포함

② 2005.1.1. 이후에는 상속·증여재산 및 그와 유사한 재산에 대하여 평가기간 내의 "매매 등" 가액뿐 아니라, 평가기간 밖의 "매매 등" 가액도 가격변동이 없다고 인정되는 경우에는 국세청(지방국세청) 평가심의위원회의 자문을 거쳐 확인된 매매가액 등을 시가에 포함

관련하여, 종래 실무상 유사사례가액의 개념 및 적용범위에 대해서 납

세자 입장에서 많은 문제제기가 있었고, 이에 대하여 2010년 들어서 대법원에서 동 시행령 규정의 위법・무효 여부에 관하여 처음으로 판단을 내리게 되었다. 대법원은 ① 우선 모법(母法)인 상증세법 제60조 제 2 항이 시가를 "당해 재산"의 거래가액으로 한정하고 있지 않은 점을 지적하면서(이 점에 관해서는 헌법재판소에 모법 자체의 포괄위임 문제가 제기되었으나 위에서 본 바와 같이 위헌소지는 없는 것으로 판단되었다), ② 쟁점 시행령 규정이 "당해 재산과 면적・위치・용도 및 종목이 동일하거나 유사한 다른 재산"이라고 규정함으로써 위임입법의 목적에 따른 구체성・명확성의 요구를 충족하고 있다고 보았다. 관련하여, 하급심 판결은 보다 소상하게 다음과 같이 판단이유를 밝히고 있다(서울고등법원 2007.10.17. 선고 2007누9848 판결).

> "위 상증세 법령의 관계 규정에 의하면, ① 우리 상증세법이 증여재산의 평가기준으로 삼고 있는 시가라 함은 원칙적으로 정상적인 거래에 의하여 형성된 객관적인 교환가격임을 전제로 하고 있고 단지 1회만의 거래에 의하여 우연적으로 좌우되는 거래가격을 말하고 있는 것은 아닌 점, ② 다만, 상증세법이 형식적인 법률의 형태로는 복잡한 거래현실과 거래형식의 지속적인 변화에 따른 모든 거래방식을 규정하기 어려워 시가로 보는 구체적 기준을 대통령령에 위임하였으나 이미 시가로 인정되는 거래의 대략적인 기준을 모법에서 제시하고 있는 점, ③ 상증세법 시행령 제49조 제 5 항은 2003.12.30. 대통령령 제18177호로 신설된 것으로 그 입법취지가 증여재산의 시가를 산정함에 있어 당해 재산과 사실상 동일 또는 유사한 재산의 매매사례가격이 존재함에도 이를 시가로 인정하지 아니하는 불합리를 해소하여 실질과세의 원칙을 구현하고자 함에 있고 그 대상을 면적・위치・용도 및 종목이라는 세부적인 기준으로 한정하고 있으며 모법인 상증세법 제60조 제 2 항이 증여재산의 시가를 당해 재산에 한정하고 있지 아니한 점, ④ 상증세법이 시가주의를 원칙으로 삼고 있는 이유가 실질과세의 원칙에 따라 담세능력에 상응한 세금을 부과하고자 함에 있고, 증여재산과 동일하거나 유사한 다른 재산의 매매사례가 있고 그 매매사례가 정상적인 거래에 의하여 형성된 객관적 교환가격이라면 이를 시가로 보아 증여재산을 평가하는 것이 시가주의의 원칙에 부합한다는 점 등을

알 수 있다."(서울고등법원 2007.10.17. 선고 2007누9848 판결)

이로써, 유사사례가액 관련 규정 자체에 대한 위헌・위법성 논란은 일단락된 것으로 보인다. 향후로는 구체적으로 어떤 기준에서, 어느 범위까지 유사사례가액을 시가로서 인정할 것인지에 관한 판례의 기준이 실무상 정립되어 가야 할 것으로 생각된다. 이에 관한 판례도 올해 몇 건 생산되었으나 아직 기준을 세울만한 사례가 누적되었다고 보기는 어렵다. 관련 연구는 매 사안별로 구체적인 사실관계의 분석을 요하는 것으로서 판례 회고에서 다룰 주제는 아닌 것으로 보이는바, 향후의 과제로 미루기로 한다.

## 3. 시가평가의 방법

### (1) 상장주식

1) 대상판결 : 대법원 2011.1.13. 선고 2008두9140 판결(同旨 : 대법원 2011.1.27. 선고 2010두4421 판결)

2) 사실관계

원고는 2001.7.31. 특수관계자인 주식회사 ○○○에게, 원고가 최대주주인 주식회사 ○○○홀딩스의 주식 중 원고 소유의 이 사건 주식을 장외거래를 통하여 거래일 직전일의 협회중개시장 종가인 9,900원에 양도하였다. 피고는 이 사건 주식의 1주당 시가를 구 상증세법 제60조 제1항 후문, 제63조 제1항 제1호 나목, 제63조 제3항에 따라 산정한 양도일 이전・이후 각 2월간에 공표된 매일의 증권업협회 기준가격의 평균액 9,949원에 할증률 20%의 최대주주 할증가액을 가산한 11,938원이라고 보고, 원고가 위 시가보다 낮은 가격에 이 사건 주식을 양도한 것은 조세의 부담을 부당하게 감소시킨 것이라고 보아 이 사건 과세처분을 하였다.

3) 쟁 점

① 상장 또는 협회등록법인 양도주식의 시가 산정방법

② 최대주주 할증규정 적용 여부

4) 원심판단

구 소득세법 및 구 소득세법 시행령의 관련 규정에 의하면, 양도소득의 부당행위계산 부인규정은 거주자가 특수관계 있는 자에게 시가보다 낮은 가격으로 자산을 양도하는 경우 등에 적용되는 것이고, 여기서 말하는 '시가'란 구 상속세 및 증여세법 제60조 내지 제64조를 준용하여 평가한 가액을 의미한다. 그런데 구 상속세 및 증여세법 제60조의 규정상 같은 법 제61조 내지 제65조에 규정된 보충적 평가방법에 의하여 재산의 가액을 산정하는 것은 평가기준일 현재의 시가를 산정하기 어려운 경우에 한하고, 그 시가 산정이 어렵다는 점에 관하여는 과세관청에게 입증책임이 있다고 할 것이며, 여기에서의 시가는 불특정다수인 사이에 자유로이 거래가 이루어지는 경우에 통상 성립된다고 인정되는 가액을 의미하는 것이다(대법원 2004.10.15. 선고 2003두5723 판결 참조).

그리고 구 상속세 및 증여세법 제63조 제 3 항의 최대주주 할증규정은 같은 조 제 1 항 제 1 호에 따라 보충적 평가방법에 의하여 주식의 가액을 평가하는 경우 등에 한정되어 적용되는 것이고, 주식의 가액을 시가에 의하여 평가하는 경우에는 당해 주식이 최대주주 등이 보유하는 주식이라 하더라도 위 할증규정을 적용할 수 없는 것이며, 이는 같은 법 제60조 제 1 항이 같은 법 제63조 제 1 항 제 1 호 가목 및 나목에 규정된 평가방법에 의하여 평가한 가액을 시가로 본다고 규정하고 있다고 하더라도 달리 볼 것이 아니다(대법원 2006.12.7. 선고 2005두7228 판결 참조).

이 사건에 있어 이 사건 양도가격이 양도 당시의 이 사건 주식의 시가에 해당하지 않고 달리 그 시가 산정이 어렵다는 점을 인정할 아무런 증거가 없으므로(오히려, 이 사건 양도가액 9,900원이 양도일 전 · 후 2월간의 한국증권거래소 최종시세가액의 평균액 9,949원과 불과 49원의 차이밖에 없는 점에 비추어 보면, 이 사건 양도가격은 위에서 말하는 "시가"에 해당된다고 볼 여지가 크다), 이 사건 주식의 가액을 구 상속세 및 증여세법 제63조 제 1 항 제 1 호 가목에서 규정하고 있는 보충적 평가방법으로 산정할 수는 없고, 따라서 위 최대주주 할증규정도 적용될 수 없다.

5) 판결요지

상증세법 제60조 제 1 항은 1996.12.30. 법률 제5193호로 전부개정시에 신설된 것인데 그 입법취지는 협회등록법인 주식의 평가에 관하여도 시가주의를 원칙으로 하되 협회등록법인의 주식은 거래일의 상황에 따라 가격변동의 폭이 크고 시세 조작의 영향을 받을 가능성이 상존하고 있어 거래가 이루어진 특정거래일 당일의 가격을 시가로 보게 되면 그 평가에 있어서 자의성을 배제하고 객관성을 확보하기 어렵다는 데에 있는 점, 위 규정의 체제와 내용이 협회등록법인의 주식시가의 평가방법에 관하여 그 적용에 관한 제한 없이 직접 이를 명시하고 있는 점에다가 부당행위계산 부인제도의 취지 및 실질과세원칙과의 조화로운 운용 등의 사정을 감안하여 보면, 협회등록법인 주식의 양도가 부당행위계산 부인의 대상인지 여부를 판단함에 있어 그 양도하는 주식의 시가는, 특별한 사정이 없는 한 법 제60조 제 1 항 후문에 의하여 제63조 제 1 항 제 1 호 나목의 보충적 평가방법에 따라 산정된 양도일 전 · 후 각 2개월 사이에 공표된 매일의 증권업협회 기준가격의 평균액이라고 봄이 상당하고, 이때 양도하는 주식이 최대주주 등이 보유하는 협회등록법인의 주식인 경우 그 시가는 위 평균액에 법 제63조 제 3 항에 의한 할증률을 가산한 금액이 된다고 할 것이다.

### 6) 평 석

#### (가) 대상판결의 취지

(특수관계자 간 거래되는) 상장주식의 시가에 관해서는 종래 ① 상증세법 제60조 제 2 항 본문(또는 법인세법 제52조 및 같은 법 시행령 제89조 제 1 항)에 의거하여 "거래일 (또는 그 전일) 거래시장 종가"라는 해석론과, ② 상증세법 제60조 제 1 항 후문에 따라 상증세법 제63조 제 1 항 제 1 호 가목을 적용하여 "양도일 전·후 2개월 간 거래종가의 평균액"으로 보아야 한다는 해석론이 실무상 논란을 빚어 왔다.

이에 대하여, 비상장주식의 시가와 관련한 대법원 2006.12.7. 선고 2005두7228 판결을 인용하면서, 상장주식에 있어서도 "그 매매실례가격을 객관적 교환가치가 적정하게 반영된 시가로 인정하는 이상" 이것이 (상증세법 제60조 제 1 항 전문에서 말하는) "시가"에 해당하며, 달리 후문을 적용하여 별도로 보충적 평가방법에 의존할 것도 없다고 보고, 최대주주 할증 또한 보충적 평가방법을 전제로 하고 있는 것이므로 보충적 평가방법에 따르지 않는 이상 이를 적용할 수 없다고 대법원의 입장을 이해하는 해석론이 존재하여 왔다.[6)]

"위 규정에 의하면, 최대주주 등이 보유하는 주식에 대하여 법 소정의 할증률이 적용되는 주식은 법 제63조 제 1 항 제 1 호에 따라 보충적 평가

6) 이와 같은 이해를 반영한 문헌으로, 이광재, 『상속·증여세의 이론과 실무』, 세경사, 2010, p.1660 참조. 최근에도 위 대법원 판결의 일부 문구를 인용하면서 이 사건의 원심과 같은 취지의 하급심 판결들이 나오고 있었다. 시간외 대량매매를 통해 당일 한국증권거래소 최종시세가액으로 주식을 매도한 사안에서, 그 주식의 가액은 구 상속세 및 증여세법 제63조 제 1 항 제 1 호 (가)목에서 정한 보충적 평가방법으로 산정할 수 없고 "시가"에 의하여 평가하여야 하므로, 같은 조 제 3 항의 최대주주 할증 규정은 적용될 수 없다고 한 사례로서, 서울행정법원 2009.7.14. 선고 2007구단9573 판결 등 참조.

방법에 의하여 주식의 가액을 평가하는 경우와 법 제63조 제 2 항에 따라 기업공개준비 중인 주식의 가액을 평가하는 경우에 한정되고, 그 할증률 또한 법 제63조 제 1 항 제 1 호 및 제 2 항의 규정에 의하여 평가한 가액에 최대주주 등의 주식보유비율에 따라 20% 또는 30%의 할증률을 획일적으로 적용하도록 규정하고 있으므로, 비상장주식의 가액을 시가에 의하여 평가하는 경우에는 당해 주식이 최대주주 등이 보유하는 주식이라 하더라도 법 제63조 제 3 항을 적용하여 그 시가액에다가 다시 소정의 할증률을 획일적으로 적용할 수는 없는 것이고, 이는 법 제60조 제 1 항이 상장주식과 협회등록법인의 주식의 경우에 법 제63조 제 1 항 제 1 호 (가)목 및 (나)목에 규정된 평가방법에 의하여 평가한 가액을 시가로 본다고 규정하고 있다고 하더라도 달리 볼 것이 아니다.

같은 취지에서 원심이, 피고가 이 사건 비상장주식의 가액을 평가함에 있어서 그 매매실례가격인 1주당 20,568원을 객관적 교환가치가 적정하게 반영된 시가로 인정하는 이상, 그 시가액에다가 다시 법 제63조 제 3 항을 적용하여 30%의 할증률을 적용하는 방법으로 주식의 가액을 산정한 피고의 조치가 위법하다고 판단한 것은 옳고, 거기에 상고이유에서 주장하는 바와 같은 최대주주 보유주식에 대한 할증평가에 관한 법리 등을 오해한 위법이 있다고 할 수 없다."(대법원 2006.12.7. 선고 2005두7228 판결)

그러나 이번 판결은 위와 같은 해석을 배척하고, ① 상증세법 제60조 제 1 항 후문은 상장주식의 시가산정에 관한 특칙(의제규정)으로서 상장주식의 시가를 평가할 때에는 우선적으로 적용되어야 한다는 전제하에, ② 매일 시장에서 객관적인 거래가격이 형성되는 상장주식의 경우에도 그 시가는 "양도일 전·후 2개월 종가 평균"으로 평가하여야 하며, ③ 이처럼 보충적 평가방법이 적용되는 이상 최대주주 할증 또한 논리적으로 뒤따라 적용되어야 한다고 보았다.

워낙 최근 판결이라 아직 다양한 평석들이 나와 있지 아니하지만, 대법원이 위와 같은 판결을 하게 된 이유로는 다음과 같은 것들이 있지 않을까 추정된다.

첫째, 상증세법의 규정 체계만 놓고 보면 상장주식의 경우에 특별히 상증세법 제60조 제 1 항 후문을 두어 보충적 평가방법으로 평가한 가액을 "시가로 본다"고 의제규정을 둔 취지가, 상장주식의 경우에는 동조 제 2 항의 개념에 포섭되는 거래시장에서의 시가라 할지라도 변동 폭이 크고 신뢰도가 떨어지므로 양도일 전·후 2개월간의 종가평균으로 시가를 포착하도록 특별히 규정한 것이라고 풀이할 수 있다.[7]

둘째, 상장주식의 경우 통상적으로 시장에서의 거래가격을 예정하고 있는 것인데, 특별히 보충적 평가방법으로서 상증세법 제63조 제 1 항 제 1 호 가목을 두고 있는 까닭 또한 이와 같이 상장주식의 시가를 특별히 포착·평가하도록 하기 위한 것이라고 해석된다.

셋째, 상장주식의 경우 경영권을 포함한 지분에 관한 양도나 증여가 있는 경우, 최대주주 할증을 하지 않는다면 경영권 프리미엄의 반영이라는 최대주주 할증의 취지가 몰각되고 실질적으로는 정상가격보다 할인(discount)되어 거래되는 것을 용인할 수밖에 없는데, 이러한 결과는 과세형평상 받아들일 수 없다.

특히, 위 대상판결의 거래 전일 종가(= 9,900원)가 양도일 전·후 2개월 종가평균(= 9,949원)과 불과 49원밖에 차이가 나지 않다는 점을 원심이 지적하고 있음에도 불구하고, 대법원 판결 논리에 의거 최대주주 할증이 적용됨에 따라 원고의 세금 부담에 실질적인 차이가 생겼다는 점에 주목하여 보면, 이 중 세 번째 이유가 주요한 원인이 되지 않았을까 추측된다. 관련하여, 역시 올해 나온 비상장주식의 시가에 대한 대법원 판결(대법원 2010.7.22. 선고 2010두17977 판결) 또한 "경영권과 함께 양도하는 비상장주식의 거래가액은 일반적인 시가로 볼 수 없다"고 판시함으로써,[8] 최대주주 지분에 부수하는 "경영권(control premium)"에 대한 경제적 평가가 세법상

7) 국세청 편, 『상속세·증여세 실무해설』, 2010, p.594 참조.

8) 동 판결은 새로운 판례는 아니고, 종래 이와 같은 취지의 판례가 형성되어 왔다. 예컨대, 대법원 2003.6.13. 선고 2001두9394 판결.

반영되어야 한다는 점에 대법원이 주목하고 있다는 사실을 추단하여 볼 수 있다.

이와 같은 사실은, 대상판결 중 후자의 대법원 판결례(2010두4421) 사안이 소수주주인 원고가 지배주주에게 주식을 양도한 경우로서, 지배주주가 주식을 양도한 경우와 동일하게 볼 수 있는지에 대한 의문을 대법원이 논리적으로 어떻게 극복하였는지 분석하여 보면 보다 명확하게 드러난다. 즉, 이 사건 주식변동 경위를 살펴보면, ① ○○산업의 경우에는 2001.6.12.자 주식양도를 통해 김AA의 보유주식이 원고 등 5인의 보유주식을 능가하게 되었으므로 결과적으로 김AA가 ○○산업에 대한 지배권을 확보하는 결과가 되었다고 볼 수 있고, ② ××도시가스의 경우에는 2001.6.27.자 주식양도를 통해 김BB의 보유주식이 김AA의 보유주식을 능가하게 되어 결과적으로 ××도시가스에 대한 지배권이 김BB에게 이전되는 결과가 되었다고 볼 수 있으므로, 대법원은 이 경우에도 경영권 프리미엄으로서의 할증규정이 정당화될 수 있다고 본 것이다. 요컨대, 이 사건 주식거래를 통하여 지배주주가 자신의 지배권을 확보하거나 지배권이 이전되는 결과를 초래하였으므로, 지배권과 결부된 이 사건 주식을 일반적인 주식거래와 동일한 금액으로 거래하였다고 보는 것은 경제적 합리성에 반한다고 판단한 것으로 짐작된다.

**(나) 상장주식의 시가**

이상과 같은 법률해석은, 적어도 상증세법 규정만 놓고 보면 충분히 타당성을 가진다. 그러나 문제는 법인세법과의 관계이다. 상증세법 목적상 상장주식의 시가의제가액인 "평가기준일 전후 2월간의 종가평균액"을 매매실례가액인 "평가기준일 현재의 종가"보다 우선하여 적용하여야 한다면, 법인세법 시행령 제89조 제 1 항에 의하여 인정되는 상장주식의 시가인 "거래일의 한국거래소 최종시세가액"과 양립하기 어렵기 때문이다.

종래 기획재정부는 법인세법에 따른 부당행위계산의 부인규정을 적용하는 경우 비상장법인이 양도하는 상장주식은 평가기준일 현재 증권거래소 최종시세가액(종가)으로 평가하여야 한다고 해석(재법인-67, 2006.1.24. ; 재법인 46012-110, 2001.6.5.)하였고, 이에 따라 국세청도 일관되게 법인이 특수관계자에게 양도하는 상장주식의 시가는 거래일의 최종시세가액으로 평가하여야 하고 최대주주 할증평가는 적용되지 아니한다고 유권해석하여 왔다(법인-937, 2009.8.27. ; 서면2팀-573, 2008.3.31. 등). 따라서 실무상 법인과 법인 사이에 상장주식의 거래가 있는 경우에는 당연히 거래일 기준 거래종가를 시가로 삼고 있다.

그러나 국세청은 법인세 목적과는 달리 상속세나 증여세 목적으로는 비상장법인이 보유하고 있는 상장주식은 상증세법 제63조 제 1 항 제 1 호 가목에 의거하여 평가기준일 전후 2월간의 최종시세가액의 평균액으로 평가한 후, 최대주주 할증평가를 적용한다는 입장을 견지하여 왔다(서면4팀-894, 2004.6.18. 외 다수). 하지만 이와 같이 기교적으로 세목에 따라 시가의 기준을 달리하는 것은, 법인세법이나 소득세법에서 종국적으로 상증세법상의 시가규정에 의거하도록 하고 있는 세법규정 체계와는 잘 맞지 않는 해석론이다.

또한 이처럼 세목에 따라 시가의 기준을 달리하는 경우, 실무적으로는 매우 풀기 어려운 문제가 발생한다. 예를 들어, (특수관계 있는) 개인으로부터 법인에게로 (또는 법인으로부터 개인에게로) 상장주식이 양도되는 경우, 위 대법원 판례에 따르면, 개인은 소득세법 시행령 제167조 제 5 항에 의거 상증세법의 시가(= 양도일 전 · 후 2개월 종가평균)에 따라야 하는 반면, 법인의 경우 법인세법 시행령 제89조 제 1 항에 따라 거래일의 종가를 시가로 할 수 있다.

이와 같이 본다면, 어느 가액을 시가로 포착하든 부당행위계산 부인을 문제 삼을 수 있다는 결론이 나온다(다만, 이후 소득세법 시행령 제167조 제 6

항[9]이 입법되면서, 일단 법인세법 시가기준에 따르면 소득세법상 부당행위계산 부인 문제는 해소되는 것으로 정리되었다. 그런데 이는 법인세법상 시가기준에 따르는 경우를 전제한 것이고 그 역은 성립하지 않는다는 점에서 입법적으로는 법인세법상 시가를 우선시 하는 결과가 된다). 나아가 한 개인이 주식을 특수관계 있는 법인과 개인에게 각각 같은 날짜에 매도하였다면 그 시가를 어떻게 정할 것인가 ? 유사한 문제로, 개인주주와 법인주주가 동시에 관여되어 있는 합병의 경우, 이와 같이 법인세법과 상증세법 사이에 다른 시가 기준을 적용하면 동일한 상장주식의 시가평가가 달라질 수 있기 때문에 어느 한쪽에서는 불가피하게 불공정 합병(부당행위계산 부인 또는 증여) 문제가 불거질 수밖에 없다.

앞으로 이상과 같은 문제점들을 대상판결이 어떻게 논리적으로 풀어 나가느냐 하는 것은 상당한 논의의 대상이 될 것이다. 다만, 개인적인 의견으로는 종전과 같이 "거래기준일 시장 거래가격"을 법인세법(소득세법)과 상증세법 공히 시가로 인정하든,[10] 특수관계자 사이의 거래에 대해서는 일

---

9) 소득세법 시행령 제167조 제 6 항.

개인과 법인 간에 재산을 양수 또는 양도하는 경우로서 그 대가가 법인세법 시행령 제89조의 규정에 의한 가액에 해당되어 당해 법인의 거래에 대하여 법인세법 제52조의 규정이 적용되지 아니하는 경우에는 법 제101조 제 1 항의 규정(부당행위계산 부인규정)을 적용하지 아니한다.

10) 그 논거로는 다음과 같은 것들을 들 수 있다.

i) 법인세법과 마찬가지로 상증세법 또한 재산은 시가로 평가함을 원칙으로 하고 있다. 상장주식의 경우에는 명백하게 매매사례가액이 존재하므로, 그러한 매매사례가액이 일반적이고도 정상적인 교환가치를 적정하게 반영하고 있지 않음이 입증되지 않는 한 이를 부인하고 법정평가방법에 의하여 평가된 의제가액을 시가에 우선한다고 해석하는 것은 전체 세법 체계상 바람직하지 않다.

ii) 현행 상증세법에서 특별히 매매실례가액이 존재하는 상장주식에 대하여 평가기준일 전후 2월간의 종가평균액을 시가로 의제하고 있는 것은 증여의 특수성을 고려하여 증여시기 등을 임의로 조정하여 증여세를 회피하는 것을 방지하기 위한 특별한 목적 때문이라고 풀이된다. 그러나 상장주식의 경우 (시장 자체를

괄하여 상증세법 제60조 제 1 항 후문을 우위에 두어 보충적 평가방법을 적용한 평균가액을 시가로 인정하든,[11] 세법상 상장주식의 시가는 일의적(一義的)으로 통일되는 것이 바람직하다고 본다. 그리고 상증세법 및 동 시행령 개정 등 입법적인 조치를 통하여 아래 (**다**)항에서 논의하는 경영권 프리미엄에 대해서는 별도의 일률적인 근거규정을 둠으로써 상장·비상장 구분 없이 경영권이 함께 거래된다고 볼 수 있는 일정한 경우에는 최대주주 할증을 적용할 수 있도록 하는 것이 바람직한 해결책이라고 생각한다.

### (다) 최대주주 할증평가 규정의 적용 여부

할증평가 규정은 1993.1.1. 이후 처음으로 지배주주가 보유한 비상장

---

조작하여 증권거래법상 위법행위가 있는 경우는 별론으로 하고) 단순히 거래시점을 선택하는 것은 어떤 의미로는 세법규정을 어떻게 정하더라도 근원적으로는 방지하기 어려운 측면이 있기 때문에, 굳이 시가를 양도일 전·후 2개월 종가평균으로 포착하여야 할 입법적 필요성이 실제로는 그다지 높지 않다.

iii) 상증세법 시행령 제26조 제 9 항은 법인세법과의 충돌로 인한 문제점을 개선하는 차원에서 개인과 법인 간의 재산의 양수 또는 양도거래에 대하여 법인을 기준으로 당해 거래가 법인세법 제52조 규정(자산의 고가매입 또는 저가양도)에 저촉되지 아니한 경우에는 그 상대방 개인에게도 상증세법상 자산의 고가양도 또는 저가매입에 따른 증여를 문제삼지 아니하고 있다. 이러한 법률규정의 취지를 감안하면 법인세법상 시가로 인정되는 범위에서는 상증세법상 시가로도 그대로 인정되도록 하는 것이 타당하다.

11) 법인세법 또는 소득세법상 정상적인 거래가격으로 인정되는 "시가"란 일응의 추정규정이고(이창희, 『세법강의』, 박영사, 2009, pp.954~955 참조), 법인세법이든 소득세법이든 결국 시가에 관해서는 궁극적으로 상증세법의 평가방법에 의탁하도록 하고 있다는 점을 근거로 들 수 있다(이런 점에서 법인세법 시행령 제89조 제 1 항 괄호 안의 규정 자체가 체계상 맞지 않다는 지적도 가능하다).

다만, 현행 상증세법 제63조의 평가규정이 양도일 "후" 2개월의 종가도 시가에 반영하도록 규정하는 것은 납세자로 하여금 예측할 수 없는 미래의 정보를 감안하여 거래가격을 정하도록 하는 것으로서 불합리하다. 따라서 구체적인 시가평가방법에 관해서는 최대주주 할증과 함께 연구·보완이 필요하다고 생각된다.

주식에 대해서만 적용되었다. 1997.1.1. 이후부터는 상장주식도 할증평가 대상에 포함시키게 되었고 2000.1.1. 이후에는 할증률을 최대주주 등의 주식지분율에 따라 차등 적용하도록 하였다. 종래에는 비상장주식을 시가(상증세법 제60조 제 2 항)로 평가하는 경우 할증평가의 대상에서 배제하였으나(대법원 2006.12.7. 선고 2005두7228 판결 ; 국심 2008.6.2. 선고, 2007서747 결정), 2009.1.1. 이후로는 상증세법 제63조 제 3 항에 상증세법 제60조 제 2 항을 적용하는 경우도 포함하여 이와 같은 경우에도 할증평가가 적용되도록 하였다. 그러나 상장주식에 대하여 평가기준일의 거래시장 종가를 시가로 보는 경우에는 상증세법 제63조 제 3 항이 적용될 여지가 없었는데, 대상판결은 이러한 경우에도 상증세법 제60조 제 1 항 후단을 매개하여 할증평가 규정이 적용되도록 한 것이다. 이로써, 최대주주 등이 (특수관계자와) 거래(양수·도)하는 주식은 상장 여부를 불문하고 일단 최대주주 할증규정의 적용을 받게 되는 것으로 풀이된다.[12]

위에서 살펴본 대상판결의 (숨겨진) 취지처럼 최대주주 지분에 포함된 "경영권 프리미엄"을 세법상 경제적 가치의 이전으로 포착하여야 한다는 점에는 근본적으로 동감한다. 그러나 현행법상 최대주주 할증평가 체계는 위와 같은 정확한 경제적 효과(즉, 시장 거래시가의 보정)를 낳기보다는, 최대주주가 지분을 양도하는 경우 추가로 물어야 하는 일종의 인적(人的) 기준에 의한 가산가격과 같은 인상을 준다.[13]

---

12) 다만, 법인의 경우에는 위에서 본 바와 같이 거래일 (전일) 종가를 시가로 보므로 최대주주 할증규정이 적용될 여지가 없다.

13) 최근 행정법원 판례로서 서울행정법원 2010.7.22. 선고 2009구합53410 판결은, 위 대법원 2006.12.7. 선고 2005두7228 판결을 인용하면서, "비상장주식에 대한 보충적 평가방법 적용시, 할증평가 여부는 동 주식이 최대주주 등이 보유하고 있는 주식에 해당하는지 여부에 따라 결정되는 것이지 특수관계자 간 거래에 해당하는지 여부에 따라 결정되는 것이 아니"라고 판시하고 있다. 다만, 상장주식 거래의 경우는 비특수관계자 사이이면 거래가격이 대체로 시가로 인정될 것이므로 비상장주식

기본적으로 규정 자체가 법 제63조 제 1 항 제 1 호 및 제 2 항, 법 제60조 제 2 항의 규정에 의하여 평가한 가액에 최대주주 등의 주식보유비율에 따라 20% 또는 30%의 할증률을 획일적으로 적용하도록 하는 한편 최대주주 등의 판단에 관해서도 단순히 특수관계 있는 자의 보유주식을 통산함으로써 실질적인 경영권 프리미엄의 행사가 사실상 불가능한 경우(예컨대, 주주 간 반목으로 의결권의 통일적 행사가 불가능한 경우)에도 이를 입증함으로써 할증률의 적용을 배제할 수 없도록 하고 있기 때문이다.[14)]

물론 상증세법 시행령 제53조 제 5 항은 "경영권 프리미엄이 형성되어 있다고 보기 어렵거나 경영권 프리미엄이 반영된 거래가액을 시가로 인정하는 경우 등에는"[15)] 할증평가를 배제하도록 규정하고 있지만, 구체적인 실무를 들여다보면 경영권 프리미엄의 경제적 가치 이전 여부와 상증세법상 할증률 적용 사이의 관계는 그리 긴밀하지 않은 것으로 보인다.

따라서 현행 시가평가 체계하에서 대상판결이 위와 같은 "경제적 타당성"을 이유로 내세워 기계적인 최대주주 할증규정을 상장주식이 거래일 종가로 양도되는 경우까지 확대해서 적용하는 것이 옳은지는 근본적으로

---

과 같이 보충적 평가방법에 의하여 기계적으로 할증평가 규정이 적용될 여지가 협소하다고 생각된다.

14) 다만, 실무는 상증세법 시행령 제53조 제 5 항 등 할증평가 배제사유를 비교적 폭넓게 인정하여 이러한 불합리를 다소나마 완화하고 있는 것으로 보인다.

예컨대, 대주주로서 할증평가된 상장주식이 물납되지 않음으로 인해 상속세 신고기한 내에 상장주식을 매각하여 상속세액을 납부할 경우 매각한 상장주식은 대주주 할증평가에서 제외함(재산－1554, 2009.7.27.). ; 최대주주 등이 보유하고 있는 주식을 최대주주 등 외의 자가 10년 기간 이내에 양수하는 경우로서 그 양수자가 최대주주 등에 해당되지 아니한 경우 할증평가를 하지 않음(서면4팀－4118, 2006.12.20.). ; 상증세법상 최대주주 등에 대한 할증평가 규정 적용시 당해 법인의 발행주식총수와 최대주주의 보유주식수에는 평가기준일 현재 의결권이 제한되는 자기주식은 제외함(서면4팀－3801, 2006.11.17.) 등 참조.

15) 국세청 편, 전게서, p.659 참조.

논란의 소지가 있다. 입법 또한 최대주주 할증규정의 적용범위를 점진적으로 넓혀 왔는데,[16] 현재와 같은 규정 체계 내에서 이처럼 할증의 적용범위를 계속 넓혀갈 경우 예기치 못한 불합리가 나타날 가능성이 높다고 본다.

원론적으로 경영권 프리미엄의 세무상 반영은 최대주주 여부를 요건으로 삼기보다는 당해 주식거래에 경영권 이전의 요소가 있는지를 요건으로 삼아야 옳다고 보여지는바, 전체적인 주식의 시가평가 정비와 관련하여 다른 나라에서는 이를 어떻게 입법론적으로 반영하고 있는지 연구가 필요한 부분으로 생각된다.[17]

---

16) 중소기업에 대한 할증비율 축소는 별도의 정책목적에 의한 것이므로 논외로 한다.

17) 참고로, 일본의 경우에는 (과거 종합과세를 한 시기는 있었지만) 현재 상장주식에 관한 대주주 지분양도에 대하여 특별히 그 가액을 할증하는 규정은 두고 있지 아니하며, 정률로 신고분리과세를 하고 있을 뿐이다(http://www.mof.go.jp/jouhou/syuzei/siryou/kinyu/kabu02.htm).

미국의 경우에는 원칙적으로 상증세법이 "지분율로 대변되는 지배의 정도가 주식의 공정가치 평가에 반영되어야 한다"〔Reg. Secs. 25.2512-2(f), 20.2031-2(f)〕고 규정하고 있어, 할증평가가 우리나라와 같이 특별한 규정에 의하여 일률적으로 적용되는 것이 아니라 주식의 시가평가에 구체적·개별적으로 반영되는 것으로 보인다. 특히 미국의 경우 control premium뿐 아니라 minority discount도 시가평가에 반영하고 있다.

다만, 판례(Estate of Simplot case)는 제 3 자가 비상장회사의 지배주주인 상속인의 지분을 (가정적으로) 매수하였을 가격에 상응하는 지배권에 대한 프리미엄은 인정될 수 없다고 보았다고 한다(Susan, Flax, Posner, *Estate & Gift Tax Handbook*, CCH, 2007, pp.2-69～2-70). 이에 관한 보다 상세한 연구는 후일로 미루기로 한다.

### (2) 시가감정

#### 1) 납세자가 사실심 변론종결시까지 제출하는 소급감정 가액 : 대법원 2010.9.30. 선고 2010두8751 판결

#### 2) 사실관계

원고는 2004.3. 1. 남편인 A로부터 진주시 문산읍 소재 임야 1,264㎡ 등 29필지(이하 '이 사건 부동산')를 상속받았으며, 2007.11.2. 이를 대금 33억 5천만원(그중 아래에서 보는 근저당권이 설정된 23필지의 대금은 33억 1천만원)으로 하여 경상남도개발공사에 양도하였다. 상속 당시 이 사건 부동산 중 23필지(이하 '이 사건 근저당 부동산')와 진주시 금산면 전 248㎡ 등 3필지에는 이를 공동담보로 하는 채권최고액 8억원인 근저당권이 설정되어 있었고, 그 근저당권의 실제 채권액은 5억 6천만원이었다.

원고는 2008.1.31. 2007년도 귀속 양도소득세 예정신고를 하면서, 위 근저당권의 채권최고액인 8억원을 이 사건 근저당 부동산의 개별공시지가 비율대로 안분하는 방법으로 이 사건 근저당 부동산의 가액을 702,128,527원으로 보고, 다른 6필지는 개별공시지가에 따라 이 사건 부동산의 취득가액을 산정하였다. 피고는 2008.8.4. 원고에게, 위 근저당권의 채권최고액이 아닌 실제 채권액인 5억 6천만원을 기준으로 안분하여, 이 사건 근저당 부동산의 가액을 491,232,041원으로 보고 이 사건 부동산의 취득가액을 산정한 다음, 원고의 2007년도 귀속 양도소득세를 경정하고 76,303,220원을 추가로 납부할 것을 고지하는 이 사건 처분을 하였고, 이에 원고는 소급감정을 통한 시가 입증으로 이를 다투었다.

#### 3) 관련 법령(소득세법 시행령 제163조 제 9 항)

상속 또는 증여(「상속세 및 증여세법」 제33조 내지 제42조의 규정에 의한 증여를 제외한다)받은 자산에 대하여 법 제97조 제 1 항 제 1 호 가목 본문의 규정을 적용함에 있어서는 상속개시일 또는 증여일 현재 「상속세 및 증여세법」 제60조 내지 제66조의 규정에 의하여 평가한 가액을 취득 당시의 실지거래가액으로 본다.

4) 쟁 점

납세자가 취득가액에 관하여 사실심 변론종결 전까지 소급감정으로 당해 자산의 상속 당시 시가를 입증한 경우 이를 취득가액으로 인정할 수 있는지 여부.

5) 판결요지

상속받은 재산의 양도에 따른 양도소득세를 부과함에 있어, 과세관청이 비록 당해 자산의 상속 당시 시가를 평가하기 어렵다는 이유로 당해 자산의 취득가액을 개별공시지가로 평가하여 과세처분을 하였다고 하더라도, 그 과세처분 취소소송의 사실심 변론종결시까지 당해 자산의 상속 당시 시가가 입증된 때에는 그 시가를 기준으로 정당한 양도차익과 세액을 산출한 다음 과세처분의 세액이 정당한 세액을 초과하는지 여부를 판단하여야 한다.

여기서 “시가”라 함은 원칙적으로 정상적인 거래에 의하여 형성된 객관적 교환가격을 의미하지만 이는 객관적이고 합리적인 방법으로 평가한 가액도 포함하는 개념이므로 거래를 통한 교환가격이 없는 경우에는 공신력 있는 감정기관의 감정가격도 “시가”로 볼 수 있고, 그 가액이 소급감정에 의한 것이라 하여도 달라지지 않는다(대법원 1999.4.27. 선고 99두1595 판결 ; 대법원 2005.9.30. 선고 2004두2356 판결 등 참조).

6) 평 석

상속 혹은 증여재산 외 일반자산은 양도차익 계산시 실지거래가액을 확인할 수 없으면 매매사례가액·감정가액 또는 환산가액에 의하여 산정할 수 있으나, 상속 혹은 증여받은 재산의 경우에는 이와 달리 상증세법

제60조 내지 제66조의 규정에 의해 평가한 가액을 취득가액으로 계산하도록 규정하고 있다. 이러한 규정은,

> "구 소득세법 제97조 제 5 항에 근거를 둔 규정으로서 모법의 위임이 없는 무효의 규정이라고 볼 수 없고, 모법의 위임범위를 벗어나 과세요건을 부당하게 확장한 무효의 규정이라고 볼 수도 없다."(대법원 2007.10.26. 선고 2006두1326 판결)

이 사건 판결은, 종래 대법원이 상속재산의 시가평가에 있어 공신력 있는 감정기관의 감정가액, 특히 소급감정에 의한 것도 시가로 인정하고 있는 판례 이론을 상속재산에 대한 양도차익 산정 시 취득가액 산정방법으로도 수용하였다는 점에서 의미가 있다고 본다. 이로써, 상속재산 양도차익 산정에 있어 통상적인 경우 보충적 평가방법을 통한 기준시가(혹은 이 사건의 경우 '실제 채권액')가 그대로 시가로 취급되어 납세자가 입게 되는 불이익을 조세소송을 통하여 납세자가 소급감정의 방법으로 시가를 입증하여 이를 취득가액으로 인정받을 수 있는 길이 열리게 되었다. 이러한 판결은, 상속·증여재산에 대한 양도차익 산정 시 양도가액은 실지거래가액에 의하는 반면, 취득가액은 기준시가에 의할 수밖에 없는 경우가 대부분이므로 동일 기준의 원칙(소득세법 제100조 제 1 항)에 위배되는 문제를 해결하기 위한 해석 측면에서의 노력의 일환으로 보인다.

## 3. 국외자산의 시가평가

### (1) 외국 비상장법인의 주식 : 대법원 2010.1.14. 선고 2007두5646 판결

#### 1) 쟁 점

신주인수권을 포기한 주주가 그와 특수관계에 있는 자의 실권주 인수

로 이익을 얻는 경우 그 증여의제이익의 산정에 관한 구 상속세 및 증여세법 시행령 제31조의 4 제1항 제1호 산식 중 "증자 전 1주당 평가가액"의 평가에서 그 평가대상 주식이 외국에 있는 비상장법인의 주식인 경우 위 시행령 제54조 등의 보충적 평가방법을 그대로 적용하기 위한 요건 및 그에 관한 증명책임(= 과세관청).

2) 원심판단

원심은, 미국 ○○의 증자시 대주주인 원고 2가 신주인수를 포기함에 따라 발생한 실권주를 특수관계자인 원고(내국법인) ○○비젼이 고가로 인수함으로써 원고 2가 이익을 얻었다고 보아 이 사건 산식에 의하여 그 증여의제가액을 산정함에 있어서, 미국 ○○이 미국에 있는 비상장법인임에도 그 주식의 "증자전 1주당 평가가액"을 구 상증세법 시행령 제54조 소정의 보충적 평가방법에 의하여 평가하는 것이 부적당하지 아니한지 여부를 따져보지 아니한 채, 위 보충적 평가방법을 그대로 적용하여 산정한 1주당 순손익가치(외국환거래법에 의한 기준환율로 환산한 금액)를 미국 ○○의 "증자 전 1주당 평가가액"으로 본 피고의 처분이 적법하다고 판단하였다.

3) 판결요지

이 사건 산식[18] 중 "증자 전의 1주당 평가가액"의 평가방법에 관하여

---

18) 구 상증세법(2000.12.29. 법률 제6301호로 개정되기 전의 것) 제42조 제2항의 위임에 따른 구 상증세법 시행령(2000.12.29. 대통령령 제17039호로 개정되기 전의 것) 제31조의 4 제1항 제1호는 법인의 주주가 신주를 배정받을 수 있는 권리를 포기하고 그와 특수관계에 있는 자가 그 실권주를 인수함으로써 당해 권리를 포기한 주주가 이익을 얻는 경우 그 증여의제이익은 "신주 1주당 인수가액"에서 "증자 후의 1주당 평가가액{〔(증자 전의 1주당 평가가액 × 증자 전의 발행주식총수) + (신주 1주당 인수가액 × 증자에 의하여 증가한 주식수)〕 ÷ (증자 전의 발행주식총수 + 증자에 의하여 증가한 주식수)}"를 뺀 금액에 "신주인수를 포기한 주주의 실권주 수"와 "실권주주와 특수관계에 있는 자가 인수한 실권주수 / 실권주 총수"를

구 상증세법 시행령에서 명시적인 규정을 두고 있지는 아니하나, 비상장주식인 경우 구 상증세법 제60조와 구 상증세법 시행령 제49조에 따라 시가에 의하여 평가함이 원칙이고, 시가를 산정하기 어려운 경우에는 구 상증세법 제63조 제 1 항 제 1 호 다목과 구 상증세법 시행령 제54조 내지 제56조에 의한 보충적 평가방법으로 평가할 수 있다.

이때 시가를 산정하기 어려워 보충적 평가방법에 의할 수밖에 없었다는 점에 관한 입증책임은 과세관청에게 있다(대법원 1995.6.13. 선고 95누23 판결 ; 대법원2007.1.25. 선고 2005두2063 판결 등 참조).

그런데 구 상증세법 시행령 제54조와 구 상증세법 시행규칙(2002.12. 31. 재정경제부령 제288호로 개정되기 전의 것) 제17조 제 1 항은 비상장주식의 1주당 가액을 1주당 순손익가치로 평가하고, 그 1주당 순손익가치는 1주당 최근 3년간의 순손익액의 가중평균액을 "금융기관이 보증한 3년 만기 회사채의 유통수익률을 감안하여 국세청장이 고시하는 이자율"로 나누어 산출하되, 다만 1주당 순손익가치가 1주당 순자산가치(당해 법인의 순자산가액 ÷ 발행주식총수)에 미달하는 경우에는 1주당 순자산가치로 평가한다고 규정한다. 한편 구 상증세법 시행령 제58조의 3은 "외국에 있는 증여재산으로서 구 상증세법 제60조 내지 제65의 규정을 적용하는 것이 부적당한 경우에는 당해 재산이 소재하는 국가에서 증여세 등의 부과 목적으로 평가한 가액을 평가액으로 하되, 그 평가액이 없는 경우에는 세무서장 등이 2 이상의 국내 또는 외국의 감정기관에 의뢰하여 감정한 가액을 참작하여 평가한 가액에 의한다"고 규정하고 있다.

앞서 본 법리와 위 각 규정의 내용 및 입법취지, 나아가 구 상증세법 시행령 제54조와 구 상증세법 시행규칙 제17조 제 1 항 소정의 순손익가치는 미래의 기대수익을 우리나라의 3년 만기 회사채 유통수익률을 반영한

---

순차 곱하는 산식('이 사건 산식')에 의하여 계산하도록 규정하고 있다.

이자율에 의하여 현재가치로 할인한 것이므로 이는 원칙적으로 우리나라에 있는 비상장법인의 주식을 그 적용대상으로 한다고 볼 수 있는 점 등에 비추어 보면, 이 사건 산식의 "증자 전 1주당 평가가액"을 평가함에 있어서 그 평가대상 주식이 외국에 있는 비상장법인의 주식인 경우 구 상증세법 시행령 제54조와 구 상증세법 시행규칙 제17조 제1항 소정의 보충적 평가방법을 그대로 적용하는 것이 부적당하지 아니한 때에 한하여 위 보충적 평가방법을 적용할 수 있고, 위 보충적 평가방법을 적용하는 것이 부적당하지 아니하다는 점에 대한 입증책임은 과세관청에게 있다 할 것이다.

### (2) 외국 토지사용권 : 대법원 2010.2.11. 선고 2007두17892 판결

#### 1) 사실관계

① 원고가 100% 출자하여 설립한 자회사인 홍콩 소재 South China Paper Ltd.(이하 '홍콩자회사')는 1999.6.17. 도쿄 미쯔비시 은행을 통하여 홍콩의 Concordia Paper Ltd.(이하 '콘코르디아제지')가 보유하고 있던 유엔롱 산업단지(Yuen Long Industrial Estate) 내 토지 39,220㎡에 대한 토지사용권(이하 '이 사건 토지사용권') 및 이 사건 기계장비, 기타 자산을 합계 12,583,870.97 미국달러에 매수하였다.

② 홍콩자회사는 이 사건 토지사용권에 대한 취득가액을 25,790,441 홍콩달러, 이 사건 기계장비에 대한 취득가액을 65,000,000 홍콩달러로 각 계상하였다.

③ 원고는 2000.2.25. 특수관계자인 소외 1 등에게 홍콩자회사의 주식(이하 '이 사건 주식') 7,750,000주를 1주당 1홍콩달러(원화로 환산하면 146.36원)에 양도하였는데, 그 양도가액은 원고의 의뢰에 따라 소외 2 회계법인이 평가한 2000.2.25. 현재 이 사건 주식의 1주당 평가액을 근거로 하였다.

④ 그런데 소외 2 회계법인은 2000.2.25. 현재 이 사건 토지사용권 및

이 사건 기계장비의 가액이 홍콩자회사가 이를 취득할 때의 각 가액과 동일한 것을 전제로 홍콩자회사의 장부가액에 따라 순자산가액을 산정하여 이 사건 주식의 가액을 평가하였다.

⑤ 피고는 이에 대하여, 이 사건 토지사용권에 대하여는 홍콩과학기술원(Hong Kong Science and Technology Parks Corporation)의 고시가격인 1,600 홍콩달러 / ㎡에 기초하여 62,752,000 홍콩달러(39,220㎡ × 1,600홍콩달러, 원화로 환산하면 9,184,382,720원)로 산정하고, 이 사건 기계장비에 대하여는 소외 2 회계법인이 평가한 가액을 그대로 인정하여 이를 기초로 이 사건 주식의 1주당 가액을 243원으로 평가한 다음 원고가 저가양도한 것으로 보아 부당행위계산 부인을 하여 2004.10.4. 원고에 대하여 2000사업연도 귀속 법인세 386,163,010원을 부과·고지하는 이 사건 처분을 하였다.

2) 원심판단

① 이 사건 토지사용권에 대한 홍콩과학기술원의 고시가격이 있다 하더라도 실제 거래에서 이와 달리 가격이 형성될 수 있으므로 그 고시가격을 시가라고 단정하기 어려운 점,

② 피고가 이 사건 기계장비를 비롯한 기타 유형자산(이 사건 토지사용권을 제외한다)에 대한 소외 2 회계법인의 평가는 상증세법에 따른 것이 아닌 점,

③ 원고의 주장과 같이 원고가 홍콩에서의 세금납부를 위하여 이 사건 토지사용권을 제외한 나머지 자산에 대하여 장부가액을 과대하게 계상하였을 가능성이 있는 점 등을 고려하여 보면, 소외 2 회계법인의 감정평가와 홍콩과학기술원의 고시가격만을 기초로 하여 이루어진 이 사건 처분은 위법하다.

2) 판결요지

법인세법 제52조에서 정한 “부당행위계산 부인”의 대상인 주식의 가액을 평가하기 위하여 법인의 순자산가액을 산정하면서, 그 법인의 자회사가 보유하고 있던 홍콩 소재 산업단지 내 토지사용권에 대한 홍콩과학기술원의 고시가격은 그 토지사용권에 대한 일반적이고 정상적인 거래에 의하여 형성된 객관적 교환가격이거나 그렇지 않더라도 이는 객관적이고 합리적인 방법으로 평가된 가액으로서 구 상속세 및 증여세법 제60조 제 1 항에서 정한 “시가”에 해당한다.

3) 평 석

우리 기업들의 국제화가 진행됨에 따라 외국 비상장법인의 주식평가는 점차 빈번한 문제가 되고 있다. 이에 관하여 최근까지의 실무는 “① 시가를 산정하기 어려운 외국법인이 발행한 비상장주식의 경우는 상증세법 제63조 제 1 항 제 1 호 다목 및 같은 법 시행령 제54조의 규정(보충적 평가방법)에 의하여 평가하는 것이나, ② 당해 규정에 의하여 평가하는 것이 부적당한 경우에는 같은 법 시행령 제58조의 3 규정에 의하여 당해 재산이 소재하는 국가에서 양도소득세 · 상속세 또는 증여세 등의 부과목적으로 평가한 가액과 세무서장 등이 2 이상의 국내 또는 외국의 감정기관에 의뢰하여 감정한 가액을 참작하여 평가한 가액을 순차적으로 적용하여 평가할 수 있는 것”(재산−516, 2010.7.14. 외 다수)이라고 해석하여, 우선 국내주식에 적용되는 보충적 평가방법을 사용하여 평가하도록 하고, 이것이 부적당한 경우에만 상증세법 시행령 제58조의 3에 의하도록 하고 있었다.[19)]

---

19) 이와 같은 해석론에 따라, 종래 상증세법 시행령 제58조의 3이 적용된 사례는 극히 적었다. 드문 사례로 일본법인이 발행한 비상장주식 평가에 대한 심판결정례(국심 2006.4.13. 신고 2005서38 결정)가 있는바, ① 쟁점주식을 평가함에 있어 우리나라 상증세법에서 규정하고 있는 토지(개별공시지가), 건물(국세청장이 산정 · 고시한 가액) 등에 관한 평가방법을 적용할 수 없고, ② 우리나라와 일본 사이의 회계처리

그러나 위 “대상판결 1”은 이와 같은 해석론에 대하여 적용의 우선순위를 바꾸었다는 점에서 중요한 의미가 있는 판결로 생각된다. 즉, “대상판결 1”은 외국 비상장주식에 관해서 ① 우리 상증세법상 보충적 평가방법을 그대로 적용하는 것이 부적당하지 아니한 때에 한하여 위 보충적 평가방법을 적용할 수 있다고 하면서, ② 위 보충적 평가방법을 적용하는 것이 부적당하지 아니하다는 점에 대한 입증책임은 과세관청에게 있다고 함으로써, 오히려 상증세법 시행령 제58조의 3 규정(외국 정부에서 세무목적으로 평가한 가액 또는 감정가액)이 우선적용될 수 있는 길을 터 준 것으로 해석된다. 이와 같은 해석론은 위 시행령 제58조의 3 규정 문언[20]에는 다소 배치되나 만약 위와 같은 객관적인 자료가 있는 경우에는 불필요한 (그리고 종종 부정확한) 외국 비상장주식 가치평가 작업을 생략할 수 있다는 점에서 실무상 큰 의미를 가진다.

“대상판결 2”는 결론은 반대로 과세처분을 유지한 것이지만, 역시 외국 평가기관(홍콩과학기술원)의 고시가격을 그대로 국내세법상 시가로 인정하였다는 점에서는 위 “대상판결 1”과 궤를 같이하고 있는 것으로 보인다. 즉, 대법원은 국외자산의 평가에 관하여 (굳이 국내세법을 억지로 적용하여 가치를 산출하기보다는) 외국 정부나 외국의 공신력 있는 기관에서 산출한 자료는 이를 그대로 인정하려는 경향을 보이고 있다고 해석된다. 그리고 평가기관의 공신력 여부에 대한 판단의 여지가 유보되어 있는 한 이러한 대법원 판례의 경향은 환영할 만하다고 생각된다.

---

규정의 차이에서 발생하는 가액 산정상의 문제로 인해 보충적 평가규정을 적용하는 것이 부적당한 경우에 해당한다고 판단하면서, 일본에서 상속세 부과목적으로 평가한 가액을 상속재산가액으로 함이 타당하다고 한 바 있다.

20) “외국에 있는 상속 또는 증여재산으로서 법 제60조 내지 법 제65조의 규정을 적용하는 것이 부적당한 경우에는”이라고 하여, 문언상으로는 보충적인 규정임을 암시하고 있다.

## Ⅳ. 재산 취득자금 증여규정 개정에 따른 입증책임의 소재 및 범위

(1) 대상판결 : 대법원 2010.7.22. 선고 2008두20598 판결

(2) 사실관계

① 원고는 자동차정비업체를 운영하여 연 소득이 1,000만원 내외인 자로서, 2001.9.부터 2005.10.까지 총 27필지의 토지를 취득하였다(총취득가액 합계 약 30억원 상당).

② 피고는 원고에 대한 증여세(자금출처) 조사를 실시하여, 약 23억원을 출처가 증명된 취득자금으로 인정하고 자금출처 증명 부족분을 과세가액으로 삼아 이 사건 증여세 부과처분을 하였다.

③ 조세심판원은 위 자금출처 증명 부족분 중 약 3억원에 대하여 추가로 출처증명 취득자금으로 인정하고 나머지 청구를 기각하였다.

(3) 쟁 점

출처 불명 재산 취득자금에 대한 증여추정 규정에 따른 과세요건에 관한 증명책임의 소재 및 범위.

(4) 원심판단

개정 후 법에 의하여 완전포괄주의 과세방식이 도입되고 개정 후 규정에서 "다른 자로부터"라는 분구가 삭세된 후에는 과세관청이 증여자나 구체적인 증여사실을 증명할 필요 없이 그 재산의 취득자금을 증여받은 것으

로 추정할 수 있다고 전제한 다음, 원고가 2001년경부터 2005년경까지의 소득액이 연 1,000만원 내외이고 달리 이 사건 부동산 취득자금을 취득할 만한 자력이 없다고 보인다는 이유만으로 과세관청이 원고의 직계존속이나 배우자 등에게 증여할 만한 재력이 있는지를 증명하였는지 여부에 관하여 나아가 살펴보지 아니한 채 이 사건 처분이 적법하다고 판단하였다.

2) 판결요지

종래 대법원은 개정 전 규정에 따른 과세요건 판단기준과 증명책임의 소재나 범위에 관하여, 증여세의 부과요건인 재산의 증여사실은 원칙적으로 과세관청이 증명할 사항이므로 재산취득 당시 일정한 직업과 상당한 재력이 있고, 또 그로 인하여 실제로도 상당한 소득이 있었던 자라면, 그 재산을 취득하는 데 소요된 자금을 일일이 제시하지 못한다고 하더라도 특별한 사정이 없는 한 재산의 취득자금 중 출처를 명확히 제시하지 못한 부분이 다른 사람으로부터 증여받은 것이라고 인정할 수 없다고 할 것이나, 일정한 직업 또는 소득이 없는 사람이 당해 재산에 관하여 납득할 만한 자금출처를 대지 못하고, 그 직계존속이나 배우자 등이 증여할 만한 재력이 있는 경우에는 그 취득자금을 그 재력 있는 자로부터 증여받았다고 추정함이 옳다고 할 것인데, 이와 같이 증여를 추정하기 위하여는 ① 수증자에게 일정한 직업이나 소득이 없다는 점 외에도, ② 증여자에게 재산을 증여할 만한 재력이 있다는 점을 과세관청이 증명하여야 한다고 판시하여 왔는바(대법원 1995.8.11. 선고 94누14308 판결 ; 대법원 2004.4.16. 선고 2003두10732 판결 등 참조), 개정 후 법은 증여세에 있어서 이른바 완전포괄주의 과세방식을 채택하였으나 이와 같은 완전포괄주의 과세제도와 재산취득자금의 증여추정 규정에 따른 과세요건에 관한 증명책임의 소재나 범위와는 직접 관련이 있다고 보기 어려운 점, 개정 후 법 제2조 제1항은 개정 전 법과 마찬가지로 “타인의 증여로 인하여 증여재산이 있는 경우에는 그 증여재산에 대하여 증여세를 부과한다"고 규정하고 있을 뿐만 아니라 개정 후 법 제 4 조 제 4 항 단서도 개정 전 법과 마찬가지로 증여자의 연대납세의무 제외 대상에 개정 후 규정을 포함시키지 아니함으로써 개정 후 규정이 적용되는 경우에도 여전히 증여자의 존재를 전제로 하고 있는 점 등을 고려하면, 위와 같은 개정이 있었다고 하여 재산취득자의 직계존속이나 배우자 등에게 재산을 증여할 만한 재력이 있다는 점에 관한 과세관청의 증명책임이 소멸되었다고 볼 것은 아니다.

3) 평 석

종래 출처가 불명한 재산 취득자금에 관한 증여추정이 인정되기 위해서는 ① 수증자가 일정한 소득이나 직업이 없어 그와 같은 취득자금을 마련할 수 없었을 것이라는 점(수증자 요건)과, ② 증여자를 특정하고 그 증여자가 증여재산가액 상당을 증여할 만큼의 재력이 있다는 점(증여자 요건)을 모두 과세관청에서 입증하여야 하였다. 따라서 납세자 입장에서 이러한 증여추정을 번복하기 위해서는 논리적으로 두 요건 중 어느 하나[21]라도 깨뜨리면 되었다.

그런데 재산취득자금의 증여추정에 관하여 구 상증세법(2003.12.30. 법률 제7010호로 개정되기 전의 것, 이하 '개정 전 법') 제45조 제 1 항(이하 '개정 전 규정')은 "직업 · 연령 · 소득 및 재산상태 등으로 보아 재산을 자력으로 취득하였다고 인정하기 어려운 경우로서 대통령령이 정하는 경우에는 당해 재산을 취득한 때에 당해 재산의 취득자가 '다른 자로부터' 취득자금을 증여받은 것으로 추정한다"고 규정하고 있다가, 2003.12.30. 법률 제7010

21) 일반적으로는 수증자의 입장에서 증여받은 것으로 추정되는 자금과는 별도의 재산 취득 자금의 출처를 (납세자가) 밝히고 그 자금이 당해 재산의 취득자금으로 사용되었다는 점을 입증하면 된다(2010년 선고판결로 대법원 2010.11.11. 선고 2010두15926 판결 참조).

호로 개정된 구 상증세법(2010.1.1. 법률 제9916호로 개정되기 전의 것, 이하 '개정 후 법') 제45조 제1항(이하 '개정 후 규정')은 "직업·연령·소득 및 재산상태 등으로 보아 재산을 자력으로 취득하였다고 인정하기 어려운 경우로서 대통령령이 정하는 경우에는 당해 재산을 취득한 때에 당해 재산의 취득자금을 그 재산의 취득자가 증여받은 것으로 추정하여 이를 그 재산취득자의 증여재산가액으로 한다"고 규정하여 '다른 자로부터'라는 문구를 삭제하였다.

대상판결은 그 의미에 관한 것이다. 이에 관하여 원심은 개정 후 규정이 '다른 자로부터'라는 문구를 삭제하고 완전포괄주의가 도입된 취지를, 종래 증여자를 특정하여 증여자 요건을 충족하여야만 과세할 수 있던 제한을 법률적으로 해소한 것으로 보았다.

따라서 개정 후 규정에 따라 재산취득자가 그 재산을 자력으로 취득하였다고 인정하기 어려운 경우에는, 과세관청이 증여자나 구체적인 증여사실을 입증할 필요 없이 그 재산의 취득자금을 증여받은 것으로 법률상 추정하여 이에 대한 증여세를 부과할 수 있다는 것인바, 따라서 그 추정을 뒤엎기 위한 반대사실의 입증책임은 납세의무자에게 있다고 풀이한 것이다. 대법원은 이러한 해석에 제동을 걸면서, 완전포괄주의와 위 추정규정상의 증여자 요건 입증책임은 논리필연적인 관계가 없다는 점을 지적하였다.

또한 "증여"라는 것은 어차피 근본적으로 증여자와 수증자 사이의 의사합치를 전제로 하므로, "다른 자로부터"라는 문구가 삭제되었다고 하여 증여자의 특정도 없이 단순한 자산의 증가를 증여로 보아 증여세를 과세할 수 있다는 해석론은 받아들일 수 없다고 판단한 것으로 보인다. 완전포괄주의의 도입은 불가피하지만, (소득세로 과세되어야 할 영역에 대한) 증여세의 지나친 확장은 바람직하지 않다는 점에서 결론에 찬동한다.

# V. 공익법인 증여세 비과세의 사후관리

(1) 대상판결 : 대법원 2010.5.27. 선고 2007두26711 판결

(2) 사실관계

① 원고는 국제적 의사소통능력의 개발 및 평가 등을 목적으로 하여 설립된 공익재단법인으로서, 그 출연재산은 현금 7,000만원과 성남시 수정구 금토동 (이하 생략) 외 2필지의 답 합계 1,049,524,000원 상당으로 구성되었다.

② 원고는 토익시험 등의 한국 내 독점사용 및 관리의 권한을 가지고 있는 주식회사 와이비엠시사(이하 '소외 회사')와 사이에 토익시험 등의 시행·관리권한의 위임 및 그 시험자료의 공급에 관한 계약(이하 '토익시험 관리계약')을 체결하고 그에 따라 1997사업연도부터 2003사업연도까지 출연재산과는 무관하게 토익시험 등을 시행·관리하면서 얻은 소득의 일부와 출연재산에서 나온 소득(임대료와 이자수입) 전부를 공익목적사업에 사용하였다.

③ 피고는 원고가 토익시험 등의 시행·관리사업에서 발생한 소득금액과 출연재산의 운용소득금액을 합한 금액 중 공익목적사업에 사용한 금액이 차지하는 비율이 이 사건 시행령 조항에서 정하는 기준금액의 비율인 50% 또는 70%에 미달한다는 이유로 이 사건 법률 조항에 근거하여 1997, 1998, 1999사업연도 귀속 증여세 합계 863,017,620원과 2000, 2002, 2003사업연도 귀속 가산세 합계 512,226,580원을 각 부과하는 처분(이하 '이 사건 증여세 등 부과처분')을 하였다.

### (3) 쟁 점

공익법인이 증여세가 비과세되는 출연재산을 수익용 또는 수익사업용으로 운용하는 경우, 그 운용소득 중 직접 공익목적사업에 사용함으로써 증여세 등이 부과되지 않는 기준금액을 정한 구 상증세법 시행령 제38조 제4항 등에서 말하는 "수익사업에서 발생한 소득금액"에 출연재산과 무관한 수익사업에서 발생한 소득금액이 포함되는지 여부.

### (4) 원심판단

이 사건 시행령 조항에서 말하는 "수익사업에서 발생한 소득금액"에는 출연재산의 운용소득금액 외에 출연재산과 무관한 수익사업에서 발생하는 소득금액까지 포함된다고 하는 해석을 전제로, 출연재산과 무관한 수익사업의 소득금액이 다액이라는 사정 때문에 이 사건 시행령 조항이 정하는 기준금액이 출연재산의 운용소득금액을 초과할 수 있게 되고, 그 결과 원고는 출연재산의 운용소득금액 전부를 공익목적사업에 사용하였음에도 위 기준금액에 미달한다는 이유로 증여세 등을 부과받게 되었으므로, 이 사건 시행령 조항은 모법인 이 사건 법률조항의 위임범위를 벗어나 과세대상의 범위를 확장한 것으로서 무효이고, 따라서 이 사건 증여세 등 부과처분은 무효인 이 사건 시행령 조항에 근거한 것으로서 위법하다고 판단하였다.

### (5) 판결요지

조세법규에 대하여는 법규 상호 간의 해석을 통하여 그 의미를 명백히 할 필요가 있는 경우에는 조세법률주의가 지향하는 법적 안정성 및 예측가능성을 해치지 않는 범위 내에서 입법취지 및 목적 등을 고려한 합목적적 해석을 할 수 있는바(대법원 2008.2.15. 선고 2007두4438 판결 등 참조), 위 각 규정의 입법취지는 공익사업을 앞세우고 변칙적인 재산출연행위를 하여 탈세나 부의 증식수단으로 악용하는 것을 방지하기 위하여 공익법인 등에 출연된 재산에 대하여는 공익법인 등이 당해 재산이나 그 운용소득을 출연목적에 사용할 것을 조건으로 증여세 과세가액에 정책적으로 산입하지 아니하는 데 있는 점, 개정 전 상증세법 제48조 제 2 항 제 3 호 및 개정 상증세법 제48조 제 2 항 제 4 호의 2(이하 이들 규정을 합하여 '이 사건 법률 조항')는 출연재산을 직접 공익목적사업에 사용하지 아니하고 수익용 또는 수익사업용으로 운용하는 경우에는 그 운용소득 중 일정한 기준금액 이상을 공익목적사업에 사용하지 아니하면 당해 출연재산을 출연목적에 사용하지 아니한 것으로 본다는 취지를 밝히면서 그 기준금액의 산정을 대통령령에 위임한 점, 그 위임에 따라 개정 전 상증세법 시행령 제38조 제 4 항 및 개정 상증세법 시행령 제38조 제 5 항(이하 이들 규정을 합하여 '이 사건 시행령 조항')이 그 기준금액에 반영하는 금액으로 "수익사업에서 발생한 소득금액"과 "출연재산을 수익의 원천에 사용함으로써 생긴 소득금액"을 규정하고 있고, 이들 금액은 각각 이 사건 법률 조항 소정의 "출연받은 재산을 수익사업용으로 운용하는 경우"와 "출연받은 재산을 수익용으로 운용하는 경우"에 대응되는 점, 이 사건 시행령 조항으로 개정되기 전의 구 상속세법 시행령(1996.12.31. 대통령령 제15193호로 전부 개정되기 전의 것) 제 3 조의 2 제 7 항 제 2 호는 그 기준금액에 관하여 "공익사업이 출연받은 재산을 수익사업용 또는 수익용으로 사용한 경우에 당해 출연재산 운용소득에 대하여는 당해 소득에 대한 법인세 등을 공제한 금액의 100분의 50에 상당하는 금액"이라고 규정함으로써 출연재산과 무관한 수익사업의 소득은 기준금액에 반영하지 아니한다는 취지를 명시하였던 점 등을 종합하여 보면, 이 사건 시행령 조항이 말하는 "수익사업에서 발생한 소득금액이라 함은 출연재산으로 영위하는 수익사업에서 발생한 소득금액만을 의미하고, 출연재산과 무관한 수익사업에서 발생한 소득금액은 포함하지 아니한다고 해석함이 상당하다 할 것이나.

따라서 이 사건 시행령 조항이 이 사건 법률 조항의 위임범위를 벗어나 증여세 등 과세대상의 범위를 확대한 무효의 규정이라고 할 수 없다(원심의 결론은 유지함).

### (6) 평 석

대상판결은 공익법인 사후관리 규정 중 현행 상증세법 제48조 제 2 항 제 5 호에 정하고 있는 "운용소득을 기준금액에 미달하게 사용하는 경우"에 관하여 그 기준금액을 산출하기 위한 모수(母數)로서 같은 법 시행령 제38조 제 5 항 제 1 호에서 규정하고 있는 "당해 과세기간 또는 사업연도의 수익사업에서 발생한 소득금액"(이하 '운용소득 기준금액'[22]) 의 개념에 관한 것이다.

해당 숫자가 커지면 커질수록, 증여세 과세가액 불산입 혜택을 누리기 위하여 당해 사업연도에 직접 공익목적에 사용하여야 하는 운용소득의 규모도 커지기 때문에 이를 준수하기가 어렵게 된다. 종래 과세실무(서면4팀－1135, 2005.7.5.)는 "상증세법 제48조 제 2 항 제 3 호·제 4 호의 2의 규정에 의하여 공익법인이 출연받은 재산을 수익용 또는 수익사업용으로 운용하는 경우로서 그 운용소득을 직접 공익목적사업 외에 사용하거나 운용소득이 발생한 사업연도 종료일로부터 1년 이내에 직접 공익목적사업에 사용한 실적이 운용소득 기준금액의 100분의 70에 상당하는 금액에 미달하는 경우에 증여세 또는 가산세가 부과되는 것이며, …… 공익법인이 2 이상의 수익사업을 영위하는 경우 수익사업에서 발생한 당해 공익법인의 전체 소득금액을 기준으로 운용소득 기준금액을 산정하여 증여세 또는 가산세 과세 여부를 판단"한다고 하여, 출연재산과 상관없는 수익사업에서 발생하는 소득도 모두 합하여 운용소득 기준금액을 합산하도록 하고 있었다.

---

22) 보다 정확하게는 동조 같은 항 제 2 호의 금액을 차감하고 여기에 70%를 곱한 금액이 운용소득 기준금액에 해당한다.

이러한 과세실무에 대하여 원심과 대법원은, 위와 같은 과세실무의 시행령 해석이 위법하다고 하는 동일한 결론에 도달하면서도 서로 다른 논리를 적용하고 있다. 즉, ① 원심은 시행령의 문언 그대로 해석하는 대신 그와 같이 해석한다면 시행령이 위법·무효가 된다는 입장을 취한 반면, ② 대법원은 (헌법재판소의 "합헌적 법률해석"과 같이) 가능한 합법적인 견지에서 시행령 규정을 합목적적으로 해석함으로써 그 개념의 범위를 좁히는 길을 택했다. 이러한 결론이 타당한 것은 물론이지만, 가능한 시행령이 법률의 수권범위 내에서 적법하도록 규정을 정하고 있다는 전제에 선 대상판결의 법률해석이 원심판결의 해석에 비해 보다 합리적이라고 생각된다.

## Ⅵ. 기타 절차적 쟁점에 관한 판례

### 1. 후발적 경정결정 및 경정청구의 인정범위

(1) **특별부과제척기간 : 대법원 2010.6.24. 선고 2007두16493 판결**

(2) **쟁 점**

① 구 국세기본법 제26조의 2 제 2 항에 의해 판결 또는 결정이 확정된 날로부터 1년 내라면, 당해 판결이나 결정에 따르지 않는 새로운 결정이나 증액경정결정까지도 할 수 있는지 여부.

② 구 국세기본법 제26조의 2 제 2 항에 의하여 과세제척기간 이후 판결 등에 따른 후속조치로서 할 수 있는 경정결정 등의 인적 범위.

### (3) 판결요지

구 국세기본법(2006.12.30. 법률 제8139호로 개정되기 전의 것, 이하 같다) 제26조의 2 제 2 항의 규정은 같은 조 제 1 항 소정의 과세제척기간이 일단 만료하면 과세권자는 새로운 결정이나 증액경정결정은 물론 감액경정결정 등 어떠한 처분도 할 수 없게 되는 결과 과세처분에 대한 행정심판청구 또는 행정소송 등의 쟁송절차가 장기간 지연되어 그 결정 또는 판결이 과세제척기간이 지난 후에 행하여지는 경우 그 결정이나 판결에 따른 처분조차도 할 수 없게 되는 불합리한 사례가 발생하는 것을 방지하기 위하여 마련된 것임에 비추어 볼 때, 그 문언상 과세권자로서는 당해 판결 또는 결정에 따른 경정결정이나 그에 부수하는 처분만을 할 수 있을 뿐, 판결 또는 결정이 확정된 날로부터 1년 내라 하여 당해 판결이나 결정에 따르지 아니하는 새로운 결정이나 증액경정결정까지도 할 수 있는 것은 아니다(대법원 1994.8.26. 선고 94다3667 판결 ; 대법원 2005.2.25. 선고 2004두11459 판결 등 참조).[23)]

구 국세기본법 제26조의 2 제 1 항 · 제 2 항의 규정 취지에 비추어 보면, 과세권자는 판결 등이 확정된 날로부터 1년 내라 하더라도 납세의무가 승계되는 등의 특별한 사정이 없는 한, 당해 판결 등을 받은 자로서 그 판결 등이 취소하거나 변경하고 있는 과세처분의 효력이 미치는 납세의무자에 대하여만 그 판결 등에 따른 경정처분 등을 할 수 있을 뿐 그 취소나 변경의 대상이 된 과세처분의 효력이 미치지 아니하는 제 3 자에 대하여까

---

23) 제 1 차 부과처분에 대한 납부가 완료된 후, 피고는 원고 2, 3의 각 수유재산을 포함한 전체 상속재산 및 수유재산을 과세대상으로 증액경정처분인 제 2 차 부과처분을 하였으나 증액된 부분에 대하여 그 고지절차에 하자가 있다는 이유로 취소판결이 선고되어 확정되었다. 이에 피고는 다시 위 판결이 확정된 날로부터 1년이 경과하기 전에 위 각 수유재산을 포함한 전체 상속재산 및 수유재산을 그대로 과세대상으로 보아 이 사건 부과처분을 하였고, 위와 같은 법리에 어긋나지 않는다고 하여 과세처분을 유지한 사례이다.

지 위 규정을 적용할 수 있는 것은 아니다(대법원 1996.9.24. 선고 96누68 판결 ; 대법원 2006.2.9. 선고 2005두1688 판결 등 참조).[24)]

## 2. 납세자의 후발적 경정청구 사유

### (1) 대상판결 : 대법원 2010.12.9. 선고 2008두10133 판결

### (2) 쟁 섬

피상속인이 제 3 자를 위하여 연대보증채무를 부담하고 있었지만 상속개시 당시에는 아직 변제기가 도래하지 아니하고 주채무자가 변제불능의 무자력 상태에 있지도 아니하여 과세관청이 그 채무액을 상속재산의 가액에서 공제하지 아니한 채 상속세 부과처분을 하였으나, 그 후 주채무자가 변제기 도래 전에 변제불능의 무자력 상태가 됨에 따라 상속인들이 사전구상권을 행사할 수도 없는 상황에서 채권자가 상속인들을 상대로 피상속인의 연대보증채무의 이행을 구하는 민사소송을 제기하여 승소판결을 받아 그 판결이 확정되었을 뿐만 아니라 상속인들이 주채무자나 다른 연대보증인에게 실제로 구상권을 행사하더라도 변제받을 가능성이 없다고 인정되는 경우, 이러한 판결에 따른 피상속인의 연대보증채무의 확정은 구 국세

---

24) 원고 1, 2, 3, 4가 제 2 차 부과처분에 대하여 서울행정법원 2002구합27719호로 취소소송을 제기하였고, 위 법원은 2003.3.31. 그 청구를 인용하여 제 2 차 부과처분을 취소하였으며, 위 판결은 항소심을 거쳐 확정되었다. 이 경우 원고 1, 2, 3, 4에 대한 제 2 차 부과처분을 취소하는 판결이 확정되었다고 하더라도 피고는 위 판결에 따라 이들에 대한 경정처분을 새로이 할 수 있을 뿐이지, 위 취소소송의 당사자가 아니어서 그 판결의 효력이 미치지 않는 원고 5에 대하여는 구 국세기본법 제26조의 2 제 2 항에 근거하여 새로이 상속세의 경정처분을 할 수 없다고 할 것이므로, 원고 5에 대한 이 사건 부과처분은 제척기간을 도과한 후에 이루어진 것이어서 위법하다는 취지의 판결이다.

기본법 제45조의 2 제2항 제1호의 후발적 경정청구사유에 해당하는지 여부.

(3) **사실관계**

① 원고들의 피상속인인 망인과 원고 2는 1994.11.22.과 1996.2.28. 변제기가 2002.11.16.과 2004.2.27.로 정해진 소외 주식회사의 이 사건 제1, 2 대출금채무를 연대보증을 하였다.

② 망인은 1997.9.13. 사망하였는데, 당시 이 사건 제1, 2 대출금채무는 아직 변제기가 도래하지 아니하였고 주채무자인 소외 주식회사가 변제자력도 있었기 때문에 원고들은 1998.3.12. 상속세 과세표준 및 세액을 신고하면서 망인의 위 연대보증채무를 상속재산의 가액에서 공제하지 아니하였고, 피고도 1999.8.5. 이를 토대로 원고들에게 당초 상속세 부과처분을 하였다.

③ 그 후 소외 주식회사가 2000.9.30. 부도를 내고 폐업하여 변제불능의 무자력 상태가 되자 채권자인 주식회사 우리은행이 망인의 상속인들인 원고들에게 이 사건 제1, 2 대출금채무의 원금 합계 149,670,545원 및 그에 대한 지연손해금의 지급을 구하는 민사소송을 제기하여 2003.8. 18. 대구지방법원으로부터 원고승소 판결(이하 '이 사건 민사판결')을 선고받고, 2004.9.13. 위 판결이 그대로 확정되었다(다만, 원고 2에 대한 부분은 위 원고가 제1심 판결에 대해 항소하지 아니하여 2003.9.경 확정).

(4) **원심판단**

상속재산으로서의 채권 또는 채무는 상속개시 당시의 시점에서의 채권의 가격 또는 채무의 상황에 따라 평가되어야 할 것이므로, 상속이 개시되어 채무가 상속인들에게 귀속된 이후에 주채무자의 경영악화 등으로 주채무자의 자력에 변경이 생겼다고 하더라도, 그러한 사정 변경은 상속으로 취득한 재산의 가치에 변동이 생긴 것에 불과하여 상속재산의 평가에 영향을 미칠 사정이 될 수 없고, 상속재산의 가액에서 공제하는 피상속인의 채무는 상속개시 당시 피상속인이 종국적으로 부담하여 이행하여야 할 것이 확실하다고 인정되는 채무를 뜻한다는 이유로, 이 사건 민사판결에 따른 망인의 연대보증채무의 확정은 구 국세기본법 제45조의 2 제 2 항 제 1 호 소정의 후발적 경정청구사유에 해당하지 아니한다고 판단하였다.

### (5) 판결요지

구 국세기본법(2010.1.1. 법률 제9911호로 개정되기 전의 것) 제45조의 2 제 2 항 규정의 취지가 일정한 후발적 사유의 발생으로 말미암아 과세표준 및 세액의 산정 기초에 변동이 생긴 경우 납세자로 하여금 그 감액을 청구할 수 있도록 함으로써 납세자의 권리구제를 확대하려는 데 있는 점, 상속개시 당시 피상속인이 종국적으로 부담하여 이행하여야 할 것이 확실하지 않은 채무라 하더라도 피상속인의 이행의무가 완전히 면제되는 것은 아니어서 사후적으로 그 채무가 피상속인이 종국적으로 부담하여 이행하여야 할 것으로 확정될 수 있는 점 등에 비추어 보면, 피상속인이 제 3 자를 위하여 연대보증채무를 부담하고 있었지만 상속개시 당시에는 아직 변제기가 도래하지 아니하고 주채무자가 변제불능의 무자력 상태에 있지도 아니하여 피상속인이 그 채무를 종국적으로 부담하여 이행하여야 하는지가 확실하지 않다는 이유로 과세관청이 그 채무액을 상속재산의 가액에서 공제하지 아니한 채 상속세 부과처분을 하였으나, 그 후 주채무자가 변제기 도래 전에 변제불능의 무자력 상태가 됨에 따라 상속인들이 사전구상권을 행사할 수도 없는 상황에서 채권자가 상속인들을 상대로 피상속인의 연대보증채무의 이행을 구하는 민사소송을 제기하여 승소판결을 받아 그 판결이 확정되었을 뿐만 아니라 상속인들이 주채무자나 다른 연대보증인에게 실제로 구상권을 행사하더라도 변제받을 가능성이 없다고 인정되는 경우에는, 이와 같은 승소확정판결에 의하여 피상속인의 연대보증채무는 상속세 부과처분 당시와는 달리 피상속인이 종국적으로 부담하여 이행하여야 할 채무로 사실상 확정되었다고 볼 수 있고, 따라서 이러한 판결에 따른 피상속인의 연대보증채무의 확정은 구 국세기본법 제45조의 2 제 2 항 제 1 호 소정의 후발적 경정청구사유에 해당한다.

#### (6) 평 석

"대상판결 1"은 일반적 부과제척기간이 도과한 후에도 국세기본법 제26조의 2 제 2 항에 정한 특별부과제척기간 내에 이루어지는 과세관청의 후발적 경정결정에 관한 판결로서 제한적인 관점에서 기존 판례의 해석론을 재차 확인한 것이고, "대상판결 2"는 국세기본법 제45조의 2에 의한 납세자의 후발적 경정청구 사유에 관한 판결로서 상속개시일(피상속인의 사망일) 이후에 확정된 피상속인의 연대보증채무에 관한 민사판결이 후발적 경정청구의 사유가 된다고 한 것이다. "대상판결 2"의 경우는 구체적으로 후발적 경정청구가 인정되는 판결의 유형에 관하여 구체적인 사례를 제공하고 그 적용범위를 넓혔다는 점에서 의의를 찾을 수 있을 것으로 생각된다.

## 2. 과세가액 경정에 따른 물납재산의 가액 변경

#### (1) 대상판결 : 대법원 2010.8.26. 선고 2010다25018 판결

1) 사실관계

① 원고는 1999.10.22. 할머니 소외인으로부터 이 사건 증여주식 1,507주를 증여받은 후, 당시의 구 상증세법 시행령(1999.12.31. 대통령령 제16660호로 개정되기 전의 것) 제49조 제 1 항 제 3 호의 "당해 재산에 대하여 수용 또는 공매 사실이 있는 경우에는 그 보상가액 또는 공매가액"을 시가

로 본다는 규정에 따라, 이 사건 증여주식의 가액을 그 직전의 공매가액이었던 1주당 285,880원으로 계산하여 증여세로 82,092,150원을 자진신고·납부하였다.

② 소외 용산세무서장은 이 사건 증여주식의 가액을 1주당 1,070,866원으로 평가하여 2003.10.13. 원고에게 1999년도 증여세로 539,959,940원을 결정·고지하는 이 사건 처분을 하였다.

③ 이에 원고는 현금 243,470원의 납부와 함께, 1주당 가액을 1,070,866원으로 평가한 이 사건 증여주식 504주(이하 '이 사건 물납주식')의 물납으로 위 고지세액을 2003.11.26. 납부한 후, 서울행정법원 2004구합17587호로 이 사건 처분의 취소를 구하는 항고소송을 제기하였고, 위 법원은 2004.10.27. 위 공매가액(1주당 285,880원)을 시가로 보아 계산한 위 자진납부세액이 정당하다는 이유로 이 사건 처분을 취소하는 판결을 선고하였으며, 위 판결이 2007.9.20. 대법원에서 확정되었다.

④ 위 항고소송에서의 판결의 취지에 따라 소외 반포세무서장은 2008.4.18. 종전의 증여세 고지세액(539,959,940원) 중 532,159,940원(증여재산공제액 중 부당공제 부분인 780만원을 제외한 금액임)을 감액하는 감액경정처분을 하였으나, 그 이전인 2005.6.14.경 이미 이 사건 물납주식이 공매를 통해 원고에게 1주당 693,099원에 매각·처분된 관계로, 원물을 반환할 수 없자, 반포세무서장은 2008.4.25. 물납재산의 환급을 위하여 이 사건 물납주식 504주의 가액을 위 항고소송의 판결에서 과세가액으로 인정된 1주당 285,880원(증여 당시의 공매가액)으로 계산한 161,467,850원(환급가산금 포함)으로 계산하여 원고에게 환급하였다.

2) 쟁 점(원고의 주장)

이 사선 처분을 취소하는 대법원 판결이 확정된 2007.9.20. 당시 이 사건 물납주식의 가격 또는 이 사건 물납주식이 공매를 통해 원고에게 매각·처분된 가격을 기준으로 환급금을 산정하여야 한다.

3) 판결요지

물납에 충당할 부동산 및 유가증권의 수납가액이라 함은 과세표준계산의 기초가 된 당해 물납재산의 가액, 즉 과세가액을 의미하는 것이므로, 그 과세가액이 과세관청의 경정에 의하여 변경됨으로써 증액이나 감액경정처분이 이루어진 때에는 특별한 사정이 없는 한 수납가액도 변경된 과세가액에 따라 변경되는 것으로 보아야 하고(대법원 2009.11.26. 선고 2007두4018 판결 참조), 그 후 물납재산이 공매로 매각·처분되었다는 사정만으로 공매로 매각·처분된 가액으로 수납가액이 변경되는 것은 아니라고 할 것이다. 따라서 이 사건 물납주식의 수납가액은 이 사건 증여주식에 관한 과세표준계산의 기초가 된 과세가액으로서 위 항고소송의 판결 및 반포세무서장의 감액경정처분에 의하여 변경된 과세가액인 1주당 285,880원으로 보아야 하고, 그에 따라 계산하여 이 사건 물납주식의 환급으로 161,467,850원(환급가산금 포함)을 원고에게 환급한 것은 정당하다.

4) 평 석

국세기본법 제51조의 2 제 1 항은 물납 후 그 부과의 전부 또는 일부를 취소하거나 감액하는 경정결정에 의하여 환급하는 경우에는 당해 물납재산(원물)으로 환급하는 것을 원칙으로 삼고 있다.

그러나 쟁송에 의하여 부과처분이 전부 또는 일부 취소되는 경우는 그 불복절차에 상당한 시간이 소요되어 당해 물납재산은 공매 등으로 매각되거나 다른 행정용도로 사용되는 등의 경우에는 금전(국세환급금)으로 이를 돌려준다. 이 경우, 주식 같은 경우에는 특히 장기간 물납되어 있는 사이에 가격의 변동이 막대할 수 있으므로, 환급금액을 어떻게 정할 것인지가 문제된다. 예컨대, 이 사건의 원고 입장에서는 최소한 자신이 공매절차를 통하여 당해 물납주식을 매입한 가격(693,099원) 정도는 보상을 해주어야 적어도 원상회복이 되었다고 생각할 것이다. 물납 당시 수납가액도 아니고 현 시점에서의 시가도 아닌, 과거의 시가를 기준으로 환급금을 계산하는 것은 납세자 입장에서는 부당하게 느껴질 수도 있다.

그러나 국세기본법 및 상증세법의 물납 및 환급 관련 규정을 살펴보면, 물납으로 납부된 세액은 상증세법 시행령 제75조에 규정된 “수납가액”을 기준으로 하고 있으므로(재산－893, 2009.12.2.), 설사 당해 물납자산의 가치가 증가한 경우에도 세법상으로는 추가로 납부된 금액이 없어(국심 2001.4.10. 선고 2000서3030 결정) 환급하는 금액도 이와 마찬가지 기준으로 정산하여야 한다. 그리고 수납가액은 결국 당해 물납재산의 “상속재산 또는 증여재산가액”이므로, 과세가액이 경정에 의하여 변경되는 경우에는 그에 따라 수납가액도 같이 변동되는 것으로 볼 수밖에 없다.

다만, 금전으로 반환되는 경우에는 (당시 정당세액에 상응하는 수납가액으로 납부한 뒤 그 금액이 원금으로 고정되었다고 보고) 물납으로 묶인 기간 사이의 가치상당액은 이자 성격의 국세환급금을 가산하여 환급함으로써 처리하고 있음을 알 수 있다.[25] 대상판결은 2009년 판결에 이어 이와 같은 취지를 명확히 한 것으로, (납세자가 다른 형태의 분쟁을 제기할 여지는 남아 있지만[26]) 세법규정을 이와 달리 해석할 여지는 별로 없는 것으로 보인다.

25) 주식이나 부동산의 물납으로 인한 개인의 양도소득세 계산시 양도가액 역시 이와 같은 수납가액에 연동되어 해석되고 있다(재산－540, 2009.2.17.).

26) 청구의 인용 여부는 차치하고라도 당사자 소송으로서 부당이득 반환을 구하거나, 과실에 의한 국가배상 등을 제기할 가능성은 있어 보인다.

## Ⅶ. 결 어

이상과 같이 지난 2010년에 나온 상증세법 관련 주요 판결례들을 살펴보았다. 서두에서도 언급한 바 있지만, 이 중 가장 주목할 만한 판결은 역시 상장주식의 시가평가 및 최대주주 할증의 적용 여부를 다룬 최근의 대법원 2011.1.13. 선고 2008두9140 판결 및 대법원 2011.1.27. 선고 2010두4421 판결이라고 생각된다. 앞으로 이 판결의 타당성 검증 및 실무상 발생하는 문제점 해결을 위한 많은 연구가 뒤이을 것으로 보인다.

또 하나 주목할 만한 판결을 꼽자면, 외국 비상장법인 주식의 평가방법에 대한 대법원 2010.1.14. 선고 2007두5646 판결을 들 수 있다. 다만, 동 판결이 향후 실무상 어떤 영향을 미치게 될지는 좀 더 두고 보아야 할 것으로 생각된다.

이상과 같은 대법원 판결들 외에도, 2010년은 상증세법상 완전포괄주의의 본격적인 적용이 시도된 해라고 평가할 수 있을 것이다. 예컨대, 언론에도 알려진 S법인의 C회장 증여세 사건, H그룹의 P회장 증여세 사건 등은 이미 과세가 이루어져 불복 단계에 접어들어 있다. 국제적인 거래를 포함한 다양한 절세 내지 탈세기법이 나오고 있는 만큼 앞으로도 완전포괄주의를 적용하려는 과세당국의 적극적인 시도가 이어질 것이고, 이러한 과세처분에 대한 향후 법원의 판단이 주목되는 시점이다.

## [참 고 문 헌]

국세청, 『재미동포가 알아야 할 한 · 미 세금상식』, 2009.

______, 『상속세 · 증여세 실무해설』, 2010.

소순무, 『조세소송』, 영화조세통람, 2006.

이광재, 『상속 · 증여세의 이론과 실무』, 세경사, 2010.

이창희, 『세법강의』, 박영사, 2009.

Susan, Flax, Posner, *Estate & Gift Tax Handbook*, CCH, 2007.

07

# 2012년 부가가치세법 및 소비세법 판례 회고*

변호사 최 용 환

**회고 요약**

2012년 한 해 동안 선고일자를 기준으로 판례공보에 공간된 부가가치세 관련 대법원 판례가 8건이고, 미공간된 대법원 판례가 85건에 이른다. 판례공보를 중심으로, 미공간된 판례 중에서 법리적으로 의미 있는 판례를 함께 분석하여 보면, 종전 판례를 재확인하는 판례보다는 나름대로 특정 사례에 대한 명확한 해석사례를 제시하거나, 기존에 견해 대립이 있었거나 불명확한 해석사례에 대한 대법원의 공식적인 입장을 제시하는 주목할 만한 판례들이 대부분이었다. 그리고 소비세법 관련 판례는 골프장 입장료를 부과하는 개별소비세법 조항에 관한 헌법재판소 결정이 한 건 있었다.

부가가치세법 체계에 따라, 대상판결 5건을 살펴보면, 종래 과세거래 여부에 대하여 논란이 있던 사이버화폐인 게임머니의 매도거래가 부가가치세 과세거래인 재화의 공급에 해당된다는 점을 명확히 하였으며, 공통매입세액 안분규정의 장소적 적용범위와 관련하여 기존 주류적인 견해와 행정해석과는 달리 사업장 과세원칙에 충실한 해석론을 처음으로 제시한 판결이 눈에 띈다. 신탁에 있어 부가세 납세의무자에 관하여는 부가가치세법령 개정 과정에서도 심도 있게 논의되고 있으나, 여전히 대법원은 부가가치세법 제6조 제5항 소정의 위탁매매에 준하여 위탁자 내지 수

* 한국세법학회 편, 『조세법연구 XIX-1』(세경사, 2013.4.) 게재.

**익자를 납세의무자로 보는 종래의 입장을 유지하고 있다. 그리고 다소 추상적이나마, 매입세액 공제를 위한 사업관련성의 판단기준을 제시하면서 구체적인 타당성을 기한 판결도 있었다. 마지막으로 대법원은 간이과세자에서 일반과세자로 과세유형이 변경될 경우, 재고품 및 감가상각자산의 기한 내 신고가 요구되는지 여부와 관련하여, 납세자의 관점에서 신고불요설에 따름으로써 재고매입세액 공제를 위한 신고절차 규정에 관한 새로운 해석론을 제시하였다.**

**특히, 올해는 기획재정부 주간 조세법령 새로쓰기(부가가치세법 편) 프로젝트가 본격적으로 진행되어 2012.11.5. 국회에 부가가치세법 전부 개성 법률안이 제출되는 가시적인 성과가 있었던 해로서, 대법원 판례에서 나타난 부가세법의 해석론의 입법적 수용 여부가 주목된다.**

## 1. 들어가며

2012년 한 해 동안 선고일자를 기준으로 판례공보에 공간된[1] 부가가치세 관련 대법원 판례가 8건이고, 미공간된 대법원 판례가 85건에 이른다. 미공간된 판례가 2012년 유독 많아진 이유는 '사실과 다른 세금계산서'와 관련, 금지금 거래, 비철금속, 유류 공급거래에서의 매입세액 공제 여부가 다투어져 사실관계 다툼이 문제된 사건이 급증한 것이 주된 원인으로 분석된다. 대법원이 공간하는 판례공보는 대법원의 입장을 공식적으로 나타내는 상징적인 의미가 있고, 일반인의 접근이 가능한 것이므로 이를 주된 전거로 삼되, 미공간된 판례 중에서 법리적으로 의미 있는 판례도 분석대상으로 삼았다. 소비세법 관련 헌법재판소 판례로는 골프장 입장료를 부과하는 개별소비세법 조항에 관한 결정이 한 건 있었다.[2]

---

1) 2012.2.15.자부터 2013.2.1.자 판례공보까지가 이에 해당된다.

2) 헌재 2012.2.23. 선고 2011헌가8 결정(구 개별소비세법 제 1 조 제 3 항 제 4 호 등 위

특히, 올해는 기획재정부 주간 조세법령 새로쓰기(부가가치세법 편) 프로젝트가 본격적으로 진행되어 2012.11.5. 국회에 부가가치세법 전부 개정 법률안(案, 이하 '개정안'이라 한다)[3]이 제출되는 가시적인 성과가 있었던 해이기도 하다. 위 법령개정 프로젝트에서는 이번에 소개하는 대법원 판례의 입법적 수용 여부에 관해서도 논의가 이루어졌는데, 이에 관한 논의도 필요한 범위에서 소개하기로 한다.

이하에서는 현행 부가가치세법의 체계에 따라 논의하기로 한다.

---

헌제청)〔헌공 제185호〕은 골프장 입장행위에 대한 개별소비세 부과는 세수 확보는 물론 사치성 소비의 담세력에 상응하는 조세부과를 통해 부가가치세의 역진성을 완화하고 과세의 형평성을 도모한다는 경제·사회 정책적 목적을 위한 것으로서 그 목적의 정당성과 방법의 적절성을 인정할 수 있고, 1인 1회 입장에 대한 12,000원이라는 세율이 입법목적 달성에 필요한 정도를 넘는 자의적인 세율이라거나 골프장이용객 수의 과도한 감소를 초래할 정도라고 보이지 아니하며, 골프장의 운영형태 및 규모 등 제반사정에 비추어 사치성이 없다고 볼 수 있는 골프장 입장에 대하여는 개별소비세를 배제할 수 있는 길을 열어 놓고 있는 점에 비추어 침해의 최소성 원칙과 법익균형성 원칙에 위반되지 아니하므로 과잉금지원칙을 위반하여 재산권을 침해한다고 할 수 없다고 보았다.

아울러 시설이용의 대중성, 일반국민의 인식 등을 근거로 골프장 입장행위와 달리 승마장 입장행위는 그 수요에 비추어 개별소비세 부과가 적절하지 아니하다고 본 입법자의 판단이 정책형성권의 한계를 일탈한 자의적인 조치라고 보기는 어려우므로 이 사건 개별소비세법조항이 평등원칙에 반한다고 할 수 없다고 판단하였다.

3) 개정안에 따르면 그동안 개수가 부족하고 내용이 불명확한 법 조문 때문에 부가세 예규 해석에 어려움을 겪었던 점을 감안, 조문 수를 현재 46개에서 73개로 늘리고 장·조의 2단 편제를 장·절·조의 3단 편제로 확대했다. 또 납세자에게 어렵거나 중요한 조항에는 표, 산식 등을 덧붙여 쉽고 상세하게 풀이했다. 또한 조세이론에 맞게 조문의 논리적 완결성을 제고하고, 표현하고자 하는 내용도 명확하게 전달할 수 있도록 문구를 다듬었으며, 시행령 가운데 납세자의 권리의무에 중요한 영향을 미치는 규정은 법률로 상향 입법하기도 했다〔기획재정부·법무법인 율촌, "조세법령을 명확하고 알기 쉽게 개편(부가가치세 편), 신구조문비교 및 개정이유, 법률(안)"(기획재정부 조세정책과 보고서), 2012.12., 참조〕.

## 2. 부가가치세법 관련 주요 판례

### (1) 대법원 2012.4.13. 선고 2011두30281 판결[4)] : 온라인 게임머니 매도거래의 "재화의 공급" 해당 여부

#### 1) 쟁 점

인터넷사이트를 통한 온라인 게임에 필요한 사이버 화폐인 게임머니를 게임 제공업체나 게임 이용자로부터 매수한 후 이를 다시 다른 게임이용자에게 매도한 원고의 게임머니 매도거래가 부가가치세 과세대상인 재화의 '공급'에 해당하는지 여부.

#### 2) 사실관계

원고는 2004년 부가가치세 과세기간 동안 사업자등록을 하지 아니한 채 아이템 A 등 게임 아이템 중개업체의 인터넷사이트를 통하여 온라인 게임인 '리니지'에 필요한 사이버 화폐인 게임머니를 게임 제공업체나 다른 게임 이용자로부터 매수한 다음, 이를 또 다른 게임 이용자에게 수백번에 걸쳐 매도하고, 그 게임 이용자로부터 2004년 제 1 기에 397,250,920원, 2004년 제 2 기에 269,950,600원 상당의 대금을 중개업체를 경유하여 현금으로 지급받았다.

이에 대해, 피고는 원고가 구 부가가치세법의 납세의무자인 사업자(업태 : 소매업, 종목 : 전자상거래)로서 위 기간 동안 게임 아이템을 판매하면서도 이에 대한 매출신고를 누락하였다는 이유로, 원고의 주소지를 사업장으로 직권 등록한 다음, 관련 세액을 산출하여 부가가치세 및 종합소득세 부과처분을 하였다.

---

4) 공보에는 미간행되었으나, 대법원 종합법률정보 사이트에서 검색 가능하다.

3) 판결요지

원심은 …… 사실을 인정한 다음, 게임머니는 구 부가가치세법상의 '재화'에 해당하고, 원고의 게임머니 매도거래는 재화의 '공급'에 해당하며, 원고는 부가가치를 창출해 낼 수 있는 정도의 사업형태를 갖추고 계속적이고 반복적인 의사로 재화인 게임 머니를 게임 이용자에게 공급하였다고 봄이 상당하므로 원고는 구 부가가치세법상의 '사업자'에 해당한다고 판단하였다. 앞에서 본 관련 법령규정과 기록에 비추어 살펴보면, 원심의 위와 같은 판단은 정당한 것으로 수긍할 수 있고, 거기에 상고이유의 주장과 같이 구 부가가치세법상의 과세대상과 납세의무자에 관한 법리를 오해하는 등의 위법이 없다.

4) 평 석

**(가) 게임머니가 부가가치세법상 '재화'에 해당되는지 여부**

부가가치세법은 재화나 용역의 공급을 과세대상으로서 규정하면서, '재화'란 '재산적 가치가 있는 모든 유체물과 무체물'을 의미하는데, 무체물에는 "동력 · 열과 기타 관리할 수 있는 자연력 및 권리 등으로서 재산적 가치가 있는 유체물 이외의 모든 것"을 포함한다고 규정하고 있다[5](부가가치세법 제 1 조 제 1 항 제 1 호 · 제 2 항, 같은 법 시행령 제 1 조 제1 · 2항).

한편 "관리할 수 있다"는 의미는 사람이 이를 지배할 수 있다는 의미로서, 이러한 배타적 지배 가능성 및 관리 가능성은 시대에 따라 변천하는 상대적인 의미를 가지는 것이다. 한편, 디지털 콘텐츠에 관하여 문화산업진흥기본법 제 2 조 제 2 호는 "문화상품"을 문화적 요소가 체화되어 경제적 부가가치를 창출하는 유형 · 무형의 재화라고 정의하면서 여기에 디지

5) 현행법 시행령 제 1 조 제1 · 2항에 구체적으로 규정된 유체물과 무체물은 무체물 중 권리 등을 제외하면 사실상 민법의 물건의 범위와 같다고 볼 수 있으나, 그 의미가 불분명하여 개정안에서는, 유체물과 무체물 대신 물건과 권리로 재화를 규정하고 있다.

털문화콘텐츠를 포함시키고 있는바, 이 규정에 의하면 디지털 콘텐츠는 세법상 재화적 성격을 지니고 있다고 할 수 있다.[6]

우리나라의 경우, 1996년 이후 널리 보급된 MMORPG[7](다중접속 온라인 역할수행 게임)에서 온라인게임 이용자들은 게임프로그램에서 제공되는 아바타를 통해서 게임에 참여하게 되고, 게임머니는 이와 같은 게임 아이템을 구매하거나 베팅하는 도구로 사용된다. 다만, 온라인게임 아이템의 현금거래는 게임 프로그램 제공회사와 게임 이용자 사이에 체결된 약관에 의하여 금지되고 게임상에서 이용자들이 임의로 교환하는 것이 허용될 뿐이나, 이와 같은 게임 아이템의 현금거래는 아이템베이와 같은 중개 사이트 또는 본건과 같은 직접 거래에 의하여 사실상 이루어지고 있다.[8] 이 경우, 원고와 같이 다른 게임이용자로부터 대가를 지급하고 매수한 게임머니를 높은 가격에 판매함으로써 이윤이 발생할 경우, 재산적 가치가 있다는 점은 부인할 수 없을 것인데, 다만 부가가치세 과세거래로 이론 구성하는 방법론이 문제될 뿐이다.

---

6) 다만, OECD는 디지털재화로 표현되는 디지털 콘텐츠의 성격에 대하여 재화의 공급이 아니라 재화의 외의 것(용역)으로 보도록 합의한 바 있다〔OECD, "Consumption Tax Guidance Series, Verification of Customer Status and Jurisdiction", 2003, p.18(최명근 · 나성길 공저, 『부가가치세법론』, 세경사, 2006, p.630에서 재인용)〕.

7) Massive Multiplayer Online Role Playing Game, 한편 이 사건 리니지게임의 게임머니(아덴)의 환전이 게임산업진흥에 관한 법률 제32조 제 1 항 제 7 호에서 금지하는 불법게임물의 유통에 해당되는지 여부에 관하여, 대법원 2009.12.24. 선고 2009도7237, 7238판결은 위 규정은 사행성 있는 게임머니의 환전을 금지하자는 취지에서 도입된 것으로, 도박성, 사행성 게임과는 무관한 개인의 노력이나 실력 등에 좌우되는 것이라는 이유로, 무죄로 판결한 바 있다.

8) 윤현석, "온라인게임 아이템거래의 과세문제", 『인터넷법률』 통권 제37호, 법무부 법무심의관실, 2007.1., pp.102~103 ; 최선집, 『논점 조세법』, ㈜영화조세통람, 2012, pp.493~494 참조.

게임머니를 포함하는 게임 아이템[9] 양도거래의 법적 구성[10]에 관하여는 종래 ① 매매계약설(현금거래의 객체가 아이템 자체), ② 이용권 양도설(게임이용자가 게임사에 대해 가지는 이용권, 즉 지명채권의 일부 양도로 해석), ③ 권리금 양도설(이용자 간 권리금 양수도 거래)이 주장되고 있다. 위 어느 견해에 의하더라도, 게임머니는 재산적 가치가 있는 거래의 객체로서 온라인 게임서비스상의 게임 등을 이용할 수 있는 권리 내지 기타 재산적 가치가 있는 무체물로서 부가가치세법상 재화에 해당된다는 점을 부인하기는 어렵다. 즉, 위 견해 대립에 따라 거래대상을 아이템 자체(매매계약설) 또는 게임머니가 표상하고 있는 디지털 콘텐츠의 이용권(이용권 양도설 또는 권리금 양도설)으로 보든 이들은 모두 부가가치세 과세대상인 재화 중 권리 또는 재산적 가치 있는 무체물에 해당된다.

#### (나) 게임머니의 매도를 부가가치세법상 재화의 공급으로 볼 수 있는지 여부

그러나 설사 게임머니를 재화로 본다고 하더라도, 이는 게임 제공업체의 소유이고, 게임 이용자 간에 게임머니에 금전을 덧붙여 거래하였다 하더라도 소유권의 변동이 일어나지 아니하므로, 원고가 게임머니를 제공한 행위를 재화의 공급이 아니라는 주장이 가능할 것처럼 해석된다. 앞서 논의한 바와 같이, 재화의 배타적 지배·관리 가능성은 온라인게임과 같은 가상현실에서는 유동적이고 상대적인 의미를 갖는 것이라는 점을 고려하면, 원고가 다른 게임 이용자 등으로부터 대가를 지급하고 매수한 게임머니를 지배·관리하면서, 또 다른 게임 이용자에게 보다 높은 가격에 게임머니를 판매함으로써 이윤을 남기고 매도한 이상, 위 게임머니 매도거래는

9) 게임산업진흥에 관한 법률 제32조 제 1 항 제 7 호에 의하면, 게임머니도 게임 아이템과 마찬가지로 게임물의 이용을 통하여 획득한 유·무형의 결과물로 동일하게 취급되고 있다.

10) 보다 상세한 견해대립은, 윤현석, 전게논문, pp.109~112를 참고하기 바란다.

재산적 가치가 있는 온라인게임 서비스상의 게임 등을 이용할 수 있는 권리를 양도(이용권의 양도)한 것으로서, 재화의 '공급'으로 볼 수 있다고 판단된다.[11] 권리의 양도는 무체물의 양도에 포함[12]되는 것으로, 온라인 게임이용자는 게임머니를 매수하여 게임 아이템을 취득할 경우 이용권을 기초로 그 아이템에 대해 배타적인 이용·관리할 수 있게 되기 때문이다.

대상판결은 디지털 콘텐츠인 게임 아이템의 구입을 위한 게임머니의 매도거래를 재화의 공급으로 보면서도, 게임머니의 법적 성격 및 '공급'으로 볼 수 있는 법적·이론적 근거에 관하여는 명확하게 제시하지 않은 섬이 아쉬움으로 남는다.

### (2) 대법원 2012.5.9. 선고 2010두23170 판결[13] : 본·지점 거래의 공통매입세액 안분과 "사업장 과세원칙"의 적용 여부

#### 1) 쟁 점

주사업장 총괄납부승인을 받은 본·지점 거래에서 공통매입세액 안분

---

11) 같은 취지로, 최선집, 전게서, pp.492～494 참조.

12) 종래 무체물에 권리에 포함되는지 여부에 관하여는 명확한 규정이 없이, 심판결정 및 국세청 유권해석(국심 1984.11.1. 선고 84부1437 결정 ; 간세 1235－1792, 1977.7.9.)은 권리의 양도가 무체물을 공급하는 것으로 해석하여 왔으며, 그 후 구 부가가치세법 시행령 제 1 조 제 2 항(1992.12.31. 대통령령 제13798호로 개정된 것)에서 무체물의 범위에 권리 등으로서 재산적 가치가 있는 유체물 이외의 것이 포함된다고 명시되기에 이르렀다. 그러나 상품권 발행자로부터 상품권을 매입하여 판매하는 경우(부가 46015－4561, 1999.11.11.), 국공채나 수익증권 등 유가증권의 매매는 과세대상에 해당되지 않는다고 보고 있으며(국세청 부가 46015－11726, 2001.6.27.), 매출채권은 금전채권에 불과하여 배타적으로 소유, 관리할 수 있는 권리가 아니므로 여전히 매출채권의 양도는 부가세 과세대상인 재화의 공급에 해당되지 않는 것이라고 한다(국세청 부가 46015－90, 2001.1.9.).

13) 공보에는 미간행되었으나, 대법원 종합법률정보 사이트에서 검색이 가능한 대법원 판례이다.

규정이 법인 전체의 과세·면세 사업비율에 따라 안분해야 하는지 여부.

2) 사실관계

원고는 철제문 제조·판매업을 영위하는 사업자로 서울에 본점이 있으며, 수원지점을 두고 총괄납부승인을 받았다.

원고의 수원지점은 방화문을 생산하기 위한 원재료 등을 매입하여 방화문을 제조한 후, 방화문 일부는 직접 판매하기도 하였지만, 대부분을 본점으로 반출하였는데, 원고 본점은 수원지점으로부터 공급받은 방화문 중 일부는 구 조세특례제한법상 부가세 면제 대상인 국민주택 건설용역[14]에 공급하였다(과세·면세사업 겸영).

원고는 2008.4.25. 2008년 제1기분 부가가치세 예정신고를 하면서, ① 본점에서는 본점의 과세 매출세액에서 본점 자신의 과세사업 관련 매입세액을 차감한 약 2억원을 본점의 부가가치세 납부세액으로 신고하였고, ② 수원지점에서는 지점 자체의 매출세액에서 지점 전체의 매입세액을 차감한 약 3억 7천만원을 수원지점의 부가가치세 환급세액으로 각각 신고한 후, 이를 총괄하여 1억 7천만원을 본점에서 총괄하여 조기환급신고하였다.

피고는 원고에 대한 실지조사과정에서 수원지점의 매입세액 3억 8천만원 중 일부(약 1억 2천만원)가 최종적으로 본점이 면세사업에 사용될 방화문을 제조하는 데 사용된 것이라고 하여, 수원지점의 매입세액을 공통매입세액으로 보아 본점과 지점의 총공급가액 대비 본점의 면세 공급가액 비율을 곱한 금액[15]에 대하여 위 총괄환급세액 환급 거부하는 이 사건 처

---

14) 구 조세특례제한법(2008.12.26. 법률 제9272호로 개정되기 전의 것) 제106조 제1항 제4호.

15) 피고는 수원지점의 매입세액 386,654,806원에서 면세사업에 관련된 부분의 비율 약 0.3021(= 본점과 지점의 면세공급가액 1,506,130,902원 ÷ 본점과 지점의 총 공급가액 4,984,313,715원)을 곱한 116,837,098원 + 11,683,710원을 총괄환급세액에서 제외한 40,766,159원을 환급하는 것으로 결정하였다.

분[16]을 하였다.

3) 판결요지

원래 2 이상의 사업장이 있는 사업자가 자기 사업과 관련하여 생산 또는 취득한 재화를 타인에게 직접 판매할 목적으로 다른 사업장에 반출하는 것은 법 제 6 조 제 1 항이 규정한 '재화의 공급'에 해당하지 않지만, 시행령 제15조 제 2 항은 사업장 과세의 원칙(법 제 4 조 제 1 항)에 따라 과세거래를 용이하게 파악하고, 납세자의 지금부담을 완화하여 주기 위하여 이를 재화의 공급으로 의제하고 있는 것일 뿐이므로(대법원 1992.8.14. 선고 91누13229 판결 등 참조), 2 이상의 사업장이 있는 사업자가 자기 사업과 관련하여 생산 또는 취득한 재화를 타인에게 직접 판매할 목적이 아니라 다른 사업장에서 원료·자재 등으로 사용·소비하기 위하여 반출하는 경우 그것이 재화의 공급으로 의제되지 않는다고 하여 그 재화가 비과세사업에 사용되었다고 할 수는 없다. 따라서 원고의 수원지점이 방화문 등을 제조하여 본점으로 반출

---

16) 원고는 부가가치세법 시행령 제 5 조에 의하여 주사업장인 본점에서 총괄하여 169,286,971원(= 198,645,022원 − 367,931,993원)을 조기환급신고하였다. 원고의 위 환급신고세액 중 환급결정한 세액을 제외한 나머지 128,520,812원(= 169,286, 971원 − 40,766,159원)에 해당하는 부분을 거부한 결정 부분이 이 사건 거부처분에 해당한다.

(1) 본점

① 매출세액 : 323,261,435원

② 공제할 매입세액 : 124,616,413원(= ⓐ181,648,078 − ⓑ57,031,665원)

ⓐ : 접대비 등을 불공제한 매입세액 181,648,078원

ⓑ : 면세사업 관련 매입세액(이하 '면세매입세액'이라 한다) 57,031,665원

③ 납부할 세액 : 198,645,022원(= ① − ②)

(2) 지점

① 매출세액 : 18,722,813원

② 접대비 등을 불공제한 매입세액 : 386,654,806원

③ 환급세액 : −367,931,993원(= 18,722,813원 − 386,654,806원)

하는 것이 재화의 공급에 해당하지 않는다는 사정만으로 수원지점이 과세사업과 비과세사업을 겸영하는 경우에 해당한다고 볼 수 없다.

나아가 원고의 수원지점이 과세사업과 면세사업 등을 겸영하고 있다고 하더라도, 부가가치세는 사업장 과세의 원칙에 따라 사업장마다 납부하여야 하고 원칙적으로 각 사업장 소재지가 납세지가 되며 각 사업장은 과세상 독립된 장소적 단위가 되므로, 수원지점의 공통매입세액 중 매출세액에서 공제하지 아니하는 면세사업 등에 관련된 매입세액은 특별한 사정이 없는 한 수원지점만의 총공급가액에 대한 면세공급가액 등의 비율에 의하여 안분계산하여야 한다(대법원 2009.5.14. 선고 2007두4896판결 등 참조).

그럼에도 원심은, 이와 달리 원고의 수원지점이 과세사업과 비과세사업을 겸영하는 경우에 해당하고, 나아가 수원지점의 공통매입세액 중 매출세액에서 공제하지 아니하는 면세사업 등에 관련된 매입세액은 수원지점과 본점의 총공급가액의 합계액에 대한 비과세 및 면세 공급가액의 합계액의 비율에 따라 안분계산하여야 한다는 취지로 판단하고 말았으니, 이러한 원심의 판단에는 부가가치세법상 비과세사업의 의미나 공통매입세액의 안분계산 등에 관한 법리를 오해하여 판결에 영향을 미친 위법이 있다. 이 점을 지적하는 상고이유의 주장은 이유 있다.

#### 4) 평 석

**(가) 공통매입세액 안분규정의 장소적 적용범위 : '사업장 관련성'**

사업자가 과세사업과 면세사업을 겸업으로 경영하는 경우에 면세사업에 관련된 매입세액은 매출세액에서 공제받지 못하는데(부가가치세법 제17조 제2항 제6호), 이 경우 공제받지 못하는 매입세액의 산정은 실지귀속에 따라 계산하여야 하는 것이 원칙이나 매입세액을 발생시킨 재화 등이 과세사업과 면세사업에 공통으로 사용됨으로 인하여 과세사업에 관련된 공제받을 수 있는 매입세액과 면세사업에 관련되어 공제받지 못하는 매입세액의 실지귀속을 구분할 수 없는 경우가 많다. 따라서 실지귀속이 불분명한 매입세액을 과세사업의 매출세액에서 공제받을 수 있는 부분과 공제받지 못하는 부분으로 구분계산하는 과정을 '공통매입세액의 안분계산'이라고 한다.[17]

공통매입세액 안분계산 규정이 적용되려면 ① 과세・면세사업의 겸영, ② 과세・면세사업에의 공통사용('사용될 수 있는 경우'를 포함), ③ 실지귀속의 불분명 요건이 충족되어야 한다(부가가치세법 시행령 제61조 제 1 항).

대상판결에서는 ① 요건과 관련하여, 과세사업과 면세사업을 "동일한 사업장"에서 겸영할 때에만 안분할 수 있는지 아니면 사업장을 달리하여 과세・면세사업을 겸영할 때에도 안분규정이 적용되는지 여부가 문제되었다. 종래 학설은 동일인의 권리주체에 해당되는 이상 사업장을 달리하여 과세사업과 면세사업을 운영하더라도 위 안분규정이 적용되어야 하고, 그 근거로 매입세액 공제에서 장소적 한계를 두고 있지 아니하고 있는 것과의 균형상 공통매입세액에 관해서도 동일사업장을 기준으로 하는 제약은 없다고 보고 있다.[18] 행정해석도 이와 같은 입장에 있다.[19]

원심판결[20]은 수원지점의 제조목적 타사업장 반출이 공급의제에 해당되지 않는 이상 비과세사업에 해당되고, 비과세사업에 대하여도 위 안분규정이 적용된다는 전제에서, 비과세사업 중 매입세액 불공제되는 부분을 계

---

17) 김봉근, 『2012 부가가치세해설』, ㈜영화조세통람, 2012, pp.1027~1049 참조.

18) 허이훈, "공통매입세액 안분계산에 관한 제문제", 『행정재판실무연구 III』, 재판자료 제120집, 법원도서관, 2010, p.765 ; 최명근・나성길, 전게서, p.383 각 참조.

19) 본점에서 공제받은 공통매입세액 정산 사업장 : 부동산임대업과 금융보험업을 겸영하는 법인사업자가 부동산임대업과 금융보험업에 사용할 지점건물을 신축함에 있어 영 제61조 및 제61조의 2에 규정하는 매입세액의 안분계산 및 공통매입세액의 정산은 본점과 지점 중 세금계산서를 발급받은 어느 쪽에서도 가능하다(2011.2.1. 개정).

20) 서울고등법원 2010.9.9. 선고 2010누10275 판결.

산할 때 이 사건 처분과 같이 지점뿐이 아닌 본점과 지점의 과세/면세 공급가액 합계액을 기준으로 계산하였다면 이는 결과적으로 원고 입장에서 전체적인 세부담 측면에서 불리하지 않은 것이므로, 불공제 비율 산정시 본·지점 전체의 공급가액 합계액 비율을 적용한 것은 위법하지 않다고 하였으며, 본·지점 합계액 비율을 사용하더라도 사업장과세의 원칙에도 위반되지 않는 것이라고 판시하였다.

이는 부가가치세법의 원리 중 하나인 사업장 과세의 원칙을 포기하는 대신, 납세자의 세부담 측면에서 매입세액 안분계산을 적용하는 경우의 과세·면세 비율이, 지점과 본점을 합쳐 사업자 전체를 하나의 사업자로 볼 때의 전체적인 공급가액 비율과 같기만 하면 결과적으로 형평에 맞는 것이 아닌가 하는 생각에서 나온 것으로 보인다.

대상판결은 원심판결을 파기하면서, 부가가치세는 장소적인 과세단위인 사업장 과세원칙이 적용되어야 하므로 수원지점의 공통매입세액 중 매출세액에서 공제하지 아니하는 면세사업 등에 관련된 매입세액은 특별한 사정이 없는 한 수원지점만의 총공급가액에 대한 면세공급가액 등의 비율에 의하여 안분계산하여야 한다고 판시하였다. 이는 대법원이 공통매입세액 안분규정의 장소적 적용범위와 관련하여 기존 견해와 행정해석과는 다른 사업장 과세원칙에 충실한 해석론을 처음으로 제시하였다는 점에서 큰 의미가 있다.

#### (나) 제조목적 타사업장 반출과 면세전용에 따른 과세 공백의 해결 방안

대상 판결에 의하면 마치 과세의 공백이 발생하는 것처럼 보일 수도 있다. 지점 입장에서만 매입세액공제 여부를 판단한다면, 해당 지점의 경우 과세 매출만이 존재하고 면세 매출이 전혀 없기 때문에 매입세액 전부를 공제받을 수 있는데, 궁극적으로는 매입세액 중 일부를 사용하여 제조된 제품이 본점에서 면세 용역에 사용되었다면 해당 부분을 밝혀내 지점 단계의 매입세액 중 일부를 불공제하여야 한다는 논리도 일견 타당해 보이기 때문이다. 더욱이 원고의 청구가 받아들여진다면 원고는 본점과 지점을 합하여 총 1억 7천만원을 부가가치세 환급세액으로 돌려받게 되는데, 이는 면세사업에 사용된 매입세액까지 공제받는 것처럼 보이는 측면이 있다.

그러나 이는 대상판결의 1심판결[21]에서 정확히 지적하고 있듯이 현행 부가세법의 자가공급 규정을 활용하여 새로운 부가가치세를 부과하여 공백을 메워야 하는 부분이다. 본점에서 지점에서 공급받은 제품을 면세사업에 사용하는 경우, 이는 본점 내에서 부가가치세법 시행령 제15조 제 1 항 제 1 호에 따른 자가공급으로 과세해야 하는 부분이다. 결국 매출세액을 늘려야 하는 것이지 매입세액을 불공제할 것이 아닌 것이다. 이에 따르면 지점에서는 매입세액을 전부 공제받지만, 본점에서는 자신의 사업과 관련하여 취득한 재화를 사용하여 만들어진 제품의 면세사업 전용 부분을 추가로 재화의 공급으로 보아 과세하므로 매출세액이 늘어나 사업자 전체로 보면 균형이 맞게 된다.

대상판결의 사실관계는 총괄납부신청에 따라 본점 단계에서 매입세액에 대한 세금계산서가 별도로 작성되지 않아, 과세관청이 본점에서의 재화의 면세전용사실을 인지하지 못한 채, 본점의 면세전용에 대해 부가가치세를 부과해야 할 것을 부과하지 못한 채 지점에 대한 매입세액 불공제 비율을 조정하는 방식을 통하여 조세 부담의 형평성만을 확보하려 한 것으로

---

21) 서울행정법원 2010.2.26. 선고 2009구합8908 판결은 원고의 지점에서 방화문 등을 제조하여 본점으로 공급하는 행위는 원칙적으로 재화의 공급으로 보지 않으나, 그것을 원고의 본점에서 면세사업을 위하여 사용 또는 소비하는 경우, 이는 구 법 제 6 조 제 2 항에 의한 시행령 제15조 제 1 항 제 1 호가 정한 바에 따라 원고가 자기의 사업과 관련하여 생산 또는 취득한 재화를 자기의 면세사업을 위하여 사용 또는 소비하는 것으로서 재화의 공급으로 보고 과세해야 한다고 보고 있다.

볼 수 있다.

부가가치세법에서는 원칙적으로 사업장 과세 원칙을 유지하면서도 사업장 안에서의 재화의 이동을 자가공급이라고 하여 별도로 과세하도록 하여 전체적으로 볼 때 과세의 공백이 없도록 하는 장치를 두고 있는데, 대상 판결의 과세처분은 이러한 법리를 이해하지 못하고 조세 부담의 형평성만을 들어 사업장 과세원칙 나아가 조세법률주의를 무시한 채 부과된 것이라고 볼 수 있다.

**(다) 본·지점 간 판매목적 타사업장 반출시 '비과세사업' 해당 여부**

과세관청은 본건과 같이 본점에서 제조목적으로 방화문 원재료를 공급하는 경우, 공급으로 의제되는 판매목적 타사업장 반출(부가가치세법 시행령 제15조 제 2 항)에 해당되지 않는 이상 이는 비과세사업에 해당한다고 판단하였다. 그러나 대상판결이 적절히 지적하듯이 재화의 공급으로 의제되지 않는다고 하여 그 재화가 비과세사업에 사용되었다고 할 수는 없다. 2011.12.31. 개정된 현행 부가가치세법 제17조 제 2 항 제 6 호에서는 "비과세사업"을 "부가가치세가 과세되지 아니하는 재화 또는 용역을 공급하는 사업"이라고 규정하고 있는바, 일단 과세대상인 재화 또는 용역의 공급에는 해당하나 과세대상에서 제외하는 경우여서 부가가치세를 과세하지 않는 경우를 뜻한다고 보는 까닭이다. 대상판결과 같이, 공급의제 규정이 적용되지 않아 처음부터 재화나 용역의 공급으로 볼 수 없어 과세대상에 해당하지 않는 경우〔예컨대, 용역의 공급으로 보지 않는 무상의 용역공급이 이에 해당한다(부가가치세법 제 7 조 제 3 항)〕를 비과세사업으로 보는 것은 현행법에서 타당한 해석론으로 보기 어렵다.[22]

---

22) 일본 소비세 해석론상으로는 이와 같이 소비세의 세계에 포섭되지 않는 거래를 법률용어는 아니나 별도로 '불과세거래'로 지칭하고 있다(大島隆夫·木村剛志, 『消費税法の考え方·読み方』(二訂版), 税務経理協會, 1997, p.1 ; 강성모, "문화, 예술행

한편 판례가 비과세사업으로 본 경우를 살펴보면, ① 한국방송공사의 일반방송용역,[23] ② 카지노사업 중 도박수입에 관한 사업,[24] ③ 한국교육방송공사의 방송용역 중 수신료 등에 의하여 이루어지는 부분[25]을 들 수 있다. 이 중 ②를 제외하고 ①, ③의 경우에는 모두 대가관계가 부정되어 무상의 용역제공으로서 비과세사업에 해당한다고 본 경우로서, 비과세사업의 공급가액이 없으므로 부가가치세법 시행령 제61조 제1항을 유추적용할 수 없다고 보았다. 그러나 ② 도박수입의 경우에는 대가관계는 인정되나 부가가치를 창출하는 것이 아니어서 부가가치세 과세대상에 해당하지 아니하므로 비과세사업에 해당되는 것으로 판시하였다.

방론으로, 원심판결은 기존의 대법원 판결에서 제시된 과세사업과 (가령 도박 사업 같은) 비과세사업을 겸영하는 경우 비과세사업에 관련된 매입세액은 불공제되어야 한다는 법리를 본·지점 간 재화의 이전시에도 (유추하여) 적용할 수 있다고 보았고, 이러한 규정의 유추의 결과를 단순히 납세자 입장에서 경제적으로 비교한 후, 그 결과가 납세자에 불리하지 않다는 이유를 들어 과세처분을 긍정한 바 있다. 위 판결 중 ①판결은 비과세사업의 경우 공통매입세액 규정의 유추적용을 부정하는 듯한 취지로 판시한 반면,[26] ②판결과 ③판결에서는 "부가가치세법 시행령 제61조 제1항, 제4

---

사와 부가가치세과세", 『제18회 하계학술대회 논문집』, 한국세법학회, 2012, p.68에서 재인용).

23) 대법원 2000.2.25. 선고 98다47184 판결.

24) 대법원 2006.10.27. 선고 2004두13288 판결.

25) 대법원 2011.9.8. 선고 2009두16268 판결.

26) "방송업은 부가가치세 과세사업은 물론 면세사업에도 해당되지 않아 부가가치세법상으로는 한국방송공사는 과세사업인 광고업만을 영위하고 있는 것과 같은 결과가 되는 셈이므로, 한국방송공사의 부가가치세액에서 공제되어야 할 매입세액을 산정함에 있어서 방송업과 광고업에 공통으로 사용되어 실지 귀속을 구분할 수 없는 매입세액을 계산하는 경우에 과세사업과 면세사업을 겸영하는 경우에 관한 구 부가가치세법 시행령(1995.12.30. 대통령령 제14863호로 개정되기 전의 것) 제61조 제

항의 내용과 그 취지 및 부가가치세 비과세사업에 관련된 매입세액도 면세사업에 관련된 매입세액과 마찬가지로 과세사업의 매출세액에서 공제받을 수 없는 점 등에 비추어, 위 각 규정은 동일한 사업자가 부가가치세 과세사업과 비과세사업을 겸영하는 경우에도 유추 적용된다고 보는 것이 타당하다"고 판시하여 명시적으로 유추적용 긍정설의 입장을 취하고 있다.[27)]

이에 대해 학설은 대체로 유추적용 부정설의 입장에 따르고 있는데, 시행령 제61조 제 1 항은 납세자의 부가가치세 납세의무 존부나 그 범위에 직접 영향을 미치는 규정이고, 이러한 규정은 조세법률주의에 따라 엄격하게 해석하여야 하며, 법률의 근거 없이 유추해석이나 확장해석할 수 없다는 점을 근거로 한다.[28)] 생각건대, 유추적용 긍정설에 따른 판례의 입장은 앞서 논의한 바와 같이 현행법상 비과세사업의 의미와 부합하는지도 의문이 있을 뿐만 아니라, 법률의 근거 없이 유추해석을 통해 과세권의 행사를 넓히는 결과를 초래한다는 점에서 조세법률주의에 정면으로 반하는 것으로서 타당하다고 보기 어렵다. 설령 위 시행령 각 규정을 유추적용하더라도, 공급가액을 확정할 수 없어 공통매입세액 안분계산의 방법 및 순서의 어느 규정도 적용할 수 없는 해결할 수 없는 결과를 초래한다.

---

1 항 본문은 이에 적용될 수 없고, 한국방송공사의 수신료 수입에 의한 방송용역의 공급은 원칙적으로 무상용역의 공급으로서 그 공급가액을 확정 할 수 없으므로 위 제61조 제 1 항 본문에 규정된 산식을 유추 적용할 수도 없다 할 것이다."

27) 참고로, 박재영, "공통매입세액의 안분계산에 관한 소고", 『행정재판실무연구집』(法院圖書館), 제125집, 2013, pp.178～189은 과세사업과 비과세사업을 겸영하는 경우에 위 시행령 제61조를 적용할 수 있는지 여부에 관하여 98다47184 판결과 2004두13288 판결이 서로 저촉되는 것처럼 보이나, 앞 판결은 비과세사업에 대한 것으로 볼 수 없는 수수료가 문제되었고 후자는 비과세사업인 도박행위와 대가관계가 있는 도박수입과 관련된 것이라는 점에서 차이가 있어서 판례 저촉의 문제는 없다고 한다.

28) 허이훈, 전게논문, p.781 ; 유철형, "대법원 2006.10.27. 선고 2004두13288 판결의 판례 평석", 로앤비, p.3 참조.

이러한 판례의 입장을 반영하고 비과세사업의 의미를 통일적으로 규율하기 위해서는 과세대상에 해당하지 아니하는 경우라도 비과세사업에 포함될 수 있음을 추가하여야 할 것으로 보인다. 참고로 개정 법률안 제29조 제 8 항은 종전 비과세사업의 의미를 유지하면서 면세사업과 비과세사업의 의미를 합하여 "면세사업 등"으로 규정하고 있다.

참고로, 2012년에 공간된 판례 중 공통매입세액의 안분계산 방식과 순시규정에 대한 판례가 있어 소개하고자 한다.[29]

〔대법원 2012.11.29. 선고 2010두4810 판결(공2013상, 73)〕

"법 제17조 제 7 항의 위임에 따라 매출세액에서 공제하지 아니하는 매입세액의 범위를 정하기 위하여 공통매입세액의 안분계산방식 등을 규정한 시행령 제61조 제 1 항, 제 4 항은 법률에서 구체적으로 범위를 정하여 위임받은 사항에 관하여 헌법 제75조에 따라 대통령이 발한 법규명령이라 할 것이고, 한편 시행령 제61조 제 1 항, 제 4 항의 내용 및 입법취지 등에 비추어 보면, 위 각 규정은 거기서 정하고 있는 안분계산방식과 순서에 구애됨이 없이 언제든지 다른 방식으로 공통매입가액을 안분할 수 있는 예시규정에 불과한 것으로 볼 수는 없으므로, 실지 귀속을 구분할 수 없는 공통매입세액은 위 각 규정에서 정한 안분계산방식과 순서에 따르는 것이 현저하게 불합리하다고 볼 만한 특별한 사정이 없는 한 위 각 규정에 따라 안분계산하여야 한다(대법원 2010.3.25. 선고 2007두18017 판결 등 참조)."

---

29) 위 사안의 사실관계는 골프장운영을 통한 수익사업(과세사업)과 토지매각사업(면세사업)을 겸영하는 원고가 공통매입세액의 안분방법과 순서에 관하여, 실시계획서상의 과세사업과 면세사업에 소요되는 사업비의 비율로 공통매입 가액을 안분하여 과세사업에 대한 매입세액을 계산한 사안이다.

원고는 공통매입세액 안분규정(부가가치세법 시행령 제61조 제 1 항 · 제 4 항)은 행정청이 과세행정의 편의를 위하여 공통매입세액의 안분계산방법에 대한 일응의 합리적인 내부기준을 설정한 예시적 규정에 불과할 뿐 대외적인 법규성이 없으므로, 위 시행령의 규정에 의한 방법이 아니더라도 공통매입세액을 안분계산할 수 있는 합리적인 방법이 있다면 이러한 안분방법은 적법한 것으로 평가되어야 한다고 주장하였다.

### (3) 대법원 2012.4.12. 선고 2010두4612 판결[30) ]: 부동산신탁의 처분에 관한 부가가치세 납세의무자

#### 1) 쟁 점

신탁법 제21조 제1항 단서에서 예외적으로 신탁재산에 대하여 강제집행 또는 경매할 수 있다고 규정한 '신탁사무의 처리상 발생한 권리'에 위탁자를 채무자로 하는 부가가치세 조세채권도 포함되는지 여부.

#### 2) 사실관계

甲회사는 2004.6.12. 乙신탁회사에게 토지를 신탁하고, 乙신탁회사는 당해 토지 지상에 상가건물을 신축하기로 하며, 그 토지와 상가건물을 신탁재산으로 하여 이를 분양 또는 임대한 후 그 이익을 甲회사에게 환원하여 주기로 하는 분양형 토지개발신탁계약을 체결하였다.

乙신탁회사는 위 토지상에 상가건물을 신축하여 이를 분양하면서 甲회사를 공급자로 하는 세금계산서를 발행하였다.

위 분양과 관련하여 甲회사가 과세관청에 부가가치세를 신고하고도 이를 납부하지 않자, 과세관청은 2008.10.8. 甲회사를 체납자로 하여 신탁재산인 乙신탁회사의 예금채권을 압류하였다.

#### 3) 판결요지

신탁법 제21조 제1항 단서에서 말하는 '신탁사무의 처리상 발생한 권리'는 수탁자가 신탁사무와 관련한 행위를 함으로써 수탁자에 대하여 발생한 권리를 의미하고, 부동산 개발신탁에서 부동산을 신축 분양하는 경우의 부가가치세 납세의무자는 위탁자이므로, 이와 관련하여 국가가 갖는 부가가치세 채권은 위탁자에 대한 채권으로서 위 '신탁사무의 처리상 발생한 권리'에 해당한다고 할 수 없다. 따라서 과세관청이 위탁자에 대한 부가가치세 채

30) 공2012상, 806.

권에 기하여 신탁회사가 소유한 신탁재산을 압류한 처분은 무효이다.

4) 평 석

체납처분으로서 압류의 요건을 규정한 국세징수법 제24조는 압류의 대상을 납세자의 재산으로 국한하고 있어, 납세자가 아닌 제 3 자의 재산을 대상으로 한 압류처분은 그 처분의 내용이 법률상 실현될 수 없는 것이어서 당연 무효라는 것이 대법원의 확립된 판례이다(대법원 2006.4.13. 선고 2005두15151 판결 등).

한편 이 사건에서 과세관청이 피보전채권으로 삼은 부가가치세 채권은 신탁재산의 관리, 처분행위에 해당하는 상가건물 분양과정에서 발생한 것이므로 강제집행의 예외적 허용대상인 '신탁사무의 처리상 발생한 권리'에 해당된다고 볼 여지가 있다. 즉, 이 사건에서의 쟁점은 '신탁사무의 처리상 발생한 권리'에 국가가 위탁자에 대해 갖는 부가가치세 채권이 포함되는지 여부이며, 근본적으로는 분양형 부동산개발신탁의 부가세 납세의무자의 판정이 문제된다.

현행 부가가치세법에서는 신탁과 관련하여 부가가치세의 납세의무자가 누구인지를 명문으로 규정하고 있지 않다. 이러한 관계로 실무적으로는 법원의 판례, 과세관청의 행정해석 등 유권해석에 의존하여 처리하고 있는 실정이다. 신탁과 관련하여 납세의무자의 문제는 주로 부동산신탁 등 실물신탁에서 문제가 된다.

이론적으로는 다음과 같은 세 가지 학설이 존재한다.[31]

첫째, 위탁자 부담설은 경제적 실질에 따라 위탁자를 사업자로 보아 부가가치세를 부과하여야 한다는 견해이다. ① 수탁자가 신탁받은 재산을

31) 조철호, "부동산신탁에 있어서 신탁부동산의 처분에 대한 부가가치세 납세의무자", 『행정재판실무연구집』 제108집, 법원도서관, 2005.12., pp.388~393에서 인용한 견해 대립을 요약, 인용하였다.

개발하는 행위는 신탁재산에 귀속되는 것이고, 신탁재산의 개발관리 처분 등으로 발생하는 이익과 비용은 최종적으로 위탁자에게 귀속되므로 경제적 실질면에서 위탁자의 계산에 의한 것이라고 볼 수 있고, ② 수탁자의 신탁 업무 역시 자기의 명의로 타인의 계산에 의한다는 점에서 위탁매매에 준하여 위탁자를 실질적인 사업자로 볼 수 있다는 점을 근거로 한다.

둘째, 수탁자 부담설은 수탁자가 신탁재산의 관리·처분·개발행위 등 신탁업무의 처리와 관련한 계약의 당사자가 되어 수탁자 자신이 재화 및 용역을 공급하거나 공급받게 되는 것이므로, 수탁자를 그 사업자, 즉 부가가치세 납세의무자로 보아야 한다는 견해이다. ① 납세의무자의 확정은 외관이 아닌 법적 실질에 의하여야 한다는 점, ② 신탁제도는 위탁매매제도와는 달리 위탁자와의 관계에서도 독립성이 강화되어 있으며, 제 3 자와의 관계에서는 완전히 독립된 거래관계이라는 점을 들고 있다.

셋째, 수익자 부담설(타익신탁의 경우)은 타익신탁의 경우 신탁재산의 관리·처분에 따른 수익은 모두 수익자에게 귀속되므로, 신탁재산의 관리·처분을 과세대상으로 하는 부가가치세는 그 수익을 향유하는 수익자에게 부과되어야 한다는 견해이다.

현재까지의 판례 등 유권 해석에 따르면 신탁 재산의 운용 등과 관련한 사업자의 등록 및 세금계산서 교부에 대해서,

> "신탁법에 의한 신탁 역시 부가가치세법 제 6 조 제 5 항 소정의 위탁매매와 같이 '자기(수탁자) 명의로 타인(위탁자)의 계산에 의하여' 재화 또는 용역을 공급하거나 또는 공급받는 등의 신탁업무를 처리하고 그 보수를 받는 것이어서, 신탁재산의 관리·처분 등 신탁업무를 처리함에 있어서의 사업자 및 이에 따른 부가가치세 납세의무자는 원칙적으로 위탁자라고 봄이 상당하다 할 것이다."
>
> "신탁계약에 있어서 위탁자 이외의 수익자가 지정되어 신탁의 수익이 우선적으로 수익자에게 귀속하게 되어 있는 타익신탁의 경우에는, 그 우선수익권이 미치는 범위 내에서는 신탁재산의 관리·처분 등으로 발생한

이익과 비용도 최종적으로 수익자에게 귀속되어 실질적으로는 수익자의 계산에 의한 것으로 되므로, 이 경우 사업자 및 이에 따른 부가가치세 납세의무자는 위탁자가 아닌 수익자로 봄이 상당하다."(대법원 2003.4.25. 선고 99다59290 판결 및 대법원 2003.4.25. 선고 2000다33034 판결)

이러한 판례의 입장은 위의 학설 중 수익자설에 근거한 것으로 보이며 자익신탁의 경우에도 위탁자가 곧 수익자가 되는 것이므로 역시 수익자설에 근거한 것으로 해석할 수 있다.

이후 과세관청의 행정해석도 일관되게 수익자가 별도로 존재하는 타익신탁의 경우에는 신탁재산에 대한 사용·수익 및 처분 등에 대한 권한(실질적 통제권)이 위탁자에서 수익자로 이전되는 것으로 보아 수익자가 납세의무자가 되어 사업자 등록 및 세금계산서 교부 의무가 있고, 위탁자와 수익자가 동일한 자익신탁의 경우에는 부동산 임대와 양도의 법적인 주체는 수탁자인 부동산신탁회사라 하더라도 위탁자가 납세의무자가 되어 사업자 등록 및 해당거래에 대한 세금계산서 교부의무가 있는 것으로 보고 있다.[32] 이러한 해석과 집행은 신탁도관설에 근거한 것으로 보인다.

이와 같이 대법원에서는 원칙적으로 위탁자가 부가가치세법에 의한 납세의무자라는 태도를 견지하고 있으며 수익자가 따로 지정되어 있는 경우에 한하여 예외적으로 수익자가 부가가치세법상의 납세의무자가 되는 것으로 보고 있다. 이때 부동산 등에 대한 법률상의 명의의 귀속자는 수탁자인 부동산신탁회사임에도 불구하고 위탁자를 납세의무자로 보는 것에 대한 근거로서 부가가치세법 제 6 조 제 5 항[33]을 들고 있다.

부가가치세법 제 2 조는 사업자를 부가가치세의 납세의무자로 규정하

---

32) 부가－310, 2010.3.18 ; 부가－390, 2009.3.23 ; 서면3팀－76, 2008.1.9. 등 다수.

33) 부가가치세법 제 6 조 【재화의 공급】 ⑤위탁매매 또는 대리인에 의한 매매를 할 때에는 위탁자 또는 본인이 직접 재화를 공급하거나 공급받은 것으로 본다. 다만, 위탁자 또는 본인을 알 수 없는 경우에는 그러하지 아니하다.

고 있으므로 신탁의 경우 누구를 납세의무자로 볼 것인가로 귀착되는데, 사업자는 부가가치를 창출해 낼 수 있는 정도의 사업형태를 갖추고 계속적으로 재화 또는 용역을 공급하는 자이므로 이러한 요건을 구비하지 못하고 단순히 소득이 귀속되는 자를 부가가치세 납세의무자로 보는 것은 사업자의 개념에 부합하지는 않는다. 판례는 부가가치세법 제6조 제5항 소정의 위탁매매에 준하여 위탁자 내지 수익자를 납세의무자로 보고 있으나, 위탁매매와 신탁법상의 신탁에 있어서 수탁자의 지위가 다르므로 양자를 동일시할 것은 아니다.[34)]

따라서 타익신탁에서 신탁이익이 수익자에게 귀속된다는 이유로 수익자를 사업자로 보는 것은 법리에 맞지 않는다고 본다. 수익자는 신탁 거래로 인한 이익을 분배받는 것에 그치는 것이고 사실상 재화나 용역의 공급자에 해당되지 않는다. 또한 거래의 외관과 계약상의 내용을 중시하는 부가가치세에 있어서 소득세나 보유세 등에서와 같이 실질적인 이익의 귀속자를 기준으로 납세의무자를 판단하는 것은 잘못이다. 더 나아가 수익자가 납세의무자라는 법리를 확대하면 투자신탁에서 수익자가 불특정다수일 때 이들을 모두 사업자로 보아야 하는 해결 곤란한 상황에 빠지고 만다.

결론적으로 신탁의 경우 신탁재산을 관리하고 처분하는 주체는 엄연히 수탁자이므로, 설령 신탁재산에서 발생한 소득이 수익자에게 귀속한다 하더라도 수탁자를 납세의무자로 하는 것이 타당하다고 본다.

---

34) 위 판례의 입장에 대한 비판적인 견해로는, 백승재, "신탁재산의 관리처분상 부가가치세 납세의무자 등", 『월간 JURIST』 제401호, 청림인터렉티브, 2004.2., pp.54~65를 참고하기 바란다.

### (4) 대법원 2012.7.26. 선고 2010두12552 판결[35) ]: 매입세액 공제를 위한 "사업관련성"의 판단기준

1) 쟁 점

부가가치세법의 매출세액에서 공제하는 매입세액의 기준인 "사업관련성" 유무의 판단 기준.

2) 사실관계

원고는 재래시장인 서울 동대문구 용두동 일대의 동부청과시장 부지에 주상복합건물을 신축·판매하는 내용의 시장정비사업을 추진하는 계획을 수립한 다음, 이 사건 시장정비사업구역 내 토지면적의 75.6%를 소유하고 있는 동부청과 주식회사(이하 '동부청과')의 주식인수에 필요한 자문을 제공받기 위하여 2006.8.7. 주식회사 씨썬이엔씨(이하 '씨썬이엔씨')와 이 사건 컨설팅계약을 체결하고, 2007.1.5. 그 용역대금으로 25억원을 지급하였다.

컨설팅계약에 따른 씨썬이엔씨의 주요 업무는 인수대상 기업의 정보수집·분석·평가 및 선정을 위한 자문, 인수대상 기업 주주와의 교섭 및 투자의향서 작성을 위한자문, 기타 인수의 성공적 종료를 위하여 필요하다고 인정되는 각종 자문을 포함한다.

동부청과는 약 67명의 주주가 820주 정도를 거의 균등하게 보유하고 있었는데, 2003년경부터 자체적인 시장개발계획을 추진하다가 2005년경 개별 주주의 주식을 매각하는 방식으로 시장개발을 하기로 방침을 정하였고, 이에 따라 2006.4.경부터 여러 개발사업 시행업체가 동부청과에게 주식 등의 매도를 제의하였다. 원고는 이 사건 컨설팅계약에 의한 자문을 거쳐 동부청과의 주식을 인수하였고, 2006.12.29. 동부청과와 사이에 이 사건 시장정비사업에 관하여 사업승인신청 전의 제반 업무 및 소요자금조달,

---

35) 공2012하, 1516.

사업과 관련된 인허가 업무 등 실질적인 업무 일체를 원고가 수행하되, 사업주체는 동부청과와 공동명의로 하기로 하는 내용의 공동사업약정을 체결하였다.

3) 판결요지

사업관련성이 없는 지출에 대한 매입세액은 법 제17조 제 1 항 · 제 2 항 제 2 호에 의하여 매출세액에서 공제될 수 없다고 할 것이고, 여기에서 사업관련성의 유무는 지출의 목적과 경위, 사업의 내용 등에 비추어 그 지출이 사업의 수행에 필요한 것이었는지를 살펴 개별적으로 판단하여야 한다.

…… 원고가 이 사건 시장정비사업을 추진하기 위해서는 이 사건 시장정비사업구역 내 토지면적의 대부분을 소유하고 있던 동부청과의 주식을 인수할 필요가 있었던 것으로 보이므로, 그 주식 인수를 위한 이사건 컨설팅대금의 지출은 이 사건 시장정비사업의 수행에 필요한 것으로서 사업관련성이 있어 그에 대한 매입세액은 법 제17조 제 1 항 · 제 2 항 제 2 호에서 규정한 불공제대상 매입세액에 해당하지 않는다고 봄이 상당하다.

4) 평 석

현행 부가가치세 과세방법은 원칙적으로 사업자의 자기생산 부가가치에 대해서만 과세가 이루어지도록 하기 위하여 납부세액 산출방식에 있어 자기생산 부가가치와 매입 부가가치를 합한 금액을 공급가액으로 하고, 이에 대하여 징수할 매출세액에서 매입 부가가치에 대하여 지출된 매입세액을 공제하도록 하는 기본적 구조를 채택하고 있다.

부가가치세법 제17조 제 2 항은 매입세액 공제 여부가 부가가치세 납부세액을 결정하는 가장 중요한 요소 중 하나이기 때문에 그 불공제 규정은 제한적 · 열거적으로 규정한 것으로 보아야 한다. 따라서 사업관련성이 인정되는 매입세액은 위 규정에서 열거하고 있는 것 외에는 조세법률주의 원칙상 같은 법 제17조 제 1 항에 따라 모두 공제되어야 하는 것이다(대법원 1995.12.21 선고 94누1449 전원합의체 판결 등 참조). 또한 매입세액의 공제 여부는 당해 사업이 면세사업이냐 과세사업이냐에 달려 있는 것이지 지출한 비용이 면세재화를 위한 것이냐 과세새화를 위한 것이냐에 달려 있지 않다. 따라서 과세사업을 위하여 지출한 매입세액은 그것이 설사 면세되는 재화 또는 용역에 관련된 것이라 할지라도 법 제17조 제1항의 매입세액 공제에 관한 원칙적 규정에 근거하여 당연히 이를 매출세액에서 공제하여야 하는 것이다(위 전원합의체 판결 참조).

대상판결은 매입세액 공제를 위한 사업관련성의 판단기준으로, "지출의 목적과 경위, 사업의 내용 등에 비추어 그 지출이 사업의 수행에 필요한 것이었는지를 살펴 개별적으로 판단"하여야 한다고 판시하여 처음으로 일응의 기준을 제시하였다는 점에서 나름의 의미가 있다. 다만, 사업관련성 여부의 판정은 대상판결에서 제시된 일반적인 기준에 기초하여 구체적인 사실판단이 뒤따라야 할 것이다.

대상판결의 사안으로 되돌아가 보면, 원심은 이 사건 컨설팅대금은 이 사건 시장정비사업 자체의 추진을 위하여 직접 필요한 것이라기보다는 원고가 이 사건 시장정비사업 추진과정에서 지배적 지위를 확보하고 아울러 사업수익의 증대방안을 모색하기 위한 사업기반의 조성을 위하여 투입한 비용에 지나지 아니하여 이 사건 시장정비사업과 직접 관련이 있다고 볼 수 없으므로, 그에 대한 매입세액은 법 제17조 제2항 제2호에서 규정한 불공제대상 매입세액에 해당한다는 취지로 판단하였다.

그러나 대상판결은 ① 이 사건 정비사업 추진을 위하여 재래시장법 제34조 제1항에 의하여 토지 면적의 3/5 이상에 해당하는 토지소유자의 동의 및 토지 등 소유자 총수의 3/5 이상의 동의가 필요한데, 동부청과는 이 사건 시장정비사업구역 내 토지면적의 약 75%를 소유하고 있어 원고로서는 이 사건 시장정비사업을 시행하기 위해서는 동부청과의 동의가 필수적이었고, ② 동부청과는 60여 명의 주주들이 거의 균등한 비율로 주식을 보유하는 한편, 그 주주들이 동부청과로부터 점포를 임차하여 운영하거나 이를 제 3 자에게 전대하는 등 이해관계가 복잡하게 얽혀 있었으며, ③ 시장정비사업을 추진하려는 개발사업 시행업체들이 동부청과 주식의 인수를 위한 경쟁을 벌였던 점 등을 근거로, 원고가 이 사건 시장정비사업을 추진하기 위해서는 이 사건 시장정비사업구역 내 토지면적의 대부분을 소유하고 있던 동부청과의 주식을 인수할 필요가 있었던 것으로 판단하고, 그 주식인수를 위한 이사건 컨설팅대금의 지출은 이 사건 시장정비사업의 수행에 필요한 것으로서 사업관련성이 있다고 판단하여 이와 견해를 달리한 원심판결을 위법하다고 보고 파기하였다. 대상판결은 사업관련성의 판단기준을 비록 추상적인 기준이기는 하나 나름대로 제시하면서 사실판단에 있어서도 구체적인 타당성을 기한 판결이라 생각된다.

### (5) 대법원 2012.7.26. 선고 2010두2845 판결[36] : 과세유형의 전환과 재고매입세액 공제를 위한 절차적 요건

#### 1) 쟁 점

간이과세자에서 일반과세자로 변경되는 사업자가 구 부가가치세법 시행령 제63조의 3 제 1 항에서 정하는 기한 내에 일반과세 전환시의 재고품 및 감가상각자산을 신고하지 아니한 경우, 재고매입세액 공제가 배제되는지 여부.

#### 2) 사실관계

원고는 2004.2.17.부터 간이과세자로 사업자등록을 하고 패션디자인업, 여성용 구두·가방수입판매업 등을 영위하다가 2007.12.24. 피고에게 간이과세 포기신고를 하여 2008.1.1.부터 일반과세자로 전환되었다.

---

36) 공2012하, 1514.

원고는 2008.4.23. 2008년 제 1 기분 부가가치세 예정신고시 17,382,017원을 재고매입세액표로 신고하고, 2008.7.23. 2008년 제 1 기분 부가가치세 확정신고시 재고매입세액 17,382,017원을 포함한 23,454,128원의 부가가치세 환급을 신청하였다.

피고는 2008.9.29. 간이과세자가 일반과세자로 변경되는 경우에는 부가가치세법 시행령 제63조의 3 제 1 항에 따라 그 변경되는 날 현재의 재고품 및 감가상각자산을 변경되는 날의 직전 과세기간에 대한 확정신고와 함께 일반과세 전환시의 재고품 및 감가상각자산신고서에 의하여 신고하여야 함에도 원고는 일반과세자로 변경되기 직전 과세기간에 대한 확정신고기한인 2008.1.25.까지 이를 신고하지 아니하였다는 이유로 위 17,382,017원을 매입세액으로 인정하지 않았다.

3) 판결요지

간이과세자에서 일반과세자로 변경되는 사업자가 시행령 제63조의 3 제 1 항이 규정하는 기한 내에 일반과세 전환시의 재고품 및 감가상각자산을 신고하지 아니하였다고 하여 재고매입세액의 공제가 배제된다고 할 수는 없고, 그 사업자가 시행령 제63조의 3 제 1 항에서 규정하는 기한 경과 후에 일반과세 전환시의 재고품 및 감가상각자산을 신고하는 경우에도 일반과세 전환시의 재고품 및 감가상각자산에 대해서는 시행령 제63조의 제 3 항에 따라 계산한 재고매입세액을 그 신고한 날이 속하는 예정신고기간 또는 과세기간의 매출세액에서 공제할 수 있다고 봄이 상당하다.

4) 평 석

간이과세자는 일반과세자로부터 재화를 공급받을 때 거래징수당한 매입세액을 공제받지 못하고 세금계산서에 기재된 매입세액에 당해 업종의 평균 부가가치율을 곱하여 계산한 세액만을 매입세액으로 공제받게 된다(부가가치세법 제26조 제 3 항). 따라서 나머지 매입세액은 매출세액에서 공제받지 못한 채 공급받은 재화 등의 원가를 구성하게 되는데, 이후 일반과세자로 전환되어 공급할 경우, 간이과세자로 있을 때 공제받지 못한 매입세액은 결과적으로 중복과세(공급 상대방이 최종소비자)되거나 누적과세(공급 상대방이 사업자)되는 결과가 발생하게 된다.[37)]

부가가치세법 제17조의 3 제 1 항은 간이과세자가 일반과세자로 변경되는 경우에는 당해 변경 당시의 재고품 및 감가상각자산에 대하여 대통령령이 정하는 바에 따라 계산한 금액을 매입세액(재고매입세액)으로 공제할 수 있다고 규정하고 있는바, 일반과세자로 전환되는 시점에 공제받지 못한 잔여 매입세액을 공제받도록 하여 중복과세 또는 누적과세를 방지하려는 데에 그 입법취지가 있는 것이다.

한편 법 제17조의 3 제 2 항은 제 1 항의 위임을 받은 법 시행령 제63조의 3 제 1 항은 간이과세자가 일반과세자로 변경되는 경우에는 그 변경되는 날 현재의 재고품(상품 · 제품 · 재료)과 감가상각자산을 변경되는 날의 직전 과세기간에 대한 확정신고와 함께 일반과세 전환시의 재고품 및 감가상각자산 신고서에 의하여 각 사업장 관할세무서장에게 신고하도록 하고, 제 3 항은 제 1 항의 규정에 의하여 신고한 자에 대하여는 그 각호의 방법에 의하여 계산한 금액을 매입세액으로 공제한다고 규정하며, 제 6 항은 제 1 항의 규정에 의한 신고를 받은 관할세무서장은 재고매입세액으로서 공제할 수 있는 재고금액을 조사 · 승인하고 제 1 항에 규정하는 기한 경과 후 1월 이내에 당해 사업자에게 공제될 재고매입세액을 통지하여야 하되 그 기한 내에 통지하지 아니하는 때에는 당해 사업자가 신고한 재고금액을 승인한 것으로 보고, 제 7 항은 제 6 항의 규정에 의하여 결정된 재고매입세액은 그 승인을 얻은 날이 속하는 예정신고기간 또는 과세기간의 매출세액에서 공제한다고 각각 규정하고 있다.

---

37) 최명근 · 나성길, 전게서, p.427 참조.

이때 일반과세 전환시의 재고품 및 감가상각자산의 신고가 재고매입세액 공제를 위한 필요조건인지 여부가 다투어지는바, 신고필요설(원심[38])은 ① 재고매입세액공제는 당해 과세기간의 매출세액에서 매입세액을 공제하여 납부세액 또는 환급세액을 결정하는 원칙에 대한 예외로서 인정되는 것으로, ② 계속 사업을 영위하는 사업자의 재고품은 수시로 증감변동되는 것이어서 간이과세자가 일반과세자로 전환되는 경우에 이를 신속히 조사, 확정하지 않으면 그 진실성을 담보할 수 없게 될 우려가 있는데, 위 시행령이 재고품 등을 직전 과세기간에 대한 확정신고와 함께 신고하도록 하고 과세관청이 일정 기간 내에 조사·승인을 하고 공제될 재고매입세액을 통지하지 않은 경우에는 신고한 재고금액을 그대로 승인한 것으로 보도록 규정하고 있는 것은 이를 방지하기 위한 것이라고 주장하는 반면, 신고불요설은 ① 위 시행령 제63조의 3 제1항이 재고품 및 감가상각자산에 대한 신고기한을 규정하고 있는 것은 법 제17조의 3의 규정이 실체의 거래시기와 과세기간을 달리하여 매출세액에서 재고매입세액을 공제하도록 예외를 인정하고 있다는 점에서 그 세액을 조속히 확정시키려는 조세행정의 편의를 위한 규정에 불과하고 그 신고기한 내에 신고한 자에 한하여 재고매입세액공제를 인정한다는 취지는 아니며, ② 시행령 제63조의 3 제6항에 따라 관할세무서장이 재고금액을 조사·승인함에 있어서 그 신고가 지연됨에 따른 자료의 산입 등으로 이를 확인할 수 없는 경우가 생길 수 있으나 그 부담은 이를 신고자가 지는 것이므로 그러한 사정만으로 신고기한 내에 신고하지 아니한 재고매입세액의 공제 자체를 부인할 수는 없다는 점이 제시된다.

대법원은 관련 규정들의 문언 내용과 형식, 그리고 재고매입세액 공제제도의 취지 등을 종합하여 간이과세자에서 일반과세자로 변경되는 사업

---

38) 서울고등법원 2010.1.8 선고 2009누16338 판결.

자가 시행령 제63조의 3 제 1 항이 규정하는 기한 내에 일반과세 전환시의 재고품 및 감가상각자산을 신고하지 아니하였다고 하여 재고매입세액의 공제가 배제된다고 할 수는 없다고 판시하여 재고매입세액 공제를 위한 신고절차 규정에 관한 새로운 해석론을 제시하였다.

생각건대, 제한적·열거적으로 규정하고 있는 매입세액 불공제 대상에 지연신고 또는 무신고시 그 공제를 부인하는 규정이 없는 점(대법원 1995. 12.21. 선고 94누1449 전원합의체판결 참조), 재고매입세액의 공제와 관련하여서는 그 공제를 부인하는 규정이 없는 점, 법 제17조의 3 제 2 항이 재고매입세액의 공제에 관한 재고품의 범위, 그 적용시기 등을 대통령령에 위임하고 있을 뿐 신고기한을 한정하는 등으로 재고매입세액공제 자체를 제한할 수 있도록 위임하고 있다고 보기 어렵고 동법 시행령 제63조의 3의 규정의 형식에 비추어 보더라도 신고기한 내에 신고하는 경우에 한하여 재고매입세액공제를 인정하는 취지로 보이지 않는 점 등에 비추어 위 대법원의 입장에 찬동한다.

## 3. 요약 및 결론

이상으로 2012년에 부가가치세법과 관련된 판례 중 공간된 판례 3건 및 미공간된 판례 2건을 쟁점, 판결요지 및 평석의 형식으로 살펴보았다. 공간된 판례를 중심으로 부가가치세 체계에 따라 분류하여 보면, 크게 과세대상 및 과세거래인 '재화의 공급', 매입세액의 공제기준 및 매입세액 불공제 규정의 해석원칙, 본·지점 거래와 관련된 공통매입세액 공제의 적용범위 및 방법, 부가가치세 면세규정의 해석·적용, 과세유형의 변경과 재고매입세액공제의 절차요건에 관한 판례들이었다. 이들 판례들은 종전 판례를 재확인하는 판례보다는 나름대로 특정 사례에 대한 명확한 해석사례를 제시하거나, 기존에 견해 대립이 있었거나 불명확한 해석사례에 대한 대법원의 공식적인 입장을 제시하는 주목할 만한 판례들이 대부분이었다.

소개한 5건의 판례 중 첫 번째 판례는 점차 시장이 커지고 있는 온라인거래의 부가세 과세거래 여부에 관하여 대법원의 첫 입장을 밝힌 의미 있는 사안이다. 두 번째, 본·지점 거래의 공통매입세액 안분과 사업장 과세원칙에 관한 판례는 기존의 행정해석과 달리, 대법원이 공통매입세액 안분규정의 장소적 적용범위에 대해 사업장 과세원칙에 충실한 해석론을 제시한 점이 주목된다. 세 번째 판례는 부동산신탁의 처분에 관한 부가가치세의 납세의무자와 관련하여 기존의 대법원 및 과세관청의 행정해석의 입장을 확인하였는바, 추후 이에 관한 개정논의의 귀추가 주목되는 판결이다. 네 번째 판례는 매입세액 공제를 위한 사업관련성의 판단기준을 나름대로 정하고 있다는 점에서 의의를 찾을 수 있고, 마지막으로 다섯 번째 판례도 제고매입세액 공제제도의 취지에 따른 제고매입세액 공제 신고절차 규정에 대한 새로운 해석론을 제시한 점에서 법 규정의 합목적적 해석에 부합하고 구체적 타당성을 기한 판결로 생각된다.

## [참 고 문 헌]

강성모, "문화, 예술행사와 부가가치 과세", 『제18회 하계학술대회 논문집』, 한국세법학회, 2012.

구욱서, 『사법과 세법』, 유로, 2010.

김봉근, 『2012 부가가치세해설』(제22판), ㈜영화조세통람, 2012.

박영재, "공통매입세액의 안분계산에 관한 소고", 『행정재판실무연구집』 제125집, 법원도서관, 2013.

백승재, "신탁재산의 관리처분상 부가가치세 납세의무자 등", 『월간 JURIST』 제401호, 청림인터렉티브, 2004.

윤현석, "온라인게임 아이템거래의 과세문제", 『인터넷법률』 통권 제37호, 법무부 법무심의관실, 2007. 1.

조철호, "부동산신탁에 있어서 신탁부동산의 처분에 대한 부가가치세 납세의무자", 『행정재판실무연구집』 제108집, 법원도서관, 2005.

최명근 · 나성길, 『부가가치세법론』, 세경사, 2006.

최선집, 『논점 조세법』, ㈜영화조세통람, 2012.

허이훈, "공통매입세액 안분계산에 관한 제문제", 『행정재판실무연구 Ⅲ』(재판자료 제120집), 법원도서관, 2010.

# 부록

# 조세그룹 소개

| 이름 | 자격 | 학 력 | 경 력 |
|---|---|---|---|
| 강석훈 | 변호사 | 미국 조지타운대학 로스쿨(LL.M.) 수료<br>서울대학교 법과대학원<br>서울대학교 법과대학 졸업 | 사법시험 29회<br>기획재정부 고문변호사<br>서울시립대학교 세무대학원 겸임교수<br>대법원 재판연구관 |
| 곽태훈 | 변호사 | 서울대학교 행정대학원 수료<br>서울대학교 법과대학 졸업 | 사법시험 48회 |
| 김근재 | 변호사 | 서울대학교 법과대학원 수료<br>서울대학교 법과대학 졸업 | 사법시험 44회<br>육군법무관 |
| 김동수 | 변호사 | 미국 플로리다대학교 법학대학원(LL.M.)<br>서울대학교 법과대학원 법학석사<br>서울대학교 법과대학 졸업 | 사법시험 28회<br>국세청 과세품질혁신위원회 위원<br>중부지방국세청 고문변호사<br>서울대학교 대학원 조세법 강사 |
| 김범준 | 변호사 | 미국 뉴욕대(LL.M.)<br>서울대학교 법학대학원 법학석사 및 박사과정<br>서울대학교 법과대학 졸업 | 사법시험 46회 |
| 박세훈 | 변호사 | 서울대학교 법과대학원 법학석사 및 박사과정<br>서울대학교 법과대학 졸업 | 사법시험 45회<br>법무부 국가송무과 공익법무관 |
| 박영윤 | 변호사 | 연세대학교 법학전문대학원 졸업<br>서울대학교 경제학부 졸업 | 안진회계법인<br>삼일회계법인 |
| 백현민 | 변호사 | 서울대학교 법과대학 졸업 | 사법시험 52회 |
| 성민영 | 변호사 | 서울대학교 법과대학원 법학석사 수료<br>서울대학교 법과대학 졸업 | 사법시험 48회<br>육군 법무관 |
| 성수현 | 변호사 | 서울대학교 법학전문대학원 졸업<br>서울대학교 통계학과 졸업 | 안진회계법인 세무자문본부 |

| 이름 | 자격 | 학 력 | 경 력 |
|---|---|---|---|
| 소순무 | 변호사 | 경희대학교 법과대학원 법학박사<br>서울대학교 법과대학원 법학석사<br>서울대학교 법과대학 졸업 | 사법시험 20회<br>대한변호사협회 부협회장<br>서울중앙지방법원 부장판사<br>법무법인(유) 율촌 대표변호사 |
| 신기선 | 변호사 | 서울대학교 대학원 경제학 박사과정 수료<br>서울대학교 대학원 경제학 석사<br>서울대학교 경제학과 졸업 | 사법시험 42회<br>서울서부지방법원 판사<br>한국조세연구원 연구원 |
| 우창록 | 변호사 | 미국 캘리포니아대학교 법학대학원, 객원연구원<br>미국 워싱턴대학 법학대학원(LL.M.)<br>서울대학교 법과대학 졸업 | 사법시험 16회<br>기획재정부 세제발전심의위원회 의원<br>사단법인 굿소사이어티 이사장<br>법무법인(유) 율촌 대표변호사 |
| 윤세리 | 변호사 | 미국 UC 헤스팅스 법학대학원 법학박사(J.D)<br>미국 하버드대학 법학대학원(LL.M.)<br>서울대학교 법학대학원 법학석사<br>서울대학교 법과대학 졸업 | 사법시험 20회<br>부산지방검찰청 검사<br>미국 베이커앤드멕켄지 로펌 변호사<br>법무법인(유) 율촌 대표변호사 |
| 윤현경 | 변호사 | 서울시립대학교 법학전문대학원 졸업<br>서울시립대학교 세무학과 졸업 | 국세청 근무 |
| 이강민 | 변호사 | 성균관대학교 법과대학 졸업 | 사법시험 42회<br>대한변호사협회 이사<br>한국가업승계기업협의회 자문위원 |
| 이승목 | 변호사 | 서울대학교 법과대학 졸업 | 사법시험 48회<br>공군 법무관 |
| 이종혁 | 변호사 | 미국 USC(LL.M.)<br>서울대학교 법과대학원 법학석사 및 박사과정<br>서울대학교 법과대학 졸업 | 사법시험 42회<br>Steptoe & Johnson 워싱턴 D.C. 사무소 파견근무<br>공익 법무관 |
| 이준엽 | 변호사 | 서울대학교 법학전문대학원 졸업<br>서울대학교 경영대학 졸업 | 삼일회계법인 |
| 전영준 | 변호사 | 미국 플로리다대학교 법학대학원(LL.M.)<br>서울대학교 법과대학원 법학석사<br>서울대학교 법과대학 졸업 | 사법시험 40회<br>서울중앙지방법원 판사<br>육군 법무관 |
| 전환진 | 변호사 | 서울대학교 법과대학원 석사과정<br>서울대학교 법과대학 졸업 | 사법시험 47회<br>육군 법무관 |

| 이름 | 자격 | 학 력 | 경 력 |
|---|---|---|---|
| 조정철 | 변호사 | 독일 막스프랑크 국제형사법연구소<br>서울대학교 법과대학 졸업 | 사법시험 29회<br>서울중앙지방검찰청 부장 검사<br>창원지방검찰청 밀양지청장<br>부산지방검찰청 검사 |
| 최 완 | 변호사 | 서울대학교 법학전문대학원 졸업<br>서울대학교 경영대학 졸업 | 삼일회계법인 |
| 최용환 | 변호사 | 연세대학교 법과대학원 법학석사 및 박사과정<br>연세대학교 법과대학 졸업 | 사법시험 46회<br>공익 법무관 |
| 곽장운 | 미 국 변호사 | American University, 워싱턴법과대학 (S.J.D.), New York University(LL.M.)<br>University of Pennsylvania(LL.M.)<br>연세대학교 법과대학 졸업 | 미국변호사, 뉴욕주(2000)<br>Ernst & Young, New York |
| 구정모 | 미 국 변호사 | 미국 콜럼비아대학교 로스쿨 J.D.<br>미국 코넬대학교 경제학부 졸업 | 미국변호사, 뉴욕주(2012) |
| 안수정 | 미 국 변호사 | New York University School of Law (LL.M & J.D.)<br>University of California at Berkeley, 경제학 학사 | 미국변호사, 뉴욕주(1996)<br>한국씨티은행, 법무본부<br>김 & 장 법률사무소<br>Sherman & Sterling, New York |
| 정재훈 | 미 국 변호사 | 미국 조지타운대학교 로스쿨 J.D.<br>미국 미시간 대학교 졸업 | 미국변호사, 뉴욕주(2012) |
| 강유정 | 회계사 | 연세대학교 경제학과 졸업 | 41회 CPA 합격<br>삼일회계법인 |
| 김규동 | 회계사 | 한양대학교 수학과 졸업 | AICPA, Delaware(2000)<br>삼일회계법인, 이사<br>PricewaterhouseCoopers LLP London, Manager |
| 배홍철 | 회계사 | 고려대학교 경영학과 졸업 | 39회 CPA 합격<br>안진회계법인 |
| 서덕원 | 회계사 | 서울시립대 세무전문대학원 석사<br>연세대학교 상경대학 경영학과 졸업 | 36회 CPA 합격<br>삼일회계법인(Manager) |
| 설인수 | 회계사 | 서울시립대학교 세무학과 졸업 | 39회 CPA 합격<br>삼일회계법인 |

| 이름 | 자격 | 학 력 | 경 력 |
|---|---|---|---|
| 소진수 | 회계사 | 서울대학교 영어영문학과 졸업 | 38회 CPA 합격<br>공군(경리장교)<br>삼일회계법인 |
| 송상우 | 회계사 | 미국 노스웨스턴대 로스쿨(Tax LL.M.)<br>미국 서던메서디스트대(LL.M.)<br>숭실대학교 법학과 졸업<br>서울시립대학교 세무학과 졸업 | AICPA, California(2001) / 29회 CPA 합격<br>미국변호사, 뉴욕주(2004)<br>국세청 국제조세법규정비개선위원<br>삼일회계법인 |
| 심석인 | 회계사 | 서울대학교 경제학부 졸업 | 44회 CPA 합격<br>삼정회계법인 |
| 오세진 | 회계사 | 고려대학교 대학원 법학과<br>서강대학교 경영학과 졸업 | 44회 CPA 합격<br>삼일회계법인 |
| 오은미 | 회계사 | 서울시립대학교 세무전문대학원<br>제주대학교 경상대학 졸업 | 41회 CPA 합격<br>한영회계법인 |
| 이근우 | 회계사 | 서강대학교 경영학과 졸업 | 41회 CPA 합격<br>삼일회계법인 |
| 이민규 | 회계사 | 서울시립대학교 세무전문대학원<br>석사 수료<br>연세대학교 경영학과 졸업 | 33회 CPA 합격<br>국세청 법인세 전문가양성과정 교육위원<br>삼일회계법인 |
| 이상우 | 회계사 | 서울대학교 경영대학 졸업 | 38회 CPA 합격<br>삼일회계법인 |
| 이재우 | 회계사 | 한양대학교 경영대학 졸업 | 39회 CPA 합격<br>삼정회계법인<br>공군(경리장교) |
| 임홍남 | 회계사 | 고려대학교 법무대학원 조세법학과<br>서울시립대학교 세무학과 졸업 | 39회 CPA 합격<br>삼정회계법인 조세본부 |
| 조준영 | 회계사 | 연세대학교 경영학과 졸업 | 38회 CPA 합격<br>삼일회계법인 |
| 강성식 | 세무사 | 신흥고등학교 졸업 | 세무사(2002)<br>국세공무원교육원 교수<br>국세청(조사국) |
| 김병현 | 세무사 | 서경대학교 행정학과 졸업 | 세무사(2012)<br>동작세무서<br>국세공무원교육원 |

| 이름 | 자격 | 학 력 | 경 력 |
|---|---|---|---|
| 김홍기 | 세무사 | 경원대학교 대학원 경영학 박사<br>미국 위스컨신 주립대 공공정책하 석사<br>서울대학교 행정대학원 행정학 석사<br>연세대학교 경영학과 졸업 | 행정고시 22회<br>연세대학교 법무대학원 겸임교수<br>국무총리 조세심판원 상임심판관<br>재경부 국세심판원 행정실장 |
| 박시종 | 세무사 | 고려대학교 정경대학(경제학과) 중퇴 | 세무사(2012)<br>감사활동조정협의회(감사원) 위원<br>감사원 국장 |
| 박주연 | 세무사 | 서울시립대 세무전문대학원<br>포항공과대학교 산업경영공학과 졸업 | 세무사(2008) |
| 박태용 | 세무사 | 청주상업고등학교 졸업 | 세무사(2009)<br>국세청 근무<br>조세심판원 |
| 방부근 | 세무사 | 국립세무대학 내국세학과 졸업 | 세무사(2008)<br>국세청<br>서울지방국세청 특별조사담당 |
| 이경근 | 세무사 | 프랑스 시앙스포 대학 경제학박사<br>미국 버클리 대학 경영학석사<br>서울대학교 경영대학 졸업 | 행정고시 28회 / 세무사(1999)<br>재정경제부 세제실 법인세제과장<br>UN 조세전문가회의 부의장 |
| 이경환 | 세무사 | 경희대 경영대학원 세무관리학과 졸업<br>한국방송통신대학교 경영학과 졸업<br>국립세무대학교 수료 | 세무사(2010)<br>서울지방국세청 조사1국<br>국세청 법무과 |
| 이재광 | 세무사 | 영남대학교 법과대학 졸업 | 행정고시 13회 / 세무사(1998)<br>국세청 법인납세국장<br>광주지방 국세청장 |
| 이재리 | 세무사 | 인천대학교 수학과 졸업 | 세무사(2011)<br>미추홀세무법인 본점 |
| 이재훈 | 세무사 | 세종대학교 경영대학원 최고경영자과정 수료 | 세무사(1979)<br>여수세무서장 |
| 임정훈 | 세무사 | 국립세무대학 내국세학과 졸업 | 세무사(2004)<br>종로세무서 법인세과<br>국세청 조사국 국제조사과 |

| 이름 | 자격 | 학 력 | 경 력 |
|---|---|---|---|
| 채경수 | 세무사 | 국방대학원 국방관리전공(석사과정) 졸업<br>동아대학교 법과대학 졸업 | 행정고시 23회<br>삼정회계법인 고문<br>서울지방국세청장 |
| 김형배 | 관세사 | 서울대학교 인문대학 졸업 | 관세사 17회<br>관세청 관세평가분류원<br>서울세관(심사) |
| 박상태 | 관세사 | 한양대학교 법과대학 졸업<br>성균관대학교 행정대학원<br>미세인트루이스 경영대학원 수료<br>건국대 대학원 국제무역학(경제학박사) | 행정고시 13회<br>한국신용평가정보(주) 대표이사 사장<br>관세청 차장 |
| 서창희 | 관세사 | 경희대학교 국제법무대학원 법학석사<br>국립세무대학 관세학과 졸업 | 관세사 21회<br>서울세관 심사총괄과<br>서울세관 외환조사과 |
| 손동준 | 관세사 | 서울대학교 의류학과 졸업 | 관세사 합격 22회<br>이정 관세법인 |
| 신민호 | 관세사 | 건국대학교 대학원 국제무역학과<br>경제학 석사 및 박사<br>한양대학교 정치외교학과 졸업 | 관세사 합격 14회<br>법무법인 충정<br>남경관세사무소 대표 |
| 신백규 | 관세사 | 방송통신대학 무역학과 졸업<br>국립세무대학 관세학과 졸업 | 관세사 합격 25회<br>서울세관 심사관<br>관세청 외환특별조사반 |
| 정운상 | 관세사 | 경희대학교 대학원 경영학 박사<br>성균관대학교 대학원 행정학 석사<br>성균관대학교 영문학과 졸업 | 관세사 21회<br>관세청 |
| 김의기 | 고 문 | 미국 미네소타 주립대학교 행정대학원<br>정책학 석사<br>성균관대학교 법정대학 행정학과 졸업 | 행정고시 18회<br>세계무역기구(WTO) 참사관<br>세계관세기구(WCO) 관세평가 담당관 |
| 유수현 | 전 문<br>위 원 | 경희대학교 국제법무대학원 졸업<br>한국방송통신대학교 경영학과 졸업<br>국립세무대학 내국세학과 졸업 | 삼정회계법인<br>국세청 법규과 |

# 『조세판례연구Ⅰ』 수록 판례(2002.10.~2005.12.)

| | |
|---|---|
| 대법원 2002.10.23. 선고 2002두4440 판결 | 실권주 재배정에 따른 신주인수권의 평가방법 |
| 대법원 2003.01.10. 선고 2001다44376 판결 | "당해세"의 범위 |
| 대법원 2003.03.11. 선고 2002두4068 판결 | 업무무관 가지급금의 지급이자 손금불산입 관련 '업무관련성'의 의미 |
| 대법원 2003.04.11. 선고 2001두6241 판결 | 합병 직전 피합병법인이 행한 임의평가증에 따른 평가차익에 대한 과세 |
| 대법원 2003.04.11. 선고 2001두10707 판결 | 상가관리회사가 받은 운영관리비 중 전기요금 등의 공공요금이 부가가치세 과세표준에 포함되는지 여부 |
| 대법원 2003.04.11. 선고 2002두1854 판결 | 소득처분에 있어서 사외유출의 개념 |
| 대법원 2003.04.25. 선고 2000다33034 판결 | 신탁법상의 신탁업무 처리에 있어서 부가가치세법상의 사업자 및 부가가치세 환급청구권의 귀속 |
| 대법원 2003.05.13. 선고 2002두12458 판결 | 특수관계자 간 저가양도시 부당행위계산 부인과 증여의제 규정의 중복 적용 가부 |
| 대법원 2003.05.16. 선고 2001두3006 판결 | 조세감면신청이 필요적 감면요건인지 여부 |
| 대법원 2003.05.16. 선고 2001두8964 판결 | 세금계산서의 필요적 기재사항 일부가 사실과 다른 경우 매입세액공제 가부 |
| 대법원 2003.05.30. 선고 2001두4795 판결 | 세법상 신뢰보호 원칙의 적용요건 |
| 대법원 2003.06.13. 선고 2001두9394 판결 | 부당행위계산 부인에 있어서 '기타 이익분여' 규정의 적용요건 |
| 대법원 2003.06.24. 선고 2001두7770 판결 | 세무조사 과정에서 납세의무자가 제출한 매출누락사실에 관한 확인서의 효력 |
| 대법원 2003.06.24. 선고 2001두7770 판결 | 세무조사시 납세자가 작성한 '확인서'가 과세근거로 되기 위한 요건 |
| 대법원 2003.06.27. 선고 2001두10639 판결 | 지방세법 제71조 제1항의 수정신고의 사유 및 감액수정신고의 경우 납세의무의 확정방법 |
| 대법원 2003.07.08. 선고 2001두5354 판결 | 구 국세기본법 제39조 제1항 제2호 소정의 "과점주주 중 주식을 가장 많이 소유한 자"에 해당하는지 여부의 판단 방법 |

대법원 2003.07.08. 선고 2001두9776 판결 : 토지거래허가구역 내 토지 양도시 양도소득세의 부과제척기간 기산일
대법원 2003.07.25. 선고 2001두10721 판결 : 이월결손금 소급공제의 요건
대법원 2003.08.19. 선고 2001두10974 판결 : 대도시로 전입한 법인의 전입 이후 부동산등기에 따른 등록세 중과대상의 범위
대법원 2003.08.22. 선고 2002두691 판결 : 상속받은 비상장주식에 대한 양도소득세 과세표준 산정에 있어서 실지거래가액의 산정기준 등에 관한 구 소득세법상의 사례
대법원 2003.09.02. 선고 2001두10677 판결 : 상속세 과세표준 산정에 있어서 상속개시 당시 공시되어 있는 개별공시지가에 의하도록 한 구 시행령 규정의 무효 여부
대법원 2003.09.05. 선고 2001두403 판결 : 신의성실 원칙 적용요건
대법원 2003.09.05. 선고 2001두7855 판결 : 변리사법인의 설립에 따른 소득의 귀속 주체 및 비과세관행의 성립요건
대법원 2003.09.05. 선고 2002두1892 판결 : 부가가치세법 제13조 제 1 항 제 3 호에 있어서 '부당'의 개념
대법원 2003.09.05. 선고 2002두4051 판결 : 공유수면매립사업과 부가가치세
대법원 2003.10.10. 선고 2002두2826 판결 : 증여의제에 의한 증여세가 부과되는 경우의 부과제척기간
대법원 2003.10.10. 선고 2002두9667 판결 : 증여일 이후 유상증자가 있은 경우의 비상장주식의 평가방법
대법원 2003.10.16. 선고 2001두5682 판결 : 구 상속세 및 증여세법 시행령 제27조 제 5 항의 규정이 모법의 내재적 위임 범위와 한계를 벗어나 무효인지 여부
대법원 2003.10.23. 선고 2002두5115 판결 : 취득세 납세의무의 성립과 납세의무부존재확인소송의 가능성
대법원 2003.11.14. 선고 2002두6422 판결 : 이혼시 재산분할의 방법으로 부부 일방의 소유 명의로 되어 있던 부동산을 상대방에게 이전하는 것이 자산의 유상양도에 해당하는지 여부 및 재산분할로 인하여 이전받은 부동산을 양도하는 경우 그 양도차익 계산에 있어 취득가액의 산정기준
대법원 2003.11.27. 선고 2002두318 판결 : 구 부가가치세법 제17조 제 2 항 제 5 호 소정의 '등록을 하기 전의 매입세액'의 의미 및 적법한 사업자 등록신청이 있는 경우 같은 법 제22조 제 1 항 소정의 미등록가산세를 부과할 수 있는지 여부

| | |
|---|---|
| 대법원 2003.11.28. 선고 2002두4587 판결 | 피합병법인의 주주에 대한 의제배당 |
| 대법원 2003.11.28. 선고 2002두8534 판결 | 임대차계약 해지 후 임차인이 임차건물을 계속 점유·사용하고 있고 임대인은 임료 상당액을 공제하고 있는 경우, 부가가치세법상의 과세대상인 용역의 공급에 해당하는지 여부 |
| 대법원 2003.12.11. 선고 2002두7227 판결 | 원금 채권이 회수불능인 경우의 인정이자 계산 |
| 대법원 2003.12.12. 선고 2003두6559 판결 | 법인세법상 '접대비'와 '판매부대비용'의 구별 |
| 대법원 2004.01.27. 선고 2002두11011 판결 | 국세기본법 제26조의 2 제2항 특례제척기간의 적용 범위 |
| 대법원 2004.02.01. 선고 2001두7176 판결 | 과세대상 소득의 발생에 관한 권리확정주의의 의미 |
| 대법원 2004.02.13. 선고 2002두5931 판결 | 보증채무의 이행으로 인한 구상권에 포함되는 법정이자가 소득세법상 이자소득의 일종인 '비영업대금의 이익'에 해당하는지 여부(소극) 및 위 법정이자가 법인세법상 익금에 해당하는지 여부(적극) |
| 대법원 2004.02.13. 선고 2003다49153 판결 | 경락인의 허위 매입세액공제와 부당이득 |
| 대법원 2004.02.26. 선고 2002두10643 판결 | 과소신고가산세에 있어 '신고하여야 할 과세표준금액'의 의미 및 납세자의 법령의 부지 등이 가산세를 부과할 수 없는 정당한 사유에 해당하는지 여부 |
| 대법원 2004.02.27. 선고 2002두1144 판결 | 간주취득세 납부의무를 부담하는 과점주주의 범위 |
| 대법원 2004.03.18. 선고 2001두1949 전원합의체 판결 | 공과금의 손금산입 여부에 관한 구 법인세법 제16조 제5호의 규정 취지 및 그 위임에 따른 구 법인세법 시행령 제25조 제1항이 모법의 입법취지 및 위임범위를 벗어나 무효인지 여부(적극) |
| 대법원 2004.04.09. 선고 2002두3942 판결 | 매수인 측의 채무불이행으로 매매계약을 합의해제하면서 매도인이 매수인으로부터 현실적 손해를 전보받기 위한 손해배상금 명목으로 금원을 지급받은 경우, 그 금원이 '기타소득'에 해당하지 않는다고 한 사례 |
| 대법원 2004.05.14. 선고 2003두3468 판결 | 명의신탁 해지를 원인으로 하여 소유권이전등기가 경료된 부동산에 대한 증여세 부과처분이 위법하고, 조세소송에서 납세의무자에 대한 신의성실의 원칙의 적용은 극히 제한적으로 인정되어야 한다고 판시한 사례 |

대법원 2004.06.10. 선고 2003두1752 판결 : 구 국세기본법 제26조의 2 제 2 항에 의하여 과세제척기간 이후 판결·결정에 따른 후속 조치로서 할 수 있는 경정결정 등의 물적·인적 범위

대법원 2004.06.11. 선고 2003두4522 판결 : 법인세법상 이월결손금의 계산방법

대법원 2004.06.24. 선고 2002두10780 판결 : 법령의 개정으로 인한 개정 전 부칙규정의 효력

대법원 2004.07.08. 선고 2002두7852 판결 : 법인세할 주민세 납세의무의 성립시기

대법원 2004.07.09. 선고 2003두1615 판결 : 제 2 차 납세의무를 지는 과점주주의 요건

대법원 2004.09.24. 선고 2002두12137 판결 : 증여의제로 증여세가 부과되는 명의신탁재산이 상속재산에 포함되는지 여부

대법원 2004.10.15. 선고 2003두5723 판결 : 주권이 발행된 바 없더라도 주식을 취득한 소유자가 타인의 동의를 얻어 그 명의로 명의개서를 한 경우, 구 상속세 및 증여세법상의 증여의제 규정이 적용되는지 여부 및 구 상증법 제63조 제 1 항 제 1 호 (다)목에 규정된 보충적 평가방법에 따라 증여재산가액을 산정하기 위한 요건

대법원 2004.10.15. 선고 2003두7064 판결 : 상속세 신고불성실가산세에서 '신고한 과세표준'의 범위 및 신고불성실가산세 부과처분과 납부불성실가산세부과처분의 소송물

대법원 2004.11.18. 선고 2002두5771 판결 : 과세기간 경과 후 세금계산서의 작성일자를 이전 과세기간이 속하는 실제 공급시기로 소급 작성한 경우의 매입세액공제 여부

대법원 2004.11.26. 선고 2003두2403 판결 : 행정처분의 무효와 취소의 구별 기준(세관출장소장의 부과처분)

대법원 2004.12.09. 선고 2003두278 판결 : 국세기본법 제79조 제 2 항 소정의 불이익변경금지 원칙 위반의 판단기준 및 법인세 부과권의 제척기간이 경과한 경우의 손금산입 방법

대법원 2004.12.09. 선고 2003두4034 판결 : 청구기각 확정판결 후의 재처분과 당초 처분의 관계

대법원 2004.12.23. 선고 2003두13649 판결 : 주식 명의신탁의 증여의제와 조세회피의 목적

대법원 2005.02.25. 선고 2004두11459 판결 : 특례제척기간의 인정 범위

대법원 2005.03.10. 선고 2004다51153 판결 : 저당권 설정 후에 계약인수가 있는 경우 저당권의 피담보채권과 양수인이 체납한 조세채권의 우선순위

대법원 2005.03.10. 선고 2004다64494 판결 : 체납처분에 의한 채권압류에 기한 추심권 행사의 범위

대법원 2005.04.15. 선고 2003두4089 판결 : 가산세의 법적 성질 및 부과요건

대법원 2005.04.29. 선고 2003두15249 판결 : 합병과 부당행위계산 부인

대법원 2005.05.12. 선고 2003두15300 판결 : 사외유출 소득의 실지 귀속을 이유로 한 소득세 부과처분의 입증책임

대법원 2005.05.13. 선고 2004두1520 판결 : 비상장주식 '시가'의 의미 및 입증책임의 소재

대법원 2005.05.13. 선고 2004두3328 판결 : 채권의 익금산입시기

대법원 2005.06.10. 선고 2003두2656 판결 : 납세의무의 법적 단위(주택조합)

대법원 2005.06.10. 선고 2004두3755 판결 : 자기주식 승계취득 및 처분의 세법상 성격

대법원 2005.06.10. 선고 2005다15482 판결 : 납부기한 후 인가된 정리계획에 의한 징수유예와 중가산금의 처리

대법원 2005.07.22. 선고 2003두476 판결 : 자산소득합산과세의 위헌결정과 처분의 위법

대법원 2005.07.28. 선고 2004두8767 판결 : 신탁(信託)과 지방세의 납세의무자

대법원 2005.07.29. 선고 2003두10282 판결 : 과소신고가산세의 계산 방법

대법원 2005.07.29. 선고 2003두13465 판결 : 착오로 인한 증여계약 해제와 과세처분의 적법성

대법원 2005.08.19. 선고 2003다36904 판결 : 제 2 차 납세의무자가 납세의무 이행 후 보유하는 구상권의 재단채권 여부

대법원 2005.09.30. 선고 2004두2356 판결 : 감정가액의 시가성

대법원 2005.10.07. 선고 2005다38294 판결 : 수입물품의 통관업무를 위임받은 관세사가 부담하는 선관주의의무의 내용과 손해배상책임의 범위

대법원 2005.10.28. 선고 2004두9494 판결 : 양도소득세 중과대상인 미등기 양도자산의 범위

대법원 2005.11.10. 선고 2005두1022 판결 : 합병신주 취득가액 산정시 비과세된 의제배당소득금액의 가산 여부

대법원 2005.11.24. 선고 2005두9088 판결 : 배분처분 취소소송의 가부와 조세채권 압류선착주의의 의미

대법원 2005.12.23. 선고 2004두10869 판결 : 양도소득세 비과세요건인 '귀농 후 최초로 양도하는 1개의 일반주택'의 의미

대법원 2005.12.23. 선고 2004다58901 판결 : 지방세법상 '고급주택'의 범위

서울행정법원 2003.11.14. 선고 2003구합19401 판결 : 주식 명의신탁에 대한 증여의제 규정의 적용요건

헌재 2003.07.24. 선고 2000헌바28 결정 : 특수관계자에게 증여 후 2년 내 양도시 증여세 부과·징수와 이중과세 여부

헌재 2003.09.25. 선고 2003헌바16 결정 : 구 지방세법상 취득세 가산세 규정에 대한 위헌 여부

# 『조세판례연구Ⅱ』 수록 판례(2006.1.~2009.5.)

| | |
|---|---|
| 대법원 2006.01.26. 선고 2005두6300 판결 | 분식회계로 인한 법인세 과납분에 대한 불복과 신의성실의 원칙 |
| 대법원 2006.01.26. 선고 2005두7006 판결 | 제척기간 경과와 후발적 사유에 의한 경정청구의 가능성 |
| 대법원 2006.02.09. 선고 2005두1688 판결 | 상속세 부과제척기간 연장의 한계와 특례제척기간의 적용 범위 |
| 대법원 2006.03.09. 선고 2005두10125 판결 | 관세법상 가산세 부과 등에 관한 우선적용규정의 의미 |
| 대법원 2006.03.23. 선고 2005두15045 판결 | 재산세 납세의무자로서의 '사실상 소유자'의 의미 |
| 대법원 2006.03.23. 선고 2005두15144 판결 | 한국증권업협회에 등록된 주식을 상속받아 양도한 경우 그 취득가액의 산정방법 |
| 대법원 2006.03.24. 선고 2005두15595 판결 | 조정조서에 의한 급부에 대한 증여세 부과처분과 사실혼 관계가 사망으로 종료된 경우의 재산분할청구권 |
| 대법원 2006.04.20. 선고 2002두1878 전원합의체 판결 | 소득금액변동통지의 처분성 |
| 대법원 2006.04.28. 선고 2004두8422 판결 | 부가가치세법상 재화의 공급으로 보지 아니하는 '사업의 양도'의 의미 |
| 대법원 2006.05.25. 선고 2004두11718 판결 | 중복조사 해당 여부의 판단 기준 |
| 대법원 2006.06.12. 선고 2004두7733 판결 | 명의신탁 증여의제에서의 '조세회피의 목적' |
| 대법원 2006.06.15. 선고 2004다59393 판결 | 세무대리 성공보수 약정의 신의칙(信義則) 위반 여부 |
| 대법원 2006.06.16. 선고 2004두7528,7535 판결 | 부가가치세법상 SWIFT 서비스 제공 장소의 판단기준 |
| 대법원 2006.07.06. 선고 2005두11128 판결 | 취득세 및 등록세의 과세표준 |
| 대법원 2006.07.13. 선고 2004두6211 판결 | 평가기준일 현재 회수 가능한 채권의 순자산가액 포함 여부 및 그 산정 방법 |
| 대법원 2006.07.27. 선고 2004두9944 판결 | 소득처분과 납세의무의 성립시기 |
| 대법원 2006.09.22. 선고 2004두12117 판결 | 준위탁매매인을 통한 용역공급의 경우 부가가치세 과세 |

대법원 2006.09.28. 선고 2005두2971 판결 : 양도차익 산정의 기준이 되는 실지거래가액의 의미

대법원 2006.10.13. 선고 2005두2926 판결 : 부가가치세법 제6조 제1항에서의 '재화의 공급'의 의미

대법원 2006.10.13. 선고 2003두12820 판결 : 계산서미교부 가산세 또는 매출처별계산서합계표미제출 가산세 부과과정의 과잉금지 원칙 위배 여부

대법원 2006.11.09. 선고 2005두2124 판결 : 증여로 의제되는 저가양수에 의하여 취득한 자산을 양도한 경우 그 양도차익을 산정하는 방법

대법원 2006.12.08. 선고 2005두10590 판결 : 구 지방세법 제184조 제1호 및 제234조의 12 제2호에 정한 "유료로 사용"의 의미 및 그 판단기준

대법원 2007.01.11. 선고 2005두8627 판결 : 2001.12.29. 개정된 조세특례제한법 부칙 제25조 제2항의 적용 범위

대법원 2007.01.25. 선고 2005두5598 판결 : 구 법인세법 시행규칙 제26조 제5항 제2호 (가)목 소정의 "당해 부동산의 취득 후 법령에 의하여 사용이 금지 또는 제한된 부동산"의 의미

대법원 2007.02.08. 선고 2005두5611 판결 : 가지급금의 처리기준에 관한 기본통칙의 제한적 해석론

대법원 2007.02.08. 선고 2005두10200 판결 : 명의신탁된 주식을 처분하여 증여세 신고기한 내에 금전으로 반환한 경우의 증여세 부과 여부

대법원 2007.02.15. 선고 2005도9546 판결 : 조세의 확정·부과에는 지장을 주지 않으면서 그 징수만을 불가능 또는 현저히 곤란하게 한 행위가 조세포탈죄에 해당하기 위한 요건

대법원 2007.04.12. 선고 2005두9291 판결 : 민법 제1019조 제3항에 따른 한정승인에 의하여 부동산을 상속받은 자에게 취득세 납부의무가 있는지 여부

대법원 2007.04.26. 선고 2006두7171 판결 : 부동산을 부담부 증여하였을 경우의 실지거래가액 인정 여부

대법원 2007.05.11. 선고 2005다37543 판결 : 소득세법 제21조 제1항 제10호 소정의 기타소득인 "계약의 위약 또는 해약으로 인하여 받는 위약금과 배상금"의 의미

대법원 2007.05.17. 선고 2006두6758 전원합의체 판결 : 기업공개 예정 주식의 평가방법을 규정한 구 상속세 및 증여세법 시행령 제57조 제1항이 모법의 위임범위를 벗어나 무효인지 여부

대법원 2007.06.01. 선고 2005두6737 판결 : 부도발생일로부터 6월 이상 경과한 수표 또는 어음상의 채권을 대손금으로 필요경비에 산입할 수 있는지 여부

대법원 2007.06.14. 선고 2007두6267 판결 : 포페이팅(forfeiting) 비용이 관세의 과세가격에 포함되는지 여부

대법원 2007.06.14. 선고 2005두12718 판결 : 국내사업장이 없는 외국법인에게 재화 또는 용역을 공급한 경우 대가의 지급방법에 따른 영세율 적용 여부

대법원 2007.06.28. 선고 2005두13537 판결 : 증빙을 전혀 수취하지 아니한 경우에도 구 소득세법 제81조 제 8 항 소정의 증빙불비가산세를 부과할 수 있는지 여부

대법원 2007.08.23. 선고 2005두5574 판결 : 회사가 주주에 대하여 가지는 채권을 자산으로 산입하지 아니한 채 산정한 양도가액을 회사주식에 대한 객관적 교환가격으로서의 시가로 볼 수 있는지 여부

대법원 2007.08.23. 선고 2007두10297 판결 : 간주취득세 납부의무를 부담하는 과점주주의 해당 여부에 관한 판단 기준

대법원 2007.08.24. 선고 2005두13469 판결 : 부동산의 관리용역 회사가 일반적인 건물관리용역 외에 위탁 회사의 지점으로서의 업무를 처리한 경우 위탁 회사에 대한 등록세 중과 규정 적용 여부

대법원 2007.09.06. 선고 2005다43883 판결 : 회사정리 개시결정 전에 이미 성립되었으나 정리채권으로 신고되지 아니한 채 부과처분된 조세채권의 효력

대법원 2007.09.07. 선고 2005두8641 판결 : 국내 회사가 외국법인의 국내에 등록되지 않은 특허실시권을 침해하여 외국법인에게 특허실시료를 지급할 경우 국내원천소득에 해당하는지 여부

대법원 2007.09.20. 선고 2005두9415 판결 : 부당행위계산 부인과 관련하여 특수관계자간의 인정이자율에 관한 구 법인세법 시행령 제47조 제 2 항 단서 규정의 적용 여부

대법원 2007.10.25. 선고 2007두1934 판결 : 외국 모회사가 한국 자회사의 직원에게 부여한 주식매수선택권의 행사이익이 근로소득세 부과대상인지 여부

대법원 2008.01.17. 선고 2007두11139 판결 : 개인이 경매를 통하여 주택을 취득한 경우에도 구 지방세법 제272조의 2에 따라 취득세액 및 등록세액이 감면되는지 여부

대법원 2008.02.01. 선고 2004두1834 판결 : 토지무상사용이익에 대한 증여의제에 관한 시행령이 위헌·위법으로 판단된 후 시행령 부칙이 개정된 시행령을 소급적용하도록 한 경우, 그 효력 여부

대법원 2008.02.14. 선고 2006두9320 판결 : 재건축주택조합이 조합원들로부터 신탁받은 일반분양용 토지에 대한 취득세 과세 여부

대법원 2008.02.15. 선고 2007두4438 판결 : 조세법규와 합목적적 해석의 적용

대법원 2008.02.29. 선고 2007두14237 판결 : 건축법상 건축허가를 받아 신축 공사 중인 주상복합건물의 주거부분 부속토지가 종합합산과세대상인지 여부

대법원 2008.03.13. 선고 2006두7706 판결 : 공매통지서에 결손처분한 부분까지 체납세액으로 잘못 기재한 경우 그 공매처분의 효력

대법원 2008.03.14. 선고 2006두13008 판결 : 본사 지방 이전시 법인세 감면에 관한 조특법 제63조의 2의 '본사 근무인원' 여부에 대한 판단기준

대법원 2008.03.27. 선고 2007도7561 판결 : 지방세포탈 범행이 특정범죄 가중처벌 등에 관한 법률 제 8 조 제 1 항에 의한 가중처벌의 대상인지 여부

대법원 2008.04.11. 선고 2006두5502 판결 : 토지의 이용편의를 위하여 진입도로를 개설하여 국가 또는 지방자치단체에 무상으로 공여한 경우, 진입도로로 된 토지의 가액 및 도로개설비용이 자본적 지출에 해당하는지 여부

대법원 2008.04.24. 선고 2006두187 판결 : 귀속이 불분명한 경우의 대표자 인정상여처분에 관한 법인세법 시행령 규정이 위임입법의 한계를 넘어 무효인지 여부

대법원 2008.04.24. 선고 2006두13855 판결 : 대손세액공제의 범위를 규정한 부가가치세법 시행령 제63조의 2 제 2 항이 모법의 위임 범위를 벗어나 무효인지 여부

대법원 2008.06.12. 선고 2007두23255 판결 : 부가가치세 면세대상인 교육용역의 범위

대법원 2008.06.12. 선고 2008두1115 판결 : 조세법률관계와 신의칙의 적용(공적 견해표명)

대법원 2008.07.24. 선고 2006두10023 판결 : 손금귀속시기가 위법하다는 선행판결이 후발적 경정청구의 사유인 "판결"에 포함되는지 여부

대법원 2008.07.24. 선고 2008다19843 판결 : 과세관청의 선충당권을 규정한 국세기본법 시행령 제42조 등의 국세환급금채권에 대한 압류 및 전부명령에 적용 또는 유추적용 여부

대법원 2008.08.21. 선고 2008두5117 판결 : 부가가치세법상 "역무제공의 완료시"의 의미

대법원 2008.09.11. 선고 2006두11576 판결 : 과세표준에 영업외수익을 중복계산하면서 영업외비용은 차감하지 않은 추계과세의 위법성

대법원 2008.09.11. 선고 2007두13715 판결 : 구매확인서를 통하여 부가가치세 영세율의 적용을 받았을 경우, 구매확인서의 하자를 이유로 영세율의 적용을 부인할 수 있는지 여부

대법원 2008.09.18. 선고 2006다49789 전원합의체 판결 : 원천징수의무자인 법인이 대표자에게 상여처분된 소득금액에 관하여 납부한 갑종근로소득세액 상당을 대표자에게 구상하는 경우 입증책임

대법원 2008.09.25. 선고 2007두8973 판결 : 재건축 주택 취득 후 1년 이내에 재건축 승인 이후 취득한 주택을 양도한 경우 일시적 1세대 2주택에 해당하는지 여부

대법원 2008.09.25. 선고 2006두13695 판결 : 현물출자에 따라 취득한 광업권이 조세특례제한법 제120조 제 1 항 제 6 호의 취득세 면제 대상에 해당하는지 여부

대법원 2008.09.25. 선고 2008다29895 판결 : 신탁회사가 공급하는 개발대리사무용역이 부가가치세법상 면세대상인 금융·보험용역에 해당하는지 여부

대법원 2008.10.23. 선고 2008다47732 판결 : 공과금에 기하여 압류된 재산에 대한 압류선착주의의 적용 여부 및 이중압류에 따른 매각처분의 효력

대법원 2008.11.13. 선고 2007두23323 판결 : 법인의 실질적 경영자인 대표이사 등이 자금을 유용한 행위가 자산의 사외유출에 해당하지 않는 경우와 그 판단기준

대법원 2008.11.20. 선고 2007두18154 판결 : 공매통지의 하자와 공매처분의 위법성

대법원 2008.11.27. 선고 2006두19419 판결 : 법령이 전문개정된 경우, 전문개정 전 부칙 규정의 효력

대법원 2009.02.12. 선고 2008두11716 판결 : 매매대금을 지급하지 않아 매매계약이 해제된 경우 취득세 신고행위의 무효 판단기준

대법원 2009.03.12. 선고 2006두7904 판결 : 외국법령에 따라 발행한 채권소득의 법인세 면제 여부 및 이 경우의 원천징수의무자

대법원 2009.03.19. 선고 2006두19693 전원합의체 판결 : 법인이 얻은 이익을 곧바로 주주가 얻은 이익으로 간주한 시행령의 효력

대법원 2009.04.09. 선고 2007두26629 판결 : 지방세법상 등록세 중과대상인 '법인의 설립'

대법원 2009.05.14. 선고 2006두17390 판결 : 국세기본법 제22조의 2 제 1 항에 대한 해석

서울행정법원 2007.09.04. 선고 2006구합32788 판결 : 수익적 소유자 개념(beneficial owner)에 의한 조세협약의 제한적 해석

서울행정법원 2007.09.28. 선고 2007구합5332 판결 : 모회사가 페이퍼 컴퍼니인 자회사를 이용하여 주식을 분할 취득하였을 경우 모회사를 과점주주로 보아 취득세를 부과할 수 있는지 여부

헌재 2007.05.31. 선고 2006헌가10 결정 : 조세범처벌법 제13조 제 1 호의 위헌성

# 『조세판례연구Ⅲ』 판례 색인(2009.1.~2013.5.)

## 『조세판례연구Ⅲ』 판례 색인

## 『조세판례연구Ⅲ』 판례 색인

[연락처]
율촌 조세판례연구회
이강민 02-528-5127
곽태훈 02-528-5752

법무법인 율촌 홈페이지
http://www.yulchon.com/

조세판례연구(III) 정가 40,000원

2013년 8월 27일 인쇄
2013년 8월 30일 발행

편 자 율촌 조세판례연구회
발행인 김 수 진
발행처 세 경 사

서울특별시 영등포구 은행로 29(여의도동) 정우빌딩 209호
등록 1977.12.2 No. 제3-74호
Tel : 792-7202~3, 795-3398, 796-2400
Fax : 792-1343 홈페이지 : www.taxbible.co.kr

ISBN 978-89-7933-248-3 93320